경영사

근대기업발전의 국제비교

경영사

근대기업발전의 국제비교

초판 1쇄 발행 2015년 7월 15일
초판 2쇄 발행 2016년 8월 30일

지은이 김종현
펴낸곳 서울대학교출판문화원
펴낸이 성낙인

책임 편집 정미경
디자인 최선아

출판등록 제15-3호

주소 (08826) 서울 관악구 관악로 1
대표전화 02-880-5252 | **팩스** 02-888-4148
마케팅팀(주문상담) 02-889-4424, 02-880-7995
이메일 snubook@snu.ac.kr
홈페이지 www.snupress.com

ISBN 978-89-521-1583-6 93320

2016년 대한민국학술원 우수학술도서

경영사

근대기업발전의 국제비교

김종현 지음

서울대학교출판문화원

Business History

International Comparisons of
Modern Enterprise Development

Jong Hyun Kim

Seoul National University Press

| 머리말 |

이 책은 미국, 영국, 일본의 근대 기업 발전과정을 비교사적으로 고찰한 것이다. 근대 기업의 발전은 미국에서 선도적으로 이루어져왔고 그것이 각국 자본주의 기업 발전에 큰 영향을 미쳐온 만큼 기업경영의 발전과정을 일반적으로 인식하는 데는 미국의 발전모델이 하나의 기준으로 유용하게 이용될 수 있을 것이다. 그러나 자본주의 기업은 기본적으로 일반적·보편적 발전 경향을 나타내면서도 존재 형태라든가 경영방식에서는 나라에 따라 일정한 특징을 가지면서 전개되었다. 따라서 경영사를 종합적으로 인식하기 위해서는 일반적 발전 경향과 함께 나라에 따른 개별적 특징도 병행하여 인식할 필요가 있을 것이다.

기업경영 양태가 나라에 따라 일정한 특징을 가지면서 전개된 데에는 기업이나 기업가활동을 둘러싼 각국의 환경적 차이가 큰 영향을 미쳤다. 기업을 둘러싼 경영환경으로는 기술적·시장적·법적·사회문화적 환경과 함께 경제성장, 정부정책, 국제경제관계 등 다양한 조건을 들 수 있을 것이다. 챈들러(A.D. Chandler)는 경영환경으로서 가장 중요한 것을 기술적·시장적 환경으로 보고 그 위에서 미국에서의 근대적 대기업의 발전모델을 구축하였다. 그러나 기술의 이용방법이라든가 시장의 존재 양태만 하더라도 나라에 따라 다를 수 있었고, 그것이 법적 조건의 차이와 함께 대기업의 존재 형태의 차이를 낳기도 하였다. 더구나 사회문화적 환경은 기업경영자의 가치관, 경영이념, 경영방식에 영향을 미쳤다.

이 책에서 고찰한 나라는 특징적인 기업 발전을 이룩한 주요 선진 자본주의 국가다. 영국은 근대 기업의 발생에서 가장 앞선 나라로서 적어도 19세기를 통해서 공업제품을 전 세계로 수출한 '세계의 공장'이었으며 19세기 말엽 이후 기업성장의 상대적 지체로 미국과 독일에 뒤지면서도 20세기를 통하여 근대적 대기업이 특징적으로 발전한 선진 자본주의국이다. 미국은 근대적 기업의 발흥에서 영국에 뒤졌으나 1880년대까지 기업 발전의 초기 단계를 지나 근대적 대기업시대로 들어서고 양차 대전 중간기에는 경영자혁명을 이룩하면서 오늘날에 이르기까지 근대적 대기업의 발전을 주도해온 나라다. 이에 비해서 일본은 영국과 미국의 기업이 이미 근대적 대기업으로 발전하기 시작한 단계에 이르러 비로소 근대 기업의 발흥기를 맞이하였다. 후발국으로 출발한 일본에서는 근대 기업은 정부의 적극적 지원으로 급속하게 성장하면서 특징적인 대기업체제로 발전하였다.

이 책에서 논의된 기본과제는 경영환경이 역사적으로 어떻게 전개되어왔으며, 기업은 환경 조건의 변화에 어떻게 대응해왔는가를 이 세 나라를 중심으로 비교·고찰하는 일이다. 고찰된 중심주제는 변화하는 경영환경 속에서 산업과 기업은 어떻게 발전하였으며 그와 함께 기업 형태와 경영전략 및 조직구조는 어떻게 변화해왔는가, 산업금융과의 관련에서 금융 시스템은 어떻게 전개되고 어떠한 역할을 하였는가, 유통조직은 어떻게 변화하고 노사관계는 어떻게 전개되어왔는가, 그리고 다국적기업 활동은 어떻게 전개되어왔는가이다.

이 책은 서장과 종장 이외에 4부 14장으로 구성되어 있다. 서장은 경영사의 의의를 연구사적으로 고찰하고, 종장은 본론에서의 논의를 총괄한 부분이다.

1부는 연대적으로는 영국과 미국의 경우 18세기 후반기에서 19세기 말엽에 이르는 시기이며, 후발국으로 출발한 일본은 19세기 말에서 1910년대에 이르는 시기다. 이 시기는 이들 나라의 산업혁명기로 근대적 기업이 발생하여 성장한 시기다. 1부에서는 이 시기의 영국(1·2장), 미국(3장), 일본(4장)에서의 산업기업의 생성과 성장을 환경적 조건과 함께 기업 형태와 조직구조의 성격, 자본조달기구, 조기의 철도산업의 성장, 유통구조, 노사관계 등을 중심으로 고찰하고 있다.

2부는 근대적 대기업의 전개기로 시기적으로는 1880년대 이후 양차 세계대전 중간기를 포함한 시기다. 이 시기는 '제2차 산업혁명'의 신기술을 기반으로 철강, 전기기기, 화학 등 신공업이 발전하여 기업 기회가 새로이 확대된 시기다. 2부에서는 기업 발전을 주도한 미국(5·6장) 기업의 대규모화 과정과 기업이 규모와 범위의 경제를 추구하면서 거대화하고 그것을 효율적으로 관리하기 위해서 추진된 관리기법, 조직개혁, 유통조직과 은행의 대형화, 그리고 노사관계의 새로운 전개를 고찰하였으며, 뒤이어 영국(7장)과 일본(8장)에서의 대기업의 전개와 관련된 문제들을 고찰하고 있다.

3부는 근대적 대기업의 성숙기로 시기적으로는 1950년대에서 1970년대에 이르는 시기다. 제2차 세계대전기의 경험은 전후의 기술개발, 노사관계, 정부의 역할 등에 영향을 미쳤으나 별도로 고찰하지 않고 전후 부흥과의 관련에서 부분적으로 언급하였다. 3부에서는 제2차 세계대전 후의 경영환경의 변화 속에서 미국(9장), 영국(10장), 일본(11장)에서 대기업의 일층의 확대지향성과 대기업체제의 존재 형태, 다각화 전략과 분권적 조직구조의 확산, 경영자지배의 확대, 유통조직의 대형화, 다국적기업의 전개, 노사관계 등을 중심으로 고찰하고 있다.

마지막 4부는 대기업체제의 전환기로 시기적으로는 1970년대에서 2000년대에 이르는 시기다. 이 시기는 1970년대 들어서 국제통화체제의 불안정화, 2차에 걸친 석유위기, 저성장경제로의 전환, IT 혁명의 전개(제3차 산업혁명) 등 경영환경의 큰 변화로 기업은 그때까지 규모와 범위의 경제를 우선적으로 추구해온 경영전략을 근본적으로 전환하지 않으면 안 되게 된 시기다. 이 부분에서는 경영환경의 변화 속에서 미국(12장), 영국(13장), 일본(14장)에서 정부와 기업 차원에서의 강도 높은 개혁 내지 구조조정, 기업체제의 재편성, 기업지배구조의 변화, 다국적기업의 글로벌 전개, 노사관계의 변화 등 경영 시스템의 변화가 고찰되고 있다.

저자가 경영사와 인연을 갖기 시작한 것은 근 50년 전의 일이다. 당시 서울대학교 상과대학에는 경영사가 선택과목으로 개설되어 있어 경제사 전공인 저자가 강의를 담당하였다. 초창기라 마땅한 교재도 없는 상태에서 그라스(N.S.B. Gras)의 『경영과 자본주의』(1939) 등을 참고하면서 강의를 하였다. 그러던 차에 경영사는 1970년대 초의 교과과정 개편으로 교과목에서 사라지고 강의도 없어지게 되었다. 강의는 없어졌으나 저자는 경영사와의 인연은 계속 가져왔다. 기업이라든가 기업가활동의 사적 연구는 저자의 경제사 연구의 일부였으며 저자는 기회가 있을 때마다 대학원 학생들과 기업 발전에 관한 외국문헌을 읽고 일본의 대학에서 강의 기회를 갖기도 하였다. 이 책은 그동안 저자가 이어온 경영사 관련 강의와 연구의 기반 위에서 서술된 것이다. 이 책에는 저자의 기존의 관련 연구(국문 참고문헌 참조)에서 다룬 내용이 일부 원용된 부분도 있다. 그러나 그러한 부분도 이 책의 서술체계에 맞추어 조정되고 보완되면서 전체로서 새로 서술되었다.

이 책의 집필에는 6년이라는 세월이 소요되었다. 출판까지의 작업진행도 예상 이상으로 많이 지연되었다. 아무튼 오랫동안 숙제로 삼아온 이 책이 늦게나마 출판에까지 이르게 되니 저자로서는 무거운 짐을 내려놓은 것 같은 홀가분함을 느낀다. 그 한편에서는 저자의 역부족으로 뜻하면서도 충분히 다루지 못한 부분도 많을 것으로 생각하며 아쉬움도 느낀다. 이 책에서는 독일기업의 발전사례도 같이 고찰될 필요가 있었을 것이며 한국기업 발전과 관련한 논의도 있었으면 좋았을 것이다. 그러나 그것은 저자가 단독으로 다룰 수 있는 범위를 넘는 일이며 전문연구자와의 협동이 필요한 일일 것이다. 저자로서는 이 책의 미흡한 부분은 후학들의 연구로 보완되고 개선되기를 바랄 뿐이다.

그동안 한국기업은 선진 자본주의국에서는 그 유례를 찾아볼 수 없을 만큼 급속한 발전을 이룩하여 규모나 범위에서 국제적 대기업 대열에서 대등하게 경쟁할 수 있을 만큼 되었다. 이제 기업경영은 한국경제에서 중요한 요소로 되어 있다. 그에 따라 기업경영에 대한 사람들의 관심도 높아지고 있다. 세계화 시대에 한국기업 발전의 특질을 객관적으로 인식하기 위해서는 외국기업과의 비교사적 안목에서의 고찰이 필수적이라 할 것이다. 이 책이 경영, 경제학도만이 아니라 기업경영자나 일반 독자들이 국제적 시야에서 근대 기업 발전의 역사에 대한 이해를 높이는 데 도움이 된다면 저자로서 그 이상의 보람은 없을 것이다.

이 책이 출판되는 데에 많은 분의 도움을 받았다. 먼저 강릉대학교 국제통상학과의 여인만 교수와 명지대학교 경제학과의 김두얼 교수는 다망한 속에서도 번거로운 교정 일을 도와주시고 책의 내용에 관한 귀중한 조언을 해주셨다. 특히 여 교수는 이 책의 출판에 시종 관심을 가지고 교정작업 마지막까지 도와주셨다. 두 교수께 깊은 감사의 뜻을 표한다. 그리고 일본 니가타경영(新潟経営)대학 도서관의 이카라시 마사에(五十嵐まさ江) 님과 니가타대학 대학원에 재학 중이던 이점순 박사에게서는 자료수집에서 많은 도움을 받았다. 이에 깊은 감사의 뜻을 표한다. 다음으로 출판 사정이 어려울 터인데도 이 책의 출판을 맡아주신 서울대학교출판문화원의 여러분과 원고의 접수에서 출판 결정에 이르는 모든 절차의 진행과정에서 도움을 주신 권영자 전문위원님께 감사드린다. 편집 과정에서는 곽진희 실장님을 비롯한 편집팀 여러분의 많은 수고가 있었다. 특히 정미경님은 편집에서 교정 및 색인 작성에 이르는 모든 작업과정에서 많은 수고를 해주셨다. 여러분께 깊은 감사의 뜻을 표한다. 마지막으로 가족의 도움도 있었다. 딸 혜선은 자기 일도 바쁜데 저자의 워드프로세서 사용상의 문제가 생길 때면 언제나 달려와서 해결해주었다. 아내는 자신도 거동이 불편하면서도 저자의 집필생활을 뒷바라지하느라 수고가 많았다. 가족 모두에게 새삼 고마운 마음을 전한다.

2015년 6월

김종현

| 차례 |

2장 영국기업의 성장

3장 미국 근대 산업기업의 전개

3부
근대적 대기업의 성숙

표 차례

그림 차례

서장

경영사의 의의

1. 기업경영과 역사

기업경영은 이윤추구를 목적으로 일정한 관리조직을 가지고 노동, 자원 및 자본 등 경영자원을 결합하여 지속적으로 재화와 서비스의 생산·공급 등의 기능을 수행하는 경제활동이라 할 수 있다. 기업에는 공기업과 사기업이 있고 그 존재양태도 규모 면에서 보면 중소기업과 대기업, 법적 제도로는 개인회사, 합명·합자회사(파트너십), 주식회사, 지주회사 등 다양한 형태로 전개되고 있다. 그 속에서도 오늘날의 자본주의 기업 시스템에서 가장 중요한 위치를 차지하는 것은 대기업이다. 대기업을 중심으로 한 경영활동이야말로 현대 자본주의에서 기업경영 양태의 기본 특징이라 할 수 있을 것이다.

현대 자본주의 사회에서 기업의 역할이 매우 크다는 것은 두말할 필요도 없을 것이다. 기업은 정부 및 가계와 함께 경제주체의 하나이며 경제성장을 낳는 부가가치의 생산은 기본적으로 기업경영 활동을 통해서 이루어진다. 기업경영은 영리를 목적으로 하는 사적인 활동이면서도 경제사회에서 필요한 재화와 서비스의 생산·공급이라는 본래의 기능을 수행하는 속에서 다수의 노동자를 고용하고 무수한 투자자와 소비자를 포함하여 많은 사람들과 이해관계를 가지는 사회적 활동이기도 하다. 따라서 기업경영은 사적 활동이면서도 사회적으로 큰 영향을 미친다. 기업의 사회적 책임이 강조되는 까닭도 여기에 있는 것이다.

기업경영 활동은 오랜 역사를 가지고 전개되어왔다. 서양에서는 중세 말기에 국제적 상업도시를 중심으로 모험상인조합이 원격지 상업에 종사하고 있었으며 플로렌스(이탈리아)의 메디치(Medici)가라든가 아우그스부르크(남부 독일)의 후거(Fugger)가 등은 다수의 지점이나 대리점망을 가지고 국제적 상업·금융업을 수행하고 있었다. 16세기 이후에는 공업의 새로운 발전 속에서 제조업에서도 선대제도라든가 공장제수공업 등의 생산조직이 전개되었다. 기업 형태로는 파트너십이 일반적이었으나 17세기 이후에는 상업과 금융업, 그리고 제조업에서도 일부에서 주식회사제도가 도입되어 규모도 확대되었다. 그러나 근대 이전의 대규모 기업은 일반적으로 국가권력을 배경으로 한 특권적·모험적 기업이었다. 제조업의 기술기반은 수공업이었으며 생산조직은 기본적으로 가내공업으로 선대상인의 자본적 지배하에 있었다. 근대 자본주의 성립 이전에는 시장적·기술적, 그리고 사회문화적 조건 때문에 기업의 지속적 발전에는 한계가 있었다.

근대 기업은 산업혁명과 함께 탄생하여 발전하였다. 자본주의 시장경제가 확립되어 기업은 경쟁 속에서 성장하지 않으면 안 되었다. 최초의 산업혁명의 기술혁신으로 기계제공장공업이 전개되면서 기업은 대규모 고정자본을 투자하고 다수의 노동자를 고용하여 기계의 규칙적 운동에 맞추어 생산하도록 관리하지 않으면 안 되었다. 기업경영에는 관리의 문제가 새롭게 제기되었다. 이 시기는 최초의 근대 기업의 발흥기였다. 파트너십 형태의 무수한 기업이 탄생하여 경쟁 속에서 기업활동이 전개되었다.

기업은 19세기 중엽 이후 공업화의 심화과정에서 근대적 대기업으로 발전하였다. 이 시기의 기술혁신(제2차 산업혁명)으로 철강, 화학, 전기, 자동차, 석유 등 신산업이 발전하는 속에서 기업규모는 크게 확대되었다. '규모의 경제'의 효과가 커지는 속에서 기업은 내부적 성장과 함께 타 기업을 통합 또는 합병하면서 규모를 확대하였다. 더 나아가 1920년대 이후 기업은 다각화를 추진하면서 사업범위를 확대하였다. 그에 따라 업무가 복잡해지고 관리기능도 재무, 노무, 생산, 마케팅, 연구개발 등 다양화되고 그것을 전체적으로 기획, 조정, 통제할 관리기구로서 계층적 관리조직이 도입되지 않으면 안 되었다. 주식회사조직이 일반화되어 주식이 광범하게 분산되는 속에서 소유와 경영은 분리되어 기업은 전문경영자에 의해서 지배되는 '경영자혁명'이 진전되었다.

대기업은 현대자본주의 시스템의 중요한 구성요소가 되었다. 오늘날 미국에서는 상위 500개 사가 제조업 자산의 3분의 2 이상을, 그리고 영국에서는 상위 100개 사가 제조업 산출총액의 40%를 차지하고 있다. 대기업이 유력한 지위를 차지하면서 시장은 '보이지 않는 손'(가격기구)에 대신하여 '보이는 손'(대기업의 관리기구)에 의해서 기능하게 되었다.

기업경영의 존재양태는 역사적으로 형성되어온 것이며 앞으로도 변화하면서 발전할 역사적 존재다. 사실 그동안 전개되어온 대기업체제와 기업경영의 존재 형태도 근년에 진행된 IT 혁명(제3차 산업혁명)을 비롯한 경영환경의 변화 속에서 새로운 전개를 나타내고 있다.

기업 발전은 그 자체의 어떠한 '법칙' 내지 객관적으로 존재하는 '힘'에 의해서가 아니라 경영자의 주체적 활동을 통해서 이루어지는 역사과정이다. 즉, 기업은 경제성장, 시장, 기술, 정부정책, 법률, 사회문화 등 기업을 둘러싼 환경적 조건에 합목적적으로 대응하는 기업경영자의 주체적 활동을 통하여 성장해온 것이다.

경쟁적이고 불확실한 경영환경에서 기업경영자의 대응 형태는 기업의 성패에 큰 영향을 미친다. 기업 발전은 무수한 개별경영자가 변화하고 불확실한 경영환경에 대응하여 경쟁적으로 기업활동을 전개하는 속에서 이루어진 것이다. 그 경우 기업경영자는 일반적으로는 주어진 경영환경에 합리적으로 대응하여 경쟁력을 유지하면서 성장하였다. 그러나 기업 발전과 더 나아가 경제발전에서 중요한 것은 환경적응적 내지 합리적 대응보다도 환경적 조건에 대해서 때로는 비합리적이라고 볼 수 있을 만큼 능동적·적극적으로 대응하면서 기업경영의 새로운 패러다임을 창출한 혁신적 기업가활동이었다. 기업 발전과정에는 시기에 따라 슘페터(J.A. Schumpeter)적인 기업경영자의 혁신적 활동이 뒤이어 출현하였다. 그들이 이룩한 혁신이 확산·일반화되면서 기업경영은 한층 더 높은 수준으로 발전하였다. 이러한 과정이 역사적으로 이어지면서 기업경영은 오늘날에 이르는 발전을 이룩한 것이다.

기업경영은 정태적인 것이 아니라 항상 움직이고 변화하는 것이다. 한 시대의 기업경영의 성격은 과거로부터의 유산에 의해서 큰 영향을 받는다. 현재는 과거의 연속선상에 있으며 장래로 이어질 역사적 현실이다. 기업경영의 현재적 특징은 '경로의존성(path dependency)'이라 불리는 관계의 소산으로 나타난 것이다. 그 결과 기업은 개별적으로는 개성과 전통을 가지면서 발전해왔다. 기업경영 활동의 역사를 통해서 개별기업의 발전과 함께 전체로서의 경영발전의 흐름을 조감할 수 있으며 그것을 살아 있는 경험으로 해서 현실적 문제의 대응에도 유익한 시사를 얻을 수 있을 것이다. 기업경영 활동은 현실적으로는 현재와 미래에 관계되는 일이면서도 과거와도 밀접하게 연관되어 있는 일이기 때문이다.

2. 경영사의 성립

1) 경영사의 탄생

(1) 배경

기업 내지 기업경영의 역사로서의 경영사(Business History)가 하나의 독립학문으로서 제도적 기반을 가진 것은 1920년대 미국에서였다. 미국에서는 1880년대 이래 급속한 기업 발전으로 규모가 거대해지면서 기업의 조직, 재무, 인사, 생산, 재고, 마케팅, R&D 등 복잡하고 다양해진 기능을 어떻게 효율적으로 관리할 것인가라는 문제가 기업경영상의 중요과제로 제기되고 있었다. 이러한 문제에 대응하기 위해서는 전문지식을 가진 인재를 양성할 필요가 있었다. 이에 경영자를 재교육할 전문고육기관으로서 경영대학원(graduate business school)이 1881년 펜실베이니아대학교 와튼스쿨(Warton School)을 효시로 주요 대학교에서 잇달아 설립되었다. 그중 하나로 1908년에는 후에 경영사의 탄생 터전이 될 하버드경영대학원(Harvard Graduate Business School)이 설립되었다.

하버드경영대학원은 경제사의 대가인 게이(E.F. Gay)가 초대원장으로 취임하면서 처음부터 역사와 인연을 갖게 되었고, 특히 제2대 원장으로 도남(W.B. Donham)이 산업계에서 영입되면서 경영사 탄생의 터전이 되었다. 도남은 산업계가 요구하는 유능한 전문경영자를 양성하기 위해서는 과거의 다양한 경영기법이라든가 경험을 교수할 필요가 있고 그러기 위해서는 경영사가 필수적이라는 것을 강조하였다. 도남의 노력으로 1925년에 '경영사학회(Business Historical Society)'가 설립되었으며 다음 해에는 기관지 『경영사학회회보(*The Bulletin of the Business Historical Society*)』가 발간되었다. 이러한 움직임의 연장선상에서 1927년 하버드경영대학원에 최초의 경영사 강좌가 개설되었다는 것은 획기적인 일이었다. 왜냐하면, 그것은 경영사학 성립의 제도적 기반이 되었기 때문이다. 그 후 경영사는 여러 대학과 대학원에서 교과목으로 개설되어 운영되었다.

경영사 강좌가 개설되면서 하버드경영대학원 최초의 경영사 교수로 취임한 학자는 그라스(Norman S.B. Gras)였다. 당시만 해도 경영사는 아직 독립적인 학문으로서의 목적의식과 연구 대상 및 방법을 확립하지는 못한 상태였다. 그 후 경영사는 하버드에서의 그라스와 그 밑에 모인 젊은 연구자 그룹의 개척자적 노력에 의해서 독립학문으로 탄생하게 되었다.

(2) 선행연구의 흐름

경영사가 새로운 학문으로 탄생하기까지는 선행한 연구의 흐름이 있었다는 것은 두말할 필요도 없다. 그 원류는 독일 역사학파 경제학까지 거슬러올라갈 수 있다. 독일 역사학파 경제학자들은 고전경제학이 '경제인' 가설 위에서 일반이론을 전개하는 데 대항하여 민족이나 국가의 개별성을 강조하면서 국민경제학의 수립을 지향하였다. 그들은 고전학파의 보편주의적 일반화에 반대하여 생활의 모든 측면은 경제발전 상태와 관련되고 그것이 역으로 생활의 다른 측면을 조건지운다고 인식하여 역사적·사회적 변화와 발전을 이해하는 수단으로 역사 연구를 지향하였다. 그러기 위해서 그들은 사실의 개별적·역사적 인식을 중시하고 연구방법으로 고전학파경제학의 연역적 방법과는 달리 귀납적 방법을 도입하였다.

역사학파의 역사관은 조직단위로서의 기업과 경영관리 등에 대한 관심을 환기하고 연구를 자극하였다. 역사학파의 거장 슈몰러(G. Schmoller)는 자신의 연구의 총결산적 대저 『일반국민경제학입문』(1901~1904)에서 시장, 경쟁, 기업, 기업경영자 등 비즈니스와 관련된 문제를 다루었다. 뷔허(Karl Bücher)는 유명한 경제발전단계론을 주장하는 한편 산업경영 형태의 사적 연구에서는 생산 시스템의 진화를 기준으로 그 내부 시스템까지 포함해 고찰함으로써 경영 형태의 변화와 발전을 단계적으로 인식하였다. 그의 영향으로 특정지역과 산업을 중심으로 한 경제사 연구가 촉진되었다.

역사학파 경제학은 각국의 경제사 연구에 영향을 미쳤다. 독일에서는 에렌베르크(Richard Ehrenberg)의 『후거가의 시대』(1896)를 비롯하여 스트리데르(Jacob Strieder)의 『자본주의적 조직형태사연구』(1914), 그리고 지베킹(Heinrich Johann Sieveking)의 상업, 금융사 연구 등 개별기업 연구가 진전되었다.

영국에서도 역사학파의 영향하에 개별기업사 연구가 진전되었다. 그 선구자는 에렌베르크에게서 배운 언윈(G. Unwin)이었다. 그는 『16~17세기의 산업조직』(1904)에서 근대 산업조직의 발생을 추적하고 기업경영자와 피고용인으로의 기능분화를 통한 조직의 발전경로를 구명하였다. 특히 언윈의 주도로 방대한 경영자료를 이용하여 출판한 『사뮤엘 올드노와 아크라이트가』(1924)는 경영사의 문턱까지 도달한 저작으로 평가된 면공업기업사였다. 언윈의 영향을 받아 그 후 영국에서는 롤(Eric Roll)의 『증기기관차 제조기업사연구』(1930), 애슈턴(T.S. Ashton)의 『공구제조기업사연구』(1939), 클래팜(J.H. Clapham)의 『은행사연구』(1944) 등 개별기업사 연구가 잇달아 출판되었다. 이러한 연구의 흐름이 그 후 발전하는 영국 경영사의 원류가 되었다.

특정 학파에 속하지 않으면서 여러 학파의 흐름을 종합하여 독자적인 자본주의 발전이론을 체계화한 좀바르트(W. Sombart)도 기업사의 발전에 크게 공헌한 학자였다. 그는 『근대 자본주의』(1902)를 비롯한 일련의 연구에서 기업을 자본주의 발달의 위대한 소산으로 보고 기업경영자를 경제생활에서의 동적 요소로 인식하였다. 그는 기업경영자의 실체를 인식하기 위해서 자본주의의 배후에 있는 정신을 다루었다. 그래서 그는 심리적 접근으로 기업경영자의 정신적·감정적 구조, 그들이 현재의 상태로 된 이유, 그리고 그들의 기업경영에서 갖는 중요성을 이해하려 하였다.

독일 역사학파 경제학은 미국에도 큰 영향을 미쳤다. 19세기 말엽에는 많은 미국 유학생이 독일로 건너갔다. 엘리(R. Ely)를 비롯한 역사학파의 영향을 받은 젊은 경제학자들은 1985년 미국경제학회(The American Economic Association)의 창립에 영향을 미쳤다. 이 시기의 미국에서는 거대 산업기업에 의한 경제력 집중이 진전되어 독점의 폐해에 대한 비난 여론이 높아지는 속에서 농민·노동자의 반독점운동이 고조되고 있었다. 이들 젊은 경제학자들은 사회경제 문제에 유효한 대응책을 제시하지 못하는 고전학파의 자유방임주의를 배척하고 정부규제에 의한 사회복지의 증진과 독점화 억제의 필요성을 강조하였다.

"미국사회민주주의학파(American Social Democrats)"로 자칭한 그들의 시도는 바로 실행되지는 못하였다. 그러나 그들은 정부의 트러스트규제정책추진에 참여하면서 미국기업을 광범하게 조사하고 기업의 조직과 역사 그리고 노동조직 등에 관한 중요한 연구업적을 남겼다. 그들 연구는 문제를 기업경영이라는 관점으로 기업 내부에서가 아니라 사회적·정치적 관점으로 외부에서 고찰한 것으로서 경영사로 연결되지는 못하였다.

독일 역사학파 경제학의 영향을 받으면서 미국에서의 경영사학의 탄생을 주도한 학자는 그라스였다. 그라스 자신도 경제제도 연구를 기초로 경제발전을 단계적으로 인식한 경제사가였다. 그 속에서 그는 경제활동에서 경영자 내지 기업이 중요한 역할을 수행한다는 확신을 가지게 되면서 경영사 연구를 지향하였다. 그는 이미 미네소타대학교 재직 기간 동안(1918~27) 시장발달사를 연구하면서 그 속에서의 인간과 기업의 실제 기능에 대해 관심을 가지게 되었으며 경영사를 지향한 강의를 하고 있었다. 그가 하버드경영대학원으로 옮긴 후 그를 중심으로 한 학자들의 활발한 연구와 교류를 통하여 경영사는 새로운 독립학문으로서의 지위를 확립하게 되었다.[1]

(3) 그라스-라슨의 경영사론

그라스는 경영사가 경제사에서 유래하였으나 경제사에서 독립된 학문 분야임을 강조하였다. 그는 경제사와 경영사의 큰 차이점으로 전자가 경제발전의 공적 측면을 강조하여 산업, 제도, 조직 등의 일반적 발전에 관심을 두고 사물을 종결된 것으로 인식함으로써 경제적 결정론과 연결되는 데 비해 경영사는 사적 측면을 강조하여 경영자와 기업에 관심을 두고 사물을 진행되고 있는 것, 즉 관리과정에 있는 것으로 인식함으로써 정책 선택의 자유의 존재와 연결된다는 점을 들었다.

그래서 그는 경영사를 어디까지나 경영자와 기업의 역사임을 강조하고 그것을 기업의 경영정책결정사와 매니지먼트의 역사를 내용으로 한 경영관리(administration)사의 연구라고 정의하였다. 즉, 경영사는 기업이 관리와 매니지먼트를 통하여 그것이 어떻게 조직되고 통제되어왔는가를 탐구하는 학문이라는 것이다.

그라스에 따르면 경영사는 경영학의 한 분야로 실천적 학문이며 그 성과는 기업경영의 실제에 유의미한 방법으로 제시될 필요가 있었다. 그래서 경영사 방법으로는 사례연구(case study)를 중시하였다. 사례 내지 문제는 현실기업의 자료에서 작성되어 강의하고 일반적 발상과 구상을 얻는 수단으로 이용되었다. 그라스에 따르면 기업사를 쓰는 일은 '사례사'를 쓰는 일이었다. 경영사의 교육목적은 기업경영자가 될 학생으로 하여금 항시 변화하고 경쟁적인 현실 속에서 기업경영상의 여러 문제에 대한 높은 해결능력을 갖도록 하는 것이었다.[2]

그라스의 후임으로 경영사의 확립에 공헌한 학자는 라슨(Henrietta M. Larson)이었다. 라슨 여사는 경영사를 과거에서의 기업의 관리와 운영(operation)에 관한 연구라고 정의하고 그 의의를 다음과 같이 세 가지로 요약하였다. 첫째, 경영관리, 즉 정책, 통제(control), 조직을 포함한 매니지먼트에서 기업 전체의 경험범위에 걸쳐서 발생한 기본적 변화에 대한 인식을 주고 이들 변화가 일어난 방법과 이유에 대한 이해를 준다는 것, 둘째, 개별 학생이나 기업경영자가 갖기 어려운 장기간에 걸친 광범한 비즈니스 경험을 갖는 데에 필요한 것을 충족시킨다는 것, 그리고 셋째, 비즈니스의 사회적 기능의 이해와 과거의 비즈니스의 방법과 성과를 평가한다는 것이다.[3] 라슨은 경영관리이론을 기초로 경영자의 관리활동을 역사의 중심으로 자리매김함으로써 경영관리사로서의 경영사를 명확하게 정의하였다.

경영사 연구는 그라스-라슨을 중심으로 형성된 연구그룹에 의해서 활발하게 전개되었다. 그 결과 1931년부터는 그라스가 감수한 『하버드 경영사연구총서(*Harvard Studies in Business History*)』가 연달아 발간된 한편, 개별 기업과 특정 기업경영자를 대상으로 한 뛰어난 연구업적들도 잇달아 출판되었다.

그러나 연구대상을 외부나 공적부문과 차단하여 사적부문과 기업 내부의 문제에 집중한 '경영사' 연구는 결국 역사인식방법으로서의 한계를 드러냈다. 즉, 개개의 기업 내지 경영 활동에 대한 우수한 사례연구의 축적에도 불구하고 그것을 가지고 경영 발전의 일반적 내지 체계적 인식에까지 도달하지는 못하였다는 것이다. 그라스 자신은 일반경영사의 기술을 시도하였다.[4] 그 속에서 그는 자본주의 형태의 변화에 대응한 경영자 타입의 변화를 기준으로 경영발전을 소(小), 상업, 산업, 금융, 국가자본주의의 5단계로 구분하여 설명하였다. 그러나 그것은 그 자체로서는 중요한 것이었으나 개별 연구의 축적 위에서 일반화를 이끌어낼 경영사이론으로 체계화되지는 못하였다.

이러한 상태에서 연구대상을 기업 내부 문제로 집중하여 개별 사례연구에 치중하는 그라스-라슨류의 경영사방법론에 대한 비판이 제기되었다. 비판은 기업경영이 기업 내부 문제에 한정되는 것이 아니라 정치, 경제 등 공적부문과의 유기적 관련에서 전개되는 것이므로 경영사 인식에는 경제사를 비롯한 인접과학과 관련해 종합적으로 인식할 필요가 있다는 것이었다. 이러한 비판 속에서 등장한 것이 기업가사였다.

2) 기업가사의 전개

(1) 슘페터와 기업가사 연구

기업가사(Entrepreneurial History)는 기업경영의 발전을 기업경영 주체인 기업가의 역동적 기업가활동(entrepreneurship)을 통해서 역사적으로 인식하려 한 학문이다. 기업가활동이라는 인간행동은 기업의 내부 조건만이 아니라 외부의 사회경제적·역사적 조건에 영향을 받으며 전개되는 것이다. 따라서 기업가사에서는 경영학만이 아니라 경제학, 경제사, 사회학 등 인접학문과의 협력관계가 강조되었다.

기업가사의 이론적 시발점은 슘페터(J. Schumpeter)의 『경제발전이론』

(1912)에 있었다. 그는 주류경제학자들이 자본주의의 정태적·균형적 분석에 집중하고 있던 시대에 비(非)마르크스주의 경제학자로서는 처음으로 동태적 경제발전이론을 정립한 학자였다. 그는 경제발전을 주류경제학에서 보는 바와 같은 점진적·연속적·조화적 과정이 아니라 단속적·비조화적, 그리고 창조적 파괴의 과정으로 보고 경제발전의 원동력을 생산요소의 '신결합(new combination)' 즉, '혁신(innovation)'에서 찾았다.

슘페터는 신결합의 내용으로 신상품개발, 신시장의 개척, 신자원의 공급원 획득, 신조직의 개발을 들고, 그 추진주체로서 기업가의 혁신기능을 경제발전의 역동적 요소로 인식하였다. 마르크스(K. Marx)에 있어서도 인간적 요소는 경제발전의 동적 요소로서 중요시되었으나 그것은 사회구조적·계급적으로 인식되어 기업가는 자본가로 일반화되었다. 슘페터에 의해서 혁신기능을 수행하는 기업가활동은 경제발전의 기동력으로 자리매김된 것이다.

그 경우 슘페터가 인식한 '기업가' 개념은 추상적·초역사적인 것이었다. 그가 생각하는 기업가는 기업경영자든 아니든 생산수단의 신결합이라는 혁신기능을 수행하는 한에서 기업가이며, 그렇지 않은 경우는 기업경영자라 하더라도 기업가는 아니었다. 기업가도 창립된 기업을 관례적으로 운영하게 되면 기업가로서의 성격을 상실하게 된다. 따라서 기업가는 영속적인 것이 아니므로 직업도 아니며 사회계급도 아니었다. 슘페터의 '기업가'는 어느 시대에나 다양한 형태로 나타날 수 있는 초역사적 개념이었다.

그러나 슘페터는 『경기순환론』(1939)에서는 '기업가'를 자본주의 시대에 한정되는 개념으로 사용하여 혁신기능을 수행하는 기업가를 확립된 관례에 따라 운영하는 단순한 관리인과 구별하고 그 역할을 높이 평가하였다. 슘페터는 그 후(1947)의 논문[5]에서 기업가활동을 경영자 일반의 일상적 경영활동과 구분하여 경제발전의 관점에서 개별기업을 고찰할 경우 분석초점을 기업가 내지 기업가활동에 맞추어 그 기능과 활동의 역사적 변화를 해명할 필요가 있음을 강조하였다.

기업가사는 1948년에 슘페터의 혁신적 기업가활동을 역사적으로 연구하기 위한 "기업가사연구센터(Research Center in Entrepreneurial History)"가 하버드대학교의 문리과대학원(Graduate School of Arts and Sciences)에 설립되면서 학문적 기반을 확립하였다. 그러나 설립된 지 2년도 안 되어 슘페터가 급서하자 이 연구센터를 통한 기업가사 연구는 경제학부의 동료교수이던 콜(Arthur H. Cole)에 계승되어 추진되었다.

(2) 콜과 기업가사 연구

콜은 슘페터의 발전이론을 기초로 한 기업가사 연구를 근대 경제사의 중심과제를 연구하는 일이라 믿고 있었다. 콜을 중심으로 한 이 연구센터에는 다수의 젊은 연구자가 모여들어 이 새로운 학문의 연구를 적극 추진하였다. 기업가사 연구는 경제학, 경제사, 경영학, 사회학, 문화인류학 등 많은 관련영역의 학자들이 참여하여 다각적인 접근방법이 제기되고 논의되면서 진전되었다. 이 연구센터는 10년의 존속기간에 기관지인 『기업가사탐구(*Explorations in Entrepreneurial History*)』 전10권을 비롯하여 『변동과 기업가(*Change and the Entrepreneur*)』(1949), 『기업가사연구총서(*Studies in Entrepreneurial History*)』 전6권 등 다수의 연구업적을 남겼다. 이 연구센터가 해산된 후에 "기업가사탐구"는 위스콘신대학교에서 제2시리즈로 1969년까지 전6권이 발행되고, 그 후에는 "경제사탐구(Explorations in Economic History)"로 명칭을 변경하여 켄트대학교를 통하여 속간되었다.

콜은 동 연구센터의 10년간에 걸친 연구성과를 종합하여 1959년에 기업가사의 원론적 저서를 출판하였다. 그 책에서 콜은 기업가활동을 "재화 및 서비스의 생산과 분배를 목적으로 한 이익지향적 기업을 창설, 유지, 확대하기 위하여 개인 내지 공동하는 개인의 집단(기업가 팀)이 영위하는 합목적적 활동"이라 정의하였다. 콜은 기업가활동을 확대해석하여 그것이 혁신이라 부르든 모방이나 적응이라 부르든 새로운 방법이 시간·공간의 특정지점에서 창시되는 것보다 그것이 지역적·산업적·사업장적으로 경영제도로 확산되는 것이 훨씬 중요한 일이라고 주장하였다. 콜에 따르면 기업가활동은 불확실한 세계에서 외부 조건의 영향을 받으면서 기업을 운영하는 개인 또는 집단의 일련의 통합된 행동이며 그의 동기는 '화폐의 증식'만이 아니라 '안정, 위신, 권력, 능률, 기업의 존속·성장, 사회봉사' 등 '비화폐적 이득'의 실현에 있었다.[6]

콜은 기업가활동을 혁신, 관리 및 외부 조건에 대한 조정으로 인식하고 그 주요내용으로 ① 경영목적의 결정·변경, ② 조직의 개발과 유지, ③ 재원 확보, ④ 능률적 기술설비의 확보, ⑤ 시장개발, ⑥ 공공기관과 사회와의 양호한 관계의 유지를 들고 있다. 콜은 기업가활동을 혁신적 측면에 관리적 측면을 추가하여 이론과 함께 역사적·실증적으로 고찰하였다. 그래서 그는 기업가활동을 기업가가 하는 의사결정의 기초인 정보의 양과 질 그리고 그에 관계하며 행동하는 각종 제도 및 조직의 복잡 정도를 기준으로 유형화하여 그 발전국면을 경험적(empirical or rule of thumb), 합리적(rational or informed), 인식적(cognitive or sophisticated)의 3단계로 인식하였다.[7]

콜에 따르면 기업가활동은 기업의 내부 상황, 기업을 구성하는 사회집단, 그에 더하여 경제적·정치적·사회문화적 환경, 즉 기업을 둘러싼 여러 제도, 활동 및 이념과의 관련에서 수행되는 것이다. 외부 요인에 유래하는 사회적 승인은 기업가활동을 자극·촉진하거나 반대로 저지·억제하는 힘으로 작용하며, 그러한 차이가 국가와 시대에 따른 기업가활동의 차이를 낳았다. 이러한 인식에서 콜은 기업가사의 주요과제는 환경적 조건에 기업가가 대응하는 형태이며, 그것을 구명하기 위해서는 관련분야 학문과의 연계의 필요성을 강조하였다.

기업가사 연구는 제2차 세계대전 후의 경제적 경험과 경제성장 내지 발전문제가 경제학의 중요한 과제로 인식되면서 새로이 촉진되었다. 경제적 경험이라는 것은 전후 미국이 서유럽 제국 등 자유주의 진영의 경제부흥을 위한 원조를 제공하였을 때 계획과 실적의 격차가 국가에 따라 다르게 나타났다는 사실이다. 경제원조의 효과에 관한 평가 기준이 서유럽 제국에 대해서도 동일하게 적용될 수는 없다는 것이 실제적으로 밝혀지면서 그 원인으로 주목된 것이 경제주체의 행동 패턴의 차이였다. 그 결과 각 지역과 국가의 기업가활동을 문화구조적 배경과의 관련에서 비교하여 유형적으로 인식하려는 노력이 활발하게 이루어졌다.[8]

한편 전후 선진자본주의 제국의 지속적 경제성장과 저개발국의 경제개발 내지 공업화의 문제를 중심과제로 등장한 경제성장 및 발전론과 그와 문제의식을 공유하면서 새로운 전개를 한 경제사에서 경제발전 요인으로서 기업가활동의 역할이 중시되었다.[9] 그 속에서 기업가사 연구는 촉진되었다.

3) 초기 경영사 연구의 진전과 한계

이상에서 본 바와 같이 경영사는 두 가지 흐름으로 전개되어왔다. 하나는 그라스-라슨류의 '경영사'이고 다른 하나는 '기업가사'다. 둘 다 기업경영자나 기업가를 연구대상으로 하면서도 연구 시야와 방법론에서는 큰 차이가 있었다. 전자는 어디까지나 기업 내부에서의 경영자의 관리기능에 초점을 맞추어 개별기업 내지 경영자의 사례연구에 집중하였다. 그것은 이론적으로는 경영학에 가까웠다. 후자는 기업가활동을 기업 내부에서의 관리기능을 포함하여 광범한 환경적 조건과의 상호작용 속에서 인식하려 하였으며 이론적으로는 경제학, 경영학, 사회학 등 인접분야와의 학제적 관련을 가지며 종합과학화를 지향하였다. 서로 다른 흐름 속에서 경영사 연구는 활발하게 전개되었다.

그러나 경영사는 많은 연구의 축적에도 불구하고 독자적인 접근방법과 체계를 구축하지 못하고 개별주제의 실증연구라는 한계를 벗어나지 못하였다. 한나(L. Hannah)의 논평에 따르면 대부분의 경영사가는 전통에 매달려 최선의 경우 개별사례의 사실을 그대로 서술하거나 최악의 경우 편협하고 구태의연하였다.[10] 기업가사에서는 일반적 분석틀의 필요성이 강조되었다. 특히 콜은 전기체적 경영사와 기업가사를 하나의 이론적 틀로 통합한 종합적 경영사의 구축을 시도하였다.[11] 그러나 콜의 시도에도 불구하고 경영사는 이론으로부터 고립되어 대다수의 경영사가들은 이론의 틀에 얽매이지 않은 사실인식을 지향하였다.

그 속에서 경영사 연구는 단편적이었으며 증가하는 경영자 전기의 축적에도 불구하고 그것을 묶어 하나의 통합된 역사상을 구축하지 못하였다. 한편 기업가사에서는 기업가에 대한 논의를 통합할 틀도 용어의 임의성과 주제의 제약으로 효과적으로 구축하지 못하였다.[12] 경영사는 사정거리가 좀 더 길 필요가 있었고 그러기 위해서는 기업사, 기업가 활동, 혁신, 경제발전에 대해서 너무나 관련성 없이 이루어진 연구들을 좀 더 나은 형태로 통합할 필요가 있었다.[13] 이러한 상태에서 경영발전을 종합적으로 인식하기 위한 체계적 틀을 구축하여 큰 주목을 받은 경영사가는 챈들러(Alfred D. Chandler, Jr.)였다.

3. 경영사의 발전

1) 챈들러의 경영발전론

(1) 전략과 조직

챈들러는 하버드대학교 '기업가사 연구센터'의 초창기의 구성원이었으며 후에 같은 대학교 경영대학원으로 옮겨 경영사 교수로 재직하면서 다수의 논저를 발표하였다. 그는 미국에서 지배적 기업 형태로 된 근대적 대규모기업이 어떻게 진화되었는가를 전략(strategy)과 조직구조

(structure)의 변화를 중심으로 설명하였다. 그 속에서 그는 기업이 단일사업 → 수직통합 → 다각화라는 전략변화에 따라 조직도 단일제 → 집권적 기능부제 → 사업부제로 변화하고 그에 따라 기업의 지배 형태도 개인기업 → 기업가기업 → 경영자기업으로 진화하는 과정을 실증적으로 설명하였다.

'챈들러 모델'이라 불리는 그의 기본명제는 "조직은 전략에 따른다"라는 유명한 말에 집약적으로 표현된다. 챈들러는 『경영전략과 조직(*Strategy and Structure*)』(1962)에서 듀퐁사, GM, 스탠더드석유회사(뉴저지), 시어즈 로벅사 등 개별산업기업의 경영관리조직을 비교사적으로 검토하고 경영발전의 모델을 제시하였다. '챈들러 모델'의 핵심은 기업의 전략적 확대가 발생하면 그에 상응한 새로운 조직디자인이 만들어져야 한다는 것이었다. 챈들러는 '전략'을 '기업의 기본적인 장기목표와 목적을 결정하고, 이들 목표의 수행에 필요한 행동방식을 선택하고 자원을 배분하는 일', 그리고 '조직구조'를 '기업을 관리하는 조직의 디자인'이라고 정의하였다. 또한 '경영자원(resources)'은 자금, 물적 시설, 종업원의 능력을 포함한 개념이다. 챈들러에 따르면 경영발전은 기업의 성장전략이 상응한 조직구조의 창출·도입으로 이어지면서 이루어지는 것이다.

전략적 확대의 발생원인은 '인구, 소득 및 기술의 변화에 따른 증가하는 경영자원의 활용과 필요에 대한 대응'이었다. 챈들러는 전략변화의 환경요인으로 '시장-기술환경(market-cum-technological environment)'의 변화를 기본적인 것으로 보았다. 그 경우 환경에의 적응과정은 자동적으로 이루어지는 것이 아니라 기업경영자의 합목적적 대응에 의해서 진행되는 것이다. 챈들러 모델에서는 기업의 '현재의 건전성과 장래의 성장'을 확실하게 할 결정적 요인은 기업경영자의 혁신적 적응능력이었다.[14]

(2) 경영자자본주의론

챈들러는 뒤이은 저서 『보이는 손(*The Visible Hand*)』(1977)에서 자신의 기업발전모델을 한층 더 상세하고 명확하게 전개하였다. 이 책에서 챈들러는 미국에서 생산과 유통이 어떻게 변화하고 관리되어왔는가를, 그 담당주체인 근대 기업과 관리인의 대두에 초점을 맞추어 검토하였다. 그가 제시한 테마는 경제활동의 조정과 자원배분에 있어 근대 기업(보이는 손)이 시장메커니즘(보이지 않는 손)을 대체하였다는 것이었다. 챈들러의 '근대 기업'은 복수사업단위로 구성되고 계층적으로 조직된 전문경영자에 의해서 관리되는 대기업이다. 근대 기업은 시장의 여러 기능을 행사함으로써 20세기 초까지에는 미국 경제에서 가장 강력한 제도로 되었으며 경영자는 경제적 의사결정자로서 가장 큰 영향력을 가진 집단으로 되었다. 그 결과 미국의 경제체제는 경영자자본주의로 되었다.[15]

챈들러는 우선 근대 기업의 생성을 해명하는 길잡이로 세 가지 명제를 들고 있다. 첫째, 근대 기업에 의한 관리적 조정이 시장메커니즘에 의한 조정에 비해 생산성, 비용, 그리고 이윤에서 우월하였다는 것이다. 근대 기업은 거래를 내부화함으로써 출현하고 존속하였다. 그것은 거래의 내부화가 사업단위 간의 거래비용을 절감하고 생산단위와 판매단위의 결합이 정보취득비용을 절감하고 특히 다수 사업단위의 단일기업 내로의 내부화가 재화의 흐름을 관리적으로 조정할 수 있게 함으로써 생산성 증대와 비용을 절감할 수 있게 하였기 때문이다. 둘째, 내부화의 이익은 관리를 위한 계층적 조직이 창출됨으로써 비로소 실현되었다는 것이다. 셋째, 근대 기업의 출현은 새로운 기술과 시장의 확대에 의해서 초래된 경제활동의 양이 증대하여 관리적 조정이 시장에 의한 조정보다 효율적이고 보다 유리해진 단계가 되어서였다는 것이다.

챈들러는 뒤이어 근대 기업의 지속적 성장을 해명하는 길잡이로 다음과 같은 5가지 명제를 들고 있다. 첫째, 일단 형성되어 관리적 조정기능을 성공적으로 수행하게 된 계층적 관리조직은 그 자체가 기업의 영속성, 활력, 그리고 지속적 성장을 위한 원동력이 되었다. 둘째, 계층적 관리조직을 지휘하는 봉급경영자의 경력이 점차 기술적이고 전문적으로 되었다. 셋째, 기업규모가 커지고 업무가 다양해지는 한편 관리인이 점점 전문가로 됨에 따라 기업경영이 소유와 분리하게 되었다. 그 결과 봉급수령경영자가 단기의 관리만이 아니라 장기정책까지 결정하였다. 이에 기업가기업 내지 가족기업은 경영자기업으로 되고 체제는 경영자 자본주의로 되었다. 넷째, 직업적 경영자는 의사결정에서 이윤극대화보다도 기업의 장기적 안정과 성장을 위한 정책을 선호하였다. 다섯째는 대기업이 성장하여 경제의 주요부문을 지배하게 됨에 따라 경제의 각 부문, 그리고 결국에는 경제 전체의 기본구조가 크게 변화하였다.[16]

이러한 기본명제 위에서 챈들러는 미국에서 경영관리의 발전을 19세기 초의 전통적 상인기업과 제조업기업에서 1850~70년대의 철도통신혁명과 특히 철도산업에서의 최초의 근대 기업의 출현, 1880년대 이후 일련의 대량생산산업에서의 내부적 성장 또는 기업합병에 의한 수직통합과 1920년대 이후의 다각화전략에 따른 조직구조의 변화를 통해서 고찰하고 경영자자본주의의 출현을 검증하였다.

(3) 규모와 범위의 경제

챈들러는 제3의 대저 『규모와 범위의 경제』(1990)에서 앞에서 전개한 챈들러 모델을 국제비교에까지 확대·적용하였다. 이 책에서 그는 1880~1950년의 미국, 영국, 독일의 상위 200사에 대한 연구를 기초로 대기업이 일정한 경로로 진화하는 이유를 설명하기 위하여 한층 더 세련된 분석틀을 제시하였다. 그 속에서 그는 가장 발전한 단계인 경쟁적 경영자자본주의에의 도달경로에 대해서 명확히 설명하고 나아가 영국과 독일에서의 진화경로를 비교·평가하였다.

이 책에서 챈들러 모델의 핵심은 '규모와 범위의 경제'와 기업성장의 설명원리에 있다. 우선 챈들러는 규모(단일제품의 양적 증대)와 범위(다각화에 의한 경영자원의 이용도 증대)의 경제를 생산과 유통의 전 과정을 통하는 재화의 흐름의 규칙성, 투입총량(throughput) 및 속도의 증대에 의한 생산성 증대와 단위당 비용 감소가 결과하는 경제적 이익으로 정의하였다. 이러한 효율성 증대는 단순히 투입량 증대에 의해서만이 아니라 경영과정의 면밀한 관리와 조정에 의해서 이루어진 것이다.

다음에 챈들러는 기업성장의 관건을 생산·유통·매니지먼트에의 '세 방면 투자(three-pronged investment)'로 보았다. 즉, 그것은 첫째는 생산시설에 대한 기술적인 규모와 범위의 경제가 발생할 수 있을 만큼의 대규모투자, 둘째는 국내외의 유통·마케팅 네트워크에 대한 투자, 셋째는 설비와 인원의 관리만이 아니라 생산·유통 업무를 감시·조정하고 장래의 생산·유통에 대한 기획과 자원배분을 위한 경영자의 채용과 훈련에 대한 투자이다. 이러한 투자를 한 기업은 '선두주자(first mover)'로서 강력한 비교우위를 획득하였다. 당해산업은 이윽고 소수의 선두기업에 의해서 과점적으로 지배되었다. 그들 기업은 뒤이어 나타나는 경쟁기업과 이제는 가격이 아니라 시장점유율과 이윤을 가지고 경쟁하였다.

챈들러는 기업의 지속적 성장을 이끌 내적 동력은 '조직능력'이라고 보았다. 챈들러는 조직능력으로 하급관리인과 노동자의 기능까지 포함하여 이해하면서도 가장 중요한 것으로는 중간 및 고위 관리자의 기능이라 보았다. 그들은 설비의 인원관리, 모니터, 조정, 기획, 자원배분 등 모든 기능의 수행에서 결정적으로 중요한 역할을 담당하였다. 높은 조직능력이 성장의 동력이 되어 기업은 제품 및 지역 다각화와 다국적화를 추진하면서 확대성장으로 이어질 수 있었던 것이다.[17]

이상에서 요약·고찰한 챈들러 모델은 그동안 개별기업 사례연구의 축적에도 불구하고 그것을 종합한 일반적인 발전논리를 정립하지 못한 채 '편협'하고 '정체'한 상태에 있던 경영사 연구에 큰 영향을 주었다. 챈들러의 근대 기업의 생성·성장모델은 미국만이 아니라 유럽이나 일본 등을 포함한 선진자본주의국 일반에서도 적용될 수 있을 분석틀로 기대되었다. 영국에서 챈들러에 자극된 최초의 본격적 연구는 채논(D.F. Channon)의 연구였다.[18] 대기업=경영자기업이 일반화되는 현실에서 '챈들러 모델'은 학계에 유행처럼 받아들여지면서 경영사 연구에 큰 영향을 주었다.

2) 챈들러 모델에 대한 비판

챈들러 모델은 광대한 체계이고 학계에 미친 영향도 컸던 만큼 비판도 다양하게 제기되었다. 그것은 대체로 다음과 같은 것들이었다.

첫째, 챈들러 모델에서는 금융 및 상업 기업과 중소기업이 고찰 대상에서 빠져 있다는 것이다. 따라서 챈들러가 말하는 시장거래내부화의 거래비용 절감효과가 모든 거래환경에서 나타날 수 있는지에 대한 회의론이 제기되었다. 경제의 서비스화가 진전되고 중소기업도 중요한 지위를 차지하는 현실에서 이들 부문이 결락된 발전모델은 그만큼 한계를 가질 수밖에 없다는 것이다. 이러한 비판은 제조업의 국제경쟁력은 상대적으로 약하면서도 금융·상업에서 강세를 유지해온 영국에서 강력하게 제기되었다.

둘째, 대규모 계층적 관리조직을 가진 대기업의 '규모와 범위의 경제'에 대한 회의이다. 챈들러에 따르면 규모와 범위의 확대에 따라 거대화된 대기업은 '세 방면 투자'를 계속함으로써 비교우위를 가지고 성장을 지속할 수 있었다. 그 가운데 관리조직에 대한 투자는 중요하였고 그것을 통해 기업의 효율적 관리가 지향되었다. 그러나 1960~70년대를 거치면서 대기업을 중심으로 한 정치경제시스템에서의 경제의 비효율화, 경직화 문제가 제기되고 대기업 내부에서도 '대기업병'이라 불린 관료제적 조직구조의 비효율성 문제가 제기되었다. 이러한 배경에서 1980년대에는 규제완화와 대기업에서의 구조조정이 광범하게 추진되었다. 대기업조직의 축소와 분사화(分社化) 등 개혁이 추진되면서 '큰 것은 좋은 것이다'라는 믿음은 그 기반이 약화되고 있었다.

셋째, 금융자본의 역할을 과소평가하고 있다는 비판이다. 챈들러는 산업기업의 내부축적의 진전과 주식의 광범한 분산으로 소유와 경영이 분리되어 기업은 유급전문경영자가 지배하게 되었다고 인식하였다. 그는 미국에서는 모건상회의 경우와 같이 한때 금융자본이 출현하였으나 오래가지 않았으며 금융기관의 대표나 대주주가 이사회에 참가해도 의사결정에 적극 참여하지는 않았고 참여할 수도 없었다고 보았다. 그러나 그들은 경영자의 인사를 승인하거나 거부할 수 있는 실질적 권한을 가지고 있었으며 경영에 영향을 미치지 않았다고 볼 수 없다는 것이다. 사실 1980년대 이후에는 기관투자가를 중심으로 한 대주주의 경영관여에의 관심이 커지면서 '투자자자본주의(investor capitalism)'가 현실적으로 인식되고 있는 실정이다.

넷째, 챈들러 모델은 어디까지나 대기업 내부의 발전모델이며 외부와의 관계에 대한 고려는 불충분하다는 것이다. 물론 챈들러도 외부 조건의 중요성은 충분히 인식하고 있다. 그러나 그가 중시한 외부 조건은 시장·기술적 조건이며 좀 더 넓은 환경적 조건에 대한 고려는 결락되어 있다. 챈들러의 발전모델은 어디까지나 미국의 환경을 기반으로 구축된 것이며 그것을 그대로 다른 나라에 적용하는 데는 한계가 있다. 이러한 비판은 경제, 법제, 문화적 성향, 전통 등 경영환경이 다르고 기업유형도 다르게 전개되어온 영국에서 강력하게 제기되었다.

요컨대 챈들러 모델에 대한 비판의 하나는, 그것은 시장과 기술이 급속하게 확대·변화한 19세기 말에서 20세기 초에 이르는 시기의 기업의 성장전략과 조직구조의 변화를 중심으로 구축된 것으로 설명할 수 있는 산업 및 기업과 시대의 범위에 제약이 있다는 것이었다. 특히 시대적 범위에 대한 비판의 배경에는 1980년대 이후의 기업경영 양태의 변화라는 현실이 있다. 또 다른 비판은 경영발전의 미국적 모델을 환경조건이 다른 외국에 적용하는 데는 한계가 있다는 것이었다.

그러나 이러한 비판이 챈들러 모델의 유효성을 부정하거나 무효화하는 것은 아니다. 비판은 기본적으로 챈들러의 분석에서 다루어진 시기라든가 문제의 범위가 한정되어 있다는 것이었다. 이러한 비판들을 감안하면서 챈들러 모델은 보완·확대될 필요가 있을 것이다. 챈들러 모델이 기업진화 분석의 기본 틀로서 유용하게 이용될 수 있는 분석 틀이라는 데는 이론이 없다.

4. 경영사와 기업이론

1) 기업이론 대두의 배경

경제이론은 1930년대에 이르기까지는 기업의 본질에 대해서 거의 관심을 갖지 않았다. 완전경쟁이론이 지배적이던 시대에서 기업은 기본적으로 개인 또는 소수의 파트너에 의해서 소유·지배되고 단일제품을 생산하는 단순한 기능을 가진 소규모기업으로 생각되었으며, 그들 기업이 경쟁적 시장에서 합리적 대응으로 이윤극대화를 지향한다고 인식되었다. 따라서 이론적 분석의 초점은 기업 자체가 아니라 기업이 그 속에서 기능하는 시장에 집중되었다.

완전경쟁하에서 무수한 기업이 시장에 진입하고 시장에서 결정되는 가격을 수용해야 하는 상황에서 이윤극대화를 지향하는 기업의 산출량은 한계비용이 시장가격과 같아지는 수준에서 결정되었다. 이러한 과정에서 장기적 균형이 달성되고 그 수준에서 가격은 평균생산비와 같아졌다. 그 경우 기업은 스미스(A. Smith)의 '경제인'과 같은 합리적 실체이며 그의 행동은 시장이라는 '보이지 않는 손'에 의해서 조정되었다. 따라서 경제이론에서는 기업 자체가 인식의 대상으로 중요시되지는 않았던 것이다.

그러나 기업에 대한 이론의 무관심은 언제까지나 계속될 수는 없었다. 주류경제학이론이 가정한 완전경쟁이라는 조건은 기업규모가 확대되면서 1840년대 이후에는 현실성이 약해졌다. 특히 19세기 말에서 20세기 초에 나타난 대기업과 그의 경제력 증대는 기존의 시장·기업모델로는 해명될 수 없다는 것이 명백해졌다. 이러한 현실에서 독점이라든가 불완전경쟁의 문제가 이론적 인식대상으로 중요시되었다. 그 속에서 1930년대에 기업 자체의 성장논리를 구명한 기업이론은 나타났다.

새로운 기업이론의 전개에서 중요한 것은 대기업에서의 지배구조(governance structures), 즉 오너와 경영자 사이의 경영지배권의 전환을 정확하게 인식할 수 있는 실증연구였다. 이 점에서 선구적으로 공헌한 것은 벌리(A.A. Berle)와 민즈(C.G. Means)의 연구였다.[19] 이 연구에서 그들은 미국의 200대 기업의 경우 경영권의 65%와 총자산의 80%가 경영자 지배하에 있다는 사실을 수량적으로 실증하였다. 현대 기업의 대규모화와 부의 집중은 대중자금의 동원으로 가능하였으나 무수한 투자가들이 효과적으로 경영에 참가할 수 없었으므로 경영관리기능은 전문경영자에게 양도하지 않으면 안 되었다. 소유와 경영의 분리를 내용으로 하는 '경영자혁명'으로 기업의 본질은 완전히 변화하였다는 사실이 밝혀진 것이다.

2) 기업목표와 기업이론

지배구조의 전환에 따라 오너(주주)와 경영자 간의 이해관계에 차이가 있다는 것이 인식되면서 경영자지배기업의 전략목표를 설명하기 위한 경영이론들이 나타났다. 오너기업의 이윤극대화 지향에 대해서 경영자기업의 전략목표와 관련해서는 매출극대화론[20]이라든가 성장극대화론[21]이 주장되었다. 이들 극대화론은 완전경쟁 상태와 기업가의 합리적 행동을 가정하여 기업 내부보다 시장행동에 대한 설명을 중시하였다.

이에 대해서 행동이론은 경영자의 기회극대화라든가 합리적 행동을 가정하지 않고 기업 내부에서의 실제의 의사결정방식을 연구하였다. 사이먼(H.A. Simon)은 전통적 관리론이 관리를 기능과정으로 파악한 데 반해서 의사결정과정으로 인식하였다. 그래서 그는 개인의 의사결정에는 한계가 있으므로 그 한계를 극복하여 합리적 의사결정을 도출하는 것이 조직의 임무라는 조직이론을 전개하였다.[22]

행동이론에서는 기업목표를 만족스러운 이윤율을 달성하는 것으로 보았다. 행동이론은 기업을 단일인의 의사결정인만이 아니라 생산, 인사, 판매 등의 기능직과 경영자, 주주, 노동자, 그리고 외부적으로는 소비자, 공급업자, 금융기관을 포함하여 서로 다른 이해관계자 집단으로 구성된 복합조직으로 인식하였다. 이들 집단 간에 이해관계의 상충이 있는 경우 최고경영자의 과업은 충돌을 해결할 목표를 설정하는 일이었다. 따라서 기업의 목표는 여러 이해관계자의 상반되는 목표를 타협하는 것이었다. 기업은 극대화 조직이라기보다도 이해관계자를 만족시키는 조직으로 인식된 것이다.[23]

3) 조직구조와 기업이론

(1) 코스의 거래비용이론

기업(조직)의 발생과 확대를 설명하는 기업이론의 정립에서 선구적 역할을 한 것은 코스(R.H. Coase)의 연구였다.[24] 코스는 1930년대 비즈니스 세계에서의 계층적 관리제를 가진 대기업에서 다수의 소기업에 이르는 다양한 조직 양식의 존재를 관찰하면서, 왜 자원배분을 위한 조정이 어느 경우에는 시장의 가격기구를 통해서 이루어지고 다른 경우에는 조직에 의해서 이루어지는가라는 문제를 물었다. 즉, 그는 경제이론에서는 자원배분이 시장('무의식적으로 조정되는 해양')에서 이루어지는 것으로 가정하지만 현실적으로 그 속에는 기업조직('의식적 조정력을 가진 섬들')이 존재하고 있으며 특히 대기업의 경우는 내부적 조정으로 자원배분을 함으로써 시장기능을 대체하고 있다는 사실에 주목하였다.

코스는 경쟁적 시장('해양')에서 기업('섬')이 출현하여 존재하는 이유를 거래비용에서 찾았다. 코스의 명제는 다음과 같다. 즉, 시장거래에서 발생하는 계약 등 생산요소의 조달을 위한 거래비용은 어느 기업가가 조직을 만들어 시장거래를 내부화한다면 절약할 수 있다. 따라서 기업의 발생·존재이유는 조직을 통한 거래비용이 시장을 통한 그것보다 낮다는 데 있다는 것이다. 그의 명제는 기업 확대의 설명원리로도 확대·적용될 수 있는 것이었다. 왜냐하면 기업은 내부적 거래조직을 확대함으로써 거래비용을 더욱 절약할 수 있기 때문이다.

기업은 '결합'과 '통합'으로 확대된다. 그러면 단일 기업이 모든 생산을 집중하여 시장거래를 대체할 만큼 거대화하지 않고 시장거래가 존재하는 이유는 무엇인가? 코스는 그 이유를 기업 내부에서 거래조직을 확대할 경우 나타나는 관리조직비 등 비용증대로 '매니지먼트의 수확체감'이 나타난다는 데서 찾고 있다. 즉, 기업은 동일기업 내에서의 추가적 거래를 조직하는 비용이 동일한 거래를 개방된 시장에서 수행하는 경우의 비용 또는 다른 기업에서 조직하는 경우의 비용과 같아질 때까지 확대한다는 것이다. 따라서 상이한 경제활동 간의 다양한 거래비용의 존재가 교환의 내부화 내지 기업 확장의 다양성을 설명하는 것이다. 코스의 명제는 대기업을 포함한 기업의 성장을 설명하는 원리로서 매우 중요한 것이었다.

(2) 윌리엄슨의 거래비용이론

그럼에도 코스의 거래비용이론은 1970년대에 이르러 윌리엄슨(Oliver E. Williamson)이 『시장과 계층조직』(1975)[25]에서 확대·발전시켜 거래비용이론을 확립할 때까지 거의 주목받지 못했다. 코스의 개념은 기업을 완전경쟁하에서 이윤극대화를 지향하여 합리적으로 행동하는 것으로 보는 신고전파경제학의 분석틀에는 적합하지 않았던 것이다. 그 후의 거래비용이론은 코스의 개념을 토대로 구축된 것이다.

윌리엄슨은 기업을 신고전파경제학에서와는 달리 지배구조로 보았다. 그에 의해서 기업과 시장은 양자택일적 지배구조로 정의되어 그중 어느 쪽을 선택하는가는 거래비용의 절약이 어느 쪽이 큰가에 달려 있는 것으로 인식되었다. 그도 코스와 마찬가지로 기업성장을 거래비용 절약 노력으로 설명할 수 있다고 보았다. 그는 거래비용을 계약의 협상과 문서작성 등에 소요되는 사전적 비용과 집행, 모니터링, 분쟁발생 시의 수정에 소요되는 사후적 비용으로 특정하여 설명하였다.

윌리엄슨 모델에서는 제한된 합리성(bounded rationality), 기회주의(opportunism), 자산특수성(asset specificity)이라는 세 가지 기본조건을 가정하고 있다. 첫째, 제한된 합리성은 경제주체는 본래 합리적 존재이나 정보의 수집·이용능력이 한정되어 있기 때문에 충분히 합리적인 의사결정을 할 수 없다는 것이다. 둘째, 기회주의는 경제주체는 개인이나 집단 할것없이 자신의 이익을 위해서 계약을 파기하거나 다양한 형태의 교활한 행동을 취할지도 모른다는 것이다. 셋째, 자산특수성은 거래되는 자산의 특수성 정도가 크면 클수록 시장을 통한 거래는 적합하지 않거나 비용이 크다는 것이다. 예를 들어 콩코드항공기의 바퀴 디자인과 같은 특수한 서비스는 어디서나 거래될 수 있는 것이 아니라 한정된 특정부문에서만 있을 수 있는 서비스라는 것이다. 윌리엄슨은 자산을 물적·인적·입지적 자산으로 구별하고 있다.

이상의 세 가지 조건 중에서 기업으로서 가장 중요한 의미를 가진 것은 첫째와 둘째 가정이다. 즉, 경제주체는 제한된 합리성에 근거하여 비용을 절약하고 기회주의의 위해로부터 안전하기 위하여 거래를 조직하게 되기 때문이다. 이들 조건과 함께 셋째 조건까지 공존할 경우에는 시장에서의 거래비용은 더욱 커짐으로써 거래를 내부화하려는 유인은 더욱 커진다. 특히 자산이 공장이나 기계와 같은 형태로 투자되어 형태전환이 쉽게 이루어질 수 없는 고도의 자산특수성을 가진 기업의 경우 내부화의 거래비용절약효과는 커진다. 이러한 조건에서 기업은 높은 거래비용을 가진 상품생산을 위한 요소시장을 내부화하게 된다. 기업은 내부화를 통해서 생산, 마케팅, R&D 등 여러 기능부문 간의 정보연결효과를 높이고 내부시장을 확대하고 생산의 계획·통제능력을 증대하였다.

이러한 논리에서 대기업도 전통적 인식에서와 같은 독점추구행동이라든가 기술상 필요의 소산으로서가 아니라 시장기능을 내부화하여 거래비용의 절약을 달성하는 효율적인 조직형태로 인식되었다. 내부화 과정에서 가장 중요하고 기본적인 것은 수직통합이었다. 그것을 통해서 대기업은 장기계약의 내부화, 중간시장에서의 공급독점, 품질관리, 거래가격설정 등으로 거래비용을 크게 절약할 수 있었다고 생각한 것이다.

한편 제한된 합리성하에서 기업규모의 확대와 업무의 복잡화에 따라 계층적 관리조직도 확대된다. 그에 따라 부문 간의 정보전달은 곤란해지고 관리기구의 효율성도 떨어지게 된다. 코스가 말하는 '매니지먼트의 수확체감'으로 기업성장은 한계에 도달하게 된다는 것이다. 그러한 한계를 극복할 수 있는 방법으로 윌리엄슨은 챈들러의 집권적 기능부제조직(centralized, functionally departmentalised structure, U-form)에서 분권적 복수사업부제조직(decentralised, multi-divisional structure, M-form)으로의 조직구조의 변화모델을 원용하였다. 챈들러의 수직통합 → 투입 총량 증대 → 단위비용 절감 → 생산성 증대라는 명제에 대한 실증적 설명은 거래비용이론에서의 내부화론과 일치한다. 윌리엄슨에 있어 철도에서의 라인(line)-스태프(staff) 조직의 발전, 제조업기업의 수직적 통합, M-form 조직구조, 복합기업과 다국적기업의 출현 등 기업의 조직혁신과 성장은 거래비용절약 노력의 결과였던 것이다.[26]

거래비용이론은 특히 다국적기업과 같은 대기업의 성장에 관한 이론연구에 큰 영향을 미쳤다. 한편 이 이론이 대기업의 역사적 연구에서 한 역할에 대해서는 평가가 엇갈리고 있다. 챈들러를 비롯한 많은 연구자들이 코스-윌리엄스 명제를 적극 평가하는가 하면 많은 경영사가들은 이론적 구조의 실제적 가치에 대해서 회의적이다. 특히 거래비용이론은 비교 사회문화적 관점에서의 인식과는 거리가 멀다. 미국의 비인격적·상업적 사회조직과는 대조적으로 유럽, 특히 영국과 프랑스와 같은 나라에서는 '개인적'인 시장교환제도가 발달하였고 그곳에서는 경제주체 간의 친근함과 신뢰가 '제한된 합리성'과 '기회주의'보다 중요하였다.[27]

4) 기업이론과 경영사

기업성장이론은 20세기 대기업의 진화라는 역사적 현실에 대한 실증적 연구의 기반 위에서 전개된 학문이다. 이 이론은 성장률과 이익률의 관계만이 아니라 수직적 통합, 다각화, M&A, 관리조직, 경영자의 의사결정 및 관리기능 등, 기업성장과 관련하여 중요한 문제의 분석에 응용되었다. 이들 문제는 바로 경영사의 문제이기도 하였다. 그 예로 펜로즈(Edith T. Penrose)의 기업성장이론을 들 수 있다.

펜로즈는 전통적 신고전파의 기업이론을 실체가 없는 이론적 구축물에 불과하다고 비판하고 자신의 기업이론을 전개하였다.[28] 그녀는 기업을 사람들의 살아 있는 조직이면서 관리적 의사결정에 의해서 배정되는 생산적 자원(물적 및 인적)의 집합체로 정의하였다. 기업의 확장은 기존 자원의 효율적 이용기회를 포착함으로써 이루어진다. 따라서 기업목표는 성장을 위한 장기적 총이윤의 실현이다. 그러나 기업 확장에는 경영관리 능력, 제품과 요소시장의 통제, 조업확대에 따른 위험과 불확실성 등 제약요인이 있다. 그중에서도 가장 중요한 제약요인은 규모의 확대에 따른 관리의 불경제였다. 기업의 수확체감에는 관리의 불경제를 제거하는 노력이 중요하였다. 펜로즈의 기업이론은 경영사 연구에서 손쉽게 이용될 수 있는 개념을 제공해주었다.

기업이론은 그동안 크게 발전해왔다. 그 속에서 무수한 이윤극대화 지향 기업으로 채워진 완전경쟁시장이라는 것은 예외적인 존재임이 밝혀졌다. 이론가들은 기업을 다양한 이해관계자 집단을 내포하고 소유와 지배가 분리된 조직으로 인식함으로써 관심의 초점을 조직의 본질과 성장의 요인에 두고 다양하고 실제적으로 연구를 전개하고 있다. 따라서 이론이 다루는 중요한 문제들에 대해서 경영사가도 난해하다거나 비현실적이라고 해서 무관심할 수는 없게 되고 있다. 경영사가는 이론이 제기한 논제와 통찰에 주의를 기울이지 않을 수 없게 되고 있는 것이다.[29]

한편 기업성장이론의 실증적 연구에는 경영사가의 연구가 중요한 기반이 되었다고 할 수 있다. 그 두드러진 예로는 챈들러의 조직혁신에 대한 실증적 연구가 윌리엄슨 모델의 구축에 크게 기여하였다는 사실을 들 수 있다. 물론 경제이론과 역사의 결합은 단순한 일은 아니다. 그러나 이론의 여러 개념이 경영사의 체계적 인식에 도움이 된다는 것을 부정할 수는 없을 것이다.[30]

5. 근대 기업 발전의 제 단계

근대 기업은 어떠한 경로를 거치면서 발전해왔는가. 이 문제에 접근하기 위해서는 우선 인식기준이 될 근대 기업의 본질을 이해해야 할 것이다. 근대 기업의 성립에서 오늘날에 이르기까지 지배적 존재 형태의 변화과정이 바로 그의 발전단계가 될 것이기 때문이다.

슈미츠(C.J. Schmitz)[31]는 근대 기업의 본질을 복수의 공정 내지 공장을 통합하고 나아가 제품 및 지역다각화를 이룩하고 경영관리를 위해서 복잡한 조직구조와 관리계층제를 도입하여 규모와 범위의 경제를 실현한 과점적 대기업(big business)으로 인식하였다. 대기업은 확장을 위한 합병이라든가 신제품 개발을 위한 R&D의 필요로 거대비용조달을 투자은행과 주식시장 등 외부의 금융에 의존하지 않으면 안 되었다. 이에 주식은 광범하게 분산되고 소유와 경영은 분리되었다. 근대 기업은 새로운 지배구조의 출현 속에서 경영자기업으로 되었다.

근대적 대기업에 대한 슈미츠의 정의는 챈들러의 정의와 궤를 같이 하는 것이다. 앞에서 고찰한 바와 같이 챈들러는 근대 기업은 복수사업 단위를 가지고 유급경영자 계층에 의해서 관리되는 경영자기업으로 정의하였다. 그것은 소유와는 분리된 유급전문경영자가 지배하는 형태다. 이렇게 보면 '근대 기업'은 바로 현대적 대기업인 것이다.

이러한 기준에서 볼 때 근대 기업 발전의 단계는 기본적으로 기업규모의 확대와 관리기능의 다양한 분화에 따른 전문경영자에게 권한과 책임이 이양되는 정도에 따라 달라진다. 그것은 궁극적으로는 소유와 경영지배(control)가 분리되는 정도의 차이로 귀결된다.

챈들러와 담스(Chandler and Daems)는 근대 기업의 발전을, 오너와 매니지먼트 간에서의 일상적 경영권 및 장기투자의사결정권의 변화를 기준으로, 개인기업(personal firm), 기업가기업(entrepreneurial firm) 및 경영자기업(managerial firm)의 3단계로 구분하였다.[32] 제1단계의 개인기업은 오너경영자가 일상적 매니지먼트와 함께 장기투자의사결정을 1인 독재적으로 수행하는 형태이고, 제2단계의 기업가기업은 오너가 장기투자의사결정권을 행사하면서 전문경영자에 일상적 관리기능을 부분적으로 이양하는 형태, 그리고 제3단계인 경영자기업은 소유와 경영이 분리되어 일상적 관리만이 아니라 장기투자의사결정도 고용된 매니저가 수행하는 형태이다. 말하자면 이들 단계는 어느 특정시점에서 기업의 조직으로써 어느 형태가 지배적이었는가를 나타낸 것이다.

챈들러(1978)는 미국기업의 발전을 크게 세 시기로 구분하여 인식하였다. 제1기는 18세기 말의 국민경제의 형성에서 1840년대에 이르는 시기다. 이 시기에는 섬유공업에서 근대 산업기업의 선구적 형태가 출현하고 있었으나 전체적으로 볼 때 기업은 소규모였고 관리조직은 단순하였으며 오너에 의해서 지배되고 있었다.

제2기는 1840년대에서 1920년대에 이르는 근대 기업의 대두기다. 이 시기는 1880년대를 전후로 두 시기로 구분하여 고찰되고 있다. 전기는 미국의 산업혁명이 본격적으로 전개되어 생산에서는 기계제 공장경영이 전면적으로 보급되면서 미국식 대량생산이 이루어지고, 유통에서는 철도 등 새로운 운수·통신수단의 발달이라는 배경에서 대량유통경영이 확산된 시기다. 그럼에도 이 시기에는 모든 미국기업은 제조, 판매, 광업, 수송 등 단일경제기능을 수행하는 기업이었다. 기업규모도 확대되고 생산공정을 거치는 재료의 속도와 양이 증대하면서 관리문제에 대한 관심도 높아졌다. 그러나 아직 '근대 기업'의 단계에 이르지는 못하였다. 이 시기에 근대 기업으로 등장한 유일한 산업은 철도였다. 철도는 미국 최초의 대기업이었으며 다수의 전문화된 조업단위의 운영을 위한 조정, 감독, 평가, 계획 등 기능을 수행할 조직구조를 개발, 도입한 최초의 근대 기업이었다.

철도의 선구적 예는 있지만 근대적 대기업이 특징적으로 출현한 시기는 1880년대에서 1920년대였다. 이 시기에는 '제2차 산업혁명'의 기술적 기반에서 구공업이 새로이 발전하고 신공업이 출현하여 기업기회와 생산력 기반은 크게 확대되었다. 그 속에서 기업은 수평적·수직적 통합으로 규모를 일거에 확대하였다. 특히 수직적 통합은 대량생산을 원료의 대량조달 및 제품의 대량판매와 결합함으로써 기업규모를 확대했을 뿐만 아니라 그 전 과정에 걸친 물자의 흐름을 조정하기 위한 관리 네트워크를 창출하였다. 그것은 U-form 형태의 근대적 대기업의 형성과정이었다.

제3기는 1920년대에서 1970년대에 이르는 시기다. 이 시기도 제2차 세계대전기를 사이에 두고 전기와 후기로 구분할 수 있다. 우선 전기는 선행한 시기에 이어 기술혁신이 광범하게 진전되고 기업통합이 촉진되면서 복수단위와 복수기능을 통합한 U-form 조직기업이 보급된 시기였다. 특히 이 시기는 근대 기업 진화가 최고의 단계에 이르고 '경영자자본주의'가 성립한 시기라는 점에서 중요하였다. 이 시기에 선구적 기술집약적 기업들은 R&D에의 집중투자로 신제품을 개발하면서 복수제품을 생산하는 다각화전략을 추진하고 그에 대응하여 조직도 M-form으로 개혁하였다. 그것은 바로 소유와 경영의 분리로 소유권 기반 없이 유급 전문경영자에 의해서 경영권이 지배되는 '경영자자본주의'의 출현을 의미하였다.

후기는 제2차 세계대전 후의 미국자본주의 전개 속에서 경영자기업이 지배적으로 되고 경영자자본주의가 성숙단계에 이른 시기다. 1950~60년대에 미국에서는 활발한 합병운동이 전개되면서 제품과 지역적으로 다각화한 M-form 형태의 기업이 일반화되었다. 대규모 다국적기업이 전개되면서 복수 사업부 형태의 조직은 미국만이 아니라 국제적으로 확산되었다. 1960년대 미국에서는 다수기업의 합병체인 대규모 복합기업(conglomerate)이 출현하였으나 그것은 전략과 조직구조에서 본래의 '근대 기업'과는 다른 것이었다.

챈들러의 시기 구분은 1960년대로 끝나고 있으나 그 연장선상에서 보면 1970년대 이후는 성숙단계에 도달한 근대 기업이 경영환경의 큰 변화 속에서 새로운 전환을 하는 시기로 이해할 수 있을 것이다. 석유위기 등으로 위기 상황에 직면한 '근대 기업'은 1980년대에 들어 대규모의 구조조정과 함께 재생을 위한 새로운 전략과 조직구조를 적극 모색하게 되었다. 그와 함께 기관투자가의 힘이 커지면서 기업의 지배구조도 일정한 변화를 나타내었다.

챈들러의 미국기업발전론과 시대구분론은 미국뿐만이 아니라 다른 나라의 경영사 인식에도 유용한 기준을 제시하고 있다. 챈들러 자신도 기업 발전의 국제비교를 통해서 미국의 '경쟁적 경영자자본주의(competitive managerial capitalism)'에 대해서 영국의 '개인자본주의(personal capitalism)'와 독일의 '협동적 경영자자본주의(cooperative managerial capitalism)'를 유형적으로 인식하였다.[33]

6. 기업 발전의 국제비교: 개별성과 일반성

기업 발전은 큰 방향에서 일반성을 가지면서도 산업 및 나라에 따라 시기, 정도와 양태에서 일정한 차이를 나타내면서 전개되었다. 특히 국가간 차이는 특징적이었다. 예를 들어 최초의 산업혁명을 수행한 영국은 근대 산업기업의 성립에는 앞섰으나 점진적 진화 속에서 그 발전은 지체되었다. 특히 영국은 제2차 산업혁명 기술에 기초한 근대적 대기업의 성장에 뒤졌다. 영국에서도 기업합병은 광범하게 전개되었으나 그것은 일반적으로는 미국에서와 같은 수직적 통합 내지 다각화보다 시장지배 목적의 수평적 기업합병 또는 카르텔 조직이었다. 일부 혁신적 기업의 예외는 있으나 집권적·계층적 조직구조의 도입은 지체되고 느슨한 지주회사 형태(holding-company form, H-form) 조직이 오랫동안 광범하게 존속하였다. 따라서 1930년대까지도 영국은 기본적으로 가족기업적 성격이 농후한 개인자본주의에 머물렀다.

일본의 근대 기업도 특징적인 발전을 하였다. 후발국 일본의 근대 산업은 선진자본주의가 독·과점적 대기업을 형성하기 시작하는 1880년대에 들어서야 발전하기 시작하였다. 그 후 일본기업은 서양의 기술과 제도를 도입하여 급속하게 발전하고 1920년대 이후에는 H-form 조직이면서도 집권적·계층적 관리조직을 가진 근대적 대기업집단인 재벌 형태를 취하면서 발전하였다. 일본에서는 제2차 세계대전 후의 개혁으로 재벌이 해체되면서 대기업은 새로운 발전국면을 맞이하고 경영자자본주의가 확립되었다. 일본에서는 근대 기업의 발전과정에서 국가가 시종 중요한 역할을 하였으며 기업문화는 전통적으로 집단주의적이었다.

근대적 대기업 발전의 국가적 차이는 기업환경의 차이에 기인한 것이다. 인간의 경제활동인 기업활동은 환경요인에 능동적으로 대응하는 한편 그로부터 영향을 받으면서 이루어진다. 환경적 요인은 국제적으로 상당 정도 공통성을 가지고 나타나는 경우에도 그 영향은 국가에 따라 다를 수 있다. 국가에 따라 그에 대응하는 조건에 차이가 있기 때문이다.

챈들러는 환경요인으로 기술과 시장을 가장 중시하였다. 근대 기업의 발전이 계속적인 기술진보와 시장의 확대를 기반으로 이루어졌다는 데는 이론이 없을 것이다. 기술진보는 수직통합과 공정개선을 통하여 규모와 범위의 경제로 이끈 직접적 요인이었으며 그것을 수요 측면에서 뒷받침한 것이 확대되는 시장이었다. 챈들러의 기업발전모델은 미국적 시장·기술 환경 위에서 구축된 것이다.

그러나 시장은 전체로서는 확대하면서도 제도로서의 존재와 기능양태는 나라에 따라 달랐다. 예를 들어 미국에서는 균일한 전국적 대량소비시장이 발전한 데 비해서 영국과 프랑스에서는 소비자의 기호에 따른 분단시장이 광범하게 존속되었다. 기술개발에 대한 태도와 그 성과도 나라에 따라 달랐다. 예를 들어 영국에서는 기술보수주의가 농후하였다. 시장적·기술적 조건의 차이는 기업 발전 형태의 차이를 가져오는 요인으로 일정한 영향을 미쳤다.

경영환경의 제도적 요인으로 중요한 것은 ① 자본시장의 조직과 기능, ② 정부의 역할, ③ 사회·문화적 가치체계 등을 들 수 있다.[34]

첫째, 성장하는 기업이 자본집약기술을 이용하고 합병을 추진하기 위해서는 외부자본의 조달이 필요하였다. 그 경우 금융시장과의 관련 정도 및 형태는 산업기업의 확장능력과 지배구조에까지 영향을 미칠 수 있었다. 즉, 경제사에서 말하는 금융자본주의다. 그러나 그 정도도 나라에 따라 차이가 있었다. 후발국으로서 내부축적기반이 취약한 상태에서 급속한 확장을 한 독일은 산업기업의 은행과의 관계는 밀접하였다. 일본에서도 은행은 중요한 역할을 하였다. 그에 비해서 미국은 19세기 말의 철도통합과 US스틸사의 탄생으로 이어진 철강공업의 대통합에서는 모건상회 등 거대 투자은행이 큰 역할을 하였으나 19세기와 20세기의 대부분을 통해서 산업기업 자본조달의 주요 원천은 내부유보금이나 가족·동업자그룹의 자금이었다. 특히 영국과 프랑스에서는 기업의 확장에도 자기금융이 중요하였다. 그 속에서 산업기업은 자본시장과의 관계에서 자주성을 유지할 수 있었다.

둘째, 정부의 역할이다. 1930년대 대공황 이전에 정부는 거시경제관리자로서의 역할에는 소극적이었으나 기업가, 산업수요자, 입법주체로서 기업의 존재 형태에 큰 영향을 미쳤다. 국유산업은 제2차 세계대전 이전까지는 유럽제국과 일본에서 철도라든가 전화 그리고 발전(發電) 등에서 존재하였으며 대전 이후에는 나라에 따라서는 확대되었다. 정부는 전쟁 기간이나 특정산업에 대해서는 대규모 구매자이기도 하였다. 특히 제2차 세계대전 후에 적극적으로 거시경제관리정책을 추진하면서 정부의 역할은 더욱 커졌다. 기업과 정부의 관계는 후발자본주의국인 독일, 일본 등에서 더욱 밀접하였다.

입법주체로서 정부 역할이 컸던 분야는 관세와 반독점정책이었다. 관세정책은 본래 목적 외에 기업통합과 카르텔의 성패에도 영향을 미쳤다. 예를 들어 카르텔 내지 기업결합은 1932년까지 자유무역정책을 고수한 영국보다도 높은 관세정책을 추진한 미국, 유럽제국, 일본 등에서 성공적으로 기능하였다. 높은 관세는 독일에서의 수직통합과 카르텔을 촉진하고 미국과 유럽의 다국적기업의 성장을 촉진한 큰 요소였다.

반독점정책은 미국과 유럽이 대조적이었다. 영국에서는 카르텔과 동업조합을 합법화하고 독일과 일본에서는 시장가격협정을 권장하였다. 그런데 미국에서는 가격협정행위를 주와 연방법으로 금지한 한편, 1890년의 연방법으로 독점을 금지하고 지주회사조직도 규제될 수 있다는 전망에서 수직통합하거나 다각화한 U-form 내지 M-form 조직의 대기업이 일반화되었다. 그에 비해서 영국에서는 카르텔 조직으로 소기업이 존속될 수 있었으며 대기업에서도 지주회사 형태(H-form) 조직이 상당 정도 존속되었다.

셋째, 사회적 가치체계, 즉 문화적 요인이다. 캐슨(M.C. Casson)은 문화를 가치·규범·신념이 공유되어 일체화된 것으로서의 '공동주관성(collective subjectivity)'이라 정의하였다.[35] 문화는 인간행동인 기업행동에 매우 중요한 영향을 미치는 것으로 이해된다. 왜냐하면 인간의 사고방식이라든가 행동패턴은 문화에 따라 차이를 나타내며 그것이 기업에서의 의사결정방식이라든가 인간관계의 존재 형태의 차이로 이어지기 때문이다. 예를 들어 자본주의의 경쟁적 기업활동이 높이 평가되는 미국과, 귀족적 가치에 비해 비즈니스의 가치가 낮게 평가된 영국, 그리고 '반자본주의'적 풍토의 프랑스에서는 기업의 성장과 발전양태에 큰 차이가 있었다. 문화는 기업의 자본조달방식, 노사관계, 국가와 비즈니스의 관계, 그리고 매니지먼트와 조직에 큰 영향을 미친 요소였다.[36]

경영환경은 1980년대 이후 크게 변화하였다. 기술적으로는 자동화·컴퓨터·인터넷의 보급 등 '제3차 산업혁명'이 진전되면서 중화학공업에서의 확대 기반은 크게 약화된 한편 새로운 하이테크산업에서의 기업기회는 확대되었다. 제도적으로는 정부의 규제완화와 세계화가 진전되어 기업의 자유로운 활동 범위도 세계적 범위로 확대되었다.

이제 기업은 글로벌시장에서의 경쟁에 직면하였다. 대기업은 광범한 구조조정과 조직개편을 추진하는 한편 IT 산업을 중심으로 무수한 중소벤처기업이 대두하여 급성장하고 일부는 대기업으로 되었다. 다국적기업은 두드러진 발전을 하였다. 글로벌시장에서 기업은 치열한 경쟁관계에 있으면서 한편에서 제휴관계를 확대하였다. 세계화가 진전되는 속에서 기업행동에서의 '글로벌 스탠더드'의 필요성은 커지고 있다. 그에 따라 나라에 따른 기업행동의 '개별성', '특수성'은 세계적 공통성으로 수렴되는 경향을 나타내고 있다.

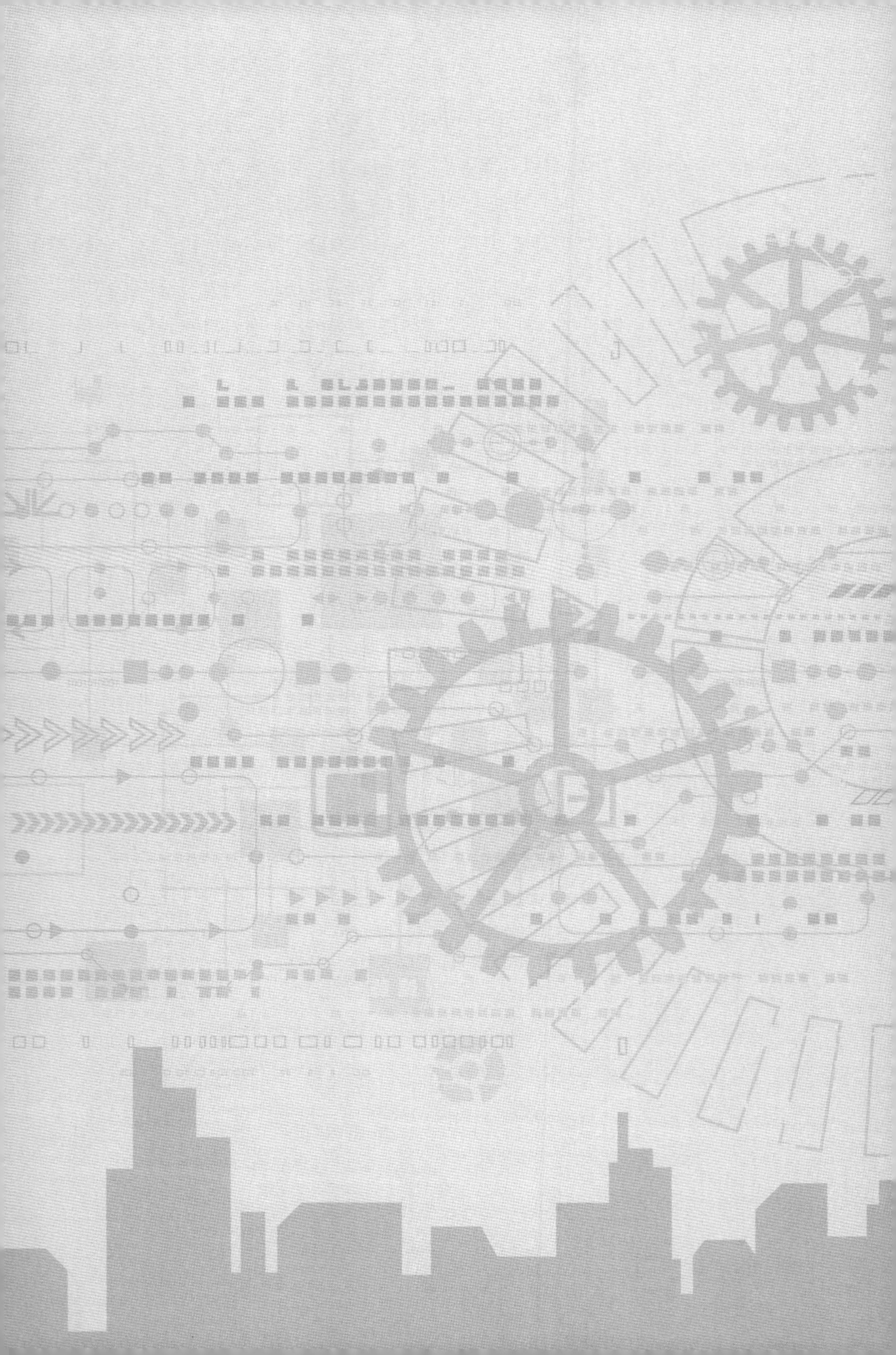

1부

근대 산업기업의 발흥과 성장

1장 영국 근대 산업기업의 발흥
2장 영국기업의 성장
3장 미국 근대 산업기업의 전개
4장 일본 근대 기업의 전개

1장

영국 근대 산업기업의 발흥

1절 경영환경

1. 산업혁명

1) 기술혁신

(1) 산업혁명과 기술혁신

산업혁명(The Industrial Revolution)은 넓은 의미에서는 경제사회가 전근대에서 근대로 대전환한 역사과정으로 이해된다. 산업혁명을 거치면서 생산 기반은 전통적 농업 및 수공업에서 자본주의적 기계제공장공업으로 전환하였다. 그것은 근대경제 전개의 기본과정인 공업화(industrialization)의 초기 국면이었다. 역사상 최초로 영국에서 수행된 산업혁명은 여러 나라에 충격을 주면서 확산되었다. 산업혁명을 거치면서 공업화는 지역적으로 확산·심화되었다.

영국의 산업혁명은 18세기 후반에서 19세기 전반기에 점진적으로 수행되었다. 산업혁명의 핵심요소는 기술혁신이었으며 그것은 기본적으로 면공업에서의 방직 및 방직기의 발명, 제철공업에서의 연료혁명 그리고 산업동력기로서의 증기기관의 이용이었다. 기술혁신에 대응해서 생산조직은 분산된 가내수공업에서 집중적 기계제공장공업으로 전환되었다. 그 속에서 분업과 전문화가 진전되고 생산단위도 확대되면서 근대적 생산력 기반이 확립되었다.

산업혁명기의 기술혁신은 확대하는 시장에 대응하여 제조업자들이 생산력 확대전략을 추구하는 과정에서 추진되었다. 기존의 수공업기술로는 급증하는 수요에 상응한 생산력 확대를 이룩할 수 없었다. 기술혁신은 제조업자로서는 생산력 확대를 위한 지상과제로 되었다. 그들은 적극적으로 기계를 발명하고 그것을 생산수단으로 이용하려 하였다. 그 속에서 신기술이 개발되고 연쇄적으로 파급·확산되었다. 특정 공업의 어느 한 공정에서 기계가 발명, 이용되어 다른 공정과의 사이에 생산력의 불균형이 발생하면 낙후된 공정에서도 기계의 발명이 유발되면서 전 공정에 파급되었다.

기술혁신의 연쇄적 파급은 동일산업 내의 생산공정 간에서만이 아니라 다른 산업 간에서도 이루어졌다. 예를 들어 제철연료를 목탄에서 석탄으로 대체한 연료혁명은 제철능력을 크게 증대시켰을 뿐만 아니라 기계공업과 석탄산업의 성장을 자극하였다. 그리고 증기기관의 개발은 여러 산업에서 생산력 확대의 기반이 되었으며 더 나아가 철도산업의 탄생으로 이어졌다.

산업혁명기의 기술은 과학자라든가 천재적 발명가에 의해서 일거에 발명·개발된 것이 아니라 과학적 지식과는 거리가 먼 유명, 무명의 다수의 실무자들에 의해서 시행착오를 거치면서 개발되었다. 어느 한 사람의 이름과 결부된 위대한 발명도 다른 사람이 고안·발명한 것을 개량하거나 완성한 것인 경우가 많았다. 이 시기의 기술혁신은 시행착오의 과정을 거치면서 점차적으로 전개되었다.

(2) 면공업기술

영국의 섬유공업은 일찍부터 발달하였다. 그중에서 전통적으로 가장 중요한 공업은 모직물공업이었다. 모직물 수출은 17세기 중엽에는 영국 총수출의 75%를 차지하였다. 잉글랜드 동남부, 서부 및 북부에 고도의 지역적 집적을 이루면서 발달한 모직물공업은 산업혁명기에 면공업이 급성장하는 속에서 상대적으로 그 비중이 낮아졌지만 19세기 초까지 가장 중요한 공업이었다. 아마, 견, 메리야스, 리본 등의 섬유공업도 지역적 집적을 나타내면서 광범하게 전개되었다. 특히 아마공업은 1700년 전후기에 아마사와 면사의 교직물인 퍼스티언직물(fustian)의 생산을 확대하면서 산업혁명기에 신공업으로 발전한 면공업의 선구가 되었다.

섬유공업이 발전하면서 기술진보는 일찍부터 나타나고 있었다. 특히 방적과 직포 공정에서는 1730년대에 중요한 발명이 나타났다. 예를 들어 1738년에 폴(L. Paul)과 와이엇(J. Wyatt)이 발명한 방적기는 후의 아크라이트(R. Arkwright)에 의해서 실용화된 방적기의 선구가 되었으며, 1733년에 케이(John Kay)가 발명한 '나는 북(fly shuttle)'은 생산성을 크게 올리면서 산업혁명기 방적기술 혁신의 도화선이 되었다. 메리야스 공업에서는 리(William Lee)가 발명(1585)한 양말편물기가 생산성을 10배나 높이면서 17세기에는 광범하게 보급되었다. 견직물공업에서는 롬(Thomas Lombe)이 연사기(silk-throwing machine)를 개발(1719)하여 수력을 이용한 대규모 공장을 설립하였으며, 리본제조업에서는 17세기 초에 네덜란드 직기(Dutch loom)가 도입되어 견, 아마사, 면사 등 다양한 리본 제조에 이용되면서 광범하게 보급되었다.

면공업에서의 기술혁신은 면방직부문에서의 면사 부족 문제에 대응하는 과정에서 추진되었다. 면사 부족 문제는 케이가 '나는 북'을 발명하면서 나타난 현상이었으나 1760년경에는 그것이 보급되면서 더욱 심각해졌다. 이에 공업진흥협회(Society of Arts)는 현상금을 내걸고 방차발명을 적극 권장하였다. 그 속에서 나타난 획기적 발명이 하그리브스(James Hargreaves)의 제니방적기(spinning jenny, 1764)와 아크라이트의 수력방적기(water frame, 1769)였다. 뒤이어 크롬프턴(Samuel Crompton)이 발명(1779)한 뮬방적기(mule)는 고급면사를 생산할 수 있었고, 로버츠(Richard Roberts)의 개량(1825)으로 자동화되면서 고급면사를 대량으로 생산할 수 있게 되었다. 한편 준비공정에서는 1775년에 소면기가 도입되었다.

방적부문의 기술혁신으로 면사공급 능력은 비약적으로 증가하였다. 면사 부족은 면사공급 과잉으로 반전되고 그에 비해서 방직부문은 크게 낙후되었다. 방적과 방직 간의 생산력불균형이 확대되면서 공업진흥협회는 1783년 이후 여러 차례 현상금을 내걸고 직기개량을 장려하였다. 그 속에서 발명(1785)된 것이 카트라이트(Edmund Cartwright)의 역직기(power-loom)였다. 역직기는 그 후 개량이 거듭되면서 결국 1820년대에 뮬방적기를 개량한 로버츠에 의해서 완성되었다.

소면기, 방적기, 역직기, 증기동력의 연쇄반응적 발명·도입으로 면공업에서는 기술혁신이 기본적으로 완성되고 기계제 생산체계가 확립되었다.

(3) 제철기술

제철공업에서의 기술혁신은 기본적으로 제철공정에서의 연료혁명이었다. 즉, 그것은 풍부한 석탄을 이용함으로써 목탄공급의 한계에서 오는 제철능력의 제약으로부터 제철공업을 해방한다는 것이었다.

제철공업에서의 연료혁명을 선도한 획기적 기술은 다비 1세(Abraham Darby I)가 개발(1707)한 석탄코크스를 연료로 이용한 제철법이었다. 그러나 이 기술은 18세기 후반에 보급되었다. 18세기 중엽 이후 목탄생산비는 급상승한 데 비해 코크스선철생산비는 급감하였다. 코크스제철법은 명백하게 비용 면에서 이익을 제공하였다. 산업혁명의 진전에 따라 철 수요도 크게 증가하였다.

코크스제철은 증기기관의 이용으로 생산력을 크게 확대할 수 있게 되었다. 증기기관은 철제실린더를 이용하여 재래의 피혁이나 목재 풀무와는 비교도 안 될 만큼 강력한 송풍을 가능하게 함으로써 용광로 규모의 확대와 용해 능력의 증대를 가능하게 하였다.

연료혁명으로 생산력이 확대된 선철부문에 비해 단철부문은 낙후해 있었다. 선철의 공급 확대에도 불구하고 봉철은 수입에 크게 의존하고 있었다. 제철공업이 균형 있게 발전하여 수입 봉철에 의존하지 않기 위해서는 이 부문에서의 연료혁명도 필수적이었다.

단철제조부문에서 연료혁명을 이룩하여 선철제조부문에 대응한 생산력 발전을 가져온 획기적 기술은 1783~84년에 코트(Henry Cort)가 특허를 획득한 교반·압연법(puddling and rolling process)이었다. 코트의 방법은 첫째, 석탄을 연료로 이용함으로써 높은 생산비의 원인이 되어온 목탄 의존에서 벗어나게 하였다는 것, 둘째, 국산 선철을 이용하여 스웨덴산과 질적으로 맞먹는 봉철을 생산할 수 있게 하였다는 것, 그리고 종래 별도의 작업이던 교반(즉 용해와 교반), 해머질 및 압연이라는 일련의 작업을 단일과정으로 하였다는 점에서 획기적이었다.

퍼들법은 크로셰이(Richard Crawshay)에 의해 개량을 거치면서 1790년대 후반에 급속하게 보급되었다. 이 법은 1860년대 이후 베세머제강법(Bessemer process)의 개발 등 일련의 새로운 기술혁신이 나타날 때까지 지배적인 제조법으로 이용되었다.

(4) 기계제작기술

소재산업인 철공업의 생산력 확대 기반 위에서 기계제작기술도 새롭게 전개되었다. 산업혁명 이전에도 기계가 없었던 것은 아니나 그것은 기본적으로 목제(木製)였다. 이에 대해서 산업혁명기의 기계는 증기기관이나 섬유기계 등 모두 철제로 된 대형기계였으며, 그의 제작에는 대형 철제부품을 정확하게 가공하는 공작기계를 도입하지 않으면 안 되었다. 따라서 산업혁명기의 기계는 소재에서만이 아니라 제작기술 면에서도 이전과는 근본적으로 다른 것이었다.

이 부문에서 조기에 개발된 중요한 기술은 윌킨슨(John Wilkinson)의 실린더 천공반(boring mill, 1775)이다. 이 기술은 증기기관의 핵심부품인 실린더 제조에 이용되었다. 한편 모즐리(Henry Maudslay)는 나사못절단 선반(screw-cutting lathe)을 발명(1798)함으로써 공작기계기술의 혁신을 이룩하였다. 그리고 그는 계측기와 표준계기를 개발하여 정밀기계기술의 기초를 놓았다.

기계제작기술은 19세기에 들어 더욱 발달하였다. 로버츠(Richard Roberts)의 평삭반(平削盤), 나스미스(James Nasmyth)의 증기해머의 발명, 공작기계의 개량으로 각종 대형 기계부품 제작이 가능해졌을 뿐만 아니라 기계가공의 정밀도도 높아졌다. 기계제품의 대량생산과 정확한 조립이 가능해졌다.

(5) 동력혁명

동력혁명은 산업혁명기의 가장 중요한 기술혁신의 하나였으며 그 핵심은 증기기관의 발명이었다. 동력기계의 개발은 원래 지하탄갱 내에서의 석탄운반, 지하수배수, 가스배출·통풍 등의 중요한 기술적 문제를 해결하기 위한 노력으로 이루어진 것이다. 그 결과 개발된 증기기관(steam engine)은 산업혁명기의 핵심기술로서 광범하게 이용되었다.

증기기관은 1774년에 제임스 와트(James Watt)가 발명하였다. 그는 뉴코멘(Thomas Newcomen)이 1700년대 후반에 개발한 기압기관(atmospheric engine)의 기술적 결함을 개량하는 과정에서 그와는 전혀 다른 원리의 증기기관을 개발하였다. 1774년에 개량양수펌프로 탄생한 와트의 증기기관은 피스톤의 상하운동을 회전운동으로 전환한 1781년의 특허에 의해서 기계가동 등 광범한 용도의 동력으로 이용할 수 있게 되었다. 이에 동력은 마력, 수력, 풍력 등 자연 동력에 의존하는 데서 완전히 벗어나 기계동력으로 전환할 수 있게 되었다.

그 결과 증기기관은 첫째, 석탄산업과 제철업 발전의 동력이 되었을 뿐만 아니라, 둘째, 각종 기계의 동력으로 이용되면서 공장제를 보급시키고 공장입지조건을 자연적 제약에서 해방하여 대공업중심지의 형성을 가능케 하였으며, 셋째, 기선 및 기차 등에 이용됨으로써 교통기관의 변혁을 가져왔다. 증기기관의 개발로 대표되는 동력혁명은 산업혁명기의 기술혁신의 핵심이었다.

2) 생산조직의 변화

(1) 선행한 생산조직

산업혁명기에 선행한 공업생산조직의 원형은 수공업기술에 기반을 둔 가내공업제도(domestic system)였다. 그것은 무수한 직인적 공업생산자들이 단순한 수공업적 도구 이상의 자본장비 없이 자신의 가내작업장에서 자신의 숙련과 가족, 때로는 1~2명의 도제 내지 노동자의 보조 노동을 결합하여 생산하는 형태의 생산조직이었다. 가내공업제도를 원형으로 한 공업생산조직은 독립적 가내수공업, 선대제도(putting-out system) 및 매뉴팩처(manufacture)라는 3가지 형태로 전개되었다.

독립적 소생산자의 가내공업은 핼리팩스(Halifax)를 중심으로 한 요크셔 서부의 모직물공업에서 전형적으로 전개되었다. 이 지방의 모직물생산자들은 클로디어(clothier)라 불린 반농반공의 직포직인들이었다. 그들은 주변 시장에서 원료인 양모를 직접 구입하여 자신의 가내작업장에서 가족과 도제 내지 직인노동자의 보조를 얻어 모직물을 생산하고 염색, 표백 등 완성공정은 외부의 공동작업장을 이용하였으며 생산된 직물은 인근 시장에서 직접 판매하였다. 독립적 가내공업인은 자신이 자본과 노동을 결합하여 생산하고 구매와 판매기능도 직접 수행한 소경영인이었다.

이에 비해서 잉글랜드 동부와 서부의 모직물공업 중심지에서는 선대제가 발달하였다. 이 제도의 중심에는 선대상인이 있었다. 선대상인은 원료와 때로는 생산수단인 도구까지 제공하여 가내공업인이 생산케 하고 생산된 제품을 수합하여 판매하였다. 그 경우 선대상인은 도시의 상인이면서도 생산의 조직자인 '상인-제조업자(merchant-manufacturers)'였다. 선대제하에서의 생산자는 외견상으로는 자신의 가내작업장에서 독립적으로 작업하였으나 선대상인에게서 원료와 도구를 선대받고 주문받은 제품을 생산하여 납품하는 종속적 생산자였으며 실질적으로는 선대상인에게 고용된 노동자였다. 선대제도는 메리야스공업에서도 광범하게 전개되었다.

매뉴팩처는 다수의 수공업노동자를 고용하여 집중적 통제체제하에 분업을 통해서 협업하는 생산조직이다. 작업장은 분산되어 있는 경우와 집중되어 있는 경우가 있었다. 전자는 '분산 매뉴팩처' 그리고 후자는 '집중 매뉴팩처'이다.

분산 매뉴팩처는 실질적으로는 선대제하의 생산 형태라고 할 수 있다. 선대상인은 준비, 방사, 직포 등 여러 공정에 걸친 다수의 가내공업인에게 순차적으로 원료를 공급하면서 제품을 생산하였다. 선대상인이 직영작업장을 운영하는 경우 그것을 중심부로 하고 선대관계에 있는 다수의 가내작업장을 외부작업부로 한 생산조직이 형성되었다. 선대제하에 편입된 가내공업인은 각각 분산된 자신의 작업장에서 외견상으로는 독립적으로 작업하였으나 실질적으로는 선대상인에 고용된 노동자였다. 따라서 전체로 보면 선대제하에서의 생산은 광범하게 분산된 작업장에서 작업하는 다수의 가내공업인들의 분업과 협업에 의해서 이루어진 것이다.

그에 비해서 한 지붕 밑에 다수의 노동자를 집중하여 분업을 통한 협업을 수행하는 집중 매뉴팩처도 일찍부터 나타나고 있었다. 특히 석탄, 제철을 비롯하여 금속, 유리, 비누, 명반, 화약, 조선, 제지, 양조 등 당시의 신공업 부문에서는 처음부터 비교적 큰 규모의 고정자본과 다수의 노동자를 투입한 집중 매뉴팩처가 출현하였다.

집중 매뉴팩처의 경우 수백 명의 노동자가 집중된 대규모 작업장도 있었으나 대부분은 소규모였다. 더구나 대규모 조직도 반드시 통합운영된 것이 아니라 많은 작업부문은 소생산자들에게 하청되었다. 값비싼 자본장비가 필요한 경우에도 고용노동자가 12명을 넘은 경우는 드물었다.

요컨대 부문에 따라서 집중 매뉴팩처가 출현하였으나 그것은 한정된 것이었으며 공업생산조직은 일반적으로 '소수의 대단위보다 다수의 소단위'였다. 이러한 특징은 당시 가장 중요한 공업이던 모직물공업에서 특징적으로 나타났다. 모직물공업에서 전형적 생산조직은 수공업자가 자신의 작업장에서 가족과 몇몇 노동자의 보조를 받으면서 생산하는 가내공업조직이었다. 이와 같은 가내수공업인들이, 요크셔의 웨스트 라이딩 지방에서는 농촌 클로디어로서 독립적으로, 기타 지역에서는 선대제도에 편입되어 상인의 통제하에서 생산하였다. 그 경우 선대상인은 이미 순수한 상업자본이 아니라 생산의 조직자로서 사실상 산업자본가의 기능을 수행하였다.

(2) 공장제

기술혁신에 따른 기계제 생산체계의 출현은 생산조직의 변화를 수반하였다. 즉, 공장제의 성립이다. 수공업의 분산적 가내공업제도에서와는 달리 공장제하에서는 다수의 노동자가 대규모 작업장에 집중되어 기계화된 공정에 따라 작업하였다. 작업기가 동력기와 결합되어 움직이는 작업장에서 다수의 노동자가 분업적으로 협업하는 속에서 생산력은 근대적 전환을 하였다. 그것은 바로 근대적 공업의 본질이었다.

물론 초기의 기술진보가 일제히 공장제로 귀결된 것은 아니다. 새로운 생산기술은 기계와 기계동력만이 아니라 개량된 수공업기술도 포함하고 있었다. 개량된 수공업기술은 공장제 이전의 선대제하의 가내공업조직에서도 이용될 수 있는 것이었다. 기계제 생산조직, 즉 공장제를 도입하는 데에는 더 큰 자본이 필요하였으며 더구나 초기에는 그의 성공 여부도 불확실하였다. 따라서 기존의 생산조직은 새로운 기술을 도입하면서 존속하거나 부분적으로 변화하였다. 그러나 기계제 공장공업의 생산력은 압도적이었다. 공장제는 점차적으로 보급되면서도 결국 지배적으로 되었다.

산업혁명기에 근대적 공업발전의 선두에 선 것은 면공업이었다. 근대공업제도의 기본 특징인 기계체계, 분업, 공장제, 대량생산 등이 전형적으로 급속하게 전개된 것은 바로 면공업에서였다. 그러나 면공업만이 아니라 제철공업, 기계공업, 석탄산업도 상호 연관되면서 근대 공업으로 새로운 발전을 하였다. 이러한 발전은 여타 산업에 영향을 주면서 산업혁명 말기에는 철도산업을 낳았다.

기술혁신과 생산조직의 변화는 근대 산업기업의 출현에 기본조건이었다. 산업혁명이라는 새롭고 대규모의 기업 기회가 전개되는 가운데 근대 산업기업은 발흥하고 성장한 것이다.

2. 시장의 확대

1) 선행한 시장 확대

(1) 국내시장의 확대

근대 산업기업 전개의 기본조건이 된 기술혁신과 생산조직의 변화는 확대하는 시장에 상응한 생산력 확대 노력 과정에서 이루어졌다. 시장 확대는 우선 국내 상품거래의 확대에서 나타났다. 농업의 지역적 특화, 상업적 농업이 전개되는 속에서 곡물, 양모, 가축생산물 등 각종 농축산물의 거래가 성장하는 도시와 농촌 그리고 지역 간에서 확대되었다. 공산품 거래도 확대되었다. 모직물공업을 중심으로 한 섬유공업을 비롯하여 철, 석탄 및 다양한 철제품공업이 성장하는 속에서 공업제품과 공업원료가 다양한 경로를 통해서 유통되었다.

영국은 일찍부터 국내관세가 철폐되어 상품의 전국적 유통을 제약하는 제도적 요인은 존재하지 않았다. 게다가 1707년에는 스코틀랜드가 잉글랜드 및 웨일스와 통합됨으로써 영국은 유럽 최대의 자유무역지역이 되었다. 열악한 도로 사정에 의한 수송능력의 제약으로 시장은 전국적으로 통합되지는 못하였으며 지방적 시장이라는 성격을 벗어나지 못하였다. 그러한 속에서도 섬나라인 영국은 유럽대륙과는 달리 하천과 해안, 수로를 통하여 내륙지방을 포함한 전국 각지와 연결될 수 있었다. 이러한 조건에서 지방시장은 성장하는 런던을 중심으로 한 수도권시장과 연결되고 그것을 매개로 각 지역의 시장과 연결되면서 전국적으로 확대될 수 있었다.

인구도 증가하고 소득도 상승하였다. 그와 함께 도시도 성장하였다. 도시가 성장함에 따라 수요는 확대되고 도시와 농촌 간의 분업, 교역은 확대되었다.

도시인의 수요는 양적으로만이 아니라 질적으로도 높고 다양하였다. 도시에서는 소비습관의 빠른 변화로 새로운 상품에 대한 수요성향도 높았다. 특히 런던의 성장은 국제무역만이 아니라 국내 상업 확대의 동적 요소로서 중요하였다. 런던은 최대의 소비지인 동시에 다양한 공업제품의 생산지였다. 런던을 중심으로 한 수도권시장은 다양한 지역시장과도 연결되었다. 도시에는 고소득층이 있었고 임금수준도 높았다. 도시의 성장은 런던에 한정된 현상은 아니었다. 브리스톨, 리버풀 등 외항이 성장하고 맨체스터와 버밍엄을 비롯하여 각 지역의 공업도시가 성장하였다. 성장하는 도시와 도읍을 중심으로 교역권은 확대되었다.

(2) 외국시장의 확대

외국무역은 17세기 중엽 이후 '상업혁명(a commercial revolution)'이라 불릴 만큼 큰 성장을 하였다. 영국무역은 양적으로는 1640~1750년에 55만 파운드에서 2천만 파운드로 약 36배 증가하였다. 무역의 상품구조도 변화하였다. 주요 상품인 모직물 수출은 액면으로는 계속 증가하면서도, 총수출에서 차지하는 비중은 92.3%에서 47%로 크게 떨어졌다. 반면 기타 공업제품의 수출비중은 2.5%에서 29%로 크게 증가하였으며 원료품의 수출비중은 전체적으로는 떨어졌다. 기타 공업제품의 수출증대와 원료품 수출비중의 저하는 모직물 생산에 편중되어 있던 공업생산이 보다 더 다양해지고 생산력이 확대되었다는 것을 나타내는 것이다.

수입상품 구성의 변화에서 두드러진 것은 직물과 기타 공업제품의 비중이 크게 떨어진 반면, 원료제품, 사탕 및 담배의 비중이 높아졌다는 것이다. 영국은 1700년을 전후한 시기에는 공업제품을 수출하고 원료 및 식료품을 수입하는 무역구조를 확립하고 있었다.[1]

무역의 지역별 구성도 변화하였다. 국산품 수출대상지역으로서의 유럽의 비중이 낮아진 반면 아메리카와 아시아 지역의 비중이 높아졌다. 영국의 수입대상지역의 경우도 유사한 변화를 하였다. 18세기 중엽에 북서유럽은 영국이 수입한 상품의 재수출시장으로서 그 중요성을 유지하고 있었다. 그만큼 영국의 수출입대상 지역은 확대되고 다양해졌다.

무역이 확대되면서 다각적 무역, 결제관계가 전개되었다. 영국은 일찍부터 북유럽과 남유럽을 연결한 삼각무역으로 지역 간 특산물교역을 해왔다. 특히 삼각무역은 아메리카와의 무역에서 중요하였다. 그것은 영국과 서아프리카 및 아메리카 남부식민지 그리고 북아메리카의 뉴잉글랜드 및 서인도제도를 연결한 삼각무역이었다.

다각적 결제관계는 유럽제국과 여타 지역이 상호 직접 교역관계를 갖는 한편, 무역중심지와의 교역을 증대하고 그들 상호간의 어음교환이 가능해지면서 기능할 수 있었다. 다각적 어음교환에서 최종적인 결제는 암스테르담에서 이루어졌다. 18세기 초의 영국은 여러 지역에 대한 무역적자에도 불구하고, 다각적 결제제도를 통해서 동양과 네덜란드 이외의 어떤 지역·국가와도 정화결제 없이 교역할 수 있었다.

2) 산업혁명기의 시장 확대

산업혁명이 전개되면서 투자확대, 인구증가, 경제성장, 소득증대, 도시화의 진전으로 시장이 확대되면서 국내수요도 크게 증가하였다. 유료도로, 운하 그리고 후에는 철도 등 교통수단의 발달로 지역 간 교역을 제약해온 지리적 장애가 제거되면서 시장의 전국적 통합도 진전되었다. 자유방임체제하에서 영국의 국내시장은 제도적으로 정부 간섭이 없는 자유경쟁시장이었다.

외국시장도 확대되었다. 최초의 산업혁명으로 압도적인 비교우위를 가진 영국의 공업제품은 세계 각국으로 수출되었다. 보호주의적 무역정책은 1820년대 이후 개혁되면서 19세기 중엽에는 자유무역체제가 확립되었다. 이 시기에 세계무역은 영국을 중심으로 전개되었다.

그라스(N.S.B. Gras)는 산업자본주의 단계는 수요가 공급을 웃돈 시대였다고 주장하였다.[2] 시장이 확대되고 수요가 공급을 초과하는 조건에서 제조업자들은 적극적으로 생산력 확대를 지향하였다. 그 속에서 산업혁명이 진전되고 근대 산업기업이 성장하였다.

산업혁명이 낳은 새로운 기업기회에 무수한 기업가가 주체적으로 대응하는 과정에서 근대 산업기업은 발흥하였으며 그 속에서 산업혁명은 추진되었다. 영국의 근대 산업기업은 산업혁명이 낳은 아이이면서 동시에 그것을 추진한 주체적 요소였다.

2절 근대 산업기업의 발흥

1. 면공업기업

1) 초기의 면공업기업

기계제공장을 갖춘 근대 산업기업은 면방적부문에서 먼저 나타났다. 그 경우 선도적 역할을 한 기업가는 아크라이트였다. 그는 동업자인 스트럿(Jedediah Strutt)과 1771년에 더비셔의 크롬퍼드에서 자신이 개발한 수력방적기를 설치한 공장을 건설하였다. 아크라이트가 설립한 크롬퍼드 방적공장(Cromford Mill)은 근대적 방적공장의 효시였다. 아크라이트는 그 후 수년 동안 벨퍼(Belper)와 밀퍼드(Milford)에 방적공장을 건설하였으며 올드노(Samuel Oldknow)의 마플(Marple) 공장 건설을 지원하였다. 이들을 선구로 아크라이트형 방적공장이 뒤이어 출현하였다.

이들 공장은 대규모의 경우 3,000~5,000파운드의 자산과 수백명의 노동자를 고용하고 있었다. 1770~80년대에 아크라이트와 스트럿의 방적공장은 각각 4~5층 건물로 300~500명의 노동자를 고용하고 자산은 3,000~5,000파운드로 평가되었다. 아크라이트의 크롬퍼드 방적공장도 300명을 고용하고 있었다. 그러나 1780년까지 아크라이트의 제2 크롬퍼드공장은 800명 그리고 맨체스터공장은 600명을 고용하고 있었다.[3]

18세기 말엽의 면방적공장의 설비규모는 대부분이 1천 추 규모였다. 방적회사의 사업규모 확대수단으로는 통합된 대규모 공장의 건설보다도 유사한 소규모 공장을 추가로 건설하는 방법을 취하였다. 따라서 유력한 방적회사는 둘 이상의 공장을 소유함으로써 공장 수는 기업 수보다 많았다. 예를 들어 1795년에 최대 방적기업이던 필 (Peel)사는 23개, 더글러스(William Douglas)사는 9개, 노팅엄의 로빈슨(Robbinson)사는 5개 공장을 소유하고 있었으며, 스코틀랜드의 데이비드 데일(David Dale)은 2개의 대공장을 소유하고 2개의 공장은 건설 중에 있었다. 대규모 기업은 위험을 분산하고 부분적으로 신기술을 실험적으로 도입하기 위하여 규모가 다른 여러 개의 공장을 운영하였다.

방적기업의 잇달은 공장건설은 이 시기의 두드러진 현상이었지만 그와 함께 1대의 소면기와 몇 대의 제니방적기 그리고 인력, 마력 또는 원시적 수력동력기를 설치한 소규모 경영도 많았다. 맨체스터와 스톡포트(Stockport)에서는 공장건물을 여러 칸으로 분할하여 임대하는 제도가 일반적이었다. 스톡포트의 한 공장에서는 27명의 고용주가 250명의 노동자를 고용하고 있었다. 한 섬유산업에서 다른 섬유산업으로 건물이라든가 생산시설이 전환, 이용되고 공장의 일부가 임대되는 관행은 광범하게 존재하였다.

초기의 방적공장은 수력을 동력으로 이용하였다. 따라서 공장입지는 풍부한 수력을 이용할 수 있는 계곡지대에 위치하게 되었다. 이에 면공업은 랭커셔 남부, 더비셔 북부 및 라나크(Lanark)와 페이슬리(Paisley) 중간의 클라이드 강(Clyde) 계곡으로 집중되었다. 이렇게 해서 면공업은 블랙번(Blackburn), 버리(Bury), 볼턴(Bolton), 올덤(Oldhum), 맨체스터, 더비셔, 글래스고 지역에 집중되었다.

2) 공장규모의 확대

면방적공장의 건설은 1790년 이후 증기기관이 기계동력으로 이용되면서 촉진되고 19세기 초에는 공장규모도 확대되었다. 특히 뮬방적기에 증기기관이 도입되면서 거대 면방적기업은 신규투자를 적극 추진하였다. 그 결과 1812년경에는 뮬방적기가 수력방적기를 상회할 만큼 보급되었다. 1812년의 조사에 따르면 뮬방적기를 설치한 673개 공장의 70%에 이르는 472개 공장은 아직도 1만 추 이하의 규모였으나, 몇몇 공장은 대규모화하고 있었다. 예를 들어 프레스턴(Preston)의 새뮤엘 호록스(Samuel Horrocks)사는 8개 방적공장에 10만 7천 추를 설치하고 있었으며 스톡포트의 피터 마쉬랜드(Peter Marshland)사와 맥코넬 케네디(McConnel & Kennedy)사, 그리고 맨체스터의 머레이(A.G. Murray)사는 각각 8만 추 이상을 갖추고 있었다.

1815~16년의 국회보고서에 나타난 유명 면방적기업의 규모를 고용노동자 수로 보면 로버트 오웬(Robert Owen)의 뉴 라나크(New Lanark) 방적공장은 1,600~1,700명을, 제임스 핀레이사(James Finlay & Co.)는 스코틀랜드의 3개 공장에서 1,529명을, 그리고 몬테이드 보글사(Monteith Bogle & Co.)는 4,000명의 노동자를 고용하고 있었다. 한편 스트럿사는 벨퍼에서 1,494명을, 머레이사는 1,215명 그리고 맥코넬 케네디사는 1,020명의 노동자를 각각 고용하고 있었다.[4]

면방적공장의 규모는 로버츠의 자동 뮬방적기가 광범하게 보급됨에 따라 1830년대에 변화하기 시작하였다. 1822년까지 아크라이트형 공장의 규모는 방추 4,500추와 역직기 128대가 설치되고 총 건설비는 약 8천 파운드까지 증대하고 있었다. 이에 대해서 자동 뮬방적공장의 경우 설치된 방추는 4만 추, 건설비는 8만 파운드로 아크라이트형 방적공장의 10배나 되었다. 공장규모는 방적회사가 방직부문까지 통합운영하면서 더욱 확대되었다. 1820년대 이후에는 역직기가 이용되면서 방적부문과 방직부문은 기계체계로 통합되었다. 이에 방적회사는 방적공정과 방직공정을 수직통합한 '겸영공장(double mill)'을 뒤이어 건설하였다.

그러나 이들 기업은 예외적으로 거대한 것이었으며 평균적으로 기업규모는 훨씬 작았다. 1816년의 면공업중심지의 평균고용규모는 글래스고 244명, 칼라일(Carlisle) 184.5명, 스톡포트 418명, 맨스필드(Mansfield) 211.4명, 프레스턴 115.5명이었다. 맨체스터에서는 43개 면공장이 1만 2,940명을 고용하고 있었으나 그중 7개 공장은 100명 이하, 14개 공장은 100~200명, 13개 공장은 200~400명, 5개 공장은 400~700명을 고용하고 있었다. 영국 전체로 보면 적어도 58개 방적공장이 200명 이상, 20개 공장이 400명 이상, 그리고 10개 공장이 600명 이상의 노동자를 고용하고 있었다.[5]

한편 자동 뮬방적기는 실제로는 대부분이 상대적으로 소규모 기계였으며 1860년대 이전에는 일반화되지도 않았다. 대기업은 규모의 경제를 올릴 수 있었으나 소기업만큼이나 경기변동에 취약하였으며 조업 정지, 파산의 위험에서 벗어나지 못하였다. 소규모 기업은 소규모 증기기관, 수동조작 뮬방적기, 역직기, 수력 및 전통적 건축방법으로 이익을 올릴 수 있었다. 맨체스터의 면공업기업의 25%는 100명 이하의 노동자를 고용하고 있었다.

그러면서도 19세기 전반기에 소경영이 급속하게 쇠퇴한 것은 사실이다. 1820년대에는 동일 공장 구내를 공유하는 소규모 임대업체는 소멸하고 대규모 단일소유 경영체제로 전환하였다. 총노동력의 비율로 볼 때 1815~41년 사이에 150명 이하를 고용한 기업은 28.5%에서 12.5%, 500명 이상을 고용한 기업의 비율은 44%에서 32%로 떨어지고 있다. 그것은 151~500명을 고용한 중규모 기업의 비중이 높아졌다는 것을 의미한다. 최적효율고용규모는 151~500명의 중규모 기업이었다. 1822년 단계에서 맨체스터의 전형적인 공장규모는 고용노동자 수로 볼 때 100~200명에 불과했으며 주변 도시에서는 그보다 더 적었다.[6]

2. 제철과 기계제작 기업

1) 제철기업

(1) 초기의 제철기업

제철기업은 초기에는 철광석, 연료(목탄), 수송수단(수운) 등의 공급조건 제약으로 말미암아 일반적으로 소규모였고 지역적으로 분산되어 있었다. 그러나 철광석에서 최종공정인 단철에 이르는 전 공정을 수직적으로 연결하고 시장출하(出荷)를 원활하게 하기 위한 분산된 제철소제품 수합의 필요성은 제철업자들로 하여금 제철소를 수직적으로 통합한 형태로 운영하게 하였다. 그와 함께 제철업자들은 유력한 업자를 중심으로 수평적으로 연합하여 업계 내부의 복잡한 거래관계를 지배하였다.

대표적인 통합기업으로는 폴리가(the Foleys)와 스펜서가(the Spencers)의 기업이 있었다. 이들 기업은 자신들이 지배한 제철업자들의 연합이었다. 예를 들어 폴리가가 지배한 연합조직은 대부분의 제철중심지의 제철소를 망라하고 있었다. 폴리가의 제철기업은 9기의 용광로, 3개의 단철소, 4개의 절단소를 지배하고 총생산량은 1704년에 선철 5,700톤과 봉철 2,100톤에 달하였다. 이 회사는 전체 업무를 통제하는 '동업자(partner) 관리회의'와 '경영관리인' 그리고 각각 용광로와 단철소 관리담당자를 통해서 관리되었다. 한편 요크셔 남부-더비셔 지역의 철공업을 지배한 스펜서가의 신디케이트는 1702년 설립 당시에 7기의 용광로, 8개의 단철소, 1개의 재단소를 지배하여 약 3천 톤의 선철과 1천 톤의 봉철을 생산하였다. 양가의 신디케이트는 18세기 초 영국 선철총생산량의 50%에 해당하는 9,000톤을 생산하였다.[7]

앰브로스·클롤리의 제철기업은 18세기 초에 압연, 도금, 재단공장, 4기의 고로, 2개의 대규모 단철소, 10채의 창고와 4척의 선박을 소유하고 있었다. 이 기업은 각각 제철소에서 800명, 수송부문에서 150명, 런던의 업무부에서 150명을 고용하고 있었다. 이 기업은 관리인과 감독자를 둔 관리조직을 통해 정교한 규칙에 따라 운영되고 런던으로부터의 통신문을 통하여 정책과 일상적인 작업을 지시하였다.[8]

한편에서는 미들랜드 서부의 나이트가(the Knights)의 경우와 같이 2~3기의 용광로와 몇몇 단철소를 소유한 다수의 소규모 파트너십이 있었다. 그리고 공식적인 파트너십이 없는 경우에는 가족 간의 연고관계가 중요하였다. 퀘이커교도들은 18세기 초에 가동 중인 제철소의 50% 내지 75%를 소유하거나 관리하고 있었으며, 제철소 대부분은 복합적 계열의 파트너십과 혼인에 의해서 느슨한 상호관계를 유지하고 있었다.[9]

(2) 제철기업의 성장

제철기업은 산업혁명기에 새로운 전개를 하였다. 첫째, 연료혁명과 증기동력 이용으로 제철소는 석탄과 철광석이 공급될 수 있는 지역으로 집중되면서 성장하였다. 영국에서는 석탄과 철광석은 인접지역에서 생산되었다. 선철생산은 지역적으로 슈롭셔, 웨일스 남부 및 스태퍼드셔(블랙 컨트리)의 세 지역으로 집중되었다. 이들 세 지역의 산출량이 영국 총산출량에서 차지하는 비중은 1788년에 60% 수준에서 1815년에는 약 80%로 커졌다. 특히 19세기 초에는 웨일스 남부와 스태퍼드셔의 두 지역만으로 산출량 비중은 70%에 근접하였다. 지역적 집중은 단철부문에서도 진전되었다. 웨일스 남부와 스태퍼드셔는 1815년까지 전국 봉철 생산의 4분의 3을 차지하게 되었다.

둘째, 제철소의 규모가 커지고 기계화가 진전되었다. 18세기 초~19세기 초의 1세기 동안에 연평균 생산능력은 용광로의 경우 300톤에서 1,500톤으로 5배, 단철소는 150톤에서 1천 톤으로 약 7배, 그리고 투자자본 규모는 용광로의 경우 4천 파운드에서 2만 파운드로 5배로 각각 증가하였다. 특히 남부 웨일스의 압연기의 경우, 연평균생산량은 1810~17년에 5,300톤에서 8,400톤으로 증가하였다. 기계화도 진전되어 특히 증기기관의 도입으로 단철부문의 기계화는 더욱 진전되었다.

셋째, 기업규모도 확대되었다. 1810년에 영국의 용광로는 113곳에 249기가 존재하여 76개 기업에 의해서 통제되고 있었으나, 상위 15개 기업이 102기의 용광로를 통제하여 선철총생산의 40%를 차지하였다. 단철부문에서의 집중은 더욱 두드러졌다. 압연기는 1815년에 남부 웨일스에서는 7개 기업 그리고 스태퍼드셔에서는 8개 기업만이 소유하고 있었다. 따라서 전국 봉철 생산의 4분의 3을 차지하는 이들 지역의 봉철 거래는 15개 기업이 지배하고 있었다. 대규모 통합제철기업은 1대의 압연기와 5~6기의 용광로를 소유하고 있었다.[10] 그 속에서 석탄 및 철광석의 채굴에서 선철 및 봉철 생산, 그리고 철제품 생산에 이르기까지의 전 과정을 수직적으로 통합한 대기업이 출현하고 성장하였다. 예를 들어 윌킨슨(J. Wilkinson)의 '산업왕국'은 탄광, 광산, 주철소, 철공장, 창고 등을 포함하고 있었다.

기업의 규모 확대는 자본의 규모에서도 나타났다. 다비(Darby)의 콜브룩데일(Coalbrookdale)제철소의 경우 자본금은 설립 당시(1708)의 3천 파운드에서 1810년에는 16만 5천 파운드로 55배 증가하였다. 자본규모의 확대는 특히 18세기 후반기에 급속하게 이루어졌다. 워커가의 제철기업 자본은 1746년 600파운드에서 1775년에는 8만 7천 파운드 그리고 1795년에는 21만 3천 파운드로 되었다. 1759년에 설립된 캐론철공장(Carron Works)의 자본금은 1만 2천 파운드였으나 1773년에는 15만 파운드의 주식회사(주식 수 600)로 개편되었다.

19세기에 들면서 제철공업에서는 대규모 공장이 지배적이었다. 18세기 초에는 대제철기업도 수천 파운드의 가치를 갖고 노동자 수십명을 고용하고 있었으나 19세기 초에는 평균 규모의 제철기업의 가치는 5만 파운드 이상이었으며 고용노동자는 100명을 넘었다. 스토브리지(Stourbridge)의 사이파드파(Cyfarthfa)사라든가 존 포스터(John Foster)사와 같은 거대 제철기업은 5천 명 이상의 노동자를 고용하고 50만 파운드 이상의 자산을 소유하고 있었다. 1759년에 자본금 400파운드로 설립된 도우레이제철소(Doulais Works)는 파트너를 추가하면서 자본금이 1798년에는 6만 1천 파운드까지 증가하였다. 이 제철소는 1847년에는 용광로 18기, 고용노동자 7천 명, 연생산량 7만 톤의 대제철소가 되었으며, 자본평가액은 50만 파운드를 넘었다.[11] 이들은 예외적으로 큰 제철기업이었지만 웨일스 남부, 스태퍼드셔 및 스코틀랜드에서는 1천 명 이상을 고용하는 대규모 제철기업은 흔히 볼 수 있었다.

2) 기계제작기업의 성장

1800년을 전후하여 독립적 공업으로 등장한 기계공업은 기계화의 진전에 따른 국내 수요의 확대 속에서 급성장하였다. 기계공업은 1825년의 기계수출금지 철폐에 따른 수출확대로 자극을 받았으며 1840년을 전후한 철도와 증기선 시대의 개막으로 새로운 자극을 받으면서 발전하였다.

기계공업기업은 수적으로 증가하였으며 대규모 기업도 성장하였다. 1851년의 보고서에 기록되어 있는 기계제작기업 수는 1,044개였다. 그 50% 이상(588)은 고용인원 10명 이하의 기업이었으며 193개 기업은 고용인원이 1명도 없거나 기록이 없었다. 그러나 다른 한편에서 35개 사는 100명 이상을 고용하고 있었으며 그중 14개 기업은 고용노동자 수가 350명을 넘었다. 기계공업에서는 다수의 영세, 소경영이 존재한 한편 소수의 대기업이 보다 더 많은 노동자를 고용하고 지배적인 지위에 있었다.[12]

중기계제작소의 원형인 볼턴와트의 소호주조공장(Soho Foundry)의 경우 1797년에 3만 파운드이던 자산가치가 1830년에는 2배로 되었으며 노동자 수는 1821년의 100명에서 1831년에는 251명이 되었다. 1841년에 랭커셔의 115개 기계공업기업은 평균 91명의 노동자를 고용하고 있었으나 그중에는 각각 900명과 500명을 고용한 하이버트·플랫(Hibbert and Platt)사, 나스미스(Nasmyth)사와 같은 대기업이 포함되어 있었다. 1871년까지 기계공업기업은 평균 85명의 노동자를 고용하고 있었으나 그 속에는 다수의 소규모 기계제작소와 함께 암스트롱(Armstrong)사 및 휘트워드(Whitworth)사 같은 대기업들이 포함되어 있었다.

한편 1850년대에는 버밍엄, 셰필드 및 랭커셔의 다수 촌락에 집중되어 있던 금속잡화, 소형금속품, 칼붙이 등 제2차 금속제품제조 기업에서는 볼턴와트상회와 같이 200명 이상의 노동자를 고용한 공장기업도 몇몇 있었지만, 작업장의 평균규모는 10명 이하의 노동자를 고용하는 정도였다. 그러나 이 부문의 공장제로의 이행도 시간문제였다. 1860년대에는 대량생산이 시작되고 1880년대에 들어서는 전통적인 수공업적 소규모 작업장도 공장제로 전환되었다.[13]

3. 소규모 경영의 광범한 존재

산업혁명을 거치면서 면공업, 제철공업 및 석탄산업 등 성장을 주도한 산업에서는 기계제 공장공업과 기업규모의 확대가 진전되었다. 1851년에는 이들 산업 외에도 고용구조에서 차지한 비중은 크지 않았으나 유리제조업, 제지업, 양조업, 도자기업, 조선업, 비철금속의 채광 및 용해, 광산업 등에서도 대공장 내지 대기업들이 존재했으며 철도산업에서는 대기업이 일반적이었다.

그러나 1850년에 이르러서도 섬유산업, 제철공업, 기계제작, 석탄산업 등에서는 집중된 대규모 기업이 성장하면서, 다른 한편에서는 기계화가 진전되지 않은 분산적 소규모 경영이 광범하게 존재하고 있었다. 섬유공업의 경우 아마, 면, 소모 등의 부문에서 집중적 공장공업이 확립된 반면 모직, 견직 및 메리야스 등의 부문에서는 재래의 직인적·분산적 소규모 경영이 일반적이었다. 제철공업, 기계공업 및 석탄산업에서도 소규모 경영은 광범하게 존재했으며, 특히 버밍엄의 각종 금속가공공업과 셰필드의 칼붙이공업은 더욱 그러하였다.

4. 철도기업의 성장

1) 철도 건설의 진전

본래의 의미에서 세계 최초의 철도기업은 1830년에 개통된 전체 길이 31마일의 리버풀-맨체스터 철도(Liverpool and Manchester Railway)였다. 이 회사는 개통 당시부터 완전히 증기기관을 동력으로 이용하였고 물자와 여객 수송을 위한 모든 태세를 갖춘 회사에 의해서 단독으로 관리·운영되었다는 점에서 획기적이었다. 이 회사의 운영개시를 효시로 철도시대의 막이 열렸다.

철도 건설은 1830~40년대에 열광적으로 추진되었다. 그 주역은 민간기업이었다. 국가는 민간의 철도 건설 계획에 특허와 토지매수권을 부여함으로써 간접적으로 지원하였다. 그 결과 철도회사 수는 1844년 말까지 104개 사에 이르고 그 후 1850년까지 6년 동안 110개 사가 새로 설립되었다. 철도총연장거리는 1852년에는 7,500마일에 달하였다. 이 시기까지 영국에서는 런던을 중심으로 스코틀랜드에 이르는 두 개의 직통노선을 비롯하여 미들랜드, 랭커셔 및 요크셔의 웨스트라이딩 지방의 밀도 높은 철도망, 콜체스터를 경유하여 노리지와 야마우스(Yamouth)에 이르는 노선, 웨일스 남부와 북부 해안에 이르는 노선 등 기본적인 철도망이 건설되었다. 이들 철도기업은 대부분 노선연장거리 50마일 이하의 소규모 회사였다. 1844년 현재 노선연장거리가 50마일 이상의 철도회사는 11개 사에 불과하였으며, 그들 회사가 운행 중인 철도총연장거리

의 2분의 1을 차지하고 있었다.[14]

2) 통합운동과 대철도기업의 형성

다수의 철도회사가 앞다투어 철도 건설을 추진하면서 경쟁은 일찍부터 격화되었다. 유력 철도회사는 중소규모의 회사를 통합하여 단일체계를 구축하고 직접통제를 추구하였다. 철도통합운동은 이미 1840년대에 활발하게 전개되었다.

철도통합운동에서 큰 역할을 한 기업가는 '철도왕' 허드슨(George Hudson)이었다. 노스 미들랜드 철도(North Midland Railway)의 회장이던 그는 1844년에 치열한 경쟁관계에 있던 미들랜드 카운티스 철도(Midland Counties Railway)와 버밍엄-더비정크션 철도(Birmingham & Derby Junction Railway)를 흡수·통합하여 미들랜드 철도(Midland Railway)를 창설하였다. 그 후 그는 버밍엄-브리스톨 간의 철도노선을 매수함으로써 그레이트 웨스턴 철도(Great Western Railway)가 미들랜드에 광궤(廣軌) 노선을 부설하려는 계획을 저지하였다. 이 시점에서 그는 1천 마일 이상의 철도노선을 지배하는 '철도왕국'을 건설하였다. 이어서 그는 자신의 철도왕국이 분단되고 독점적 지위가 붕괴될 위험을 방지하기 위하여 그레이트 노던 철도(Great Northern Railway)회사의 런던-요크 간 신규 간선철도노선 건설계획을 강력하게 저지하였다. 1847년에 그는 1,500마일의 철도노선과 3천만 파운드의 자본을 지배하였다.

철도통합은 1846년에 크게 진전되어 모두 20건에 달하였다. 특히 중요한 것은 런던-버밍엄 철도와 전년에 이미 리버풀-맨체스터 철도를 통합한 그랜드 정크션 철도를 통합하여 280마일의 노선연장거리를 갖게 된 런던-노스웨스턴 철도(London & North Western Railway Co., LNWR)의 설립이었다. 한편 북부에서는 맨체스터-리즈 철도(Manchester & Leads Railway)와 2개 회사를 통합한 런던-브라이튼-사우드코스트 철도 등이 설립되었다. 1847년에는 9건의 철도통합이 이루어졌으며, 그중 가장 중요한 것으로는 이스트 앙글리안 철도(East Anglian Railway)와 요크-뉴캐슬-버윅 철도(York, Newcastle & Berwick Railway)의 통합이었다. 이 회사는 1854년에 좀 더 큰 통합철도기업인 노스이스턴 철도(North Eastern Railway)로 발전하였다.[15]

대철도회사가 독점적 지배력을 가지게 되자 정부는 철도법(Railway Act of 1844)을 제정하여 안전, 고객서비스, 운임 등을 규제하였다. 그러나 이 법은 독점규제법으로는 그 효력에 한계가 있었다.

3절 기업 형태와 조직구조

1. 기업 형태

1) 파트너십

산업혁명 초기 산업기업은 대부분이 개인기업 형태의 소규모 경영이었다. 당시는 50~200파운드의 자금으로도 사업을 시작할 수 있었다. 그러나 기업경영자는 단독으로 사업을 시작한 것만은 아니다. 초기에도 여러 산업에서 대규모 경영은 존재하였으며 소규모 개인기업도 성장하면서 규모를 확대하였다. 새로운 기계의 설치와 기업규모의 확대에 필요한 자금은 개인의 부담능력을 초과한 큰 것이었다. 이에 유능한 기업경영자는 자신의 자본과 외부 자본을 결합하여 파트너십(partnership) 형태로 기업을 설립하거나 기존 사업을 확대하면서 성장할 수 있었다. 산업혁명기의 공업기업은 일반적으로 파트너십 조직의 기업이었다.

어느 경우든 이 시기의 기업은 실질적으로 가족기업(family business)이었다. 개인기업은 두말할 것도 없고 파트너십도 형제기업을 비롯하여 가족이 동업자로 참가하였다. 외부인이 동업자로 참가하기도 하였으나, 그 경우도 기본적으로 가족기업이라는 성격에는 다름이 없었다.

자본을 넓은 범위에서 동원할 수 있는 기업 형태로 주식회사가 유리하다는 것은 두말할 것도 없을 것이다. 주식회사조직의 기업은 17세기부터 이미 나타나고 있었다. 그러나 1720년에 제정된 포말회사법(Bubble Act)에 의해서 주식회사의 설립은 외국무역, 은행 및 보험 등의 일부 회사와 유료도로, 운하 및 철도회사를 제외하고는 실질적으로 금지되었다. 따라서 산업기업은 양도 가능한 주식이나 사채를 발행할 수 없었다. 자본시장은 일찍부터 있었으나 거래된 증권은 주로 국채(consols)였다. 주식회사조직의 기업 형태가 일반적으로 나타난 것은 주식회사법(Joint Stock Company Act)의 제정(1856)을 거쳐 1870년대 이후의 일이었다.

이러한 제도적 제약 속에서 산업혁명기의 산업기업은 일반적으로 파트너십 형태를 취하였다. 파트너의 출자자 수는 6명 이하로 제한되었으나 실제로는 가족을 중심으로 한두 명인 경우가 일반적이었다. 그들은 무한책임을 졌다. 따라서 파트너십은 외부자본을 동원하는 제도로서는 한계가 있었다. 파트너십은 기업의 수명이라는 측면에서도 개인기업의 경우와 마찬가지로 한계를 가진 조직이었다. 왜냐하면 기본적으로 인적 결합체인 파트너십의 존속기간은 기업경영자의 자연적 수명 내지 한쪽의 공동경영자의 이탈 여부에 따라서 좌우될 수 있었기 때문이다.

파트너십은 기업 형태로서 유용한 면도 있었다. 기술혁신이 끊임없이 진전되는 속에서 새로운 상황에 신축적으로 적응해나가는 데는 주식회사조직의 대기업보다 개인 기업이 유리하였다. 그리고 근대 기업의 형성기에 무한책임을 진다는 것은 사업을 하는 데 필요한 성실성의 기초라고 생각되었다. 자신의 사업에 최후의 1페니까지 책임지는 기업 경영인의 성실성이야말로 초창기 기업의 자본조달을 용이하게 한 중요한 요인이었다. 페인(P.L. Payne)이 지적하는 바와 같이 “파트너십은 필요한 때에 설립되고, 보충되고 해산할 수 있어 … 매우 적응적이고 신축적이었다.”[16]

파트너십은 광범하게 보급되었다. 유능한 기업경영자는 파트너십 조직으로 자신의 자금을 타인의 자본과 결합하여 기업을 설립하고 이윤을 재투자하면서 확장하였다. 주식회사조직이 법적으로 제약되어 있어 파트너십 조직은 기업의 자본조달수단으로 매우 중요하였다. 아크라이트, 웨지우드, 와트 등 이 시기의 대표적인 기업가들이 자신의 자본은 거의 없는 상태에서 기업을 설립하여 대성할 수 있었던 것은 바로 파트너십을 통해서 필요한 자본을 조달할 수 있었기 때문이었다.

예를 들어 오웬(Robert Owen)은 처음 형에게서 100파운드를 빌려 직기제작공과 파트너십을 조직하였다. 그는 1799년에 스코틀랜드 뉴 라나크의 대규모 방적공장을 공장주 데이비드 데일에게서 매수하고 그의 딸과 결혼함으로써 대방적기업인이 되었다. 제임스 와트는 볼턴(Mathew Boulton)을 파트너로 한 볼턴 앤드 와트상회(Boulton and Watt Co.)를 설립(1774)하여 증기기관을 제작하였다. 볼턴은 버밍엄의 금속제품 제조업자로 유력한 실업가였으며, 당시 대표적 대공장의 하나이던 소호주조공장(Soho Foundry)의 소유자였다. 와트의 특허는 볼턴의 자본, 숙련 및 기업가적 재질과 결합되어 산업화할 수 있었다. 수력방적기의 특허를 획득한 아크라이트는 1771년에는 부유한 메리야스제조 판매업자인 니드(Samuel Need)와 스트럿(Jedediah Strutt)과의 파트너십으로 ‘공장제의 역사에서 하나의 전기’를 이룩한 대규모의 크롬퍼드방적공장을 건설하였다.[17] 도자기의 웨지우드(J. Wedgewood)는 약간의 자금으로 독립경영을 시작하고(1759), 1769년에는 리버풀의 상인 벤틀리(Thomas Bentley)와의 파트너십을 통해 유명한 에트루리아(Etruria) 공장을 건설하였다. 제철공업에서도 파트너십은 초기의 거액의 자본을 동원하고 어느 한 참여자의 위험부담을 경감할 수 있게 한 보편적인 기업 형태였다.

파트너십은 석탄산업에서도 보편적으로 나타난 기업 형태였다. 탄광은 원래 개인 기업으로 경영되었다. 지주들은 직접 탄광을 소유하거나 임차 경영하고 실현된 이윤을 재투자하면서 경영규모를 확대하였다. 탄광의 자본규모가 커지면서 기업 형태로는 파트너십이 일반화되었다. 주식회사 형태의 탄광기업이 나타난 것은 1830년대에 이르러서였다.

2) 주식회사

주식회사조직의 기업은 외국무역, 은행, 보험 부문의 일부에서는 일찍부터, 그리고 18세기 후반기에는 유료도로라든가 운하 등에서 출현하였다. 그러나 그것이 대규모로 출현한 것은 철도산업에서였다. 철도 건설에 필요한 거액의 자본은 다수인에게서 조달하지 않으면 안 되었다.

1830년에 나타난 철도는 19세기 중엽에는 영국의 최대 산업의 하나가 되었다. 1875년까지 철도가 조달한 자본총액은 6억 3천만 파운드에 달하여, 면공업, 석탄산업, 철강공업 등 산업혁명기의 대산업의 고정자본 형성보다 훨씬 컸다. 철도의 매출액은 1870~75년에는 매년 5,200만 파운드에 이르러 양모수출액과 맞먹었고 석탄생산액의 2배나 되었다. 철도에 고용된 인원은 1873년에 27만 5천 명으로 취업남성 노동력의 약 3%를 차지하였다. 철도는 그 자체로서 중요한 산업으로의 지위를 차지하게 되었다.

철도기업은 대부분 소규모였으나 처음부터 대기업으로 출현한 경우도 있었으며 기업합병운동도 일찍부터 전개되었다. 예를 들어 1850년에는 15대 철도회사가 영국 철도 매출액의 75%와 불입자본의 61%를 차지하고 있었으며, 4대 철도회사(런던-노스웨스턴 철도, 미들랜드 철도, 그레이트 웨스턴 철도, 노스이스턴 철도)는 영국 철도운임 수입의 44%와 불입자본의 38%를 차지하고 있었다. 1850년에는 자본금 50만 파운드 이상의 산업기업은 소수였는데, 자본금 300만 파운드 이상의 철도회사는 19개

사나 되었다.[18]

파트너십 형태의 기업이 일반적인 가운데 이들 철도는 주식회사 형태의 기업으로 출발하였다. 철도발기인들은 주식을 발행하여 넓은 범위에 걸쳐 다양한 투자자에게서 자본을 조달하였다. 철도주식과 관련하여 자본시장도 발달하였다.

2. 조직구조

1) 관리문제의 대두

근대 공업기업이 기계제공장생산을 수행하기 위해서는 대규모의 고정투자, 다수 노동자의 작업장에의 집중, 기계체계에 상응한 규칙적 일관작업이 필요하였다. 그러기 위해서는 대규모의 자금조달과 관리, 원료의 규칙적 공급, 노무관리, 판매관리 등의 기능수행이 필수적으로 요구되었다. 근대 산업기업의 본질은 바로 기계제공장공업에 생산기반을 두고 필요한 관리체제를 갖춘 기업이라는 데 있었다.

그에 비해서 선행한 공업생산조직은 일반적으로는 선대제하의 분산적 가내수공업이었다. 그 속에서 선대상인(merchant-manufacturer)은 생산의 조직자 및 자금 공급자로서 중심 역할을 하였다. 일부에서 나타난 집중 매뉴팩처도 기술적 기초는 수공업이었다. 이들 조직에서는 생산과정에서의 관리문제는 크게 나타나지는 않았다. 따라서 관리문제는 기업인이 공장제를 도입하면서 직면하게 된 새로운 과제였다.

공장제를 채용한 기업경영자는 새로운 관리 내지 조직상의 도전에 어떻게 대응하였는가? 산업혁명 초기의 기업경영자는 공장제생산에 따라 요구된 기능을 단독으로 수행하였다. 그는 기업의 소유자·출자자이면서 공장관리인이기도 하였으며 상인·세일즈맨이기도 하였다. 따라서 규모가 큰 기업에서도 관리조직은 없었고, 경영자는 고작해야 서기를 두어 일상적 출납과 통신 업무를 담당하게 할 정도였다. 당시의 전형적 기업가는 소유자이면서 동시에 모든 관리기능을 단독으로 수행한 1인 독재적 경영자인 이른바 '산업의 장수(captain of industry)'였다.

그러나 기업규모와 생산력 기반의 확대에 따라 관리업무도 단독으로 수행하기 곤란할 만큼 증대하고 다양화하였다. 공장규모가 확대되면서 동원되어야 할 자본규모는 증대하고, 생산과의 관련에서도 기술개발, 숙련공 양성, 작업관리 등의 업무도 크게 증가하였다. 원료조달이라든가 제품판매에 대해서도 사정은 마찬가지였다. 관리업무가 증대하고 복잡해짐에 따라 그것은 기업경영자가 단독으로 처리할 수 없게 되어 보다 더 전문적·조직적으로 대응하지 않으면 안 되었다.

이러한 문제에 대한 조직상의 대응책으로 중요성이 커진 것은 파트너십의 이용이었다. 파트너십은 기본적으로는 자본동원의 한 방법이었지만, 다른 한편으로 관리능력이 있는 유능한 인재를 확보하는 수단으로도 이용되었다. 그 두드러진 예로는 볼턴과의 파트너십으로 설립한 증기기관제조회사에서 기술개발관련 업무를 담당한 와트(J. Watt)라든가 웨지우드와의 파트너십으로 건설한 에트루리아 공장에서 상인적 재능을 가지고 시장개척업무를 담당한 벤틀리(T. Bentley) 등을 들 수 있을 것이다. 일정한 관리업무를 담당하는 파트너의 중요성이 커지고 있었던 것이다.

2) 직업적 관리인의 출현

그러나 그보다 중요한 것은 파트너로서의 자본참가와는 관계없는 직업적 관리인(managers)의 출현이었다. 그들은 주로 공장 내부에서의 기술관리라든가 생산, 노무 관리업무 담당자로서의 기능을 수행한 공장관리인이었다. 그들은 소유·경영자를 대신해서 공장 내부의 생산과정 전반을 관리·감독하는 책임을 지고 관리인 보좌, 직장, 작업감독 등의 하부 직제의 숙련공을 통하여 작업관리업무를 수행하였다. 뒤에서 보는 바와 같이 원료의 구매와 제품판매의 기능은 고도로 발달한 외부의 복잡한 유통조직에 크게 의존하는 상태에서 가장 중요한 경영관리업무는 공장 관리였다. 소유경영자는 일상적인 공장의 생산관리업무 전반을 관리인에게 위임함으로써 재무관리 등 전략적 관리업무에 전념할 수 있게 되었다. 기업에 따라서 공장관리인은 증대하는 판매 및 회계 관리업무의 일부도 분담하였다.

초기에는 기업의 중요한 관리업무를 담당할 전문관리인을 채용한다는 것은 쉬운 일이 아니었다. 경영관리라는 업무 자체가 새로운 것으로서 그 직책을 담당할 유능한 인재가 처음부터 있었던 것은 아니다. 경영지배권을 가족 내부에서 확보할 필요에서 관리인으로는 전통적으로 가족이나 지역·종교와 연관된 사람을 채용하였다. 그러나 한 사람의 관리능력을 훨씬 초과하여 확대하는 기업에서 유능한 관리 인재를 확보하는 데에 연고채용은 한계가 있었다. 이러한 조건에서 대다수의 직업적 경영자는 기업 내부의 숙련노동자 내지 사무직에서 충원되고 현장실습을 통해서 훈련되었다. 웨지우드의 아들은 볼턴 앤드 와트상회의 소호주조공장에서 훈련을 받았으며, 기타 제철 및 섬유업자들의 진보적 대기업에서는 관리인에게 의도적으로 교육·훈련을 실시하였다.

직업적 관리인에 대한 수요는 1790년대 이후 크게 증가하였다. 이러한 추세는 그들의 급료 상승에서 뚜렷하게 나타나고 있다. 1790년에 200~500파운드 수준이던 연봉은, 그 후 1830년에 이르기까지 상층의 경우 500~2,000파운드로 상승하였다. 수요가 급증하면서 연고채용과 함께 능력과 실적에 따른 채용도 있었고, 그들의 사회적 지위도 상승하였다. 직업적 관리인은 당시의 가장 활기찬 사회계층이 되었다.

직업적 관리인은 높은 급료로 대우를 받았을 뿐만 아니라 기업경영자의 파트너로 영입되어 경영에 참가하거나 자신의 축적자금을 기반으로 파트너로 상승하는 경우도 있었다. 예를 들어 1790년 23개 공장을 거느리고 최대 방적기업가가 된 필(Robert Peel)은 자신의 산업제국을 관리하는 데 5명의 아들만으로는 부족하여 외부인재를 동업자(managing-partner)로 채용하였다. 채용조건은 소액의 기업지분을 주거나 이익에 따라 보수를 지급한다는 것이었다. 이러한 경로로 동업자가 된 로버츠(John Roberts)는 필의 신임을 얻어 신공장 건설에 공헌한 후 독립해서 자신의 공장을 건설하였다. 한편 1790년대에 프레스턴에서 면공업기업을 설립한 호록스(John Horrocks)는 1801년에 공장 수가 6개로 늘어나자 자신의 스태프 중에서 몇 명을 공장관리인(mill manager)으로 발탁하였고, 그중 3명은 후에 자신의 기업을 설립하였다. 호록스의 기업은 경영파트너를 계속 충원함으로써 경영의 일관성을 유지하면서 19세기를 통해서 지도적 방적, 방직회사로서의 지위를 유지하였다. 방적기업인으로 성공한 오웬과 리(George Lee)도 처음에는 맨체스터 방적기업의 경영파트너였다.[19]

경영파트너는 19세기 전반기에 여러 산업에서 나타났다. 그것은 기업주가 시간적 또는 능력적으로 부족한 분야의 업무를 수행하기 위해 직업적 관리인을 고용함으로써 보완하는 것이었다. 경영파트너와 직업적 관리인 간에는 유동성이 높고 명확한 경계선이 있었던 것은 아니다. 전문적 기능의 범위가 확대되는 가운데 이들 직업적 관리인층은 여러 산업에 출현하여 확대하였다.

직업적 관리인층의 출현은 기업규모가 확대되고 기능이 다양해짐에 따라 직면하게 된 조직관리상의 과제에 대한 현실적 대응으로 나타난 하나의 혁신이었다. 그러나 그것의 혁신성에는 일정한 한계가 있었다. 가족기업의 전통 속에서 전략적 관리기능은 어디까지나 가족 내부에서 전담하였으며 직업적 관리인은 공장 내의 작업관리 등 기능적 내지 현업상의 관리업무를 수행하였다. 기업경영자와 직업적 관리인 간에는 사실상 건널 수 없는 사회적 간격이 있었다. 직업적 관리인이 사회적으로 상승하는 길은 자신이 기업을 설립하는 길밖에 없었다.

19세기를 통해서 직업적 관리인의 양성은 공적 훈련이 아니라 기업 내부에서의 실습(on the job training, OJT)을 통해서 이루어졌고, 채용방식도 기본은 인척, 종교적, 지역적 커뮤니티 내에서의 연고채용이었다. 그 속에서 숙련과 인재의 교류는 제약되었다. 직업적 관리인은 산업혁명기를 통해서 여러 산업에서 출현하였으나 아직도 전문직업인 계층을 형성하는 데에 이르지는 못하였다.

3) 지배구조

공업기업의 경우 소유와 경영이 분리되지 않은 상태에서 기업경영자는 전략적 관리기능을 장악했으며 기능적·현업적 관리를 직업적 관리인에게 위임하는 경우는 대기업에서나 볼 수 있었다. 〈그림 1-1〉에서 보는 바와 같이 조직구조는 단순하였다. 기업의 절대 다수를 차지하는 중·소규모 경영에서는 기업경영자는 전략적 차원만이 아니라 여러 기능 내지

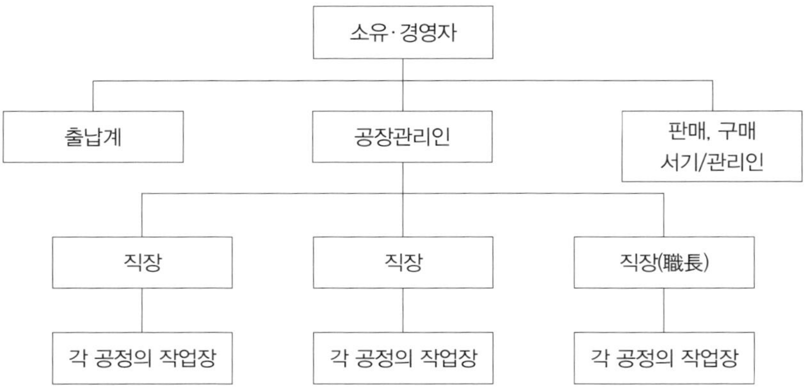

자료: C.J. Schmitz, 1993: 38.

그림 1-1 소유자 지배 공업기업의 조직구조

현업 차원의 관리업무까지도 통합 수행한 1인 독재적 '산업의 장수'였다. 그들 공업기업에서 종업원은 대부분 생산직노동자였으며 판매·구매업무가 외부의 전문상사나 중간상인에 의해서 수행되는 속에서 이에 종사하는 직원층은 없었고 생산·노무담당 직원마저 없었다. 이 시기의 관리는 원초적 단계에 있었다.

4) 철도기업의 조직구조

철도기업은 모든 분야의 제조업기업에 비해서 규모가 크고 고정자본투자가 거대하고 조직이 지리적으로 분산되어 있다는 특징이 있었다. 이러한 특징 때문에 철도기업에서는 제조업기업에서보다도 관리조직의 문제가 우선적으로 대처해야 할 과제로 등장하였다. 특히 1890년대의 경쟁과 대합병운동을 거쳐 거대 철도기업이 형성되면서 종래의 관습적 관리방식에 대신하는 새로운 방식의 개발 필요성은 더욱 커졌다.

이러한 배경에서 철도기업에서의 조직구조의 혁신이 이루어졌다. 그 선구는 런던-노스웨스턴 철도(LNWR)였다. 1846년에 설립된 이 철도는 5년 후에는 자본금 2,900만 파운드, 종업원 1만 2,000명, 총 연장거리 800마일에 달하는 대기업이 되었다. 영국에서는 1905년까지도 1,000만 파운드 이상의 자본규모 제조업기업은 3사뿐이었다. 그러한 대기업의 성공은 유효한 관리조직에 의존할 수밖에 없었다. 광역철도는 여객과 다양한 화물운송에 따른 복잡한 업무와 높은 고정비율과 자본지출에 따른 복잡한 재무구조에 효과적으로 대응하지 않으면 안 되었다.

런던-노스웨스턴 철도가 도입한 조직구조는 영업현장을 지역적으로 3관구(divisions)로 분할·관리하고 그 위에서 중앙본사가 집권적으로 통제하는 구조였다. 각 관구에는 비서(secretary), 감독(superintendent), 기관차감독, 화물관리인이 있었다. 이들 상급간부는 본사의 총관리인의 관리하에 있었으며 총관리인은 자신의 관리 스태프를 두고 이사회에 직접

책임을 졌다. 이러한 조직구조의 혁신은 유급으로 고용된 군 경력이 있는 총관리인 휘시(Captain Mark Huish)에 의해서 추진되었다. 그의 혁신은 회계방법에도 미쳐 감가상각과 설비평가를 적절하게 참작하도록 하고 일상적 현업관련통계의 광범한 수집과 분석을 추진하였다.[20]

이렇듯 주식회사조직의 철도기업에는 유급(有給)의 총관리인이 전략적 직무를 담당하고, 기능적 직무에는 라인(line)-스태프(staff)의 원리에 따른 부문별 구조가 도입되어 지리적으로 상호 분할된 관리인이 조업차원의 관리업무를 담당하였다. 제조업과는 달리 철도기업에서는 일찍부터 회사임원(corporation executives)이 출현하고 그들이 경영에서 중요한 역할을 하게 됨으로써 소유와 경영의 분리현상이 나타난 것이다.

철도기업에서 선구적으로 도입된 직업적 관리계층제 내지 관리관행은, 미국과는 대조적으로 제조업기업으로 파급되지는 않았다. 따라서 철도기업의 관리관행은 제1차 세계대전 이전의 개인자본주의하의 제조업기업의 관리체제에 새로운 충격을 주지는 못하였다.

조직구조의 혁신성에도 불구하고 영국철도회사의 경영관리의 선진성에 대해서는 소극적 평가가 일반적이다. 임원이 기능적 관리인에게 권한과 책임을 위양하는 데에 소극적이었으며 새로운 임원들이 구세대 임원보다 반드시 경영능력이 높았던 것도 아니었다. 임원 대부분은 사내훈련 이외에는 경험이 없었고 보수적이었으며 상호간의 이동성도 낮았다. 많은 경우 중류계급 상층 출신인 관료적 엘리트가 지배하는 체제에서 영국의 철도회사들은 보수적 수송전략으로 말미암아 사업을 전국적으로 전개하거나 효율적으로 추진하지 못하였다.[21]

5) 관리회계의 초기적 전개

경영관리에 이용될 수 있는 관리회계의 근대적 방법도 점차 개발되었다. 고정투자가 소규모라는 조건에서 상인의 전통적 재무회계(복식부기)

에서는 생산물의 비용계산에 간접비가 계정되지는 않았다. 그러나 대규모 고정투자가 수반되는 공장의 작업관리에는 간접비를 포함한 정확한 실질생산비를 측정할 필요가 있었다.

이러한 필요에서 원가계산에 대한 관심은 일찍부터 나타났다. 제철업에서는 1730년대에 더비를 비롯한 주요 제철업자들 사이에서 원가계산이 고안되어 이용되었으며, 도자기업자 웨지우드도 1770년대에 런던에 출하하는 제품의 원가를 계산하였다. 증기기관차를 제조한 볼턴은 사용한 재료의 중량에 따라 일정한 배율로 제품가격을 산출하는 방법을 고안한 한편 매년 감가금액을 시산하여 감가상각의 개념을 도입하였다.

이러한 과정을 거치면서 관리회계가 발달하고 그 기법은 광범한 정보망을 통해서 특정 산업부문의 대기업경영자들 간에 유포되었다. 배비지(Charles Babbage)의 저서(*On the Economy of Machinery and Manufacture*, 1834)는 그 전파를 촉진하였다. 관리회계의 발달은 그 자체로서 중요하였고, 거액의 고정투자를 한 특정 산업기업에서 의사결정과정의 보조수단으로 중요한 것이었다. 특히 전례 없는 거액의 고정투자가 이루어진 철도기업에서는 적절한 원가계산과 감가상각에 대응한 새로운 회계법의 개발이 촉진되었다.

그러나 그 영향은 한정된 것이었다. 관리회계의 발달은 아직도 초기단계에 머물러 있었으며, 더구나 기업의 절대 다수를 차지하는 소규모경영에서는 원가계산은 사실상 필요하지 않았다.[22]

3. 경영자의 사회적 기원

1) 출신계층의 다양성

산업혁명기의 기업경영자는 어떠한 사회계층 출신이었는가? 이 시기는 사회적·지리적 가동성이 증대하여 기업경영자로서 사회적 상승이 가능한 시기였다. 또한 공업화가 진전되면서 기업기회도 확대하고 있었다. 그 속에서 진취적이고 자질 있는 사람들은 출신계층과 지방적 울타리를 넘어 기업활동에 적극 진출하였다.

크로제(F. Crouget)는 1750~1850년의 대산업기업 설립자 226명의 부친의 직업을 분석하여 그 계급적 비율을 상류계급 8.8%, 중류계급 45.6%, 중류하층계급 38.5%, 노동자계급 7.1%로 보았다. 그리고 설립자 본인의 계급구성 비율은 각각 3.0%, 53.4%, 32.0%, 11.8%였다. 이 분류에서 상류계급은 토지귀족 및 군 장교, 중류계급은 국교회 목사, 법률가, 의사, 기사, 은행가, 상인, 매뉴팩처 및 공업경영자, 중류하층계급은 소경영주, 지배인, 직인, 농민제조업자, 농민, 그리고 노동자계급은 숙련·비숙련 가내노동자 등으로 구성되어 있었다.[23] 특히 중류계급과 중류하층계급에는 다양한 직업이 포함되어 있어 그만큼 출신계층의 다양성을 나타내고 있다.

2) 지주 · 상인계층

사실 이 시기의 산업기업가는 모든 사회계층에서 배출되었다. 예를 들어 석탄산업에서는 런던데리가(the Londonderys), 램튼가(the Lantons), 핏즈윌리엄 백작(Earl of Fitzwilliam) 등 토지귀족들이 탄광경영을 하였다. 유명한 브리지워터 공작(Duke of Bridgewater)은 자신이 경영한 워슬리탄광을 맨체스터와 연결한 워슬리-맨체스터운하(Worsley-Manchestor Canal)

를 건설하였고, 이는 운하기업의 효시가 되었다. 토지귀족들은 유료도로, 운하, 철도 등 교통망 건설에 투자가로서 큰 역할을 하였다. 그러나 그들은 공업기업경영자의 공급원천이 되지는 못하였으며 공업에 대한 투자에도 소극적이었다.

그에 비해서 상인계급은 공업기업가를 배출한 큰 원천의 하나였다. 대규모 아마공장을 건설한 고트(Benjamin Gott)는 리스(Leeds)의 대상인이었으며, 1831년에 랭커셔에서 캘리코날염업에 진출한 코브덴(Richard Cobden)은 런던상인이었다. 웨일스 남부의 제철업에서는 베이컨(Anthony Bacon)이라든가 크로셰이(Richard Crawshay) 등 런던상인 출신의 유력 기업가들이 있었다.[24]

그러나 순수 상인계층이 이 시기에 선구적 기업가의 출신기반이 되지는 못하였다. 유통과정에서 이윤을 추구하는 상인들은 기본적으로 보수적이었으며 초기의 불확실한 단계에서 큰 고정자본을 투자하면서 제조업으로 진출하는 데는 소극적일 수밖에 없었다. 따라서 그들은 선구적 산업기업들이 초기의 실험적 과정을 거쳐 확실한 기반을 구축하는 것을 보고 제조업으로 진출하였다. 상업자본의 산업자본으로의 전환은 상대적으로 뒤늦게 나타난 현상이었으며, 상인의 산업기업가로서의 활동은 추종적인 성격을 띤 것이었다.

3) 선대상인계층

공업기업가를 배출한 계층으로 대상인계층보다 중요한 것은 상인-제조업자라고 불린 선대상인층이었다. 그들은 자신이 생산시설을 가지고 운영한 제조업자는 아니었으나 가내공업생산자와의 선대관계를 통한 생산의 조직자로서 제조업과는 직접적인 관계에 있었다. 이들 선대상인들은 특히 섬유산업에서 공장제공업기업의 성장에서 중요한 역할을 하였다.

예를 들어 올드노는 1790년과 1791년에 각각 스톡포트(Stockport)와 멜러(Mellor)에서 대방적공장을 건설하였으며, 양말 상인-제조업자 니드(Samuel Need)와 스트럿은 아크라이트와의 동업으로 1771년에 크롬퍼드 방적공장을 건설하였다. 후에 오웬이 경영주가 된 스코틀랜드의 뉴 라나크 방적공장은 아마사수입상이면서 선대상이던 데일이 아크라이트와의 파트너십으로 설립한 것이었다. 한편 요크셔, 웨스트 라이딩(West Riding)의 소모공업에서는 1836년에 700명에 이르는 가내공업 수직직인에게 소모사를 선대하던 포스터(John Foster)가 1835년에 대규모의 소모사공장(Black Dyke Mills)을 건설하고 뒤이어 역직기를 갖춘 직포공장을 건설하였다.

선대상인은 상인기능을 수행하면서도 생산의 조직자로서 제조부문과도 관계를 가지고 있었다. 따라서 그들은 제조업부문에서 나타나고 있는 변화의 양상을 일찍부터 감지하고 있었다. 그러나 그들도 상업자본의 속성 때문에 새로운 제조업에서의 기업기회에 대한 확신을 가지게 된 단계에서 산업자본으로 전환하였다. 그러한 의미에서 그들도 상인출신과 같이 추종적 기업경영자들이었다.

그러나 선대상인 중에는 새로운 기업기회를 일찌감치 감지하여 선도적 산업기업가로서의 역할을 수행한 사람들도 있었다. 그들은 주로 신기술의 가능성에 확신을 가지고 그것을 산업화하는 데에 자신의 자본을 투자한 사람들이다. 그 전형으로 우리는 니드와 스트럿 그리고 볼턴(Mathew Boulton) 등을 들 수 있다.

4) 소생산자계층

산업혁명기 산업기업가의 또 다른 출신계층으로 중요한 것은 소생산자계층이었다. 그들은 선행한 오랜 기간을 통해서 성장해온 각종 직인, 가내공업생산자, 소규모 제조업자를 비롯한 다양한 직업으로 구성된 계층이었다. 산업혁명기에 기계를 발명하고 새로운 생산조직을 창출하면서 혁신적 활동을 수행한 공업기업가는 소생산자계층에서 다수 배출되었다.

예를 들어 면공업에서는 제니방적기를 발명한 하그리브스는 직포공·목공 출신이었으며, 수력방직기를 개발한 아크라이트는 이발사, 뮬방적기를 발명한 크롬프턴은 자작농(yeoman)의 아들, 그리고 역직기를 발명한 카트라이트는 목사였다. 제철공업에서는 석탄코크스를 연료로 한 제철법을 개발한 다비 1세는 농민이면서 못, 자물쇠 제조공의 아들이었고, 윌킨슨(I. Wilkinson)은 주철공 출신이었다. 그리고 퍼들법을 개발한 코트는 해군공창의 대리상이었다. 기계공업에서는 각종 목공과 금속 대장장이, 시계제조공, 정밀기구제조공 등 각종 숙련 직인과 제철업자 계층에서 와트(J. Watt), 로버츠(R. Roberts), 나스미스(J. Nasmyth), 위트워스(J. Whitworth), 페어반(W. Fairbairn) 등 각종 기계와 기계제작기술을 개발하고 기계제작기업인으로 성장한 사람들이 배출되었다. 한편 도자기제조에서의 기술혁신을 주도하여 에트루리아 공장을 건설한 웨지우드(J. Wedgwood)는 가난한 도자기제조업자의 아들로서 직인 출신이었다.[25]

기계의 발명자가 모두 기업경영자로서 성공한 것은 아니다. 뮬방적기의 크롬프턴과 퍼들법의 코트를 비롯해서 중요한 발명을 했으면서도 사업적으로 실패한 예가 많이 있는가 하면, 아크라이트와 같이 발명가로서의 독창성에 대해서는 의심을 받으면서도 기업가로 크게 성공한 예도 있다. 신발명은 자본에 뒷받침되면서 실용화될 때 비로소 혁신효과를 올릴 수 있었다. 수익성이 불확실한 단계에서 신기술의 가능성을 믿고 자본을 투입하면서 공장을 건설하고 노동자를 고용·관리한다는 것은 혁신적 기업가가 갖추어야 할 기본 자질이었다.

초기의 산업기업가들은 자신이 축적해온 소규모 자금으로 신기술을 도입하고 실현한 이윤을 재투자하면서 점차 기업을 확장하였다. 그래서 일정한 시기가 경과한 후 생산기반이 확립되고 생산력의 일층의 확대가 필요하게 되면 파트너십으로 타인의 자본을 도입하면서 사업을 확대하였다. 예를 들어 맥코넬(J. McConnel)과 케네디(J. Kennedy)는 18세기 말엽에 농업인의 아들로서 기계공 도제수업을 마친 후 가옥을 임차하여 뮬방적업을 시작하고 그들의 기업가적 자질과 호황의 덕으로 급성장하여 단기간에 최대 방적업자가 되었다. 그리고 웨지우드는 도자기제조업을 시작한 10년 후(1769)에 리버풀 상인 벤틀리(T. Bentley)와의 파트너십으로 근대적 모범공장 '에트루리아'를 건설하여 사업을 크게 확장하였으며, 잉글랜드 북부의 대 제철업자로 성장한 워커(S. Walker)는 처음에는 600파운드로 설립한 소주철소 경영으로 시작하여 점차 확장하면서 후에는 파트너십으로 되면서 사업을 확장해나갔다. 이러한 패턴이 산업혁명기 기업성장의 전형이었다.

한편 특허기술이 있으면서 자본능력이 없는 사람들은 파트너십으로 자신의 기술과 타인의 자본을 결합하여 기업활동을 시작할 수 있었다. 수력방적기의 특허를 가진 아크라이트는 양말선대상인 출신의 니드와 스트럿의 자본 지원으로 면방적기업가로 자질을 발휘할 수 있었다. 그리고 와트의 증기기관 특허는 볼턴의 자본 및 기업가적 재질과 결합되어 1771년 당시 핵심 신기술의 하나인 증기기관의 생산·보급으로 이어졌다. 볼턴은 버밍엄에서 '완구(toys)'라 불린 각종 소형철제 기호품을 생산·판매함으로써 자본을 축적한 부유한 상인-제조업자였다. 이와 같이 선대상인 중에는 처음부터 신기술과 결합하여 선도적인 역할을 한 기업가들이 있었다.

4절 기업금융

1. 자기금융

1) 자기자본과 이윤의 재투자

산업기업가가 공장을 건설하고 기계를 설치하여 생산을 시작하기 위한 창업자본을 어떻게 조달하였는가? 그리고 그들은 설립한 기업을 운영하는 과정에서 확장에 필요한 자본을 어떻게 조달하였는가?

기업의 창립자금은 일차적으로는 창업자 자신의 축적자금에서 조달되었다. 그들은 약간의 저축을 밑천으로 사업을 시작하였다. 그러나 초기의 소생산자적 자본기반에서 산업기업가가 자신의 저축만으로 사업을 시작한다는 것은 사실상 곤란하였다. 따라서 그들은 가족과 친지에게서 자금을 차입하거나 공동으로 기업을 설립하였다.

기업의 설립자금은 소액으로 충당할 수 있었다. 초기의 기계는 단순하였으며 작업장 건물도 기존 건물을 개수하여 적은 비용으로 이용할 수 있었다. 작업장은 기계라든가 동력 등 생산설비를 포함하여 임대받아 이용할 수도 있었다. 기계와 동력을 갖춘 건물의 한 층을 재임대하는 것은 일반적인 관행이었다. 성장하는 산업지역에서는 건물임대 목적의 부동산시장이 번영하였다. 중고기계시장도 출현하였다.

산업기업가들은 여러 가지 방법으로 고정자본지출을 절약하고 운영자금을 확보하면서 사업을 시작하였다. 한편 원료는 상인의 신용으로 공급받을 수 있었다. 진입 문턱이 낮은 상태에서 산업기업가는 성실성과 신뢰성을 바탕으로 자신과 주변에서 조달한 자본으로 사업을 시작하였다.

설립된 산업기업은 운영과정에서 실현된 이윤을 재투자(plough-back)

하면서 확장하였다. 기업은 이윤의 대부분을 내부유보하고 끊임없이 재투자하였다. 설립된 기업의 급속한 확장을 뒷받침한 자금은 기본적으로 이윤의 재투자라는 '자기금융(self-finance)'에 의해서 조달되었다. 자기금융은 산업기업의 확장을 위한 자금조달방식으로 보편적인 것이었다.[26]

2) 자기금융의 조건

'자기금융'이 자금조달방식으로 유효하게 이용될 수 있었던 이유는 이 시기의 기술혁신과 기업규모의 확대가 점진적으로 이루어졌다는 데 있었다. 산업혁명 초기의 공업기술 수준은 아직도 '반수공업적 단계'[27]에 있었으며 그 속에서 기술혁신은 점차적으로 이루어졌다. 따라서 산업기업은 처음부터 대규모 고정자본투자가 요구된 것이 아니라 소자본으로 출발하여 점차 기술혁신을 추진하면서 기업규모를 확장할 수 있었다.

이와 관련해서 폴라드(Sidney Pollard)는 다음과 같이 지적하고 있다. "초기의 면공장, 탄광 그리고 제철소에서도 고정자본시설은 비교적 단순하고 값싼 것이었다. 더구나 모든 공업이 기술혁신을 경험한 것은 아니며 당시의 공업변혁에서 주요한 역할을 수행한 공업도 반드시 비싼 기계를 설치한 것은 아니다. 소호(Soho)라든가 에트루리아와 같은 공장이 생산증가와 우월성을 성취한 것은 핀의 제작에 대해서 애덤 스미스가 기술한 방법, 즉 비싼 기계장치보다도 질서와 조직을 통해서였다. 더구나 나머지 공업들은 아직도 가내 노동자를 고용하는 선대제 단계에 있었다."[28]

가내공업적 단계에서 기업자산은 대부분 원료스톡의 형태를 띠고 있었으며 건물과 기계 등 고정자산의 비중은 매우 낮았다. 그러한 사정은 정도의 차이는 있으나 산업혁명 초기의 공장제하에서도 같았다. 공장제 초기에는 자본화가 크게 진전된 섬유공업이라든가 양조업에서는 총자산의 7분의 1 또는 8분의 1이 공장건물과 설비 등 고정자산이었고, 나머지 7분의 6 또는 8분의 7이 원료, 유통과정에 있는 상품, 판매미수금 등 유동자산이었다. 거대한 제철소라든가 대규모 탄광과 같은 자본화가 가장 진전된 부문에서도 고정자본은 자산의 2분의 1 이하인 경우가 일반적이었다.

예를 들면 영국의 최대공장의 하나였던 스피탤필드(Spitalfield)의 트루먼햄버리벅스턴양조장(Truman, Hambury and Buxton's)은 1760년에 총자산 13만 파운드 중에서 양조장, 기구류, 술통, 주점의 임대권 등 고정자산은 3만 파운드에 불과하였으며, 나머지 중에서 7만 4천 파운드는 판매되었으나 아직 대금이 회수되지 않은 맥주에 대한 채권, 그리고 2만 4천 파운드는 원료스톡과 양조과정에 있는 맥주였다. 일찍 공장제를 도입한 제조업에서는 이러한 자산구성이 전형적이었다.[29]

기술혁신의 점진성, 상대적으로 작은 고정자본의 수요 그리고 기업규모의 점진적 확대가 이 시기의 산업기업가로 하여금 비교적 소액의 자본으로 기업을 설립하고 높은 이윤을 끊임없이 재투자하면서 확대할 수 있게 한 조건이었다.

산업기업가는 투자자금을 자신의 축적기반에서 조달한 것만은 아니다. 기술혁신이 진전되고 기업규모가 확대되는 가운데 기업경영자는 자신의 축적자금만으로 확장에 필요한 자금을 충족할 수는 없었다. 이에 외부자금의 도입이 필요하였으며, 그 방법으로 이용된 제도가 파트너십이었다. 그뿐만 아니다. 파트너십은 자금능력은 없으면서도 발명특허를 가진 유능한 사람들로 하여금 타인의 자본을 동원하여 기업경영을 할 수 있게 한 방법이기도 하였다. 이렇게 해서 파트너십은 앞에서 본 바와 같이 산업혁명기의 자본조달방법으로 보편적으로 이용되었다. 파트너십에 있어서도 '자기금융'이라는 자본축적 패턴은 개인기업의 경우와 공통적이었다.

2. 유동성과 신용 네트워크

1) 상업신용

‘자기금융’에 의한 기업의 자본조달은 기본적으로 공장, 기계 등 고정설비 투자를 위한 것이었다. 고정설비가 본래의 기능을 수행하기 위해서는 원료와 인력이 투입되지 않으면 안 되었다. 따라서 공장을 운영하기 위해서는 원료를 조달하고 임금을 지급하고 임대료와 이자 등을 지불하기 위한 유동자금이 필요하였다.

초기의 면공장, 탄광, 제철소에서는 고정자본은 비교적 적었고 그 비중도 크지 않았다. 산업혁명 후기의 전형적 공장의 고정투자비율은 자본화가 진전된 면방적공장의 경우에도 투자자본의 2분의 1 정도였으며 철공업의 경우는 4분의 1 정도였다. 따라서 자본조달에서 원료재고, 작업 중의 재료 및 완제품 재고, 지불해야 할 임차료, 이자, 임금 등 유동자본의 조달은 매우 중요한 문제였다.[30]

유동자본조달의 문제는 공장제 이전의 상인이라든가 선대제형 고용주들도 직면한 문제였다. 그 속에서 전개된 자본제공과 지불방법이 기초가 되어 산업혁명기에는 정교한 신용망(web of credit)이 형성되었다.[31]

신용망은 기본적으로는 지역적으로 전개되었다. 전문화된 산업이 지역적으로 집적되고 생산 및 유통과 관련된 광범한 분업이 전개되는 속에서 지역적 신용망은 형성되었다. 허드슨(P. Hudson)은 요크셔 서부 웨스트라이딩 지방에서의 모직물공업의 경쟁적 전개에서 ‘신용 매트릭스(credit matrix)’가 결정적으로 중요한 기능을 하였다는 사실을 밝히고 있다.[32] 그러한 지역적 신용망은 요크셔 서부지역만이 아니라 산업집적지역 전반에서 광범하게 전개된 것으로 볼 수 있다.

지역적 신용망은 상인, 선대상인, 제조업자들 상호간의 거래관계에서 형성된 신용조직이었다. 각 지역의 제조업자들은 지역 상인들에게서 각종 원료를 조달하고 상인은 그들에게서 각종 제품을 인수해서 판매하였다. 그들 거래는 환어음을 이용한 신용거래였다. 이러한 거래는 제조업자로 하여금 원료 구입을 용이하게 하였을 뿐만 아니라 제품 판매금의 조기회수를 가능하게 하였다. 왜냐하면 원료의 신용구입의 경우 환어음의 상환기간은 2~6개월로 다양했으나, 그동안 제조업자는 현금 없이 원료를 조달하여 경우에 따라서는 상환기간이 도래하기 전에 제품화할 수도 있었다. 환어음은 할인 가능한 신용어음(credit note)이었으므로 제조업자는 제품판매 대금으로 받은 환어음을 언제든지 할인해서 현금화할 수 있었기 때문이다. 원료의 신용구입으로 제조업자들은 상당기간 비용을 크게 절약할 수 있었다. 산업에 따라 차이가 있을 수 있었으나 모직물공업의 경우 기업 총비용의 3분의 1 내지 2분의 1, 소모(梳毛)제조의 경우는 2분의 1 내지 3분의 2 정도는 원료인 양모 구입비였다.

지역적 신용망은 각종 상인과 제조업자 간의 신용관계만이 아니라 뒤에서 보게 될 각 지역의 다수의 지방은행을 포함한 신용조직이었다. 정교한 신용조직이 전개될 수 있었던 사회적 기반은 '신용도가 높은 문화'[33]를 가진 지역 커뮤니티였다. 공업화의 점진적 진전과 함께 지역사회의 변화도 점진적으로 진전되었으며 그 속에서 커뮤니티 구성원의 상호신뢰관계는 지속적으로 유지되었다.

지역적 신용망은 전국적 범위의 그것과 연결되었다. 제조업자들과 거래관계를 가진 지역적 상인들은 원료조달과 제품판매에서 런던의 수출입상인들과 신용관계를 가졌으며 뒤에서 보는 바와 같이 지방은행은 어음할인을 통해서 런던의 은행들과 신용관계를 맺고 있었다. 이러한 신용망을 통해서 제조업자들은 유동자본을 절약 또는 조달하면서 '자기금융'으로 축적한 자금을 고정자본으로 재투자하였다.

2) 은행신용

(1) 지역적 금융

지역의 상공업자가 직접 관계를 가지면서 신용공여를 받은 은행으로는 지방은행(country bank)이 있었다. 지방은행은 산업기업가가 지역적 연고 관계를 통해서 쉽게 접근할 수 있는 은행이었다. 법적으로 주식은행 설립이 금지되어 있어 지방은행은 지역의 상공업자와 대행업자 등이 설립한 파트너십 형태의 은행이었다.

은행업에 대한 수요가 늘어나면서 지방은행 수도 크게 증가하였다. 1716년에 브리스톨(Bristol)에서 처음 설립된 지방은행 수는 1750년에도 12개에 불과하였으나 산업혁명이 전개되는 1780년대 이후 매년 급증하여 1784년에는 119, 1800년에는 370, 1810년에는 654개에 달하였으며, 그 후 감소 국면으로 들어갔으나 1821년에도 609개나 있었다.

지방은행의 자산규모는 18세기 말에는 평균 1만 파운드 정도였다. 소규모 자본으로 쉽게 설립할 수 있었다는 조건이 은행업에 대한 수요의 급속한 증가와 함께 지방은행 수의 급속한 증가를 가져왔다. 이들 지방은행은 기본적으로 단일은행이었으나 18세기 말 이후에는 지점을 갖는 경우도 점차 나타났다. 예를 들어 1789년에는 312개 은행이 335개 점포를, 1813년에는 761개 은행이 922개 점포를 그리고 1830년에는 483개 은행이 721개 점포를 운영하고 있었다.[34]

지방은행은 은행권을 발행함으로써 유통매개수단으로서의 통화를 창출하는 한편, 환어음할인이라든가 당좌대월(overdrafts)을 통해서 지방의 상공업자에게 3~6개월의 단기신용을 제공하였다. 산업혁명기 기업의 자본구성에서 가장 중요한 것은 장기고정자본이 아니라 단기유동자본이었다. 은행의 할인활동이나 당좌대월은 직접적으로 또는 상인을 거쳐서 간접적으로 산업기업가에의 단기신용의 흐름을 뒷받침하였다.

기업의 자본구조에서 유동자본의 비율이 컸다는 사실을 감안할 때

운영자본의 공급을 뒷받침한 단기신용의 제공은 그 자체로서 매우 중요한 것이었다. 은행은 유동자본의 원활한 공급을 통해서 그렇지 못할 경우 기업의 고정자본조달에 줄 수 있을 자금 압박을 크게 완화해주었다. 기업이 이윤의 재투자라는 자기금융방식으로 고정자본을 조달할 수 있었던 것은 간접적으로는 은행의 단기신용을 이용할 수 있었기 때문이었다.

폴라드는 "은행은 장기자본수요가 거의 없었기 때문에 장기자본은 거의 공급하지 않았다"고 지적하였다.[35] 그러나 지방은행이 장기금융을 전혀 하지 않았던 것은 아니다. 오히려 지방은행은 종래 알려진 것보다 많은 장기대부를 하였다.

무엇보다도 은행의 단기대부가 장기금융의 수단으로 이용되었다. 즉 형식적으로는 3~6개월의 단기대부이면서 정기적으로 기간갱신이 허용됨으로써 실질적으로 장기대부로 되는 신용제공이다. 통상적인 경우 은행가는 대부기간 갱신을 허가하는 데에 별 문제가 없었고, 한편 기업경영자는 갱신을 예상해서 행동할 수 있었다. 지방은행은 단지 대부인과 차입인 사이의 금융 중개업자가 아니라 통화발행, 예금창출, 당좌대월을 통해서 미약하나마 새로운 통화의 흐름을 이끌어낸 '신용의 엔진'이었다.[36]

(2) 전국적 금융망

지방은행은 런던의 거래은행을 통해서 런던금융시장과 연결되어 있었다. 그것은 수백에 이르는 지방은행이 고립된 은행이 아니라 하나의 전국적 차원의 금융 시스템을 구성하고 있었다는 것을 의미하였다.

런던개인은행(London private banks)은 런던에서 민간은행업자에 의해서 설립·운영된 은행이었다. 파트너십 형태의 가족기업으로 설립된 이들 은행은 1725년에 24개였으나 1750년에는 30개로 되었다가 그 후 크게 증가하여 1770년에는 50개, 그리고 1800년에는 70개로 되었다. 이들 은행의 주요 업무는 잉여자금의 예금, 환어음할인, 단기대부, 콜 대부 등이었다. 런던개인은행은 정부공채에 대한 투자라든가 저당권설정에 의한 대부 등 비교적 장기적인 대부를 하는 경우도 있었으나 일반적으로는 단기대부를 하였다.[37]

이들 은행이 지역금융에서 중요한 것은 그들이 지방은행의 대리업무를 수행하였다는 것이다. 대리업무를 수행한 은행은 시티의 은행 대부분을 망라한 44개나 되었다. 이들 은행은 1개에서 10개에 이르는 지방은행의 대리업무를 수행하였다. 그중에서 다운(Down), 에스데일(Esdail), 로버츠(Roberts), 포스터(Forster), 마스터맨(Masterman), 샌더슨(Sanderson), 바클레이스(Barclays) 등 은행은 10개 이상의 지방은행의 대리업무를 수행하고 있었다. 바클레이스를 제외한 이들 은행은 모두 1769~73년의 은행 붐 시기 이후 설립되었다.[38]

지방은행은 런던과의 증대하는 금융업무를 수행하기 위해서 런던의 거래은행을 필요로 하였다. 즉 지방은행은 런던의 거래은행을 통해서 정화 내지 잉글랜드은행권의 지방에의 운송, 잔고의 보관, 당좌대월의 제공, 지방과 런던 간에서 양도되는 환어음 처리 등의 업무를 수행하였다. 18세기에 영국 상거래자금의 대부분은 이 '런던어음'에 의해서 조달되었다. 런던 개인은행들은 18세기 말에는 대부기관으로 '최후에 의지할 수 있는 은행'인 잉글랜드은행과 거래관계를 가지고 있었다.

잉글랜드은행(Bank of England)의 금융업무는 주로 대정부 금융이었다. 18세기 말 이 은행의 대정부 대출액은 총 대출액의 77%에 달하였다. 대민간 금융은 이 은행의 금융업무에서는 부차적인 것이었다.

잉글랜드은행의 민간과의 금융거래는 두 가지 형태가 있었다. 첫째, 부유한 개인이나 회사로부터 예금을 받아들이고 그들을 위해서 인출금계정을 설정하였다. 그리고 동인도회사와 같은 소수의 대회사에 대해서 일정한도 내에서 당좌대월을 하였다. 둘째, 런던상인을 위해서 환어음 및 약속어음을 할인하였다. 할인업무는 매우 보수적이었다. 할인의 허가규제는 매우 엄격하였고, 할인수도 한정되었다. 어음할인에 의한 대부는 단기적인 것이었다.

잉글랜드은행은 대정부 및 민간 금융관계를 통해서 18세기 중엽에는 영국의 금융구조에서 중심적 지위를 차지하게 되었다. 특히 이 은행은 은행권발행을 통한 화폐공급자로서 하나의 국민적 제도로 되어 있었다. 잉글랜드은행은 금융환경에 큰 영향을 미칠 수 있는 위치에 있었으며, 따라서 이 은행의 통화 및 금융 정책은 중요하였다.

이렇게 해서 18세기 후반기에 영국의 금융제도는 잉글랜드은행, 런던 개인은행 및 지방은행으로 구성된 '3륜 구조'로 전개되었다. 그 속에서 런던 개인은행을 매개로 하는 전국적인 할인 및 지불 네트워크가 형성되었다. 19세기에 들어 어음 브로커와 같은 전문중개업자가 런던금융시장과 지방은행을 연결하고, 1826년 이후 잉글랜드은행이 지방에 지점을 설립하게 될 때까지 런던 개인은행의 지방은행을 위한 대리업무는 지방과 런던을 연결하는 금융업무로서 매우 중요한 역할을 하였다.[39]

5절 판매기능과 유통조직

1. 판매기능의 외부화

산업혁명기의 산업기업은 기본적으로 단일제품을 생산하는 전문생산업체였다. 다양한 산업에서 크고 작은 무수한 기업이 특정제품의 생산에 특화되고 지역적으로 집적되면서 경쟁적으로 생산활동을 수행하였다. 기술혁신의 추진과 공장제생산으로 기업의 생산능력은 크게 확대되었다. 확대하는 생산을 지속적으로 유지하기 위해서는 차질 없이 원료를 조달하고 제품을 판매하지 않으면 안 되었다. 산업기업들은 이러한 과제에 어떻게 대응하였는가?

산업혁명기의 혁신적 기업가들은 시장기회를 민감하게 포착하는 상인적 안목이 있었을 뿐만 아니라 많은 경우 스스로 상인제조업자 출신으로 제품판매에 특별한 관심을 기울였다. 그러나 그러한 '안목'과 '관심'이 바로 제조업자가 판매기능을 직접 담당하면서 새로운 수요창조와 시장개척을 추구하였다는 것을 의미하는 것은 아니다. 오히려 제조업자들은 외부적으로 존재한 유통조직과 상인활동을 최대한으로 이용하면서 제품판매의 확대를 지향하였다. 따라서 혁신적 산업기업가로서는 대중적 상품의 대량생산을 통한 원가절감과 고품질제품 생산의 확대를 통한 수요증대가 중요하였으며 그러기 위해서 기술혁신을 추진하였다. 그렇게 함으로써 아크라이트, 올드노, 스트럿 등 대표적인 면방직기업가들은 품질에 대한 높은 평가로 말미암아 상품판매를 확대할 수 있었다. 1830년대에 스트럿가가 생산한 면사품질은 높은 평가를 받아 그 상표가 붙은 화물은 세계시장에서 아무런 검사도 받지 않고 곧바로 판매될 수 있는 패스포트로 통용되었다.

따라서 면방적공업에서는 기업가의 제품판매 확대를 위한 상인적 안목은 기본적으로 품질의 우수성에서 발휘되고 그의 판매기능은 외부의 유통조직과 중간상인의 활동을 적극적으로 이용함으로써 수행되었다. 물론 스트럿가가 생산한 면사를 국내외 고객에게 직접 판매한 예에서도 볼 수 있듯이 면방직기업가가 직접 판매를 한 예가 없는 것은 아니다. 그러나 그것은 예외적이었으며 일반적으로 제품판매는 외부의 유통조직에 의존하였다. 특히 무수히 존재한 중소방적업자들이나 방직업자, 그리고 모직물 제조업자들은 제품판매를 외부의 상인에게 의존하지 않으면 안 되었다. 고도의 경쟁적 시장에서 제조업자들은 판매기능을 외부의 유통조직에 위임하는 것이 유리하였다.

그 경우 제조업자와 상인과의 이해관계가 반드시 일치하지는 않았다.

일부 대규모 제조업자들은 외부의 상인과 대등하게 거래할 수 있었다 하더라도 일반적으로 제조업자들은 상대적으로 약한 처지에 있었다. 상인은 경우에 따라서는 자신이 부담해야 할 위험을 제조업자에게 전가하기도 하였으나, 자금기반이 약하고 생산능력에 한계가 있는 중소제조업자들로서는 중간상인에 의존할 수밖에 없었다.

제조업자들이 판매기능을 외부화한 기본조건은 전문화되면서 정교하게 발달한 유통조직과 그 속에서 활발하게 전개된 상인 활동이었다.

2. 유통조직

1) 국내 유통조직

일찍부터 발달해온 유통조직은 18세기에는 전문화되면서 확대되었다. 전통적 유통조직인 대시(大市, fair)와 주시(週市, market)는 아직도 존속하고 있었으나 수적으로 감소하고 기능도 변화하였다. 1년을 단위로 일정기간 특정지역에서 개최되어 각 지방의 상인들이 집합하여 여러 종류의 상품이 거래된 대시는 그 지방의 특산품 거래에 특화되었다. 주시도 점차 농산물과 반제품의 거래에 특화되어 각지에서 다수의 곡물, 양모, 모직물 등의 전문시장이 열렸다.

주시는 지방의 수요를 충족하는 것이었지만, 특히 런던을 중심으로 50~60마일 거리 이내에는 런던 상인이 모여드는 밀, 보리, 가금 등의 전문시장이 다수 있었다. 이들 주시에서 거래된 상품이 런던으로 운송되었다. 런던에는 이들 지방 주시에서 들어온 특정상품을 거래하는 시장들이 있었다. 그 대표적인 것으로 마크 레인(Mark Lane) 곡물시장, 스미스필드(Smithfield) 가축시장, 리든홀(Leadenhall) 낙농품 및 가금류시장, 코번트 가든(Covent Garden) 채소 및 과실시장, 블랙웰 홀(Blackwell Hall)

모직물시장 등을 들 수 있다. 주시는 횡적으로 연결되어 지방 간 거래를 하였을 뿐만 아니라 종적으로 수도권시장과도 연결되어 있었다.

대도시의 수요는 시장제도의 발달을 가져왔다. 예를 들어 런던의 전문화된 일반시장은 일요일을 제외한 주중 매일 개장되었으며, 상설점포는 17세기 초에는 런던 거리의 특징이 되었다. 그와 함께 도매상 및 소매상의 복잡한 거래망이 있었다. 상업수단도 일정한 발달을 하였다. 화폐유통의 증대와 함께 외국무역에서 이용된 상품의 신용판매가 국내 상업에서도 보급되었다. 어음·환어음이 전국적으로 광범하게 이용되었다. 어음은 17세기 영국에서 초기 은행업무를 수행하던 귀금속 장인(gold smith)이라든가 법률가, 대서인 등에 의해서 할인되었다.

그라스는 산업자본주의 시대의 전형적인 판매조직을 생산자·수입업자-대리상·도매상-소매상으로 도식화하고 이 시기의 대리상과 도매상은 상업자본주의 시대의 다양한 기능을 통합해서 수행한 '정주상인(sedentary merchant)'과는 달리 전문화된 새로운 유형의 상인이라는 것을 강조하였다.[40] 산업혁명기에는 종전에 상업, 무역업, 금융업, 수송업, 창고업, 보험업, 선대제적 공업생산 등 다양한 경제활동을 통합적으로 수행하던 상인활동은 각각 분화되어 전문화, 특화되었다. 상인기능의 특화 경향은 18세기의 영국에서 두드러지게 나타나고 있었다.

상인기능의 전문화와 그것을 통한 상업의 발전은 특히 외국무역에서 두드러졌지만, 국내 상인들도 전문적 대리상이거나 도매상이었으며 그들이 상품유통에서 중요한 역할을 수행하였다. 그들은 딜러(dealers) 내지 팩터(factors)라고 불렸다. 전자가 자기책임하에서 상품을 매매하는 도매상인 데 비해, 후자는 상품거래를 중개하고 수수료를 받는 대리상이었다. 전체적으로 '중간상인(middlemen)'이라 불린 이들의 경쟁적 활동으로 상품유통은 촉진되었다. 18세기 초까지 각종 상품거래에서 중간상인의 수가 증가하였을 뿐만 아니라 그들에 의한 거래 연쇄가 확립되어 있었다.

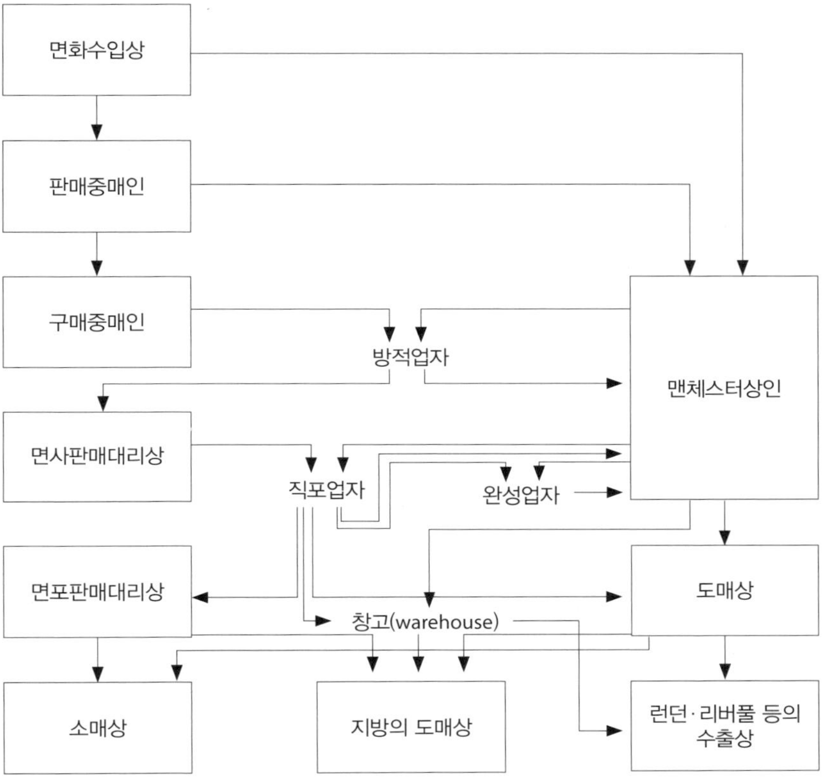

자료: 鈴木良隆·大東英祐·武田晴人, 2004: 21(정안기·여인만 옮김, 2010: 55).

그림 1-2 영국 면공업의 유통조직(19세기)

이들 중간상인들은 생산자와 소매업자와의 사이에서만이 아니라 생산자와 원료생산자 내지 도시의 도매상인 또는 수출입업자 사이의 여러 단계에서 판매 내지 구매 대리인의 기능을 수행하였다. 〈그림 1-2〉는 19세기 영국 면공업의 유통조직을 나타낸 것이다. 이 그림에서 보는 바와 같이 리버풀의 면화수입상은 수입면화를 중간상인을 통해서 판매하였다. 방적업자는 이들 중간상인에게서 원면을 구매하고 제조한 면사를 전문중간상인을 통해서 직포업자에게 판매하였다. 그리고 직포업자가 제조한 면포는 전문대리상이나 도매상을 통해서 소매상과 지방의 도매상에게 판매하고 런던, 리버풀 등의 수출상을 통해서 수출하였다.

유사한 유통조직은 전 산업에서 나타나고 있었다. 예를 들어 금속공업 중심지 버밍엄의 대리상인은 금속제품의 견본을 가지고 전국을 돌아다니며 철물상(ironmonger) 등 상점주에게서 주문을 받음으로써 금속제조업자들은 판매활동의 부담에서 벗어나 생산에 전념할 수 있었다.

2) 국제무역조직

딘(P. Deane)은 영국의 외국무역의 발전을 가능하게 한 국내 자원으로 ① 선원과 항해사의 풍부한 인적자본, ② 자금과 위험부담에 대한 탁월한 식견을 가진 상인계급의 존재, ③ 금융상 고도의 숙련과 경험을 가진 신용조직, ④ 정부에 의한 상업활동의 자유보장 등 네 가지를 들면서 "18세기 초에 이루어진 중요한 혁신은 바로 이 상업 분야에서 일어났다"고 지적하고 있다.[41] 딘이 말하는 '상업 분야에서의 중요한 변혁'은 무역상인의 조직과 활동에서 두드러졌다.

18세기 세계무역의 중심은 런던이었다. 런던을 중심으로 영국의 다각적 대외무역과 세계적 교역이 이루어졌다. 런던에는 다수의 선박과 정비된 항만시설, 그리고 거대한 창고시설이 있었고, 부유한 다수의 은행업자와 해상보험업자가 있었으며, 세계를 연결하는 상업거래망이 있었다. 런던은 국내 최대의 상업·금융 중심지였을 뿐만 아니라 거대한 중개무역지로서 세계적인 무역과 금융의 중심지이기도 하였다.

런던의 국내 상업, 세계무역 및 금융 중심지로서의 성장은 그곳에서 활동하는 상인의 기능분화를 촉진하였다. 즉, 18세기 런던에서는 그라스가 말하는 '정주상인(sedentary merchant)'이 통합해서 수행하던 해운, 무역, 은행, 보험, 창고 등의 업무가 분화되어 전문업자에 의해서 영위되었다. 상인기능의 분화로 업무가 전문화되면서 업무상의 위험이 낮아지고 기동성이 높아져 사업은 좀 더 원활하게 할 수 있게 되었다. 그것은 결국 무역활성화로 이어졌다.

무역상인은 수출대상지역에 팩터 내지 지점을 두고 거래하였으며 국내에서는 스스로 외국무역상인의 대리상 기능도 수행하였다. 즉 영국의 무역상인은 외국의 하주에게서 외국상품을 위탁받아 국내의 중간상인을 통해서 판매한 한편, 그들이 국내에서 수집한 상품을 위탁받아 수출판매하여 수수료를 받았다. 이러한 위탁판매제도를 통해서 리버풀의 원면수입업자는 미국의 하주를 위해서 그리고 맨체스터의 면직물수출업자는 국내 직물업자를 위해서 각각 위탁판매 업무를 수행하였다. 위탁판매제도는 무역상인의 위험부담을 최소한도로 줄이면서 이익을 올릴 수 있도록 하고 결과적으로 무역거래를 활발하게 한 중요한 제도였다.

런던을 비롯해서 리버풀, 맨체스터 등 산업혁명기의 주요 상업중심지에서 활약한 영국 상인 중에는 외국 출신도 다수 포함되어 있었다. 런던을 중심으로 한 이들 도시에는 세계 각지에서 상인적 자질을 가진 사람들이 모여들었다. 모험심이 왕성한 영국 상인들은 전문화된 각종 중개적·보조적 기능에 뒷받침된 고도의 상업조직 속에서 활발한 상업활동을 수행하였다.

3) 발달한 유통조직의 공과

공업기업이 특정 공정 또는 제품으로 특화하면서 고도의 전문생산업체로 전개한 데에는 복잡하게 발달한 전문유통조직의 존재가 중요하였다. 외부에 정교하게 발달한 유통조직이 존재하는 속에서 전문화한 산업기업으로서는, 비록 대규모 기업인 경우에도, 자신의 독자적인 유통조직을 창출한다는 것은 쉽지 않았을 뿐만 아니라 합리적이지도 않았다. 더구나 광범하게 전개된 중소기업은 외부에 발달한 유통조직이 있었기 때문에 생산특화를 할 수 있었다. 이러한 조건에서 산업기업은 제품판매와 원료조달은 외부의 유통조직에 의존하면서 생산전문업체로 전개되었다. 한편 제조기업의 기술혁신과 경영특화로 이룩한 높은 생산성, 품질, 가격경쟁력은 특정제품만을 취급하는 중간상인 내지 전문상사가 국내외시장에서 제품판매를 확대할 수 있는 조건이기도 하였다.

이렇게 해서 생산과 유통 양면에서 다같이 특화되고 상호의존적으로 수행되는 경영활동이 하나의 구조로 형성되었다. 그 속에서 제조업자는 필요한 원료조달과 제품판매를 유통조직에 위임하고 자신이 가진 경영능력을 생산에 집중시킬 수 있었다.

그러나 유리한 조건으로 기능해온 유통의 외부의존구조는 결과적으로 산업기업을 시장으로부터 격리시켜 제품 내지 시장정책에서 전문상인이나 상사에 대해서 약한 입장에 서게 하였다. 그 속에서 산업기업은 시장조건의 변화에 자주적·능동적으로 대응하기는 곤란하였다. 이러한 구조는 1870년대에 들어 시장조건이 크게 변화하면서 산업기업이 독자적으로 발전하는 데에 중대한 제약조건이 되었다.

3. 제조업자의 직판 활동

산업혁명기의 제조업자들이 제품판매 기능을 외부에 위임한 것만은 아니다. 제품이 비교적 새롭거나 유행을 타는 사치품이라서 유통조직이 없거나 적합하지 않을 경우 제조업자는 스스로 판로까지도 개척하지 않으면 안 되었다. 그 대표적인 예를 우리는 '완구' 제조업자이면서 후에 증기기관 제조업자로 유명한 볼턴과 도자기제조업자인 웨지우드(Josiah Wedgwood)의 판로개척 활동에서 볼 수 있다.

볼턴 앤드 와트상회(1744년 설립)가 제조한 증기기관은 두말할 것도 없이 산업혁명기의 대표적인 신제품이었다. 따라서 기존의 유통조직이 있을 수 없었다. 이에 볼턴은 자신이 제작한 신제품을 고객에게 알리고 직접 판매하지 않으면 안 되었다. 그러기 위해서 그는 고객에게서 주문을 받고 계약을 체결하여 제품 인도까지의 모든 업무를 직접 감독하였다. 그는 개개의 고객과의 직접적 거래관계를 확대하면서 증기기관의 판매를 점차 확대해나갔다.

볼턴은 증기기관의 제작에 앞서 이미 당대의 대표적 산업기업가로서의 명성을 얻고 있었다. 그가 포더길(John Forthergil)을 파트너로 해서 설립한(1762) 소호주조공장은 5개 건물에 600명의 노동자를 고용하여 다양한 금속제품을 생산하는 대규모 공장이었다. 주요 제품은 금속제의 각종 단추, 버클, 줄(chains) 등이었고 그 외에 장식용 청동제품, 꽃병, 샹들리에, 삼각대, 금은세공품, 도금제품, 금모조품, 거북딱지 세공품 등이었다.

이들 금속제품은 '완구(toy)'라고 불린 기호품이었다. 완구공업은 1750년대에는 버밍엄에 집적되어 높은 기술적 발전을 이루었으며, 1760년대에는 적어도 2만 명을 고용하여 연 60만 파운드 상당의 제품을 생산하고 그중 50만 파운드를 수출하였다. 이 공업에는 일부 대규모 기업과 함께 다수의 소규모 제조업자들이 참여하였으며, 대량생산이 가능하여 고도로 경쟁적이고 유행성이 높았다.

볼턴은 제품의 높은 경쟁성에 주목하여 기계화에 의한 대량생산과 가격인하, 대량판매, 박리다매 정책을 추진하였다. 그는 기호품의 유행성을 고려해서 디자인에 주의하면서 다양한 상품을 제작하고, 특히 상류층이라든가 런던의 유행계를 대상으로 한 선전에 힘썼다.

볼턴은 자신의 판매조직을 확립하여 팩터의 개입을 배제하고 고객의 주문에 직접 대응하는 정책을 도입하였다. 그는 런던에 직영상점을 개설하는 데에는 실패하였으나 런던 귀금속상에의 의존에서 벗어나 대리상을 통해서 주문판매를 하였다. 외국시장 개척도 적극 추진하였다. 그러기 위해서 상인 출신 파트너인 포더길은 외국 주재 영국 대사와 영국 주재 외국 대사 및 공사에 작용하는 일을 포함하여 모든 기회를 활용하였다. 그 결과 그들은 유럽의 모든 나라와 거래관계를 가졌다. 그들은

중간상인의 개입을 완전히 배제하지는 못하였으나 거래의 대부분을 직접 수행하였다.[42]

도자기공업의 웨지우드는 당시 모델공장의 하나인 '에트루리아'를 건설하여 대량생산체제를 갖춘 한편, 상인 출신 벤틀리(Thomas Bentley)를 파트너로 영입하여 런던을 중심으로 시장개척을 적극 추진하였다.

도자기는 대중적 상품이면서 예술성과 유행성이 큰 기호상품이기도 하였다. 산업혁명 이전에는 영국의 도자기는 주로 지방시장에서 판매되었고 런던시장과 외국시장에서 판매되지는 않았다. 그러나 도자기공업에서의 산업혁명을 주도한 웨지우드는 적극적인 수요창조 노력으로 18세기 말에는 지방적 시장과 행상인에의 의존에서 벗어나 국제시장에 진출하여 유명해졌다.

웨지우드의 판매전략으로 중요한 것은 품질향상과 유행의 창조였다. 유행성 있는 기호상품의 고객은 상류계급이었다. 귀족시장을 독점하고 상류계급을 고객으로 한다면 국내외로 고객을 만들 수 있다고 믿은 웨지우드는 그가 제작하는 도자기에 고객의 이름을 새겨넣어 고객의 관심을 사면서 선전하였다. 특히 그는 왕실과 귀족의 이름을 사용하면서 제품의 선전효과를 노렸다. 또한 상품선전 수단으로 신문광고를 광범하게 이용하였다.

웨지우드는 런던에 이어 몇몇 지방도시에 상점을 개설하여 제품을 직접 판매하고 오늘날의 특약제도와 같은 판매조직을 창출하였다. 판매촉진을 위해서 그는 정가주의, 현금주의, 런던에서의 무료배달주의를 채택하고 구입상품이 만족스럽지 않을 때에는 대금을 고객에게 돌려주는 정책을 처음으로 도입하였다.[43]

판매기능의 외부 의존이 일반적인 속에서 볼턴과 웨지우드의 시장개척 활동은 혁신적인 것이었다. 그것은 후에 나타나는 판매기능 내부화 전략의 선구로 볼 수 있다.

6절 고용과 노무관리

1. 노동자의 고용

1) 노동력 공급조건

노무관리에 앞서 기업경영자가 직면한 문제는 필요한 노동자를 확보하는 문제였다. 이 시기에 공업노동력은 전체적으로는 증가하였다. 첫째, 인구가 증가하였다. 인구는 18세기 중엽 이후 꾸준히 증가하여 연평균 1780~90년대에는 1%, 그리고 1800~10년대에는 1.5% 정도 성장하였다. 그것은 이전의 추세에서 볼 때 높은 증가율이었다. 둘째, 아일랜드에서의 대량이민이 있었다. 그들 대다수는 잉글랜드의 섬유공업에 고용되었으며 나머지가 농업, 건축, 탄광 등에서 미숙련 내지 중노동자로 고용되었다. 셋째, 인클로저의 영향으로 농민분화가 진전되어 농촌공동체가 해체되면서 이농한 농업노동력이 공업노동력의 공급원이 될 수 있었다.

노동력공급 확대조건은 고용주에게는 기본적으로 유리한 것이었다. 그럼에도 그들이 필요한 노동력을 언제나 손쉽게 조달할 수 있었던 것은 아니다. 노동시장이 유연하지 않은 상태에서 노동력공급의 지역 내지 직종에 따른 불균형은 컸다. 인구이동이 국지적으로 이루어지는 속에서 기업경영자가 실제로 필요한 노동력을 조달하는 데에는 어려움이 많았다.

산업기업인의 노동력조달을 곤란하게 한 데에는 노동자의 공장노동에 대한 편견도 작용하였다. 노동자가 가내노동에서 공장노동으로 전환한다는 것은 단순히 노동장소의 공간적 이동만이 아니라 노동관행 그 자체의 변화를 의미하였다. 그들은 가내작업장을 버리고 공장노동자로 고용되는 데에 저항감이 컸다.

2) 면공업노동자

초기의 면공업기업인이 필요한 노동력을 조달한 중요한 원천은 여성노동과 아동노동이었다. 기계가 도입되어 작업이 단순해지고 필요한 인력이 감소함에 따라 아동노동을 공장노동에 유효하게 이용할 수 있게 되었다. 특히 아크라이트형 방적공장에서는 그러하였다.

아동노동은 낮은 임금으로 고용주의 마음대로 이용할 수 있었다. 고용주는 성년남자 노동자임금의 3분의 1에서 6분의 1 수준, 심지어는 의식(衣食) 제공만으로 아동노동을 고용할 수 있었다. 그리고 고용주는 도제계약으로 아동을 짧게는 7년 동안, 길게는 성년이 될 때까지 안정적 공장노동자로 확보할 수가 있었다.

이러한 이유로 공업기업가는 대규모로 아동노동을 고용하였다. 예를 들면 더비셔에서 아크라이트가 경영한 3개 공장에서는 1789년에 노동자 총수 1,150명의 3분의 2가 아동노동이었으며, 19세기에 들어서도 1816년에 그레그(Samuel Greg)의 공장에서는 노동자 총수 252명 중에서 18세 이상은 약 30%, 10세 미만은 17%였다.[44]

아크라이트형 방적공장기업인이 대량으로 고용한 아동노동자는 그 상당 부분이 교구도제였다. 교구도제제도는 원래 교구(教區)가 구빈시설에 수용된 어린이들을 사례금을 주면서까지 장인들로 하여금 떠맡도록 하면서 시작된 제도였다. 면방적 기업경영자들은 매우 열악한 조건의 노동을 교구도제에게 강제하였다. 7세가 갓 지난 교구도제들은 하루 12~16시간씩 주 6일을 노동하지 않으면 안 되었다. 초기에 일반적 관행이던 장시간노동은 노동력공급 확대의 하나의 방법이 되었다.

기업경영자가 필요한 노동력을 교구도제로만 조달한 것은 물론 아니다. 공장에 따라서는 교구도제를 고용하지 않은 경우도 있었으며 고용 정도도 달랐다. 전체적으로 보아 노동자 총수에서 교구도제가 차지한 비중은 약 25~30%였다. 따라서 그것이 노동력의 주요 부분을 차지한 것은 아니다. 특히 1800년경이 되면 교구도제의 고용이 반드시 유리하지만은 않았다. 가내공업의 붕괴와 공장제의 진전에 따라 자유노동자의 고용이 확대됨으로써 교구도제의 중요성은 떨어졌다. 이러한 경향은 19세기에 들어 더욱 커졌다.

자유노동자는 처음부터 교구도제와 함께 고용되었고 특히 1800년대에 들어 후자는 전자에 의해 대체되면서 점차 소멸되었다. 그러나 사회적 분화가 충분히 진전되지 못한 상태에서, 기업경영자가 필요한 노동력을 개별적으로 고용하는 것은 쉽지 않았다. 그러한 곤란은 풍부한 수력을 따라 산간벽지에 설립되어야 했던 초기의 아크라이트형 방적공장에서 특히 심했다.

이러한 상태에서 방적업자들은 부녀자와 아동 노동력을 확보하기 위해서 그들만이 아니라 그들의 가장까지를 포함한 가족단위고용(family employment)이라는 방법을 이용하였다. 즉, 공장 근처에 노동자주택을 건립하여 가족 전체를 거주시키면서 가장은 감독, 기계공, 소면공 등의 숙련노동이나 옥외노동 등에 종사토록 하고, 부녀자와 아동은 비숙련노동에 종사토록 한 것이다.

그 경우 임금도 가족단위임금(family wage)이 지급되었고, 가옥임대료와 기타 고용주에게 지불해야 할 여러 비용을 공제한 나머지가 가장에게 지급되었다. 이러한 고용제도를 유지하기 위하여 고용주는 노동자가족이 거주할 주택 건립과 함께 상점, 교회, 학교 등 각종 생활편의시설을 갖춘 공장마을(factory village)을 건설하였다.

가족단위고용은 19세기에 들어 감소하고 노동자의 개별적 고용이 일반화되었다. 그것은 이 시기가 되면 노동자의 사회적 분화가 진전되고 그의 가동성이 증대함으로써 기업경영자가 필요한 노동력을 쉽게 보충할 수 있게 되었기 때문이다. '공장시대의 제2국면'에서 참다운 의미에서의 산업 프롤레타리아트가 출현하고 탄력적인 노동력 공급이 가능하게 되었다.[45]

3) 숙련노동자

기술혁신은 노동을 단순화하여 숙련을 배제하는 측면도 있었지만 한편 새로운 숙련을 필요로 하기도 하였다. 따라서 숙련공의 확보는 기업경영자에게 중요한 과제였다. 노동자 측에서의 취업기회의 제약과 고용자 측에서의 노동력 부족이라는 역설은 부분적으로는 필요한 숙련노동자의 부족으로 설명될 수 있었다.[46] 특히 토목사업이나 기계공업, 제철공업, 도자기공업 등에서는 숙련공의 확보는 중요한 문제였다.

기업경영자는 숙련노동자를 고용하는 데에 외부기업의 노동력을 부정하게 빼돌리기도 하였다. 숙련노동자가 부족한 상태에서 이러한 부정한 빼돌림은 크게 성행하였다. 소호주조공장은 고용한 많은 숙련노동자를 빼앗기고 그 대신 다른 공장의 노동자를 유인하였다. 로벅(John Roebuck), 가벳트(Samuel Garbett), 크롬프턴(Samuel Crompton) 등도 경쟁사에 노동자를 빼앗겼다. 웨일스 남부에서는 숙련노동자의 부정한 빼돌림은 항상 분쟁의 원인이 되었고, 잉글랜드에서는 노동자의 부정한 빼돌림을 하지 않는다는 협정이 기업 간에 체결되기도 하였다. 제철, 기계제작 등의 부문에서 기업경영자는 숙련노동자를 국내 각 지방에서 스카우트하였을 뿐만 아니라 외국에서 유치하기까지 하였다.[47]

기업경영자들은 필요한 숙련노동력을 외부만이 아니라 내부 양성을 통해서도 조달하였다. 예를 들면 볼턴 앤드 와트사가 노동력조달에서 직면한 문제는 ① 물레방아 목공(millwrights)이나 정밀기구제조공(instrument makers) 등의 숙련공을 확보한다는 것, ② 그들의 전통적 숙련을 새로운 기계제작 기술로 전환시킨다는 것, ③ 그들에게 기계공업에 적합한 정밀성, 측정법, 작업방법 등을 가르친다는 것이었다. 그러한 필요에서 회사는 소호주조공장에서 기술자의 양성에 주력하였으며, 그 결과 전문화된 조립공, 선반공, 주형공 등의 기술자가 양성되었다. 이들 소호주조공장에서 양성된 '소호 기술자들'은 그 명성이 높았고, 그들이 다른 기업에 고용됨으로써 새로운 숙련이 보급되어갔다.

또한 콜브룩데일(Coalbrookdale) 제철소는 새로운 제철공 양성에 큰 역할을 하였고, 캐론(Carron) 철공장은 우수한 주형 및 주조공학교가 되었으며, 웨일스 남부는 단철공을 배출하였다. 방적공장에서는 초기의 기계공에 대신해서 전문적인 방적기계공과 수리공이 양성되었고, 토목사업에서는 도로와 운하의 건설과정에서 새로운 숙련공이 다수 양성되었다. 도자기공업의 웨지우드는 자체적으로 숙련공을 훈련시켰다. 이외에도 필요한 노동자의 훈련은 광업, 석탄산업, 동제련업, 화학공업, 양조업, 도자기공업 등에서 광범하게 전개되었다.[48]

숙련공의 양성 내지 훈련은 직업학교 등 공적인 교육기관에서 이루어진 것이 아니라 어디까지나 작업현장에서의 실습을 통해서 경험적으로 이루어졌다. 기업에서 양성된 이들 숙련공이 기업 상호간의 이동과정에서 기술이 전파되고 전체적으로 기술수준이 향상되었다.

2. 노무관리

1) 노무관리체계의 이원성

분업적 기계체계가 단일 동력원에 의해서 일제히 가동되는 공장에서 노동자는 기계의 움직임에 맞추어 규칙적으로 노동하지 않으면 안 되었다. 특히 비숙련공이 중심이 된 공정에서 그 필요성은 더욱 컸다. 초기의 공장제하에서 다수의 노동자를 관리한다는 것은 기업경영자가 대응해야 할 새로운 과제였다.

노무관리체계는 노동자의 공정별, 직종별 구성에 따라 전개되었다. 일찍부터 소면 및 방적 공정에서 일관기계체계가 확립된 아크라이트형 방적공장에서는 방적공은 비숙련 여자 및 미성년 노동자로서 공장주에 의해서 직접 고용되어 공장주가 고용한 감독의 지휘감독하에서 노동하였다. 그 경우 공장주-공장관리인-감독-방적공의 관계는 인적 요소가 배제된 근대적 고용관계이며 관리체제는 집중적 성격의 것이었다.

이에 대해서 뮬형 방적공장에서는 고용관계는 인적요소가 농후하였으며 관리체제도 이중적·분산적 성격의 것이었다. 뮬형 방적공장에서도 소면공정의 노동자는 아크라이트형 방적공장에서와 같이 공장주에 의해서 직접 고용되고 하급관리자인 감독이나 소면공을 통해서 관리되었다. 그러나 뮬방적공정에서는 숙련남자노동자인 방적공은 공장주에 의해서 직접 고용되었으나 그들의 보조노동자는 방적공이 고용하였다.

2) 내부청부제

이중적·분산적 관리체계의 고용형태는 내부청부제(sub-contract system)였다. 내부청부제는 공장경영자가 특정 공정의 작업을 직공에게 일정액의 금액으로 청부를 주면 청부한 직공은 자신의 위험부담하에 필요한 노동력을 고용하고 청부를 준 기업경영자의 공장에서 생산하여 납품하는 제도다.

이 제도하에서 공장경영자와 청부직공 간에는 직접적인 고용관계에 있는 경우와 그렇지 않고 독립적인 관계에 있는 경우가 있다. 앞에서 본 방적공장에서의 이중적·분산적 관리체계는 공장경영자에 직접 고용된 직공이 자신의 책임하에 보조노동자를 고용하여 납품하는 이중적 고용형태다. 그에 비해서 독립적인 청부직공은 스스로 필요한 노동력을 고용하고 공장주의 공장에서 기계 등 설비를 이용하여 생산·납품하는 제도였다.

내부청부제는 뮬방적공장에서는 일반적으로 이용되었다. 그것은 공장경영자에게는 그만한 이점이 있었다. 첫째로 공장경영자들은 필요노동력의 33%에 해당하는 숙련방적공만 고용하면 되었으므로 그것은 그만큼 노동력 조달에서의 경영자의 곤란을 덜어주었다. 특히 면방적공장이 성장하면서 쇠퇴한 가내공업방적공이 공장으로 편입됨으로써 기업경영자가 숙련방적공을 고용하는 데에 큰 곤란을 겪지 않았으며, 보조노동력은 방적공에 의해서 고용되었던 것이다. 둘째로 노무관리체계는 기업경영자의 노무관리상의 곤란을 덜어주었다.

내부청부제는 탄광, 광산, 제철공업, 도자기공업, 건축업, 토목사업 등 여러 부문에서 광범하게 이용되었다. 탄광에서는 채탄하청인(butty)이 직접 광부를 고용해서 채탄하였다. 고용주는 청부인에게 청부임금을 지불하면 청부인은 그중에서 자신이 고용한 광부에게 임금을 지급하였다. 철공장에서는 못제조와 도구제조 등 부문에 따라 내부청부제가 도입되었다. 건축업과 토목사업에서는 청부제가 더욱 보급되어 있었다. 특히 도로 건설, 운하 개착, 철도 건설 등의 토목공사에서는 청부제가 광범하게 이용되었다. 그 경우 대규모 청부업자는 100~300명의 노동자를 고용하였으며, 그들 노동자는 10여 명 단위의 집단(butty-gangs)으로 편성되어 그에 의해 관리되었다.[49]

내부청부제는 대기업이 출현함에 따라 기업경영자가 직접 수행해야 할 관리기능을 중간관리자에게 분산시킴으로써 간접적으로 수행하게 한 제도였다. 그것은 대경영이 새롭고 아직도 동질화되지 않은 노동자의 대집단을 관리하는 일이 곤란하던 산업혁명기의 기업경영자에게는 유용한 관리수단이었다.

3) 노동의욕의 자극

성과(成果)임금제도 내부청부제와 함께 노무관리방법으로 중요하였다. 이 제도는 면방적공장의 성인노동자에게 일반적으로 적용되었다. 1833년 현재 225개 면방적공장의 고용노동자 6만 7,819명 중에서 47.1%는 성과임금을, 그리고 43.7%는 일당임금이나 시간임금을 지급받았으며 나머지 9.2%는 명확하지 않다. 기본적으로 면방적공장에서는 성년남자 숙련공이 성과임금을 받았으며 미성년 비숙련노동자는 일당임금이나 시간임금을 받았다.

이 밖에도 기업경영자들은 노동자의 노동의욕을 고취하기 위해서 상여제도를 도입하는 등 여러 가지 방법으로 대응하였다. 예를 들어 웨지우드는 기업주와 노동자의 공동이익 관념을 강조하였으며, 그레그(Samuel Greg) 2세는 공동체 정신의 확립을 시도하였고, 아크라이트는 최우수 노동자에게 특별한 의복을 입도록 하였고, 마샬(John Marshall)은 기계마다 카드를 넣어서 생산량을 표시하게 하고, 오웬은 소리 없는 감시기('silent monitors')에 의해서 노동자를 평가하였다.[50] 또한 대공장주는 매점, 기숙사, 일요학교 교회 등 복리후생시설을 건설한다든가 질병기금을 마련하는 등 온정주의(paternalism)로 공장노동에의 의욕을 자극하려 하였다.

4) 공장규율

간접고용을 통한 다수 노동자의 관리, 하청제와 각종 상여제도를 통한 성년남자 숙련공의 통제만으로 이 시기 공장의 노무관리가 원활하게 이루어진 것은 아니다. 빈번한 노동이탈, 불규칙한 노동, 공장노동의 미숙 등 근대적 공장노동 관행이 확립되지 않은 초기의 공장에서 노무관리가 순조롭기는 어려웠다.

특히 아크라이트형 방적공장과 같이 다수의 미성년 노동자를 직접 고용하고 관리한 경우, 고용 형태와 관리조직은 근대적이었다 하더라도, 실제의 노무관리는 자유로운 노동계약에 의해서라기보다도 경제외적 강제라든가 공장규율에 의해서 수행되었다.

공장에서는 가내공업에서와 같은 불규칙하고 방종한 노동관행은 허용될 수 없었으며, 필요한 것은 규칙성과 일정한 노동강도, 정확성과 표준화 그리고 설비와 원료에 대한 주의였다. 초기의 공장에서 직장이동과 결근이 빈번하고, 시간관념이 희박하고, 노동이 규칙적이지 못한 노동자를 규칙적이고 정확하고 근면하게 노동하도록 관리한다는 것은 기업경영자가 해야 할 매우 중요한 과제였다. 이 문제에 대처하기 위해 기업경영자는 공장규율(factory discipline) 내지 공장규약(mill codes)을 도입하였다.

그러나 공장규율을 적용한다는 것은 쉬운 일이 아니었다. 웨지우드는 시간엄수, 개근, 고정시간, 주의와 청결에 대한 면밀한 기준, 낭비의 배제, 금주 등의 새로운 규율을 도입하였을 때에 도공의 저항에 직면하지 않으면 안 되었고, 와트도 공장의 청결을 위해서 많은 노력을 기울였다. 공장규율은 공장제 초기의 노동자에게는 새로운 개념이었고 그에 대한 저항도 컸다. 따라서 그것을 시행한다는 것은 당시에는 기술개발과 같은 하나의 혁신이었다. 특히 아크라이트형 방적공장에서와같이 기업경영자는 다수의 미성년노동자를 방적공으로 직접 고용하고 집중적으로 관리한 기업에서는 공장규율의 시행이 더욱 절실하였다. 기업경영자는 노동자에 대해서 가부장적 권위 내지 '사적 사법권'[51]을 가지고 공장규율을 강제하였다.

고용주가 노동자에 대해서 적용한 공장규율의 시행방법은 강압적인 것이었다. 1833년에 의회의 공장노동조사위원회가 한 조사에 따르면 609개 기업에서 아동노동의 통제수단으로 해고와 해고위협의 수단을 이용한 기업은 전체의 3분의 2인 약 400개 사였으며, 벌금과 공제의 수단을 이용한 기업은 전체의 6분의 1인 101개 사였다. 체형은 55개 사에서 실행되었다. 따라서 전체적으로 보면 강압적 수단을 쓴 기업이 압도적으로 많았다.

공장규율을 효과적으로 강제하기 위해서 기업경영자는 노동자의 결사도 금지하였다. "노동자의 결사는 고용주 세계에서는 일반적으로 범죄적 공격으로 취급되었다."[52] 그러한 기업경영자의 태도는 결사금지법(Combination Act, 1799~1825)에 의해서 국가적으로 뒷받침되어, 그것을 위반하거나 폭동을 일으킨 노동자에 대해서는 유형을 포함한 가혹한 형벌이 부과되었다. 기업경영자는 그가 싫어하는 노동자에 대한 블랙리스트를 작성하고 해고라는 수단으로 노동조합운동을 탄압할 수 있었다.

물론 공장규율이 강압적인 방법으로만 시행된 것은 아니다. 기업경영자는 좀 더 교육적이고 간접적인 방법도 이용하였다. 즉, 그들은 노동자로 하여금 공장규율을 준수하게 하는 방법으로 도덕교육을 하고 복종정신을 가르쳤다. 특히 금주정책은 도덕교육과 관련해서 노동자의 노동능률을 올리는 간접적인 방법으로 이용되었다. 그와 함께 비도덕적 태만을 추방하기 위해서 토·일요일의 여가 폐지, 상스러운 말 쓰기 금지, 탐욕·이기심·유물주의·오만 등의 배제운동을 벌였다. "약간의 영광스러운 예외는 있지만 노동자계급의 존엄성과 도덕성의 수준을 끌어올리려는 노력은 노동자계급 자신을 위해서가 아니라 전적으로 새로운 공장규율을 구축하는 방향에서 시도되었다."[53]

2장

영국기업의 성장

1절 경영환경

1. 경제적 환경

1) 빅토리아 중기의 번영

1851년 런던 하이드파크의 수정궁(Crystal palace)에서 개최된 세계 최초의 만국박람회는 그동안 영국이 이룩한 산업혁명의 성과를 세계 만방에 과시하는 행사였다. 이 박람회에는 독일과 미국 등 후발제국의 공업제품도 전시되어 시선을 끌었으나 영국 제품의 위상은 압도적이었다. 이 박람회를 전후로 영국경제는 1840년대 중반에서 70년대 초의 '대불황(Great Depression)'에 이르는 약 4반세기 동안 큰 번영을 누렸다.

이 시기는 영국 농업의 황금기였다. 농업은 곡물법 폐지(1846)로 수입곡물과의 경쟁에 직면하였으나 집약적 고도농법(high farming)과 낙농생산에의 전환으로 적극 대응함으로써 산업상 지위는 하락했지만 크게 번영하였다. 농업이 결정적 타격을 입게 된 것은 1870년대에 들어 미국산 곡물이 대량으로 수입되면서부터였다.

특히 공업의 성장은 경제번영의 기반이었다. 산업혁명을 주도한 산업의 생산력 기반은 더욱 확대되고 산업구조에서 공업의 비중은 더욱 높아졌다. 원면수입량은 연평균 1억 5,000만 파운드(1840)에서 8억 3,000

표 2-1 영국 국민소득의 산업별 분포 (단위: %)

	1801	1831	1851	1871	1901	1911
농업	33	23	20	14	6	6
공업 · 광업 · 건설	23	34	34	38	40	40
무역 · 수송	17	17	19	22	23	28
가내 · 개인업	6	6	5	5	5	3
주택	5	7	8	8	8	6
해외소득	–	1	2	4	7	5
공공 · 전문 · 기타	16	12	11	9	11	14

자료: F. Crouzet, 1982: 67.

만 파운드(1860년대)로 약 5.3배, 선철생산량은 300만 톤(1855)에서 600만 톤(1875)으로 2배, 강철은 4만 톤(1850년대 초)에서 125만 톤(1880)으로 31배 그리고 석탄은 4,500만 톤(1846)에서 1억 톤(1860년대 초)으로 각각 2배 이상 증가하였다.

이 시기에 영국은 세계 최대 공업국으로서의 지위를 확고히 확립하였다. 〈표 2-1〉은 산업구조의 변화를 나타낸 것이다. 1801~71년에 농업의 비중은 33%에서 14%로 그리고 그 후 6%로 떨어진 반면, 광공업(건설업 포함)은 23%에서 38%로 그리고 그 후 40%로 상승하였다. 공업 성장과 밀접하게 관련되면서 무역, 수송부문의 지위도 상승하였다. 영국의 공업생산력은 1860년에 세계 공업생산력의 20%를 차지하고 수출은 1872년 현재 세계 공업제품 수출의 45.5%를 차지하였다. 이 시점에서 영국은 '세계의 공장(workshop of the World)'이었으며 그 공업패권에 대해서는 아직 어느 나라도 도전하지 못하였다.

영국은 공업제품을 전 세계로 수출하였다. 면제품과 양모제품의 수출은 1850년 현재 영국 총수출의 60%를 차지하였으며 그 상대적 비중은 그 후 점차 저하하였다. 그 외에도 영국은 석탄, 기계, 각종 철강제품을 비롯한 다양한 제품을 수출하였다. 한편 영국은 최대 수입국이기도 하였다. 1870년대 말에 영국은 국내수요곡물의 절반 이상을 수입에 의존하였으며 식육, 낙농제품, 사탕, 차 등의 식료품을 수입하였다. 그 속에서 영국 농업은 쇠퇴하였다. 영국은 공업원료도 수입하였다. 원면은 전량이 주로 미국에서 수입하였고 양모도 오스트레일리아에서 수입하였다. 기타 목재, 담배, 각종 금속을 수입하였다.

영국은 각종 공업제품을 세계시장에 수출한 '세계의 공장'이면서 동시에 각종 식료품, 원자재를 수입한 대수입국이었다. 그 속에서 영국의 무역수지는 만성적으로 적자였고 그 폭은 증대 경향에 있었다. 무역적자는 1870년대 중반까지 연 7,000만 파운드에 달하였다. 이러한 무역수지구조를 통해서 영국은 일차산품 수출국으로 하여금 영국 공업제품에 대한 구매력을 가질 수 있게 하였다.

증대하는 무역수지적자를 보전한 것은 무역외수지의 흑자였다. 영국은 '세계의 해운국', '세계의 은행'이기도 하였다. 그것을 기반으로 한 해운서비스 수입과 이자수입이 무역외수입의 주요 원천이었다. 또한 영국은 외국의 철도, 정부, 공공사업에 적극 투자하였다. 대외투자액은 1875년까지 10억 파운드에 달하였으며 그 후 더욱 증가하였다. 무역외수지의 흑자는 무역수지적자를 보전하고도 남았다. 그것은 또다시 대외투자의 원천이 되었다. 이러한 국제수지구조에서 영국은 세계경제의 중심으로서의 지위를 확고히 하였다.

2) 경제적 쇠퇴

(1) 쇠퇴의 양상

'세계의 공장'으로 번영하던 영국경제는 1873년에는 '대불황'으로 반전하였다. 불황은 1896년까지 23년간 계속되었다. 물가는 지속적으로 하락하면서 경쟁은 격화되었다. 기업의 이윤율은 크게 떨어지고 투자율도 저조하였다. 국제경제관계가 확대되는 속에서 공황은 영국만이 아니라 세계적 현상이 되었다. 그러나 그것은 영국경제에 큰 충격을 주었다. 영국경제는 대불황을 계기로 성장력을 상실하고 제1차 세계대전에 이르

표 2-2 주요국의 국내총생산 성장률 비교(1870~1913년 평균) (단위: %)

	영국	독일	프랑스	미국
1870~80	1.9	1.8	2.0	4.8
1880~90	2.2	2.9	0.8	4.1
1890~1900	2.1	3.4	2.1	3.8
1900~1913	1.5	3.0	1.7	3.9

자료: S. Pollard, 1989: 5.

기까지 장기간의 쇠퇴국면을 걷게 되었다.

그러나 이 기간에 영국경제가 절대적으로 정체하거나 쇠퇴한 것은 아니다. 경제성장률은 20세기에 들어서 1.5%로 떨어졌으나 19세기 말엽까지는 연평균 2% 정도의 수준을 유지하였다. 그러나 그것은 후발공업국으로 영국에 도전하는 독일과 미국에 비해서 크게 낮은 수준이었다. 〈표 2-2〉에서 보는 바와 같이 영국 경제성장률의 상대적 감속은 명백하였다.

농업 불황으로 곡물가격은 절반이나 떨어지고 지주계급은 지대하락으로 큰 타격을 입었다. 국내 철도투자에 적극적이던 지주계급은 지대수입 대신 해외투자 수익에 눈을 돌렸고, 이에 대한 의존도는 점차 높아졌다. 그 속에서 그들의 시티와의 관계는 강화되었다. 그러나 농업이 산업에서 차지하는 비중은 19세기 말에 6%에 불과하였다. 따라서 영국경제의 성장률 감속과 상대적 정체의 관건은 공업에 있었다.

〈표 2-3〉은 주요국의 공업성장률을 나타낸 것이다. 영국 공업의 성장률은 미국과 독일에 비해서 크게 낮았을 뿐만 아니라 완만하게 성장한 프랑스보다 낮았고 세계 평균보다는 크게 낮았다. 영국의 공업생산성 상승률(연 1%)도 이들 나라(연 1.5~2%)보다 낮았다.

성장률의 상대적 하락에도 영국 공업이 절대적으로 쇠퇴한 것은 아니다. 산업혁명을 주도한 공업은 1870년대 이후도 계속 성장하였다. 수출산업으로서 가장 중요한 면공업은 이 시기에도 생산력을 확대하면서

표 2-3 주요국의 공업성장률 비교(1870~1913년 평균) (단위: %)

	영국	미국	독일	프랑스	세계
1870~80	2.1	5.4	2.9	2.0	3.3
1880~90	1.9	5.4	5.5	2.5	4.3
1890~1900	1.5	3.2	5.0	2.7	3.6
1900~1913	2.1	5.2	3.9	3.5	4.2

자료: S. Pollard, 1989: 12.

성장하였다. 영국 면공업의 방추 수는 1867년에는 미국, 프랑스, 독일 3국의 방추 총수의 2배(3,400만 추)나 되었고, 1913년에는 5,560만 추로 증대하여 2위인 미국(3,060만 추)을 크게 앞서고 있었다. 철강공업도 성장하였다. 1870~1910년에 영국의 강철생산은 29만 톤에서 640만 톤으로 22배, 선철생산은 600만 톤에서 1,000만 톤으로 1.7배 증가하였다. 그러나 미국과 독일의 철강공업도 급성장하여 미국은 1890년에 그리고 독일은 1900년에 각각 영국의 강철 및 선철 생산량을 웃돌게 되었다. 한편 세계 최대의 생산, 수출을 자랑하던 영국의 석탄산업은 1913년에는 생산량이 미국의 2분의 1 정도(2억 9,200만 톤)로 되었다.

이들 산업에서는 오랜 과정에서 확립된 산업조직 속에서 새로운 기술을 적극 도입하지 못하였다. 섬유공업에서는 방추의 회전속도가 4배 증가하고, 자동직기의 개발, 메리야스기계의 개량 등 일정한 기술적 진보가 있었으나 새로 개발된 링방적기의 도입에 뒤지면서 후발공업국의 추격에 직면하였다.

철강공업은 제철, 제강, 압연 등 각 생산공정이 입지적으로 분단된 속에서 신기술의 도입이 지연되고 생산성도 향상되지 못하였다. 영국 철강공업은 조선업에서의 수요를 기반으로 평로제강법을 이용한 고급강철 제조에서 두드러지게 발전하였으나 염기성 베세머제강법을 도입하여 급성장한 미국과 독일의 철강공업에 뒤떨어지게 되었다. 석탄산업에서는 부분적으로 기술진보가 있었으나 가장 중요한 채탄작업은 1900년

표 2-4 수출성장률의 국가별 비교(1870~1913년 평균) (단위: %)

	영국		미국		독일		프랑스	
	수출량	수출가격	수출량	수출가격	수출량	수출가격	수출량	수출가격
1870~80	2.9	1.1	10.4	7.8	2.4		3.4	2.1
1881~90	1.3	1.7	1.4	0.1	2.9	1.3	2.0	0.8
1891~1900	0.6	1.0	6.1	5.1	4.1	3.3	1.5	0.9
1901~1913	4.2	4.2	2.5	4.1	6.4	6.2	3.8	4.0
전 기간 (1870~1913)	2.8	2.8	4.9	4.2	4.1	3.7	2.8	2.1

자료: S. Pollard, 1989: 7.

까지도 거의 기계화되지 못한 채 수작업에 의존하였다.

영국 공업의 낙후성은 특히 신공업에서 두드러졌다. 영국은 철강, 전기, 화학 등 이 시기의 신기술 개발에 중요한 역할을 하였지만, 신기술의 산업화에는 미국과 독일에 크게 뒤졌다. 1913년 현재 화학제품생산 전체에서 각국이 차지하는 비율은 미국과 독일이 각각 34%와 24%였는데 비해 영국은 11%에 불과하였다. 영국은 르블랑법(Le Blanc process)에서 솔베이법(Solvay process)으로의 전환에 뒤졌다. 영국은 특히 유기화학과 전기화학 분야에서 뒤졌고 발전, 전기 및 과학기기, 광학기기, 자동차 분야도 뒤떨어졌다. 한편 영국은 자전거, 섬유기계, 병기(兵器), 비스켓, 담배 등에서 선진적으로 발전하여 수출시장을 확대하였다. 그러나 전체적으로 볼 때 영국 공업의 실적이 상대적으로 낮았다는 것은 사실이다. 그 결과 세계의 제조업 생산에서 차지하는 영국의 비중은 1870년의 31.8%에서 1913년에는 14%로 크게 떨어졌다.

공업성장의 감퇴와 함께 수출성장률도 떨어졌다. 〈표 2-4〉에서와같이 영국의 수출성장률은 미국과 독일에 비해서 크게 낮았다. 그 결과 세계 제조업제품 수출에서 차지하는 영국의 비중은 1872년의 45.5%에서 1913년에는 26.8%로 크게 떨어졌다. 같은 기간에 독일의 비중은 12.6%에서 24.4%로 그리고 미국은 1880~1913년에 3%에서 12%로 크게 올랐다. 영·미·독 3국의 총제조업 제품 수출에서의 상대적 비중은 1913년 현재 각각 45%, 5%, 31%였다. 미국은 국내시장 중심의 성장으로 수출의 중요성은 크지 않았으나 독일은 영국에 대항하면서 제조품의 대수출국으로 등장하였다. 압도적 공업생산력으로 '세계의 공장'으로 군림하던 영국 공업은 우월한 지위를 상실하게 되었다.

(2) 경제쇠퇴의 요인

최초로 공업화를 수행하고 19세기 중엽에는 '세계의 공장'으로 압도적 우위를 차지한 영국경제는 1870~1914년에는 왕년의 활력을 상실하고 정체되었다. 이 기간에 영국경제가 절대적으로 쇠퇴한 것은 아니다. 거시경제지표로 볼 때 영국경제는 낮으면서도 지속해서 성장하였다. 그러나 독일과 미국 등 후발공업과의 비교에서 볼 때 영국경제의 상대적 정체는 명백하였다.

'상대적 정체'라고 해도 모든 산업부문이 정체한 것은 아니다. 영국은 여전히 세계무역의 중심이었으며 런던을 비롯한 주요 해항은 세계무역 중계지로 번영하였다. 특히 영국은 국제금융에서 압도적 우위를 차지하고 런던은 국제금융의 중심지였다. 영국에서는 19세기 중엽에는 금융부문의 지위가 높아지고 있었다. 영국은 압도적인 해운국이기도 하였다.

금융, 해운업, 상업 등 서비스산업의 성장에도 불구하고 영국경제의 성장을 전체적으로 제약한 것은 공업의 낮은 성장이었다. 공업도 성장을 지속하였지만, 성장률은 국제비교에서 볼 때 크게 낮았다. 수출비중도 크게 떨어졌다. 영국은 아직도 최대 수출국이라는 지위에 있으면서도 상대적 지위는 두드러지게 하락하였다. 선행한 시기의 공업성장과 세계시장에서의 압도적 지위와 비교할 때 이 시기의 정체와 수출시장에서의 지위 약화는 두드러진 현상이었으며 그것이 영국경제의 '쇠퇴' 내지 '실패'로 인식되고 있었다.

그러면 이 시기 영국 공업의 '쇠퇴' 내지 '실패'의 요인은 무엇인가?

먼저 수요조건을 보자. 무엇보다도 국내수요의 확대가 제약되었다. 영국의 인구는 1871~1911년에 3,200만 명에서 4,500만 명으로 42.4% 증가하였으며 노동자의 실질소득도 상승하였다. 그러나 같은 기간의 인구증가율은 독일(58.2%)과 미국(138%)에 비해서 낮았고 인구규모도 1910년 현재 독일(6,500만 명)과 미국(9,200만 명)보다 작았다.

영국의 1인당 소득은 다른 유럽 제국보다는 상당히 높았으나 미국에 비해서는 낮았다. 1900년과 1913년에 고용노동자 1인당 연소득은 미국에서는 각각 130파운드와 160파운드였는데 영국에서는 85~90파운드였다.[1] 영국의 국내시장이 크게 확대되지 못한 탓이었다. 그뿐만 아니라 영국의 국내시장은 전국적 시장으로 통합되면서도 다른 한편에서 계급적·지역적으로 분단되고 세분되어 있어 표준적 제품의 대량생산, 대량판매에 적합한 것은 아니었다.

해외수요도 확대되지 못하였다. 그것은 어느 의미에서는 불가피한 현상이었다. 왜냐하면 세계시장에서의 영국의 우월한 지위는 '세계의 공장'으로서의 압도적 경쟁력을 가진 단계에서는 유지될 수 있었으나 후발공업국들이 추격해오면 약화되거나 무너질 수밖에 없었기 때문이다. 사실 19세기 말엽에는 미국, 독일, 일본 등 후발공업국들이 급속한 공업화로 영국 공업을 따라잡고 있었으며 보호관세로 국내산업을 보호하면서 적극적으로 해외시장으로 진출하였다. 그 결과 영국의 해외시장은 크게 잠식되었다. 그 속에서 영국은 식민지 등 제국 영내에서 대체 수요의 확보를 추구하였다. 국내시장도 자유무역주의로 완전 개방된 상태에서 독일을 비롯한 외국 제품의 대량 유입으로 잠식되었다.

다음으로 공급조건을 보자. 영국에서는 생산요소의 풍부한 공급조건이 공업생산 효율을 높이기 위한 기술혁신에의 유인을 자극하지 못하였다. 첫째, 석탄의 저렴한 공급조건이 연료 절약을 위한 최신기술의 이용을 지연시키고 결과적으로 전기공업의 발달을 지체시켰다.

둘째, 낡은 생산기반의 존재다. 공업화를 일찍 이룩한 영국은 섬유,

철, 석탄 등 고전적 산업을 중심으로 기존의 방대한 산업시설이 있었다. 그것을 폐기하여 신기술의 설비투자를 하려면 2중의 대규모 자본지출이 필요하였다. 기존 자본설비의 입지적 조건도 신기술의 이용에는 불리하였다.

셋째, 자본공급 조건이다. 개별기업은 오랜 축적과정에서 건실한 자본적 기반이 있었다. 가족기업으로 성장한 영국의 산업기업은 가족의 지배력에 영향을 줄 수 있는 외부자본의 도입에는 소극적이었다. 산업기업은 기본적으로 필요한 자본을 자기금융과 인적·지역적 네트워크를 통해서 조달하였다. 필요한 자본을 상대적으로 값싸게 조달할 수 있었지만 기업은 대규모 자본이 소요되는 자본설비의 효율극대화를 적극적으로 추구하지 못하였다. 한편 런던을 중심으로 전국적 영업체제를 구축한 거대 상업은행들은 국내 장기산업투자를 기피하고 투자의 중심을 해외로 돌렸다. 그리고 개인투자가들은 중개업자, 투자은행 등에 의해서 외국투자로 유도되었다. 그것은 독일과 미국에서의 산업기업과 은행과의 밀접한 결합관계와는 대조적인 현상이었다.

넷째, 노동력 공급조건이다. 무엇보다도 풍부한 노동력 공급에서 오는 낮은 노동비용은 탄광, 면공업, 철강 등 여러 산업에서의 기계화 내지 신기술의 도입을 지연시켰다. 상대적으로 낮은 노동비용 조건은 기업의 자본장비 개선유인을 약화시켰다. 한편 신기술의 도입에는 노동조합의 반대도 있었다. 신기술이 노동자의 숙련 가치를 떨어뜨리고 실업으로 이어진다는 관념은 19세기 초의 기계파괴운동 이래 이어져왔다. 신기술의 도입에는 많은 경우 노동조합의 반대에 직면하거나 조합의 요구와 타협하지 않으면 안 되었다. 그 속에서 신기술 도입은 제약되었다.

영국경제의 쇠퇴요인으로는 이상에서 본 경제적 요인과 함께 기업가 활동의 실패론이 제기되어왔다. 즉, 영국의 기업가는 혁신 투자를 주저하고 적극적인 경영전략의 추구와 상응한 관리조직을 창조하지 못함으로써 규모의 경제를 실현하는 데 실패하였다는 것이다. 영국경제의 쇠퇴 원인으로 지목된 기업가 실패론은 그동안 많은 논의를 거치면서 오늘날에는 부정되고 있다. 그럼에도 영국의 기업가활동이 적극적으로 이루어지지 못하였다는 사실이 부정된 것은 아니다. 그와 함께 영국 과학기술교육의 낙후성 문제도 있다. 이들 문제에 대해서는 '기업가활동의 평가'(2장 4절)에서 따로 고찰하기로 한다.

2. 시장과 기술

1) 시장조건

(1) 시장의 확대와 통합

인구증가와 함께 국내시장은 확대되었다. 영국의 인구는 1871~1911년에 3,200만 명에서 4,500만 명으로 42.4% 증가하였다. 인구의 규모나 증가율은 경쟁국인 독일이나 미국에 비해서는 낮았으나 절대적으로는 높았다.

인구가 증가하는 가운데 국민의 실질소득은 상승하였다. 특히 1850~70년대의 호황기에는 국내외시장이 확대되었다. 뒤이은 대불황기에는 수요감퇴로 시장은 위축되었으나 물가하락으로 국민의 실질소득은 크게 개선되었다. 특히 식료품가격의 하락에 따라 노동자 계급은 좀 더 넓은 범위의 소비재에 대한 구매력을 갖게 되었다. 뒤이은 1890년대에는 국내시장은 급속하게 확대되었다.

이 시기의 영국시장이 경쟁국인 독일과 미국에 의해서 잠식되었다는 것은 사실이다. 총생산액의 45%나 수출할 만큼 무역의존도가 높은 영국은 경쟁국의 보호관세와 덤핑 관행으로 국내외 시장에서 큰 압박을 받았다. 그만큼 경쟁은 격화되었다. 자유무역체제하의 영국의 시장은 매우 경쟁적이었다.

시장의 확대와 함께 중요한 것은 국내시장의 통합이 진전되었다는 것이다. 그 경우 중요한 역할을 한 것은 철도망의 완성이었다. 1840년대 초에 3,300km이던 영국의 철도 총 연장거리는 1870년대에는 1만 9,600km에 달하였다. 이 시점에서 영국의 전국적 철도망은 완성되었다.

전국적 철도체계의 창출은 그 자체가 시장규모를 확대하였을 뿐만 아니라 전국적 시장통합을 촉진하는 데 중요한 역할을 하였다. 영국의 시장은 산업의 지역적 집적이 진전되고, 유통조직과 금융이 지역적 연관을 가지면서 특정한 맞춤제품 거래의 지역적 시장이라는 성격을 농후하게 가지면서 전개되었다. 이들 지역 시장은 거래관계에서 일종의 보호된 시장이었으며 그 속에서 지역적 독점이 존재하였다. 전국적 철도망의 창출은 수송비 절감효과로 지역적 시장의 테두리를 허물고 지역적 독점의 기반을 무너뜨리는 작용을 하였다.

철도의 또 다른 충격은 도시화의 진전이었다. 영국에서는 도시화가 일찍부터 진전되어 1851년에는 도시인구비율이 50%에 이르렀다. 도시인구비율은 1911년에는 80%에 달하였다. 영국은 도시화에서 가장 앞서 있었다. 인구가 집중되고 균일한 소비패턴을 가진 도시시장이 전국적으로 통합되면서 시장규모는 확대되고 시장의 동질성도 진전되었다.

새로운 정보전달방법도 발달하였다. 철도의 이용도가 높아짐에 따라 1840년대부터는 효율적이고 경제적인 우편서비스가 이용되고 1870년 이후에는 전보서비스가 이용되게 되었다. 신문의 인쇄 및 배달 기술의 변화에 따라 전국 신문이 발행되고 전국적 광고시장이 창출되었다. 또한 전국적 지점망을 가진 통합금융시스템의 전개는 자금의 흐름을 가속하고 신뢰성을 높였다. 이러한 전개는 시장통합의 진전에 기여하였다.

이 시기에 영국시장은 표준적 제품의 대량생산과 대량판매를 통하여 규모의 경제를 이룩할 수 있는 방향으로 변화하고 있었다.

그러나 이 시기 영국시장의 통합 정도를 과도하게 평가해서는 안 될 것이다. 영국시장은 한편에서 균질적 통합시장으로의 변화를 나타내면서도 아직도 불완전한 것이었다. 오히려 영국시장의 특징은 세분된 분단시장이라는 데에 있었다. 영국에서는 공예품이라든가 개성적 상품에 대한 뿌리 깊은 선호가 있었으며 복잡한 사회계급이라든가 지역주의적 전통 기반에서 다양한 수요에 대응한 다양한 상품시장이 존재하였다. 그러한 특징은 영국의 수출시장에서도 나타났다.

이러한 시장조건은 산업기업의 대응 형태에 큰 영향을 미쳤다. 산업기업은 세분된 분단시장에서 자신의 비교우위를 확보할 수 있는 특정시장을 위하여 제품을 특화하였다. 그것은 미국의 균질적 상품의 대량소비시장의 존재 → 대량생산체제 = 규모의 경제 추구라는 조건과는 대조적이었다. 이러한 시장조건에서 영국에서는 특정상품 생산에 특화된 전업적인 소규모 경영이 광범하게 전개되었다.

(2) 유통조직

교통·통신 수단의 발달로 유통조직이 새롭게 전개될 수 있는 여지도 확대되었다. 그러나 재래의 시장구조에서 기업경영자는 일반적으로는 변화하는 시장의 새로운 가능성에 능동적으로 대응하지는 못하였다. 외부 유통조직이 구조적으로 확립되어 있는 조건에서 제조업자는 고객과 직접 관계를 가질 수가 없었다.

따라서 상품의 유통과 판매는 특정상품을 취급하는 도매상, 대리상 등 고도로 전문화된 중간상인의 광역 네트워크에 의해서 수행되었다. 즉, 다수 존재한 중간상인들은 특정국 또는 특정지역 시장을 대상으로 기업과 관계를 가지면서 특정상품의 거래를 주도하였다. 국내외 시장에서 정교하게 조직되어 효율적으로 기능하는 외부의 유통판매 네트워크가 존재하는 속에서 제조업자들은 제품판매기능을 직접 담당하기보다 외부에 의존하면서 세분화한 시장에 적합한 제품특화전략을 추구하였다. 이러한 전략은 경쟁적·원자적 시장구조하에서는 합리적인 것이었다. 제조업자들은 제품특화를 추구하면서 생산에 전념할 수 있었던 것은 이러한 시장구조가 존재했기 때문이었다.

그러나 이러한 시장구조는 생산기업의 독자성을 크게 제약하는 것이었다. 생산기업은 중간상인에 의존함으로써 제품을 손쉽게 판매할 수 있었으나 다른 한편에서는 소비자와의 직접적 접촉은 차단되었다. 그 결과 생산자는 소비자의 기호를 직접 파악하여 적합한 상품정책을 독자적으로 수립할 수 없었고 중간상인의 주문에 의존할 수밖에 없었다. 따라서 생산자는 자신이 만든 제품의 차별성을 시장에서 내세울 수 없었다.

특정상품을 특정경로를 통해서 판매하는 유통구조에서 생산기업은 유사상품을 대량 생산하여 동일시장에서 가격우위를 실현하기보다는 제품차별화로 특정시장을 확보하려 하였다. 그 결과 영국의 산업기업은, '대공황'기의 격화되는 국제경쟁 속에서도 설비투자를 확대하면서 규모의 경제를 실현하기 위해 적극적으로 대응할 수는 없었다.

2) 기술적 환경

산업혁명에 뒤이어 19세기 후반기에는 '제2차 산업혁명(the second industrial revolution)'이라고 불리는 기술혁신이 이루어지면서 기업 발전의 새로운 동력으로서 큰 충격을 주었다.

산업혁명기에 개발된 기술은 그 후 개량이 거듭되어 생산능력이 크게 확대되었다. 예를 들어 면공업에서는 1860년대 이후 개량된 자동뮬방적기는 숙련공 1명이 조작할 수 있는 방추 수를 종래의 600추에서 1,600추까지 증대시켰다. 한편 미국에서 발명(1831)되어 1870년대 초에 개량된 링방적기는 회전속도를 비약적으로 향상시켰다.

특히 링방적기는 방적공정의 전 작업을 연속적으로 수행함으로써 단속적으로 작업하는 뮬방적기에 비해서 생산성이 30%나 높았다. 자동직기도 개량되면서 성능이 좋아졌다.

그러나 '제2차 산업혁명'의 기술은 신기축(新機軸)이었으며 그 핵심은 철강, 화학, 전기, 기계동력, 석유 등의 기술이었다. 산업혁명기의 기술이 기본적으로 경험적으로 개발된 데 비해 이 시기의 신기술은 과학적 방법의 합리적 적용의 소산이었다. 신기술의 출현으로 신산업의 출현을 포함한 산업적 기반과 기업기회는 크게 확대되었다.

(1) 제강기술의 혁신

새로운 철강기술은 대형고로(高爐)에 의한 선철생산공정과 기계화된 압연공정을 기술적으로 낙후된 단철생산공정에 적용하여 양질의 강철을 대량으로 생산할 수 있게 한 기술이었다.

처음 개발된 제강법은 영국인 베세머(Henry Bessemer)가 1856년에 개발한 베세머제강법(Bessemer process)이었다. 이 방법은 단시간에 대량의 강을 생산할 수 있는 이점이 있었으나 질이 좋지는 않았다. 보다 더 양질의 강을 생산할 수 있는 기술은 독일계 영국인 시멘스(Sir William Siemens)가 1866년에 개발한 평로법(open hearth process)이었다. 이 제강법에 의해서 제강 시간은 길면서도 양질의 강을 생산할 수 있게 되었다. 평로법에 의해서 고철을 새로운 철과 혼합해서 이용할 수 있었으며 열원(熱源)으로 가스를 이용함으로써 모든 종류의 석탄 이용이나 온도조절이 용이하게 되었다. 평로법의 이용으로 고급철강이 대량으로 생산되고 가격도 하락하였다.

그러나 위의 두 가지 제강법은 인(燐)을 함유한 철광석을 이용할 수 없다는 결점이 있었다. 그것은 인을 함유한 철광석이 대부분인 영국으로서는 심각한 약점이었다. 이 문제는 결국 영국인 길크리스트-토마스(Gilchrist-Thomas) 형제가 1878년에 염기성 베세머제강법(basic Bessemer process)을 개발함으로써 해결되었다. 염기성 베세머제강법은 전로에 염기성 석회석을 투입하여 인산과 화합시켜 인산비료를 만드는 용재(鎔滓, slag)가 되게 한 후 그것을 제거하는 방법으로 이미 개발된 베세머제강법과 평로법에도 적용할 수 있는 것이었다. 이 제강법이 영국에게 중요했던 것은 두말할 것도 없다. 그러나 그것은 인 함유 철광자원이 풍부한 미국과 독일에게 특히 유리하였다. 이 제강법의 이용으로 미국과 독일의 철강공업은 급성장하여 영국의 경제적 패권에 성공적으로 도전할 수 있었다.

일련의 신제강법의 개발로 철강공업은 새로운 발전을 하였다. 철강공업은 선철과 강철 및 압연 철을 일괄생산하는 거대공장이 출현하면서 거대 장치산업이 되었다. 거대 생산장치를 통해서 양질의 저렴한 강을 대량생산할 수 있게 되었다. 그 결과 강철은 철도레일, 교량, 조선, 건축, 기계제작 등 다양한 부문의 소재로 이용되어 그들 산업의 새로운 발전의 기초가 되었다.

전로의 도입 이후에도 제강법은 진보하였다. 예를 들면 전로에서 용해를 시작하고 평로에서 완성하는 복식제강법이 개발되고 1879년 이후에는 각종 전기로가 개발되면서 불순물이 없는 고급강 생산이 가능해졌다. 또한 강은 다른 금속과의 합금으로 경도(硬度), 점착성(粘着性)과 연성(延性)을 조절할 수 있게 되었다. 합금에 의해서 효율이 높은 금속절단기라든가 각종 고급용구, 양질의 철선, 경기계, 전투용 장갑판 등의 제조가 가능해졌다. 동, 납, 아연, 알루미늄, 주석 등 새로운 금속의 이용도 높아졌다.

강 생산의 확대는 기계기구와 장비생산을 자극하였다. 무엇보다도 기계기구 제작기술이 크게 진보하여 금속세공의 속도와 정밀도가 높아졌다. 천공기와 선반 등 공작기계가 대형화, 고효율화, 정밀화되었으며, 마찰도의 감소, 정밀연마, 전기 및 산소아세틸렌용접 등의 기술이 개발되고 자동공작기의 제작이 시도되었다. 그 결과 넓은 범위의 생산공정에서 기계화가 진전되었다. 그 속에서 표준부품의 제조와 조립으로 이루어지는 대량생산체제의 기초가 마련되었다. 또한 타자기(1868)와 계산기(1888)의 이용으로 사무능률은 크게 향상되었다.

(2) 신공업에서의 기술혁신

① 화학공업

신공업에서의 기술혁신은 더욱 두드러졌다. 이전의 발명들이 주로 장인이나 아마추어에 의해서 경험적으로 이루어진 데 비해 이 시기의 발명은 과학자나 기술자에 의해서 이루어지고 산업화되었다는 데 특징이 있다.

우선 유기화학 부문에서 획기적 신기술은 1856년에 영국인 퍼킨(W.H. Perkin)에 의해서 개발된 아닐린염료 합성법이었다. 그 결과 각종 염료, 합성약제, 향료, 조화, 수지, 제혁용 물질이 생산되었다. 합성염료 부문에서는 처음에는 영국이 앞섰으나 얼마 되지 않아 독일이 앞서게 되었다. 독일에는 1877년 이전에는 특허법이 없었고 우수한 화학교육에 뒷받침된 다수의 화학자가 배출되었으며 또한 풍부한 석탄이 있었다. 독일의 연구소에서 합성염료 이외에 니트로셀룰로오스, 사진판 및 필름, 셀룰로이드, 약제 등 다양한 신물질이 출현하였다.

한편 무기화학 부문에서 가장 중요한 기술은 1863년에 벨기에인 솔베이(Ernest Solvay)가 개발한 염(鹽)가공 알칼리제조법이었다. 비누제조와 섬유제조 완성부문에서 필수적인 알칼리의 제조는 경제성이 낮고 독성이 있는 종래의 르블랑법(Le Blanc process)에서 솔베이법으로 대체되었다. 한편 염료, 표백, 비료, 제지, 화약, 정유, 고무 등 거의 모든 중화학에서 이용된 유산(sulphuric acid)이 개량되면서 생산량이 많이 증가하였다. 폭약은 1863년 스웨덴의 노벨(Alfred Nobel)에 의해서 개발되었다. 이외에도 화학 인조감미료, 인견, 플라스틱 등의 합성제품도 생산되었다.

② 전기공업

전기공업도 신공업이었다. 이 부문에서 새로운 발전의 기초는 1831년에 영국인 패러데이(Michael Faraday)가 발견한 발전의 원리에 의해서였다. 그러나 전기의 산업화가 이루어진 것은 1867년 독일인 지멘스(Werner

Siemens)가 발전기(dynamo)를 발명하면서부터였다.

전기는 처음에는 조명용으로 이용되었다. 이 분야에 큰 공헌을 한 사람은 전등을 발명한 미국인 에디슨(Thomas A. Edison)이었다. 1882년에는 에디슨의 전등체계에 의하여 뉴욕 시에 조명이 시작되었다. 그 외에도 벨(Alexander Graham Bell)의 전화(1876), 마르코니(Guglielmo Marconi)의 라디오(1896) 등이 발명되었다. 또한 전기는 각종 전기기계, 전신, 전화, X선 등의 발달을 가져오고 전력, 전기도금, 전기분해, 전기로 등에 이용되었다.

시험단계를 거치면서 1910년까지에 전기시대가 확립되었다. 1880년을 전후에서 각국에서 대전기회사가 설립되었다. 그러나 전기공업에서도 독일과 미국이 선도하였다. 1913년 현재 독일은 세계 전기제품 총생산의 34%를, 미국은 29%를 차지하였다.

③ 기계동력과 신에너지

기계동력(動力)에서도 새로운 기술혁신이 이루어졌다. 증기기관은 영국인 파슨스(Sir Charles Parsons)가 복식증기터빈을 발명함으로써(1884) 능률이 크게 향상되어 발전 및 증기선의 동력으로 이용되었다. 내연기관도 발명되었다. 1876년에는 독일인 오토(N.A. Otto)의 가스기관이, 그리고 1883년에는 다임러(Gottlieb Daimler)가 가솔린연료 경기관을 각각 발명하였다. 특히 후자는 자동차를 등장시켰다. 독일인 디젤(Rudolf Diesel)에 의한 중유를 연료로 사용하는 디젤 엔진의 발명(1892)은 연료비를 크게 절감시켰다. 증기기관의 개량과 내연기관의 도입으로 기계동력의 이동성이 증대되고 공장의 입지요건이 보다 완화되었으며 교통기관의 발달이 촉진되었다.

특히 전력(電力)은 원거리송전이 가능하다는 가송성(可送性), 열(熱)·조명·운동 등 다른 형태의 에너지로 용이하게 효율적으로 전환할 수 있는 융통성이 있어 공장을 입지적 제약으로부터 완전히 해방시켜 그의 집중과 분산을 가능케 하였다. 모든 산업에서 기계화가 촉진되었을 뿐만 아니라 교통기관의 발달도 촉진되었다. 동력부문의 기술진보는 20세기에 들어서 항공기의 발달에 중요한 제트엔진의 도입(1937)이라든가 원자력의 이용으로 이어졌다.

신 에너지원으로는 석유가 개발되었다. 1859년에 펜실베이니아 유전이 개발되면서 석유는 처음에는 조명용 등유로 이용되었으나, 1890년 이후에는 가솔린기관의 연료로 이용됨에 따라 수요가 급증하였다. 채유 및 정유 기술이 개량되고 석유생산량은 급증하였다. 1850년에는 전무하던 석유생산량은 1871년에는 573만 배럴 그리고 1914년에는 4,750만 배럴로 증가하였다. 이 시기의 대부분을 통해서 최대 산유국은 미국이었지만, 러시아의 카스피해 연안 유전의 중요성도 높아졌다.

2절 기업의 성장전략

1. 산업기업의 존재 형태

1) 전통적 형태

19세기를 통하여 광범하게 전개된 영국 산업기업의 특징적인 존재 형태는 소규모 가족기업(family business)이었다. 이들 기업은 단독의 소유자에 의해서 지배되는 개인기업 내지 파트너십으로서 기본적으로 단일제품을 생산하는 전업기업이었으며 제품의 판매는 외부에 의존하였다.

산업기업의 조직 형태로서 지배적인 것은 파트너십이었다. 파트너십은 6명 이내의 가족이나 지인과의 자본적·기술적 결합으로 조직된 동족기업으로 기업조직으로서는 한계가 있었다. 그러나 페인이 지적한 바와 같이 파트너십은 필요에 따라 설립, 확충, 해산이 쉽고 파트너 간에 자본적·기술적 결합이 다양하게 이루어질 수 있는 적응성이 높은 유연한 조직이었다.[2]

파트너십은 산업혁명을 통하여 전형적인 기업 형태로 전개되었다. 조기의 공업화 과정에서 기업은 점진적으로 축적기반을 확대하면서 성장하여 일부 산업에서는 대규모 기업도 출현하였다. 그러나 대다수 공업기업은 파트너십 형태의 소규모 가족경영이었으며 그들 기업이 규모를 확대하는 데에는 한계가 있었다.

영국의 공업화 경제가 19세기 중엽 이후 성숙단계로 접어들고 시장적·기술적 환경이 변화하는 속에서 기업조직은 상응한 변화를 하지 않으면 안 되었다. 그러한 필요성에서 근대적 기업 형태인 주식회사 제도가 도입되었다.

2) 주식회사조직의 보급

주식회사 설립의 자유화는 1840~50년대의 법 개정으로 이루어졌다. 1844년의 등기법(Registration Act)은 준칙주의(準則主義)를 도입하여 유한책임제를 인정하지는 않으면서도 요건을 갖추면 주식회사 설립이 자동 승인될 수 있게 하였다. 유한책임제는 1855년 유한회사법(Limited Liability Act)에 의해서 허용되고, 1856년 주식법(Joint Stock Act)에 의해서 회사 설립 수속이 간소화되었다. 회사법이 완성된 것은 기존의 여러 법률을 통합한 1862년의 회사법(Companies Act)이 되면서였다. 이 법에 의해서 소유와 경영의 분리와 기업규모의 확대를 제약해온 제도적 요인이 제거되었다.

일련의 법 개정으로 공업기업도 큰 경비부담 없이 주식회사로 될 수 있는 길이 열렸다. 주식회사는 주식 양도가 용이하고 주식소유에 상응한 회사지배권이 있어 투자가로서는 파트너십이라든가 기업에 대한 대부라는 방법보다 안전하고 편리한 제도였다. 더구나 유한책임이 인정됨으로써 주식회사 투자가는 주식소유 회사의 부채 전체에 대한 책임도 면제되었다.

법제도의 정비에도 불구하고 주식회사조직이 급속하게 보급되지는 못하였다. 초기에는 주식회사제도에 불안감이 있었다. 파트너십의 무한책임제에 신뢰감을 가져온 속에서 '유한(Limited)'이라는 용어를 회사명 끝에 붙여서 유한책임회사임을 명시할 경우 외부의 납품업자나 고객에게서 신뢰를 얻을 수 있을지 그리고 회사경영이 효율적으로 이루어질 수 있을지에 의구심이 있었다.

이러한 의구심은 현실적으로 나타났다. 1856~83년에 설립된 공모회사의 30% 이상이 파산하였으며, 그 대부분은 창립 후 5년 이내에 일어났다. 초기의 실패로 불신이 커진 결과 1885년까지도 실제로 유한회사로 된 경우는 대기업 중 5~10%에 불과하였다. 그나마 유한회사화가 진전된 부문은 조선, 철강, 면공업에 불과하였으며 대부분의 제조업 기업은 파트너십 형태를 유지하였다.

기업이 주식회사 형태를 취하는 경우도 그 대부분은 비공모회사(private limited liability company)였다. 그 경우 주주는 20명을 그리고 보통은 7명을 넘지 않았다. 그러나 그들 대부분은 명의상의 주주였고 실질적으로는 1~2명의 유력 가족 주주가 지배하였다. 주식액면가는 고액이었으며 불입은 보통 부분적으로만 이루어졌다. 그 결과 발생하는 자본부족은 외부에서 차입금으로 충당되었다. 이들 주식회사는 시장에서 광범하게 자금을 조달할 목적으로 설립된 것이 아니라 법인화와 유한책임의 이점을 누리기 위하여 파트너십에서 조직변경된 것이었다. 이렇게 해서 유한책임제의 비공개회사의 출현은 가족기업이나 파트너십에 대해서 법인 형태와 보통주 자본지배권의 결합을 허용하였다. 그것은 결국 가족에 의한 기업지배권을 안정적으로 유지할 수 있게 한 제도적 방편이 되었다.

주식회사조직의 기업 설립은 1880년대 중엽 이후 유한책임회사의 설립방법이 개선되면서 증대하였다. 보통주의 액면가도 소액(1~5파운드)화되고 전액 불입되었다. 또한 회사 발기와 관련된 기술적 문제에 조언하는 전문 발기인 내지 발기회사가 발생하여 자본시장에서 중요한 역할을 하게 되었다. 주식인수업도 성장하고 주식도 적극적으로 발행되었다. 중산층의 성장에 따라 주식투자자도 증가하였다.

이러한 배경에서 주식회사의 설립이 촉진되었다. 1885~1907년에 런던 증권거래소에 상장된 국내 제조업 및 유통업 기업수는 60사에서 600사로 증가하였다. 국내 증권거래에 대해서는 지방의 증권거래소가 런던보다도 중요하였다.

증권시장의 발달은 기업규모의 확대를 용이하게 하였다. 규모의 경제가 추구되는 가운데 다수의 기업이 자본시장에서 주식공모를 통해서 설립되었다. 이들 공모회사(public limited company)는 주주보호를 위해서 재무제표의 공개의무가 있었다. 재무제표의 공개의무는 1907년의 법개정으로 비공모회사에도 부과되었다. 중소규모의 기업은 합병으로 공모회사를 설립할 수 있었다. 잉글랜드은행의 이자율이 2%로 떨어져 값싼 자금이 공급되는 속에서 유한책임회사의 설립은 1893년의 2,515사에서 1897년에는 5,148사로 2배 증가하였다.

3) 소규모 가족기업의 광범한 존재

주식시장이 발전하면서 1880~1914년에 13만 2,000개 기업이 주식회사로 등록되었다. 그 속에서 일부 기업은 생산과 판매에서 규모의 경제를 추구하기 위하여 주식을 상장하고 자본을 조달하였다.

그러나 기업은 대부분이 소규모였으며 주식회사화되어도 비공모회사로서 가족 지배는 계속되었다. 1914년에 등기된 6만 3,000사 중

77%(48,500사)는 비공모회사였다. 전형적 소규모 산업기업에서는 소유와 경영은 분리되지 않았고 경영은 조직적으로 영위되지 못하였다. 따라서 계층제 경영관리조직이라든가 근대적 회계제도는 도입되지 못하였다. 그것은 기본적으로 산업혁명기의 조직구조에서 크게 벗어난 것은 아니었다. 19세기 말엽에 이르기까지 영국의 제조업에서는 소규모 가족자본주의가 광범하게 존속하였다.

영국의 산업기업은 기본적으로 폐쇄적이고 강한 독립지향성을 가지고 있었다. 그들은 가족적 지배권을 약화시킬 수도 있을 자본의 외부조달에는 소극적이었고 필요한 고정자본을 외부의 자본시장에 의존하지 않고 자기금융으로 조달하였다. 기존의 오랜 축적기반에서 배양된 자유, 독립, 자조(自助)의 정신은 영국이 '세계의 공장'으로 발전하는 하나의 동인이 되었다.

그러나 19세기 중엽 이후 경영환경의 변화하면서 이러한 성격의 영국기업은 혁신적 경영을 통한 내부성장을 이룩하지는 못하였으며 합병을 통한 외부적 성장도 제약받거나 지연되었다. 제조업에서의 가족지배의 소규모 전업기업시스템은 이 시기에 오히려 확대되었다.

소규모 가족기업이 증대한 원인으로는 다음과 같은 점을 들 수 있다. 첫째, 영국의 시장적 특성이다. 앞에서 본 바와 같이 영국의 시장은 한편에서 전국적 통합과 균질화가 진전되고는 있었으나 다른 한편에서 개인, 계급, 지역에 따라 고유한 패턴의 기호나 선호에 따라 다양한 형태로 분단되어 있었다. 이러한 시장적 성격은 국내시장과 함께 해외 수출시장에서도 공통적으로 나타났다. 제조업기업은 분단시장의 수요패턴에 대응하여 차별화된 특정상품 생산으로 특화하였다. 규모가 작은 분단시장에서 규모의 경제를 추구할 수는 없었다. 오히려 고도의 숙련노동자의 존재를 기반으로 한 소규모 기업이야말로 현실적으로 유연하게 대응할 수 있었다. 그들 기업은 자신의 비교우위가 있는 적소(適所)에 경영능력을 집중하였다. 이렇게 해서 다수의 소규모 기업이 산업에 따라서는 공정마다 특화되어 존속하면서 완전경쟁하는 산업조직이 전개되었다.

둘째, 발달한 영국의 유통조직이다. 영국에서는 오랜 상업발전 과정에서 모든 영역에 걸쳐 전문화된 복잡하고 정교한 유통조직이 발달하였다. 그 속에서 중심적 존재는 대리인이라든가 도매업자인 중간상인이었다. 그들은 강한 시장지배력과 금융력을 가지고 있었다. 소규모 제조업자로서는 이들 중간상인을 통해서 제품을 판매하는 것이 합리적이었다. 그렇게 함으로써 제조업자들은 생산에 전념하면 되었다. 결과적으로 제조업자들은 시장과 차단되어 중간상인의 지위가 상대적으로 강화되었다. 상대적으로 약한 지위에 있으면서도 판매기능을 외부의 유통조직에 의존하면서 다품종 소량생산도 가능하였다는 조건에서 다수의 소규모 기업은 존재할 수 있었다.

이러한 영국시장의 성격은 미국과는 매우 대조적이었다. 미국의 시장은 전국적으로 통합된 광대한 동질적 시장이었으며 대량생산된 값싼 표준적 상품이 대량소비되는 시장이었다. 또한 미국에는 영국과 같은 유통조직이 전개되지 못하였다. 그러한 시장조건에서 기업은 생산과 판매기능을 통합적으로 수행하면서 규모의 경제를 추구할 수 있었다.

셋째, 카르텔에 대한 정부의 관대한 태도다. 소규모 기업이 대응해야 한 시장은 '보이지 않는 손'이 작용하는 완전경쟁시장이었다. 그들 기업은 동일 업종에 종사하는 다수의 기업과 치열한 경쟁관계에 있었다. 그 속에서 경쟁력이 약한 기업은 도태될 수밖에 없었다. 그러나 1870년대 이후의 대불황기에 기업은 공통적으로 곤경에 직면하였다. 그 경우 기업들은 카르텔을 조직하여 공동으로 이익을 보호하였다. 이 시기 영국에서는 다수의 카르텔이 조직되었다. 영국에는 카르텔금지법은 존재하지 않았다. 미국에서는 1887년의 주간통상법(Interstate Commerce Act)과 1890년의 셔먼반독점법(Sherman Antitrust Act)에 의해서 풀은 금지되어 있었다. 카르텔이 금지된 상태에서 미국의 기업은 경영기반의 안정을 위해 시장지배적 통합기업의 형성을 지향하였다. 영국에서 카르텔은 기업의 독립성을 유지하면서 독점적 이익을 손쉽게 얻을 수 있는 제도로서 소규모 가족기업의 존속에 기여하였다.

한편 식품산업을 중심으로 일부 산업에서는 통합된 전국적 시장의 성장에 혁신적으로 대응하면서 대기업으로 성장한 기업들도 있었다. 그들은 대규모 투자로 생산과 마케팅 기능을 확대 통합하면서 규모의 경제를 추구하였다.

2. 기업의 경쟁전략

1) 제품특화전략

소규모 기업이 광범하게 존재한 영국의 산업조직에서 시장은 '보이지 않는 손'이 기능한 경쟁적 시장이었다. 소규모 기업은 차별화를 통해서 특정시장과의 관계를 확립하였으나 그 경우에도 가격변동의 충격에서 벗어날 수는 없었다. 이러한 상태는 공정마다 기업생산이 특화되고 생산이 분단된 각 단계에서 경쟁이 이루어진 면공업에서는 특히 그러하였다. 이러한 사정은 섬유산업 일반에 공통으로 나타났다. 의류, 신발, 작은 철제품, 표준화 제품 등 업계에서 기업은 시장가격을 받아들이지 않으면 안 되었다.

경쟁적 시장에서 영국의 기업이 대응한 전략은 일반적으로 제품특화였다. 분단된 시장에서 특화의 정도가 크면 클수록 제조업기업은 경쟁기업의 가격정책에 대해서 자신을 차별화할 수 있었고 보다 높은 경쟁우위에 설 수 있었다. 분단된 시장에서 많은 기업은 제품차별화를 위해서 기획된 특화를 강화함으로써 어느 정도의 과점력을 확보할 수 있었다. 제품특화를 판매 측면에서 뒷받침한 것이 외부의 발달한 유통조직

이었다. 기업이 대응해야 했던 경쟁은 중간상인의 개입으로 차단된 시장에서의 경쟁이었다.[3]

경쟁전략으로서의 제품특화는 산업의 시장적·기술적 조건에 따라 양상을 달리하면서 전개되었다. 그 전개 양상을 이하에서 몇몇 산업을 중심으로 고찰해보자.

(1) 면공업

면공업은 영국 최대의 수출산업이었으며 압도적인 생산력으로 세계시장을 지배하고 있었다. 그러나 19세기 중엽 이후 유럽대륙 제국과 미국에서 면공업이 고관세정책으로 보호되어 수입대체산업으로 발전하면서 이들 나라에 대한 영국 면제품수출 점유율은 계속 저하하였다. 이에 대해서 영국은 식민지 인도를 중심으로 아시아시장 점유율을 확대하였다.

유럽시장은 본래 고급면제품 시장이었다. 유럽시장 점유율이 하락하는 가운데 영국 면공업은 1870년대 이후에는 이 지역 시장을 특수한 고급면제품 수출시장으로 해서 경쟁우위를 유지하려 하였다. 한편 아시아시장은 특히 조(粗) 면포 수출시장으로 중요하였다. 아시아에의 수출이 증가하면서 조사(粗絲)생산의 새로운 중심지로서 올덤(Oldham)이 급성장하였다. 1860년대 이후 '올덤 유한회사(Oldham Limited)'라고 불린 주식회사 형태의 방적회사가 다수 설립되고, 그 평균 규모도 1884년의 4만 2,500추에서 1896년에는 약 6만 추, 1914년에는 7만 7,300추로 확대되었다. 그러나 아시아시장에서도 서유럽 제국이라든가 일본과의 경쟁에 직면하였다. 그 속에서 영국 면공업은 고급면포 생산으로의 전문화, 특화전략으로 경쟁우위를 확보하려 하였다.

면공업기업의 전문화는 19세기 중엽 이후 진전되었다. 19세기 전반기에 비중증대 경향을 나타내던 방적·방직 통합기업 수는 1850~78년에 573사에서 597사로 거의 변동이 없었는 데 비해 방적 전업기업 수는 834사에서 1,159사로 증가하였다. 방추 수도 같은 기간에 전자가 1,100

만 추에서 1,550만 추로 증가한 데 비해서 후자는 990만 추에서 2,870만 추로 크게 증가하였다.

영국 방적업의 기술기반은 뮬방적기에 있었다. 1913년 현재 영국에서 이용된 방적기의 81.3%는 뮬방적기였다. 뮬방적기는 중·고급 면사 생산에 적합하였고 그 조작에는 숙련이 필요하였다. 같은 무렵에 경쟁국은 방적공업의 기술기반을 링방적기로 옮겨가고 있었다. 링방적기의 비율은 독일 54.5%, 이탈리아 76%였으며, 미국은 87% 그리고 일본은 95.7%에 이르고 있었다.[4] 링방적기는 조사생산에 적합하여 여자방적공을 중심으로 한 비숙련노동력으로 대량생산할 수 있는 고성능 기계였다.

방적기업이 전업화되는 한편에서 방직부문에서는 역직기를 이용한 전업기업이 급증하였다. 이 부문에서는 자본집약도도 낮고 기술도 비교적 단순하였으며 지역에 따라서는 작업장이나 동력을 임차 이용할 수 있어 진입장벽이 낮았다. 이러한 조건에서 고가인 자동직기(Northrop Loom)를 설치한다는 것은 실제로 곤란하였다. 미국을 비롯한 경쟁국에서는 링방적기와 자동직기를 결합한 일관생산체제를 갖춤으로써 높은 생산성을 올리고 규모의 경제를 실현하는 방향으로 가는 데 비해서 영국에서는 방적과 방직은 분리되고 전업화가 진전되었다.

면공업기업의 전문화는 공정별, 제품별 그리고 지역별로 진전되었다. 면공업 중심지인 랭커셔를 보더라도 방적부문은 랭커셔 남부를 중심으로 전개되면서도 섬세한 고급면사는 볼턴(Bolton)과 그 주변, 봉재용 섬세한 면사는 맨체스터 근교, 그리고 중급 조사는 올덤과 그 주변에 집중되었다. 직포부문은 블랙번(Blackburn), 번레이(Burnley), 프레스턴(Preston)을 중심으로 한 랭커셔 북부에 집중되었다.

방적부문의 일부에서는 기업의 대규모화도 진전되었으나 방직부문을 포함한 대부분의 부문에서는 다수의 중소규모 기업이 광범하게 존재하였다. 그들 면공업기업이 각각 특정 공정으로 특화됨으로써 생산은 분단되고 경쟁도 특화된 공정 차원에서 이루어졌다.[5]

(2) 철강공업

세계의 생산과 수출을 주도하던 영국의 철강공업은 19세기 말엽에는 그 지위를 미국과 독일로 넘겨주었다. 그동안 영국의 수출시장이던 미국과 독일 등 후발 경쟁국의 철강공업이 급성장하였다. 이들 경쟁국은 자국시장은 보호관세로 보호하고 자유개방된 영국시장에는 덤핑 공세를 펴면서 철강제품 수출을 적극 추진하였다. 〈표 2-5〉는 이들 제국 철강업의 상대적 지위 변화를 나타낸 것이다. 미국과 독일의 급성장에 대한 영국의 지위가 크게 떨어졌음을 알 수 있다.

영국의 철강공업은 미국과 독일의 경우와는 달리 신기술을 기반으로 선철·강철 일관생산체제의 장치산업화하여 규모의 경제를 실현하면서 성장하지는 못하였다. 선철부문에서는 용광로의 대형화가 진전된 한편, 1910년대에 들어서도 구식의 소규모 용광로가 광범하게 잔존해 있었다. 단철부문에서는 1910년대 초까지 퍼들법을 이용한 소규모로가 광범하게 존속하였다. 제강부문에서는 새로 개발된 베세머전로를 도입하며 국산 철광석을 이용한 제강이 이루어졌으나 독일과의 경쟁에 대항하지 못하고 생산의 중심을 점차 평로법에 의한 고급철강 생산으로 이동하였다. 압연부문에서도 수동식 압연이 주류를 이루었으며 스트립 밀을 도입한 미국에 비해서 자동화에 크게 뒤지고 있었다.

이러한 속에서 제강기업은 소규모 평로기업으로 고급특수강 생산에 특화하게 되었다. 다수 존속하던 소규모 단철기업들도 많은 경우 자본

표 2-5 세계 철강생산의 국가별 비중 (단위: %)

	선 철			강 철		
	영국	미국	독일	영국	미국	독일
1875~79	46	16	13	36	26	17
1895~99	26	32	18	20	35	23
1910~13	14	40	21	10	42	23

자료: F. Crouzet, 1982: 242.

비용이 적은 소규모 평로기업으로 전환하였다. 고급철강 생산으로의 전환이 진전된 것은 수요 측면에서는 그것을 수용할 특정시장이 존재하였고, 공급 측면에서는 고품질제품을 생산할 수 있는 숙련노동자가 존재하였기 때문이다.

가족적 소규모 경영의 전통 속에서 성장한 영국의 제강기업은 외국과의 격렬한 경쟁에 직면하여 평로법을 선택하였으며 그 결과 제품의 고급화와 다양화가 진전되었다. 그 품목 수는 1900년 당시 미국 34, 독일 34, 영국은 122에 이르렀다.[6]

다양한 고급강제품 생산에의 특화가 진전되는 속에서 소규모 철강기업은 광범하게 존속되었다. 그 속에서 국내시장을 지배할 대철강기업은 출현하지 않았다. 지역과 제품에 따라 비교우위를 확보하기 위해서 철강기업들이 생산특화를 추구한 시장은 '보이지 않는 손'이 작용하는 완전경쟁시장이었다. 이러한 시장에 대해서 소규모 철강기업들은 저가생산보다도 소량이면서도 고품질의 다양한 제품의 생산으로 대응하였다.

(3) 기계 · 기구공업

영국의 기계·기구제조기업은 고유한 거래관행과 양보다 질을 중시하는 생산관념으로, 표준화된 제품보다도 고품질의 고유제품을 제조하였다. 그 속에서 기업은 전통적 노동집약기술을 고집하였으며 대량생산기술을 기반으로 한 자본집약적 대규모 기업의 성장은 제한적이었다.

사울(S.B. Saul)에 따르면[7] 기업이 고품질제품 생산에 집중하게 된 것은, 개개의 시장에 고유한 일반적 관행이 설계와 다양한 제품 제조와 관련된 행동을 규정한 제도적 제약(institutional constraints)이 있었기 때문이었다. 그 경우 중요한 것은 자문기사(consulting engineers)의 역할이었다. 사울은 그 전형적 사례로 기관차의 생산과 거래관계를 분석하였다.

기관차 제조기업은 대철도 회사와는 독립적으로 디자인에 관해서, 때로는 부품구입과 생산방식에 관해서까지도, 고객을 대표하는 자문기사의 의견에 따랐다. 철도회사는 언제나 특정형의 엔진을 주문하는 관례가 있었으므로 기관차 제조회사는 주요 철도회사별로 전문화되고 그에 따라 생산방법도 개별화되어 있었다. 그 결과 기관차 제조회사는 기술수준이 높았음에도 생산에서 규모의 경제를 실현하지는 못하였다. 기관차 설계방식의 전반적 표준화가 실현된 것은 1920년의 합병으로 2대 철도회사가 출현한 후의 일이었다.

자문기사제도는 영국의 기계제작업에서 보편적 제도로 정착되었다. 그 결과 전기기계, 조선 등 여러 부문에서 생산의 표준화가 진전되지 못하였다. 1890년대 후반에 출현한 자동차산업에서도 설계기사가 중용되어, 개인적 취향을 최대한으로 배려한 고급차시장을 지향하는 생산방식이 도입됨으로써 미국의 포드자동차 회사에서와 같은 표준적 제품의 대량생산은 이루어지지 못하였다.

에너지산업도 같은 양상이었다. 영국에서는 가스와 증기력이 풍부하게 이용될 수 있었다는 조건으로 말미암아 신산업인 전기산업에 대한 대규모 신규투자는 지체되었다. 신에너지산업 내부에서도 문제가 있었다. 즉, 주요 발주자인 지방정부가 중개업자로 이용한 자문기사는 공급업자인 발전소에 대해서 사소한 부분에 이르기까지 특정부품의 사용을 요구함으로써 표준적 생산방식의 도입은 지체되었다.

자전거산업과 같은 신분야에서는 1890년대 후반에 표준화된 기계·기구에 대한 수요가 증가하고 미국식 대량생산기술도 도입되었다. 그러나 영국에서는 500명 이상의 기계·기구제조업 기업은 6사에 불과하였으며 미국식 대량생산방식의 도입유인도 자극되지 못하였다.[8]

2) 협동전략

기업은 경쟁전략으로 생산물 특화전략을 추구하였지만, 그것으로 경쟁에서 벗어날 수는 없었다. 오히려 생산은 특화전략이 추구되는 속에서 소규모 경영은 광범하게 존속되었고 경쟁은 치열하였다. 특히 1873년 이후 장기간 계속된 '대불황'으로 국내시장은 위축되는데 생산능력은 과잉상태로 되어 경쟁은 더욱 격화되었다. 그것은 많은 영국산업을 곤경에 몰아넣었다. 그 속에서 기업이 독립적으로 경쟁전략을 추구한다는 것은 자살행위와 같았다. 이에 기업들은 서로 목을 자르는 경쟁을 지양하고 협동하여 상생의 길을 찾았다. 그것은 카르텔화(cartelization)였다.

사업자 단체는 카르텔 협정으로 가격과 생산량 등을 통제하여 가입 기업 간의 공생을 도모하였다. 카르텔은 가입 기업의 독립성이 유지되므로 가족기업으로서는 지배권을 유지하면서 경영의 안정화를 도모할 수 있는 편리한 조직이었다. 또한 그것은, 독점금지법으로 강력한 규제의 대상이 된 미국과는 달리, 영국에서는 법적으로 규제 대상이 되지 않았다. 따라서 카르텔은 영국에서는 산업 전반에 걸쳐서 광범하게 나타났다.

사업자 단체를 설립하여 가격을 고정하려는 움직임은 1873년에 시작된 대불황 속에서 전 산업에 걸쳐 나타났다. 특히 제철, 제강, 방직, 금속가공, 화학 등에서는 광범한 카르텔망이 창출되었다. 동업조합은 협정에 의해서 기업이 이익을 올릴 수 있는 수준에서 가격을 고정하고 판매할당량을 결정하였다. 그것은 때로는 출하, 할인판매, 신용기간, 수송료까지도 통제하였다. 그렇게 함으로써 동업조합은 업계에서의 독점적 지위를 확보하려 하였다.

그러나 카르텔 협정은 강제력이 없어 기본적으로 취약하였다. 가격협정이 유효하게 시행되면 될수록 내부적으로는 협정을 위반하거나 파기하는 기업이 나타났다. 개인주의적 성향이 강한 영국의 기업문화에서 기업은 강력한 규제를 받아들이려 하지 않았다. 따라서 영국의 카르텔은 독일의 경우와 같이 조직적이고 엄격하게 기능하지는 못하였다.

한편 외부기업은 가격이 높게 설정되어 있는 시장으로의 신규진입에 자극을 받았다. 사업자 단체는 외부적으로 발생하는 새로운 경쟁에 강력하게 대응할 능력을 갖출 수 없었다. 그 두드러진 사례는 영국 비누제조업자조합(UKSMA)에서 볼 수 있다. 이 단체의 가격·생산규제는 1880년대 중엽 이후 윌리엄 레버(William Lever)가 독자적으로 생산규모의 확대와 상표를 이용한 상품차별화 및 대규모 선전으로 대항한 결과 1890년대에는 완전히 붕괴되고 말았다. 그 후 레버사는 경쟁기업을 매수하면서 1914년에는 영국 비누 총생산액의 61%를 차지하게 되었다.[9]

카르텔은 진입장벽을 강화하려 하였다. 예를 들어 1890년대에 일련의 버밍엄동맹(Birmingham Alliances)은 사용자와 노동조합과의 협정에 의해서 숙련노동자로 하여금 가격과 연동된 신축임금을 보장받는 대신 동맹가입 기업에 한해서 취업할 수 있도록 하였다. 협정을 위반한 기업에 대해서 노동조합은 파업으로 대항하였다. 그렇게 함으로써 내부적으로는 협정위반을 방지하고 외부적으로는 진입장벽을 강화하였다.

이와 다른 방법으로는 소매업자들로 하여금 자신들의 제품만을 배타적으로 판매하도록 한 협정이 있었다. 예를 들어 중앙면사조합(Central Thread Agency)은 조합의 제품을 판매하는 모든 소매업자로 하여금 경쟁기업 제품의 재고를 갖지 못하도록 하였다. 시장지배적인 이 조합의 협정은 경쟁기업의 시장진입을 방지하는 강력한 무기였다.[10]

카르텔 협정은 일부에서 성공적인 예도 있었으나 일반적으로는 기대한 만큼 성공적이지는 못하였다. 진입장벽도 언제까지 지속될 수는 없었다. 소매업자들을 독점적으로 지배하려는 제조업자조합의 시도도 유력한 정보력과 자금력을 가진 중간상인들의 방해로 실현에 한계가 있었다. 광범하게 전개된 카르텔 운동도 시장지배력을 장악하는 데는 한계가 있었다.

3) 대량생산 · 대량판매 전략

(1) 소비재공업

전통적·지방적 분단시장 조건에서 대다수의 기업이 생산물 특화전략을 추구하면서 전업기업화하고 치열한 경쟁에는 카르텔 형태의 협동으로 대응한 반면, 일부 기업은 새로운 시장기회에 대량생산과 대량판매 전략으로 성장하였다.

그 경우 새로운 시장기회라는 것은 전국적 시장통합의 진전이다. 전국적 철도망의 형성, 도시화의 진전, 노동자와 중산층의 소득증대, 생활수준의 상승에 따른 일련의 소비제품에 대한 소비자의 기호 균일화의 진전은 기업으로 하여금 생산과 판매에서의 규모의 경제를 실현할 수 있는 가능성을 증대시켰다. 새로운 시장기회에 능동적으로 대응하여 혁신적으로 활동한 기업은 대기업으로 성장하였다.

새로운 움직임은 특히 1880년대 이후 진전되었다. 그것은 특히 소비자의 수요패턴이 전국적 균일화의 방향으로 변화한 산업에서 두드러지게 나타났다. 그것은 주로 담배, 비누, 벽지, 리놀륨, 맥주, 과자류, 밀가루, 봉제사, 설탕, 잼 등 식품을 포함한 소비재산업이었다. 이들 산업에서 기업은 대량생산기술을 도입하고 상표표시 포장에 의한 제품차별성의 강조와 전국적 광고 등 혁신적 마케팅 활동을 추진함으로써 경쟁우위를 확보하려 하였다. 그 고전적 사례를 우리는 비누제조업자 레버(William Lever)와 담배제조기업 윌스(W.D. & H.O. Wills)사의 기업가활동에서 볼 수 있다.

레버사는 포트 선라이트(Port Sunlight) 공장에서 덩어리 형태로 판매하던 비누를 명판 형태로 변경하여 대량생산하고 제품에 선라이트(Sunlight), 럭스(Lux)라는 상표를 붙여 대대적인 광고로 대량판매를 촉진하였다. 레버사는 자사가 제조한 비누에 대한 주부들의 관점을 끌기 위해서 표어, 각종 광고판, 신문, 잡지, 소설, 드라마, 선라이트 연보 등 가능한 모든 수단을 이용하여 광고활동을 전개하였다. 경쟁적으로 광고활동이 전개되면서 광고비는 증대하였다. 첫해인 1885년에 50파운드에 불과했던 광고비 지출액은 1902년에는 200만 파운드나 되었다. 경쟁회사인 피어스(A. & F. Pears)사도 브랜드를 도입하고 매년 100만 파운드를

광고비로 지출하였다.[11]

브리스톨의 윌스사는 궐련(卷煙)의 대량생산기술 도입으로 제품의 가격인하를 실현하고 상표 부착으로 제품차별성을 높이면서 광고를 이용하여 대량판매를 추진하였다. 윌스사는 발족한 1840년대에 이미 상품차별화를 위하여 상표를 부착하였으며 1860년대에는 선구적으로 전국적 판매망을 구축하였다. 그러나 윌스사가 경쟁우위를 확보할 수 있었던 것은 궐련의 대량생산을 실현하였기 때문이었다.

윌스사는 1871년에 수작업으로 궐련을 제조·판매하기 시작하였으나 아직도 파이프 담배를 대신할 값싼 궐련시장이 불확실하였기 때문에 충격은 크지 않았다. 큰 충격을 준 것은 1884년 윌스사가 미국에서 개발된 본삭(Bonsack) 궐련제조기의 영국에서의 독점적 시용권을 획득하면서였다. 본삭기는 수작업을 기계작업으로 전환하여 작업속도를 비약적으로 가속하였다. 수작업으로는 10명 한 조의 제조공이 1일 2만 개비의 궐련을 생산하는 데 비해서 한 사람이 가동하는 본삭기에서는 10만 개비의 궐련을 생산할 수 있었다. 윌스사는 1899년부터 본삭기에 의한 값싼 궐련을 대량생산하기 시작하였다. 윌스사는 본삭기와 경쟁적인 기계의 특허를 매수함으로써 생산에서 월등한 경쟁우위를 획득하였다. 윌스사는 생산한 궐련을 '와일드 우드바인(Wild Woodbine)'과 '신데렐라(Cinderella)'라는 브랜드명으로 광고하면서 판매하였다. 그 결과 윌스사의 영국 담배시장의 점유율은 12년 동안에 4%에서 64%로 상승하였다.[12] 브랜드 전략은 경쟁사들이 모방할 정도로 성공적이었다.

레버사와 윌스사와 같은 기업은 대량생산된 제품을 마케팅을 통해서 대량판매함으로써 경쟁우위를 확보하고 20세기 초에 영국 최대 기업으로 성장하였다. 신기술에의 투자에 뒷받침된 특정 브랜드의 성공으로 기업은 전례없는 규모로 성장하였다.

판매부문에의 전방통합은 맥주제조업에서 일찍부터 나타나고 있었다. 기계화가 진전됨에 따라 맥주공장은 더욱 자본집약적이 되고 규모도 확대되었다. 생산력 증대에 대응하여 판로 확보는 중요한 과제였다. 시장규모가 큰 런던의 맥주제조업자들은 일찍부터 자사 맥주만을 판매하는 주점 '퍼브'를 개업하는 방법으로 판매조직을 창출하였다. 그러나 냉장보존 설비가 없는 단계에서 퍼브가 전국적 체인으로 전개되지는 못하였다.

직판주점 '퍼브'의 확보경쟁은 1869년 이후 격화되었다. 치안판사에 의한 제한적 면허제도의 재도입으로 퍼브 영업면허가 수적으로 제한되자 제조업자들은 가능한 한 많은 기존 면허점포를 획득하여 시장점유율을 높이려 하였다. 그 속에서 집중이 고도화되었다.

그와 함께 양조업자들은 제품브랜드를 창출하고 시장의 조직화를 추구하였다. 배스(Bass)사, 올솝(Allsopps)사 및 기네스(Guiness)사는 고급맥주를 판매하면서 1850년대부터 강력한 자사 브랜드를 창출하였다. 그리고 버턴(Burton)의 양조업자들과 기네스사는 복합적인 대리점망을 창출하고 외판업자(commercial travellers)를 이용하였다. 19세기 말은 외판업자의 황금시대였다.[13]

브랜드 표시 포장상품전략은 비누, 담배, 맥주 외에도 과자(Cadbury, Rowntree, Machintosh), 잼(Hartley), 음료수 등 여러 산업에서 추구되었다. 면공업에서는 호록스크루드슨사(Horrockes, Crewdson & Co. Ltd.)가 1890년대부터 '비옐라(Viyella)'라는 브랜드로 제품을 판매하였다.

그러나 브랜드화한 기업이 모두 성공한 것은 아니었다. 기술우위, 가격절하, 기업가적 안목이 수반되지 않은 브랜드화는 실패하였다. 대량판매전략은 기술, 가격 및 브랜드화에 앞선 선두주자의 경쟁우위와 결합됨으로써 실효를 올릴 수 있었던 것이다.

(2) 신공업

제2차 산업혁명이 낳은 신공업에서 영국은 독일과 미국에 크게 뒤졌다. 그러나 신공업에서 영국기업이 후진적이었던 것만은 아니다. 일부 산업에서 영국기업은 선두주자로서 신기술을 기초로 비교우위를 확보하고 경쟁을 배제할 수 있었다. 대표적인 기업으로는 고무의 던롭(Dunlop)사, 유리의 필킹턴(Pilkington)사, 다이너마이트의 노벨(Novel)사, 합성알칼리의 브루너 몬드(Brunner Mond)사, 합성섬유 레이온(rayon)의 코톨즈(Courtaulds)사 등을 들 수 있다. 이들 기업은 급속하게 대규모화하면서 다국적 기업화하고 국제 카르텔에 참가하였다.

4) 대형 소매조직의 전개와 후방통합전략

19세기 중엽 이후 소매업도 새롭게 전개되었다. 고정점포가 행상과 장시와 공존하던 소매업은 도시화의 진전에 따라 대규모 도시에서는 가족경영 고정점포가 주체가 되는 형태로 변화하였다. 그와 함께 새로운 형태의 소비재가 등장하고 새로운 판매기법이 도입되었으며 새로운 형태의 대규모 소매점포가 출현하여 가족경영의 소매업에 도전하게 되었다. 이러한 변화는 '소매혁명(Retailing Revolution)'이라고 부른다.[14]

소매업의 변화에서 두드러진 현상은 대형소매조직의 출현이었다. 첫째, 도시에의 인구집중과 중산계급의 증대라는 배경에서 백화점이 등장하여 발전하였다. 백화점은 1863년 런던에서 개점한 휘틀리사(William Whitley Ltd.)를 효시로 1864년에는 존루이스 파트너십(John Lewis Partnership), 1871년에는 아미 앤드 네이비(Army & Navy) 그리고 1882년에는 펜윅스(Fenwicks) 등이 뒤이어 개점되었다. 백화점은 한 건물 안에 다양한 상품판매 부문을 두어 고객에게 편의를 제공하였으며, 1900년경까지는 다방, 식당, 미용실, 오락실 등 생활편의 시설까지 갖추어 중산계급 고객을 유인하였다. 백화점 수는 1914년에는 225점에 달하였다.

둘째, 생활협동조합 점포의 보급이다. 1844년에 설립된 로치데일협동조합(Rochdale Pioneers)을 선구로 생활협동조합운동은 잉글랜드 북부 여러 도시로 보급되었다. 조합에 의해서 운영되고 이익은 소비자에게 환원된 협동조합점포의 보급은 전통적 지방 소매점에 대한 큰 도전이었다. 식료잡화점으로 출발한 조합점포는 후에는 빵, 식육, 담배, 의류, 신발, 가구, 가정용품 등 다양한 생활용품을 취급하였다. 협동소매조합이 대규모 사업으로 전개되면서 대규모 구매의 필요로 1863년에는 맨체스터와 글래스고에서 각각 협동도매협회(Cooperative Wholesale Society)가 설립되었다. 이 협회의 구매활동은 해외로까지 확대되었다.

셋째, 다점포 연쇄점의 성장이다. 영국에서 멀티플숍(multiple shop)으로 불린 연쇄점(chains of stores)은 1850년대 초에 신문배달 회사의 창립자인 스미스(William Henry Smith)와 그 아들이 런던-노스웨스턴 철도(London & North Western Railway)에서 연 1,500파운드의 임차료로 철도역에서의 신문판매 및 광고권을 양여받으면서 출현하였다. 그 후 25년간 스미스 앤드 선(W.H. Smith & Son)사의 신문배달과 철도신문·잡지 판매사업 규모는 20배 이상 성장하였다. 1850년대 초 발족 초기 35개의 신문·잡지 점포와 350명의 종업원을 거느리던 이 회사는 1880년대 중반에는 1,166개 점포와 4,156명의 종업원을 그리고 1900년대 초에는 각각 1,242개 점포와 8,285명의 종업원을 거느린 대규모 기업으로 성장하였다. 매출액은 1867년 약 30만 파운드에서 1905년에는 140만 파운드로 증대하였다.

스미스의 예는 다른 많은 성장사업에서 모방되었다. 1870~90년에 적어도 10개 지점을 거느린 기업 수는 29사에서 135사로 증가하였다. 멀티플숍은 신발, 의류, 식품 등을 판매하였으나 1890년대 이후 20세기 초에 걸쳐 판매상품은 더욱 다양해졌다. 백화점과 협동조합 점포와는 달리 지역의 제약을 받지 않았던 멀티플숍은 대량생산과 대량판매시장의 가능성에 대응해서 한 지역에서 한정된 체인으로 시작되어 다른 지역으로 확대되었다. 그 속에서 스미스사 외에 식료품의 립턴(Lipton)사와 메이폴(Maypole)사, 약품의 부트(Jesse Boot)사, 일상용품 잡화의 마크스 앤드 스펜서(Marks and Spencer)사 등의 기업이 전국적 규모로 성장하였다.

농촌시장을 위해서는 우편을 이용한 카탈로그 판매점도 증가하였다.

1902년에 배럿(A.W. Barratt)과 그 형제는 우편주문판매를 시작하여 4년 후에는 전국적 신문광고 응답으로 작성된 상품목록과 4만 개에 이르는 제품우송용 명함 색인을 소유하고 있었다.[15]

〈표 2-6〉은 1907년 현재 대형 소매기업의 규모를 종업원 수로 나타낸 것이다. 대형 소매기업은 지속적으로 고품질의 상품을 공급하기 위하여 구매부문과 생산부문에의 전후방 통합전략을 추구하였다. 백화점은 자사 브랜드상품을 생산하는 공장을 운영하였다. 도매협동조합은 상품의 대량구입과 함께 빵, 과자, 신발, 비누공장을 건설 운영하고 은행까지 설립하였으며, 1913년에는 수직통합 다국적기업이 되었다. 립턴을 비롯한 연쇄점들도 생산공장을 운영하였다. 제조업자로 출발하여 체인 스토어 경영주가 되는 경우도 있었다. 예를 들어 레스터(Leicester)의 구두제조기업인 프리맨 하디 윌리스(Freeman, Hardy & Willis)사는 1903년에 런던에서 50개 점포의 연쇄점을 운영하였으며 점포 수는 1910년까지 450개로 되었다.[16]

소매업에서는 챈들러가 말하는 생산, 마케팅, 매니지먼트라는 3면 투자가 활발하게 전개되었다. 이 시기 영국에서 혁신적 기업활동이 두드러지게 전개된 부문은 소매업이었다.

표 2-6 대형 소매기업(1907년)

순위	기업명	업태	종업원 수
1	도매협동조합	협동조합	16,982
2	스미스 앤드 선	연쇄점	8,285
3	스코틀랜드 도매협동조합	협동조합 · 백화점	7,109
4	아미 앤드 네이비 협동조합	협동조합 · 백화점	6,275
5	휘틀리	백화점	6,000
6	립턴	연쇄점	5,000
7	해롯즈(Harods)	백화점	4,000

자료: D.J. Jeremy, 1998: 366.

3. 기업통합운동

1) 배경

영국에서는 1890년대와 20세기 초에 걸쳐서 대규모의 기업통합이 전개되었다. 그 결과 대기업이 형성되었다. 그것은 1920년대에 들어 보다 큰 규모로 전개되는 기업통합운동에 선행한 국면이었다.

1890년대 영국에서 기업통합운동이 전개된 배경으로는 시장조건의 변화가 있었다. 첫째, 전국적으로 통합된 동질적 시장이 전개되었다는 것이다. 지역적·사회적으로 분단된 다양한 시장이 광범하게 존재하는 속에서도 통합된 전국적 시장은 확대되고 있었다. 그것은 기업으로 하여금 동질적 상품의 대량생산-대량판매로 규모의 경제를 실현할 수 있게 한 기본조건이었다.

둘째, 국내외 기업 간 경쟁이 격화되었다는 것이다. 경쟁이 격화되는 속에서 기업들은 카르텔로 상호협동조직을 구축하여 경쟁의 배제를 지향하였다. 그러나 카르텔은 보수적·소극적인 시장지배조직이었으며 그 효과에는 한계가 있었다. 왜냐하면 경쟁기업이 협동조직 밖에서 혁신적·적극적 기업활동으로 경쟁우위를 차지하고 시장점유율을 확대해 나간다면 카르텔이라는 협동체제는 약화될 수밖에 없었기 때문이다. 사실 일부 산업기업은 카르텔조직 밖에서 혁신적 활동으로 대기업으로 성장하였다.

특히 영국기업의 외국기업과의 경쟁은 심각하였다. 자유무역체제하에서 외국제품은 아무런 제약 없이 자유롭게 영국시장으로 유입되었다. 수직통합을 이룩한 독일과 미국의 대기업은 '제2차 산업혁명'의 기술기반에서 대량생산, 대량판매 체제를 구축하고 우월한 경쟁력을 가지고 영국시장으로 들어왔다. 유력한 외국기업과의 경제에 직면하여 영국기업은 기존의 카르텔과 같은 방위적·소극적 수단에서 벗어나 기업통합으로 경쟁력을 강화함으로써 적극적으로 대응할 필요가 있었다.

시장조건의 변화에 적극적으로 대응하기 위하여 기업은 규모를 확대하였다. 그 속에서 거대 산업기업이 형성되었다. 이 시기에는 기업의 대규모화를 뒷받침한 제도적 조건도 마련되고 있었다. 앞에서 본 바와 같이 1880년대에는 금융부문의 확대와 함께 소액주식 발행으로 주식회사 설립이 한층 쉬워지고 주식 중개업자가 출현하였으며 런던과 지방의 주식시장이 성장하였다. 1907년에는 법 개정으로 비공모회사도 재무제표의 공개의무를 지게 되었고 중소규모 기업도 합병으로 공모회사 설립이 가능하게 되었다. 이러한 제도 개선으로 기업은 규모의 확대를 이룰 수 있게 되었다.

그러나 영국에서의 기업규모의 확대와 대기업의 형성은 대규모 주식회사의 설립, 그의 내부적 성장 내지 전후방으로의 수직적 통합에 의한 것이 아니라 일반적으로는 동업기업의 수평적 통합에 의해서 이루어졌다. 같은 시기에 미국에서 전개된 통합운동은 수직적 통합이라는 형태를 취하였다. 독일에서도 대기업의 형성에는 수직적 통합이 큰 역할을 하였다. 미국과 독일에서는 수직적 통합으로 제조업부문을 중심으로 후방의 원재료부문과 전방의 판매부문을 통합한 대기업이 형성되었다. 이에 비해서 영국에서는 철강공업 일부에서 수직적 통합이 있었으나 대부분은 수평적 통합이었다.

영국에서의 수평적 통합은 동일산업의 다수 기업이 합병(merger)으로 대기업화하는 형태였다. 영국에서 합병의 98%는 수평적 통합이었다.[17] 섬유, 제분, 양조, 담배, 탄광, 시멘트, 화학, 제철, 조선, 소매업 등 광범한 분야에서 합병에 의한 수평적 통합이 진전되었다. 한편 합병방식은 산업에 따라 큰 차이가 있었다. 섬유, 제분, 담배, 약간의 기계제작 등의 산업에서는 통합은 대부분 대규모 합병이었는 데 비해 철강, 기계제작의 일부, 철도의 경우는 인수를 통해 이루어졌다.

2) 기업합병운동의 진전

기업통합운동은 특히 섬유산업 부문에서 크게 진전되었다. 1899년에 45개 사를 합병하여 설립된 캘리코 프린터스사(Calico Printers Association)는 자본금 920만 파운드에 시장점유율 85%의 대기업이었다. 1900년에 52개 사의 합병으로 설립된 블리처스사(Bleacher's Association)는 자본금 675만 파운드의 대기업이었다. 이에 앞서 1896년에는 봉제사 부문에서 이미 압도적 지배력을 가지고 있던 코츠(J.&P. Coats)사는 5개 사를 합병하여 자본금 800만 파운드의 대기업이 되었다. 이 외에도 1897년에는 잉글리시 소윙 코튼사(English Sewing Cotton Co.)가 14개 사를 합병하여 자본금 225만 파운드의 대기업으로 출현하였으며, 1899년에는 파인 코튼 스피너스 앤드 더블러스사(Fine Cotton Spinners and Doubler's Association)와 브래드퍼드 다이어스사(Bradford Dyer's Association)가 설립되고, 1900년에는 브리티시 코튼 앤드 울 다이어스(British Cotton and Wool Dyers)사가 46개 사를 통합한 자본금 182만 파운드의 대기업으로 설립되었다.[18]

양조부문에서는 1888년까지 아더 기네스사(Arthur Guinness, Son & Co.)가 600만 파운드의 주식을 발행한 것을 선두로 중요한 기업들이 파트너십에서 유한책임회사로 전환하였으며 그와 함께 와트니(Watney)의 콤사(Combe and Co.)와 라이즈 양조회사(Reid's Brewery Co.)와의 합병을 비롯하여 많은 기업합병이 이루어졌다.

담배부문에서는 1901년에 대기업 임페리얼 타바코사(Imperial Tobacco Co., ITC)가 설립되었다. ITC는 아메리칸 타바코사(American Tobacco Co.)의 영국시장 진출에 대항하기 위하여 자본금 700만 파운드의 윌스사를 중심으로 13개 사가 합병하여 설립한 영국 최대의 제조업기업이었다.

이 외에도 벽지부문에서는 1900년에 30개 사를 합병한 대기업(Wall Paper Manufactures)이 설립되었으며, 비누제조 부문에서는 레버 브라더스(Lever Brothers)사가 내부 성장과 합병으로 대기업이 되었다. 시멘트 부문에서는 1900년에 어소시에이티드 포틀랜드 시멘트제조회사(Associated Portland Cement Manufactures Co. Ltd)가 형성되었다.

한편 철강공업에서는 1902년 동관(銅管)의 스튜어트멘지즈(A.&J. Stewart and Menzies)사와 로이드로이드(Lloyd & Lloyd)사의 통합이 이루어졌다. 특히 몇몇 철강기업은 철광석 확보에 이은 기계, 조선, 무기제조 부문에의 진출로 전후방 수직통합을 이룩하였다. 예를 들어 비커스사(Vickers Sons & Co.)는 조선 및 군수 산업기업을 매수하였고(1896), 암스트롱사(Sir W.G. Armstrong & Co.)는 휘트워스사(Sir Joseph Whitworth & Co.)를 매수하였으며(1897), 브라운사(John Brown & Co.)는 1899년에 기계·조선기업을 매수하였다. 이 외에도 이들 부문에서는 수직적 통합기업들(Vickes, Cammell Laird, William Beardmore, Guest, Keen & Nettlefolds 등)이 형성되었다.[19]

영국에서도 대기업은 합병을 통해서 형성되었으나 그 규모는 같은 시기에 형성된 미국의 대기업에 비해서 훨씬 왜소한 것이었다. 예를 들어 종업원 수에 있어서 최대의 영국기업(Fine Cotton Spinner's and Doubler's Association)은 3만 명인 데 비해서 미국의 US스틸(U.S. Steel)사는 약 16만 8,000명이나 되었으며, 자본금 규모에서도 영국 최대기업인 ITC(1,750만 파운드)는 US스틸사(13억 2,200만 달러 = 2억 6,400만 파운드)의 10분의 1에 불과하였다. 일반적으로 볼 때 합병운동으로 소멸한 기업 수와 자본액은 미국이 영국보다 훨씬 컸다. 예를 들어 합병운동의 정점이던 1899년의 소멸 기업 수와 그 자본액은 미국에서는 979사, 20억 6,400만 달러(4억 파운드 이상)였는데 영국에서는 255사, 2,200만 파운드에 불과하였다.[20] 전체적으로 볼 때 영국에서는 1890~1919년에 합병으로 2,178개 제조업기업이 소멸하였는 데 비해서 미국에서는 1895~1920년에 2배 이상인 4,844개 기업이 소멸하였다.[21]

한편 이 시기에 대기업이 형성된 산업분야도 영국과 미국과의 사이에는 큰 차이가 있었다. 1905년 현재 영국의 52대 기업 중에서 17사는 맥주회사였으며 10사가 섬유기업, 9사가 철강, 조선, 무기제조, 석탄회사, 그리고 나머지가 담배, 화학, 시멘트, 고무타이어, 벽지, 비누, 가구, 식품, 증류주제조 등의 기업이었다.[22] 이들 산업은 그 대부분이 전통적 구산업이었다. 신산업에서의 대기업은 화학부문에 3사가 있었을 뿐이고 전기와 자동차 부문에는 없었다. 미국에서는 철강 등 전통적 구산업과 함께 화학, 전기, 자동차 등 신산업에서도 대기업이 형성된 반면 영국에서는 그렇지 못하였다.

미국에서는 이 시기에 형성된 대기업 대부분이 선발기업으로서의 이점을 가지고 그 후 계속 성장하였다. 영국에서는 그 대부분이 1930년에 50대 기업에 끼지 못하였다. 양차 세계대전 중간기 영국의 중화학공업 부문에서 대기업의 형성, 발전에 의해서 그 전의 전통적 산업부문 내에서 형성된 대기업은 밀려나게 된 것이다. 영국의 합병운동은 미국에 비해서 소수의 산업에 영향을 미쳤으며 소규모의 시장점유율을 가진 소수의 대기업을 탄생시켰음에 불과하였다.[23]

3) 기업합병운동의 한계

페인은 영국에서 주식회사의 발흥(1860년대)과 합병운동의 발생(1890년대) 간에는 약 30년의 시차가 있었다고 지적하면서 '대기업 발달의 지체(corporate lag)'를 지적하였다. 기업통합운동 자체는 미국이나 독일에서도 19세기 말에 고조되었으므로 시기적으로 영국이 특히 뒤진 것은 아니다. 그러나 동시에 발생한 기업통합운동이면서도 규모 면에서 볼 때 영국은 미국보다 소규모였다. 이러한 측면에서 영국의 '대기업 발달의 지체'는 명백하였다.

그러면 영국의 '대기업 발달의 지체'의 원인은 무엇인가? 이와 관련해서는 오랜 공업화 과정에서 확립된 산업구조, 가족기업을 특징으로 한 산업조직, 시장의 분단적 성격, 중화학공업 기반의 취약성, 기술교육과 전문경영자 양성의 지체, 방어적 카르텔망, 혁신적·적극적 기업가 활동의 결여 등 다양한 경제적·사회적 요인이 지적되고 있다.[24]

그러나 '대기업 발달의 지체'는 기업규모의 크기만으로 평가될 수는 없을 것이다. 확실히 19세기 말엽의 시장적·기술적 조건하에서 기업의 대규모화는 규모의 경제를 실현하는 데 필수적인 요소였다. 그러한 의미에서 이 시기에 영국에서 대기업이 출현하였다는 것은 비록 규모는 상대적으로 작았다 해도 중요한 발전이었다. 그러나 대기업의 형성에서 중요한 것은 규모만이 아니라 그것을 전체로서 일관된 체계하에서 관리할 수 있는 조직구조였다. 이 시기에 거대화한 미국의 기업이 일관한 생산-판매 체계와 집권적 관리조직을 도입함으로써 기업 발전에 앞섰는 데 비해서 영국의 대기업은 그렇지 못하였다. 대규모 기업조직의 도입에서 뒤떨어졌다는 의미에서 영국 '대기업 발달의 지체'는 명백하였다.

영국의 기업합병운동은 새로운 시장조건에 능동적으로 대응하면서 규모의 경제를 실현하기 위한 것이었다기보다도 카르텔조직의 연장선상에서 이루어진 것이었다. 즉, 그것은 동일산업기업 간의 협동조직으로서의 카르텔의 취약성을 극복하고 더욱 안정적인 시장지배를 유지하기 위한 강력한 항구적 결합체의 형성을 지향한 것이었다. 기업합병운동의 이러한 성격은 특히 섬유산업 최대 통합기업들의 이름이 '연합(united)'이라든가 '조합, 협회(association)'로 표시되는 데서도 나타나고 있다. 합병기업은 선행한 동업조합을 모체로 하여 설립멤버 기업에게 법적 권한을 부여함으로써 그들 기업이 종래의 경영권을 계속 유지하기 위해서 설립된 것이었다. 따라서 합병기업은 생산, 유통, 관리의 통합적 조직을 창출하지 못하고 실질적으로는 시장지배력 방어를 목적으로 한 기업연합체로 존속되었다.

그 결과 합병기업은 하나의 기업으로 통일적으로 관리하는 데 있어서 심각한 조직상의 결함에 직면하였다. 특히 섬유산업기업의 경우 그러하였다. 실제로는 지주회사(holding company) 내지 가족기업연합체인 합병기업 본사는 합병 전의 파트너십을 대표한 중역들로 구성되었으며 그들은 통합기업의 입장에서보다도 각각 구성기업의 입장에서 행동하였다. 그의 한 예를 우리는 캘리코 프린터스사에서 볼 수 있다. 이 회사의 이사회 구성원은 각각 구성회사를 대표하는 84명에 달하였으며 그중 8명이 전무였다. 그들 전무는 주도권 다툼을 계속하였다. 이러한 상황에서 표준원가제도라든가 효율적 관리조직의 도입 노력은 이루어지지 못하였다. 새로운 합병기업은 산업기업이라기보다 토론집단으로 운영되었다.[25]

물론 일부 합병기업에서는 기능부문을 가진 본사조직이 맹아적으로 도입되는 등 관리조직의 변화도 부분적으로는 나타나고 있었다. 일부 기업에서는 파트너 간에 권한이 분할되어, 그들 파트너는 그 밑에 약간의 유급관리직을 가진 부장과 같은 지위로 되었으며, 다른 경우에는 약간의 익명 파트너에 의해서 금융지원을 받는 한 업무집행 임원이 부하관리직을 거느리고 있었다.[26]

특히 코츠사는 관료적 조직구조를 도입한 선구적 기업이었다. 이 회사는 합병 전에도 중간상인을 배제하고 직판체제를 구축하고 있었으나, 1896년에 다른 4개 사와 합병하여 명목자본금 750만 파운드의 대통합기업으로 되면서 생산, 판매, 구매 및 기타 기본기능부와 본사를 완전 통합한 집권적 관리조직을 도입하고 상세한 회계 절차를 제도화하였다. 이 회사는 명확한 경영권한과 표준화된 회계 절차에 기초한 세련된 경영관리시스템을 확립하였다. 이 회사는 1905년까지 실질적으로 영국 최대의 기업으로 되고 주식의 시가총액은 4,210만 파운드로 평가되었다. 그러나 코츠사의 사례는 예외적인 것이었다.

섬유, 소금, 시멘트, 담배, 위스키 등의 산업분야에서는 합병이 관리적으로 통합된 대기업의 창설로 귀결되지는 않았다. 예를 들어 아메리칸 타바코사(American Tabacco Co.)의 국내시장 진입에 대항하여 1901년에 윌슨사 주도로 주요 13개 사가 합병하여 1901년에 설립된 임페리얼 타바코사(Imperial Tobacco Co., ITC, 1902년에 4개 사가 추가됨)는 전후방에의 수직통합을 추진하고 판매, 구매, 재무 등 기능의 집권화를 시도하였다. 그러나 본사의 주요 기능은 구성회사들이 한 광고비 지출을 감시, 통제하는 일이었으며 본사와 복잡한 경영계층을 가진 미국형 조직을 구축하지는 못하였다. 코츠사는 기본적으로 생산 및 판매 정책이 크게 구성기업인에 의해서 결정되는 기업연합체제였으며 경영관리체라기보다 법적 의미에서 대기업이었다.

1904년에 인조실크, 비스코스(viscose) 제조 특허를 획득하여 1904년에 공모회사로 재등기한 새뮤엘 코톨드사(Samuel Courtauld & Co.)는 그 후 확장과 고이윤의 시기를 거쳐 1913년에 발행주식자본 200만 파운드의 코톨즈사(Courtaulds Ltd.)로 재건되었다. 이 회사는 미국에도 회사를 설립하여 다국적기업이 되었다. 이 회사에서도 창립가족의 통제력은 상당히 약화되었으나 미국형 조직구조의 구축에는 멀리 미치지 못하였다.[27]

1914년 이전의 영국에서의 '대기업에의 변화(corporate change)'는 관리적이라기보다 오너가족집단의 통제권 유지를 지향한 법적·금융적 차원의 '변화'였다. 경영조직은 몇몇 기능부문에 기초한 기본적으로 단순한 것이었으며 의사결정은 전략적인 것은 물론 관례적인 것도 가족집단성원에 의해서 이루어졌다. 경영관리인의 양성은 거의 없었고 기업규모에 비추어 충원은 우발적이었다. 이 점에서 영국의 '대기업 발달의 지체'는 명백하였다.[28]

철도부문에서는 대기업이 형성되면서 일찍부터 집권적으로 관리되는 기능부문 조직이 정교한 회계제도와 함께 도입되고 전문경영자에 의해서 관리되는 '경영자자본주의(managerial capitalism)'가 전개되었다. 예를 들어 1846년에 설립되어 1850년대 초에는 자본금 2,900만 파운드, 800마일의 노선과 12,000명의 노동자를 거느릴 만큼 초대기업이 된 런던 노스웨스턴 철도(LNWR)는 강력한 집권적 통제권을 가진 3개의 지역사업관구조직을 창출하였고, 제너럴 매니저를 비롯한 관리인들은 전문경영자 출신이었다. 그리고 이 회사는 감가상각, 설비평가, 광범한 조업통계수집·분석 등 새로운 회계기법을 도입하였다. 그것은 당시의 영국에서는 선구적·혁신적이었으며 미국의 거대 철도회사의 관리조직에 필적할 정도의 것이었다. 그러나 미국에서는 철도에서 개발된 관리조직이 후에 거대 산업기업에도 도입되었지만, 영국에서는 그것은 어디까지나 철도부문에 한정되고 다른 부문의 산업기업에는 파급되지 못하였다.[29]

영국의 대기업은 적어도 1914년 이전까지는 경영관리조직이라기보다 법적·자본적 조직이었으며 오너가족집단으로서는 자신들에 의한 관리권 유지가 중요하였다. 영국의 산업기업에 특징적인 느슨한 지주회사조직은 그것을 뒷받침하였다. 그 속에서 소유와 경영의 분리는 진전되지 못하고 '경영자자본주의'는 발전하지 못하였다. 일부에서 주식소유의 기반 없이 전문경영자에 의해서 관리되는 경우가 없었던 것은 아니다. 일정소득을 얻기 위하여 여러 회사에 분산투자한 일반투자가들은 배당소득이 보장되는 한 투자대상회사의 운영에 실질적 관심을 나타내지 않았다. 그것은 소유와 경영의 분리가 부분적으로나마 나타나고 있었다는 것을 말한다. 그러나 그 정도는 한정된 것이었다. 따라서 새로이 합병과 주식공모로 설립된 기업에서도 오너가족의 지위는 관리 면에서도 기본적으로 우위에 있었다. 1930년에 이르러서도 상위 200개 사의 70%는 가족을 임원으로 선임하고 있었다.[30] 대기업의 형성과 법인자본주의(corporate capitalism)의 전개로 가족기업 내지 개인자본주의(private capitalism)는 재편성되면서도 영국의 기업체제 속에서 존속되었다.

3절 산업금융

1. 금융구조

19세기 중엽 이후 진전된 기업의 법인화와 거래규모의 증대에 따라 발생한 대량의 자금수요는 어떻게 충족되었는가? 산업기업의 자본조달에서 영국의 금융기관은 어떠한 역할을 하였는가? 이 문제는 영국기업 성장의 상대적 지체와 관계되는 중요한 문제로 많은 논의가 있어왔다.

이 시기의 영국 금융구조의 중심 요소는 시티(The City of London)에 있었다. 시티에는 중앙은행인 잉글랜드은행(Bank of England)을 정점으로 할인은행(discount banks), 상업은행(commercial banks) 또는 소액거래은행(retail banks)이라 불린 예금은행(deposit banks)의 본점, 투자은행(merchant banks), 증권거래소(Stock Exchange), 로이즈보험회사(Lloyds)가 있었다. 이들 금융기관은 각각 전문적 금융업무를 수행하는 한편 기능적·인적으로 유기적 관련을 가지면서 전체로서의 금융시스템을 형성하고 있었다.

이들 금융기관 중에서도 산업금융과 직접 관련되는 것은 예금은행, 투자은행 그리고 증권거래소였다. 이들 금융기관의 업무를 중심으로 산업금융의 문제를 고찰할 것이다.

2. 예금은행의 구조변화와 보수화

1) 구조변화

19세기 중엽 이후 예금은행은 커다란 구조변화를 경험하였다. 변화의 내용으로 가장 중요한 것은 법인 형태와 지점금융 형태의 광범한 채용에 따른 대규모 은행의 성장이었다. 종래의 지방적 기반에서 단일점포 또는 몇몇 지점을 가지고 영업하던 파트너십 형태의 개인은행체제가 붕괴되고 런던에 있는 본점이 전국적으로 다수의 지점을 가진 주식회사 형태의 대은행이 지배적 지위를 차지하게 된 것이다.

예금은행의 법인 형태로의 전환은 1826년과 1833년의 은행관련입법에 의해서 가능해졌고, 1856년과 1862년의 일반 주식회사법에 의해서 촉진되었다. 공업화경제가 성숙되면서 은행도 규모와 시장의 확대가 필요해진 것이다.

〈표 2-7〉은 이 시기 예금은행의 법인 형태로의 대규모 전환을 나타낸 것이다. 개인은행은 전성기이던 1820년대 이후 주식회사로 전환되면서 수적으로 이미 감소하고 있었다. 그럼에도 1850년에도 수백의 개인은행이 지방에 존재하고 있었다. 그러나 그 후 그것은 급속하게 감소하였으며 특히 1875년 이후의 감소는 두드러졌다. 그 결과 개인은행 수는 1850~1913년에 327행에서 29행으로 그리고 본·지점 수는 518개 점에서 147개 점으로 감소하였다. 그에 비해서 주식은행은 99행에서 41행으로 절반 이상이나 감소하면서도 본·지점 수는 576개 점에서 6,426개 점으로 10배 이상 증가하였다. 그만큼 주식은행의 규모는 커진 것이다. 주식은행의 평균 지점 수는 1850년의 5개 점에서 1913년에는 156개 점으로 31배 증가하였다. 은행당 예금액(public liabilities)은 같은 기간에 36만

표 2-7 은행 및 지점 수

	잉글랜드 및 웨일스				영국 전체	
	개인은행		주식은행			
	은행 수	본·지점 수	은행 수	본·지점 수	은행 수	본·지점 수
1850	327	518	99	576	459	1,685
1875	236	595	122	1,364	381	3,320
1900	81	358	83	4,212	184	6,269
1913	29	147	41	6,426	88	8,610

자료: M. Collins, 1991: 20.

파운드에서 1,160만 파운드로 32배나 증가하였다.

은행규모의 확대에는 내부성장도 있었지만, 특히 합병이 중요하였다. 은행합병운동은 1880년대와 1890년대에 크게 진전되었다. 이 시기의 거듭된 금융불안 속에서 무한책임제이던 주식은행도 유한책임으로 전환되고 합병은 촉진되었다. 그 결과 은행업의 집중도가 높아지고 런던에 본점을 두고 다수의 지점을 통해서 전국적으로 영업하는 대규모 은행체제가 형성되었다. 이들 전국적 대규모 예금=상업은행은 19세기 말부터는 어음결제소(clearing house)에 가맹한 은행이라는 뜻에서 가맹은행 내지 결제은행(clearing banks)이라 불리게 되었다. 그 중심은 바클레이스은행(Barclays Bank), 로이드은행(Lloyds Bank), 미들랜드은행(Midland Bank), 내셔널 프로빈셜은행(National Provincial Bank), 웨스트민스터은행(Westminster Bank) 등 5대 은행(Big Five)이었다. 합병운동이 절정에 달한 1920년에 '5대 은행'은 영국 은행예금의 80%를 차지한 세계 최대급의 은행이었다.

2) 업무의 보수화

대은행의 지배체제하에서 금융기반은 안정되고 더욱 정교하고 효율적인 금융서비스를 제공하였다. 한편 은행업무의 성격은 변화하였다. 그것은 대은행의 은행업무가 보수적으로 되어 산업기업에 대한 장기산업금융을 기피하게 되었다는 것이다. 자금력이 큰 대은행은 산업금융을 포함한 다양한 포트폴리오(portfolios)를 보유할 수 있었을 것이다. 그러나 그들 대은행의 주된 관심은 유동성 확보였으며 업무의 중심은 단기금융과 정부의 영구채권(consols)과 같은 안전하고 환금성이 높은 증권투자에 있었다. 따라서 대은행은 장기적 산업금융을 하지는 않았다.[31]

19세기 중엽까지만 하더라도 은행은 지방적 기반에서 산업기업에 대해서 단기금융을 제공하였을 뿐만 아니라 당좌대월(overdraft)이나 어음

할인(bill exchange)을 통해서 장기신용도 제공하였다. 지방은행은 지역의 상공업기업과는 개별적으로 직접적 접촉관계를 가지고 있었으며 개별적 수요에 신축적으로 대응할 수 있었다. 산업기업은 지방적 신용 네트워크를 통해서 필요한 자금을 조달할 수 있었던 것이다.

그러나 대은행이 지배하게 되면서 지방적 신용 네트워크는 붕괴하고 런던에 본점을 둔 대은행이 지점을 통해서 전국적 범위에서 일률적으로 금융서비스를 제공하게 되었다. 그 속에서의 금융서비스는, 이전과 같이 지방적 네트워크에서의 지방적 고객과의 직접적 관계를 통해서가 아니라, 전국적으로 표준화된 기준에 따라 제공되었다. 대은행은 유동자산금융 중시의 보수적 전략을 전국 조직을 통해서 추구하면서 장기산업금융에는 소극적이었다.

은행의 태도가 변화하게 된 계기는 19세기 말엽에 발생한 일련의 유동성 위기였다. 특히 1878년에 발생한 시티 오브 글래스고은행(City of Glasgow Bank)의 파산이 결정적 계기가 되었다. 133개 본·지점과 1,200만 파운드의 총자산을 가진 이 은행의 파산은 스코틀랜드만이 아니라 영국 전체에 큰 영향을 미쳤다. 그것을 계기로 해서 아직도 사모(私募)회사 형태로 남아 있던 주식은행은 유한책임제도의 도입을 서둘렀고 은행은 규모의 확대를 추구하였다. 특히 이 은행의 파산으로 은행에 따라서는 심한 채무에 쫓기게 되고 일부 지방은행은 불경기로 말미암아 산업기업에의 대부금을 회수하지 못하여 곤경에 처하게 되었다. 유동성 위기에 직면하여 은행은 더욱 신중해지고 유동성 확보를 지향하여 장기금융을 기피하였다. 그 후의 합병운동 속에서 나타난 전국은행과 공식 전문훈련을 받은 은행가들을 통해서 산업금융에 대한 혐오는 은행시스템 전체로 확산되었다.[32] 단기적 금융서비스에 치중하고 장기금융을 외면한 영국은행의 성격은 단기 및 장기 금융을 다같이 수행한 독일의 겸업(兼業)은행(universal bank)과는 대조적이었다.

은행의 보수적, 유동성 중시 전략은 공업성장에 어떠한 영향을 미쳤는가? 이 문제는 영국경제의 상대적 쇠퇴원인과 관련된 중요한 문제로 논의되었다. 이 시기 은행의 전략이 산업기업의 자본조달에 불리한 조건이 되었다는 것은 사실이다. 그래서 영국의 은행은 후발국의 추격에 적극적으로 대응해야 할 시기에 기업의 산업자금에의 접근을 거부함으로써 산업경쟁력을 약화시켰다는 비판을 받았다.[33]

산업자금의 공급 측면에서 본 은행책임론에 대해서는 수요 측면에서 본 반론도 있다. 그것은 은행이 산업자금을 공급하지 않는 것은 은행의 책임이 아니라 산업기업에서의 수요가 없었기 때문이었다는 것이다. 대부분이 중·소규모의 가족소유 공업기업은 투자자금을 주로 내부 유보자금이라든가 지역적 신용 네트워크의 개인적·비제도적 원천에서 조달하였다. 산업기업이 주식회사로 되어도 그 대부분은 '사모회사'로서 주식을 한정적으로 발행함으로써 가족지배를 계속하면서 유한책임제의 이점을 얻으려고 한 것이지 외부에서 산업자금을 도입하기 위한 것은 아니었다. 그래서 산업기업은 일반적으로 필요자본을 조직된 자본시장에서 조달하려 하지 않았다.[34] 즉 은행이 산업금융을 하지 않은 것은 기업의 자금수요가 없었기 때문이었으며 은행에 책임이 있는 것은 아니었다는 것이다.

그 책임이 어디에 있든 이 시기에 영국의 예금은행이 장기산업금융을 의미 있게 하지 않았다는 것은 사실이다. 그 원인은 영국의 금융제도에서 고찰할 필요가 있을 것이다.

3. 투자금융기관

1) 투자은행

런던의 투자은행(merchant banks)은 원래 국내의 상공업자에 대한 단기금융을 제공하고 18세기 말부터는 국제무역을 위한 금융업무까지 영위하였다. 그러나 그것은 어디까지나 어음할인에 의한 신용공여라는 단기금융업무였다. 그러던 투자은행은 19세기 중엽 이후 단기신용만이 아니라 점차 장기자본투자에서도 중요한 역할을 하게 되었다.

이들 투자은행의 일부는 1880년대에는 국내 산업기업의 증권발행업무에 종사하였으나 그것은 일시적이고 한정된 것에 불과하였다. 투자은행은 결국 국내 산업증권 발행업무는 포기하고 영국 및 외국 정부, 철도회사, 그리고 기타 공익사업체가 발행하는 대규모 공채와 주식의 인수업무로 전문화하였다.

1914년경에 시티에는 투자은행이 105개나 있었다. 그중에서 핵심 은행은 자본규모가 큰 강력한 21개의 은행이었다. 그중에서도 특히 강력한 은행은 클레인워츠(Kleinworts), 브라운 시플리(Brown Shipley), 모건 그렌펠(Morgan Grenfell), 베어링(Baring), 슈로더스(Schroders), 로스차일즈(Rothschilds), 햄브로스(Hambros) 등이었다. 그들 은행은 1890년의 유동성 위기에서 벗어나기 위하여 유한회사화한 베어링은행을 제외하고는 모두 파트너십 형태의 가족기업이었다.[35]

에델스테인(Michael Edelstein)은 런던의 일류 투자은행들이 국내외의 정부공채라든가 철도주식에 집중적으로 투자한 반면, 국내의 산업기업이 발행한 증권을 취급하지 않았던 것은 전문화의 경제성이라는 관점에서 합리적 행동이었다고 주장하였다. 즉, 대투자은행으로서는 소액투자 인수업무는 경제성이 없었기 때문에 중·소규모의 발행업무를 기피하였다는 것이다.[36] 그러나 국내외의 안전한 대규모의 공채·증권 인수업무에 전문화하였다는 것은 투자은행으로서는 합리적인 행동이었다 하더라도, 결과적으로는 국내산업의 발전에 필요한 산업금융에서 미국의 투자은행이 한 것과 같은 적극적 역할을 수행하지는 못하게 하였다.

2) 증권거래소

(1) 런던증권거래소

시티의 런던증권거래소(London Stock Exchange)도 주로 국내외 정부, 철도, 공익사업 등의 증권을 거래하고 국내 산업기업의 증권 거래는 별로 하지 않았다. 런던증권거래소가 취급한 거래증권 총액의 구성비를 보면 1873년에는 정부증권 59%, 철도증권 32%, 산업증권 1.4%였다. 이러한 구성비는 1913년에는 각각 35%, 43%, 10% 이하였다. 그동안 정부증권의 비중이 감소하고 철도증권의 비중이 커졌지만 이들이 전체의 80~90%를 차지한 반면 국내산업 투자는 별로 중요하지 않았다.

국내의 산업증권거래가 미미하였던 이유는 무엇인가? 에델스테인과 미키(R. Michie)는 그 이유를 국내 산업금융제도상의 결함이 있었기 때문이 아니라 산업기업인이 자본조달을 공식자본시장에서 하려 하지 않았기 때문이었다고 주장하였다. 에델스테인에 따르면 산업기업가에게는 다양한 비공식 자금원과 투자업자가 있었으며 특히 중요한 것은 지방의 증권거래소였다. 산업자금 수요의 충족에는 지방적 자본시장이 적합하였으며 거액발행에는 런던의 투자은행도 이용할 수 있었다는 것이다. 그는 영국의 자본시장은 완전한 시장이었으며 해외증권 발행과 거액증권 발행의 방향으로 왜곡되어 있지는 않았다고 주장하였다.[37]

이에 대해서 케네디(W.P. Kennedy)[38]는 영국의 자본·화폐시장은 고도로 분절되어 있었으며 국내공업의 중·소규모 자본조달을 위한 조직된 시장은 없었다고 반론하였다. 따라서 그는 자본시장의 왜곡에 의해서 신산업에서는 많은 자본수요가 있으면서도 충족되지 못하였다고 주장하고, 산업금융 실패의 원인을 금융기관의 보수적·위험회피적 태도와 정보의 불완전성에서 찾았다.

자본시장의 효율성 내지 왜곡 여부에 대한 논쟁은 계속되고 있다. 그러나 런던의 공식시장이 공업자본 형성에서 한 역할이 크지 않았다는

데는 논자들의 의견은 일치하고 있다.[39]

(2) 지방의 증권거래소

시티와 함께 자본시장의 또 하나의 기둥은 지방의 증권거래소(Provincial Stock Exchanges)였다. 지방의 주식거래소는 1830년대와 1840년대의 '철도 열(熱)'과 회사발기인 대두의 결과 설립되어 1860년대 이후의 '주식회사 붐'과 함께 중요성이 증대하였다. 이 국면에서 금융과 산업기업과의 공식화된 관계가 처음으로 등장하게 되었다.

19세기 말에는 산업기업은 대부분 런던에서의 자본조달에 소극적이었다. 지방의 산업기업은 런던증권거래소의 투기적 성격에 회의적이었고 조달자금의 10~25%나 되는 인수요금을 과도한 부담으로 보았다. 지방의 증권거래소는 그러한 서비스를 훨씬 싼값으로 제공하였다. 그 결과 중소기업은 필요자본의 조달을 위해 지방의 증권거래소로 눈을 돌렸다. 1830년대 이후 지방증권거래소는 지방에서 투자가와 기업 간의 중개인 역할을 하던 변호사를 대체하면서 성장하여 그 수는 1882년 15개 소, 1900년 21개 소, 그리고 1914년에는 22개 소나 되었다. 그중에서 최대의 것은 리버풀, 글래스고, 맨체스터, 더블린 등의 거래소였다. 일찍부터 지방의 주식거래소를 이용한 산업은 기계제작, 제철, 제강, 면공업 등이었다. 지방의 주식거래소는 거래대상을 지역의 산업기반에 따라 특정 산업주식으로 전문화하였다. 투자가와 회사의 중개 역할을 한 것은 지방기업의 발기인들이었다. 런던의 증권시장에 접근하기 곤란한 상태에서 증가하는 산업투자의 상당 부분을 인수한 것은 지방의 증권거래소와 중개업자들이었다.[40]

4. 시티 대 공업

1) 시티와 국제금융

시티의 금융시장은 단기상업금융에 편중되어 있었으며 투자은행과 증권거래소의 거래는 주로 정부공채라든가 철도증권의 거래에 집중되어 있었다. 특히 시티의 금융기능은 국제적 차원에서 중요하였다. 영국의 자유무역체제하에서 런던은 국제무역의 중심이었을 뿐만 아니라 국제금본위제도하에서 시티는 다각적 국제금융시스템의 중심이었다.

영국의 국제무역과 국제금융의 중심으로서의 역할을 원활하게 수행할 수 있게 한 것은 시티의 금융시스템이었다. 주요 예금은행은 압도적인 자금력을 가지고 필요한 현금대출을 하였으며 주요 투자은행이 발행한 '스털링어음(sterling bill)'은 국제적 신용수단으로 광범하게 이용되었다. 또한 시티는 국제 장기자본시장을 주도하였다. 시티의 자본시장은 고정이자 목적의 투자를 선호하고 산업투자에 대한 전문지식도 없기 때문에 업무의 중심을 정부공채라든가 철도증권 거래에 두었다. 특히 시티는 국제 장기자본시장을 주도하였다. 런던증권거래소의 외국 증권거래는 1880년대 이후 제1차 세계대전 전까지 거래총액의 2분의 1을 차지하였다. 시티의 금융기관은 주로 '안전하고 지명도가 높은 증권', 그것도 국내보다 외국 증권을 거래함으로써 국내산업과는 멀어졌다.

2) 시티의 금융시스템

시티의 금융기관의 정점에는 잉글랜드은행이 있었다. 이 은행은 1844년 '은행헌장법(Bank Charter Act)'에 의해서 발권과 금융의 두 부문을 가진 중앙은행으로 되었다. 중앙은행으로서 이 은행의 기능은 정부의 은행, 발권권의 독점, 화폐제도의 근간인 금본위제도의 관리, '최후에 의

지할 수 있는 은행(lender of last resort)'으로서의 금융시스템의 안전과 원활한 기능을 위한 대출이었다. 또한 이 은행은 이자율 인상, 공개시장조작, 시티의 은행으로부터의 차입 등의 방법으로 신용을 통제하고 인플레이션을 억제하였다.

잉글랜드은행의 통화정책에 의한 통화의 건전성 유지, 금본위제도의 성공적 관리, 은행제도의 안정기반의 조성은 무역과 금융만이 아니라 공업에도 유리한 조건이었다. 시장경제에 대한 신뢰와 정부간섭의 최소화라는 자유방임체제하에서 잉글랜드은행은 본래의 기능을 효과적으로 수행하였다. 그러한 의미에서 잉글랜드은행이 한 역할은 적극적으로 평가되고 있다.

그러나 잉글랜드은행이 공업적 이해관계에 관심을 가졌던 것은 아니다. 오히려 이 은행은 공업적 이해관계를 무시하였다고 비난받고 있다. 잉글랜드은행을 정점으로 시티의 금융기관은 밀접하게 연결되어 있었다. 그들은 필요하면 상호 원조하였다. 유력한 투자은행의 파트너는 잉글랜드은행의 이사가 되어 시티에서의 활동에 맞도록 통화정책을 조작하였다.[41] 이렇듯 19세기 잉글랜드은행의 정책패러다임은 시티의 상업금융적 이해관계에서 형성된 것이지 공업을 위한 것은 아니었다.[42] 시티의 금융시스템은 공업과는 소원한 관계에 있었다.

3) 시티–공업 관계

제러미(David J. Jeremy)는 영국의 금융과 공업 간의 소원한 관계의 근원을 경제와 사회의 양 측면에서 보고 있다. 첫째로 경제적 측면은 시티의 금융기관이 고율의 빠른 수익을 올리기 위해서 영국 공업을 아사(餓死)시켰다는 것이며, 둘째로 사회적 측면은 북부와 남부의 분리, 영국사회의 계급적 분리 그리고 특히 '젠틀맨 자본가'와 '단순한 제조업자' 간의 분리라는 사회적 장벽이 있었다는 것이다.[43]

케인(P.J. Cain)과 홉킨스(A.G. Hopkins)는 시티의 '젠틀맨 자본가(gentlemanly capitalists)'가 영국의 자본시장을 계속 지배하여 금융시스템 전체가 코스모폴리탄적 행동을 선호하도록 압력을 가하였다고 주장하고 그들은 해외투자에 몰두함으로써 국내공업의 자금조달을 곤란하게 한 책임을 면할 수는 없을 것이라고 지적하고 있다.[44] 그들에 따르면 19세기 후반기에는 토지귀족과 금융자본가가 손을 잡아 새로운 지배계급으로 되어 제국주의적 대외팽창과 자본수출을 주도하였다.

시티의 금융시스템은 '젠틀맨 자본주의(gentlemanly capitalism)'를 기반으로 한 시스템이었다. 그곳에서는 해외투자가 보다 위신이 있고 수익성이 높은 것으로 보았으며 국내공업의 이익은 그보다 낮은 것으로 평가해 기피하였다. 해외투자와 국내투자의 어느 쪽이 수익성이 높았는지는 이론(異論)이 있지만, 해외투자가 상대적으로 위험도가 낮고 유리하다는 편견이 국내공업에의 자금공급에 잠재적으로나마 부정적 영향을 미쳤다는 것은 사실이다.[45] 시티는 국내공업의 이익과는 상반되는 기능을 수행하였다. 시티와 공업과의 소원한 관계는 20세기로 이어졌다.

그러나 시티와 공업과의 관계에서 시티만 비난할 수는 없다. 왜냐하면 가족기업인 영국의 산업기업은 소유·경영권에 영향을 줄 수 있는 위험자금을 이용하려 하지 않았으며 따라서 공업은 시티에의 접근에 소극적으로 되었기 때문이다. 산업기업의 필요자금은 사채, 우선주 등의 발행으로 조달되었으며 이들 고정이자증권은 런던과 지방의 증권시장에서 충분히 자본화할 수 있었다. 또한 시티는 공업을 직접 지원하지는 못하였으나 시티의 금융기관이 수행한 자본수출은 영국제품의 시장확대에 기여함으로써 결과적으로 공업기업에 도움을 주었다.

4절 기업가활동의 평가

1. 기업가활동의 실패?

1) 초기의 논의

영국의 제조업에서 기업가는, 일부 예외는 있으나 일반적으로는 미국과 독일의 경우와 같은 혁신적 활동을 적극적으로 수행하지는 못하였다. 그 속에서 영국의 기업가활동의 보수성과 소극성이 부각되어 강조되면서 영국경제의 쇠퇴요인으로 기업가의 '태만' 내지 '실패'가 지적되었다.

기업가실패론은 1950년대와 60년대에 유력하게 제기되었다. 란데스(David Landes)는 기업가의 자기만족과 아마추어리즘, 신기술에 대한 보수성, 표준적 상품의 대량생산을 위한 대응의 소극성, 무관심, 지주적 전원생활의 동경으로 영국의 기업가활동이 쇠퇴하였다고 주장하였다.[46] 앨드크로프트(D.H. Aldcroft)도 영국의 기업가활동을 기술진보, 생산방법, 과학적 연구 및 기술교육에서 뒤떨어졌다는 이유로 부정적으로 평가하였다.[47] 이렇게 해서 영국의 기업가는 전체적으로 볼 때 19세기 말까지는 국내의 선행세대라든가 외국 기업가만큼 역동적·적응적·효율적이지 못하였다는 견해가 널리 받아들여졌다.

그러나 기업가실패론에 대해서는 일찍부터 반론이 제기되었다. 윌슨(Charles Wilson)은 앨드크로프트의 영국 기업가활동의 낙후성에 대한 반론에서 많은 산업부문에서 국내외적으로 창조적 기업가활동이 있었다는 것을 여러 예를 들어 강조하였다.[48] 하바쿠크(H.J. Habakkuk)는 영국경제의 저성장은 기업가활동의 결함의 원인이지 결과가 아니라고 지적하고, 이 시기에 영국에서 기업가의 공급이 확대되지 않았던 이유로는 전통적으로 관직 등 사회적 평가가 높은 직업을 선호하는 영국인의 취향으로 말미암아 유능한 인재가 비즈니스로 들어가지 않았다는 이유도 있지만 그보다 중요한 것으로 경제의 점진적 확대, 낮은 이익률, 낮은 시장성장률 등 경제적 이유가 있었기 때문이라는 것을 강조하였다.[49] 앨드크로프트도 그 후의 연구를 통해서 19세기 말의 영국산업은 경쟁력이 있었고 효율적이었다고 평가하였다.[50]

1970년대 들어 다수 연구자들의 실증적 연구의 결과는 기업가실패론을 부정하는 것이었다. 특히 란데스를 비롯한 기업가의 태만, 실패론은 신고전파 경제학자들의 수량적 경제모델을 적용한 실증연구에 의해서 강력하게 비판되었다. 맥클로스키(Donald N. McCloskey)는 영국의 철강공업기업가들은 제1차 세계대전 전에 새로운 기술의 잠재적 가능성 — 미국만큼은 아니었다 하더라도 — 을 도출하였다고 지적하고 결론적으로 기업가적 실패는 없었으며 기업성과로 볼 때 오히려 그들은 잘 적응하였다고 평가하였다.[51] 또한 샌드버그(L.G. Sandberg)는 영국 면공업에서 링방적기와 자동직기 도입의 지체와 관련해서 당시의 지배적 요소비용 조건하에서 기업가가 한 행동은 합리적이었다고 주장하였다.[52]

한편 페인(P.L. Payne)은 기업가활동의 실패라는 가정은 1870년 이전의 영국경제의 압도적 우위를 정상적인 상태로 보고 그 후의 상대적 쇠퇴를 비정상적인 상태로 보는 사람들의 편견을 반영하는 것이라고 지적하였다. 그래서 그는 경제성장에는 여러 가지 복합요인이 작용하는 것이기 때문에 1870년 이후의 영국경제의 저성장을 이전에는 활발하던 기업가활동의 침체라는 관점에서 보는 것은 부당하다고 주장하였다.[53]

2) 새로운 논의

(1) 사회문화적 논의

강력하게 비판되어온 기업가실패론은 1980년대 들어 새롭게 제기되어 논의되었다. 먼저 위너(Martin J. Wiener)는 영국 기업가활동의 실패를 문화적으로 해석하여 큰 주목을 받았다. 그에 따르면 영국에서는 지주귀족과 젠트리가 지배계급이었으며 참다운 산업부르주아적 엘리트는 존재하지 않았다. 산업기업가는 산업혁명 이래 경제적으로 성공하면서도 새로운 계급으로서 지배적 지위를 구축하려 하지 않고 오히려 타도해야 할 상대(귀족, 젠트리)의 모습에 자신을 닮게 하는 데 힘을 기울였다. 공업과 도시생활이 저평가된 반면, 시골저택을 가진 젠틀맨의 자유로운 전원생활이 동경되고 정치인, 군인, 정부 관료가 높이 평가되는 사회문화적 환경에서 중산계급 내지 비즈니스맨은 사회적 위신을 얻기 위해서 축적한 산업적 부를 젠트리로 상승하는 데 사용하였다. 같은 경향은 지적 전문직에서도 나타났다. 이러한 경향은 퍼블릭스쿨과 옥스브리지를 통한 젠틀맨 교육과 그에 수반한 태도와 가치관에서 나타났다. 즉 성공한 상공업자는 퍼블릭스쿨을 통해서 2세를 젠틀맨으로 교화하고 그 가치를 수용하면서 젠트리화를 지향하였다.[54]

젠트리에의 사회적 상승을 지향하는 문화적 환경에서 기업가정신이 쇠퇴하였다는 주장은 위너 이전에도 제기되어왔다. 앞에서 본 란데스의 주장은 같은 맥락에서 나온 것이었다. 일찍이 하바쿠크는 영국적 가치체계하에서 토지소유와 정치로의 상공업적 '자본과 유능한 인재의 출혈(haemorrhage of capital and ability)'을 한탄하였다.[55] 콜맨(D.C. Coleman)은 영국의 사회계층을 젠틀맨과 플레이어(player)로 구분하고 산업혁명의 기업적·기술적 추진력이 19세기 말에 그 힘을 상실하게 된 원인을 산업혁명을 주도한 플레이어가 너무나 성급하게 젠틀맨으로 되었다는 데서 찾았다.[56]

위너의 주장은 크게 주목받은 만큼 비판도 받았다. 페인은 영국의 귀족, 젠틀맨은 경제적으로 유럽에서 가장 진보적이고 이익지향적 지배계급이었으며 따라서 귀족적 가치가 반공업적이었다고 보는 것은 잘못이라고 지적하고 있다. 그에 따르면 문제는 기업가정신의 빈곤이 아니라 오히려 과다하였기 때문에 다수의 독립성이 강한 탐욕적 경쟁기업이 출현하였다는 것이었다. 그들 기업가의 대부분은 퍼블릭스쿨과 관계없었고 자식들이 토지소유 젠트리의 생활스타일에 경도된 증거도 없으며, 비경제적 목적의 추구가 기업가 능력의 순유출을 수반한 것이 아니라 그 반대였다고 비판하였다.[57]

한편 루빈스테인(W.D. Rubinstein)은 영국 기업가활동의 목표를 지위획득과 젠트리화로 보는 것은 잘못이라고 비판하고 영국 중산계급의 기본적 동기는 지위의 획득이 아니라 안정의 획득이었으며 그들은 선대의 계승자로서의 역할을 수행하였을 뿐이었다고 주장하였다. 또한 그는 영국경제는 기본적으로 공업보다도 상업, 금융 및 서비스산업에 기초한 경제였으며 비교우위를 가진 이들 부분에서는 기업가실패는 없었다고 평가하였다. 그는 더 나아가 영국은 문화에서는 매우 실증주의적이었으며 가치에서는 친자본주의적이었다고 주장하고 있다.[58]

폴라드(Sidney Pollard)는 위너가 공업 주(州)의 전통의 영향을 과소평가하였다고 비판하면서 공업 주나 중산계급에서는 기업가적 성공은 결코 천시되지 않았으며 농촌적 향수는 19세기 후반만이 아니라 그 이전에도 있었고 독일에도 있었다고 주장하고 있다.[59] 로빈스(Keith Robbins)는 스코틀랜드 서부 공업지대의 주도적 산업기업가들은 대부분 그 지역 출신이었으며 우아하고 안락한 생활을 하였으나 반 비즈니스문화에 감염되지는 않았다고 위너를 비판하였다.[60]

(2) 사회·경제제도론적 논의

위너학설이 비판되는 속에서 종래의 사회문화적 관점에서 제기되어온 기업가실패론은 경제사가들에 의해서 거의 받아들여지지 않았다. 그러한 가운데 1986년에 엘바움(Bernard Elbaum)과 라조닉(William Lazonick) 등 일부의 경제사가에 의해서 제기된 기업가실패론은 새로운 주목을 받기에 충분한 것이었다.

엘바움-라조닉은 영국기업가의 실패를 명백하게 인정하면서 그것을 문화적·사회적으로 그리고 개별기업가의 무능으로 설명하는 것이 아니라 경제적·사회적 제도의 경직성으로 설명하였다.

그 경우 그들이 말하는 '기업가'는 환경적 조건을 변혁해나가는 혁신적 '의사결정자들', 말하자면 슘페터적 기업가이다. 그에 비해서 맥클로스키를 비롯한 신고전학파 경제사가들이 인식하는 기업가는 환경을 '주어진 것'으로 받아들여 그 속에서 합리적 의사결정을 하는 기업경영자(businessmen)이다. 후자의 관점에서 기업가는 실패한 것이 아니라 합리적으로 의사결정을 한 것으로 평가되었다. 엘바움-라조닉은 기업가는 경영자 일반과는 다르다고 강조하면서 기업가활동의 실패가 있었다고 보았다.

엘바움-라조닉은 영국의 기업가는 법인자본주의(corporate capitalism)의 도전을 받으면서 대량생산방식과 관리조정이라는 근대기술과 조직의 혁신을 수행하지 못하였다는 점에서 명백한 '실패'가 있었다고 보았다. 그래서 그들은 그 실패가 영국의 문화적 보수주의에서가 아니라 '경직된 제도적 구조(rigid institutional structures)'에서 나온 것이라고 주장하였다. 즉, '참호를 두른 제도적 구조 — 노사관계, 기업 및 시장조직, 교육, 금융, 국제무역, 국가와 기업관계 — 가 영국의 생산시스템의 변혁을 제약하였다'는 것이다.[61]

엘바움-라조닉의 주장에 대해서도 비판이 있었다. 페인은 기업가활동의 평가에 신고전파이론이 부적합할 뿐 아니라 슘페터적 해석도 결정론적이라고 지적하고, 대기업이 유익하다는 그들의 신념은 대기업에 내재하는 위험을 무시하는 것이라고 비판하였다.[62] 한편 페인스테인(C.H. Feinstein)은 엘바움-라조닉의 접근이 영국의 사회경제구조의 많은 측면을 포괄한 것이며, 합리적 경영자와 혁신적 기업가를 구별하여 인식하고 있다는 점에서 적극적으로 평가하는 한편, 그들의 제도적 분석의 평가에 대해서는 유보적이다. 그래서 그는 통합 면공업기업이 전문기업보다 성공적이었다는 증거는 없으며 기타 산업에서도 기업가의 실패가 대기업의 창출실패에 기인한다는 가설을 지지하지 않는다고 비판하였다.[63]

이상에서 본 바와 같이 '기업가실패' 문제에 대해서는 접근방법, 평가기준, 강조점 등에 따라 논자들 사이에 많은 논의가 이루어져왔고 그것은 앞으로도 계속될 것이다. 그러나 그동안의 논의 결과 '기업가실패'를 전면적으로 주장할 수는 없게 되었다. 페인은 일찍이 1873년 이전에 영국경제의 우월성을 낳은 모든 복합적 상황은 요행에 의한 것이었고 그 후의 영국경제를 기업가활동의 침체라는 관점에서 보는 것은 부당하다고 주장하였다.[64]

사실 경제성장에는 정부의 정책을 포함하여 여러 가지 요인이 복합적으로 작용하므로 이 시기 영국경제의 상대적 쇠퇴의 원인을 전적으로 기업가의 실패로 돌린다는 것은 기업가에게 과도한 책임을 돌리는 일이 될 것이다. 앞에서 본 바와 같이 많은 연구들은 영국의 기업이 여러 부문에서 경쟁력을 가지고 있었으며 환경적 조건에 합리적으로 대응함으로써 '기업가실패'는 없었다는 것을 밝히고 있다.

페인은 근래의 연구에 의해서 영국의 기업경영자를 개별기업의 범위 내에서 그들이 한 행동 때문에 비난할 수 없다는 자신의 신념이 강화되었다고 주장하면서 그들은 기업환경에 합리적으로 적응하였다는 것을 강조하였다. 그러면서 그는 현재의 연구 수준에서 말할 수 있는 것은 영국의 기업가가 실패한 것이 아니라 공업기업가 활동의 실패가 있었다는 것이다. 그래서 그는 더욱 많은 기업경영자가 좀 더 높은 수준의 생산성의 가능성을 가진 신기술이나 신공업을 개발하였더라면 영국의 경제성장이 높아졌을 것이라는 것을 부정할 수 없다고 말하고 있다.[65]

사실 영국의 기업경영자의 실패가 없었다 하더라도 기업가활동은 적극성, 진취성이 결여되어 있었으며 미국, 독일과의 대비에서 볼 때 새로이 전개되는 경제적 여건에서 필요한 합리성, 효율성을 충분히 실현할 수 있을 만큼 혁신적으로 수행되지 못하였다는 것을 부정할 수는 없을 것이다. 최초의 산업혁명을 수행하여 압도적 공업생산력을 기반으로 세계시장을 지배하고 식민제국으로 군림한 시기에 자기만족에 빠져 있던 영국 기업가가 선행세대와 같은 진취적·창조적 활동을 하지 못하고 안이하게 대응하는 동안 후발국인 독일과 미국에 뒤지게 된 것이다.

2. 교육제도의 문제

영국경제의 쇠퇴 원인과 관련하여 거듭 논의되어온 주제는 교육제도다. 그 속에서 영국의 과학기술교육의 낙후성이 논란되었다. 이러한 논의의 기반 위에서 페인은 영국경제가 신기술과 신공업의 도입에 실패한 원인의 하나는 기업가의 과오가 아니라 교육제도에 있다고 지적하였다.[66] 사실 영국에서는 20세기 초에 이르기까지 과학기술자와 경영자 양성교육이 독일과 미국에 비해서 크게 낙후해 있었다. 그것이 이 시기의 새로운 기술과 산업 및 기업경영에 필요한 인재의 공급에 한계를 낳음으로써 기업 발전 나아가 경제발전의 제약요인이 되었던 것이다.

영국의 교육제도는 고유한 계급구조의 특성을 반영하여 기본적으로는 상층을 위한 엘리트교육과 일반시민교육으로 구성되어 있었다. 전자에는 퍼블릭스쿨(public school)과 옥스브리지(Oxbridge)가 있었으며, 후자에는 각 지방의 대학과 그에 준하는 기술전문학교, 중등학교 및 초등학교가 있었다. 과학기술교육과 직업교육 및 일반시민교육은 후자에 속하였다.

퍼블릭스쿨과 옥스브리지는 기본적으로 젠틀맨교육기관이었다. 19세기 후반기에는 많은 퍼블릭스쿨이 새로 설립되었다. 부유해진 2세 기업경영자는 사회적 지위 상승을 지향하여 3세를 퍼블릭스쿨로 보냈다. 젠틀맨이 된다는 것은 사회적 엘리트의 이상(理想)이었다. 젠틀맨은 시골에 토지와 저택과 함께 신분에 상응한 교양과 생활태도를 갖추어야만 하였다. 잰틀맨에게는 용기, 타협, 미적 감각, 유머, 세련된 언어, 높은 교양 등의 덕목이 요구되었다. 아마추어리즘이 존중되고 전문성이 경시되는 속에서 이들 엘리트양성 교육기관은 고전교육을 강조하고 실무나 응용교육은 하지 않았다. 양성된 엘리트는 기업가의 아들을 포함하여 정치, 관료, 군인, 지적 자유업 등 사회적으로 높이 평가되는 직업을 선호하고 비즈니스로 들어가려 하지는 않았다. 따라서 유능한 인재의 비즈니스로부터의 순유출이 있었던 것이다.

일반시민을 위한 교육은 낙후되어 있었다. 영국은 1870년대에 이르러 비로소 전국적 초등학교제도가 도입되었다. 그러나 취학이 의무화된 것은 1880년대에 들어서였고 학비가 무료로 된 것은 1891년에 이르러서였다. 중등교육은 더욱 낙후해 있었다. 대부분이 사립인 중등학교는 지역에 따라 분포가 고르지 않았고 운용상의 문제들도 자주 발생하였다. 대학진학생은 극히 소수였는데도 교과목은 교양을 위한 고전중심이었고 과학과목은 거의 없었다. 정부가 초중등교육의 통합체계를 도입한 것은 1902년에 이르러서였다. 그에 비해서 독일, 프러시아에서 초등의무교육은 1763년에 도입되어 1860년에는 취학률이 97.5%에 달하였다. 초등교육은 유능한 학생의 선발로 중등교육과 연결되어 있었으며 그것은 또 전문학교 및 대학교와 연결되어 있었다. 그에 비해서 영국의 초·중등교육의 낙후성은 두드러졌다.[67]

과학기술 및 직업교육도 낙후되어 있었다. 최초의 산업혁명을 수행한 영국에서 기술은 선행세대가 그러하였듯이 학교교육에 의해서가 아니라 직장에서의 경험과 훈련을 통하여 습득하는 것으로 생각되었다. 그 속에서 1820, 30년대에는 숙련노동자들에 의해서 주도된 과학지향적인 교육운동이 전개되어 다수의 기계공학원(mechanics institutes)이 설립되었다. 1860년대에 그 수는 677교 그리고 학생 수는 11만 6,076명에 이르렀다. 이들 학원은 정부지원 없이 학생의 수업료와 자산가의 기부금으로 운영되었다. 이들 학원은 직인의 직장숙련 개선이라는 목적을 넘어 기초과학교육까지도 지향하였다. 그러나 이러한 목표는 곤란에 직면하였다. 중등교육을 받지 못하고 초등교육도 거의 받지 못한 직인들에게는 물리, 화학수업은 어려웠던 것이다. 기계공학원은 19세기 중엽에는 쇠퇴하고 직인과학교육 무용론까지 나타났다. 정부도 직인교육운동을 유효하게 지원하지 못하였다.

효과적인 과학기술교육에 대한 요구는 19세기 중엽에 증대하였다. 그 속에서 1853년에는 정부의 과학공예부(Department of Science and Art)가 설치되었다. 이 부서는 숙련노동자를 위한 과학교실을 지원하고 과학적 훈련을 받은 매니저와 산업과학자를 양성하는 교육기관, 특히 국립광산전문학교를 운영하였다. 이 전문학교는 1853년에는 왕립화학대학과 통합되었다. 과학공예부가 지원한 과학교실은 19세기 말에는 25개 과목을 가르치고 등록학생 수는 연 17만 명을 넘었다. 이들 교실은 정부제공 중등교육의 결여를 보충하는 것이었으나 과학교사 부족, 정부지원교육에 대한 노동조합과 고용주의 반대, 초등교육기반 결여에서 오는 낮은 교육수준, 추상적 교과내용 등으로 교육효과는 한정된 것이었다.[68]

고등기술교육도 상대적으로 낙후되었다. 오래된 대학에서도 기술교육은 있었으나 매우 한정된 것이었다. 오래된 보수적인 대학의 지배에 대한 도전으로 1828년에 유니버시티칼리지(University College)가 설립되었으나 그 도전은 바로 확산되지는 못하였다. 19세기 말~20세기 초에는 지방대학들이 설립되었다. 이들 시민대학(Civic Universities)은 기본적으로 기술대학이었다. 1907년에 설립된 임페리얼칼리지(Imperial College)는 기술교육에서 독일의 대학에 못지않은 높은 평가를 받았다.

그러나 영국의 기술교육은 독일에 비해서 크게 뒤져 있었다. 예를 들어 화학분야를 보면 1890년에 독일에는 영국의 2배나 되는 대학소속 화학자가 있었으며, 1904~1905년에는 석·박사 학위소지자가 400명 있었다. 그에 비해서 영국에서는 1908년에 모든 응용과학의 상위학위과정 학생 수는 300명에 불과하였다.[69]

비즈니스 교육도 뒤졌다. 런던, 버밍엄, 맨체스터 등의 대학에서는 세기 전환기에 비즈니스 관련 학위과정이 설치되었으나 초기의 졸업생은 소수였다. 독일에서는 1898년 이후 각 도시에 고등상업학교(Handelshochschulen)가 설립되어 경제학, 경영학을 교육하였다. 미국에서는 1900년을 전후한 시기에 여러 대학교에서 경영대학원이 뒤이어 설립되었다. 그러나 영국에서는 비즈니스교육의 시스템화는 이루어지지 않았다. 가족기업의 오너들은 기업의 의사결정권까지 유능한 외부인에게 넘기거나 공유하려 하지는 않았다. 오너경영자와 일상적 업무관리인과의 사이에는 넘을 수 없는 사회적 간극이 있었다. 따라서 기업경영자는 타고난 것이지 양성되는 것은 아니라는 신념이 지배적이었으며 그 속에서 경영자 양성의 필요성에 대한 인식은 높지 않았다. 1920년대 독일의 고등상업학교 학생 수는 5,000명, 기타 고등교육기관의 경제학 관련과목 수강생 수는 1만 1,000명이었는 데 비해서 영국에서의 경제학 및 상학 분야의 학생 수는 1,500명 정도에 불과하였다.[70]

폴라드는 영국의 교육은 공적 교육제도에 의해서 부당하게 좋지 않은 인상을 낳음으로써 그것이 가진 자발적이고 실제적·합목적적인 교육가치가 간과되었다고 주장하면서 교육부문의 현실적응성을 적극적으로 평가하였다.[71] 샌더슨(Michael Sanderson)도 영국의 교육을 적극적으로 옹호하였다.[72] 최초의 공업국으로 강력한 경쟁국이 아직 없던 영국에서는 숙련노동자라든가 매니저는 실제의 직장훈련으로 충분히 양성될 수 있는 것으로 생각되었으며, 그러한 교육방식에 대한 절대적 신뢰는 그 후에도 이어졌다.

영국의 교육제도는 현실적 필요에 적응하면서 전개되었다고 볼 수 있을 것이다. 그러나 제2차 산업혁명의 신기술이 개발되고 신산업이 전개되는 속에서 영국의 교육은 적절히 대응하지 못하였다는 점을 부정할 수는 없을 것이다. 특히 정부의 역할은 소극적이었다. 영국경제의 쇠퇴가 신기술산업의 낙후에 기인한 바 크다고 할 때 과학교육의 낙후성은 중대한 제약요인이었다고 할 수 있을 것이다.

3장

미국 근대 산업기업의 전개

1절 경영환경

1. 제도적 기반

미국사회는 처음부터 자본주의사회로 발전하였다. 영국을 비롯한 유럽 제국의 자본주의는 선행한 봉건제도 내지 전통사회제도를 밑으로부터의 혁명이나 위로부터의 개혁을 통해서 혁파함으로써 성립하였다. 그 결과 성립한 자본주의의 성격은 전근대 내지 전통사회의 존재 형태와 변혁 양태에 따라 국가 간에 상당한 차이를 나타내었다. 그러한 차이가 각국에서 전개된 기업의 존재 형태에 일정한 특징을 부여하였다. 미국은 자본주의에 앞서서 극복해야 할 전근대적·봉건적 사회경제제도는 기본적으로 존재하지 않았다. 미국은 전근대 내지 봉건사회를 거치지 않고 처음부터 근대 자본주의사회로 출발하였으며 그 기반에서 자유로운 기업활동이 전개되었다.

미국사회는 유럽 이민자에 의해서 형성되었다. 주로 농민과 직인 등 일반 서민 출신인 그들은 경제적 기회를 찾아 신천지 아메리카에 이주하였다. 특히 미국 민주주의 발상의 사회적 기반이 된 뉴잉글랜드 이민은 주로 영국의 청교도들이었다. 그들은 독립자영농민으로서 봉건적 사회관계에서 완전히 벗어난 계층이었으며 이주해온 신천지에서 처음부터 민주적인 사회를 건설하였다. 중부에서는 봉건적 대토지소유제가 일부 존재했지만 뉴잉글랜드에서와 같이 독립자영농민이 광범하게 존재하여 봉건제가 지배적인 사회제도로 되지는 않았다. 한편 남부에서는 대농장제와 노예제가 존재하여 남북전쟁으로 폐지될 때까지 확대, 존속하였다. 일부에서 존재하던 전근대적 제도는 그 후의 역사과정에서 폐기되었다.

미국이 봉건제도를 거치지 않았다고 해서 처음부터 독립된 시민국가로 출발한 것은 아니다. 미국은 독립국가로 출범하기(1776) 전까지 영국 중상주의체제하의 식민지로서 정치적·경제적으로 종속되어 있었다. 시민사회로서 정치·경제적으로 발전하기 위해서 미국은 무엇보다도 정치적 독립을 달성하지 않으면 안 되었다.

독립전쟁과 뒤이어 제정된 헌법(the Constitution)에 의해 미국은 정치적 독립을 이룩하였을 뿐만 아니라 부분적으로나마 존재하던 전근대적 제도를 완전 혁파하고 자본주의적 발전의 틀을 확립하였다. 그러한 의미에서 독립전쟁은 '미국시민혁명(the American Revolution)'이었다. 이에 미국은 영국 중상주의의 질곡에서 해방되어 정치적 독립을 이룩하고 남부의 노예제라는 이질적 사회구조를 내적으로 가지면서도 자본주의적 발전을 위한 기반을 확립하였다. 유럽 자본주의에 접목된 미국 자본주의는 전(前) 자본주의적 요소에 의한 왜곡됨이 없이 '순수한' 발전을 하였다.

미국의 독립선언과 신헌법은 개인의 권리와 자유를 보호하고 사회질서의 유지를 천명하였다. 특히 개인재산권의 보장은 신성시되었다. 개인재산권은 영국 관습법에서 이미 확립되어 있었다. 영국 식민자들은 영국 관습법의 개인재산보호와 그 법적수순을 미국에 도입하였다. 정부는 개인의 시민적 권리와 함께 직업 내지 경제활동의 자유와 재산을 보호하고 그러기 위해서 사회질서를 유지할 필요가 있었다. 개인의 경제활동의 자유는 제도적으로 보장되었다.

그러나 정부의 개인재산권 보호시스템은 경제활동에 대한 정부개입이 없는 완전한 '자유방임'을 의미하는 것은 아니었다. 헌법은 국민의 복지보호를 위하여 정부가 경제행위에 대해 간섭할 수 있도록 규정하였다. 국민의 복지 내지 사회질서 보호라는 공공의 목표에 반하는 개인이나 기업의 행위에 대해서 정부는 간섭권을 가진 것이다. 영국 관습법은 국왕의 독점권 남발이나 기업이 창출한 독점에 대해서 우려하였다. 미국에서 기업행동의 자유와 정부 간섭이라는 문제는 정부의 기업에 대한 지원과 법적규제라는 의미에서 거듭해서 나타난 과제였다. 예를 들어 19세기 전반기에 정부는 기업이 주도한 사회간접자본의 건설을 지원하는 한편 기업행동에 대해 일정한 규제를 하였다. 중앙정부와 주정부가 각각 특정권력을 나누어 가진 분권적 연방시스템은 기업가활동에 유리한 조건이었다. 주법은 기업의 법인화를 장려하면서 투자가의 유한책임을 제한하는 한편 대법원은 연방정부에 기업지원권한을 부여하여 주정부가 하는 상업제한에 제동을 걸었다. 이렇게 해서 미국에서는 경제성장과 기업발전에 대한 믿음을 보강하는 제도가 출현하였다.[1]

2. 초기의 경제개혁

정치적 독립과 영국 중상주의체제에서의 해방, 일부에서나마 존재하던 전근대적 제도의 혁파, 그리고 식민지시대의 경제적 유산은 미국 자본주의 발전의 역사적 전제였다. 그러나 그것만으로 미국 자본주의가 자생적으로 발전할 수는 없었다. 연방정부가 출범한 1785년 무렵에 영국에서는 산업혁명이 한창 진행되고 있었으며 서유럽 제국도 그 충격을 받고 있었다. 이에 대해서 미국은 후진국이었으며 산업혁명을 이룩하기 위해서는 선진 영국에서 기술과 자본을 도입하지 않으면 안 되었다. 사실 미국은 그렇게 함으로써 19세기 전반기에 산업혁명을 수행하였다.

미국 자본주의가 발전하기 위해서는 그에 대응한 제도가 마련되고 정책이 시행되지 않으면 안 되었다. 이러한 필요에서 건국 초기에 이루어진 경제개혁으로 중요한 것은 공채정리, 근대적 조세제도의 확립, 화폐금융제도의 정비, 보호관세제도의 도입이었다. 연방정부에 의해서 수행된 이들 정책은 남부의 대농장주를 중심으로 한 반연방주의자들의 반대에 직면하면서도 초대재무장관 해밀턴(Alexander Hamilton)의 강력한 리더십에 의해서 추진되었다.

첫째, 공채정리는 독립전쟁기에 발행된 공채를 연방정부의 장기공채로 차환하고 주채(州債)를 연방정부가 인수하여 액면가격대로 상환한다는 것이었다. 감가한 구공채를 액면가격대로 상환한다는 정책은 연방정부에 대한 신용을 높이고 산업기업인들과 투기업자들의 이익을 옹호하는 것이었다. 따라서 이 정책에 대해 이해관계를 달리하는 계층과 주의 반대가 컸다. 특히 남부의 대농장주들의 반대가 강력하였다. 공채정리가 실시된 결과 공채가 산업자본으로 전환될 수 있는 기초조건이 조성되었다. 공채상환과 함께 정부 유지와 군비를 위한 재정지출은 증대하였다. 그에 대응한 수입원의 확보를 위해서 정부는 조세제도를 정비하고 관세법을 제정하였다. 그 외에도 외국 선박에 대한 입항세, 주세를 비롯한 각종 소비세가 도입되었다.

둘째, 화폐금융제도 개혁의 중심과제는 통일적 화폐제도의 확립과 중앙은행의 설립이었다. 통일적 화폐제도는 주화법(1792년 제정)에 의해서 금·은 복본위제를 기본으로 화폐단위를 '달러'로 지정함으로써 도입되었다. 이 법은 그 후 수정을 거듭하면서 1900년에 금본위제도가 확립될 때까지 미국 화폐제도의 기본이 되었다. 금융제도의 정비는 잉글랜드은행을 모델로 한 국법은행(national bank) 설립이 그 중심이었다. 이 은행의 설립으로 풍부한 자금의 공급과 정부와 상공업에 대한 대부업무가 수행될 것으로 기대되었다. 금융상의 독점적 지위를 차지하게 될 국법은행의 설립에 대해서는 제퍼슨(Thomas Jefferson)을 중심으로 한 반연방주의자들의 반대가 컸다. 그 속에서 1791년에 국법은행으로 20년의 영업특허를 얻은 '제1차 합중국은행(First Bank of the United States)'이 탄생하였다. 이

은행은 일반 은행업무와 함께 은행권 발행업무를 수행함으로써 대정부 금융과 산업금융 그리고 통화안정에 중요한 역할을 하였다.

셋째, 보호관세의 도입은 본래는 유치산업의 보호와 육성을 지향한 것이었다. 그러나 1792년의 관세법은 산업보호보다도 국가세입 증대를 위한 것이 되었다. 보호되어야 할 공업은 아직도 상응한 전개를 하지 못한 상태였다. 그러나 영국과의 전쟁(1812) 후 산업발흥 속에서 강력한 보호관세운동이 전개되면서 보호관세가 도입되었다.

해밀턴이 추진한 경제개혁정책은 일정한 한계가 있었지만 지방분립적 경제구조를 통합하여 국민경제의 테두리를 마련하고 미국 자본주의 발전의 기초를 창출하였다는 점에서 매우 중요한 정책이었다.

3. 산업혁명

미국은 1810~60년대에 '산업혁명'이라는 급속한 초기 공업화 과정을 거쳤다. 독립전쟁과 1810년을 전후한 시기의 국제관계의 악화에 따른 유럽 상품수입 단절은 미국 공업을 자극하였을 뿐만 아니라 더 나아가 유럽 의존에서 탈피하여 독자적으로 발전하는 계기가 되었다. 평화회복에 따른 유럽 상품의 유입에는 고관세로 대항하였다. 미국의 산업혁명을 뒷받침한 기술은 미국에서 일부 개발된 경우도 있으나 기본적으로는 영국 기술이었다. 미국은 도입한 영국 기술을 자국의 조건에 맞게 개량, 이용하면서 독자적인 생산방식을 개발하였다.

미국에서도 산업혁명의 선두에 선 것은 면공업이었다. 1790년에는 아크라이트형 방적공장이 설립되고 1810년대에는 소면-방적-방직의 전 공정에 일관된 기계체계를 갖춘 공장이 건설되었다. 뉴잉글랜드를 중심으로 발생한 면공업은 1810~30년대에 공장제도가 농촌 가내공업을 압도하면서 근대적 공업의 지위를 확립하고 그 후 급성장하였다. 1810년에

8만 7,000추에 불과했던 방추 수는 1860년에는 520만 추로 약 60배, 그리고 면화소비량은 1831~60년대에 8만 파운드에서 42만 파운드로 5배 이상 증가하였다. 면공업은 1830~60년대에 급성장하였다. 같은 기간에 공장 수는 약 800개에서 1,100개로, 노동자는 약 6만 2,000명에서 12만 2,000명으로, 그리고 생산액은 3,200만 달러에서 1억 1,600만 달러로 증가하였다. 산업혁명기의 면공업은 압도적으로 뉴잉글랜드에 집중되어 있었다. 방추 수의 분포를 보면 1860년에 방추 총수(520만 추)의 약 80%가 뉴잉글랜드, 나머지 20%가 중부 여러 주에 있었다.

미국의 철공업은 철도 건설에 따른 수요증대를 배경으로 1840~50년대에 비약적으로 발전하였다. 1810년에 5만 4,000톤에 불과하던 선철 생산량은 1840년에는 29만 톤, 1859년에는 75만 톤으로 비약적으로 증가하였으며, 단철 생산도 1830년 약 10만 톤에서 1850년에는 28만 톤으로 증가하였다. 철공업의 중심지는 펜실베이니아였다. 이 주는 1860년에 미국산 선철의 50% 이상을 생산하였다. 철공업 중심지는 19세기 전반기에 점차 펜실베이니아 동부에서 서부 및 오하이오 등 서부로 이동하여 1860년경에는 미시간 북부와 디트로이트 근방에서도 제철되었다.

철공업에서는 1833년에 미국인 가이센하이머(F.W. Geisenheimer)가 독자적으로 발명한 무연탄제철법이 1840년대에 보급되었다. 그러나 산림자원이 풍부한 미국에서 무연탄제철이 목탄제철을 능가한 것은 1855년에 이르러서였다. 한편 영국의 퍼들법은 1830년대 이후 급속하게 보급되었다. 증기기관도 보급되어 1859년에는 철공업 총동력의 45%가 증기기관 또는 증기력과 수력의 병용이었다. 미국 철공업은 1840년대부터 공장제로 이행하였다.

각종 공업이 발전하면서 기계공업도 발달하였다. 노동력이 부족하여 노동생산성 향상의 필요성이 컸던 미국에서는 노동절약적 기계의 도입이 적극 추진되었다. 그 속에서 미국의 기계는 대량생산이 이루어질 수 있는 방향에서 개발되었다. 1800년대에 휘트니(Eli Whitney)와 노스

(Simon North)는 각각 소총 제조에서 부품의 표준화와 호환성의 원리를 도입하여 대량생산방식의 기초를 놓았다. 이러한 생산방식은 후에 시계 제조에 성공적으로 적용되면서 보급되었다. '미국식 제조법'이라 불린 이러한 대량생산방식은 그 후 재봉기, 방적·방직기, 기관차, 농업기계 등의 생산에 널리 이용되었고, 19세기 말엽 이후의 전기기기와 자동차공업에서 대량생산의 기초가 되었다. 1850년대에는 개량된 보링기와 회전선반이 나타났다. 미국의 공작기계는 1860년대에는 유럽의 모방에서 완전히 벗어나 우수한 기계를 독자적으로 제작할 수 있게 되었다.

산업혁명을 거치면서 미국 공업은 크게 발전하였다. 1860년의 공업생산총액은 약 20억 달러에 달하였다. 그것은 1850년의 2배, 그리고 1810년의 10배나 되는 규모였다. 투자된 자본은 1810~60년에 5,000만 달러에서 10억 달러로 20배 증가하였다. 50년 동안 자본-산출비율은 크게 증가하였다.[2] 그동안 인구는 4.5배 증가하였다. 공업노동자 수는 130만 명에 달하였다. 지역적으로 보면 이 시기의 미국 공업은 뉴잉글랜드, 중부 및 서부 여러 주를 중심으로 발전하였다. 뉴잉글랜드와 중부 여러 주에서는 섬유, 신발, 의복, 기계 등 산업이, 중부 및 서부의 주에서는 이 지역의 석탄 및 철광 자원을 기반으로 철공업이, 그리고 서부의 주에서는 이 지역의 농·축산물을 원료로 한 제분, 통조림, 피혁, 양조 등의 산업이 발달하였다.

이 시기의 공업발전은 주로 소비재산업을 중심으로 이루어졌다. 1860년에 생산액 기준 상위 10대 산업에서 생산재산업은 제철업(6위)과 기계제작업(7위) 등 2개 산업이었고, 나머지 8개 산업은 면제품, 제재, 목재, 신발, 밀가루, 모직물, 의복, 수송기구, 가죽제품 순으로 소비재생산 공업이었다. 생산재산업이 공업성장을 주도한 것은 1870년대 이후에 들어서였다.

미국 공업은 기본적으로 국내자원에 원료를 의존하였다. 1860년에도 부가가치에서 본 최대산업은 아직도 농업이었다. 공업의 부가가치는 3대작물(옥수수, 밀, 건초)에는 크게 못 미쳤으며 공업의 총자본투자액은 농지와 농장건물 가치의 6분의 1에 불과하였다. 그럼에도 미국 공업은 1860년대까지 기본적으로 생산기술과 생산조직에서 근대적 변혁을 이룩하였다. 미국은 영국에 이어 세계 제2의 공업국가가 되었으며 머지않아 세계의 주도적 공업국가로 발전할 기반을 마련하였다.

4. 시장의 확대

19세기 전반기를 거치면서 미국시장은 계속 확대하였다. 첫째로 인구가 급증하였다. 독립 당시(1776) 250만 명에 불과하던 미국 인구는 1815년에 850만 명으로 그리고 1860년에는 3,100만 명으로 크게 증가하였다. 인구증가의 주된 원인은 계속된 대규모 이민이었다. 산업혁명이 진전되고 경제가 성장하면서 국민의 소득수준도 상대적으로 높아졌다. 예를 들어 1인당 실질 GNP는 1839~58년에 37% 성장하였다. 이러한 조건에서 국내시장은 극적으로 확대되었다.

둘째로 국내시장이 외연적 확대를 계속하였다. 대서양연안 동부 13주의 연방으로 출범한 미국은 19세기 전반기를 통하여 영토를 확장하면서 태평양연안의 서부에 이르는 광대한 대륙을 지배하는 영토 국가로 되었다. 광대한 대륙이 단일시장으로 된 것이다. 따라서 이 시기의 미국기업은 사실상 국내시장에서 커다란 기업기회를 발견할 수 있었다. 생산에 필요한 원료를 대부분 국내에서 조달할 수 있었던 미국기업으로서는 외국시장보다 국내시장이 압도적으로 중요하였다.

그러나 서부의 광대한 토지는 아직 개척되지 않은 신천지였다. 이 광대한 프런티어가 가진 경제적 잠재력은 사람들이 이주, 정착해 개척함으로써 현재화할 수 있었다. 사실 그것은 19세기 전반기를 통해서 실현되었다. 그 경우 연방정부의 공유지정책이 중요한 역할을 하였다. 연방정부는 국가에 귀속된 서부의 토지를 이주자들에게 유리한 조건으로 불하하였다. 이에 동부에서 서부로 이주가 이어졌다. 서부토지불하조건이 거듭 완화되면서 서부로 이주는 촉진되었다. '서점운동(Westward Movement)'은 1862년 자작농창설법(Homestead Act)의 제정으로 절정에 달하였다. 160에이커의 공유지의 무상분여를 규정한 이 법은 이주민을 서부로 끌어들이는 데 자석과 같은 작용을 하였다. '서점운동'의 진전으로 1790년에 11만 명에 불과하던 서부인구는 1860년에는 1,200만 명에 달하였다.

'서점운동'을 뒷받침한 기술적 조건은 교통수단의 발달이었다. 초기에 교통수단으로 중요한 것은 민간회사가 건설, 운영한 유료도로였다. 주정부는 특허의 부여와 주식구매로 유료도로 건설을 지원하였다. 동서를 연결하는 최대의 대간선도로는 연방정부가 건설하여 1818년에 개통한 전장 130마일의 컴버랜드 도로(Cumberland Road)였다.

증기선이 이용되면서 서부의 대하천을 이용한 수송능력도 증대하였다. 특히 수로를 이용한 수송능력을 획기적으로 높인 것은 운하 건설의 진전이었다. 1825년에 개통된 이리 운하(Erie Canal)에 자극받아 1820~30년대에는 운하 건설이 붐을 이루었다. 그 결과 미국 운하의 총연장거리는 1850년에 3,700마일에 달하였다. 운하는 대부분 주정부가 건설, 운영하였다.

그러나 서부의 교통수단으로 중요한 역할을 한 것은 철도였다. 미국에서는 1830~60년에 3만 마일 이상의 철도가 건설되었다. 초기에 대서양연안의 중부 및 북부에 집중되어 있던 철도 건설은 점차 서부로 확대되어 1850년에는 동서를 연결하는 8개의 간선철도가 건설되었다. 1850년 이후에는 남부에서 철도 건설도 진전되었다. 철도 건설은 그 후 급진전하여 1869년에는 최초의 대륙횡단철도가 출현하고 1880년대까지 미국 간선철도의 대부분이 건설되었다. 연방정부는 철도용 토지의 증여와 관세 혜택으로, 그리고 주정부를 비롯한 지방자치단체는 자금지원, 주식·사채의 인수, 세금감면 등으로 철도 건설을 지원하였다.

철도 건설이 진전되면서 서북부가 동북부 및 남부와 연결되어 전국이 거대한 단일시장으로 통합되었다. 서점운동이 촉진되면서 인구의 사회적·지역적 가동성은 증대했으며 그 속에서 계층이나 지역에 따른 독특한 사회문화적 전통보다도 전국적으로 균질적인 사회문화가 형성되었다. 미국은 여러 나라에서 들어온 다양한 민족적·문화적 요소를 가진 이민자로 구성된 사회였지만 이런 다양한 요소는 미국사회라는 도가니 속에서 융합되어 미국적인 것으로 동화·통합되었다. 코크란(Thomas C. Cochran)에 따르면 유럽인의 미국에의 이주가 끊임없이 있었는데도 불구하고 미국적 환경과 내생적 가치가 처음부터 다양한 민족적 특성의 압력을 흡수하였기 때문에 미국문화의 주요 가치가 변화하지는 않았다.[3] 미국문화에서 지역주의는 예컨대 프랑스와 같이, 오랜 전통과 연결된 것은 아니었으며 특히 '서부'의 지역주의는 과거보다도 미래지향적이었다. 따라서 미국시장은 전통적으로 개성적·분단적인 영국시장과는 달리 동질적 시장으로 발달하였다. 규격화되고 표준적 상품을 선호하는 미국인의 소비패턴은 기업의 대량생산, 대량판매에 적합한 시장조건이었다.

미국시장은 지역적으로 세 지역의 분업구조로 구성되어 있었다. 동북부는 일찍부터 독립자영농의 고장이었으나 상공업이 발달한 지역이기도 하였다. 남부는 대농장제도하에서 상업적 농업으로 면화재배에 특화된 지역이었다. 한편 서북부에서는 프런티어가 서부로 확대되면서 곡물재배와 가축사육을 중심으로 한 상업적 농업이 전개되었다. 그와 함께 이들 농축산물과 그 부산물을 원료로 한 식품통조림, 피혁, 비료, 제분 등의 산업이 성장하였다. 미국은 이들 세 지역의 분업구조가 유기적으로 결합한 거대한 단일시장으로 되었다.

노스(Douglas C. North)가 지적한 바와 같이 이러한 분업관계를 통해서 남부는 면화를 수출하고 국내 면공업에 공급하여 얻은 소득으로 북서부에서 곡물과 가축생산물을 공급받았고, 북서부는 그 대가로 얻은 소득으로 은행업, 운수업 및 교육에 투자하고 북동부에서 공업제품을 구입하였다. 그것은 결과적으로 뉴잉글랜드 및 중부 대서양연안 지역의 공업화와 은행제도의 발달, 그리고 특히 서부의 철도 건설을 중심으로 한 교통수단의 개발을 촉진하였다.[4] 통합된 거대 시장은 거대한 기업기회를 제공하였다.

5. 사회의식

미국사회는 영국을 비롯한 유럽이민으로 구성된 다민족사회로 출발하였다. 이민의 동기는 종교적·정치적·경제적 등 다양했으나 그들의 목적은 기본적으로 자유로운 신세계에서 자신의 노력으로 경제적·사회적 지위의 상승을 이룩한다는 것이었다. 전통사회의 가치체계에서 벗어나 신세계 아메리카에 이주한 사람들로서는 자립적 경제기반을 마련하는 것이 최우선 과제였다. 따라서 미국사회에서는 경제적으로 자립하고 성공하는 것은 사회적 지위를 높이는 가장 중요한 방법이었다. 미국에서는 경제적 기회는 모든 사람에 열려 있었으며 그것은 이민의 계속된 유입과 프런티어의 확대에 따라 19세기를 통해서 확대되었다. 그 속에서 사람들은 경쟁적으로 비즈니스를 통하여 경제적 가치를 추구하였다. 자유경쟁사회에서 경제적 성패는 개개인의 능력 여하에 따른 것으로 인식되었다.

이러한 배경에서 비즈니스는 미국사회에서 하나의 기본 신조가 되었다. 공업화가 급속히 진행되면서 미국에서는 영국에서 태어난 경제적 개인주의·자유주의가 보편적 가치로 받아들여졌다. 그 속에서 비즈니스를 통한 성공은 사회적 승인을 획득하였다. 미국사회에서는 경제적 성공 그 자체가 능력의 상징이었으며 근면과 진취성으로 노력하면 누구나 상응한 경제적 보수를 받을 수 있다는 믿음이 있었다.

청교도의 윤리관에서는 근면, 검소, 성실, 신용 등의 덕성이 강조되고 그에 따른 경제적 보수는 합목적적이며 권장해야 할 것으로 인식되었다. 청교도들이 신봉한 칼뱅(Jean Calvin)의 신학은 신은 구제될 사람과 구제되지 않을 사람을 미리 결정해놓았고 그 결정은 신 자신도 변경할 수 없는 절대적인 것이라는 '예정설'이었다. 이러한 교의에서 사람들이 구제받을 방법은 자신이 구제된 사람으로 선택되었다는 확신을 가지고 그것을 증명하는 것이었다. 그리고 그것을 증명하는 방법은 근면으로 자신의 직업에 진력하여 성공하는 것이었다. 이렇게 해서 프로테스탄트의 윤리관은 결과적으로 세속적 직업인 비즈니스를 통한 부의 축적을 자기목적으로 보는 자본주의 정신의 종교적 기반이 되었다.

청교도는 수적으로 그리 많지는 않았으나 그들의 윤리관은 경제적 가치를 중시하는 미국인의 사회의식과 부합하여 역사적으로 큰 영향을 미쳤다. 청교도들의 윤리관은 벤저민 프랭클린(Benjamin Franklin)이 널리 보급하였다. 그는 출판업자, 저술가, 그리고 독립선언기초위원의 한 사람인 정치인으로 존경받은 인물이었다. 그는 청교도의 가치관을 '1전의 절약은 1전의 돈벌이'라는 간결한 격언으로 표현하여 유포하였다. 그는 『자서전』에서 근면과 시간의 귀중함을 강조하고 언제나 유익한 일을 하고 불필요한 일은 하지 않을 것을 권장하였다. 그는 근면, 노동, 성실, 신용 등의 미덕은 모두 화폐적 보수의 가치가 있으며 화폐 취득은 비천한 것이 아니라 오히려 윤리적으로 추구해야 할 의무임을 강조하였다. 막스 베버(Max Weber)는 그의 윤리관을 자본주의 정신을 고전적으로 순수하게 표현한 것으로 보았다. '하늘은 스스로 돕는 자를 돕는다'고 하여 근면, 검소, 자조(自助)의 덕목을 강조한 영국인 스마일스(S. Smiles)의 '자조론'도 미국사회에 큰 영향을 미쳤다.

1870년대 이후에는 스펜서(H. Spencer)와 미국의 사회학자 섬너(William G. Sumner)의 사회진화론이 미국인의 사회의식에 큰 영향을 미쳤다. 스펜서의 철학은 맬서스(T. Malthus)의 '생존을 위한 투쟁', 스마일스의 '성공을 위한 덕성의 함양', 그리고 다윈(C. Darwin)의 '진화론'을 혼합한 것이었으나 미국적으로 해석되어 보급되었다. 코크란(Thomas C. Cochran)과 밀러(C.W. Miller)[5]에 따르면 스펜서의 철학은 그 어느 누구도 하지 못할 만큼 미국인을 설득하고 산업적 부를 추구하는 사람들에게 자유경쟁에 대한 광대무변한 승인을 주었다. 이 과학의 시대에 그것은 끊임없는 착취를 과학적으로 정당화하였다. 그것은 미국기업인의 희구와 완전히 합치되고 그들의 일상생활의 패턴과 완전히 일치한 신념과 사상에 지침을 제공하였다. 스펜서의 영향으로 성공과 부는 사회적 진보의 상징으로 간주되어 그것을 성취한 사람들은 생존경쟁에서 승리한 것이며 그 대가로서 부를 얻는다는 것은 당연한 일이라고 받아들였다.

섬너의 철학도 큰 영향을 미쳤다. 호프스태터(Richard Hofstadter)에 따르면 섬너 철학은 청교도주의의 윤리, 고전경제학의 여러 학설 및 다윈의 자연도태설이라는 서구자본주의 문화의 위대한 세 가지 전통을 종합한 것이었으며, 그는 프로테스탄트의 이상인 근면하고 절도 있고 검소한 인간은 생존경쟁에서 '강자' 내지 '최적자'와 동일한 인간상이라고 주장함으로써 종교개혁에 의해서 활동을 개시한 경제윤리와 19세기 사상의 간격에 다리를 놓았다.[6] 섬너 철학이 영향을 미친 1880년대 미국에서는 비즈니스의 해악과 독점의 횡포, 자유방임적 생존경쟁에 따른 '부적합자'의 비참한 상태는 이미 커다란 사회문제가 되었다. 그 속에서 이러한 문제는 전적으로 개인의 책임에 기인한다는 섬너의 교설은 미국기업인의 약육강식적 행동을 철학적·과학적으로 승인한 것이었다.

미국사회에서는 기업경영자의 사회적 위신이 높이 평가되었다. 그래서 능력이 있으면 누구나 확대되는 기업기회의 여건에서 부를 획득할 수 있다는 신념은 사람들로 하여금 적극적으로 비즈니스를 지향하게 하였다. 영국과는 대조적으로 미국의 기업경영자에게 비즈니스는 삶의 보람이고 인생의 목표이며 정열의 대상이었다. 미국에서 비즈니스는 경제발전의 역동적 요소이며 더 나아가 문화의 중심 요소가 되었다.

크루스(Herman E. Krooss)[7]는 미국에서 비즈니스의 의의를 다음과 같이 설명하였다. "미국경제사의 주역은 정치인, 군부지도자, 지식인이 아니라 기업인이었다. 미국은 처음부터 비즈니스 이념에 전념하였다. 비즈니스는 미국인의 습관, 관습, 태도, 민속, 사고방식에 대해서 정치, 철학, 종교보다도 훨씬 큰 영향을 미쳤다. 미국정신은 비즈니스 정신이었으며 미국 시스템은 비즈니스 시스템이었다. 비즈니스 게임은 언제나 미국문화에 넓게 침투되었다. 농민과 노동조합마저도 비즈니스 정신에 감염되었다." 쿨리지(Calvin Coolidge) 대통령의 "미국인의 관심사는 비즈니스이다"라는 말은 자주 인용되는 문구다. 윌슨(Woodrow Wilson)은 "비즈니스는 미국인의 생활 속에서 모든 일의 기초가 되고 있다"고 말하였다. 정주 초기 이래 현재까지 미국에 이주한 사람들과 그들 후손 대부분은 어떤 형태로든 비즈니스와 관계를 맺고 있었다. 비즈니스는 미국문화의 중요한 요소다.

2절 근대 산업기업의 전개

1. 면공업 기업의 발흥과 성장

미국 근대 기업 발흥의 선두산업은 면공업이었다. 영국 중상주의체제 하에서 영국 제품과 경합되는 미국 공업은 제약받고 있었다. 그 속에서 생활필수품은 농민과 직인들에 의한 가내공업(household industry)에서 생산되었다. 미국의 독자적 공업발전에는 정치적 독립이 필요조건이었다. 그러나 독립 후에도 미국 공업은 유입되는 영국 제품에 압도당하고 있었다. 그러한 가운데 미국 면공업 발전의 계기가 된 것은 영불전쟁과

1812년의 제2차 대영(對英)전쟁, 그리고 그에 앞서 발포된 1807년의 출항금지령(Embargo Act)과 1809년의 통상금지령(Nonintercourse Act) 등에 의한 국제통상관계의 악화였다. 그 속에서 미국의 영국 제품 수입은 단절되었다. 그것은 미국 공업에 자극을 주는 한편 무역, 해운업에 큰 타격을 주었다. 이에 무역, 해운업에서 축적된 상업자본이 제조업으로 투자방향을 돌리게 되면서 면공업은 근대적 발전을 시작하였다.

미국 면공업에 처음 기계를 도입하여 '공장제의 시조'로 불리는 인물은 슬레이터(Samuel Slater)였다. 그는 산업혁명이 한창 전개되던 시기에 영국의 아크라이트방적공장에서 근무한 경험이 있는 방적공이었다. 당시 영국은 기술의 해외유출을 막기 위하여 기계수출과 기사, 직공의 해외이주를 금지하고 있었다. 슬레이터는 농민으로 가장하여 미국에 이주하여 과거의 기억을 토대로 수력방적기를 모작하였다. 슬레이터의 기술은 프로비던스의 유력한 상인 브라운(Moses Brown) 및 올미(William Almy)의 자본과 결합함으로써 기업화되어 1791년에 로드 아일랜드 주 포터켓(Pawtuket)에 미국 최초의 방적공장이 건설되었다. 자본금 3만 달러 정도의 파트너십 조직인 이 기업에서 슬레이터는 기계제작을, 그리고 브라운과 올미는 자금과 원재료의 공급 및 제품의 판매업무를 담당하고 이익은 균등하게 분배하였다.

슬레이터의 공장은 미국 최초의 선구적 면방적 공장이었으나 근대적 공장기업으로서는 한계가 있었다. 이 공장은 소규모 자본의 방적공장이었으며 고용 형태는 부녀자와 아동을 중심으로 한 가족고용(family employment)이었고 임금은 현물지급이었다. 이 공장은 1801년에 100명 이상의 어린이와 성인을 고용하였으며 방적전업공장의 형태로 이곳에서 생산된 면사는 선대제도하의 가내공업에서 면포로 제조되었다.

뒤이어 이 공장을 모델로 한 방적공장들이 뉴잉글랜드 남동부를 중심으로 설립되었다. 1805~15년에는 94개의 방적공장이 건설되었다. 경쟁이 격화되는 가운데 브라운과 올미는 판로를 남부와 서부로 확대하였다. 슬레이터는 브라운과 올미와의 동업관계는 유지하면서 1827년까지 다른 17명과 8개의 파트너십을 조직하여 사업을 확장하였다. 발상지의 이름을 따서 '로드 아일랜드형 방적공장'으로 불린 이들 공장은 1830년대 내내 발전하였다.

한편 미국 면공업에서는 1810년대에 '로드 아일랜드형'과는 다른 유형의 공장들이 출현하여 발전하였다. 그 선구는 '보스턴제조회사(Boston Manufacturing Company)'였다. 이 회사는 영국 면공업지역을 여행하면서 역직기의 구조를 탐지한 보스턴상인 로웰(Francis Cabot Lowell)의 주도로 1813년에 매사추세츠 주의 월섬(Waltham)에 설립되었다. 주식회사조직으로 설립된 이 회사의 자본금은 처음에는 10만 달러였으나 얼마 후 40만 달러로 증자되었다. 출자자들은 로웰을 선두로 잭슨(Patrick Tracy Jackson), 애플턴(Nathan Appleton) 등 '보스턴 어소시에이츠(Boston Associates)'라 불린 보스턴의 부유한 상인들이었다. 때마침 국제적 분쟁으로 국제무역과 해운업이 침체되자 상인들은 새로운 기업기회를 제조업에서 잡으려 한 것이다.

보스턴제조회사의 공장은 역직기를 설치하여 방적만이 아니라 방직, 준비, 완성 등 생산의 전 공정을 단일 작업장에서 일관생산할 수 있는 기계체계를 갖추고 300명의 노동자를 고용한 대규모 통합공장이었다. 경영자들은 상인 출신으로서 기술적 지식이 없었고 필요한 경우에는 전문가를 고문과 기술자로 고용하였다. 다수의 노동자들은 부문별로 조직되어 관리되었다. 비숙련 방적노동자는 주로 부녀자와 어린이로 구성되었다. 주변 농촌의 부녀자 노동력 확보를 위해서 상대적으로 높은 임금을 현금으로 지급하고 기숙사제도를 도입하였다. 생산된 면포는 이 회사가 지배한 다른 회사를 통해서 전국적으로 판매되었다. 이 회사는 전 생산공정의 통합관리, 표준제품의 대량생산, 단일 판매대리점, 원가계산제도, 기숙사제도 등 새로운 경영관리기법을 도입한 미국 최초의 근대적 산업기업이었다.

보스턴제조회사의 일관통합생산은 규모의 경제효과를 낳아 낮은 단위원가의 면포를 대량생산하였다. 또한 이 회사는 기계제작부문(machine shop)을 두고 필요한 기계의 내부조달과 함께 외부판매도 하였다. 이 회사는 당초부터 양호한 실적을 올려 4년 후에는 출자자에 17%의 배당을 하였고 자본금도 6년 후에는 60만 달러로 증가하였다. 이 회사의 성공에 자극되어 면방직공장들이 뒤이어 설립되었다.

월섬형 방적공장은 1822년 이후에는 수량이 풍부한 메리맥(Merrimack) 강변의 로웰(Lowell)에 건설되었다. 로웰에 설립된 방적기업의 창업필요자본은 60~100만 달러에 달하였다. 기업성과가 양호한 가운데 '보스턴 어소시에이츠' 그룹은 이익을 적극적으로 재투자하였다. 그 속에서 1822년에 로웰에서 창설된 메리맥제조회사(Merrimack Manufacturing Company)는 '월섬형 방적공장' 모델로 발전을 계속하여 1845년에는 5개의 공장을 소유하고 자산가치가 500만 달러로 평가되었다. 이 회사는 약 4만 2,000추의 방추와 1,300대의 직기를 설치하고 노동자 1,800명(그 중 여성은 1,250명)을 고용하여 주당 25만 야드의 면직물을 생산하는 로웰 주변 최대의 면공업기업이 되었다.[8] 로웰을 중심으로 성장한 면방직공업은 로렌스(Lowrence), 맨체스터(Manchester), 내슈어(Nashua) 등을 중심으로 지역적으로 확산되면서 발전하였다.

면방직공업은 1860년 현재 미국 최대의 제조업이었다. 면방직공업의 생산능력은 1802년의 8,000추에서 1825년에는 80만 추, 1850년에는 400만 추, 그리고 1860년에는 520만 추로 크게 증가하였다. 1860년에는 기업 수는 약 915개 기업, 기업당 평균 종업원 수와 투자액은 각각 130명과 10만 9,000달러였다.

미국 면공업은 뉴잉글랜드를 중심으로 발전하였다. 그중에서도 대규모의 근대적 발전을 주도한 곳은 로웰을 중심으로 한 지역이었다. 그리고 그것을 주도한 기업인은 '보스턴 어소시에이츠'라 불린 상인들이었다. 그들은 1850년에는 뉴잉글랜드 전 방추의 20%를 지배한 한편 매사추세츠 주 철도의 30%와 보험업의 40% 그리고 보스턴은행업의 40%를 지배하고 있었다.[9] 뉴잉글랜드의 제2의 면공업 중심지는 앞에서 본 포터켓 지역이었다. 제3의 중심지는 패터슨(Paterson)과 필라델피아 지역으로 주로 고급면포를 생산하였으며 공장도 소규모였다. 1860년에는 뉴잉글랜드의 방추 수는 중부대서양 연안지역의 4배나 되었으며 그 생산량은 미국 면공업생산량의 4분의 3을 차지하였다.

모직물공업은 영국에서 이주한 스코필드 형제(John and Arthur Scholfield)가 1796년 외부의 자본지원으로 매사추세츠 주 바이필드(Byfield)에 수력직포기계를 설치한 소규모 공장을 효시로 잉글랜드에서 널리 확산되었다. 모직물공업에서는 1840년까지 기술도 크게 개량되어 고급문양직물을 역직기로 제조할 수 있게 되었다. 모직물공업은 1860년에는 뉴잉글랜드에서 텍사스, 오레곤, 캘리포니아까지 확산되어 1,700개의 공장에 6만 명의 노동자를 고용하고 1만 6,000대의 직기와 65만의 방추를 갖추었다.[10]

2. 제철 및 기계공업 기업의 전개

1) 제철업

제철업은 식민지시대부터 광범하게 영위되었다. 독립 무렵까지 아메리카 식민지는 세계 철의 14%를 생산하였다. 그것은 잉글랜드 및 웨일스의 총생산량을 웃도는 양이었다. 그러나 그것은 대부분 선철이었다. 영국은 식민지에서의 선철생산을 장려하는 한편 완성된 철제품의 생산을 금지하였다. 미국의 제철업이 독자적으로 발전할 수 있게 된 것은 독립 후의 일이었다.

제철업은 독립전쟁으로 새로운 자극을 받았다. 그것은 특히 주철소와 단철·압연공장의 발전을 자극하였다. 그럼에도 미국의 제철업은 1840년대에 이르기까지 기본적으로는 전통적인 기술에 의존하고 있었다. 제철은 광석, 목탄 및 수력을 이용할 수 있는 광대한, 고립된 농촌지대의 '농원(plantation)'에서 이루어졌다. 생산능력은 낮았고 계절에 따라 조업이 중단되기도 하였으며, 노동자는 때로는 농사에 종사하기도 하였다. 제철과 철 가공에서 50명 이상의 노동자를 고용한 기업은 매우 드물었다. 철광석이 고갈되면 제철농원은 포기되어 새로운 지역으로 이동하였다.

제철업은 1840년대 이후 급속하게 발전하였다. 이 시기까지는 증기기관이 광범하게 이용될 수 있게 됨으로써 기계제 공장제도가 확산되고 철도 건설이 진전되어 철의 수요가 크게 증가하였다. 증기기관은 제철업에도 도입되어 1860년경에는 제철업 총동력의 45%가 증기기관 또는 증기력 및 수력의 병용이었다. 그때까지 증기기관의 이용 확대를 제약해온 기본조건은 석탄 부족이었다. 이 문제는 기술적으로는 1833년에 미국인 가이센하이머(F.W. Geisenheimer)가 무연탄을 연료로 한 제철법을 발명하고 1830년대에 펜실베이니아 주 동부에서 무연탄이 대량생산됨으로써 해결되었다. 풍부한 산림자원을 기반으로 목탄제철도 무연탄제철과 상당 기간 병존하였으나 1850년대 중반 이후 후자가 전자를 상회하게 되었다. 1830년대 이후에는 퍼들법을 이용한 단철생산도 확대되었다.

석탄연료 이용이 확대된 결과 기계제공장공업이 확대되었을 뿐만 아니라 제철업도 빠르게 발전하였다. 1840년에 건설되기 시작한 무연탄연료 용광로는 1849년에는 60기, 그리고 1853년에는 121기로 증가하였다. 1849년에 이들 용광로의 평균노동자 수는 80명, 그리고 평균자산은 8만 3,000달러로 평가되었다. 생산량도 증가하였다. 1810년에 5만 4,000톤에 불과하던 선철생산량은 1840년 29만 톤, 1859년 75만 톤, 그리고 단철생산은 1830년 10만 톤에서 1850년에는 28만 톤으로 증가하였다.

1840년까지는 대규모의 제철기업도 출현하였다. 예를 들어 1837년에 버지니아 주법에 의해서 주식회사조직으로 설립된 트레자제철소(Tredgar Iron Works)는 자본금 27만 5,000달러의 근대적 제철기업이었다. 이 제철소의 자본은 자산가치 15만 달러의 단철·압연공장, 7만 5,000달러의 주철공장, 그리고 5만 달러의 주식매각자본(100달러 주식 5,000주)으로 구성되어 있었다.[11]

또한 펜실베이니아 주 서부의 브래디스 벤드 제철회사(Brady's Bend Iron Company)는 1845년에는 6,000에이커의 광물지구와 5마일의 하천연안도로를 소유하여 필요한 석탄과 철광석 등의 광물을 채굴하고 코크스제조 시설과 14마일의 내부연결철도를 갖추고 있었다. 이 회사의 제철설비는 4기의 용광로, 주철소, 압연공장으로 구성되어 있었으며, 지하자원의 채굴에서 완성레일과 금속성형물 제조에 이르는 전 공정의 장비를 갖추어 연 1만 5,000톤의 레일을 생산하였다. 이 회사의 가옥에는 538가족이 거주하고 있었다. 100만 달러를 투자한 이 회사는 남북전쟁 전 미국 최대 제철기업의 하나였다. 제철업에서는 이와 비슷한 능력과 조직을 갖춘 경쟁기업들이 있었다.[12]

석탄 이용의 증대에 따라 제철업의 농촌적·분산적 성격은 소멸하고 지역적 집중이 진전되었다. 최대의 무연탄 생산지인 펜실베이니아 주는 1860년에 미국 선철 총생산의 50% 이상을 생산하였다. 19세기 전반기에 제철업중심지는 펜실베이니아의 동부에서 서부 및 오하이오로 이동하고 1860년경에는 미시간 북부와 디트로이트 인근에서도 제철되었다. 제철업중심지가 서부로 이동하는 과정에서 제철중심도시로서 피츠버그(Pittsburg)의 중요성은 증대하였다.

2) 기계공업

제철업과 함께 기계공업도 독립공업으로 발전하였다. 기계제작은 공장제 초기부터 이루어졌다. 초기의 방직공장은 내부에 기계제작부(machine shop)를 두고 필요한 기계를 제작·수리하였다. 병기제조도 일찍부터 이루어지고 있었다. 정부가 설립한 병기제조공창 주변에는 다수의 제조업자들이 있었다. 뒤이어 각종 농업기계와 철도기계가 제작되었다. 기계화가 확산되면서 기계공업도 급속하게 발전하여 1860년경에는 미국 기간산업의 하나가 되었다.

모든 기계제작에 필요한 공작기계는 초기에는 영국 모델이 수입되거나 모조되었다. 그러나 미국의 공작기계는 반(半)숙련노동자가 조립할 수 있는 표준화되고 호환성 있는 기계부품을 생산하는 방향으로 특징적인 발전을 하였다. 상대적으로 고임금이라는 조건에서 미국의 기업경영자는 자동기계를 적용하고 생산방법을 조직화하는 새로운 혁신으로 노동비용절감을 지향하였다. 그러한 노력 속에서 고안해낸 특징적인 생산방식이 '미국식 제조방식(American system of manufacture)'이라 불린 호환성부품제도(interchangeable parts system)였다.

호환성부품제도는 표준화로 상호교환이 가능한 부품을 제조, 조립하여 기계를 생산하는 방식이다. 이 방식으로 기계는 특정부품에 결함이 발생할 경우 동일표준의 다른 부품으로 교체함으로써 본래의 기능을 회복할 수 있었다. 이 제도 하에서 기계제작 작업은 여러 공정으로 분할되어 노동자들은 각각 전용기계를 사용하여 단일부품만을 제작하고 제작된 부품은 조립되어 완제품으로 되었다. 이 경우 작업은 비교적 단순하여 고도의 숙련이 필요하지는 않았다. 그것은 고도의 장인적 숙련노동에 의존한 영국의 생산방법과는 기본적으로 다른 것이었다. 제작된 기계는 영국과는 달리 개별적·개성적이 아니라 동질적이었다. '미국식 제조방식'은 대량생산을 가능케 하는 것이었다.

호환 가능한 부품으로 기계를 조립, 제조하는 데에는 기술적으로는 정밀도가 높은 공작기계와 정밀기기가 필수적이었다. 각 부품은 복잡한 기계의 한 부분으로 정확히 맞추기 위해서는 성형, 절단, 연마, 천공 등의 작업을 거치면서 정밀하게 제작되어야만 하였다. 기계공구의 작업을 통제하는 기계인 선반은 18세기 말 영국의 모즐리(Henry Maudslay)가 개발한 후 19세기 전반기에 개량되면서 정밀도도 높아졌다. 휘트니(Eli Whitney)도 19세기 초에는 소총 제조에 영국 모델의 범용공작기계를 이용하였다. 그러면서 그는 전문공작기계를 개발하는 한편 각 부품의 가공공정에 대응하여 직(jig)과 픽스처(fixture) 등 자신이 개발한 공구를 장착한 다수의 기계를 배치함으로써 부품의 대량생산을 가능하게 하였다.

미국의 공작기계기술은 1850년대와 1860년대에 크게 진보하였다. 선반기술로는 1854년에 버몬트 주의 병기제조기업 로빈스 앤드 로렌스 사(Robbins and Lawrence Co.)가 터릿선반(turret lathe)을 개발하였다. 이 회사는 플레이즈 반(milling machine)도 처음으로 제작, 판매하였다. 이에 앞서 프로비던스의 브라운 앤드 샤프사(Brown and Sharpe Co.)가 1851년에 개발한 버니어 캘리퍼(vernier caliper)는 미국의 정밀기계제조기술로서 매우 중요하였다. 이 신형 측정기는 수천분의 1까지 정확한 측정이 가능하여 호환성부품의 정밀도 측정을 저렴한 비용으로 할 수 있게 하였다. 이 회사는 부척(副尺) 부착 분도기, 정밀기어 커터(gear cutter), 마이크로미터 등을 제작하고 1862년에는 만능 플레이즈 반(universal milling machine)을 개발하였다. 계속된 개량으로 공작기계공업은 제품의 다양성과 정밀성을 증대시키면서 급속하게 성장하였다. 1860년 미국 공작기계의 산출액은 100만 달러를 넘었다. 이 시기에 이르러 미국의 기계공업은 유럽을 모방하던 단계를 벗어나 독자적 기반을 확립하였다.

3) 대량생산방식의 도입

호환성부품에 의한 대량생산방식의 도입에 혁신적인 역할을 한 인물은 휘트니였다. 그가 18세기 말에 발명한 조면기(cotton gin)는 면실(棉實)분리작업을 기계화함으로써 노동력 감축에 획기적인 효과를 올린 기계였다. 그러나 조면기 제조 사업은 모방이나 특허권 침해로 성공하지 못하였다. 뒤이어 그가 진출한 사업은 소총 제조였다. 소총제조업은 뉴잉글랜드 전역에서 발전하였으나 초기에는 코네티컷 강 유역의 매사추세츠주 스프링필드(Springfield)에 설립(1794)된 정부의 군수병기공창을 중심으로 전개되었다. 이 공창은 자체 생산과 함께 주변 지역에 있는 민간업자들에게 병기생산 하청을 주었다. 휘트니는 그들 하청업자 중 하나였다.

휘트니는 정부와 2년간 소총 1만 자루의 납품계약을 맺었다. 그것은 당시의 통상적 방식으로는 생산하기 어려운 수량이었다. 실제로 그가 계약한 수량의 소총을 납품하는 데 8년이나 소요되었다. 그러나 중요한 것은 그가 이 납품계약을 실천하기 위해서 호환성부품의 원리를 고안했다는 사실이다. 그는 호환성이 있는 규격화된 부품을 이용하면 동일규격의 소총을 대량생산할 수 있고 수리도 간단하게 할 수 있을 것이라고 믿었다. 그러기 위해서 그는 필요한 전문기계와 공구의 개발을 추진하였다. 같은 시기에 휘트니와 호환성부품제도의 도입에서 선구적인 역할을 한 인물은 노스(Simon North)였다. 그는 권총 생산에서 호환성부품제도를 도입하여 휘트니보다 더 전문화와 분업을 진전시켰다. 노동력 부족으로 기계화가 적극 추진되는 속에서 그에 대응한 혁신적 생산방식으로 도입된 호환성부품제도는 총기제조업에서 처음 도입된 것이다.

호환성부품제도가 대량생산방식으로서 실효를 올리기 위해서는 연속공정과 결합될 필요가 있었다. 이 제도에서는 가능한 한 작업공정은 분할되어 전문기계로 다량의 부품이 생산되었다. 이들 부품을 조립하여 완제품으로 제조하기 위해서는 무수히 분할된 작업공정을 일관한 연속공정으로 통합하여 작업능률을 높이지 않으면 안 되었다.

연속공정에 대한 착상은 일찍부터 있었다. 제분업자 에반스(Oliver Evans)는 1787년 자신의 제분공장에 컨베이어벨트를 설치하여 제분공정을 연속화, 자동화하였다. 이러한 방식은 후에 통조림, 식품가공, 포장 등에 보급되었다. 그러나 그의 생산방식은 어디까지나 작업공정을 연속화한 것이지 호환성부품의 조립과 관련된 것은 아니었다. 고도로 분할된 작업공정이 자동연속공정과 연결되어 미국식 대량생산이 이루어진 것은 1840년대와 1850년대에 들어서였다. 이 시기에는 정밀공작기계의 기술개발도 진전되고 있었다.

미국식 대량생산방식의 도입에 앞선 인물은 콜트(Samuel Colt)였다. 그는 1836년에 연발권총의 특허를 획득하였으나 사업화에 실패하고 특허도 상실하고 있었다. 1847년에 그는 휘트니의 뉴헤이븐 병기공장(New Haven Armory)과 3,000정의 권총생산 청부계약을 맺으면서 1848년에 상실했던 특허를 재획득하고 코네티컷 주 하트퍼드(Hartford)에 공장을 건설하였다. 그곳에서 그는 호환성부품을 조립 라인 방식으로 연발권총을 제조하였다. 이 공장은 1856~64년에 50만 정의 연발권총을 생산하였다.

작업공정의 분할과 단순화, 연속화를 기본원리로 한 대량생산방식은 총포 제작에 도입되기 시작하여 남북전쟁이 끝날 무렵에는 농업기계, 시계, 재봉기, 자전거, 철도장비 등 여러 부문의 생산에 적용되었다. '미국식 제조방식'이라고 불린 이 대량생산방식은 20세기 초에는 자동차, 전기 등 새로운 공업에 광범하게 적용되었다. 그동안 전개되어온 미국식 대량생산방식은 포드자동차사가 도입한 일관생산체계에 이르러 정점에 이르렀다.

3절 자본과 노동

1. 자본

1) 기업 형태

1860년대 이전 미국의 산업기업 대부분은 개인기업 또는 파트너십 형태였다. 소규모경영이 광범하게 존재하는 가운데 소경영자들은 자신의 축적자금으로 기업을 설립하고 이윤의 계속적 재투자를 통해서 기업을 확장하였다. 한편 파트너십은 기업의 설립 또는 확장에 광범하게 이용된 형태로 기본적으로는 개인기업과 동일한 성격의 것이었다.

물론 주식회사조직의 기업 형태가 없었던 것은 아니다. 오히려 미국에서는 상대적으로 일찍부터 주식회사조직의 기업이 특징적으로 발달하고 있었다. 1810년경까지 주식회사조직은 은행, 보험, 유료도로, 운하 등에서는 일반적 형태였다. 면공업에서의 보스턴제조회사는 설립 당시(1814)부터 주식회사조직이었으며 그것을 모델로 한 '월섬형 방적공장'은 모두 주식회사조직이었다. 전형적으로 파트너십 형태를 취하던 '로드 아일랜드형 방적공장'도 1825년 공황 이후에는 주식회사 형태로 전환하는 기업이 나타났다. 제철업에서도 1830년대 이후에는 일부에서 주식회사조직이 전개되었다.

그럼에도 1830년대 이전에는 제조업기업에서의 주식회사조직은 수적으로 한정된 것이었다. 초기에 주식회사조직의 보급을 제약한 가장 중요한 요인으로는 유한책임제도가 확립되지 못하고 있었다는 것을 들 수 있다. 주식회사의 설립에는 주정부의 특별법에 따라 개별적으로 허가를 받아야 했다. 그 경우 설립 허가를 받는 데는 많은 시간과 비용과 번거로움이 따랐다. 법인은 주주의 사적 이익만이 아니라 공공의 이익에도 도움이 되어야 한다고 기대되었다. 따라서 초기의 법인기업은 자본규모와 공공성이 큰 산업이 아니면 설립이 쉽지 않았다.

미국 최초의 일반주식회사법은 1811년에 뉴욕 주에서 제정되었다. 요건을 충족하면 특별한 입법 없이 법인 설립이 허용되었다. 1830년대 이후에는 다른 여러 주에서도 유한책임을 규정한 일반법이 제정되었다. 시장이 확대되고 기술진보가 이루어지면서 기업의 법인화의 필요성도 증대하였다. 법인의 공공적 역할에 대한 기대의식은 희박해지고 사업기회의 확대가 중요해졌다. 그 속에서 기업의 법인화는 진전되었다. 1811~48년에 224개 직물제조기업, 63개 금속제품 제조기업, 15개 유리제품 제조기업이 법인기업으로 설립되었다. 주식회사 수는 1850년대에 급증하였다. 1860년까지 공업이 성행한 모든 주에서는 어떤 형태든 일반주식회사법이 도입되었다. 그럼에도 1860년에도 제조업기업은 대부분 개인기업이거나 파트너십조직이었다.

한편 제조업의 경우 기업 형태는 주식회사이면서도 주식은 소수의 주주에 집중되어 공개주식시장에서 거래되지는 않았다. 따라서 그것은 소유 형태로 보면 사실상 개인기업 내지 파트너십의 성격을 크게 벗어난 것은 아니었다. 일부 면공업기업의 주식은 보스턴의 주식거래소에서 거래되었으나 별로 중요하지는 않았다. 1880년대에도 대부분의 대규모 제조업기업에서 주식은 소규모그룹에 집중되어 공개적으로 매매되지는 않았다. 그 전형적 예는 카네기의 기업들에서 볼 수 있다. 카네기의 기업들은 1892년에 이르기까지 법인화도 되지 않았다. 당시까지 기업의 주주는 25명에 불과하였으며 소유주식비율도 1% 이하에서 58.5%에 이르고 있었다. 주식은 엄격한 협정에 의해서 카네기 기업에 대해서만 매각할 수 있었다.[13] 따라서 기업은 대중자본을 광범하게 동원하지 못하고 필요자금을 소수주주자금, 내부유보금 및 은행차입금으로 충당하였다.

2) 자본의 원천

공업화 초기 미국기업의 필요자금의 규모는 크지 않았다. 자본집약적 공업은 거의 존재하지 않았다. 기업의 자금수요가 크지 않았다고 해서 자금조달이 반드시 용이한 것은 아니었다. 자금공급액도 상대적으로 작았기 때문이다. 특히 노동집약적 산업이 일반적인 분위기에서 기업은 거액의 운영자금이 필요하였다. 기계화가 진전되고 생산량이 증대하면서 생산재와 재고투자를 위한 자금수요도 증가하였다.

그럼에도 한 공장당 평균투자액은 일반적으로는 그리 큰 것은 아니었다. 1832년의 한 보고에 따르면 다수의 소규모 제조업자의 경우 각각의 총자본투자액은 1,000달러 미만이었다. 로드 아일랜드에서는 공장의 84%가 불입자본 5만 달러 이하였다. 119개 면공장의 평균투자액은 약 4만 3,000달러, 22개 모직물공장은 1만 5,000달러였다. 필요자본 규모가 좀 더 큰 제철업에서도 남북전쟁 직전의 피츠버그의 압연공장의 평균 자본규모는 15만 달러에 불과하였다. 한편 자본규모가 큰 대규모 공장도 있었다. 1850년의 한 조사에 따르면 면공업기업 1,094사 중에서 41사는 자본금 25만 달러 또는 그 이상이거나 2만 5,000추 이상의 방추를 소유하는 대공장이었다. 이들 상위 41사의 평균자본액은 83만 달러였으며 그중에는 창립자본금이 100만 달러 이상인 대기업들도 있었다. 그에 비해서 나머지 153사의 평균자본액은 3만 8,000달러였다. 일부에서 대규모 기업이 출현하는 가운데 대다수 기업의 자본은 소규모였다.[14]

산업자본은 어디서 공급되었는가? 소규모 제조업의 경우 기업경영자는 기본적으로 자신의 축적자금과 친척이나 친지의 자금을 동원하여 사업을 시작하고 내부유보금으로 추가 투자를 하면서 확장할 수 있었다. 그러나 영국 같은 오랜 공업적 축적기반이 없는 미국에서는 산업자본 자체가 원천이 되는 데는 한계가 있었다. 그러한 한계는 산업기계화가 한층 더 급속하게 이루어질 수밖에 없었던 후발공업국인 미국의 경우 더욱 컸다.

이러한 조건에서 산업자본의 원천으로 중요한 것은 상업자본이었다. 자본력이 부족하거나 없는 소규모 제조업자나 기술소유자가 기업을 설립할 경우 일반적으로 이용된 기업 형태는 파트너십이었다. 그 경우 상인은 필요자본을 출자함으로써 동업자로 참가하였다. 상업자본은 주식회사 형태의 기업 설립에서도 매우 중요하였다. 잘 알려진 예로는 앞에서도 본 바와 같이 슬레이터의 방직기업은 자신의 방적기술을 프로비던스의 부유한 상인 올미와 브라운의 자본과 결합하여 파트너십 형태로 설립된 기업이었으며 보스턴제조회사는 보스턴의 유력상인그룹에 의해서 주식회사 형태로 설립된 기업이었다.

식민지시대 이래 아메리카 북부에서 중부에 이르는 대서양연안지역의 보스턴, 프로비던스, 뉴욕, 필라델피아 등 주요 도시에는 국내 상업과 국제무역, 해운업이 활발하게 전개되었고 그 속에서 부유한 상인층이 형성되었다. 그들 상인은 잉여자금을 금융, 토지 또는 부동산, 제조업 등에 투자하였다. 그들은 19세기 초에 국제적 분쟁과 1812년의 대영전쟁 등으로 대외무역과 해운업이 위축된 한편 제조업이 자극을 받게 되자 제조업으로 투자 방향을 전환하였다.

뉴잉글랜드 상인들은 지역의 유치산업에 대한 자본제공자로서 중요하였다. 1834년까지 뉴잉글랜드의 8개 주요 섬유공장 주주의 46%는 상인이었으며 그들은 공장자산가치의 54%를 소유하고 있었다.[15] 상인자본은 섬유만이 아니라 성장하는 산업에 광범하게 투자되었다. 예를 들어 제철업에는 독창적인 고품질철제 레일 제작공정을 개발하면서도 자금 부족으로 사업화에 실패한 기계공들이 1853년에 철제품상인이며 금융인인 존스(Benjamin Jones)와 저장식품 판매업자인 자산가 라플린(James Laughlin)과의 파트너십으로 설립한 존스 라플린사(Jones & Laughlin Company)는 이윤의 재투자와 라플린의 자본주입으로 1857년까지 용광

로, 연철로, 5기의 압연기, 25기의 못제조기를 갖춘 제철공장으로 성장하였다.[16]

산업기업은 이윤을 재투자하면서 성장하였다. 산업화의 초기단계에서 기업이윤은 일반적으로 높았다. 개인기업 내지 파트너십 형태의 기업은 고율의 내부유보정책으로 자기금융력을 강화하였다. 산업자본화한 상인자본은 산업이익금을 증자와 다른 회사들에 대한 투자자금으로 이용하였다. 면공업에서 보면 1813년에 자본금 10만 달러로 설립된 보스턴제조회사는 몇 년 후에는 40만 달러로, 30만 달러의 자본금으로 시작한 월섬사(Waltham Company)는 얼마 후에 60만 달러로, 그리고 60만 달러로 시작한 메리맥제조회사(Merrimack Manufacturing Company)는 1844년까지 120만 달러로 각각 증자하였다. 한편 보스턴제조회사의 설립구성원 중 몇 사람은 적어도 다른 7개 회사의 주식을 그리고 월섬 및 로웰사의 발기주주 전원이 다른 회사의 주식을 각각 소유하고 있었다. 그들은 융자범위를 제조업만이 아니라 하천 및 철도운송 사업으로까지 확대하였다.[17]

3) 금융제도의 전개

(1) 늦은 출발

산업혁명이 급속하게 전개되면서 기업의 자본수요도 증가하였다. 그에 따라 기업의 자본조달에서 은행융자의 중요성은 증대하였다. 그러나 미국에서는 은행제도의 발달은 뒤늦었고 순조롭지도 않았다. 그러한 과정에서 미국의 금융제도는 특징적으로 전개되면서 중요한 역할을 하였다.

무엇보다도 미국의 은행제도는 시발이 늦었다. 첫째, 공업발달이 늦었고 중북부 여러 주에서는 자급자족적 농업이 광범하게 전개되어 노동인구의 90%가 농업종사자인 단계에서 필요자금은 주로 자신의 저축에서 조달하였으며 금융 중개업자의 필요는 크지 않았다. 초기의 기업도 자금 압박이 크지 않았으며 필요하면 상호금융과 지방 상인에 의한 금융을 이용할 수 있었다. 둘째, 은행에 대해서는 회의적·적대적 인식이 있었다. 은행의 신용창출은 사기와 다름없는 행위로 보았던 것이다. 셋째, 영국 금융시장이 지배하는 속에서 미국의 무역업자들은 발달한 영국의 금융망에 의존하였다.

산업기업이 새로이 전개되어 자금수요가 커지면서 은행은 중요한 역할을 하게 되었다. 영국을 비롯한 유럽에서는 과잉자금을 운용하기 위해서 은행이 출현하였는 데 비해 미국에서는 부족한 자금을 조달하기 위해서 발달하였다. 미국에서 일찍부터 발달하여 산업혁명기를 통하여 산업기업에 대한 금융에서 중요한 역할을 한 것은 상업은행이었다. 미국에는 1790년 이전에는 3개 은행만이 있었다. 최초의 은행은 필라델피아에 설립된 북미은행(Bank of North America)이었고 뒤이어 뉴욕과 보스턴에서 각각 뉴욕은행(Bank of New York)과 매사추세츠은행(Massachusetts Bank)이 설립되었다. 이들은 주정부의 특허를 얻은 주법은행(state bank)으로 주식회사조직의 민간 상업은행이었다.

(2) 초기의 중앙은행

낙후된 금융제도를 정비하는 것은 연방정부가 추진해야 할 과제였다. 초대 재무장관 해밀턴이 추진한 금융제도 정비의 중심과제는 잉글랜드은행을 모델로 한 중앙은행을 국법은행(national bank)으로 설립한다는 것이었다. 국법은행은 풍부한 자금으로 공신력을 유지하고 대정부금융과 함께 민간 상공업기업에 대한 금융을 할 것으로 기대되었다. 또한 그것은 전국의 통화 및 신용과 연방정부의 재정정책에도 큰 영향을 미칠 수 있었다. 국법은행의 설립에 대해서는 남부의 대농장주들의 이해관계를 대변하는 제퍼슨(Thomas Jefferson)을 중심으로 한 반연방주의자들은 이 은행이 금융을 독점할 위험성이 있고 중북부의 상공업기업에만 유리할 수 있다는 이유로 강력하게 반대하였다. 그러한 반대 속에서 1791년에 20년 동안의 특허를 얻은 '제1차 합중국은행(First Bank of the United

States)'이 국법은행으로 설립되었다. 자본금 1,000만 달러(그중 정부출자 200만 달러)로 설립된 이 은행의 주요업무는 예금, 대출, 어음할인, 은행권 발행이었다. 이 은행은 특허기간에 통화관리와 정부의 금융대행기관으로서의 기능을 성공적으로 수행하였으나 영업특허는 갱신되지 않았다. 이 은행의 특허갱신에 대해서는 이 은행이 가진 강력한 금융영향력에 반발한 주법은행들과 남부의 대농장주 세력이 반대하였다. 이에 대통령이 된 남부세력의 대변인 제퍼슨이 특허갱신을 거부함으로써 이 은행은 1811년 특허기간 만료와 함께 문을 닫았다.

정화를 지불하는 국법은행의 억제력이 소멸되자 주법은행은 불과 5년 동안 88개에서 246개로 급증하고 그들 은행이 발행하여 유통하는 은행권도 크게 증가하였다. 주법은행들은 각각 독자적으로 은행권을 발행함으로써 다양한 은행권이 유통되고 때로는 50%에 이른 고율로 할인될 만큼 가치가 하락하였다. 통화의 혼란 상태는 1812년의 전시재정기에 더욱 심하였다. 은행권 발행의 증가만이 아니라 법화가 아닌 재무성증권과 공채가 발행되었다. 공채는 제1차를 제외하고 20%나 높은 할인율로 매각되었다. 전시재정곤란과 통화혼란에 직면하여 국법은행의 필요성은 크게 부각되었다. 남부와 서부도 언제까지나 반대만 할 수는 없었다. 이에 1816년에는 특허기간 20년의 '제2차 합중국은행(Second Bank of the United States)'이 설립되었다. 태환의무가 있는 이 은행의 은행권은 정부에 대한 납세수단으로 이용되었으며 주법은행권의 태환의무를 강제하였다.

제2차 합중국은행은 상업은행, 정부금융대행기관, 건전통화의 발행 및 보호기관으로서의 기능을 수행하였다. 그러나 그에 대한 반대세력도 커지고 있었다. 이 은행이 지점을 설립하고 활동을 확대하자 주법은행들이 이에 반대하였다. 결국 1836년에 특허기간이 만료되면서 이 은행은 해산되고 주법은행으로 개편되었다. 그 후 미국에서는 1913년에 연방준비은행(Federal Reserve Bank)이 설립될 때까지 중앙은행은 실질적으로 나타나지 않았다.

1830년대에서 남북전쟁에 이르기까지 남부의 정치적 세력이 우세한 가운데 은행통제는 연방정부의 손을 떠나 주정부로 넘어갔다. 그 속에서 주법은행이 뒤이어 설립되면서 난립하였다. 1820년 307행이던 주법은행은 1861년 1,601행으로 급증하고 자본금과 유통은행권도 크게 증가하였다.[18] 주정부는 태환불능은행권에 대한 과태료부과나 은행권 발행제한 등의 통제수단을 도입하였다. 그럼에도 많은 은행이 은행권을 남발함으로써 그 가치는 불안정하였다. 국법은행제도가 확립된 것은 남북전쟁기에 이르러서였다.

(3) 상업은행

중앙은행의 전개가 단속적인 가운데 금융기관으로서 중심 역할을 수행한 것은 주법에 의해 설립된 상업은행이었다. 부유한 상인층을 중심으로 여러 도시에서 설립된 상업은행은 초기에는 외국무역과 조선업에 대한 단기상업금융을 하였다. 그러나 1820년 이후에는 상인만이 아니라 제조업자, 직인, 소경영인들도 은행업에 진출하였다. 공업이 성장하고 산업금융의 필요가 커지면서 상업은행은 단기금융만이 아니라 장기금융도 하였다. 상업은행은 산업기업에 대해서 일반적으로 4개월 기한의 단기대부를 하였으나 특별한 경우에는 2년 기한의 장기대부도 하였다. 단기대부도 갱신되면서 사실상 장기대부로 바뀔 수가 있었다. 장기대부의 중요성이 커지면서 금융수단도 운전자금 융자를 위한 '상업어음(commercial paper)'에서 고정자본 융자를 위한 '융통어음(accommodation paper)'으로 그 중심이 변화하였다.[19] 한편 상업은행의 채권투자는 인정되었으나 주식투자는 허용되지 않았다.

국법은행법이 제정(1863)되고 그 후 국법에 의한 상업은행의 설립이 급증하는 속에서 주법은행의 지위는 크게 하락하였다. 미국 산업혁명기의 산업기업에 대한 금융기관으로서 중심적 구실을 한 상업은행은 19

세기 말엽 이후에는 국법은행으로 제도적 기반을 바꾸면서 새롭게 전개되었다.

(4) 투자은행

상업은행의 투자업무가 제약된 속에서 투자업무는 투자은행, 저축은행, 신탁회사, 생명보험회사 등의 금융기관에 의해서 수행되었다. 특히 장기산업금융에서 투자은행(investment banks)의 역할은 컸다. 투자은행도 다른 금융기관과 같이 일찍부터 나타났으나 19세기 초에는 경영기반이 취약하여 실패하는 경우가 많았다. 투자은행은 1820~30년대에는 주채(州債)를 중심으로 대량으로 발행된 증권의 인수·판매과정에서 새로이 발흥하였다. 이들 증권투자에는 상업은행, 개인은행 및 영국을 중심으로 한 외국 금융업자들이 참가하였다.

증권투자에는 각종 금융기관을 통해서 동부 여러 도시의 상인자본을 비롯한 국내자본이 동원되었다. 그러나 국내투자자금이 부족한 상태에서 외국자본의 도입이 불가피하였다. 따라서 대량의 증권거래에는 외국자본과 연계관계를 가진 뉴욕의 개인은행이 주도적 역할을 하게 되었다. 그들은 국제무역으로 자본을 축적하고 영국을 비롯한 유럽 제국과 금융적 연계를 가지고 투자은행가로 활동한 '상인은행가(merchant bankers)'였다. 이들 투자은행은 1840년대와 50년대에는 대량의 철도증권거래와 남북전쟁기에는 20억 달러에 달한 국채거래를 통해서 크게 성장하였다. 급속한 철도 건설에는 영국을 비롯한 유럽자본이 대규모로 투자되었다. 이들 외국자본의 도입을 주도한 것은 투자은행이었다. 투자은행은 특히 1860년대에 들어서 부차적으로나마 영위하던 상업은행업무를 포기하고 투자은행업무에 전념하게 되었다.

그 속에서 다수의 투자은행이 설립되었다. 유명한 제이 쿡상회(Jay Cook & Co.)와 쿤 레옵상회(Kuhn Leob & Co.)는 각각 1861년과 67년에 설립되었다. 한편 금융자본의 전형으로 19세기 말엽의 대규모 기업통합운동에서 주도적 역할을 한 모건(J.P. Morgan)은 1860년대에 부친(J.S. Morgan)의 지원으로 뉴욕에서 투자금융에 종사하고 1871년에는 투자은행가로서 도약의 기반이 된 드렉셀, 모건상회(Drexel, Morgan & Co.)를 설립하였다.

(5) 증권거래소

투자은행가와 브로커의 활동무대가 된 정식 증권거래소는 1800년 필라델피아를 효시로 1817년에는 뉴욕과 훨씬 뒤인 1840년에는 보스턴에서 설립되었다. 그러나 그 활동은 19세기 초에는 활발하지 못하였다. 가장 중요한 공채거래는 금액으로는 아직 크지 않았으며 제조회사는 대부분 소규모의 개인소유 기업이었다. 따라서 전문 주식중매인은 없었으며 그 기능은 유가증권 취급상인이 다양한 금융서비스의 일부로 수행하는 데 그쳤다. 주식거래액은 1830년에 1,000주에 불과하였고 1835년의 호황기에는 6,000주로 증가하였으나 국채상환 후에는 거래 업무가 크게 위축되었다.

증권거래소에 새로운 활력을 불어넣은 것은 철도 건설이었다. 1850년대의 철도 붐 시기에는 4주간 거래량이 100만 주에 달하였다. 당시 증권거래소에는 15억 달러의 유가증권이 상장되어 있었다. 뉴욕 센트럴 철도(New York Central Railroad)는 2,500명 그리고 매사추세츠 웨스턴철도(Massachusetts Western)는 2,300명의 주주가 있었다. 그에 비해서 제조회사의 주식은 보스턴증권거래소에는 약간이나마 상장되어 있었으나 뉴욕증권거래소에는 아직도 상장되지 않았다. 증권거래소는 아직도 제조회사의 자본조달기관이 되지는 못하였다.[20]

2. 노동

1) 관리조직

19세기 전반기를 통하여 산업기업은 기본적으로 단일상품을 생산하는 전업기업이었으며 관리업무는 비교적 단순하였다. 초과수요가 존재하고 제품판매는 외부의 유통조직에 의존하는 상태에서 산업기업으로서 중요한 것은 생산증대였다. 그러기 위해서 기계를 설치한 공장이 건설되고 노동자가 고용, 관리되었다.

개인기업 내지 파트너십의 경우 관리조직은 단순하였고 기업경영자는 소유자이면서 관리자로 경영 전반에 걸쳐서 독재적 권한을 행사하였다. 주식회사의 경우도 기업의 소유와 경영이 실질적으로 분리되지 않았다. 소수의 집단이 주식을 소유하고 있는 상태에서 주식회사는 실질적으로 파트너십과 유사한 조직이었으며 주주들로 구성된 이사회의 대표가 경영관리를 관장하였다. 1860년에 페퍼렐(Pepperell)사는 종업원 800명의 미국 최대 섬유공장이었으나 한 사람의 관리인이 몇 시간이면 순찰, 파악할 수 있는 규모였으며, 파트너들은 판매, 자금조달 등 책임을 분담하고 그들 간의 조정은 비공식 대화로 이루어졌다.

그러나 이러한 비공식성은 1860년 이전의 최대급 면방직기업에서는 변화하고 있었다. 그곳에서는 공장주가 재무관리인과 공장청부관리인을 두어 일상적 업무를 관리하게 하였다. 예를 들어 사무엘 슬레이터는 1835년 사망 시에 남긴 뉴잉글랜드의 3개 주에 걸친 면섬유공장 10개, 기계공장 2개, 도매·위탁판매회사 1개의 섬유왕국을 관리하는 데 유급 관리인을 고용하고 자신은 공장들의 업무조정과 사업계획에 관심을 가졌다.[21]

주식회사 형태의 통합된 면섬유기업의 경우 관리조직은 일반적으로 주주들로 구성된 최고 의사결정기관인 이사회(board of directors) - 명목적인 업무집행인인 사장(president) – 실질적인 업무 전반의 관리인인 재무담당(treasurer) – 일상적 공장관리인인 공장대리인(mill agent) 내지 공장장(superintendent)으로 구성되어 있었다.

관리인으로서 중심적 위치에 있는 재무담당은 공장 소재지와는 떨어진 보스턴 등 상업중심지에 거주하면서 운전·고정자금의 조달, 배당금의 차용 내지 지불, 원료구매 등의 업무를 수행하였다. 공장의 일상적 관리업무는 유급의 공장대리인이나 공장장이 수행하였다. 그는 운하의 기사나 보험회사의 검사인과 같은 기술자로 공장 내부의 노동자와 기계, 그리고 공정 간의 원료의 흐름을 관리하는 생산책임자였다. 재무담당은 공장대리인이 보내오는 회계기록과 매주 하는 공장시찰을 통해서 공장대리인과 접촉하였다. 공장대리인은 각 공정의 흐름을 전반적으로 관리하였으며 각 공정의 노동자는 2~3명의 감독 내지 직장(foremen, overseers)이 관리하였다.

제조업기업의 기본기능인 재무, 구매, 생산, 판매는 일상적으로 상호 긴밀한 접촉이 없는 사람이나 기업이 수행하였다. 이들 기능이 기업 내부에서 통합 관리되는 중앙관리기구 및 관리계층이 나타나는 것은 일반적으로는 남북전쟁 훨씬 뒤의 일이었다.[22]

2) 노무관리

관리 면에서 초기의 기업경영자가 직면한 과제는 필요한 노동자를 고용하고 관리하는 일이었다. 기계제공장 공업에서는 가내공업의 경우와는 비교할 수 없을 만큼 다수의 노동자가 필요하였다. 그뿐만 아니라 공장노동자는 기계의 규칙적 운동에 맞춰서 작업하지 않으면 안 되었다. 따라서 산업기업인으로서는 공장이나 작업장에 적합한 노동자를 고용, 교육, 훈련하는 일이 중요한 과제가 되었다.

초기의 섬유공장노동자의 고용에는 두 가지 방법이 고안되었다. 하나는 가족제도이며 다른 하나는 기숙사제도였다. 전자는 슬레이터의 공장에서 처음 도입한 방법으로, 가족단위로 고용하여 공장 주변의 회사가 제공하는 사택에 거주하게 하고 성인 남자에게는 힘든 작업을 그리고 여자와 어린이에게는 가볍고 간단한 작업을 담당하게 하였다. 한편 기숙사제도는 보스턴제조회사에서 처음 도입하여 월섬형 방적공장에서 널리 이용된 방법으로 주변 농촌에서 젊은 부녀자를 모집, 고용하여 회사가 제공한 기숙사에 거주하도록 한 것이다. 이 제도는 회사로서는 양호한 주거환경을 제공하면서 노동력을 확보, 교육, 감독하는 효과를 올릴 수 있었고, 부녀자노동자로서는 상대적으로 높은 임금을 받으면서 생활비를 절약할 수 있어 초기에는 인기가 있었다.

이들 고용방법은 가부장적 온정주의와 엄격한 규율이 혼합된 관리제도였다. 이러한 제도 하에서 부녀자와 어린이의 고용은 19세기 전반기에는 광범하게 이루어졌다. 1820년에는 면공장노동자의 50% 내외가 어린이였다. 어린이의 높은 비율은 그 후 감소하고 부녀자의 비율이 높아졌다. 1850년대 페퍼렐사의 2개 공장에서는 노동자의 60~80%가 부녀자였다.[23]

면방적공장과 같이 다수의 비숙련노동자가 작업의 중심이 되는 경우 고용과 관리 형태는 일반적으로 직접고용과 집중관리였다. 고용주는 다수의 노동자를 직접 고용하여 일정한 체계에 따라 일원적·집중적으로 관리하였다. 이에 대해서 방적기계라든가 총기 등 각종 기계제조공업과 같이 숙련노동력이 중심이 되는 경우에는 이중적·간접적 고용, 관리조직인 내부청부제도(inside contract system, subcontract system)가 광범하게 보급되었다.

내부청부제도는 기업주가 직접 고용한 숙련공에게 공장 내부에서 작업장, 기계, 동력, 원료 등을 제공하여 일정량의 생산을 일정 금액으로 하청을 주면 그것을 청부한 숙련공은 그들 생산시설과 재료를 이용하여 자신이 고용한 노동자를 훈련, 감독하면서 생산하는 제도였다. 그 경우 내부청부인의 수입은 기본급인 일급과 청부금액에서 자신이 고용한 노동자에 대한 임금을 공제한 청부이윤으로 구성되었다.

기업경영자는 내부청부제도를 이용함으로써 생산공정에서 나타나는 기술적 문제라든가 노무관리 등의 문제에서 해방될 수 있었다. 한편 내부청부업자는 기업주에 고용되면서도 자신이 필요한 보조노동자를 직접 고용, 감독하고 생산에 책임을 지는 사실상의 독립생산자로서 청부이윤을 올릴 수 있었다. 그들은 대부분 기계공, 직인 등의 숙련기술자로서 독립작업장을 갖지 못하면서도 공장 내부에서 실질적으로 독립생산자의 지위를 가질 수 있었다. 그들 중에는 후에 독립하여 기업인이 되거나 직장이 되는 경우도 있었다. 또한 노동자로서는 고용주(내부청부인)와 친근한 인간관계를 유지할 수 있었다. 내부청부인은 노동자를 가족이나 친지를 고용하기도 하였다. 그러나 내부청부제도하에서는 노동자가 직접 감독, 통제됨으로써 노동이 강화될 수도 있었다.

내부청부제도는 길드제도하에서의 장인-도제관계가 공장장-직장-공원이라는 라인조직으로 이행하는 과정에서 나타난 과도적 제도였다. 내부청부제도는 1873년 이후의 불황 속에서 나타난 청부단가 삭감 → 청부이윤의 감소 → 노동 강화 → 노동 불안으로 말미암아 존립 기반이 약화되었다. 더구나 기업규모가 거대해지면서 공장 내의 작업과정은 통합적·집중적으로 관리되지 않으면 안 되었다. 이에 분권적 관리제도인 내부청부제도는 소멸하고 통일적으로 고용, 관리되는 집중관리제도가 확립되었다. 그 속에서 생산성 향상을 지향한 관리방법으로 '체계적 관리(systematic management)', '과학적 관리(scientific management)'가 나타나게 되었다.

4절 유통조직

1. 초기의 유통조직

19세기 전반기를 통하여 산업기업은 기본적으로 생산에 종사하고 제품 판매는 외부의 유통조직에 의존하였다. 이 시기 미국에서는 산업혁명이 전개되고 서부에서의 상업적 농업이 발전하고 교통혁명이 진전되어 국내시장이 확대되면서 전문상품거래망이 복잡하게 발달하였다. 그 속에서 기본적 판매조직은 생산자 내지 수입업자 - 대리상 내지 도매상 - 소매상의 형태였다. 기업이 제조한 상품은 전문도매상 내지 판매대리점에 넘겨지면 이들 중간상인이 인수한 상품은 여러 형태의 거래망을 통해서 최종소비자에게 도달하였다. 따라서 제조업기업으로서 직접적으로 중요한 판매조직은 도매상 내지 판매대리점이었다.

식민지시대에서 19세기 초에 이르기까지 유통조직에서 중심적 위치에 있던 상인은 일반상인(general merchant)이었다. 그들은 보스턴, 뉴욕, 필라델피아 등 해항도시나 하천연안도시를 본거지로 영업한 정주상인(sedentary merchant)이었다. 그들은 단독 또는 가족 경영으로 수출입, 도매, 소매, 선대, 수송, 금융, 보험, 부동산, 조선, 선박운영, 하역 등의 사업을 다각적으로 수행하였다. 산업이 아직 발달하지 못하고 광대한 지역을 연결할 교통망이 형성되지 못하여 시장규모가 작고 지역적으로 너무나 격리되어 있으며 금융기구도 발달하지 못한 단계에서 상인으로서는 전문화된 단일사업으로 영업이윤을 올릴 수는 없었으며 다양한 사업을 종합적으로 수행할 필요가 있었던 것이다.

일반상인의 다각적 사업의 전형적 사례는 핸콕(Thomas Hancock)의 활동에서 볼 수 있다. 그는 도제수업을 마친 후 서적상과 출판업을 영위하였다. 그는 30대가 되는 1730년대에 취급상품 종류를 의복재료, 차, 칼붙이 등으로 넓혀 다른 일반상인과 같은 상점을 가지고 도매와 소매를 하였다. 고객에는 보스턴상인과 지방의 상점주도 포함되어 있었다. 통상적인 판로가 없는 경우에는 종종 행상인에게 판매하였다. 핸콕에게 지방의 상점주는 고객이면서 동시에 구입상대이기도 하였다. 주문의 대부분은 다품종 소량이었고 사업의 태반은 신용판매였다. 핸콕이 구입, 판매한 상품은 대부분이 영국에서 수입한 물품이었다. 해외에서 상품의 구입과 판매는 대리인에 의존하였다. 미발달 상태의 경제와 불확실한 통화 및 외환 사정으로 인하여 핸콕은 수입상품을 결제하기 위하여 영국에서 판매할 수 있는 상품을 국내에서 조달할 필요가 있었다. 영국 파운드화 획득의 제1의 원천은 포경업 및 기타 어업 생산물이었다. 지방산 상품은 이들과 교환되어 영국으로 수출되었다. 그는 기본사업인 수입업 외에도 선박 소유, 은행업, 유럽에의 우편서비스사업을 하는 등 다각적으로 사업을 전개하였으며 지방의 제조업과 포경업 발전에도 기여하였다.[24]

해항도시에서는 18세기 중엽까지 일반상인을 중심으로 부유한 상인그룹이 형성되어 사회, 경제적으로 큰 영향력을 미쳤다. 그들의 영향력은 19세기 전반기에도 상당 정도 지속되었다.

일반상인의 다각적·종합적 상업활동은 19세기 초 이후 쇠퇴하고 그에 대신하여 전문적 상인활동이 전개되었다. 산업혁명이 전개되는 가운데 다양한 공업제품과 농업생산물 공급이 확대되고 수송망의 확대로 서부를 포함한 광대한 지역에 걸친 상품유통의 편의가 증대하였다. 그에 따라 시장은 크게 확대하였다. 새로운 시장조건이 전개되면서 상인은 다품종 재고상품을 확보하면서 다각적으로 영업할 필요가 없게 되었다. 오히려 단일상품을 다량으로 거래하는 것이 합리적이었다. 시장조건의 변화에 대응해서 좁은 범위의 상품을 취급하는 전문적 상업기업이 일반상인을 대신해 유통조직의 중심이 되었다.

2. 수송망 확대

19세기 전반기의 유통조직 변화와 관련하여 중요한 것은 수송수단의 발달이었다. 초기의 미국에서는 수송문제가 마케팅에서 최대의 애로였다. 수송 없이는 상품판매는 사실상 이루어질 수 없었다. 특히 광대한 내륙이 있으면서도 유효한 수송수단이 개발되지 못한 19세기 초의 미국에서 상품판매상의 최대의 문제는 수송문제였다. 이러한 문제를 근본적으로 극복하고 유통조직의 변화에 영향을 미친 것은 교통수단의 발달에 따른 광범한 수송망의 형성이었다.

19세기 전반기 미국의 교통수단은 유료도로 건설과 도로개량, 운하건설과 하천이용도의 증대, 철도 건설을 통해서 발달하였다. 유료도로 건설은 1794년에 개통된 필라델피아 - 랭커스터 간의 62마일을 효시로 1811년에는 컴벌랜드 도로(Cumberland Road)의 건설 착공으로 본격화되었다. 컴벌랜드(메릴랜드 주)에서 반달리아(일리노이 주)에 이르는 총길이 834마일의 간선도로로 계획된 컴벌랜드 도로는 1818년까지 오하이오 강변까지 130마일이 개통되고, 1844년에 완공되었다. 서부로 뻗은 이 간선도로의 건설로 여행시간은 크게 단축되고 운임도 2분의 1로 하락하였다. 그러나 그것은 부피가 크며 중량이 무겁고 부패하기 쉬운 화물의 수송문제를 해결할 수는 없었다.

운하시대의 개막에 앞서서 화물수송을 위한 동맥은 자연하천이었다. 자연하천을 평저선이 왕래하면서 화물을 수송하였다. 수송비는 육상수송보다 낮았으나 속도는 크게 느렸다. 특히 하천 상류로의 소행에는 많은 노력과 시간이 소요되었다. 오하이오 강으로 루이스 빌에서 뉴올리언스까지의 수송에는 20~30일, 역으로 상류로의 소행에는 30명의 인력과 3개월 이상이 소요되었다. 하천수송상의 이러한 문제는 증기선의 이용으로 많이 극복되었다. 이에 획기적 공헌을 한 것은 1807년에 풀턴(Robert Fulton)이 증기선 클러몬트(Clermont)호로 뉴욕에서 올버니까지의 시험항행에 성공한 일이었다. 증기선은 그 후 개량되면서 1815년에는 뉴올리언스에서 루이스 빌까지의 운항이 가능해졌다. 소요시간은 90일에서 35일로, 그리고 1825년에는 10일로 그리고 1850년에는 5일로 단축되었다. 뉴욕에서 올버니까지는 32시간이 소요되었다. 수송비도 대폭 하락하였다.[25]

동부에서 시도된 증기선의 하천항행은 오하이오 강, 미시시피 강, 미주리 강에서 이용되어 서부의 수송수단으로 중요한 역할을 하였다. 그 결과 동부에서 육로로 수송되던 화물이 하천으로 수송되었다. 수송비 하락은 서부에서의 생산을 자극하고 다량의 상품을 저렴하고 빠르게 서부로 공급할 수 있게 하였다. 유통망이 개선되면서 서부는 미시시피 강 등을 통해서 남부와 더 나아가 대서양연안의 북동부와 연결되었다. 지역 간 생산물교역이 증대함에 따라 하천연안에는 교역중심지인 크고 작은 도시가 출현하였고 뉴올리언스는 전국적인 수출중심지가 되었다.

운하가 건설되면서 수로교통수단은 더욱 확대되었다. 운하를 통해서 강과 호수가 연결되고 그것은 또 다른 강과 연결되었다. 운하 건설로 서부와 동부는 수로로 직접 연결되어 수송비 하락, 시간단축, 이용 편의 효과가 증대하였다.

운하 건설은 1815~40년에 크게 진전하였다. 초기에 건설된 운하는 큰 하천, 만, 호수의 가지수로 내지 연결수로로 연장거리는 최장의 경우도 28마일이었다. 그 속에서 1825년에 완공된 전장 364마일의 이리 운하(Erie Canal)의 건설은 획기적이었다. 이 운하는 5대호 지방을 동부의 대서양연안과 서부의 미시시피 강 수송로체계와 연결하기 위하여 건설된 것이다. 이리 운하의 효과로 수송비의 하락과 함께 중서부의 상업적 농업과 동부의 공업성장 그리고 지역적 전문화와 분업이 촉진되었다. 이리 운하는 5대호를 중서부의 대하천과 연결하는 운하 건설을 자극하였다. 1832년에 오하이오 운하(Ohio Canal)는 이리 호반도시와 연결되고 1848년에는 일리노이 강은 미시건 호와 연결되었다. 운하체계의 완성으로 미시시피 강 유역 → 5대호 → 이리 운하 → 허드슨 강 → 뉴욕에 이르는 저렴한 수로가 조성되었다.

유료도로, 증기선, 운하는 미국의 전국적 유통조직에 크게 공헌하였다. 그러나 그들은 교통수단으로 충분한 것은 아니었다. 상품수송에는 아직도 장시간이 소요되었고 수송능력에도 한계가 있었다. 이들 한계를 극복한 교통수단으로 나타난 것이 철도였다. 철도는 속도가 빠를 뿐 아니라 철, 석탄 등 부피가 크고 큰 중량의 상품을 포함하여 모든 종류의 상품을 수송할 수 있었다. 더구나 철도는 기후나 일기 조건에 관계없이 운행할 수 있고 자연조건에 크게 영향받지 않고 필요한 지역과 연결할 수 있었다. 1830~60년대에 급속하게 건설된 철도는 전국적 시장통합과 유통조직의 전개에 결정적 역할을 수행하였다.

3. 유통조직의 변화

공업과 농업의 발전으로 다양한 상품이 다량으로 공급되고 확대된 수송망을 통해서 전국적으로 유통되면서 상업 활동도 활발하게 전개되었다. 복잡한 상품거래망이 발달하면서 전문화한 상품거래 기회가 증가하고 그에 대응해서 전문화한 상업기업이 증가하였다. 1800년대에는 다수의 전문화한 상업조직이 있었으며 그 후 점차 지배적으로 되었다. 일반 상인은 1840년대까지 거의 자취를 감추었다. 전문화한 상인이 도매상 내지 대리상으로 기능하면서 유통조직에서 중심 역할을 하였다.

상인기능의 분화에 따른 전문상인이 대두하게 된 계기는 면화 거래의 증대였다. 랭커셔(영국)와 뉴잉글랜드 면공업의 발전에 따른 면화 거래의 증대는 전문상인을 낳았으며 그들이 면화재배 농장주와 면방적업자 사이에서 면화 거래를 중개하였다. 면화중매인(cotton factors)이라 불린 여상(traveling merchants)은 내륙지역을 순회하면서 대농장주에게서 수합한 면화를 뉴욕이나 뉴올리언스 등 대도시의 면화전문상사에 발송하였다. 그들은 자기책임하에 거래한 도매상이 아니라 일정한 수수료를 받고 상품을 위탁판매한 대리상이었다. 1840년까지 루이지애나와 뉴욕에서는 각각 381사와 1,044사의 위탁판매대리점이 있었다. 그 외에 수수료를 받고 면화의 매매를 중개하는 브로커가 있었다. 면화 거래에서는 약속어음과 환어음 등의 금융수단을 이용한 복잡한 신용시스템이 발달하였다.[26]

밀 등 여타 농산물 거래도 면화 거래와 유사하였다. 중서부의 상인이 농민에게서 구입하여 보관하거나 제분한 곡물과 밀가루는 버펄로와 같은 5대호 도시의 전문 위탁판매대리점을 거쳐 동부 도시나 해외의 상인에게 판매되었다. 1850년대에 거래량의 급증과 전신, 철도의 발달에 따라 농민에게서 직접 곡물을 수매하는 곡물거래상이 위탁판매대리점을 대체하였다. 그들은 시카고 등 대도시의 곡물거래소를 통해서 다른 거래상이나 브로커와 거래하였다. 거기서는 '선물(to arrive)'계약이 위탁판매를 대체해서 곡물 거래의 표준관행으로 되었다.

수입품이든 국산품이든 공업제품의 판매에서도 전문화가 진전되었다. 항만 대도시의 대상인들은 수출입에 전념하고 대다수의 상사들은 소매업을 포기하고 도매업에 전념하였다. 거래상품은 면포, 의류, 금속제품, 의약품 등 특정 상품으로 전문화되었다. 거래상품의 전문화 경향은 소비재와 생산재에서 다같이 나타났다. 수송, 금융, 보험 등도 전문업으로 되었다.

유통조직이 전문화되면서 제조업자들은 외부의 도매상이나 대리상을 통해서 자사의 제품을 판매하였다. 뉴잉글랜드의 공장들은 뉴욕이나 보스턴에 다수 존재한 판매대리점을 통해서 판매하였다. 예를 들어 보스턴제조회사는 자사제품을 판매대리점인 워드상회(B.C. Ward & Co.)를 통해서 판매하였다. 페이지상회(James W. Paige & Co.)는 워드상회의 후계사로 설립된 최초의 근대적 판매대리상으로 1828년에 뉴잉글랜드에 있는 4개 공장의 제품을 판매하기 위해서 설립되었다.

그 외에도 A.&A. 로렌스(A.&A. Lawrence)사, 메이슨 로렌스(Mason & Lawrence)사, 밀즈(J.K. Mills)사, 프란시스 스키너상회(Francis Skinner & Co.) 등은 몇몇 대공장의 독점적 판매대리점으로서 뉴욕을 중심으로 영업하였다. 예를 들어 메이슨 로렌스사는 뉴욕에서 105사, 필라델피아에서 16사, 뉴올리언스에서 15사, 기타 도시의 몇몇 회사와 거래관계를 맺고 있었다.

이들 판매대리점은 위탁받은 면직물을 1%의 수수료를 받고 다른 상인이나 소비자에게 자신의 책임으로 신용 판매하였다. 그뿐만 아니라 판매대리점은 인수한 상품에 대해서 대금을 선불하고 보험료나 수송비를 부담함으로써 제조회사에 자금을 지원하였다. 판매대리점은 모든 책임을 지고 필요한 모든 방법을 이용하여 판매활동을 하였다. 한편 이들 판매대리점은 할인율이나 지불 기일을 포함한 판매조건을 결정하였으며 생산하는 면직물의 디자인, 품질, 수량의 결정에도 영향을 미쳤다.[27]

판매대리점이 위탁받은 면제품은 도매상(jobber)의 손을 거쳐 각 지방의 소매상에 판매되어 최종소비자의 손에 들어갔다. 도매상은 생산자에게 자금을 융자하고 판매대리점과 같은 역할을 수행하였다. 수입품의 보편적 유통경로는 수입업자 → 도매상 → 소매상 → 소비자였다. 도시와 지방에는 다수의 소매점이 있었다. 지방의 소매점은 일상생활에 필요한 다양한 상품을 갖춘 잡화점(general stores)이었다. 도매상은 판매대리점에서 대량으로 구입하여 수많은 소매업자에게 소량으로 판매하였다. 행상인(peddlers)은 1840년경에도 일부 존재하였으나 전체적으로는 쇠퇴하였다. 도매상은 판매대리점과 소매업자와의 중간고리로서 중요한 역할을 하였다.

재조업자 → 판매대리상 → 도매상 → 소매상이라는 유통 형태는 면직물만이 아니라 철 및 철제품 등을 포함하여 다양한 산업의 거래에서 광범하게 존재하였다. 남북전쟁 이전 미국의 산업기업은 마케팅 문제를 기본적으로 외부의 유통조직에 위임하고 생산에 전념하였다. 상인은 자본력과 함께 마케팅 활동을 담당함으로써 산업기업에 큰 영향력을 행사하였다.

4. 직판의 등장

마케팅을 일반적으로 외부 상인에 의존하는 가운데 일부 제조업자 중에는 제품을 직접 판매하려는 움직임이 나타났다. 이러한 움직임은 1850~60년대에 맥코믹(Cyrus McCormick)의 농업기계(수확기)와 싱어(I.M. Singer)의 재봉기 판매에서 선구적으로 나타났다. 이들 기계는 사용법의 시범과 수리 등 사후 서비스까지 제공할 필요가 있는 신상품으로 기존의 유통조직을 통한 판매로는 제약이 있었다.

맥코믹은 1834년에 수확기의 특허를 획득하여 출신지인 버지니아 주 리치몬드(Richmond)에서 맥코믹 수확기회사(McCormick Reaper Company)를 설립하였다. 그 수확기의 주요 부분 7개 중 6개는 타인에 의해서 이미 발명되어 있었다. 그의 공헌은 '발명'보다도 자신의 고안을 추가하여 그들 구성부분을 처음으로 1대의 기계에 결합하여 실용적인 수확기의 원형을 만들었다는 데 있었다.

상업적 농업이 발전하는 중서부에서는 인구의 급속한 증가에도 불구하고 노동력 부족으로 농업기계화의 필요성이 증대하고 있었다. 농기구 중에서도 노동력 부족 문제와 관련해서 가장 중요한 것은 수확기였다. 왜냐하면 곡물 수확시기에는 단기간에 집중적으로 다수의 노동력이 필요했기 때문이다. 다수의 소규모 농기구제조업자들이 경쟁적으로 존재하는 속에서 맥코믹은 가장 유력한 농업기계제조업자였다.

그러나 그의 리치몬드공장에서 제조된 수확기는 수백 대에 불과하였다. 맥코믹은 성장하는 광대한 중서부 농업지대에서의 기계수요의 확대를 내다보고 1847년에 시카고에 공장을 건설하였다. 이 공장은 표준화된 수확기의 호환성부품을 자동 컨베이어벨트를 이용하여 대량 조립할 수 있는 최신 공장이었다. 1848년에 1,500대이던 이 공장의 수확기 생산대수는 1860년에는 5,000대에 달하였다. 그것은 그해에 미국에서 생산된 수확기 총수의 3분의 1에 해당하였다.

생산량의 증대에 따라 맥코믹에게는 판매문제가 새롭게 제기되었다. 그는 처음에는 각 지역의 대리점을 통해서 판매하였다. 그러나 새로운 기계인 수확기를 종래의 대리점제도를 통해서 판매하는 전통적 방법은 적합하지 않았다. 그래서 그는 고객에게 기계의 성능과 사용법을 알리고 수리도 할 수 있는 판매조직으로 프랜차이즈(franchise)제도를 도입하였다. 그것은 20세기 자동차산업에서 보급된 특약대리점제도의 선구가 되었다. 더 나아가 1870년대에 그는 대리점제도를 직접 판매제도로 전환하여 전국적인 지점망 건설을 추진하였다. 그것은 19세기 말에 전개되는 생산과 판매 기능의 통합화의 선구였다.

한편 싱어는 1846년 자신이 발명한 재봉기 기술을 가지고 1851년 클라크(Edward Clark)와 공동으로 싱어재봉기회사(Singer Sewing Machine Company)를 설립하였다. 이 회사는 일찍부터 호환성부품을 조립하여 생산을 시작하였다. 재봉기 생산은 1860년 13,000대에서 1870년에는 20~30만 대로 급증하였다. 이에 따라 판매문제가 새롭게 제기되었다. 싱어사도 처음에는 지역마다 대리점을 두고 판매하였으나 대리점제도하에서 제조업자의 지위는 낮았으며 판매에도 지장이 있었다.

이에 싱어사의 판매, 금융업무 담당 파트너인 클라크는 고객에게 재봉틀의 사용법을 알리고 서비스를 제공할 필요에서 자신의 감독하에 매코믹과 같이 특약대리점제도를 도입하였다. 이어서 마케팅 기능을 직접 담당하기 위하여 특약대리점제도를 직영 판매점제도로 전환하였다. 1852년 보스턴에 최초로 설립된 직영 판매점은 1859년에는 14개로 늘어났다. 싱어사는 1860년대 중반에는 전국적 직판조직을 구축함으로써 생산과 판매 기능을 통합하였다. 싱어사는 외국에도 일찍부터 지점망을 구축하여 직판제도를 국제적으로 확대하였다.

맥코믹사와 싱어사의 급속한 성장에는 확대하는 수요를 배경으로 그들이 생산한 기계의 우수성과 함께 혁신적인 마케팅 활동이 크게 기여하였다. 제조업자가 마케팅 기능까지 통합하여 수행하는 일은 1870년대 이후에는 여러 산업부문에서 일반적으로 나타났다.

5절 철도기업의 성장

1. 철도의 성장

상업기업이 아직도 규모가 작고 조직 형태도 개인기업 내지 파트너십이던 1830년대 이전에 처음부터 주식회사조직의 대기업으로 설립된 것은 철도기업이었다.

미국 최초의 철도는 1830년에 개통된 연장거리 130마일의 볼티모어-오하이오 철도(Baltimore and Ohio Railway)였다. 이 철도를 효시로 시작된 철도 건설은 1840년대 이후 급진전하였다. 1840년에 약 2,800마일이던 철도 연장거리는 1850년에는 약 9,000마일, 1860년에는 3만 마일에 달하였다.

철도는 1850년 이전에는 동부 여러 주, 특히 대서양연안의 중부를 북부 뉴잉글랜드와 연결하는 노선으로 건설되었으며 철도의 연장거리도 비교적 짧았다. 그러나 1850년대에는 서부로 뻗치는 철도 건설이 크게 진전되면서 노선거리도 길어졌다. 그 속에서 동부와 서부를 연결하는 대규모 간선철도가 건설되었다.

1850년에 뉴욕센트럴 철도(New York Central)는 뉴욕을 5대호와 직접 연결시키고 1853~58년에는 16개 철도회사를 통합하여 시카고, 미시시피 강 및 세인트루이스를 연결하였다. 이 외에도 뉴욕-이리 철도(New York and Erie), 펜실베이니아 철도(Pennsylvania), 볼티모어-오하이오 철도 등의 대간선철도를 포함한 8개의 간선철도가 대서양연안을 서부와 연결시켰다. 철도 건설은 1860년대에도 진전되어 1869년에는 최초의 대륙횡단철도가 완공되고 1880년대에 미국의 대간선철도 대부분이 완성되었다.

철도 건설에는 거액의 자본이 필요하였다. 1830~60년의 약 3만 마일의 철도 건설에는 12억 5,000만 달러의 자금이 투입되었다. 1850년 이전의 최대 철도인 우스터와 올바니를 연결한 웨스턴 철도(Western Railroad)는 800만 달러의 자금이 투입되었다. 1849~54년에 완성된 30사 이상의 대규모 철도회사도 대부분 같은 규모의 자금이 투입되었다. 동부와 서부를 연결한 4대 간선철도회사 — 뉴욕-이리, 펜실베이니아, 볼티모어-오하이오, 뉴욕 센트럴 — 의 자본금은 1,700만에서 3,500만 달러에 달하였다. 서부의 대철도인 미시간 센트럴 철도(Michigan and Central)는 1,000만에서 1,700만 달러의 자금이 투입되었다. 서부와 남부의 소규모 철도회사도 대부분 500만 달러 이상의 자금이 투입되었다.

1850년대에 자본금 100만 달러 이상의 기업으로는 극히 소수의 최대급 방직공장과 제철 및 금속가공 공장에 불과하였다. 1850년대를 통해서 자본금 25만 달러 이상의 방직회사는 41개 사에 불과하였으며 그것도 과거 30년에 걸쳐서 조달된 자본이었다. 철도기업의 자금규모는 여타 사업기업에 비해서 월등히 컸던 것이다.[28]

철도 건설에 필요한 대규모 자본을 조달하는 데 공적자금이 일정한 역할을 하였다. 연방정부는 철도노선용 토지를 공여하였다. 1850~71년에 연방정부가 철도건설부지로 공여한 토지면적은 1억 7,500만 에이커나 되었다. 연방정부의 토지공여는 그 자체로 철도회사의 자본조달을 직접 지원하였을 뿐만 아니라 민간투자자의 철도에 대한 신용을 높여 자본조달에 유리하게 작용하였다. 그러나 연방정부가 공여한 토지는 전국철도노선 토지의 8%에 불과하였다. 철도용 공유지공여는 1870년대 초에 종결되었다. 한편 주정부와 지방자치단체는 면세나 철도증권 구입 등의 방법으로 철도 건설에 금융 지원을 하였다. 1840~60년에 이들 공적기관에 의한 금융 지원은 철도 건설 총자금의 20%를 차지하였다. 이들 지원은 1880년에 종결되었다.[29]

철도사업의 주체는 민간기업이었다. 거액의 자본이 소요된 철도기업은 처음부터 주식회사조직으로 설립되었다. 초기에는 철도증권의 일부는 런던금융시장에서 판매되었으나 자본 대부분은 국내에서 조달되었다. 철도회사의 주식과 사채는 보스턴 상인을 비롯하여 철도연선의 상인, 제조업자, 농민 등이 구매하였다. 1840년대 말 이후의 철도 건설 붐에는 자금수요가 급증하여 자금조달에서 특히 뉴욕을 중심으로 한 동부의 상업중심지와 유럽금융시장에의 의존도가 증대하였다. 대량의 철도증권이 유럽에서 판매되는 가운데 철도증권의 국제적 거래에서 중요한 역할을 한 것은 뉴욕의 투자은행이었다.

사채는 철도건설자금을 조달한 중요한 수단이었다. 철도발기인들과 초기의 투자가들은 지배권을 확보하기 위하여 주식소유를 선호한 반면, 동부나 유럽의 투자가들은 안전하고 고정적으로 수익이 보장될 수 있는 사채를 선호하였다. 저당부사채와 이익분배권부사채, 그리고 각종 우선주와 주식전환가능 사채가 발행되었다.

철도증권 붐은 투자은행과 금융중개업자의 성장을 촉진하였다. 철도증권이 증가하면서 특히 뉴욕증권거래소는 거래량이 크게 증가하면서 근대적 발전의 기반을 확립하였다. 철도증권이 출현하기 이전에는 주(州)채, 국채, 은행주, 보험주 등이 거래되었으나 거래량은 많지 않았다. 예를 들어 1830년에는 뉴욕주식거래소의 1일 거래량이 31주에 불과한 때도 있었다. 1850년대 중엽까지 미국 전역의 철도, 은행, 자치단체의 증권이 뉴욕에서 거래되었다. 초기에는 1주일에 수백 주에 불과하던 뉴욕에서의 주식거래량은 1850년대에는 수십만 주로 급증하였으며 4주 동안 100만 주에 육박한 때도 있었다. 뉴욕금융가는 1860년경에는 세계 최대 자본시장의 하나가 되었다.[30]

2. 관리조직

대철도기업은 자본규모에서 여타의 산업기업과는 차원이 다를 만큼 거대하였으며, 근대적 관리조직을 도입하였다는 점에서 새로운 형태의 기업이었다. 19세기 중엽에는 최대 규모의 섬유기업에서도 고용인원은 800명 정도였으며 최대의 제조회사도 보통 한두 개의 공장을 가지고 있었다. 이리 운하와 같은 대규모 운하회사는 종업원이 4,000명이나 되고 연장거리는 100~200마일이나 되었으나 운하를 항행하는 선박은 회사와는 무관한 개인소유였다. 또한 제조업이나 운하는 업무내용이 다양하고 복잡하지는 않았으므로 관리조직도 비교적 단순하였다. 이와는 대조적으로 철도는 몇백 마일에 걸친 영업범위와 다수의 고용인원을 가진 대기업이었다. 그에 대응해서 관리조직도 새롭게 도입된 것이다.

초기의 철도기업은 보통 30~50마일의 단거리노선을 가지고 50명 정도의 노동자를 고용한 소규모 철도였다. 그 경우 운전과 수송, 선로, 기관차, 차량의 보전 등 철도의 주요 업무는 각 업무에 책임을 진 한 사람의 감독에 의해서 수행되었다. 감독은 매주 재무담당 사장 그리고 때로는 이사회와도 협의하였다. 그것은 당시 면방적공장의 관리방식과 기본적으로 동일하고 단순한 것이었다.

그러나 1850년대를 전후하여 출현한 대간선철도기업은 여러 지선을 흡수하면서 규모를 급속하게 확대하였다. 1860년에 4대 간선철도 중 최대인 뉴욕센트럴 철도의 경우 지선을 포함한 총연장 길이가 990마일에 달하였으며 최소인 펜실베이니아도 420여 마일이나 되었다. 중간 규모의 이리와 볼티모어-오하이오 철도는 각각 560마일과 500여 마일이었다. 물론 철도기업 모두가 대규모였던 것은 아니다. 종업원 수로 볼 때 1880년 현재 총 683개 철도회사 가운데 1,000명 이상은 84사(12%)이고 1만 명 이상은 7사(1% 미만)에 불과하였다. 그러나 최대 7사 중 1사(600마일)를 제외한 나머지 6사는 총연장 길이가 1,000마일 이상이었으며 4,600마일에 가까운 회사도 있었다. 종업원 수에서는 최대인 펜실베이니아 철도가 2만 6,000여 명 그리고 2위인 뉴욕센트럴이 2만 2,000여 명이었다. 같은 해에 펜실베이니아 철도는 총연장노선 1,300여 마일, 기관차 795대, 객차 463량, 화차 2만여 량을 운영하고 있었다.

대규모 철도기업은 재래의 단순한 관리조직을 가지고 효과적으로 운영하기에는 영업범위가 지리적으로 너무나 광대하고 관리업무도 복잡하였다. 이에 철도기업으로서는 적합한 관리조직의 도입이 중요 과제로 떠올랐다. 관리문제는 영국을 비롯한 유럽의 철도기업에서도 공통적인 당면과제로 제기되었다.

미국의 철도기업은 유럽과는 다른 독자적인 관리조직을 모색하였다. 그 속에서 고안된 것이 장거리노선을 총관구로 분할하여 지역별 복수 사업단위로 하여 관리한다는 것이었다. 그것은 제조업에서의 제품사업부 내지 일관제조공장에 상응한 관리단위였다. 사업단위의 조업활동을 통합하는 수단으로는 참모인 스태프(staff)·직계인 라인(line)이라는 개념이 도입되었다. 이렇게 해서 미국의 철도기업에서는 1860년경에는 관리인의 계층적 조직이 형성되고 기능과 권한이 명확히 규정되었다. 그 속에서 최고 및 중간 관리인은 일상적 기능활동에 직접 책임이 있는 하위관리인의 업무를 감독·조정·평가하였다.

〈그림 3-1〉은 미국 대철도기업의 조직구조를 나타낸 것이다. 관리단위는 최상위의 중앙본부, 중간의 총관구 그리고 최하위의 관구라는 3단

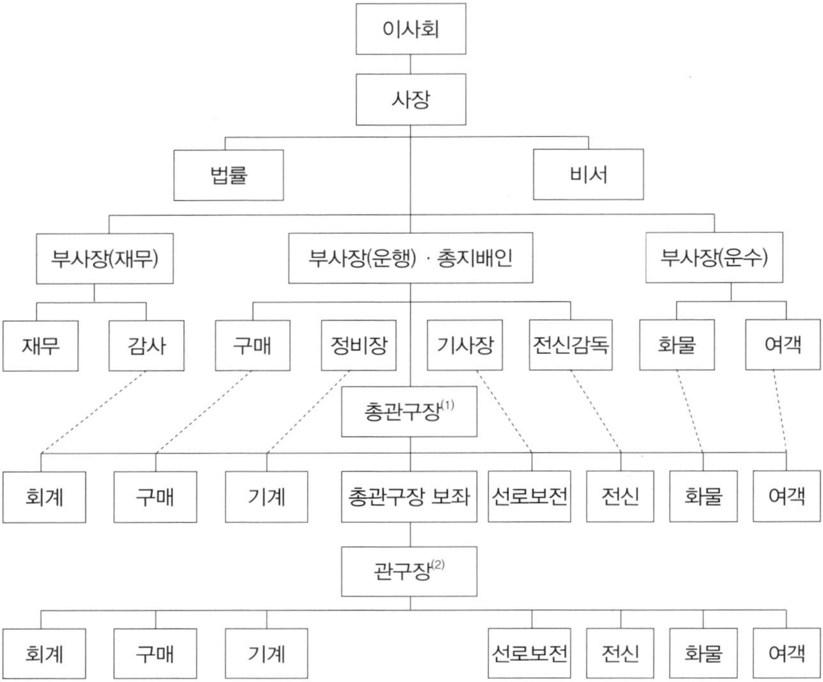

주: (1) 총관구는 3개
(2) 관구는 9개

자료: A.D. Chandler, Jr., 1977: 108.

그림 3-1 미국 대철도기업의 조직구조(1870년대)

계로 구분되고 그에 대응한 관리계층이 형성되었다. 최고관리계층에는 사장과 재무, 운행(겸 복수의 총관구장의 업무를 감독하는 총지배인), 운수 등 부문을 담당하는 부사장들이, 중간관리계층에는 3개 총관구장과 그 보좌, 운행부문 내부의 기계(기관차와 차량), 선로보전, 전신, 화물, 여객, 구매 등 부문의 각 책임자, 재무부문 내의 회계담당 및 재무담당 그리고 법률담당, 총무를 포함하고 있었다. 총관구장 보좌 밑에는 하위관리계층으로 9개 관구의 장이 각각 회계, 구매, 기계, 선로보전, 전신, 화물, 여객 등의 기능을 감독하였다.

이렇게 해서 철도는 중앙본부와 지방본부, 나아가 지구단위 간의 책임과 권한 및 전달의 범위를 명확하게 규정한 내부조직구조를 가지고 중앙본부에서 이사회에 직속하는 최고관리인이 지휘하고 다수의 중간관리인이 운영하는 관료제적 관리조직을 갖추게 되었다. 대철도기업에서 선구적으로 도입된 조직구조의 개념은 후에 미국의 대규모 제조기업의 관리조직 형성에 큰 영향을 미쳤다.

대규모 철도기업의 복잡하고 다양한 업무를 수행하기 위해서는 그에 대응한 관리조직과 함께 통계 및 평가 방법이 도입되지 않으면 안 되었다. 무엇보다도 정확한 정보의 흐름이 확보되어야 하였다. 이러한 필요에서 일상 업무에서 나타난 광범한 자료를 수집·분석하는 개선된 통계방법이 도입되었다. 그뿐만 아니라 더욱 중요한 것은 회계방법의 혁신을 가져왔다는 것, 즉 종래의 복식부기의 기술에서 더 나아가 근대적 회계의 기본적 기술을 개발하게 되었다는 것이다. 재무회계, 자본회계 및 원가회계 등 새로운 회계방법은 대규모 철도회사를 통제할 필요에서 도입된 것이었다.[31]

대규모 철도기업은 근대적 회계기술의 개발과 회계전문가의 양성에서 혁신적 역할을 하였다. 1850년대 대철도기업에서 개발된 새로운 회계방법은 1880년대에는 대규모 산업기업에서 채용되고 20세기에 들어서도 오랫동안 미국기업에서 기본적인 회계기술로 이용되었다.

4장

일본 근대 기업의 전개

1절 경영환경

1. 선행 시기의 사회경제적 조건

일본에서 근대 산업기업의 전개는 19세기 말에 시작되었다. 그것은 미국과 영국보다 100년이나 뒤늦은 시작이었다. 19세기 말은 미국과 영국에서는 근대 산업의 전개에 이어 이미 대기업이 형성되는 시기였다. 이에 비해서 일본에서는 이제 겨우 근대적 국민국가가 형성되고(1868) 메이지(明治) 신정부에 의한 일련의 재도개혁이 단행됨으로써 근대 기업이 전개될 수 있는 자본주의 자유경제체제가 확립되고 있었다. 후발자본주의국으로 뒤늦게 출발한 일본기업은 산업혁명을 거치면서 급속하게 성장하여 1920년대에는 미국과 영국의 뒤를 이어 근대적 대기업의 단계에 도달하였다.

근대 기업이 전개되기 위해서는 자유로운 경제활동이 이루어질 수 있는 제도적 조건이 조성될 필요가 있었다. 그러한 조건은 영국, 미국과 같은 선발자본주의국에서는 정도의 차이는 있으나 앞선 시기에 조성되고 있었다. 이에 비해서 일본의 근대에 선행한 도쿠가와 막부(德川幕府) 시대에는 엄격히 구분된 봉건적 신분 및 직업제도와 각종 특권, 통제제도가 존재하여 시민의 사회적 이동성과 영업의 자유는 기본적으로 제약되고 있었다. 일본의 경우 근대 기업 발전의 기반이 될 자본주의 자유경제제도의 도입은 정부의 제도개혁으로 이루어지지 않으면 안 되었다.

그렇다고 해서 선행한 시대가 경직화하고 정체한 시대는 아니었다. 봉건체제하에서도 경제는 상당한 발전수준에 있었다. 상품경제는 봉건영주의 지배영역을 넘어 전국으로 확대되었으며, 그 속에서 도시가 발달하고 상업자본의 축적이 진전되고 있었다.

상품·화폐경제가 침투되면서 상업적 농업이 전개되었다. 농업기술의 발달로 농업생산성이 상승하였고, 환금작물재배의 확대와 함께 농민분화도 진전되고 있었다. 공업에서는 면, 견, 제지 등을 중심으로 농촌공업이 지역적 특화를 나타내면서 발달하고 도시공업도 성장하였다. 공업경영조직은 가내공업을 기반으로 한 선대제도가 일반적이었으나 일부 공업에서는 매뉴팩처도 나타나고 있었다.

상업도 발달하였다. 막번(幕藩)체제의 전개에 따라 상품유통은 번(藩)이라는 영국(領國)적 테두리를 벗어나 전국적 범위로 확대되었다. 영국다이묘(大名)들은 연공미를 비롯한 영내산품을 영외에서 판매하고 필요한 물품을 조달하지 않으면 안 되었다. 이러한 필요에서 오사카(大坂)에는 각 번의 물품을 회송, 저장, 판매하는 구라야시키(藏屋敷)가 설치되었다. 중앙과 지방 그리고 지방상호 간을 연결하는 도로의 정비와 연해교통의 발달은 상품의 전국적 유통을 촉진하였다. 그 속에서 에도(江戸), 오사카(大坂), 교토(京都) 세 도시는 전국적 도시로 성장하였다. 정치적 중심지인 에도는 100만, 그리고 전국적 상업중심지인 오사카는 40만에 가까운 인구가 있었다.

화폐금융제도도 발달하였다. 금·은·전화가 전국적으로 유통되고 번내에서는 '번찰(藩札)'이 유통되었다. 에도 등 관동지방에서는 금화, 오사카 등 관서지방에서는 은화를 본위화폐로 되어 화폐 간의 비가(比價)는 법정되어 있었으나 금과 은의 시세는 변동하였다. 이에 환전업자가 나타났다. 그들은 예금, 대부, 어음발행 등의 금융업으로까지 업무를 확대하면서 성장하였다. 그들은 일반상인만이 아니라 다이묘·무사에게도 대부를 하였다.

상업·금융적 발전에 따라 대도시와 지방도시에서 다같이 상업자본이 성장하였다. 대표적 대상인으로는 고노이케(鴻池), 스미토모(住友), 미쓰이(三井) 등이 있었다. 고노이케는 1656년에 환전업으로 시작하여 일반 금융업과 후에는 32개나 되는 번의 다이묘에게 대부하였다. 그는 대규모 신전개발을 통한 대지주이기도 하였다. 스미토모는 1691년 이래 동산개발, 동(銅) 거래에서 시작하여 환전·금융업에 진출하는 등 다각적인 사업전개로 대자본가로 성장하였다. 미쓰이는 1673년에 에도와 교토에서 의류상으로 시작하여 뒤이어 세 도시에서 환전업을 영위하였다. 미쓰이도 신전개발을 통한 지주이기도 하였다.

도쿠가와 말기에 오랜 쇄국에서 개항으로 전환한(1858) 일본이 불평등조약으로 자유무역이 강요되는 속에서 선진자본주의 제국에서 공업제품의 대량수입으로 경제적 곤란을 겪으면서도 대응해나갈 수 있었던 것은 당시 일본경제의 발전수준이 높았던 것을 보여준다. 막부 말기에 일본은 '상업사회' 내지 '경제사회'가 되고 있었다.[1] 후에 일본기업이 외국기술을 도입하면서 급속한 근대적 성장과정에 들어갈 수 있었던 것은 선행한 시기의 발전기반이 있었기 때문이었다고 할 수 있다.

그러나 선행한 시기의 경제발전이 그대로 근대적 발전으로 이어질 수는 없었다. 상인자본은 후에 근대 산업기업의 성립에서 중요한 역할을 하게 되지만 어디까지나 봉건체제를 축적기반으로 한 특권적 사업·금융자본이었으며 스스로 산업자본으로 전화할 만큼 진보적이지는 못하였다. 사실 그들은 막부 말기의 정치적 변동에 신중하게 대응하면서 확실한 전망이 선 후 신정부의 정책 방향에 적극 부응하여 산업자본으로 전환하였다. 한편 산업자본도 그 자체로서 자생적으로 근대적 발전으로 연결될 수 있을 만큼 성장하지는 못하고 있었다. 선행조건이 충분히 조성되지 못한 상태에서 산업자본은 개혁을 통해서 조성되지 않으면 안 되었다.

2. 제도개혁

기존의 봉건적 사회경제제도는 신정부에 의해서 근본적으로 개혁되었다. 신정부는 봉건적 분권체제를 통일된 국민국가체제로 개혁하고 사·농·공·상의 엄격한 신분제도를 철폐하여 시민의 평등권을 확립하고 직업 및 이동의 자유를 제약하던 제도라든가 길드제도 등 각종 특권, 통제제도를 철폐하여 경제활동의 자유를 보장하였다. 이에 계층 간의 단절은 없어지고 사회적 가동성은 높아졌다. 지배계급인 무사계급의 신분적 특권은 없어지고 직업선택의 자유가 인정되면서 경제활동을 통한 사회적 지위의 상승도 가능해졌다. 국내관세제도도 철폐되어 국내통일시장의 제도적 기반도 마련되었다.

이러한 기초적인 개혁에 더하여 정부는 자본주의 발전의 선행조건을 조성하기 위하여 1870년대를 통하여 '질록처분'(1876)과 '지조개정'(1873~81)을 단행하는 한편, 근대적 화폐금융제도의 도입을 강력하게 추진하였다.

질록처분은 도쿠가와 막부체제의 붕괴에 따라 경제적 기반을 상실한 무사계급에게 신정부가 지급해온 연금을 정부공채로 대신 지급한다는 것이었다. 그러나 일반 무사에게 지급된 공채금액은 그 이자로 생활하기에는 너무나 소액이었다. 따라서 지급된 공채 대부분은 상인·고리대업자의 손으로 넘어가고 상급무사에 지급된 고액공채는 직접 은행, 철도, 공업에 투자되어 산업자본화하였다. 국가재정의 부담을 절감하고 산업자본의 본원적 축적을 촉진한 '질록처분'은 무사계급의 경제적 기반을 무너뜨리면서 그들의 계급분화를 촉진하여 상층을 근대 산업자본가로 전환시킨 반면, 대다수의 하급무사를 무산계급으로 전락시켰다.

지조개정은 근대적 토지소유권을 확립하고 농업근대화의 기반을 조성하기 위한 개혁이었으나, 보다 직접적으로는 정부의 재정수입증대책으로 중요하였다. 재정지출이 급증하는 속에서 신정부는 불환지폐의 발행과 각종 세금인상을 시도하였으나 그것만으로는 세입증대책으로 한계가 있었다. 이에 정부는 세입의 주요 원천인 지조의 수취제도를 근대화하면서 동시에 지조수입 증대를 지향하였다. 지조개혁으로 물납 형태의 지조는 금납으로 되고 지역에 따라 세율이 다르고 수확 상황에 따라 매년 수입이 다르던 지조수입액은 지가기준의 통일세율이 적용됨으로써 확정되었다.

그러나 확립된 근대지조제도하에서 과세율은 고수준으로 유지되었다. 근대화를 위한 국가사업에 필요한 세입증대에는 농민부담의 증대가 수반되었다. 후기에 지주·소작관계가 확대되면서 지주가 납부하는 지세는 금납이고 세율도 인하되는 한편 곡가는 등귀하여 그만큼 지주의 자본축적은 촉진되었다. 그에 비해서 소작료는 물납이고 소작요율은 수확의 절반이나 되는 고율이었다. 지조개정은 근대적 토지소유제도와 조세제도를 확립하면서 초기의 정부수입 증대와 후기 지주의 자본축적을 촉진하였다.

정부는 근대적·통일적 화폐제도를 확립하고 근대적 금융제도의 창설을 적극 추진하였으며, 극도로 혼란한 화폐제도를 통일하기 위해서 금본위제도를 채용하고 신화폐를 발행하여 구화폐에 대체하였다. 정부는 뒤에서 보는 바와 같이 근대적 은행제도의 도입에도 적극적이었다. 초기의 은행들도 금 준비를 기초로 은행권을 발행하였다. 그러나 정부는 막대한 재정지출을 충당하기 위해서 고율지조, 공채 발행과 함께 불환정부지폐를 대량 발행하였다. 그 속에서 일반은행의 태환의무도 완화되어 은행권 발행도 증가하였다. 그 결과 불환지폐와 은행권은 크게 팽창하여 결국 급격한 인플레이션으로 이어졌다. 인플레이션은 1880년대에 들어 초긴축정책으로 심각한 디플레이션으로 반전되었다. 뒤이은 중앙은행인 일본은행의 설립(1882)과 유통은행권 정리, 태환은행권 발행으로 통화는 통일되었다.

급격한 인플레이션과 디플레이션은 일부 층의 자본축적을 촉진한 한편 일반대중에게는 경제적 곤궁을 가져왔다. 특히 농촌에서는 농민분화가 촉진되어 많은 농민이 몰락하였다. 그것은 일본자본주의 발달에서의 본원적 자본축적의 기본 과정이었다.

3. 근대 산업의 이식과 산업혁명

일련의 제도개혁으로 자본주의 발전의 기반이 조성되었지만, 그것이 바로 근대 산업의 발전으로 이어질 수는 없었다. 1870년대 영·미에서는 산업혁명기의 기술이 성숙하고 제2차 산업혁명 기술이 개발되어 새로운 산업발전이 시작되고 있었다. 기술수준에서 크게 낙후된 후발국 일본이 근대적 발전을 하기 위해서는 선진기술을 도입하여 산업화를 추진하지 않으면 안 되었다. 그러나 기술적·자본적 기반이 취약한 초기 단계에서 민간 기업이 그러한 사업을 독자적으로 추진할 수는 없었다. 한편 일본 정부로서는 구미자본주의 제국의 '외압(外壓)'에 대항하기 위해서도 근대 산업의 발전을 서두를 필요가 있었다. 이에 정부는 '식산흥업정책'을 적극 추진하면서 구미 선진산업과 기술의 국내 이식을 주도하였다.

식산흥업정책의 핵심은 근대 산업의 이식·육성에 있었다. 정부는 병기공창을 비롯하여 철도, 광산, 탄광, 제철소, 기계, 토목, 조선 등 초기에 민간이 진입하기에는 벅찬 산업에 국영기업을 설립·운영하였다. 또한 정부는 견, 면, 시멘트, 제지, 유리 등의 산업에 '모범공장'을 설립하여 근대적 기술의 도입·보급을 선도하였다. '모범공장'은 정부가 선진기술을 도입하여 설립한 대규모 국영공장이었다. '모범공장'에는 '질록처분'으로 몰락한 무사계급의 자녀들까지 고용되었으며 그곳에서 신기술을 습득한 노동자들이 후에 각지의 공장으로 흩어지면서 신기술이 확산되었다.

정부는 보다 간접적으로는 창업자금을 교부, 대부하는 방법으로 민간 기업을 육성하였다. 예를 들어 면방적공업에서 정부는 1878년에 모범공장의 설립과 함께 2,000추 방적기계 10조를 도입하여 민간에 장기할부로 매각하였다. 그 결과 각지에서 2,000추 규모의 방적공장이 설립되고 그것을 선구로 1880년대에는 면공업이 발전하게 되었다. 근대 산업기업 발생의 조건이 내생적으로 조성되지 못한 단계에서 정부는 근대기업 창설에 따른 위험부담을 담당하면서 민간기업의 성장을 유도한 것이다.

선행 조건이 조성되면서 일본은 대체로 1880년대 중반에서 1900년대에 걸친 시기에 산업혁명을 수행하였다. 산업혁명을 선도한 산업은 면공업과 생사공업을 비롯한 섬유공업이었으며 뒤이어 제지, 제당 공업이 근대적 발전을 하였다. 소비재산업은 수입대체와 수출산업으로 급성장하였다. 소비재산업이 선두주자로 발전한 데 비해 생산재산업은 1900년대 들어 본격적으로 발전하였다. 특히 제철, 기계, 조선, 광업, 철도, 해운 등 산업의 발전은 급속하였다.

산업혁명을 거치면서 일본경제는 두드러지게 성장하였다. 산업혁명기에 일본경제는 연평균 4% 이상 성장하였다. 높은 경제성장을 주도한 것은 공장제공업이었다. 1878~1912년의 산업별 연평균성장률을 보면 근대 공장제공업은 7.1%, 수공업적 가내공업은 4.5%, 근대 부문을 포함한 서비스부문은 5.4%, 농업은 3.7%였다. 높은 경제성장은 공장제공업을 중심으로 한 공업의 급속한 성장으로 이루어진 것이었다. 1890~1910년에 전체 공업생산액이 4.4배 증가하면서 공장제공업은 6.7배, 그리고 수공업적 가내공업은 2.5배의 생산증가를 나타내었다. 초기에 중요한 지위를 차지하던 영세가내공업은 산업혁명을 거치면서 공장제공업에 압도되었다.

4. 무역확대

무역은 일본경제의 성장에서 수요와 공급의 양면에서 매우 중요하였다. 공업화의 초기 단계에서 많은 원료와 자본재를 외국에서 수입해야 했고 그러기 위해서는 지불수단인 외화가 필요하였다. 보유외화가 증대하여 수입 여력이 커지면 그만큼 성장 여력도 커질 수 있었다. 따라서 경제활동이 활성화되려면 국제수지가 호전되어 외화보유의 상한이 높아질 필요가 있었다. 그 상한을 높일 수 있는 방법은 수출과 외자도입이었다. 그러나 공업화 초기의 일본에서 외자도입은 많지 않았다. 그 이유로는 일본의 국제신용도가 낮아 외자도입에 어려움이 있었다는 사정도 있었지만, 일본 자신도 경계심으로 외자도입에 소극적이었기 때문이다. 이러한 조건에서 외화획득 원천으로 가장 중요한 것은 수출이었다.

일본의 대외무역은 구체제 말기의 '외압'에 의한 개항으로 시작되었다. 그러나 불평등조약으로 일본은 1911년까지 관세자주권을 행사하지 못하는 상태에서 자유무역을 하지 않으면 안 되었다. 정부는 무역진흥과 상권회복을 위해서 일찍부터 민간무역업자를 보호·육성하였다.

일본무역은 산업혁명기에 급속하게 성장하였다. 1880~1913년에 수출입은 8배나 증가하여 연 7.5%의 증가율을 나타내었다. 그것은 같은 기간의 세계무역성장률보다 2배, 그리고 19세기를 통한 영국무역증가율보다 2배나 높은 수준이었다. 무역수지는 1905년 이전의 흑자에서 그 후 적자로 되었으나 그 폭은 크지 않았다. 이 시기에 일본은 수입에 필요한 외화를 수출을 통해서 획득한 것이다.

무역이 성장하면서 무역구조도 변화하였다. 무역의 상품구조는 초기에는 주로 원료 및 반제품을 수출하고 완제품을 수입하는 후진국적 구조였다. 1885년에 수출의 86.5%가 식료품(31.8%), 원료품(10.2%) 및 반제품(44.5%)으로 구성되어 완제품은 8.9%에 불과하였다. 그에 비해

1913년에는 식료품(9.8%), 원료품(8.1%) 및 반제품(51.9%)의 수출구성비가 70%로 저하한 반면 완제품 비중은 29.2%로 높아졌다. 한편 수입품 구성을 보면 1885~1913년에 원료품은 5.4%에서 48.5%로 크게 상승한 반면, 식료품은 21.8%에서 16.5%, 반제품은 23.8%에서 17.4%, 그리고 완제품은 47.3%에서 17.0%로 각각 하락하였다. 산업혁명의 진전에 따라 공업제품의 수출과 원료품의 수입을 중심으로 한 무역구조로 변화한 것이다.

수출상품구성비를 보면 1903년 현재 생사가 25.7%로 가장 높고 뒤이어 면사(10.9%), 견직물(10.1%), 석탄(6.7%), 동(5.3), 차(4.8%) 등의 순이었다. 한편 수입상품구성비는 같은 연도에 식료품(13%), 원면(21.9%), 철(5.1%), 면포(3.3%), 기계류(5.0%)순이었다. 1923년에는 수출은 생사(29.8%), 면사(11.2%), 견직물(6.2%), 면포(5.3%), 동(.5%), 석탄(3.8%)순이었으며, 수입은 면화(32.0%), 각종 식료품류(17%), 철·기계류(13%)순이었다.[2]

무역상품구조는 생사, 면사, 석탄, 견직물, 차 등을 수출하고, 면화, 사탕, 기계, 철 등을 수입하는 구조였다. 그 경우 면사를 제외한 주요 수출상품은 모두 국내산 원료로 가공한 제품들이었으며 이들 상품수출이 외화 획득의 주요 원천이었다. 산업혁명 초기에 생사와 차는 대부분(70~80%)이 수출되어 외화 획득의 중요수단이 되었다. 면화와 사탕 수입의 증대는 국내 면공업과 제당공업의 발전에 따른 것이었다. 한편 중공업부문의 기계류·철의 공급은 처음부터 수입에 의존하였다. 일본의 공업화는 경공업 제품 수출로 획득한 외화로 각종 원료와 기계류·철을 수입하면서 추진되었다. 산업혁명이 진전되고 원자재·자본재 수입이 증가함에 따라 무역수지는 만성적으로 적자가 되었다. 무역수지의 적자를 보전한 것은 해운수입과 외자도입이었다.

외자도입의 필요성은 일본의 제국주의적 팽창정책으로 더욱 커졌다. 구미자본주의가 경쟁적으로 제국주의적 팽창을 하는 속에서 일본은 산업혁명기부터 제국주의적 대외팽창정책을 적극 추진하였다. 청일전쟁(1894~95)으로 조선과 중국에 대한 정치·경제적 영향력 강화와 대만 지배로 대외팽창을 시작한 일본자본주의는 러일전쟁(1904~1905)을 전기로 결정적으로 제국주의로 전환하였다.

제국주의 팽창을 위한 전쟁에는 막대한 비용이 소요되었다. 청일·러일 양 전쟁의 임시 군사비는 각각 2억 엔과 15억 엔에 달하였다. 군사비 조달을 위하여 공채가 발행되었으나 아직 자본축적기반이 약한 단계에서 외자도입이 주요한 역할을 하였다. 외자는 청일전쟁의 경우에는 배상금 형태로, 러일전쟁의 경우에는 외채 발행으로 도입되었다. 청일전쟁으로 일본은 배상금 등으로 3억 6,500만 엔(英貨 3,800만 파운드)을 취득하였다. 그것은 당시 일본 국민소득의 25%에 해당하고 1896~1903년의 수입초과액 3억 5,500만 엔을 상회하는 막대한 금액이었다. 이 배상금으로 일본은 전쟁비용을 상환할 뿐만 아니라 금본위제도의 확립(1898), 군비 확장, 국영 야하타제철소의 설립, 철도, 전신사업의 확대에 필요한 자금을 일부 충당하였다. 러일전쟁기의 군사비 15억 엔 중 7억 엔을 포함하여 1913년까지 10년 동안 총 18억 엔 이상의 외자를 도입하였다. 그것은 일본의 연평균 국민소득의 5.3%에 해당하는 금액이었다. 외자도입은 군비 확장과 중공업 발전에 중요한 역할을 하였으며 높은 경제성장 속에서 기업 발전은 촉진되었다.

2절 근대 기업의 발흥과 성장

1. 개관

근대 산업기업은 산업혁명기에 뒤이어 설립되었다. 이 시기는 일본에서의 '제1차 기업발흥기'였다. 〈표 4-1〉은 산업혁명기의 기업 발전을 나타낸 것이다. 1894년에 3,066사이던 회사기업 총수는 1910년에는 1만 2,308사로 4배나 증가하였다. 그중에서 광공업기업 수는 같은 기간에 756사에서 3,460사로 4.6배, 상업·금융부문의 기업 수는 1,960사에서 7,394사로 3.7배, 운수기업 수는 210사에서 856사로 4배, 그리고 전기·가스기업 수는 22사에서 212사로 약 10배나 증가하였다. 회사기업 수의 증가는 전 산업에서 나타났으나 그중에서 특히 두드러진 것은 광공업기업의 증가였다.

기업의 산업별 구성비율도 변화하였다. 전 산업의 불입자본금에서 차지하는 비율을 기준으로 보면 같은 기간에 광공업은 16.5%에서 31.5%로 약 2배 상승한 데 비해 상업·금융기업은 49.7%에서 46.4%로 약간 하락하였다. 운수기업은 32.3%에서 13.3%로 크게 떨어진 것으로 나타나고 있으나 여기에는 국유화(1906~1907)로 주요 철도기업 17사가 포함되지 않았다는 점을 감안할 필요가 있다. 전기·가스기업은 0.9%에서 7.7%로 상승하였다.

그동안 가장 큰 변화는 광공업기업 비중이 크게 상승하였다는 것이다. 그것은 그만큼 공업화가 진전되었다는 것을 나타내는 것이다. 같은 기간에 상업·금융기업은 비중이 49.7%에서 46.4%로 약간 하락하면서도 아직도 가장 큰 몫을 차지하고 있었다. 그러나 이 시기 기업성장을 주도한 것은 광공업기업과 철도를 비롯한 운수기업이었다.[3] 그들 산업기업의 발흥·성장 속에서 산업혁명은 진전되었다. 이하에서는 산업혁

표 4-1 회사기업의 발전 (단위: 사, 천 엔, %)

	1894년 말 현재			1900년 말 현재			1910년 말 현재		
	회사 수	불입 자본금	비율	회사 수	불입 자본금	비율	회사 수	불입 자본금	비율
농업	118	1,186	0.5	220	2,615	0.3	386	16,895	1.1
광공업	756	42,211	16.5	2,490	147,842	19.0	3,460	466,676	31.5
염직	265	20,450	8.0	735	57,942	7.4	890	103,417	7.0
광업	113	8,930	3.5	175	23,136	3.0	175	172,263	11.6
기계기구	16	652	0.3	124	11,754	1.5	168	36,607	2.5
금속	14	960	0.4	31	958	0.1	112	8,782	0.6
화학	87	4,993	2.0	238	14,732	1.9	439	52,546	3.5
전기·가스	22	2,379	0.9	64	11,010	1.4	212	113,442	7.7
전등·전력	22	2,379	0.9	60	8,707	1.1	167	79,087	5.7
운수	210	82,560	32.3	627	228,734	29.4	856	196,597	13.3
철도	39	66,865	26.2	81	189,423	24.3	80	121,566	8.2
수운	81	13,887	5.4	217	39,300	4.7	292	66,973	4.5
상업·금융	1,960	127,013	49.7	5,197	389,052	49.9	7,394	687,792	46.4
무역	12	715	0.3	55	4,572	0.6	61	6,294	0.4
보험	56	3,759	1.5	74	10,400	1.3	43	14,611	1.0
은행·대금	1,095	105,259	41.2	2,466	320,692	41.2	2,879	496,057	33.5
염직·광업·운수 합계	588	111,940	43.8	1,537	309,811	39.8	1,921	472,277	31.9
기계·금속·화학 합계	117	6,604	2.6	393	27,444	3.5	719	97,939	6.6
합계	3,066	255,351	100.0	8,598	777,259	100.0	12,308	1,481,401	100.0
1사당 자본금액	83.3			61.2			78.7		

주: 1. '회사'는 상법(1993년 시행)에 따른 주식, 합자, 합명회사를 지칭함.
2. '비율'은 불입자본금 총액에 대한 비율.

자료: 経営史学会 編, 2004: 81.

명기의 주요 산업에서 기업의 전개양상을 고찰한다.

2. 소비재산업

먼저 면방적공업에서는 1870년대 들어 '시조3방(始祖3紡)'이라 불린 3개 방적공장이 설립되었으며, 1879년 이후에는 전국 18개 소에 면방적공장이 설립되었다. 이들 공장은 모두 2,000추의 소규모 공장이었다. 정부는 2,000추 방적기 10기를 수입하여 민간에 불하하였다. 이들 공장은 사업적으로는 실패하였지만, 일본에서의 면방적공장의 선구였다.

면방적공업이 본격적으로 발전한 것은 1880년대 이후의 일이었다. 1883년에는 최초의 대규모 방적공장으로 자본금 25만 엔의 오사카(大阪)방적회사가 설립되었다. 이 회사는 처음부터 1만 500추의 뮬방적기를 갖춘 주식회사조직의 기업으로 첫해부터 성공적인 영업실적을 올려 다음해에는 생산능력을 3만 추 규모로 확장하였다. 이 회사는 주가상승 속에서 증자를 거듭하여 1889년에는 불입자본금이 129만 엔으로 되었다. 이 회사의 성공에 자극되어 1886년 이후 도쿄(東京)의 가네가후치(鐘淵), 오사카의 나니와(浪速), 셋쓰(攝津), 히라노(平野), 효고(兵庫)의 아마가사키(尼崎), 아이치(愛知)의 오와리(尾張) 등 20사에 이르는 1만 추 이상 규모의 주식회사조직의 방적회사가 설립되었다. 이에 대규모 방적기업시대가 나타난 반면 2,000추 규모의 기업은 경영 부진으로 실패하였다. 1880년대~1890년대 중반은 면방적공업의 기업발흥기였다.

면방적기업은 1890년에 발생한 최초의 공황에 카르텔조직(방적연합회)으로 대응하고 그 후 인도 면화의 수입, 링방적기로의 전환, 방직부문의 겸영, 파탄기업의 흡수·합병, 분(分)공장건설을 추진하면서 규모를 확대하였다. 수입대체산업으로 출발한 면공업은 1890년대 들어 수출산업으로 전환하였다.

면방적공업은 〈표 4-2〉에서 보는 바와 같이 급성장하였다. 1883~1913년에 회사 수는 16개 사에서 44개 사로 2.8배, 추 수는 4만 4,000추에서 241만 5,000추로 55배, 총생산량은 약 2,000톤에서 27만 3,000톤

표 4-2 면방적공업의 발전

연도	회사 수	추 수(만 추)	면사(천 톤)		
			생산량	수입량	수출량
1883	16	4.4	2.1	14.8	–
1885	22	6.0	2.9	12.8	–
1890	30	27.8	18.9	19.1	0.006
1895	47	58.1	66.0	8.8	2.1
1900	79	113.5	116.2	5.4	37.6
1905	47	142.7	163.0	1.3	48.1
1910	36	210.0	204.3	0.2	60.7
1913	44	241.5	273.2	0.2	81.6

자료: 三和良一·原 朗 編, 2010: 77 .

으로 약 137배나 증가하였다. 특히 1900년대에 기업 수는 감소하면서 추 수와 생산량은 두드러지게 증가하였다. 그것은 그만큼 기업규모가 거대화되고 소수 기업으로의 집중이 진전되고 있음을 나타내는 것이다. 생산력 확대에 따라 면사의 수입량은 계속 감소한 데 비해 수출량은 증가하여 1897년 이후 수출이 수입을 압도하게 되었다.

면방적공업에서는 1913년에 가네가후치, 오사카, 미에(三重), 셋쓰, 아마가사키, 후지가스(富士瓦斯), 오사카고도(大阪合同)의 7대 면방적기업의 과점체제가 형성되고 그들이 방적연맹 가맹 44개 사의 불입자본금 총액의 57.7%, 추 수의 58.7%를 차지하고 있었다.

면공업과 함께 중요한 것은 제사공업이었다. 재래의 농촌공업으로 영위되어온 제사공업은 도입된 서양 기계를 국내 이용에 편리하게 개량한 기계(器械)가 보급되면서 각지에 파트너십 조직의 제사공장이 건설되어 성장하였다. 한편 재래기술을 이용한 영세한 제사장경영도 광범하게 존재하고 있었다. 이들 제사공업기업은 지역적으로 대규모 결사를 조직하여 제품의 균일화와 출하의 대량화를 공동으로 추진하면서 성장하였다.

제사공업에서는 1880년대 들어 기계생사의 비중이 커지고 19세기 말에는 그것이 재래기술을 압도하게 되었다. 그와 함께 결사조직을 통한 균일한 양질의 생사생산도 한계에 도달하였다. 1880년대 중반 이후에는 기업규모가 확대되고 기계화가 진전되었다. 그에 따라 유력한 제사기업은 결사조직에서 독립하여 자사의 대규모 공장을 통한 일관생산을 지향하였다. 그 속에서 가타쿠라(片倉), 군제(郡是) 등 대제사기업이 출현하였다. 1900년대 들어 기계제사와 대제사기업이 성장하면서 재래 기술 제사기업의 결사조직의 존립기반은 약화되었다.

제사공업은 정부의 후한 금융지원과 적극적인 수출진흥정책에 뒷받침되면서 발전하였다. 생산액은 1885~97년에 3배나 증가하였다. 제사공업은 수출주력산업으로 1890년대와 1900년대에 생산고의 64%는 수출되었으며 그것은 총수출액의 29%나 되었다. 생사수출의 70%는 미국시장이 차지하였다.

직물공업도 급성장하였다. 면직물공업은 1880년대부터 역직기가 도입되고 1890년대 이후에는 방적공업과 결합됨으로써 방적·방직을 통합한 대기업이 성장하였다. 한편 국내시장을 기반으로 광범하게 존재하던 영세가내공업 경영은 1900년대 들어 소형 역직기를 도입하면서 점차 중소기업으로 전환하였다. 견직물공업도 1880년대 이후 수출과 국내 수요의 확대에 뒷받침되어 발전하였으나 기계화의 지체로 가내공업적 경영이 일반적이었다.

섬유산업과 함께 소비재산업으로 일찍부터 발전한 산업은 제지업과 제당업이었다. 양지생산은 1871년에 시작되었으나 1880년대 중엽 이후 발전하였다. 1886년에는 후지(富士)제지와 욧카이치(四日市)제지 등의 대규모 제지회사가 설립되고 1887년에는 오지(王子)제지회사(1875년 설립)가 대규모 확장을 하였다. 제지산업은 청일·러일 전쟁기의 수요증대에 자극되어 급성장하였다. 1894~1910년에 공장 수는 2배, 생산액은 5배 이상 증가하여 국내수요의 3분의 2를 자급할 수 있게 되었다. 그 속에서 소수 대기업의 독점화 경향도 진전되었다.

제당공업은 원료공급의 제약으로 위축되었으나 청일전쟁으로 대만을 지배하게 되면서 본격적으로 발전하였다. 1895년에는 니혼정제당(日本精製糖)과 타이완(台湾)제당 등 대제당회사가 설립되었다. 대규모 제당기업은 러일전쟁 후 재래 제당업을 구축하면서 독점화하였다. 제당공업은 근대 산업으로 급성장하여 1910년에는 국내생산이 수입을 능가하게 되었다.

3. 생산재산업

생산재산업은 근대적 발전에서 소비재산업에 뒤졌다. 철강공업에서 근대적 민간제철기업의 효시는 국영기업을 불하받아 설립(1887)한 가마이시광산다나카(釜石鉱山田中)제철소였다. 이 제철소는 급속하게 시설을 확충하면서 선철을 생산하였다. 그러나 1890년대에 들어서도 국내 선철 수요의 50%는 수입에 의존하는 상태였다. 한편 강철은 전적으로 국영 군수공장에서 생산되었으나 생산량은 적었고 국내 수요의 대부분은 수입에 의존하는 형편이었다.

일본 철강공업이 본격적으로 근대적 발전을 시작한 것은 1901년에 국영 야하타(八幡)제철소가 설립되면서부터였다. 이 제철소는 철광석을 중국에서 수입하여 선철과 강철의 일관생산체제를 확립하고 뒤이어 설비를 확장하였다. 1900년대에는 민간제철회사도 성장하였다. 가마이시제철소는 선철생산능력을 확장하고 강철생산시설도 갖추었다. 그와 함께 스미토모(住友)주강, 고베(神戶)제강, 가와사키(川崎)조선소주강, 니혼(日本)제강, 니혼(日本)강관 등의 민간기업이 설립되어 강재(鋼材)생산이 시작되었다. 철강공업의 중심에는 국영 야하타제철소가 있었다. 이 제철소는 국내 선철생산의 70%와 강철생산의 90%를 차지하였다. 민간자본 기반이 취약한 단계에서 국가자본이 철강공업 발전을 주도하였다.

기계공업에서 민간기업이 발전한 것은 1880년대 말 이후였다. 그 이

전에 기계제작은 4대 군공창(軍工廠)과 기타 국영조선소에서 생산되고 있었다. 이러한 속에서 1875년에 최초의 민간기업으로 설립된 다나카(田中)기계공장은 1880년대 들어 대규모 설비 확충을 한 데 이어 1893년에는 시바우라(芝浦)제작소로 되어 전기기계전문 제조기업의 기초를 놓았다. 이시카와지마히라노(石川島平野)조선소도 설비를 확충하였다. 국영기업인 효고(兵庫), 나가사키(長崎)조선소도 매각(1887)되고, 1889년에 설립된 이케가이(池貝)철공소는 1905년에는 선반제작을 시작하였다. 그러나 민간의 기계제작업은 4대 공창에 비하면 아직도 왜소한 상태였다. 그것이 본격적으로 발전한 것은 러일전쟁 이후였다.

한편 정부의 진흥정책에 뒷받침되어 전력산업도 발전하였다. 그에 따라 공장전화라든가 전기화학공업의 발달이 촉진되고 전등·전차가 보급되었다. 1910년대에는 구하라히타치(久原日立), 미쓰비시(三菱), 야스가와(安川)제작소 등 중전기 제작기업들이 설립되었다. 차량공업도 발달하였다. 1896년에는 기차제조회사가 설립되어 기관차를 생산하기 시작하여 1900년에는 기관차와 객차 수요의 30%와 80%를 자급할 수 있게 되었다.

조선공업은 해운업의 발전에 자극되면서 두드러지게 발전하였다. 조선공업에서는 정부의 '식산흥업정책'의 하나로 일찍부터 3사의 관영조선소가 설립·운영되고 있었다. 1887년에는 앞에서 본 2대 조선소가 민간에 매각되어 후에 각각 미쓰비시나가사키(三菱長崎)조선소와 가와사키(川崎)조선소로 개편된 한편 대규모 조선소가 건설·개편되면서 민간 조선업이 발전하게 되었다.

조선업은 1900년대 중반 이후 정부의 항해·조선장려정책에 자극되면서 급속히 발전하였다. 민간의 대기업은 상선만이 아니라 함정까지 건조할 수 있게 되고 조선기술도 세계적 수준에 도달하였다. 1910년을 전후한 시기에 미쓰비시는 총톤수 1만 3,500톤의 상선을 건조하였으며 가와사키와 함께 순양함 건조를 발주받았다. 1896~1905년에 연평균 31%

이던 선박의 국내 자급률은 1906~16년에는 60%로 상승하였다.

광업은 특히 탄광업과 동(銅)광업을 중심으로 두드러지게 발전하였다. 석탄과 동은 메이지기를 통해서 생사에 버금가는 수출주력상품이었다. 대표적인 탄광으로는 다카시마(高島), 미이케(三池), 그리고 동광으로는 벳시(別子), 아시오(足尾), 하타치(日立) 등이 있었다. 다카시마탄광은 민간에 불하된 후 미쓰비시가 매수(1881)하고, 미이케탄광은 미쓰이가 불하(1888)받아 확장하면서 거대경영으로 되었다. 스미토모(住友)의 벳시동산은 1870년대부터 서양의 기술을 도입하면서 채광, 용광, 제련 시설을 근대화하였다. 후루카와(古河)의 아시오동광은 1880년대에 풍부한 대동광이 발견되어 대규모 투자가 이루어지면서 일본 최대의 동광이 되었다.

광업에서는 미쓰이, 미쓰비시, 후루카와, 구하라 등이 근대적 발전을 주도하였다. 생산량을 보면 1887~1907년에 석탄은 8배, 동은 3배, 철광석도 절대량은 적으나 3배 증가하였다.

4. 철도산업의 성장

철도산업은 일찍부터 발전하였다. 초기의 철도회사는 본래 국영기업이었다. 일본 최초의 철도는 정부가 영국 차관으로 1872년에 개통한 도쿄(東京)-요코하마(橫濱) 간 17마일의 철도였다. 뒤이어 오사카-고베(1874), 오사카-교토(1879), 도쿄-고베(1889) 간 철도가 개통되었다. 그러나 철도의 필요성은 절실하면서도 재정적 한계로 정부가 막대한 자금을 부담할 수는 없었다. 이에 민간철도회사 설립의 필요성이 증대하였다.

일본 최초의 민간철도는 1881년에 설립된 니혼(日本)철도회사였다. 이 회사는 귀족, 사족(士族), 관료 출신 유지들의 주도로 2,000만 엔이라는 거액의 자본금을 동원하여 주식회사조직으로 설립된 철도기업이었다. 이 회사는 도쿄-다카사키(高崎)-아오모리(青森) 간의 철도건설계획을 세우고 정부에서 개업까지 연리 8%의 이자보장과 개업 후 15년간 8%까지 이익을 보장받는 한편, 철도의 건설, 운행을 전적으로 정부(철도국)에 위임함으로써 처음부터 큰 성공을 거두었다. 니혼철도회사의 성공으로 1886~89년에는 철도 건설 붐이 일었다.

이 기간에 15사가 설립되고 1891년까지 11사가 개업하였다. 그중 산요(山陽), 간사이(關西), 규슈(九州), 홋카이도(北海道) 탄광철도는 니혼철도와 함께 5대 철도로 불린 간선철도로 성장하였다. 민간철도에 대해서 정부는 용지매수상의 특권, 용지의 면세, 8%의 이자·이익보증 등의 편의를 제공하였다. 그 속에서 민간철도 건설은 급진전되어 연장거리는 1889년에 국영철도를 능가하여 1900년에는 그 3배나 되었다. 철도연장거리는 매년 확장하여 1914년에는 7,000마일에 달하였다.[4]

설비투자에 거액의 자본이 소요되고 광범한 산업적 연관을 가진 철도산업은 국민경제에서의 비중이 높았으며 근대 기업의 발전에서도 선구적 역할을 하였다. 초기의 주식거래소에 상장된 주식은 대부분이 철도회사 주식이었으며 그와 관련에서 많은 투자가·투기가가 발생하였다. 자본조달수단으로서의 사채 발행도 주로 철도회사에서 도입하였다. 5대 철도는 전문경영인의 채용이라든가 계층적 경영관리조직 등 근대적 조직구조의 도입에서도 선구적이었다.

민간기업의 주도로 발전하던 철도사업은 1906년 철도국유화법이 성립됨으로써 국영사업으로 전환하였다. 1900년의 공황기에는 경영난에 직면한 중소 민간철도의 5대 철도기업으로의 집중 경향이 나타나는 한편 러일전쟁을 계기로 철도의 전략적 중요성이 새로이 인식되면서 철도국영화 문제가 제기되었다. 국유화법이 제정되면서 정부는 5대 회사를 포함한 17개 민간철도회사를 총불입자본의 2배가 넘은 금액으로 매수하였다. 1907년 말까지 국유화된 철도의 연장거리는 7,166킬로미터에 달하였다. 이에 비해 나머지 민간철도는 717킬로미터에 불과하였다. 민간철도는 대부분 연장거리 50킬로미터 미만의 소규모 철도였다.

한편 민영철도는 1910년에 제정된 경편(軽便)철도법에 따라 새롭게 전개되었다. 기존의 민영철도는 대부분이 경편철도로 전환하고 신설 경편철도에게 정부는 건설비 대비 연 5%의 수익을 10년간 보증하였다. 그 결과 경편철도는 1916년 말까지 121사에 연장거리는 2,541킬로미터에 달하였다. 그 가운데 도쿄와 오사카를 중심으로 대도시 간 내지 대도시와 근교 간의 전기궤도가 1913년 말까지 55사에 910킬로미터에 이를 만큼 발전하였다.[5]

5. 해운업과 무역상사

1) 해운업의 발전

해운업은 1870년대 초부터 정부의 보호육성정책에 뒷받침되어 급성장하였다. 정부는 국내 주요항구 간의 수송업을 독점하는 외국상선을 배제하기 위하여 해운업 근대화를 적극 추진하였다. 정부는 1872년에 반관반민의 해운회사를 설립하여 정부 소유 선박의 불하, 자금원조, 정부미수송특권 부여 등 특혜로 보호하였다. 그러나 이 회사는 1875년에 경쟁사인 미쓰비시에 흡수·통합되었다. 미쓰비시사는 하급 무사 출신인 이와사키(岩崎弥太郎)가 1870년에 출신 번(藩)의 소유 선박을 인수해 설립한 해운회사였다. 미쓰비시사는 신정부의 군수수송의 독점, 정부 선박의 운용수탁과 불하, 보조금수급 등으로 급성장하여 국내 연안항로를 지배하던 외국 해운회사를 구축하면서 독점적 지위를 차지하였다.

미쓰비시사의 독점에 대한 반대가 커지면서 1882년에는 정부 지원으로 교도운수(共同運輸)회사가 설립되었다. 그러나 양사는 치열한 경쟁으로 다같이 위기 상황에 직면하였다. 결국 양사의 타협으로 미쓰비시상사의 운수부문과 교도운수회사가 합병하여 1885년에 니혼우선(日本郵船)이라는 거대 해운회사가 탄생하였다. 그것을 계기로 미쓰비시는 사업분야를 해운업에서 광산, 조선, 금융으로 전환하고 회사명도 '미쓰비시사'로 변경하였다. 니혼우선은 항로를 동 일본을 중심으로 설정하고 외국항로의 개척에 주력하면서 발전하였다. 한편 1884년에는 서 일본 중심으로 항로를 설정한 오사카상선(大阪商船)이 설립되었다. 이들 회사는 정부수요 항로를 적극 수주하면서 성장하였다.

정부의 적극적인 보호육성정책으로 발전하기 시작한 해운업은 청일·러일 전쟁기의 대규모 군수수요로 급성장하고 제1차 세계대전기의 붐으로 비약적으로 발전하였다. 정부는 법을 제정하여 해운업을 장려·조성하였다. 그 속에서 니혼우선, 오사카상선, 도요(東洋)기선(1896년 설립)의 3대 회사를 중심으로 유럽, 미주, 호주 등을 연결하는 원양정기항로가 개설·확대되고 조선, 중국, 대만, 사할린 등 인접국을 연결하는 항로도 크게 발전하였다. 일본 해운업은 1910년을 전후한 시기에는 세계 5~6위 수준에 올랐다. 이 시기까지 세계적 수준에 도달한 일본 최초의 산업은 해운업이었다.

2) 종합무역상사의 전개

개항(1859)과 함께 무역거래는 급증하였다. 그러나 초기의 무역은 주로 개항장에 있는 외국상관과의 거류지교역이라는 형태로 이루어졌으며 상권은 영국을 중심으로 한 외국상인과 외국 해운회사가 장악하고 있었다. 1877년에도 외국상인은 수출입의 95%를 취급하고 그 횡포는 컸다. 정부는 일찍부터 불평등통상조약의 개정과 상권회복을 위한 정책을 적극 추진하였다. 그러나 국력이 약한 일본이 통상조약을 개정하여 관세자주권을 회복하는 데는 1911년까지 기다려야 했다. 상권회복을 위한 정책으로 신정부는 해운업을 육성하는 한편 민간무역업자를 보호하면서 직(直) 수출회사를 설립하여 외국상인에 대항하도록 유도하였다.

무역상사는 미쓰이사가 정부 명령에 따라 신정부수립 첫해(1868)에 무역상사를 설립한 것을 효시로 1870년대 이후 연이어 설립되었다. 1873년에는 오쿠라구미(大倉組)상회, 다음해에는 정부 지원의 직수출회사인 선수(先收)회사가 설립되었다. 1980년에는 일본무역상회 등 생사 직수출회사가 설립되고, 다음해에는 요코하마 생사거래상들이 외상에 대항하기 위하여 연합생사하예소(連合生絲荷預所)를 설립하였다. 그리고 1893년에는 니혼멘카(日本綿花)가 설립되었다. 무역상들은 정부와 밀접한 관계를 가진 정상(政商)적 성격을 가지고 정부의 보호를 받으면서 성장하였다. 그 속에서도 정상으로 정부방침에 적극 호응하면서 대상사로 성장한 대표적인 회사는 미쓰이물산과 오쿠라구미상회였다.

미쓰이물산은 미쓰이가 앞의 선수회사를 흡수하여 1876년에 설립한 상사회사다. 이 회사는 외부에서 사장으로 영입된 마스다(益田孝)의 기업활동으로 급성장하였다. 이 회사는 선수회사가 하던 미곡 및 융(絨) 거래로 큰 이익을 올리고 뒤이어 런던대리점과 상하이(上海)지점을 설치하여 각각 방적기계수입업과 미이케(三池)탄광산 석탄의 상하이수송업에 진출하였다. 미쓰이물산은 1888년에는 국영 미이케탄광을 불하받아 탄광석탄의 총판매권을 획득하고, 1892년에는 가네가후치 방적 등 대방적회사와 인도산 원면공급계약을 맺고, 1896년에는 봄베이출장소를 설치하였다. 결국 이 회사는 1890년대까지 무역업만이 아니라 외국환, 해상보험, 선박 등 다양한 업무를 수행하는 종합상사('総合商社')로 발전하였다.

한편 1873년에 무역회사를 설립한 오쿠라(大倉喜八郎)는 군부의 병참수송이라든가 토목사업에 협력하면서 정상(政商)의 지위를 굳혔다. 그는 1876년에는 정부 지명으로 부산지점을 설치하여 조선무역에 진출하고, 러일전쟁 후에는 조선에서 철도공사 등의 토목공사에 투자하였다. 또한 청일전쟁 후 대만에서의 식민지 개발과 관련한 국가사업에 투자하고

1903년 이후에는 중국대륙에 투자를 시작하였다. 오쿠라는 정상이라는 지위를 십분 이용하여 적극적으로 동아시아로 사업을 전개하는 한편 국내에서는 대규모 정부건축토건사업의 청부와 군수품 조달로 막대한 이익을 올렸다. 그는 축적한 자금을 맥주, 호텔, 제화, 제마 등 신산업에 투자하였다.[6]

영국의 무역상이 특정상품의 수출입업무에 특화한 전문업자로 활동한 데 비해 일본의 무역상은 종합상사라는 형태로 발전하였다. 예를 들어 미쓰이물산만이 아니라 면화전문 수입회사인 나이가이면화(內外綿花)와 니혼면화도 면사·면포 수출에도 진출하였다. 무역상사들은 외국상인과의 경쟁에 이기기 위해서는 국내 집하판매체제만이 아니라 여신업무라든가 취급상품의 품질관리, 수출업자와 해운회사의 조직화 등에 관여하지 않을 수 없었다. 이에 무역상사의 종합상사화가 진전되었다.

무역상사 활동이 전개되면서 상권회복도 진전되었다. 1891년에 16.5%에 불과하던 상권은 1900년에는 38.4%로 상승하였다. 고베 항의 상권은 1901~11년에 수입은 37%에서 68.4%로, 수출은 24.8%에서 51.5%로 상승하였다.

근대 산업발전이 아직 초기 단계이고 외국상인이 주도하는 무역환경에서 중소기업은 물론 방적, 탄광 등 대규모 회사마저도 해외의 원료조달과 제품판매 업무까지 직접 담당할 수는 없었으며 자금과 정보가 부족한 전문무역상의 독자적인 발전에도 한계가 있었다. 이러한 상황에서 다양한 상품의 국제거래와 관련업무까지 수행한 종합상사는 상권회복만이 아니라 국내 생산기업의 유통기반 형성에서 중요한 역할을 하였다. 상권이 확립되면서 해운회사도 적재화물 확보가 용이해지고 원양정기항로로의 진출도 가능해졌다.

3절 자본공급기구의 정비

1. 근대적 은행제도의 전개

근대 기업의 발흥을 자금공급 면에서 뒷받침하기 위해서는 대중자금을 동원·이용할 수 있는 제도를 정비할 필요가 있었다. 정부는 일찍부터 은행제도와 주식회사제도의 도입에 노력하였다. 이들 제도는 '일본자본주의 전개의 2대전략장치'라 불릴 만큼 중요한 것이었다.

근대적 산업기업을 설립·운영하기 위해서는 무엇보다도 먼저 은행제도를 이식·정착시킬 필요가 있었다. 이 부문에서도 정부가 주도적 역할을 하였다. 정부는 1869년에 외국무역진흥을 중심으로 상업 및 금융 정책을 관장할 정부기관인 통상사(通商司)를 설치하고 그의 지도하에 무역업무를 담당하는 통상회사와 그에 자금을 공급하는 가와세(為替)회사를 설립하였다. '가와세회사'는 상인·고리대자본을 산업자본으로 전환할 경로가 될 조직이었으며 일본에 이식된 '근대적' 은행의 효시였다. 전국 8개 개항장에 설립된 가와세회사는 정부의 보호하에 발권특권을 부여받고 거액의 정부지폐를 가지고 수출품생산자금대부 등의 은행업을 수행하였다. 그러나 초기적 조건에서 가와세회사는 일반인의 인식 부족과 정부지도의 부적절함으로 말미암아 실패하고 3년 후에는 소멸하였다.

초기의 실패 끝에 근대적 은행을 설립하게 된 것은 국립은행조례(1872)가 제정되면서였다. 국립은행은 18세기 말엽과 19세기 초 미국의 내셔널 뱅크인 합중국은행을 모델로 국법에 따라서 설립된 주식회사조직의 민간은행이었다. 국립은행은 자본금의 60%는 정부공채를 정부에 예치하여 동액의 은행권을 발행하고, 나머지 40%는 태환준비금으로 정화를 보유한다는 특권이 부여되었다. 국립은행은 국고출납업무도 위임받았다. 이 조례에 의해 제1(東京), 제2(横浜), 제4(新潟), 제5(大阪)의 4개 국립은행이 설립되었다.

그러나 계속되는 정부지폐의 증발로 정화가 해외로 유출되고 지폐가치가 하락하여 국립은행은 태환은행권을 계속 발행할 수 없게 되었다. 이에 정부는 조례개정(1876)으로 정화준비 없이 자본금의 80%까지 은행권을 발행하고 나머지 20%는 정부지폐로 지불준비에 충당할 수 있게 하였다. 개정조례는 질록처분으로 발행된 공채소유자가 국립은행에 투자할 수 있게 길을 열어준 것이다. 설립요건이 완화됨으로써 국립은행은 수적으로 급증하여 1879년에는 151행에 달하였다. 그 과정에서 큰 액수의 공채소유자인 화족(華族)의 은행에의 투자가 적극적으로 이루어졌다. 화족은 1880년 현재 전국은행주식 총액의 40%를 소유하였다. 그러나 그 후 화족은 소유주식을 점차 매도하고 상인 등 평민 주주의 비중이 커지게 되었다.

국립은행은 주로 공공기관으로부터 예금을 받아들이고 그보다 많은 대부를 하였다. 그 차액은 불환은행권으로 보충되었다. 국립은행은 불환은행권 발행으로 신용을 창조하면서 자본공급을 한 것이다. 그 결과 은행권은 크게 증발되고 그것은 재정결핍을 막기 위한 정부지폐의 대팽창과 더불어 급격한 인플레이션을 낳았다. 인플레이션 수습을 위한 금융제도의 개혁과정에서 국립은행은 새롭게 전환하게 되었다. 무엇보다도 중요한 것은 중앙은행인 일본은행이 설립(1882)되어 은행권 발행권을 독점하게 되었다는 것이다. 그에 따라 국립은행은 발권권(發券權)을 상실하고 기타 사립은행과 은행 유사회사들과 함께 예금은행으로 전환하였다.

사립은행은 1876년 설립된 미쓰이은행을 효시로 국립은행 설립이 마감된 1879년 이후 그 수가 증가하였다. 사립은행은 은행조례의 시행(1893)으로 제도적 기반이 확립되고 청일전쟁 후의 호황기를 맞이하여 본격적으로 발전하였다. 은행 유사회사는 대부분 은행으로 개편되거나 흡수되고 국립은행의 전환으로 은행 수는 급증하여 1896년에는 1,000

행을 넘어 1901년에는 1,867행에 달하였다.[7]

국립은행과 사립은행은 다같이 상품담보금융과 상업어음할인을 하는 한편 일본은행을 매개로 전국적 환어음유통망을 발전시켜 전국적 자금유통의 원활화와 함께 상품유통을 용이하게 하였다. 이들 은행은 본래 상업은행으로 출발하였으나 기업발흥기 이후에는 주식담보대출을 확대하면서 회사 설립에 큰 역할을 하였다. 1890년의 공황기에 일본은행이 주식담보어음 할인을 하자 이들 은행의 겸업주의 경향은 조장되었다. 국립은행이 소멸되면서 '사립은행'이라는 용어는 '보통은행'으로 바뀌었다. '보통은행'은 정부가 설립한 다수의 '특수은행'에 대한 대칭이기도 하였다.

보통은행의 대부분은 소규모 은행이었다. 그러나 대규모 산업기업이 성장하는 가운데 상응한 자본공급능력을 가지기 위해서는 은행의 대형화는 필수적이었다. 은행합병법(1896)에 의해서 은행합병이 제도적으로 유도되었다. 거듭되는 경기변동으로 많은 기업이 도태되면서 미쓰이, 미쓰비시, 야스다(安田), 스미토모, 다이이치(第一) 5대 은행의 지위는 높아졌다.

보통은행 수는 1901년을 정점으로 감소경향을 나타내었다. 그와 함께 은행업무의 내용도 자기자본과 일본은행으로부터의 저이자 차입금을 대부하는 고리대적·전근대적 성격에서 고객예금을 대부하는 근대적 성격으로 전환하였다. 이에 은행은 경쟁적으로 예금을 유치하였다. 보통은행은 일반예금을 통해서 자금력을 확충하면서 단기상업금융만이 아니라 장기산업금융까지 하였다. 영세자금의 흡수기관으로는 다수의 저축은행이 있었다. 1893년의 저축은행조례로 저축은행은 예금을 독점적으로 받을 수 있었으나 예금자를 보호한다는 이유로 자금운용은 제약을 받았다.

보통은행은 상업금융과 산업금융을 다 같이하는 겸업은행으로 발달하면서 산업기업과는 밀접한 관계를 맺게 되었다. 그 속에서 보통은행의 기관은행화가 일찍부터 진전되었다.

그러나 보통은행의 산업금융만으로 급속하게 확대되는 산업기업의 자금수요를 충당할 수는 없었다. 이러한 필요에서 장기산업금융기관으로 특수은행이 설립되었다. 최초의 특수은행은 1897년에 설립된 일본권업은행이었다. 이 은행은 채권 발행으로 얻은 자금을 농업과 공업에 융자하였으나 발행채권 대부분은 정부기관에 의해 소화되었으므로 결국 국가자본이 이 은행을 통해서 산업으로 유입된 것이다. 1898~1900년에 부·현(府·県)마다 해당 지방자치체의 출자로 설립된 농공은행은 주로 농업대부를 한 지방은행이었으며 1900년에 설립된 홋카이도척식은행은 홋카이도 개발을 위한 은행이었다. 이들 은행은 모두 부동산담보대출은행이었는 데 비해 일본흥업은행은 동산(유가증권)담보은행으로 설립되어 외자도입까지 하면서 장기산업금융에서 큰 역할을 하였다. 이들 특수은행은 투자은행으로서 산업기업에 대한 장기금융과 함께 불황기에는 불량채권을 보전해줌으로써 보통은행의 안정적인 성장에도 기여하였다.

무역금융을 위한 특수은행으로는 1880년에 개업한 요코하마정금은행이 있었다. 이 은행은 무역에서의 외국상인 및 은행의 지배에 대항하여 정부의 출자(자본의 3분의 1)와 공금예탁 등의 혜택을 받아 설립된 민간은행이었으나 1887년의 조례로 외국환업무를 수행하는 특수은행으로 전환되었다. 이 은행은 정부의 외국환 자금공여 등의 보호를 받으면서 발전하였다.

2. 주식회사제도의 발달

기업의 발전을 주도한 것은 주식회사조직의 기업이었다. 후발국으로서 전면적으로 선진기술을 도입한 근대 기업을 설립·운영하기 위해서는 처음부터 개인의 부담능력을 초과한 대규모 자금이 필요하였다. 정부가 식산흥업정책으로 주요 산업에 국영기업을 설립·운영한 것도 자본축적의 초기 단계에서 민간의 축적기반이 취약하였기 때문이었다. 초기 국영기업의 대규모 불하 후에도 정부는 전략적으로 중요한 산업은 국영하면서 사기업에 대해서는 각종 제도, 금융, 보조금지급 등 다양한 방법으로 지원하였다. 근대 기업의 발흥에 있어 주식회사조직은 필요자본의 조달방법으로 매우 중요하였다.

민간에서 주식회사조직의 기업 설립은 일찍부터 시도되었다. 근대 기업은 바로 주식회사로 인식되었다. 정부는 일찍부터 주식회사제도에 대한 지식을 널리 알리고 주식회사조직을 통하여 사족, 상인, 지주자본을 산업자본화하려 노력하였다. 국립은행제도의 도입도 그러한 노력의 하나였다. 민간에서도 주식회사의 보급을 위한 적극적인 노력이 있었다. 철도회사와 은행은 처음부터 주식회사 형태의 기업으로 출발하였으며 제조업에서도 오사카방적(1883)을 효시로 주식회사조직의 기업은 일찍부터 나타났다. 오사카방적은 주주 80명으로 당시로는 대규모 회사였다.

주식회사는 1890년대의 상법 제정으로 제도적 기반이 확립되면서 기업발흥기에 급증하였다. 기업 형태에서 주식회사의 비율은 1895년에 회사 수의 42.6%, 불입자본금의 87%였고, 1910년에는 각각 40.8%와 84%였다. 나머지 부분은 합자·합명 회사가 차지하고 있었다.[8] 근대 산업부문에서는 주로 주식회사가 설립된 반면, 재래산업에서는 대다수가 합자·합명 회사였고 실질적으로는 개인회사였다.

주식회사의 비율은 정도의 차이는 있으나 수와 불입자본금에서 다 같이 낮았다. 그러나 그것은 주식회사의 지위 저하를 의미하는 것이 아니라 주식회사의 규모가 크게 확대되었다는 것을 말하는 것이다. 특히 불입자본금 규모가 큰 회사의 비중이 증대하였다. 기업은 내부축적과 증자 그리고 합병으로 규모를 확대하였다. 후발국으로 출발한 일본에서는 영·미 선진자본주의국에 비해 근대 기업은 일찍부터 주식회사제도를 도입하면서 급성장하였다.

주식회사조직이 도입되면서 1878년에는 도쿄와 오사카에 주식거래소가 설립되었다. 주로 주식으로 자금을 조달한 당시의 기업으로서는 주식의 원활한 발행 여부는 중대한 문제였다. 그러나 주식거래소의 거래대상은 초기에는 금·은·공채가 주였으며 주식거래가 중심이 된 것은 1890년대 이후에 들어서였다. 그나마 거래소 내에서의 거래는 인기주인 일부의 철도주와 방적주가 중심이었으며 거래도 대부분이 차익결제 거래이며, 현물주식의 명의이동은 없었기 때문에 투기성 시장으로 간주되는 경향이 있었다. 따라서 기업은 자본조달을 위해서 연고모집을 하는 한편 실제 현물주식 거래 대부분은 주식거래소 주변의 현물거래상의 점포인 '장외시장'을 보완적으로 이용하였다. 기업발흥기에 보험회사도 급성장하였으나 풍부한 보유자금을 유가증권으로 운용하고 기관투자가로 주목받게 된 것은 제1차 세계대전 후의 일이었다.

4절 산업기업가와 노동자

1. 근대적 기업가의 발생

1) 배경

근대적 산업기업가는 신정부의 식산흥업정책에 자극되면서 발생하였다. 구체제하에서도 상인의 자본축적은 진전되어 있었고 그것이 후에 산업자본으로 전환되었다는 것은 사실이다. 그러나 그러한 전환은 미쓰이를 비롯한 당시의 대표적 상업자본가의 행동양식에서 보는 바와 같이 능동적으로 이루어진 것이 아니라 정부의 공업화정책에 촉구되고 정부와의 결탁관계를 통해서 이루어진 것이다.

신정부의 신분제도 개혁으로 사·농·공·상이라는 계급차별은 폐기되었지만 전통적 가치로서의 '천상(賤商)의식'은 쉽게 사라지지 않았고 상공업 활동에 종사하는 것은 사회적으로 높은 평가를 받지 못하였다. 그러한 가치체계 속에서 사회의 엘리트는 기업보다 정부·관료를 지향하였다. 한편 불확실성이 큰 초기 조건에서 전기적 상인이 바로 근대적 산업기업가로 전환될 수도 없었다. 이에 정부는 근대적 기업가는 구시대의 천민적 상인과는 달리 국가발전을 위하여 중요한 역할을 수행하는 '실업인'임을 강조하고 그들을 식산흥업정책의 실질적 담당자로 자리매김하였다. 정부는 근대 산업발전을 위한 제 조건을 조성하면서 민간의 기업가활동을 적극 유도하였다.

정부는 국영기업을 통해서 스스로 기업가로서의 기능을 광범하게 수행하는 한편 기업가의 공급에서도 큰 역할을 하였다. 근대 산업의 도입·육성이 추진되면서 기업경영을 위한 새로운 인재의 공급확대가 요구되는 속에서 고급관료가 기업으로 내려간다는 '아마쿠다리(天下り)'가 기업의 인재공급원천으로 중요하였다. 신정부 초기에 번벌(藩閥)관료의 권위는 압도적이었으며 관료와의 결탁관계를 가지려면 관료 출신 유력자의 중개기능이 중요하였다. 이들 번벌 관료 출신들이 기업으로 '아마쿠다리'가 있었던 것이다. 산업혁명기 이후에는 번벌관료에 대신하여 제국대학 출신의 학벌관료가 기업으로 내려가게 되었을 뿐만 아니라 관립과 사립 고등교육기관 출신들이 기업으로 들어가 유력한 최고경영자가 되었다.

2) 기업가의 유형

초기의 기업가는 그들의 출현배경과 행동패턴으로 보아 일반적으로 지

도자형, 정상(政商)형, 기술자형, 지방형이라는 네 유형으로 구분할 수 있다.[9]

지도자형 기업가는 관료에서 전신하여 주식회사조직의 기업을 발기·운영하고 근대 기업의 발전에 주도적 역할을 한 기업가이다. 그들은 기업가활동이 궁극적으로는 국가이익을 위한 활동임을 강조함으로써 국익지향 경영이념의 정립·보급을 주도하였다. 지도자형 기업가는 시부사와(渋沢栄一)와 고다이(五代友厚)에 의해서 대표되지만 특히 시부사와의 역할이 컸다.

시부사와는 부농 출신으로 무사교육을 받고 도쿠가와시대 말기에 관료로 등용되어 유럽시찰 여행을 하고 신정부에서는 대장성 차관까지 되었으나 1873년에 퇴관하여 실업계에 투신하였다. 그로부터 그는 제일은행을 비롯하여 오지제지, 도쿄해상화재, 오사카방적 등 다수의 기업 설립을 발기함과 동시에 스스로 기업가로서 활동함으로써 근대 기업의 설립을 주도하였다. 발기와 경영을 통하여 그가 관여한 기업은 당시의 거의 전 산업을 망라한 500여 개에 달하였다. 그는 근대적 기업 형태로서의 주식회사조직의 이점을 강조하여 그의 보급에 노력하고 국가주의적 경영이념을 고취함으로써 기업가의 사회적 지위 향상에 노력하였다. 그는 '일본자본주의의 민간의 최고지도자', '일본자본주의 총자본의 입장에서 사물을 생각하고 일해온 인물'[10]로 평가되었다.

고다이는 사쓰마 번(薩摩藩) 상급 무사 출신으로 막부 말기에 영국으로 건너가 근대 산업에 대한 식견을 넓혔다. 그는 신정부에서 오사카부 판서로서 지역경제의 활성화에 진력하였다. 그의 구상은 오사카를 맨체스터와 같은 공업도시로 육성하는 것이었다. 고다이는 퇴관 후 광산개발 등에서 얻은 막대한 이익을 자금으로 기업활동을 하는 한편 다수의 근대 기업의 발기에도 관여하여 '동의 시부사와, 서의 고다이'로 불릴 정도였다. 그러나 그의 활동범위는 시부사와에는 크게 못 미쳤다. 그는 주식거래소, 상공회의소, 상법강습소(오사카시립대학의 전신)의 설립(1880)

등 오사카재계의 조직화, 근대화를 주도하였다.

정상형 기업가는 정부와의 결탁관계를 통해서 각종 특권, 보호를 받으면서 자본을 축적하여 근대적 산업기업가로 등장한 기업가이다. 신정부는 식산흥업정책을 추진하면서 필요자금이나 서비스를 민간에서 제공받는 한편 그들에게 특권을 부여하고 그들의 기업활동을 보호·육성하였다. 그들은 구체제 말기와 신정부 초기에 이미 유력한 상업자본의 기반이 있었다. 정상(政商)은 정도의 차이는 있으나 미쓰이, 미쓰비시, 스미토모, 오쿠라, 후루카와(古河市兵衛), 아사노(淺野総一郎), 가와사키(川崎正蔵) 등 후에 국영기업의 불하를 통해서 산업적 기반을 가지면서 재벌로 발전한 기업가들이었다. 그 대표적 사례로는 미쓰이와 미쓰비시를 들 수 있다.

미쓰이는 이세마쓰자카(伊勢松坂) 출신의 미쓰이(三井高利)가 1673년 에도(江戸)에서 개업한 포목점 '에치고야(越後屋)'에서 유래된 오래된 상가였다. 포목상으로 성공한 미쓰이는 막부의 포목 및 금·은환의 용달을 담당하는 특권적 어용상인으로 되고 교토와 오사카를 포함한 세 도시에서 점포를 운영하여 구시대 말기에는 대표적 거상으로 되었다. 신정부 수립 후 사장으로 고용된 은행의 미노무라(三野村利左衛門)와 물산의 마스다(益田孝)는 신시대로의 개혁을 주도하고 정상으로 활동하여 정부의 금융업무와 지방정부의 세금수입 취급업무를 독점으로 대행하는 한편 유통부문에서도 유력한 지위를 점유하여 후에 재벌 형성의 핵심기업이 된 은행, 물산(무역상사), 광산의 기초를 놓았다.

특히 정상의 전형은 이와사키(岩崎弥太郎)였다. 미쓰비시상회를 설립한(1873) 그는 폐번치현(廢藩置県)으로 번제도가 없어지게 되자 자신의 출신 번인 도사 번(土佐藩) 소유 선박을 불하받아 해운업에 진출하였다. 적극적인 활동으로 정부가 지원하는 경쟁회사를 압도하면서 성장한 미쓰비시는 결국 군수물자 등 정부물자의 수송업무를 위탁받는 한편 정부가 외국에서 도입한 다수의 기선과 거액의 조성금을 지급받으면서 독점적 해운기업으로 되었다. 미쓰비시의 해운업 독점에 대한 반대여론이 커지는 속에서 정부는 반관반민의 경쟁회사, 교도운수회사를 설립하여 미쓰이를 견제하려 하였다. 그 결과 치열한 경쟁으로 공멸의 위기에 직면하게 된 양사는 타협·합병하여 니혼우선(1885)으로 새출발하였다.

그러나 정상형 기업가의 존립기반은 1880년대 중반 이후 정부 식산흥업정책이 크게 후퇴하고 근대 기업이 발흥함에 따라 약화되었다. 그 속에서 정상은 기존의 체질에서 탈피할 필요가 있었다. 이에 정상으로 발전해온 유력기업의 개혁이 추진되었다. 미쓰이의 경우 개혁을 주도한 것은 나카미가와(中上川彦次郎)였다. 게이오의숙(慶應義塾) 출신으로 외국 유학 경험이 있는 그는 미쓰이은행의 누적불량채권을 대담하게 정리하고 고등교육을 받은 인재를 채용하는 등 이 은행의 정상적 경영체질을 개혁하는 한편 1890년대에는 유통과 금융이 중심이던 미쓰이의 사업을 광산·공업으로 확대하여 경영다각화의 기반을 확립하였다. 미쓰이재벌의 시원인 포목점은 신정부 초기에 미쓰이 가에서 분리되어 1904년에는 주식회사조직의 미쓰코시(三越)포목점으로 개조되면서 백화점(오늘날의 미쓰코시)으로 되었다.

한편 미쓰비시는 설립자의 사망을 계기로 동생인 이와사키 야노스케(岩崎弥之助)가 사업을 넘겨받아 해운업에서 손을 떼고 광산, 조선, 금융을 중심으로 한 새로운 '미쓰비시사'로 되었다. 조선부문은 1887년에 정부로부터 불하받은 나가사키조선소를 기반으로 한 것이었다. 미쓰비시는 정상적(政商的) 체질에서 탈피하면서 사업전환, 다각화를 통해서 재벌로서의 산업기반을 갖게 된 것이다. 미쓰비시사는 '미쓰비시합자회사'로 개조(1893)되면서 광산, 조선, 은행, 상사, 부동산 등의 부문을 가진 재벌기업으로 성장하게 되었다. 미쓰비시는 일찍부터 창업자의 방침으로 게이오의숙 출신의 쇼다(莊田平五郎)를 비롯한 고등교육을 받은 인재를 적극 채용하면서 경영근대화를 지향하였다.

스미토모에서도 1890년대에 새로운 진용에서 은행과 함께 제동(製銅)

및 제철 등 중공업부문으로 사업범위를 확대하여 경영다각화와 근대화를 추진하였다.

기술자형 기업가는 근대 과학기술에 정통하고 자신의 재능과 근면 노력에 의해서 기업경영자로 된 사람들이었다. 근대 산업의 이식, 발전에는 기술자가 절대적으로 필요하였다. 이러한 필요에서 일찍부터 영국 유학이나 고등교육기관을 통하여 기술자가 양성되었으며 그들 중에서 다수의 기업가가 발생하였다. 그들 중 방적업의 야마노베(山辺丈夫)와 기쿠치(菊地恭三), 제지업의 오카와(大川平三郎), 제당업의 스즈키(鈴木藤三郎), 제철업의 다나카(田中長兵衛), 기계의 다나카(田中久重), 전기업의 후지오카(藤岡市助) 등과 같이 기술자이면서 경영자로서의 재능을 발휘한 인재들이 근대 산업의 전 분야에서 출현하였다.

지방형 기업가는 주로 지방의 부농, 상인 출신으로 지방 명문가를 규합하여 은행이나 근대적 산업기업을 설립, 운영하면서 성장한 기업가들이다. 지쿠호(筑豊)탄광의 가이지마(貝島太助), 아소(麻生太吉), 야스가와(安川), 니가타현 석유광업의 나카노(中野), 구라시키(倉敷)방적회사의 오하라(大原孫三郎) 등은, 중앙의 대기업과 대등한 지위를 구축한 지방형 기업가의 대표적 사례다. 그들은 일반적으로는 전국적으로 알려진 기업가는 아니었으나 많은 지방과 산업에서 광범하게 발생하여 지방적 기업발전을 주도하였다.

초기의 근대 기업가의 출신계급에 대해서는 여러 견해가 있다. 고전적 견해로는 '무사계급기원설'이 있었다. 그러나 다른 연구에 따르면 1880년대의 비즈니스 엘리트 180명의 출신계급구성비는 무사 23%, 농민 22%, 상인 55%로 무사계급 출신이 오히려 소수파로 되어 있다. 그것은 고전적 견해를 근본적으로 부정하는 것이다.[11] 그러나 또 다른 연구에 따르면 1831~49년에 출생한 대표적 기업가 68명의 출신계급구성을 보면 무사 44%, 상인 26%, 농민 21%로 무사계급 출신자의 비중이 가장 높았다.[12] 조사방법에 따라 결과에는 차이가 있는 것이다. 따라서 기업가의 출신계급은 어느 단일 계급이 아니라 다양한 계급인 것으로 보인다.

그러나 기업가의 출신계급구성의 고찰에서 중요한 것은 구체제 말기에는 계급 간 경계가 상당 정도 해이되어 무사 출신 상인이 있었는가 하면 상인 출신이면서 무사의 지위에 있는 예도 있었고 농민 출신의 무사도 있었다는 사실이다. 그리고 그 경우의 무사계급은 하급무사였고 상인과 농민은 하층이 아니라 상층이었다는 사실을 주목할 필요가 있다. 하급무사는 강력한 내셔널리즘으로 '메이지유신'이라는 정치개혁을 주도한 계급이었으며 상인과 농민의 상층은 신분적으로 무사는 아니었으나 실제로는 하급무사에 준하는 사회경제적 지위에 있었고 스스로도 무사적 가치의식을 가진 계층이었다. 그들은 구체제 말기 사회에서의 '한계적 계층'[13]이었으며 혁신적 기업가활동을 통하여 사회적 상승을 지향한 계층이었다. 그들은 출신계급의 차이를 넘어 강한 내셔널리즘의 성향을 띠고 있었으므로 그들의 경영이념도 '국익'지향적이었다.

3) 기업경영자의 양성

근대 기업이 발흥하면서 기업경영에는 신기술의 도입, 자본기반의 강화, 경영근대화, 조직 및 관리의 정비 등 새로운 과제가 제기되었다. 이러한 과제는 구래의 상가에서와 같이 같은 집안 사람이라든가 가내봉사의 경험으로 기용된 지배인(반토=番頭)을 가지고 효과적으로 대응할 수는 없는 문제들이었다. 새로운 과제에 대응하기 위해서는 전문지식을 가진 인재를 외부에서 보충할 필요가 있었다. 후발국으로 선진기술을 도입하면서 처음부터 주식회사조직의 근대적 기업이 전개된 일본에서는 선진국 수준으로 발전하기 위해서는 필요한 기술자와 전문경영자의 양성이 시급했다. 유력한 기업에서는 일찍부터 전문고등교육을 받은 인재를 채용하였으며 그들이 최고경영자로 승진하여 기업경영에 대한 실권을 위임받아 활동하였다. 제국대학, 게이오의숙, 도쿄고등상업 등 고등교육기관이 일찍부터 설립되었으며 그들 기관 출신자들이 발흥기의 근대 기업에서 고급기술자로서 그리고 경영자로 중요한 역할을 하였다.

전문경영자 양성은 일찍부터 시작되었다. 전문가 양성을 위한 고등교육기관의 효시는 공부성(工部省) 산하의 '공학료(工学寮, 1871년 설립)'였다. 이 학교는 토목, 기계, 전기, 건축, 실지화학, 야금, 광산 등 7개 학과를 설치한 기술자 양성기관으로 1877년에는 '공부대학교'로 개칭되었다. 1879~85년 공부대학교의 졸업생은 211명이었으나 1985년에 국영기업 불하가 진전되고 주무관청인 공부성이 폐성되면서 졸업생 대부분은 민간기업으로 진출하여 고급기술자로서 큰 역할을 하였다. 공부대학교는 1886년에 '도쿄대학 공예학부'와 통합하여 '제국대학공과대학'으로 되어 고급기술자 양성을 위한 중심기관이 되었다.

한편 '도쿄대학 법학부'에서는 경제학(이재학) 과목이 개설되고 대학 개편 후에는 '제국대학법과대학'에서 계속 강의되었다. 기업으로 간 법과대학 졸업생비율은 1900년대 초에도 17%에 머물렀으나 그들이 실업계에 투신하였다는 사실은 중요하였다. 특히 초기에 기업경영자 양성에서 중요한 역할을 한 민간고등교육기관은 게이오의숙이었다. 게이오의숙 출신들은 미쓰비시와 미쓰이를 비롯한 대표적 기업에 다수 진출하였다.

정부에 의한 고등상업교육도 일찍부터 시작되었다. 그 효시는 1875년에 설립된 '상법강습소'였다. 그것은 1884년에 정부산하의 '도쿄상업학교'로 개편되고 1887년에는 '도쿄고등상업학교'(후의 도쿄상과대학, 오늘날의 히토쓰바시대학)로 개명되었다. 그 졸업생 대부분은 미쓰이물산을 비롯한 민간기업으로 들어갔다. 그 후 공립상업학교가 1878년 고베(神戸)를 비롯하여 1880년대에는 오사카, 나고야, 교토, 나가사키, 시가(滋賀) 등지에서 잇달아 설립되었다.[14]

한편 직공장 내지 제조소장 등 생산현장관리인 양성기관으로 1881년에는 도쿄직공학교가 설립되었다. 이 학교는 1890년에 도쿄공업학교로 개명되어 실천적·실무적 인재를 양성하였다. 그와 함께 각지에서 개설된 공업관계의 강습소는 1900년대에 들어서 도제학교 내지 공업학교로 되었다.

일본에서 기술자와 경영자 양성을 위한 노력은 정부와 민간에서 일찍부터 추진되었다. 그것은 구미제국과 시기적으로는 거의 동시대에 추진되었다. 후발국으로서 근대 산업을 도입·육성하면서 선진국 수준으로 발전하기 위해서는 기술자와 전문경영자의 양성이 시급하였다. 이러한 필요에서 제국대학, 게이오의숙, 도쿄고등상업 등 고등교육기관이 일찍부터 설립되었고, 그 출신자들이 발흥기의 근대 기업에서 고급기술자 내지 경영자로서 중요한 역할을 하였다.

2. 경영이념

1) 내셔널리즘

일본기업가 활동의 밑바닥에 흐르는 이념적 특징으로는 내셔널리즘, 즉 국익의식이 주목되고 있다. 내셔널리즘은 특히 메이지기의 기업가활동에서 농후하게 나타났으며 그 저류는 20세기에 들어 합리주의가 전면에 나타나는 속에서도 존속되었다. 그렇다고 해서 근대 초기 일본의 기업가활동이 내셔널리즘을 유일한 동기로 하고 있었다는 것은 물론 아니다. 오히려 적극적인 이윤동기가 초기의 기업가활동에서도 가장 중요했다는 것을 부정할 수는 없을 것이다. 그러나 그 경우 중요한 것은 이윤동기를 앞세우면서도 그 밑바닥에는 사적이익을 국가라든가 사회라는 공공의 이익에 종속시킨다는 강력한 '애국적', '공공지향적' 동기가 강조되었다는 사실이다. 래니스(G. Ranis)는 슘페터가 말하는 구미의 '자기중심적 기업가'에 비해서 일본에서의 '사회(집단)중심적 기업가' 이념을 주목하였다.[15]

경영이념으로서의 내셔널리즘은 역사적으로는 일본자본주의의 후진성이라는 조건에 기인하는 것으로 볼 수 있을 것이다. 구미자본주의 '외압'에 의해서 개국을 강요당한 일본은 그에 대항하여 정치적 독립과 경제적 자립과 발전을 달성하기 위하여 부국강병정책을 강력하게 추진하였다. 그 핵심은 경제적으로는 공업화의 추진이었으며 그 이념은 강력한 내셔널리즘에 근거하고 있었다.

민간에서의 축적기반이 취약한 단계에서 공업화는 '위로부터' 정부가 유도하지 않으면 안 되었다. 정부는 스스로 기업가적 역할을 수행하면서 적극적으로 공업화정책을 추진하였다. 그와 함께 정부는 결국에는 민간기업가가 주도적 역할을 담당하도록 유도하고 그들의 활동을 적극 지원하였다. 그 속에서 경영이념은 처음부터 내셔널리즘의 성격을 띠게 되었다.

일본의 전통적 가치관에서는 사적 이익을 목적으로 활동하는 상공인은 천시된 한편 국가·사회의 공적이익을 위하여 활동하는 관료 등 공인은 높이 평가되었다. 이러한 가치관은 메이지유신 이후에도 이어졌다. 상공인이 사회적 평가를 받지 못하는 현실에서 사회의 엘리트는 상공업에 종사하려 하지 않았고 정부관료 등 '영광스러운 직업'을 선호하였다. '외압'에 대항하여 국가 발전을 위한 핵심전략인 공업화를 추진하는 상황에서 실제로 그것을 담당할 기업가에게는 단순한 사적 이익 이상의 새로운 동기부여가 필요하였다.

이에 정부는 근대적 산업을 일으키고 운영하는 사람은 '천한 상인'이 아니라 관리와 마찬가지로 국가 발전에 기여하는 '실업가'임을 강조하고 긍지와 사명감으로 실업계로 진출하도록 적극 유도하였다. 그것은 정부주도하에 근대 기업이 설립되고 기업가활동이 전개되는 속에서 상인자본이 사리보다 국익에 우선하고 구습을 버리고 신제도를 적극 도입하여 기업가활동을 수행하도록 유도하는 것이기도 하였다.

국가 발전에서 '실업가'의 역할을 적극 평가하고 국가주의적 경영이념의 확립과 기업가의 사회적 위신의 향상에 크게 공헌한 선구적 기업가는 시부사와였다. 그는 구체제 말기 2년간의 유럽 시찰에서 근대 산업의 발전상과 산업기업가의 높은 사회적 위상에 강한 인상을 받았다. 그는 '실업가'를 사리(私利)를 추구하는 구시대의 상인과는 근본적으로 다른 범주의 인간으로 인식하고 국가 발전에 그들의 역할이 중요함을 강조하였다.

시부사와는 천상의식을 타파하고 기업가활동이 합목적적으로 평가될 수 있는 윤리적 근거를 유교에서 찾았다. 그는 논어에서의 부귀(富貴)와 도의(道義)의 관계에 대한 교의에 주목하여 그것은 도의를 가지고 얻어진 부귀는 비천한 것이 아니라 오히려 가치있는 것이라는 의미로 해석되어야 한다고 보았다. 따라서 인의(仁義)와 식리(殖利)는 모순되는 것이 아니라 양립할 수 있는 것이었다. 그로서는 도의(정의, 성실, 정직, 관용, 예절)로써 기업가활동을 수행하여 부가 축적된다면 그것은 국가적으로도 유익한 것이었다. 특히 국가사회에 유익하고 도리에 합치되는 '정업(正業)'의 경우 사리는 공익과 일치되는 것이었다. 따라서 그에게 '실업가'는 도의에 합치하는 사리추구를 통해서 결국 공익에 봉사함으로써 국가사회에 대한 공헌에서 관료에 못지않은 중요한 역할을 하는 인간이었다. '관존민비'라는 관념은 배척되었다.

'의·리양전(兩全)설', '도덕·경제합일설', '사리·공익일치론'으로 불리는 시부사와의 경영이념에 대해서는 막스 베버가 말하는 프로테스탄트의 경제윤리와 상통한다는 견해[16]가 있는 한편, 그의 사상적 순도가 낮다고 비판하는 견해[17]도 있다. 어떻든 지도적 지위에 있던 시부사와가 당시의 지배적 가치관인 유교윤리에 비추어 기업가활동에 적극적 의미를 부여한 것은 새로운 시대의 전개에 상응한 '경제윤리의 전환'이라는 관점에서 적극적으로 평가될 수 있을 것이다. '국익'을 우선하고 도리에 합치되는 기업경영으로서의 '정업'을 강조한 시부사와의 경영이념은 당대 기업가의 폭넓은 공감을 얻어 그 후의 실업계의 행동지침의 정립에 큰 영향을 미쳤다.

한편 기업가는 아니지만 국가주의적 경영이념을 정립하고 '실업가'의 사회적 위신을 높이는 데 큰 역할을 한 인물로 후쿠자와(福沢諭吉)가 있다. 그는 하급 무사 출신으로 외유를 통하여 서양문명을 접한 당대 최고의 지식인, 지도자, 계몽가로서 문명개화기의 일본에 서양의 신사상을 도입하는 데 크게 공헌한 인물이다. 그의 저서, 『학문의 권장』은 발간(1872) 후 5년간 340만 부나 팔렸다. 그는 학문에서의 실용주의와 사상에서의 자유주의를 신봉하고 자신의 저서, 『서양사정』에서 서양에서의 실업가의 높은 사회적 지위를 강조하면서 일본의 관존민비 가치관을 비판하였다. 그는 국가 발전에서 '실업(実業)'의 중요성을 강조하고 실업계의 지도자를 양성하기 위한 일본 최초의 근대적 고등교육기관으로 게이오의숙(慶應義塾)을 설립하였다. 그는 실업에 대한 편견이 심하고 관료가 되기 위하여 관립대학을 선호하던 시대에 사족 출신 자제들을 설득하여 실업계의 지도자가 되기 위한 실업교육을 받도록 하였다. 게이오 출신의 새로운 엘리트들이 실업계에 진출하여 미쓰이, 미쓰비시를 비롯한 여러 재벌기업에서 중추적 지위를 차지하고 근대 기업의 발전과 기업가의 사회적 지위를 높이는 데 기여하였다.

후쿠자와는 서구적 자유주의·공리주의자로 인식되고 있다. 그것은 전통주의·권위주의·관존민비사상에 대항하여 자유주의와 합리주의를 적극 주장하고 실천한 그의 언행에서 나타나고 있다. 이러한 측면에서 유교윤리를 강조하는 시부사와와는 사상적 기반을 달리하고 있다고 볼 수 있다. 그러나 후쿠자와의 자유주의·공리주의도 그 기반에는 강력한 내셔널리즘이 있었다는 것을 간과해서는 안 될 것이다. 후쿠자와와 시부사와는 "그 입장이 일본의 절박한 상황에 대처하려는 부국강병론자

라는 점에서 동일하였다".[18]

국가주의적 경영이념은 무사 출신과 무사 교육을 받은 계층 출신의 기업가에서 현저하게 나타났다. 고다이, 후쿠자와의 영향을 받은 마루젠(丸善)의 전신인 마루야(丸屋)상사의 하야시(早矢仕有的), 그리고 은행업의 하라(原六郎) 등은 그 전형이었으며 많은 지방적 기업가들도 이에 따랐다. 메이지유신 후의 신체제에서도 지배적 지위에 있던 무사계급은 국가 발전의 주역으로서의 사명감이 있었으며 그것은 기업경영에서도 강하게 나타나고 있었다. 그들로서는 기업가활동도 부국강병의 길이었으며 사적 이익은 국익과 합치되어야만 정당화되었다. 그들에 있어서도 이윤동기는 중요하였으나 그 근본에는 강한 내셔널리즘이 있었다. 무사계급 출신 기업가의 강한 내셔널리즘은 상인 출신 기업가에게도 영향을 미쳤다. 예를 들어 대표적 정상이던 이와사키(미쓰비시)의 경우 해운사업에의 진출은 단순한 이윤추구만이 아니라 외국기업에 대항하면서 일본의 해운업을 발전시킨다는 국가의식에 그 동기가 있었다. 기업가의 출신계급은 다양하면서도 그들의 경영이념에는 공통적으로 내셔널리즘이 농후하게 나타나고 있었다.

2) 가업의식

경영이념으로 국가의식과 함께 중요한 것은 가업(家業)의식이었다. 가업이란 '이에(家)'의 가산을 충실하게 지키고 안전하게 운용하고 증식함으로써 집안을 번영토록 하는 경제활동이다. 가업관념은 본래 법인격을 가진 사회의 기본단위이며 영원한 존속과 번영을 바라는 '집안'의 경제적 기반에 대한 관념으로 나타난 것이다. 구시대의 유력상가에서는 가업의 영속적 번영을 지향하고 일족의 강한 결속을 실현하기 위해서 가훈(家訓)이 제정되었다.[19]

구시대의 상가경영에서 전형적으로 나타났던 가업관념은 메이지유신 이후에도 상인 출신 기업가의 경영이념으로 계승되었다. 미쓰이 가는 신시대에 들어서 본래의 상업 외에 은행, 무역, 광산 등에의 다각적 사업전개와 병행하여 1900년에 가헌(家憲)을 제정하여 종전과 마찬가지로 일족의 범위를 11가(원래는 9가)로 한정하여 공유재산의 존속을 꾀하여 재산분할을 금지하고 일족구성원의 경제활동, 정치활동, 혼인 등의 시민적 자유에도 제약을 가하였다. 스미토모와 같은 대상가는 물론 기타 중소상가의 가업의식은 신시대에서의 경영이념의 중심이 되었다. 미쓰비시의 이와사키와 은행재벌의 야스다(安田善次郎)의 예에서 볼 수 있듯이 무사나 농민 출신도 사업에 성공하면 경영이념의 중심으로 가업관념을 도입하는 경우가 많았다.

미쓰이의 가헌에서 강조된 공동재산제도라든가 견고한 일족의 결속체제는 정도의 차이는 있으나 주요 재벌에서 공통적으로 볼 수 있는 특징이었다. 그것은 개인보다 조직을 중시하고 개인의 자유를 제한해서라도 조직체로서의 '이에'의 존속과 발전을 위해서 일족이 강하게 결합한다는 확대된 가업관념을 나타내고 있는 것이다.

경영이념으로서의 가업관념은 구시대 상가의 전통을 이은 기업이나 신시대에 발흥한 신흥기업에서 공통적으로 이어졌다. 그 경우 기업의 목적은 창설자 가문의 존속과 번영에 있었고 이윤은 그 수단으로 간주되었다. 사회의 기본단위로서의 '이에'가 존속·번영할 수 있도록 노력한다는 것은 합목적적이고 합윤리적인 것이므로 기업을 통하여 이윤을 추구한다는 것은 정당한 것으로 인식되었다. 비난되어야 할 것은 낭비와 연결되는 사리추구이며 그에 비해서 금욕적 생활태도와 기업가활동을 통한 이윤추구는 정당한 것이었다.

앞에서 본 바와 같이 국가는 '이에'를 기본단위로 하는 최고·최대의 단위로서 후자는 전자로 확대될 수 있는 것이었으므로 경영이념으로서의 내셔널리즘과 가업의식은 적어도 관념상으로는 상충되는 것이 아니라 동일선상에 있는 것으로 볼 수 있었다. 가업의식으로 운영되는 기업은 궁극적으로는 국가 발전에 기여한다고 인식되었기 때문이다. 사실 가업으로 경영되는 기업도 명분상으로는 국익을 강조하였다. 경영이념으로서의 가업의식도 궁극적으로는 내셔널리즘에 포섭될 수 있는 것이었다.

3. 노사관계

1) 노동자의 고용 · 관리

공장제도의 초기에는 노동자의 공급원천은 한정되어 있었다. 계급분화가 이루어지지 못하고 지주-소작관계로 재편성된 일본 농촌에서는 공업노동자의 원천이 될 프롤레타리아가 광범하게 형성되지 못하였다. 지주-소작관계와 소농경영체제하에서 농민은 경제적으로 곤궁하면서도 농촌을 떠나 도시로 이동할 수는 없었다. 도시에서의 고용기회도 아직 한정되어 있었다. 따라서 농민은 가족단위로 도시로 이동할 수 없었고 자녀를 일정기간 도시의 공장노동자로 내보내 수입 일부를 가계에 보충할 필요가 있었다. 그들은 단신으로 고용되어 임금은 낮았으며 그 속에서 농촌에 있는 가족의 가계를 보충하였다. 초기의 공장노동자의 주된 공급원천은 가계보충을 위하여 일정기간 고용되는 '출가형(出稼型)' 노동자였다.

초기의 섬유공업에서는 노동력은 주로 도시빈민층이나 주변 농촌 빈민층에서 공급되었으며 섬유공업이 특정지역에 집적되면서 발전한 1890년대에 들어서 노동력의 주요공급원천은 소농의 자녀들이었다. 그러나 공장제도의 초기에 고용주가 필요한 노동력을 확보한다는 것은 쉬운 일이 아니었다. 기업은 노동력 확보의 수단으로 '모집인제도'를 이용하였다. 기업은 모집인이 중간에서 온갖 감언으로 '사기적', '약탈적' 방법으로 모집한 농촌의 젊은 노동력을 고용하였다. 그러나 열악한 노동조건에서 노동자의 도망이 빈발하고 노동력이동이 빈번하였다. 더구나 노동력수요가 확대되어 그 확보를 위한 고용주 상호간의 경쟁이 격화되면서 여공들의 이동이 빈번하여 1년 동안 직공 전원이 바뀌는 현상마저 발생하였다.

공장주들은 빈번한 노동이동을 방지하기 위하여 상호협정하는 한편, 기업 차원에서 기숙사제도를 도입하였다. 기숙사제도는 원래 지방 출신의 여공들에게 편의를 제공하기 위한 시설이었으나 결국 그들의 도망·이동을 방지하기 위한 기능도 하였다. 방적공장에서는 여공의 65.5%가 구치소와 같은 기숙사에 '감금' 수용되어 가혹한 규율하에서 '노예적' 생활이 강요되었다. 대규모 제사공장에서는 대부분의 여공이 기숙사에 수용되었으며 직물공장에서는 직공의 61%가 수용되고 있었다.

부녀자와 아동 노동이 광범하게 고용된 방적공장에서 노동자는 고용주에 의해서 직접 고용되고 집중관리체계에 의해서 직접 관리되었다. 그들의 노동조건은 열악하였다. 그들은 가혹한 징벌이 따르는 엄격한 통제하에 주야 2교대로 노동하였다. 장시간노동은 일반적이었다. 제사공장에서는 하루 13~14시간 노동, 때로는 17~18시간 노동도 있었다. 임금은 능률·성과를 기준으로 한 등급임금이었다. 그 속에서 노동강도는 높아지고 여공 간의 임금격차는 확대되어 일부에서 고임금 여공이 나타나는 한편 일반적인 임금수준은 낮게 유지되었다.

중공업과 광업 등 남자숙련노동자가 중심인 산업에서는 노동자는 내부청부제에 의해서 이중적·간접적으로 고용·관리되었다. 그 경우 고용주는 형식으로는 노동자를 주임-직장(조장)-일반직공이라는 체계를 통해서 관리하는 것으로 되어 있었으나 실질적으로는 숙련노동자인 직장(職長)=오야카타(親方)에게 하위노동자=고카타(子方)의 고용·관리를 위임하였다. 즉, 고용주는 청부제도를 통해서 직접적으로는 직장과 고용관계를 맺지만 일반노동자의 고용, 작업, 임금에 대해서는 직장이 관리하는 이중적·간접적 관리방식이었다. 중공업부문의 민간기업에서는 이러한 오야카타청부제도가 광범하게 도입되었다.

중공업부문의 국영기업인 군공창(軍工廠)에서는 직장이 작업을 지휘·감독하고 직공의 고용·임금에 대해서도 발언권을 가진 오야카타직장제도가 있었다. 즉, 군공창에서는 형식상 오야카타적 직장을 매개로 하면서도 기본적으로 직접관할제도가 채용되고 있었으며 그것은 군공창이 확대됨에 따라 계통적으로 정비·강화되었다.

중공업에서의 민간기업과 군공창에서의 고용·관리 형태의 차이는 다음과 같은 2가지 원인에 기인하는 것으로 생각된다. 첫째, 군공창이 풍부한 자본력으로 최첨단 기술을 수입하여 대규모 기계공장으로 등장함으로써 고용주가 생산과정을 직접 통제할 수 있는 조건을 갖추고 있어, 그만큼 오야카타청부제도의 기반이 취약해졌다는 것이다. 그에 비해서 자본력이 약한 민간기업은 기술력의 상대적 열위를 극복하기 위하여 오야카타청부제도를 적극적으로 도입하게 되었다. 둘째, 군공창의 경우 일찍부터 노동력의 군사적·위계적 편성과 병영적 통제를 하기 위한 제도와 규칙이 정비되어 있어 그것이 노동력의 직접관리를 뒷받침하였다는 것이다.

그러나 러일전쟁 후의 민간 중공업기업의 두드러진 발전을 전기로 민간기업의 오야카타청부제도도 폐지되어 직접적 고용·관리제도가 지배적으로 되었다. 그와 함께 기업은 노동자의 정착과 능률 향상을 위하여 기업 내 복리시설을 도입하였다. 그것은 후에 확대되는 '경영가족주의'의 싹이었다.

탄광에서는 이중적·간접적 관리제도인 나야(納屋)제도(금속광산에서는 한바(飯場)라 불림)가 광범하게 이용되었다. 이들 제도에서는 광산주가 작업을 청부한 숙련노동자인 조장(頭)에게 가옥(나야)을 제공하면 후자가 휘하의 광부를 모집하고 작업에서 생활에 이르는 일체의 관리책임을 졌다. 이들 제도하에서는 전통적인 주(親方)·종(子方)관계를 통해서 주에 대한 종(광부)의 절대적 충성·복종이 요구되고 저임금 노동이 강요되었다.

광산노동에는 죄수의 투입도 흔했다. 그러나 1880년대에는 죄수광부의 대폭동이 발생하고 그의 투입도 곤란해지면서 죄수노동은 결국 폐지되고 나야와 한바 제도도 축소되어 1900년대 들어서는 직할제도로 전환되었다.

일본의 노사관계는 적어도 1900년대에 이르기까지는 '봉건적 주종관계에 흡사'한 '원생적 관계'였다. 노동자의 고용을 확보한다는 것은 초기에는 반드시 쉬운 일은 아니었으나 고용된 노동자는 엄격한 통제 하에 장시간 노동이 강요되었으며 임금은 매우 낮았다. 고용주는 가부장적·권위주의적으로 군림하여 노동자의 충성·복종을 요구하였고 노동자의 합리적 관리에는 별로 관심을 두지 않았다.

2) 노동쟁의와 대응

노동쟁의는 일찍부터 발생하고 노동조직도 나타났다. 그러나 탄광노동자의 폭동, 방적공의 파업, 직인의 임금투쟁 등 초기의 노동쟁의는 자연발생적·산발적인 것이었으며, 노동조직도 직인조합적이고, 한정적인 것이었다. 노동쟁의가 급증하고 노동운동이 고양된 것은 1890년대 말에 이르러서였다. 이 시기에 방적, 조선, 철도, 제지, 광산, 제사, 인쇄 등의 산업기업에서 많은 노동자가 참가한 쟁의가 뒤이어 발생하였다. 1897년에는 노동조합의 조직화와 활성화를 위하여 노동조합기성회가 조직되었다.

이러한 움직임에 대해서 정부는 1900년에는 재빨리 치안경찰법을 제정하여 노동운동을 비롯한 정치·사회운동을 금지하였다. 이 법은 그 후 부분적으로 개정되면서 제2차 세계대전 말까지 존속되었다. 이 법의 제정으로 노동쟁의는 크게 감소하였으나 러일전쟁 후 군수공장, 조선소,

광산을 중심으로 대규모 노동쟁의가 발생하였다. 그러나 방적 등 섬유공업에서는 열악한 노동조건에도 불구하고 노동쟁의는 저조하였다. 전체적으로 볼 때 이 시기의 노동운동은 저조하였다. 노동자의 계급의식은 약하였다. 노동운동에는 기독교사상이 큰 영향을 미쳤다. 사회주의 사상의 영향이 나타나는 것은 일본사회당이 결성(1906)되면서였다.

노동자의 열악한 노동조건과 경제적 곤궁에 대한 사회적 관심은 1900년을 전후해서 증대하였다. 이 문제에 대해서 정치인과 지식인은 인도주의적 관점에서 여론을 환기시켰고 노동자의 비참한 상태를 고발하는 논의들이 나타났다. 특히 농무성조사보고서 『직공사정』(1903)은 정부가 노동자의 참상을 고발한 것으로 세간에 큰 충격을 주었다. 열악한 노동조건과 경제적 곤궁에서 오는 노동자의 신체적·정신적 손상은 국가적으로도 우려되는 일이었다. 이러한 인식에서 정부는 공장법의 제정을 추진하였다.

공장법의 제정에 대해 고용주들은 그것이 자신들의 권리와 자유를 침해하는 것이며 국제경쟁력을 약화시켜 산업발전을 저해하는 것이라는 이유로 반대하였다. 공장법은 결국 1916년에 이르러 시행됨으로써 부녀자와 소년의 노동시간이 제한되고 노동조건이 법적인 보호를 받게 되었다. 그러나 그것은 종업원 15명 미만의 소규모 공장과 성년남자노동자에게는 적용되지 않았다. 노동자는 사실상 무권리 상태에 있었다.

2부

근대적 대기업의 전개

5장 미국 대기업의 형성
6장 미국 대기업의 발전
7장 영국 대기업의 전개
8장 일본 대기업의 성장

5장

미국 대기업의 형성

1절 경영환경

1. 시장조건

1) 시장의 확대

대기업의 전개에서 앞선 나라는 미국이었다. 미국에서는 1880년대 들어 대량생산과 대량유통을 결합함으로써 형성되기 시작한 대기업이 그 후 활발한 기업합병(合併)을 거치면서 여러 산업에서 지배적 지위를 차지하였다. 시장이 급속하게 확대되고 경쟁이 격화되는 속에서 기업은 내부 성장과 함께 합병을 통하여 시장지배적 대기업으로의 전략을 적극 추진한 것이다.

미국시장은 1860년대 이후 급속하게 확대하였다. 이 시기에 미국의 공업화는 급속하게 확대·심화되었다. 선행한 시기의 미국 공업은 주로 농림업 생산물을 원료로 한 소비재공업을 중심으로 발전하였다. 이 시기 이후에는 소비재공업도 발전하였지만 공업발전을 주도한 것은 철강공업과 기계공업을 비롯한 생산재산업, 자동차공업을 비롯한 내구소비재산업, 그리고 전기·화학·석유 등 신공업이었다.

급속한 공업화로 미국의 공업생산액은 1859~1914년에 18배나 증가하였다. 이 시기에 미국은 결정적으로 공업국이 되었다. 농업과 공업의 부가가치 비율을 보면 1859년에는 각각 61%와 39%였는 데 비해서 1889년에는 41%와 59%로 역전되고, 1909년에는 26%와 74%로 공업이 압도적으로 되었다. 세계의 공업생산에서 미국 공업이 차지하는 비중은 1850년 12.5%(영국 30%)에서 1870년 23.5%(영국 23.3%), 1890년 32%(영국 17%), 그리고 1910년 35.3%(영국 13%)로 상승하였다. 이 시기에 미국은 세계 최대의 공업국이 되었다. 이렇게 공업화가 확산·심화하는 속에서 시장은 확대되었다.

이러한 변화 속에서 인구와 국민소득은 크게 증가하였다. 〈표 5-1〉에서 보는 바와 같이 1870년경에 약 4,300만 명이던 인구는 1880년대에는 5,500만 명, 1890년대에는 약 7,400만 명, 그리고 1910년대에는 1억 명 이상으로 급증하였다. 이 기간의 인구증가율은 연평균 10%를 넘었다. 미국의 인구는 자연증가에 이민이 추가되어 달리 유례를 찾아볼 수 없을 만큼 높은 비율로 증가한 것이다. 같은 기간에 1인당 소득은 약 220달러에서 520달러로 2배 이상 증가하였다. 1865~1908년에 실질 GNP는 연평균 4% 이상의 높은 성장을 하였다. 인구의 급속한 증가에도 불구하고 공업화의 진전으로 노동력은 상대적으로 부족하여 노동자의 임금은 영국보다 높았다. 인구와 소득의 지속적인 높은 성장은 급속한 시장의 확대를 뒷받침하였다.

철도·통신수단의 발달로 시장은 지리적으로 확대되고 통합되었다. 1860년에 3만 마일이던 미국의 철도연장거리는 1870년에는 5만 3천 마

표 5-1 인구와 1인당 국민소득의 성장(1869~1918년 평균)

	인구(백만 명)	증가율(%)	1인당 국민소득 (달러)	1인당 국민소득 증가율(%)
1869~1878	43.5		216	
1879~1888	54.9	12.5	326	16.0
1894~1903	74.0	9.5	406	13.4
1909~1918	97.6	8.9	515	3.0

자료: R.M. Robertson, 1973: 443.

일, 1880년에는 11만 6천 마일, 1900년에는 약 26만 마일, 그리고 1910년에는 35만 2천 마일에 달하였다. 1869년에 최초의 대륙횡단철도가 건설된 후 동부와 서부를 연결하는 대간선철도가 뒤이어 건설되었다. 철도망의 확대로 서점운동은 촉진되고 1890년에는 '프런티어의 소멸'이 선언되었다. 전국적 철도수송망의 완성으로 상품은 대량으로 그리고 신속하게 전국 어디든 수송될 수 있게 되었다. 한편 모스(Samuel F. B. Morse)가 발명(1837)한 유선전신은 초기에는 동부지역에서 이용되다가 1861년에는 캘리포니아까지 회선이 연장되었다. 전신은 철도의 운행관리뿐만 아니라 상업거래에 이용되어 광대한 영역에 걸친 즉시적 거래를 가능하게 하였다.

철도와 통신수단의 발달로 지역 시장은 전국 시장으로 통합되어 대륙 규모의 거대한 시장이 형성되었다. 그리고 그 시장은 국내적으로는 자유로우면서 대외적으로는 고관세로 보호되고 있었다. 그 속에서 서부의 농축산업 – 동부의 상공업 – 남부의 면화라는 종래의 지역적 분업관계는 공업화가 서부와 남부로 확산되면서 더욱 확대·심화되었다. 미국기업으로서는 확대되는 해외시장도 있었지만 더욱 중요한 것은 거대한 국내시장이었다.

시장구조도 변화하였다. 철도·통신망의 확대와 함께 공업화는 지역적으로 확산되면서 심화되었다. 농축산물을 원료로 한 소비재생산을 중심으로 발전해온 미국 공업은 1870년대 이후에는 풍부한 지하자원을 기초로 한 생산재생산으로 중심을 옮기면서 발전하였다. 그 속에서 공업화는 지역적으로 확산하였다. 공업은 면공업을 중심으로 남부로도 확산되었지만 특히 서부로의 확산이 두드러졌다. 서부에서는 농·축산물을 원료로 한 식료품, 제분, 피혁 등 소비재산업만이 아니라 석탄·철광석 등 광산자원에 기초한 철강, 그리고 곡물생산과 관련한 농업기계 등 생산재산업이 급속하게 성장하였다. 공업화의 지역적 확산과 상품유통능력의 확대로 지역적 분업관계는 더욱 확대되고 심화되었다.

공업화의 확대·심화에 따라 새로운 공업지역에는 인구가 유입되고 도시가 성장하였다. 미국의 총인구에서 도시지역인구가 차지하는 비율은 1860년의 불과 20%에서 1890년에는 40%, 1910년에는 46%로 급상승하고 1920년에는 51%로 농촌지역 인구비율을 상회하게 되었다. 도시의 성장은 전국적 현상이었지만 특히 서부에서의 크고 작은 도시의 성장이 두드러졌다. 1870~90년의 도시인구 증가의 정도를 보면 동부에서는 보스턴이 25만에서 45만으로, 뉴욕이 150만에서 250만으로, 필라델피아가 67만에서 100만으로 각각 2배 미만으로 증가한 데 비해 서부의 대표적 도시 시카고는 30만에서 110만 그리고 캔자스시티는 3만에서 13만으로 각각 3~4배나 증가하였다.

도시화의 진전에 따른 비농업인구비율의 상승으로 소비재수요는 확대되고 소비구조도 다양해졌다. 새로운 소비재가 출현하고 기존의 소비재생산이 확대되었다. 그뿐만 아니라 도시화의 진전으로 상하수도, 가스·조명, 전신·전화, 송전선, 시내교통망 등 도시기반시설에 대한 수요가 확대되었다. 그것은 철강, 동, 동력기계 등 다양한 생산재에 대한 수요확대로 이어졌다. 기업기회가 확대되면서 공업기업은 생산시설의 확대나 근대화로 대량생산과 그에 상응한 대량판매체제의 구축을 적극 추진하면서 급속하게 성장하였다.

2) 경쟁의 격화

확대된 시장은 경쟁적으로 되었다. 전국적 철도·통신망의 형성은 그 자체가 지역적 독점 기반을 무너뜨리면서 시장을 경쟁적으로 만들었다. 또한, 확대되는 시장조건에서 다수의 공업기업은 새로 설립되거나 근대화 투자를 확대하면서 적극적으로 생산력 확대전략을 추구하였다. 그 결과 제조업 총생산은 1870년대 초~1880년대 초의 10년 동안 2배로 증가하였다. 생산능력은 수요보다 빠르게 증가하였다. 기업은 일찍부터 과잉생산의 문제에 직면하고 그 속에서 경쟁은 격화되었다.

기업의 과잉생산·재고증대의 문제는 1873년 이후의 '대불황' 속에서 심각하게 나타났다. 기업 간 경쟁은 격화되고 상품가격은 하락하였다. 고정자본의 규모와 비용이 거대해진 대기업은 불황에 직면하여 운영자본 비용의 절감과 생산조절과 같은 대응을 신축적으로 할 수는 없었다. 따라서 불황은 장기화되었다. 장기불황 속에서 물가는 하락하고 경쟁은 격화되었다. 그 속에서 경쟁력이 약한 기업은 파산하여 소멸하거나 강한 기업에 흡수·통합될 수밖에 없었다. 그뿐만 아니라 치열한 경쟁은 경쟁기업을 다같이 파국으로 몰아갈 수도 있었다.

기업은 과당경쟁에서 겪을 수 있을 동반 파국을 막기 위하여 협동적으로 대응하였다. 가격고정이나 생산제한을 위한 문서화된 계약체결은 관습법에 의해서 금지되어 있었기 때문에 경쟁기업들은 신사협정(gentlemen's agreements) 내지 풀(pool)이라 불린 동업조합조직으로 경쟁을 배제하고 경영안정을 이룩하려 하였다. 이러한 카르텔은 1850년대에 소금제조, 방적, 제철 등 제조업에서 시작되어 그 후 20년 동안 지속적으로 나타났다. 기업은 독립성을 유지하면서 생산, 가격, 판매 등을 모의하여 독점효과를 올리려 하였다.

그러나 풀 자체가 규모의 확대, 가격인하, 수요증대 등 기업 발전으로 이어지지는 못하였다. 또한 생산능력의 과잉상태에서 경쟁문제를 해결할 수 있는 적극적인 해결책이 될 수도 없었다. 더구나 변화하는 시장조건에 따라 풀 협정을 위반하여 독자적 행동을 하는 기업도 나타났다. 따라서 그것은 오래 존속되지는 못하였다. 경쟁적 시장에서 기업은 비교우위를 확보하면서 성장하지 않으면 안 되었다. 그 속에서 유력한 기업을 중심으로 한 기업 간 합병·매수가 진행되어 대기업이 등장하였다. 그 결과 경쟁적 시장은 19세기 말 이후에는 대기업에 의해서 지배되는 독과점시장으로 되었다.

2. 기술진보

19세기 후반기에는 '제2차 산업혁명'이라는 새로운 기술혁신이 진전되었다. 주로 영국을 비롯한 유럽제국에서 개발된 신기술은 미국에 도입되어 국내에서 개발된 기술과 함께 미국 공업이 비약적으로 발전할 기초가 되었다.

소비재산업을 보면 면공업에서는 1830년대에 발명된 링방적기(Ring frame)가 기술적으로 개량, 완성되어 1870년에는 지배적으로 이용되게 되었다. 고성능이면서 낮은 번수(番手)의 면사생산에 더 적합한 이 방적기는 숙련공이 필요한 뮬방적기와는 달리 비숙련 내지 반숙련공도 조작할 수 있는 기계였다. 직포부문에서는 1895년에 이르러 노스럽자동방직기(Northrup automatic loom)가 상업적으로 이용되었다. 의복제조부문에서는 이미 이용되어온 재봉기가 개량되어 19세기 말에는 작업속도가 크게 증가하였다. 제분, 제과, 정육, 통조림, 담배 등 식품가공부문에서도 연속공정기술, 냉동기술, 고성능기계가 도입되었다.

기술혁신의 충격은 특히 중화학공업에서 두드러졌다. 미국의 철강공업에서는 일찍이 1856년에 켈리(William Kelly)가 베세머제강법(Bessemer process)과 같은 새로운 제강기술을 개발하였으며, 1867년에는 시멘스 마르땡 평로제강법(Siemens Martin open hearth process)이, 그리고 1878년에는 염기성 베세머제강법(basic Bessemer process)이 개발되었다.

이들 제강기술의 도입은 철에서 강철로 시대적 전환을 이루고 미국 철공업의 비약적 발전의 기술적 조건이 되었다. 용광로 1기당 1일 평균 생산량은 1860년 7~10톤에서 1885년에는 75~100톤으로, 그리고 1900년까지는 500톤으로 증가하고, 코크스연료의 소비량은 크게 감소하였다. 뒤이어 1900년대 초에는 전기로가 도입되고 합금기술의 발달과 함께 각종 비철금속이 대량으로 생산되게 되었다. 기계공업에서는 선반, 평삭반, 연마기, 절단기 등 공작기계의 정밀도와 속도가 높아지고 자동화가 진전되었다.

특히 화학, 전기, 석유, 자동차 등 신공업의 출현과 급속한 발전은 '제2차 산업혁명'이 낳은 두드러진 성과였다. 그와 함께 타이프라이터, 전화, 윤전기 등 사무기기의 출현도 중요하였다.

이러한 기술혁신은 대량생산의 기반이었다. 기업으로서는 대량생산기술의 도입은 성장을 위한 기본조건이 되었다. 특히 거대한 장치산업인 중화학공업에서는 대규모 자본설비가 필요하였으며 그것을 갖추기 위해서는 막대한 고정자본이 투입되지 않으면 안 되었다. 예를 들어 1900년에 철강공장을 건설하는 데는 5,000만 달러가 소요되었다. 이 시기의 기술진보와 산업성장 속에서 대기업은 형성되고 성장하였다.

2절 미국적 대기업의 형성

1. 대기업과 수직적 통합

1) 미국적 대기업의 특징

1860년대 이후 시장·기술 환경의 변화 속에서 일련의 기업가들은 새로운 기업기회를 추구하여 적극 활동하였다. 그들은 확대하는 대량소비시장(mass market)을 선점하기 위하여 대량생산체제의 구축을 지향하였다. 그들에 의한 대규모 기업의 설립 내지 대량생산-판매체제의 구축은 특히 1870~80년대에 진전되었다.

주요 사례를 들면 필스버리(Charles Pilsbury)는 1872년에 필스버리사(C. A. Pilsbury and Company)를 조직하고 같은 해에 듀퐁(General Du Pont)은

화약협회(Gunpowder Association)를 설립하였다. 카네기(Andrew Carnegie)와 그의 동업자들은 1873년에 에드거 톰슨제철소(Edgar Thompson works)를 건설하고, 아머(Philip Armour)는 1875년에 회사의 본거지를 시카고로 이전하였다. 워너메이커(John Wanamaker)는 1876년에 그랜드 데포(Grand Depot)를 개점하고, 스위프트 형제(Gustavus F. and Edwin Swift)는 1878년에 그들의 파트너십을 창설하였다.

한편 록펠러(John D. Rockefeller)가 자본금 100만 달러로 1870년에 설립한 스탠더드석유회사(Standard Oil Company)는 1879년에는 지배적인 기업이 되었으며 듀크(J.B. Duke)는 1881년에 최신기계를 도입해 담배를 대량생산하기 시작하였다.[1] 이에 앞서 1846년에 맥코믹(Cyrus McCormick)은 이미 농업기계의 대량생산체제를 갖추고 있었다. 전기공업에서는 1880년대에 웨스팅하우스 일렉트릭사(Westinghouse Electric Company)와 제너럴 일렉트릭사(General Electric Company)가 설립되었다.

대량생산체제의 확산으로 기업규모는 극적으로 확대되었다. 1850년대 최대의 산업기업은 면공업이었으나 그 경우도 자본금 100만 달러 이상이나 종업원 500명 이상 기업은 극히 소수에 불과하였다. 그런데 1860년에도 거의 없던 1,000만 달러 이상의 기업이 1904년까지 300사 이상 존재하였다. 그 속에서 1901년에 탄생한 US스틸사(U.S. Steel Corporation)는 자본금 14억 달러와 종업원 10만 명에 달한 당시로는 상식을 초월한 대기업(big business)이었다. 대기업은 앞에서 본 바와 같이 1860년대 이전에도 철도산업에서 선구적으로 나타나고 있었다. 그러나 제조업에서의 대기업은 19세기 말에 이르러 발흥하였다. 그들 대기업은 자본, 종업원, 생산액 등의 규모 면에서 선행한 시기의 기업과는 차원이 다른 것이었다.

거대 산업기업은 규모에서만이 아니라 사업범위에서도 이전의 기업과는 달랐다. 19세기 중엽 이전의 제조업기업은 기본적으로 단일제품을 생산하고 제품의 판매는 외부의 유통조직에 의존한 생산 전업기업이었다. 유통부문에서는 중간상인조직이 광범하게 전개되어 상품유통을 주도하였다. 이 시기의 산업기업은 마케팅 기능을 이들 외부의 중간상인에 의존하면서 단일상품의 생산에 전업화한 소규모 비즈니스라는 성격을 벗어나지 못하였다.

그에 비해 19세기 말에 대두한 거대 산업기업은 제품생산을 전·후방으로 확대하거나 원료조달 내지 제품판매를 내부화함으로써 탄생하였다. 치열한 경쟁 속에서 기업은 경쟁우위를 차지하기 위하여 대량생산을 추진하고, 그것을 효율적으로 뒷받침하기 위하여 대량판매체제를 구축할 필요가 있었다. 이에 대응한 전략으로 기업은 종래 외부기업에 의존하던 판매, 구매 등의 기능을 수직적으로 통합하여 내부화하고 그렇게 함으로써 대기업으로 되었다.

거대 산업기업은 관리조직 면에서도 이전의 기업과는 달랐다. 규모가 확대되고 복수의 기능을 통합적으로 수행해야 할 대기업은 19세기 전반기의 상인이라든가 소규모 기업과는 비교할 수 없을 만큼 복잡한 경영관리 문제에 직면하였다. 이에 대응하여 그들 기업은 새로운 경영관리조직을 구축하지 않으면 안 되었다.

그것은 새로운 중간관리계층을 포함한 관료제적 경영관리계층제도를 창출하고 정형적 관리를 수행한다는 것이었다. 기업은 경영전략에 따라 관리조직을 변혁하면서도 다수의 관리계층을 가지고 전사적 차원에서 조직적·효율적으로 관리하는 체제를 창출하였다. 또한 기업경영이 복잡해지면서 경영관리는 직관이나 경험이 아니라 계수(計數)에 기초하여 이루어지지 않을 수 없게 되고 회계제도도 진보하였다. 대기업이 전개되면서 시장은 '보이지 않는 손(invisible hand)'을 대신하여 '보이는 손(visible hand)'에 의해서 큰 영향을 받게 되었다.

2) 수직적 통합

대기업의 형성에는 두 가지 경로가 있었다. 하나는 기업의 여러 기능을 통합한다는 것이다. 즉, 기업이 외부에 의존하던 판매 내지 구매 기능을 내부화하여 판매기구와 원료자원 및 수송시설을 수직적으로 통합하여 직접 관리한다는 것이다. 1880년대에 대기업으로 성장한 기업은 대부분 이러한 경로를 거쳤다. 다른 하나는 동일산업의 다수 기업이 수평적으로 합병하여 대기업을 형성하여 생산과 관리를 집중하고 뒤이어 전·후방의 생산공정의 기업을 수직적으로 통합한다는 것이다. 이러한 방식의 통합은 1890년대에 진전되고 특히 1898~1903년에 대규모로 진행되었다.

시장이 확대하고 기술혁신이 진전되면서 대량생산으로 규모의 경제를 추구한 기업은 그에 상응한 대량판매체제를 구축하지 않으면 안 되었다. 기존의 판매대리점제도로는 새로운 필요에 효과적으로 대응할 수는 없었다. 이에 기업은 마케팅 기능을 자신의 기능으로 통합, 내부화하였다. 챈들러의 분류에 따르면 1880년대에 이와 같이 수직적 통합전략을 추진한 혁신기업은 첫째로 새로운 연속공정기계를 도입하여 변질되기 쉬운 포장제품의 대량생산체제를 구축한 기업, 둘째로 부패하기 쉬운 제품의 생산기업, 그리고 기존의 판매조직으로는 제공할 수 없는 전국적 유통조직 및 전문적 마케팅 서비스가 필요한 기업들이었다.[2]

첫째 유형의 기업은 궐련, 성냥, 밀가루, 통조림, 비누, 필름 등을 제조하는 기업이었다. 이들 기업은 자동연속공정기계를 도입하여 대량생산에 들어가면서 새로 제기된 판매문제를 해결하기 위하여 판매기능과 더 나아가 구매기능까지도 포함한 전·후방 통합을 함으로써 대기업으로 되었다. 그 전형적 사례로 들 수 있는 것은 궐련제조업에서 듀크(J.B. Duke)의 기업가활동이다.

노스캐롤라이나 더램(Durham)의 소규모 담배제조업자의 아들로 태어난 듀크는 1880년에 담배제조업에 진출하였다. 당시 담배제조업에서는 씹는 고체담배를 비롯한 다양한 제품이 다수의 소규모 업자에 의해서 생산되고 있었다. 그 속에서 듀크는 비교적 새롭고 시장이 급속하게 확대하는 궐련제조부문에서 기업기회를 발견하였다. 당시 궐련산업은 수작업으로 제조하는 노동집약산업이었으며, 규모의 경제는 없고 다수의 업자에 의해서 경쟁적으로 영위되고 있었다. 1885년에 듀크는 본색(James Bonsack)이 개발한 자동궐련제조기의 사용권을 획득하고 그것을 이용한 궐련제조를 시작하였다. 하루의 궐련제조 능력이 10명 편성 작업집단의 2만 본이던 당시에 10만 본이나 제작할 수 있는 본색궐련제조기의 도입은 대량생산체제로의 결정적인 전환이었다. 듀크는 대량생산으로 경쟁우위를 선점하게 되었다.

대량생산에는 상응한 대량판매가 필요하였다. 듀크는 외부의 도매상에 의존하는 기존의 판매, 유통 조직의 한계를 일찍부터 인식하고 있었다. 그는 대량생산체제를 갖추면서 미국의 주요 상업중심지에 판매 및 유통 업무를 직접 수행할 영업소를 설립하여 전국적 판매조직을 구축하기 시작하고 해외에서의 판매, 유통을 감독하기 위하여 해외사무소도 설립하였다. 그와 함께 자사의 광대한 원료조달망을 구매, 건조, 보관 시설과 결합하였다. 듀크는 기능의 전·후방 통합을 추진하면서 더램공장을 확장하고 뉴욕에 대규모 공장을 건설하였다.

대규모 담배제조업자로 성장한 듀크는 1890년에 주요 경쟁 4사를 합병하여 아메리칸 타바코사(American Tobacco Co., ATC)를 창설하였다. 이 회사는 1901년에는 영국 궐련회사를 매수하여 해외로 진출하였다. 궐련제조부문에서 수평적 결합을 한 아메리칸 타바코사는 뒤이어 수직적 통합으로 원료용 잎담배의 광범한 구매망을 구축하고 담배보존용 각종 용기를 생산하는 기업과 392개의 소매점을 거느린 회사(United Cigar Stores)를 매수하였다. 수직적·수평적 통합을 이룩하고 해외 진출까지 하면서 급성장한 아메리칸 타바코사는 1910년에는 미국 궐련의 86%, 씹는 담

배의 85%, 파이프담배의 79%, 잎담배의 15%를 생산하는 대기업이 되었다.[3]

둘째 유형의 기업은 전국적 유통을 지향한 생육식품 가공업자라든가 양조업자들이었다. 생육식품 가공업자 스위프트(Gustavus F. Swift)의 기업가활동은 그 대표적 사례다. 식품 가공부문에서는 철도 및 전신망의 확장에 따라 시장이 확대되었다. 기술적으로도 1850년대에 출현한 냉동화차는 그 후 개량되면서 1870년대에는 장거리 직행화차로 동부의 도시로 생육이 직송될 수 있게 되었으며, 1881년에는 근대적 냉동화차가 등장하였다. 이러한 배경에서 그는 전국적 마케팅을 전개하면서 거대 정육업자로 성장하였다.

뉴잉글랜드의 식육도매상이던 스위프트는 1875년에 시카고에서 뒤늦게 정육업에 진출하였다. 당시 정육업에서는 동부를 비롯한 각지의 도매업자들이 화차로 수송되어오는 서부산 소를 도살, 정육하여 소매업자에게 판매하고 있었다. 소의 산지인 서부에서 정육하여 동부시장으로 수송할 수 있다면 수송비를 크게 절감할 수 있었다. 이에 스위프트는 시카고공장에서 대량생산한 정육을 전국의 소매업자에게 직접 송달하는 전략을 추진하였다. 그는 냉동화차를 개량하고 동북부를 비롯한 각지에 지점망을 구축하였다. 각 지점은 정육제품을 소매점으로 송달하기 위하여 냉동저장소, 판매사무소, 판매요원을 가지고 있었다. 이러한 그의 전략에 대해 기존의 이해관계자들은 저항, 방해하고 소비자도 편견이 있었다. 이에 스위프트는 대량생산으로 가격과 품질로 경쟁력을 강화하였다.

대량판매가 이루어지고 수요가 확대되자 생산시설을 확장하지 않으면 안 되었다. 스위프트는 1890년대 초까지 서부 6개 도시에 정육공장을 건설하였다. 경쟁업자들도 그에 대항하기 위해서 그와 같은 전략을 세우지 않을 수 없었다. 그들 기업도 구매(소의 확보), 정육, 판매의 기능을 통합한 대기업으로 성장하였다. 그 결과 1880년대 말에는 소수의 통합된 대기업이 이 업계에서 과점적 지위를 차지하게 되었다. 기능의 수직통합전략을 통한 대기업의 성장은 양조업에서도 나타났다.[4]

셋째 유형은 농업기계, 재봉기, 타자기, 승강기 등의 제조기업이었다. 제조된 기계는 호환성부품으로 대량생산된 신형상표 기계들이었으며 이를 판매하기 위해서는 전시, 애프터서비스, 수리, 소비자 신용 등 특별한 마케팅 서비스가 필요하였다. 대표적 기업으로는 농업기계의 맥코믹수확기(McCormick Reaper), 재봉기의 싱어재봉기(Singer Sewing Machine), 사무기기의 레밍턴 타이프라이터(Remington Typewriter) 및 내셔널 캐시 레지스터(National Cash Register), 중전기의 오티스엘리베이터(Otis Elavator)와 웨스팅하우스(Westinghouse), 그리고 카네기철강(Carnegie Steel) 등의 회사들이 있었다. 이들 기업은 자사의 복잡하고 값비싼 신식기계가 종래의 대리점을 통한 수동적 판매전략으로는 판로를 확대할 수 없다는 것을 인식하고 적극적인 마케팅 전략을 추진하였다.

혁신적 마케팅 활동의 선구적 사례로는 맥코믹사와 싱어사의 활동을 들 수 있다. 맥코믹은 자사의 수확기를 판매하기 위해서는 기계의 성능과 사용법을 알리고 수리 등 애프터서비스를 할 필요가 있다고 판단하여 1860년대부터 판매조직을 기왕의 판매대리점제도에서 특약대리점제도(franchise agent system)로 변혁하였다. 그것은 후에 자동차유통조직으로 보급된 프랜차이즈제도의 선구였다. 맥코믹사는 1870년대 후반기에는 판매조직의 집중화와 구매업무의 조직화를 추진하면서 거대화하였다. 1900년경에 맥코믹사의 판매조직은 국내와 캐나다에 각각 설치한 65개와 6개의 지역사무소와 약 2,000명의 유급외판원, 1만 2천 개의 프랜차이즈, 오스트레일리아와 유럽의 8개 총대리점으로 구성되어 있었다. 경쟁업자들도 매코믹의 판매전략을 모방하였다.

싱어사에서도 일찍부터 기계사용법을 실연하고 소비자에 대한 지도와 서비스를 제공할 필요를 인식하여 마케팅담당 브레인 클라크(Edward Clark)의 주도하에 특약대리점제도를 도입하였다. 그와 함께 이 회사는 소매부문을 통제할 필요에서 1860년 이후 특약대리점을 지점으로 대체하기 시작하였다. 대리점은 싱어사의 기계를 20~40%의 할인가격으로 구입하면서 의무사항인 기계의 사용법 실연과 수리 등 서비스를 충분히 제공하지 못하였다. 이에 싱어사는 서비스 향상과 비용감축을 위하여 서서히 대리점을 흡수하여 지점으로 전환하였다.

이러한 움직임에는 당시의 과세제도도 한몫을 하였다. 당시 연방정부는 판매가 이루어질 때마다 과세하였다. 따라서 유통과정을 거친 최종제품은 유통과정에 개입한 사람과 같은 횟수만큼 과세되었다. 이에 판매까지 통합한 생산자의 제품에 대한 과세는 단 1회뿐이었다.

싱어에 이어 사장이 된(1876) 클라크는 국내외의 대리점을 없애기로 하고 자사의 판매, 유통망을 재편성하고 합리화하였다. 그는 각 지역에 유급관리자를 배치한 직영영업소를 설치하고 뒤이어 수리공, 회계담당, 권유담당으로 구성된 팀을 갖춘 지점을 전국에 설치하였다. 이러한 조직망을 통해서 싱어사는 전국적 마케팅, 신뢰성 높은 수리서비스의 제공, 신용과 수금의 관리가 가능하게 되었다. 싱어사는 판매와 함께 구매업무도 내부화하면서 대기업으로 성장하였다.[5]

철강공업에서는 카네기가 수직적 통합으로 대기업을 창출하였다. 스코틀랜드 이민으로 13세 때(1948) 가족을 따라 피츠버그에 정착한 카네기는 5년 후에는 당시 가장 선진적 철도회사였던 펜실베이니아 철도에 입사하여 후에 지역관구장의 지위까지 올랐다. 카네기는 철도회사의 사원으로 근무하는 한편 야간학교에 다니면서 원가계산법을 공부하고 증권에 투자하였다. 증권투자의 성공으로 그는 25세 때에는 이미 거부가 되었다. 이러한 경력은 그의 철강기업가로서의 출발과 관련하여 중요하였다. 대량의 철 수요 산업인 철도와의 인연은 그의 철강공업에의 진입과 사업발전의 중요한 계기가 되었으며 증권투자로 축적한 부는 철강업에의 진출을 위한 원초적 자본이 되었다. 또한, 그는 비용에 관한 관심으로 면밀한 원가계산을 도입하고 양산효과로 경쟁력을 높이려 하였다.

1860년대 들어 교량, 선철, 단철, 레일 등의 제조업에 공동사업자로 참가함으로써 철강공업에 첫발을 내디딘 카네기는 1870년에 선철공정의 클로맨 카네기사(Kloman, Carnegie & Co.), 1875년에 제강(전로)·압연공정의 에드거 톰슨 스틸사(Edgar Thomson Steel Co.)를 설립함으로써 1865년에 이미 설립된 철강가공공정의 유니온 아이언사(Union Iron Co.)와 함께 자본적으로 결합된 선강일관생산체제를 구축하였다. 이어서 1880년에 에드거 톰슨 스틸사는 자신이 고로를 건설하여 선강일관체제를 갖추고 주로 레일을 생산하였다. 카네기가 각각 1883년과 1890년에 매수한 홈스테드제강소(Homestead Steel Works)와 듀케인제강소(Duquesne Steel Works)도 선강일관제철소로 되어 레일과 함께 반제품과 강재를 생산하였다.

이들 회사의 합병으로 1892년에 자본금 2,500만 달러로 설립된 카네기 스틸사(Carnegie Steel Co.)는 피츠버그 지역에 3개의 대규모 선강일관제철소를 거느린 대기업이 되었다. 1870년대 초만 해도 미국의 강철생산량은 연 10만 톤 미만이었다. 1890년대 중엽에는 카네기의 기업은 미국 총생산량의 2분의 1에 가까운 연 400만 톤의 철강을 생산하였다. 그 결과 톤당 가격은 65달러에서 20달러로 하락하였다.

선강일관체제로 규모의 경제를 추구한 카네기는 철광석, 점결탄, 석회석 등 필요한 원료를 안정적으로 저렴하게 확보하기 위하여 타사로부터 구매하던 원료의 직접 지배에 나섰다. 그는 1880년대에 점결탄생산기업 프릭 코크사(Frick Coke Co.), 메사비(Mesabi)철광산맥, 그리고 다수의 석회석채석장의 지배권을 획득하였다. 동시에 그는 확보한 원료를 자사의 제철소로 수송하기 위하여 5대호의 운반선대를 매수하고 제철소와 연결할 철도를 건설하였다. 그의 철도는 펜실베이니아 철도를 비롯한 동부의 대철도와 연결되었다.

카네기는 자사의 전용판매기구의 창설도 추진하였다. 그는 중간도매상을 이용하는 한편, 1880년대 후반에는 다수의 전속 지구판매 대리점을 총대리점이 통할하는 판매조직을 구축하였다. 그와 함께 1890년대 초까지 미국과 캐나다의 주요 도시에 자사의 직영 영업소를 설치하였다. 선철, 강철, 건축용 강재, 레일, 기타 완제품 생산의 제 공정을 일관 체제로 통합한 카네기는 후방과 전방까지도 수직적으로 통합함으로써 거대한 철강왕국을 건설하였다.

2. 합병과 독점적 대기업

1) 풀과 기업연합

대기업 형성의 제2의 길은 합병이었다. 합병으로 성장한 기업은 처음에는 경쟁을 배제하기 위하여 카르텔 형태의 기업연합에서 출발하여 뒤이어 트러스트 내지 지주회사 형태의 단독기업이 되었다. 합병으로 단일 회사로 통합된 기업은 집권적 관리조직을 도입하여 구성회사의 생산시설을 통·폐합하면서 합리화하고 새로운 생산시설을 건설하였다. 그 후 합병기업은 전방의 마케팅 부문과 후방의 원료의 구매 내지 통제 부문을 수직적으로 통합하면서 독점적 대기업이 되었다.

합병의 전 단계는 카르텔의 형성이었다. 기업이 전국적 범위에서 카르텔로 연합한 것은 1873년의 공황으로 제품가격이 장기간에 걸쳐 하락한 때문이었다. 장기의 불황으로 동업기업은 협회를 조직하여 가격설정, 생산량할당, 이익분배, 공동판매활동 등으로 경쟁을 지양하기 위하여 풀(pool)이라 불린 카르텔을 조직하였다.

최초의 중요한 풀은 철도에서 나타났다. 1880년에는 115개에 이르는 철도회사가 풀에 가입해 있었다. 철도 풀의 목적은 운임을 일정수준에 유지하거나 수송화물은 할당하여 경쟁을 배제하는 데 있었다. 제조업에서도 풀은 1876년의 미시간 제염협회를 효시로 1887년의 강철레일제조업자의 풀 등 다수의 산업에서 조직되어 가격과 생산량을 통제하였다.

그러나 풀 협정은 임의적인 것으로 법적 구속력이 없었고 가입기업의 협정위반 행위를 강제로 제재할 수는 없었다. 기업의 전반적인 생산력 과잉상태에서 풀은 경쟁배제를 위한 적극적인 해결책이 되지는 못하였다. 풀은 독립기업의 연합체인 만큼 개별기업 규모의 확대와 관리조직의 혁신과는 관계가 없었으므로 기업의 비용절감이나 수요증대 효과를 가져오지는 못하였다.

풀은 가입기업이 협정을 준수하는 경우에만 유효하였다. 그러나 협정위반행위는 언제든지 있을 수 있었으며 카르텔은 실패하는 경우가 많았다. 불황기에 가입기업이 협정을 위반하여 협정가격 이하로 판매한다면 다른 기업도 그에 따르지 않을 수 없었다. 따라서 풀은 와해될 수밖에 없었다. 풀은 효과적이지 않았을 뿐만 아니라 1887년에는 주간통상법(Interstate Commerce Act)으로 금지됨으로써 소멸하였다.

카르텔협정을 보다 강화하기 위한 방법도 강구되었다. 그것은 산업내에서 주요 기업의 소유자들이 상호의 기업이나 연합체 소속기업의 주식을 구입한다는 것이었다. 주식을 소유한 기업은 대상기업의 회계장부를 열람할 수 있기 때문에 카르텔협정 위반행위를 통제할 수 있을 것으로 기대하였다. 그러나 이러한 방법에도 근본적인 문제가 있었다. 기업의 주식 구입에는 비용이 들었을 뿐만 아니라 대상 기업의 장부의 정확성에 확신을 가질 수도 없었다. 또한, 파트너십 형태의 기업의 지배권을 주식 구입으로 획득할 수는 없었다. 더구나 가입기업은 독립기업으로 그들의 내부관리에 관한 의사결정을 업계단체가 할 수는 없었다. 따라서 연합체가 가맹기업을 효과적으로 통제할 수 있으려면 가맹기업을 합병하여 법적으로 공인된 단일 경영체로 조직할 필요가 있었다.

이러한 필요에 적합한 조직 형태가 지주회사였다. 지주회사 형태로 구성기업주식의 과반수를 소유한다면 본사(지주회사)는 구성회사에 대한 강력한 통제를 할 수 있을 뿐만 아니라 전사적 관점에서 합리화를 추진할 수도 있었다. 그러나 지주회사 설립에는 주정부의 특별법이 필요하였고 법제정은 현실적으로 곤란하였다. 이러한 속에서 도입된 기업통합 방식은 트러스트였다. 트러스트 형태의 최초의 대통합기업은 록펠러의 스탠더드석유트러스트였다.

2) 트러스트의 형성

(1) 록펠러의 초기 성장전략

록펠러(John D. Rockefeller)가 정유업에 진출한 것은 1863년이었다. 석유산업은 1859년 펜실베이니아 서부에서 원유채굴을 시작으로 탄생하였다. 정유업은 저렴한 조명수단을 공급할 장래가 기대되는 신산업이었다. 록펠러는 새로운 기업기회를 찾아 곡물상으로 축적한 약간의 자금으로 동업자이던 클라크(Maurice B. Clark)와 함께 정유업에 진출하였다. 당시 정유업에서는 다수의 업자가 경쟁적으로 사업을 전개하고 있었다.

클리블랜드에 공장을 건설한 록펠러는 비용절감과 이윤의 지속적인 재투자로 사업을 확대하였다. 그는 처음부터 대량생산으로 규모의 경제를 추구하였다. 그는 일찍이 1865년에 최초의 대규모 공장을 건설하여 클리블랜드 최대의 정유업자로 되고, 다음해에는 제2공장을 건설하여 1869년까지 산출능력은 3배(1일 산출량 1,500배럴)나 증가하였다. 그 결과 등유가격은 절반으로 하락하였다. 록펠러는 규모의 경제를 지향한 전략으로 높은 경쟁력을 가지게 되었다. 급속한 성장으로 정유업계에서도 압도적 지위를 차지한 록펠러는 1870년에는 플래글러(Henry M. Flagler), 하크니스(S.V. Harkness), 동생인 윌리엄 록펠러(William Rockefeller), 페인(Oliver H. Payne) 등과 함께 클리블랜드의 정유공장을 기초로 오하이오 스탠더드 석유회사(Standard Oil Company of Ohio)를 설립하였다. 자본금 100만 달러의 주식회사인 이 회사는 세계 최대의 석유회사였다.

록펠러가 강력한 경쟁우위를 가진 데에는 규모의 경제전략과 함께 철도차별운임전략이 중요한 역할을 하였다. 그는 경쟁상 우위에 서기 위한 수단으로 석유수송에서 경쟁기업과는 차별적으로 낮은 철도운임 조건을 획득하였다.

록펠러는 1872년에 남부개발회사(South Improvement Co.)를 설립하였다. 이 회사의 설립목적은 록펠러가 대량의 수송화물(정유)을 보장하는 대신 철도회사로부터 석유수송운임의 50%를 리베이트로 돌려받을 수 있도록 한다는 것이었다. 그뿐만 아니라 이 회사는 철도회사들이 수송한 다른 회사의 석유에 대해서도 정규 운임의 25~50%나 되는 리베이트를 돌려받게 되었다. 그는 대량화물을 정기적으로 보장하는 조건으로 과당경쟁에 시달리는 철도회사로부터 파격적으로 할인된 차별운임을 적용받았다. 록펠러는 고율의 수송비 할인조건을 획득함으로써 경쟁상 결정적으로 우위에 서게 되었다. 경쟁기업을 배제하기 위한 약육강식적인 행위로 악명 높던 이 회사는 불과 3개월 만에 해산되었으나 그때는 이미 클리블랜드 지방 정유회사 26사 중 21사를 매수한 후였다.

록펠러는 약소 경쟁회사를 매수하는 한편 경쟁 대신 협조체제를 구축하기 위하여 업자단체에 의해서 관리되는 카르텔 형성을 추진하였다. 1872년에는 석유생산자협회(Petroleum Producers Association)와 전국정유업자협회(National Refiners Association)가 가격협정을 체결하였다. 그러나 카르텔협정은 쉽게 위반될 수 있었으며 석유가격은 안정되지 않았다.

이에 록펠러는 좀 더 강력한 통제기구로 스탠더드석유동맹(Standard Oil Alliance)을 결성하였다. 그 방법은 스탠더드석유회사의 주식을 경쟁기업의 주식과 교환한다는 것이었다. 이에 불응한 기업은 록펠러의 압도적 경쟁력 앞에서 살아남을 수 없었다. 결국 1876년까지 25사 이상이 가입한 이 동맹은 1878년에는 정유업의 90%를 지배하게 되었다. 록펠러와 4명의 동업자는 동맹구성기업 주식의 7분의 4를 차지하였다. 그동안 록펠러는 수많은 판매회사를 매수하여 유통부문의 통합을 추진하였다.

한편 록펠러는 1878년에 경쟁기업인 타이드워터 파이프라인사(Tidewater Pipeline Ltd.)가 철도수송에 대항하기 위하여 원유수송용 장거리 송유관을 건설하고 정유공장까지 건설하자 이에 대항하여 장거리 송유관 건설을 추진하였다. 그가 독자적인 송유관망을 건설한 다음의 전략은 그것을 이용하기 위한 정유시설의 통합이었다.

40개 사로 구성된 스탠더드석유동맹은 구성회사를 망라하여 정유공장의 통폐합과 합리화 그리고 신공장의 건설 등 중요한 의사결정을 할 중앙기관이 필요하였다. 전문화된 의사결정기관의 필요성은 장거리 송유관망의 건설에도 절실하였다. 이러한 필요에서 '동맹'은 '트러스트'로 전화하여 1882년에 스탠더드석유트러스트(Standard Oil Trust)가 탄생하였다.

트러스트는 연합구성기업이 소유주식을 수탁인단(trustees)에 인도하고 그 대신 트러스트 증권(trust certificates)을 인수함으로써 합병된 통합기업이다. 수탁인단은 합병에 참가한 기업에 대한 전반적 관리 및 투자에 관한 의사결정을 할 수 있는 특별한 권한이 부여되어 있었다. 수탁인단은 부여된 권한에 의거하여 중앙본사가 하는 것과 같이 여러 지역에 산재하는 생산시설의 통폐합 등 합리화와 전·후방에의 수직통합전략을 추진할 수 있었다. 트러스트 방식을 최초로 도입하여 대기업이 된 기업은 석유왕 록펠러의 스탠더드석유트러스트였다.

(2) 스탠더드석유트러스트

스탠더드석유트러스트의 조직 형태는 록펠러의 법률고문 도드(Samuel C. Dodd)가 고안한 트러스티 방식(trustee device)에 의해서 창출되었다. 이 방식으로 구성기업 40개 사의 주식은 9명의 수탁인단에 양도되고 그 대신 주주들에게는 트러스트 증권이 교부되었다. 개정된 협정에 의해서 록펠러와 그의 파트너를 중심으로 한 9명의 수탁인단은 구성 14개 사의 주식 전부와 26개 사 주식의 대부분을 양도받고 그 대신 7,000만 달러

가치의 트러스트 증권을 교부하였다. 주식과는 달리 트러스트 증권은 의결권이 없고 이익배당에만 참여할 수 있었다. 이에 동 트러스트의 관리권을 완전 장악한 수탁인단은 뉴욕의 본부를 통하여 전 기업을 통합적으로 관리하게 되었다. 이 트러스트는 53개 정유소를 23개로 통폐합하고 정유량의 5분의 2 이상을 뉴저지 주의 3개 지역에 신설한 거대한 정유공장에서 생산하게 되었다. 이 트러스트는 1886년에 R&D 투자를 시작하였다 그 결과 생산비는 3분의 1로 감소하고 규모의 경제는 더욱 확대되었다. 이 트러스트는 미국 정유능력과 송유관의 90~95%를 지배하는 독점조직이 되었다.[6]

정유업에서 수평적 대통합을 이룩한 스탠더드석유트러스트는 다음 단계로 마케팅 부문으로 진출하였다. 집중된 정유시설에서 최종 소비자에 이르는 생산물의 안정적 흐름을 확보하기 위해서는 유통부문에의 진출은 필수적이었다.

당시 정유는 도매업자에 의해서 판매되었으며 그들 중 유력한 대규모업자는 트러스트와의 거래에서 우위에 설 수도 있었다. 그 경우 트러스트는 가격통제를 할 수 없었다. 이에 이 트러스트는 마케팅 부문으로 직접 진출하여 도매업자를 매수하면서 1890년대 초까지는 각 지역에 설치한 자회사를 통해서 관리하는 전국적 판매망을 소유하게 되었다. 국제적 판매조직으로 이 트러스트는 영국에 자회사(Anglo-American Co.)를 설립하고 독일의 유통회사를 합병하였다. 한편 이 트러스트는 대리점을 통한 원유구매에서 원유를 직접 확보하는 정책으로 전환하여 1880년대 후반부터는 독자적으로 원유를 생산하였다.

이에 이 트러스트의 원유생산-정유-판매기능의 수직적 통합은 완성되고 그에 따라 중앙본사에 의해서 복수의 사업단위를 집중적으로 관리하는 체제가 확립되었다. 이 트러스트는 다수의 사업단위를 감독, 조정하기 위한 다수의 중간관리자를 고용하고 계층적 관리조직을 가진 현대적 기업이 되었다.[7]

스탠더드석유트러스트에 뒤이어 1880년대에는 면실유, 아마인유, 납 가공, 위스키양조, 설탕, 가축, 삭구(索具) 등 사업에서도 트러스트 조직이 출현하였다. 그중에서 면실유, 아마인유, 납 가공 트러스트가 스탠더드석유와 같이 수직통합전략을 추구하여 완전통합기업이 되었다. 설탕과 위스키 트러스트는 생산시설의 통합과 독자적 구매체제를 가졌으나 마케팅 부문으로는 진출하지 않았으며 수평적 연합전략을 오래 유지하였다. 이러한 전략으로 이들 트러스트는 수십년에 걸쳐 독점적 지위를 유지하였다.

그러나 가축 트러스트는 대량생산의 이점을 대량판매와 결부시키지 못함으로써 실패하였으며, 기존의 카르텔을 유지하기 위하여 트러스트 형태를 취한 삭구 트러스트는 전·후방의 통제를 지향하였으나 관리의 집중화나 생산시설의 통폐합을 시도하지 않음으로써 통합기업의 이점을 누리지 못하고 실패하였다. 합병으로 형성된 대기업은 스탠더드석유에서 본 바와 같이 관리를 집중화하고 생산시설의 통폐합으로 합리화하고 수직통합전략을 추진함으로써 성장할 수 있었다.[8]

3) 기업합병운동

(1) 배경

① 시장조건

대규모 기업합병운동은 특히 1898~1903년에 집중적으로 급진전하였다. 그것은 미국에서의 대규모 합병운동의 제1국면이었다. 합병운동의 제2국면은 1920년대, 그리고 제3국면은 제2차 세계대전 후의 1950~60년대에 나타났다.

제1국면의 합병, 통합운동은 1900년대 초에 미국의 비즈니스를 지배한 모든 대기업을 탄생시켰다. 광공업에서 1895~98년에 138건에 불과한 합병 건수는 1898~1902년에는 2,653건에 달하였다.[9] 그 결과 다수의 기업이 소멸한 한편 다수 산업에서 대기업이 출현하였다. 대기업은 식품, 담배, 석유, 종이, 고무, 피혁, 요업 등 소비재산업에서만이 아니라 화학, 철강, 금속가공, 기계, 수송기기 등 생산재부문에서도 출현하였다. 그 결과 대기업이 지배하는 독점적 산업조직이 형성되었다. 1904년에 92개 거대 합병기업의 각 산업에서의 시장점유율을 보면 78개 기업이 50% 이상, 57개 기업이 60% 이상, 26개 기업은 80% 이상이었다.[10]

이 시기에 대규모 기업합병의 배경에는 기본적으로 시장조건의 변화가 있었다. 선행한 4반세기 동안 시장은 확대되었다. 그 속에서 일부 앞선 기업가는 신식기계나 장치를 도입하여 대량생산을 추진하고 대량직할판매망을 조직하면서 산업왕국을 건설하였다. 그 주역들이 앞에서 고찰한 듀크, 스위프트, 클라크, 매코믹, 카네기, 록펠러 등의 기업가들이었다. 그들은 자신과 동업자의 소자본으로 사업을 시작하여 내부축적으로 일대에 대산업기업가로 성장한 산업계의 거인들이었다. 그들이 활동한 시기는 미국기업사에서 가장 역동적인 발전기였다.

그러나 1890년대에 이르러서는 산업기업가들의 활발한 확장성향이 지속될 수 없게 되었다. 무엇보다도 기업의 대량생산으로 공급은 크게 확대되었다. 소득증가로 소비도 확대되었지만 공급과잉으로 경쟁은 더욱 격화되고, 많은 경우 기업의 재무정책은 치열한 경쟁을 감당하기 어려워지고 그의 경영조직도 대량생산기업의 원활한 운영에 적합하지 않게 되었다. 이에 기존의 구조를 개선하거나 변화시키고 기업제도의 약점을 극복하기 위한 대응도 강구되었다. 그러나 1893년의 공황으로 가격경쟁이 극심해지면서 유동성이 부족한 대기업은 생존까지 위협받게 되었다.

② 법적 조건

대규모 기업합병운동의 배경에는 법적 조건의 변화도 있었다. 앞에서 고찰한 바와 같이 치열한 경쟁을 배제하고 단일 집중경영체제로 합리화를 추진하기 위한 기업통합으로 '동맹'과 더 나아가 '트러스트' 형태의 기업통합이 추진되었다.

그러나 트러스트 형태의 기업조직은 오래가지 못하였다. 트러스트의 횡포에 대한 비난 여론이 커지고 광범한 반독점운동이 전개되면서 여러 주에서는 트러스트규제법이 뒤이어 제정되고 마침내 1890년에는 연방입법으로 셔먼 반독점법(Sherman Antitrust Act)이 제정되었기 때문이다. 이에 따라 트러스트 방식의 기업통합은 금지되고 기존 트러스트는 해체되었다.

트러스트의 금지가 기업합병 그 자체를 금지한 것은 아니다. 트러스트금지법하에서 기업합병은 지주회사에 의한 다수기업의 지배라는 형태로 광범하게 진전되었다. 지주회사는 트러스트 증권보다 매매가 쉬운 주식증권을 취급하였으므로 금융업자나 투기업자들에 의해서 선호되었고 더욱 많은 자본을 필요로 하는 기업으로서도 필요하였다.

주식회사가 다른 주식회사의 주식을 소유함으로써 그것을 지배하는 방식인 지주회사는 일반회사법의 개정으로 설립이 허가되었다. 개정된 법에 의해서 간단한 사업계획서 등 서류를 제출하고 일정금액을 지불함으로써 기업은 지주회사가 될 수 있었다. 일반회사법의 개정은 1889년 뉴저지 주에서 최초로 도입되었다. 이어서 뉴욕 등 기업 유치를 바라는 다른 주들도 뉴저지 주를 따랐다. 이로써 주식이 분산되어 있는 경우 지주회사는 비교적 작은 부분의 주식소유를 통해서 다수의 주식회사(子會社)를 지배할 수 있게 되었다.

법적 환경의 변화로 많은 트러스트는 지주회사로 전환하였다. 이 시기에 51사의 지주회사가 나타났다. 독점금지법에 의해서 스탠더드석유트러스트도 해체되고 스탠더드석유회사는 뉴저지법에 의한 지주회사인 뉴저지스탠더드석유회사(Standard Oil Company of New Jersey)로 개편되어 실질적으로 대규모 통합기업의 중심이 되었다. 지주회사는 트러스트와 같이 단일 생산단위·단일기능의 소규모 제조기업의 연합체에 대해서 강력한 집중적 통제를 유지하기 위한 기업통합의 수단이 되었다.

그러나 지주회사도 셔먼 반독점법하에서는 반드시 안전한 법적 형태는 아니었다. 이 법은 본래 트러스트 금지를 목적으로 한 것이기는 하지만 광범한 독점반대여론과 정부의 강경한 태도로 결국 독점 및 경쟁제한적 행위 전반을 규제하는 법을 총칭하는 것으로 되었다. 이후 미국에서는 모든 독점이나 기업결합은 생산을 제한하고 가격을 협정하는 반사회적인 것으로 인식되었다. 이에 이 법은 지주회사 형태에 대해서도 적용되었다.

제조업에서 지주회사의 합법성은 1895년의 제당지주회사(American Sugar Refining)에 대한 '나이트(E.C. Knight)판결'에서는 인정되었으나 1898년의 화물운임 및 화물수송협회와 1899년의 한 철관(鐵管)회사에 대한 재판에서는 판사는 가격을 협정하고 시장을 분할할 목적으로 조직된 어떤 형태의 기업연합도 셔먼법 위반이라고 판결하였다. 뒤이어 1903년의 노던세큐리티사(Northern Securities Company)에 대한 소송에서는 지주회사도 '셔먼법'하에서는 위법이 될 수 있다고 판시하였으며 대법원도 그것을 지지하였다. 이후 기업의 고문변호인들은 소송의뢰인에 대해서 카르텔 내지 업계단체를 통한 협정과 동맹은 포기하고 구성기업은 해체하여 법이 규정한 단일기업으로 합병하도록 권고하였다. 이들 일련의 판결은 새로운 투자기회를 찾던 금융업자와 기업발기인들의 환영을 받았다.

경쟁제한행위를 금지하여 영업의 자유를 보장하려 한 정부의 강력한 법적 대응은 미국기업의 특징인 수직통합된 대기업 형태를 특징적으로 갖게 한 중요한 원인이었다. 그러나 기본적으로 더욱 중요한 것은 기업 자체의 내부적 필요성이었다. 미국기업은 광대한 경쟁적 시장조건에서 살아남기 위해서는 계속 합리화를 추구하면서 효율성을 높이지 않으면 안 되었다. 그러기 위해서는 느슨한 트러스트라든가 지주회사 형태에서 더 나아가 전문적 단일사업기업 형태를 지향한 수직통합전략을 추진할 필요가 있었다.

③ 합병운동의 추진자들

이러한 배경에서 대규모 합병운동이 전개되었다. 제1국면의 합병운동은 산업기업가, 투자은행가, 전문발기인에 의해서 추진되었다. 소비재 산업에서 합병추진 주체는 일반적으로 산업기업가 자신이었다. 그들은 자기금융 중심의 재무정책을 추구함으로써 은행의 영향력에서 상대적으로 자유로울 수 있었다. 그러나 산업기업가는 발기한 기업합병의 조건이 맞지 않으면 중재를 위하여 투자은행가의 지원을 요청하기도 하였다.

한편 철강, 기계, 철도, 전기 등 자본집약적이고 은행자본과의 관계가 큰 산업이라든가 자체의 자금력으로는 파국적 경쟁에서 벗어나기 위한 기업재편성을 할 수 없는 산업에서는 투자은행가가 기업합병에서 주도적 역할을 하였다. 이 시기의 주요 합병은 투자은행이 주도한 증권금융에 의해서 이루어진 것이다. 그들 은행은 대량의 사채와 주식의 발행, 인수, 판매를 대행함으로써 산업기업의 재건 내지 재편성을 주도하여 재건기업에 대해서 우월한 지위에 섰으며 일부 주식의 소유를 통해서 산업기업의 의사결정에도 관여하였다.

전문발기인도 거대 통합기업의 창출에서 중요한 역할을 하였다. 그들은 합병자금을 가지고 합병을 추진하였다. 그들의 전형적인 지불방식은 합병 대상회사의 소유자에게는 일부를 현금으로, 나머지는 증권으로 지불한다는 것이었다. 지불된 증권은 통상적으로 장부가격과 같은 액수의 우선주와 보너스로, 우선주와 같은 액수의 보통주였다. 그것은 '주식 부풀리기(watering the stock)' 내지 '과대자본화(over capitalization)'라고 크게 비난되었고 위험도 있었으나 예상수익이 높게 평가된 기업합병에서 널리 이용된 재무처리 방법이었다. 이 같은 방법은 투자은행가에 의해서도 이용되었다.

합병운동에 의해서 아메리칸 타바코(American Tobacco), 유나이티드 스테이트 레더(United States Leather), 내셔널 코디지(National Cordage), 내셔널 솔트(National Salt), 아메리칸 슈거 리파이닝(American Sugar Refining), 듀퐁(Du Pont), 이스트맨 코닥(Eastman Kodak), 제너럴 일렉트릭(General Electric), US 스틸(U.S. Steel), 인터내셔널 하베스터(International Harvester), 머컨타일 머린(Mercantile Marine), 내셔널 비스켓(National Biscuit), 다이어몬드 매치(Diamond Match), 아메리칸 틴플레트(American Tine Plate), 유나이티드 스테이트 러버(United States Rubber), 유나이티드 스테이트 십 빌딩(United States Shipbuilding)을 비롯한 많은 거대회사가 설립되었다. 다음 사례에서 보는 바와 같이 대규모 합병을 통한 대기업의 생성에서는 모건상회로 대표되는 투자은행이 주도적인 역할을 하였다.

(2) 철강공업에서의 거대합병

제1국면에서의 최대 규모의 합병은 철강공업에서 이루어졌다. 앞에서 본 바와 같이 철강공업에서는 1890년대 초에 카네기스틸사가 원료부문 등 후방통합한 대통합기업으로 경제적으로 유력한 지위에 있었다. 그럼에도 이 부문에서는 전·후방에의 수직통합을 추진한 대기업들이 과잉생산으로 치열한 경쟁 상태에 있었다. 이들 대철강기업에 자금을 지원해온 투자은행으로서는 경쟁으로 도산위기에 직면한 그들 기업을 내버려둘 수는 없었다. 이에 투자은행은 철강공업의 대규모 사업조정을 강력하게 추진하였다.

철강공업에서의 대규모 조정을 주도한 투자은행은 모건상회(J.P. Morgan & Co.)였다. 모건상회는 도산위기에 직면한 일리노이스틸사(Illinois Steel Co.)를 재건하고, 1898년에는 이 회사를 중심으로 대규모 합병기업 페더럴스틸사(Federal Steel Co.)를 설립하였다. 한편 모건상회는 1899년 13개 강관회사의 합병을 지원하여 내셔널튜브사(National Tube

Co.)를 설립하고, 1900년에는 동부 24사의 교량제조회사를 재편성하여 아메리칸 브리지사(American Bridge Co.)를 설립하였다.

이들 기업을 기반으로 모건상회는 1901년에는 철강업에서의 경쟁을 종식시킬 목적으로 대규모 철강회사를 매수하기 시작하였다. 매수된 최대 규모의 기업은 4억 8,000만 달러나 된 카네기스틸사였다. 그와 함께 모건상회는 무어(W.H. Moore)계의 철강 및 강관·강판제조 4사와 기타 철선(American Steel and Wire Co.) 및 광산(Lake Superior Consolidated Iron Mines)을 매수하였다. 이들 대규모 통합기업의 합병으로 1901년에는 제강을 중심으로 전·후방으로 수직통합한 초대형 통합기업인 US스틸사가 탄생하였다.

US스틸사는 자본금 10억 달러의, 당시로는 상상할 수도 없을 만큼의 대기업이었다. 이 회사는 모건상회를 대표로 한 투자 신디게이트가 10개 철강회사의 주식을 매수하여 설립한 지주회사이며, 주식구성은 우선주 5억 1,000만 달러와 보통주 5억 8,000만 달러였다. 이 회사의 실질자산 평가액은 6억 8,200만 달러로 추정되었으므로 보통주 전부와 우선주 상당부분은 실질자산의 뒷받침 없이 발행된 명목상의 주식이었다. 설립 초기에 이 회사는 경쟁을 회피하기 위하여 어느 정도의 재편성은 하였으나 산하기업의 경영자주성을 인정함으로써 기본적으로는 기업연합체와 같은 조직이었다. 이 회사는 1930년대에 이르기까지 전체 회사를 통할할 본사기구도 설치하지 않았다. 그러나 이 회사는 수익성이 양호하였기 때문에 초창기의 수년을 제외하고 보통주에 배당할 수 있었다.[11]

'통합의 통합'으로 설립된 US스틸사는 산하에 수송회사를 포함한 공장 213개, 광산 41개, 철도노선 1,600킬로미터, 광석 운반선 112척, 고로 78기를 가지고 미국 철강업에서 선철 45%, 조강 66%, 레일 65%, 강재 58%, 강판 59%, 그리고 선재 72%를 생산, 지배하는 거대한 독점기업이 되었다.

(3) 농업기계기업의 합병

농업기계 제작부문에서의 합병에서도 모건상회가 주도적 역할을 하였다. 이 부문에서는 맥코믹하베스터 머신회사(McCormick Harvester Machine Co.)와 디어링하베스터회사(Deering Harvester Co.)를 중심으로 치열한 경쟁이 전개되고 가격은 계속 하락하여 기업의 존립마저 위협하였다. 치열한 경쟁을 배제하고 업계의 안정을 찾기 위해서는 경쟁기업의 합병은 불가피한 실정이었다. 이에 모건상회의 지원으로 농업기계 제작부문 상위 5개 사가 합병하여 인터내셔널 하베스터회사(International Harvester Co.)가 설립되었다. 1902년에 자본금 1억 2,000달러로 설립된 이 회사의 주식보유비율은 매코믹 42.6%, 디어링 34.4%, 기타 3개 사 23%였다. 기타 3개 사 중에는 주식의 13.4%를 소유한 모건상회의 1개 사가 포함되었다. 인터내셔널 하베스터회사는 농업기계 생산의 80%를 지배하였다.[12]

이 외에도 모건상회는 제너럴 일렉트릭사(General Electric Co.), 머컨타일 머린사(Mercantile Marine Co.) 등 대기업의 설립에도 중심적인 역할을 하였다.

(4) 철도기업의 합병

철도기업의 합병은 일찍이 1880년대에 진전되었다. 1880년대에 미국에서는 7만 5,000마일이나 된 철도가 건설되었다. 철도 건설의 급진전으로 경쟁은 격화되었다. 그동안 풀 협정으로 경쟁은 회피되어왔으나 1880년대 초에는 일련의 철도전쟁이 발발하여 많은 신사협정이 붕괴하였다. 철도회사들은 대규모 화물주에 대한 할인운임, 유력자에 대한 무료운임, 단거리와 장거리의 차별운임 등의 정책을 도입하였다. 그 결과 철도회사들은 운송료 수입의 감소로 부채가 증대하고 주가는 하락하였다. 한편 농민과 소경영인 등 일반대중은 철도에 대한 규제를 요구하였다. 이에 주간통상법이 제정(1887)되어 철도규제가 이루어졌다. 그러나 철도 풀이 법으로 금지된 후에 철도경쟁은 격화되어 다수의 철도회사가 빈사상태로 되었다.

철도회사는 거액의 자본을 증권시장에서 조달하지 않으면 안 되었고 그에 대응할 수 있는 금융자원을 가진 것은 투자은행밖에 없었다. 한편 철도증권의 주요 소유주이기도 한 투자은행으로서는 자신과 자신이 중개한 유럽의 투자가들의 이익을 보호하기 위해서도 철도회사의 파탄을 방치할 수는 없었다. 이러한 배경에서 모건상회를 비롯하여 쿤 뢰브상회(Kuhn Leob & Co.), 키더 피바디상회(Kidder Peabody Co.) 등 투자은행은 단독 내지 신디케이트 조직으로 철도증권을 인수·매각함으로써 철도기업의 건설, 매수, 재건을 적극 추진하였다.

철도의 대규모 통합은 1880년대에 이미 나타나고 있었다. 예를 들어 제이 굴드(Jay Gould)는 1873년에 시작된 불황기에 재무상태가 악화되고 주가가 하락한 유니언 퍼시픽(Union Pacific)철도의 주식을 구입하여 지배한 것을 시작으로 여러 회사 주식의 뒤이은 매수로 1880년대 초에는 미국 최대의 철도제국을 건설하였다. 그의 철도제국은 미국의 동부와 북서부, 그리고 남서부의 여러 도시를 연결하는 철도 시스템이었으며, 노선의 총연장거리는 1만 6천 마일(미국 철도노선 총연장거리의 15%)에 달하였다.

제이 굴드에 대항하여 밴더빌트(William Vanderbilt)도 자사의 자기완결적 철도 시스템의 구축을 지향하였다. 그는 뉴욕센트럴, 미시간센트럴, 레이크 쇼어 등 자사의 철도에서 시작하여 1880년대를 통하여 매수, 연결철도의 건설을 거듭하여 서남부와 서북부 지방에 걸친 일대 철도제국을 건설하였다. 밴더빌트의 확장전략은 모건의 재정지원에 크게 의존하고 있었다. 철도 시스템 건설이 추진되는 속에서 거대 철도기업이 형성되었다. 1893년까지 자본금 1억 달러 이상의 철도 33개 사는 미국 철도망의 69%를 지배하고 있었다. 이 시기까지 미국의 철도지도는 대체적으로 완성되어 제2차 세계대전 후의 기술적 노후화까지 거의 변화하지

않았다.[13]

철도 시스템의 건설에 필요한 막대한 자본은 초기에는 밴더빌트와 같은 철도경영자를 비롯한 대자본가와 지방적 자본가, 투기업자들에 의해서 조달되었다. 그러나 철도 시스템의 완성을 위해서 철도기업은 뉴욕, 보스턴, 필라델피아의 투자은행과의 제휴를 확대·강화할 필요가 있었다. 철도회사의 확장전략에 필요한 방대한 자금을 동원할 수 있는 시설과 인적 관계를 맺은 것은 이들 투자은행이었기 때문이다. 1900년대 초까지 지방투자가는 물론 대자본가마저도 철도투자 문제에 대해서는 거의 관여하지 않고 투자은행에 일임하였다. 그것을 계기로 투자은행은 투자기업의 이사회에 참가하여 영향력을 행사하였다. 철도경영은 일찍부터 전문경영자에 의해서 수행되었다.

철도기업 간 경쟁은 특히 1893년과 그 후의 불황기에 더욱 격화되었다. 치열한 경쟁 속에서 많은 철도회사는 빈사상태가 되었다. 1894~98년에 파산한 철도회사의 연장거리는 4만 마일이나 되고 그 자본규모(주식 및 사채)는 25억 달러를 넘었다. 파산규모는 미국 역사상 최대였다. 대규모 파산과 재무악화 상태에 직면한 철도의 재건에 필요한 금융자원을 동원할 수 있는 것은 유력한 투자은행뿐이었다. 이에 유력한 투자은행들은 관재인(receivers)으로서 철도재건에 적극 개입하였다. 그들 은행은 철도의 재건을 위한 융자만이 아니라 이사회를 지배하여 고도의 영향력을 행사하여 부채구조의 개선, 노선배분의 합리화, 경쟁의 배제를 지향하였다. 그 속에서 철도산업은 재편성되었다.

철도 재건의 최대 추진자는 월가 최대의 투자은행가 J.P. 모건이었다. 그는 1886년과 1888년의 리딩(Reading) 철도와 체사픽-오하이오(Chesapeake & Ohio) 철도의 재건에 이어, 1890년대에는 이리(Erie), 노던퍼시픽(Northern Pacific), 서던(Southern) 등의 철도회사를 재건하였다. 규모에서는 모건에 크게 못 미쳤으나 여타의 유력 투자은행들도 철도 재건에 관여하였다. 그래서 그들 은행은 자신이 재건한 철도의 재무와 관리조직만이 아니라 영업노선의 통폐합 등의 합리화에 관여하였다.

불황에서 벗어나면서 투자은행에 의한 철도통합은 더욱 추진되었다. 1899~1900년에 미국철도 총연장의 8분의 1에 해당하는 2만 5천 마일 이상이 지배회사를 변경하였다. 1906년에 자본금 1억 달러 이상의 철도회사 수는 32사로 1893년과 거의 같았으나 그들의 노선연장거리는 미국의 철도 총연장의 80%에 가까웠다.

유력 철도 시스템은 통합과 함께 주식의 상호보유를 통한 '이익공동체(community of interests)'를 창출하면서 운임인하의 통제와 경쟁적 철도건설의 방지를 지향하였다. 그 결과 1906년에 미국철도노선 연장의 3분의 2는 밴더빌트계(2만 2천 마일), 펜실베이니아계(2만 마일), 모건계(2만 5천 마일), 굴드계(1만 7천 마일), 무어계(2만 5천 마일), 해리맨계(2만 5천 마일) 등 7대 그룹에 의해서 지배되었다. 고도로 경쟁적이던 철도산업에서는 거대 통합기업과 '이익공동체'가 실질적으로 독점적 지위를 차지하면서 운임 및 노선건설 경쟁은 사실상 소멸하였다.[14]

(5) 거대 통합기업체제의 성립

합병운동을 거치면서 미국에서는 1900년 이후 대기업이 다수 존재하고 그것이 상품의 생산과 유통을 관리하는 표준적 제도가 되었다. 그들 대기업은 복수사업단위·복수기능부를 가진 현대적 기업이었다. 1917년 현재 미국에서는 자산 2,000만 달러 이상의 상품생산기업이 278사가 있었다. 그중 제조회사는 236사였다.

그들 제조회사의 산업별 분포를 보면 171사(72.5%)가 조금속(39사), 식품(34사), 수송기기(29사), 기계(24사), 석유(24사), 화학(21사) 부문에, 23사(9.7%)가 섬유(7사), 목재(5사), 피혁(4사), 인쇄·출판(3사), 의료(3사), 가구(1사) 부문에, 그리고 나머지 42사(17.8%)가 제지, 시멘트와 판유리, 타이어와 신발, 궐련, 깡통, 전기기계, 성냥 부문에 집중되어 있었다.

그들은 자본집약적이며 대량생산기술을 이용하여 대량소비상품을 생산하는 산업과 전문적 서비스가 필요한 산업의 기업들이었다. 1880~90년대에 통합기업이 출현하고 합병이 진전된 것도 바로 이들 산업부문에서였다.

반면에 직포, 목재, 피혁, 출판·인쇄, 고도의 전문기계기구 등 노동집약적 산업과 기존의 유통조직에 의존함으로써 독자적 마케팅 서비스의 필요가 없는 산업에서는 거대 산업기업의 출현은 지체되었다.

대기업은 대부분 통합된 사업회사로 되었다. 앞에서 든 278사 중 확인할 수 있는 269사에서 보면 통합되지 않은 단일기능기업은 원유채굴의 7사, 광업의 16사, 농업의 2사에 불과하였다. 제조기업 236사 중에서 통합되지 않은 기업은 16사에 불과하였다. 따라서 자산 2,000만 달러 이상의 산업기업 전체의 적어도 85%는 생산과 유통을 통합한 기업이었다. 1917년경에도 지주회사는 광범한 사업에 대한 법적 통제조직으로 아직도 중요하였으나 그것으로 사업을 관리하는 미국의 거대 산업기업은 많지 않았다.[15]

대기업이 대두하면서 중소기업의 지위는 급격하게 저하하였다. 그러나 미국의 제조업에서 중소기업은 영국에서만큼은 아니었지만 여전히 중요하였다. 1914년에 미국 공업노동자의 3분의 1이 노동자 500명 이상의 공장에서, 3분의 1이 노동자 100~499명의 공장에서, 그리고 나머지 3분의 1이 노동자 100명 이하의 공장에서 일하고 있었다. 노동자가 6~20명 정도의 제조업사업소도 5만 4,000개나 있었다.

중소기업은 특정시장(niche markets)을 노려 생산을 특화하고 제품차별화로 경합하는 대기업과의 공존을 꾀하였다. 중소기업은 변화하는 지방시장이라든가 계절시장을 위해서 때로는 소량생산도 할 수 있는 유연한 대응능력을 가지고 있었다. 중소기업은 면공업에서는 필라델피아를, 철강공업에서는 피츠버그를 중심으로 산업집적을 이루고 있었다.[16]

3. 산업금융과 유통조직

1) 금융기관의 성장

대기업의 필요자금 조달에서 중요한 역할을 한 것은 은행을 비롯한 금융매개기관이었다. 높은 경제성장 속에서 기업의 내부축적과 중산층의 저축이 크게 증가하여 그만큼 기업과 개인에 의한 투자는 확대될 수 있었다. 그러나 중공업과 신공업 그리고 철도 등 처음부터 대규모 자본이 필요한 산업에서는 기업의 내부축적자금에는 한계가 있었으며 개인투자도 한정된 것이었다. 따라서 민간저축을 산업기업으로 유입하는 데는 금융기관의 매개가 필수적이었다. 금융기관의 매개는 기업합병의 경우 더욱 중요하였다.

〈표 5-2〉는 금융기관의 자산증가 추이를 나타낸 것이다. 금융기관의 자산은 1860~1900년에 약 10억 달러에서 150억 달러로 증가하였다. 같은 기간에 국내자산은 150억 달러에서 850억 달러로 증가한 것으로 추계되고 있다. 금융기관의 자산은 국내자산의 6%에서 17%로 상승한 것이다. 그중에서 급속하게 성장한 최대 금융기관은 상업은행이었다. 상업은행의 자산은 약 8억 5천만 달러에서 100억 달러로 증가하고, 1900년의 대부총액은 50억 달러에 달하였다. 그것은 미국기업의 주요 자금조달 원천이었다.

표 5-2 금융기관의 자산(1860~1900년) (단위: 100만 달러)

연도	상업은행	저축은행	저축대부	생명보험	일반보험	총자산
1860	851	149	–	24	81	1,101
1870	1,781	550	–	270	182	2,783
1880	2,518	882	–	418	239	4,056
1890	4,601	1,743	300	771	352	7,767
1900	10,011	2,430	490	1,742	484	15,157

자료: H.E. Krooss and C. Gilbert, 1972: 232.

주법은행으로만 있던 상업은행은 1863년의 국법은행법 제정으로 이원화되었다. 1913년 법으로 연방준비제도(Federal Reserve System)가 설립될 때까지 미국에는 중앙은행은 없었다. 국법은행법은 주식은행의 자유진입을 허용하는 한편 국채담보발권이라든가 부동산 담보투자를 금지하는 등 주법은행보다 엄격한 규제를 하였다. 한편 주법은행권을 없애기 위하여 1865년에는 10%의 세금이 부과됨으로써 주법은행의 국법은행으로의 전환은 가속되었다. 그 결과 1863년에 1,466사나 되던 상업은행 수는 급감하여 10년 후에는 277사로 되었다. 그러나 수표거래의 중요성이 커지면서 10% 과세 효과가 없어지자 1870년대 중반 이후 주법은행 수는 다시 급증하여 1900년에는 5,007사로 되었다. 한편 국법은행 수는 1865년의 1,294사에서 1900년에는 3,731사로 증가하였다.

이들 상업은행은 기본적으로 지점 설립이 인정되지 않은 단일은행으로 지역적 제약이 있었고 산업기업이 발행하는 상업어음에 투자하였다. 그 속에서 거대한 자금과 잉여금을 가지고 어떤 고객에게도 100만 달러 이상 대부할 수 있는 대규모 은행은 12개 사에 불과하였다.

저축은행도 625사로 거의 변동이 없었으나 자산은 2억 달러 이하에서 24억 달러로 증가하였다. 생명보험회사도 크게 성장하였다. 1860년에 2,400만 달러이던 자산은 1900년에는 17억 4,200만 달러로 증가하였다.

생명보험회사는 자본유동에 대해서 영향력이 컸다. 그들의 투자대상으로는 부동산대부가 중요하였다. 1860년에 한 유력 생명회사는 자산의 8분의 1을 철도, 제조업, 은행 주식에, 3분의 1을 부동산대부에, 10분의 1을 공채에 그리고 12분의 1을 개인의 증서대부에 투자하고 있었다. 그러나 1870년대와 1880년대에 주 의회가 뒤이어 생명보험회사의 투자에 대한 규제를 완화하자 주식 내지 공·사채에 투자된 자산의 비율은 10%에서 30% 이상으로 상승한 반면, 저당증권 및 부동산투자의 비율은 60% 이상에서 50% 이하로 하락하였다.

산업투자가 증대하면서 생명보험회사는 '월가 이해관계자들의 부속 금융기관'이라 불릴 만큼 은행 및 신탁회사와 긴밀한 관계를 맺게 되었다. 예를 들어 1890년대에 재무 면에서 뮤츄얼(Mutual)사는 퍼스트내셔널은행(First National Bank)에, 뉴욕생명보험회사(New York Life)는 모건의 파트너에, 이퀴터블(Equitable)사는 머컨타일신탁회사(Mercantile Trust)에, 프루덴셜(Prudential)사는 중개업자인 로버트 윈드롭사(Robert Winthrop & Co.)에, 그리고 메트로폴리탄(Metropolitan)사는 버밀라이사(Vermilye & Co.)에 의존하고 있었다. 한편 생명보험회사도 비록 행사하지는 않았으나 은행이라든가 신탁회사에 대한 지배권을 보유하고 있었다.[17]

2) 투자은행과 산업금융

(1) 투자은행의 대두

산업금융에서 주도적 역할을 한 금융매개기관은 투자은행이었다. 투자은행은 특히 1860~70년대에 주식시장을 통하여 대규모의 정부증권과 철도 및 제조업기업의 주식이나 사채를 거래함으로써 대 정부 및 산업금융에서 가장 중요한 금융기관의 지위를 차지하게 되었다.

정부는 남북전쟁기에 자본시장에서 거액의 자금을 조달하였다. 정부부채는 1859년 말의 5,900만 달러에서 1865년 가을까지 30억 달러에 근접할 만큼 증가하였다. 한편 철도와 제조업기업은 규모의 확대와 법인화에의 전환으로 계속 증대하는 필요자본의 조달을 자금시장에 의존하였다. 정부와 기업의 증대하는 자금을 융자하는 데 필요한 증권을 대량 발행하여 일반대중에까지 판매하는 새롭고 더욱 효율적인 방법을 도입한 것이 투자은행이었다. 투자은행은 상업은행보다 많은 자금을 정부증권과 산업금융에 투입하였다. 이 시기에 증권시장은 크게 확대되었다. 주식거래 규모는 1870년대 후반의 연간평균 5,120만 달러에서 1880년대 초에는 1억 달러를 넘었고 후반에는 8,310만 달러였다. 급성장하는 주식시장을 지배한 것은 투자은행이었다.

투자은행은 출신지와 사업협조관계에 따라 5개 그룹으로 분류된다. 첫째 그룹은 제이 쿡상회(Jay Cook & Co.)를 선두로 버밀라이상회(Vermylie & Co.), 헨리 크루스상회(Henry Clews), 그리고 시스코 상회(John J. Cisco & Son)를 포함한 그룹이다. 제이 쿡상회는 남북전쟁기의 10억 달러를 상회한 정부공채를 매각하여 주도적 투자은행으로서의 명성을 높였으며, 한때 2,500명에 이르는 외판원을 둔 판매조직을 통해서 영세저축자라든가 소규모 지방은행가 등 일반대중을 전국적 시장으로 유도한 선구적 투자은행이었다. 그러나 이 은행은 남북전쟁 후 정부채권의 상환업무를 둘러싼 타 은행들과의 경쟁에서 뒤지고 노던 퍼시픽철도(Northern Pacific Railroad)에 대한 과도한 융자로 결국 1873년에 파산하였다.

둘째 그룹은 독일계 유대인의 투자은행이었다. 그들 중에는 필립 스페이어상회(Philip Speyer & Co.), 쿤 뢰브상회(Kuhn, Loeb & Co.), 셀리그만형제상회(J.&W. Seligman) 등이 있었다.

셋째 그룹에는 버몬트 출신이 설립하여 후(1885)에 피스크상회(Harvey Fisk & Sons)로 된 기업이 있었다. 코네티컷 출신에는 모건(Junius Spencer Morgan)이 있었다. 그는 볼티모어 출신이 런던에 설립한 키더 피바디상회(Kidder, Peabody & Co.)에 참여한 후 그 상회를 이어받아 모건상회(J.S. Morgan & Co.)로 개명하였다. 그는 J.P. 모건(Junius Pierpond Morgan)의 아버지로 유명하지만 그 자신도 아들의 투자은행가로서의 발전에 중요한 역할을 하였다.

넷째 그룹으로는 키더 피바디상회(Kidder, Peabody & Co.)라든가 리 히긴슨상회(Lee, Higginson & Co.)와 같은 보스턴 상인들로 구성된 투자은행이 있었다. 그들은 높은 명성을 얻고 번영하였으나 19세기 말에는 모건상회의 위성회사가 되었다.

마지막 그룹으로는 어느 대동맹과도 특별한 결합관계를 갖지 않은 다수의 기업이 있었다. 그들은 소규모였으나 그중에는 벨몬트(August Belmont)라든가 윈슬로 래니어상회(Winslow, Lanier & Co.)와 같이 투자은행의 발전에 공헌한 기업도 있었다.[18]

(2) 산업금융

많은 투자은행가 중에서 산업금융에서 큰 역할을 한 것은 J.P. 모건이었다. 그는 23세 때인 1860년에 뉴욕에서 사무소를 개설하여 당시 런던의 주도적 투자은행의 하나였던 피바디상회의 미국대리인으로서 투자활동을 시작하였다. 그는 4년 후 경험이 풍부한 일류 회계사 대브니(Charles Dabney)를 파트너로 영입하여 대브니 모건상회(Dabney, Morgan & Co.)를 설립하였다. 이 상회가 1871년에 앤소니 드렉셀(Anthony Drexel) 기업과 합병하여 설립한 드렉셀 모건상회(Drexel, Morgan & Co.)는 미국에서 가장 권위 있는 투자은행이었다.

J.P. 모건의 사업은 남북전쟁 후 두드러지게 발전하였다. 미국에서는 투자기회가 확대되고 일반대중의 저축도 증대하고 있었다. 특히 모건상회는 런던의 J.S. 모건상회를 통하여 유럽의 자본시장과 밀접한 관계를 가질 수 있었다. 그것은 국내자금기반이 아직 약한 모건으로서는 매우 유리한 조건이었다.

모건은 1870년대에 정부공채상환업무를 주도하여 성공적으로 대규모 투자금융 분야로 진입하였다. 그러나 공채상환업무가 종료되면서 모건은 적극적으로 철도금융을 추진하였다. 그는 일찍이 1869년에 한 철도회사의 지배권을 둘러싼 제이 굴드 등과의 경쟁에서 승리한 바 있었다. 1870년대 말부터 모건은 철도의 자금조달, 재정재건, 재조직을 적극 추진하였다. 그는 밴더빌트가 보유한 뉴욕 센트럴철도의 주식 25만 주를 성공리에 매각함으로써 유명해지고 철도금융에 견고한 발판을 만들었다. 증권거래소의 1일 거래규모가 100만 주 미만에 불과하던 당시로 보면 그것은 큰 거래였다. 그 대가로 모건은 300만 달러의 수입을 올리고 동 철도의 이사직을 차지하였다. 1880년에는 그의 드렉셀 모건상회는 다른 투자은행의 협조를 얻어 4,000만 달러에 달하는 노던 퍼시픽 철도의 채권을 인수하였다.

철도금융을 추진하면서 모건은 협조체제로 철도 간 경쟁을 종식시키고 공생관계를 유지하려 하였다. 그러나 그것은 신사협정으로 실현될 수는 없었다. 결국 그는 더욱 강력한 수단인 '모건화(Morganization)' 정책으로 전환하였다. 즉, 그것은 재정재건을 지원한 철도의 경영에 강력한 영향력을 행사한다는 것이었다. 그러기 위해서 모건은 재건 내지 재조직한 철도의 이사회에 의석을 차지하고 의결권을 행사하였다. 자신이 의결권을 행사하는 '협동'시스템을 통해서 모건은 경영을 재조직하고 수익성 개선을 지향하였다.

투자은행으로서의 모건상회의 활동은 물론 철도금융에 한정된 것은 아니다. 앞에서 본 바와 같이 모건상회는 1890년대 말에서 1900년대 초에는 제조업기업의 대규모 합병운동을 주도하였다. 그 성과의 정점에는 US스틸사의 창설이 있었다.

광범한 분야의 산업금융에 필요한 막대한 자금은 어디서 나왔는가? 모건상회 자체가 그와 같은 엄청난 규모의 자금과 증권의 처분능력을 갖추고 있었던 것은 아니다. 그러나 모건상회는 가장 유력한 투자은행으로서 각종 대규모 금융기관의 자금을 동원할 수 있는 힘을 가지고 있었다. 모건상회는 다수의 주요 금융기관과의 복잡한 이사겸임제도(system of interlocking directorates)라든가 동맹을 통해서 필요한 자산을 동원할 수 있었다.

모건상회는 1912년 푸죠위원회 보고서가 '금융 트러스트(money trust)'라 부른 금융기관과의 동맹관계를 맺고 있었다. 그것은 모건상회와 퍼스트내셔널은행, 내셔널시티은행(National City Bank)으로 구성되어 있었다. 이들 상업은행은 다른 다수의 상업은행과 밀접한 이해관계를 맺은 대은행이었다. 이 동맹은 112개 금융회사의 341개 이사 자리를 소유하고, 220억 달러 이상의 자산을 가지고 있었다. 당시 국내기업 자산총액은 1,860억 달러로 추산되었다.

이들 외에도 모건상회는 뱅커스 트러스트(Bankers' Trust)사, 개런티 트러스트(Guaranty Trust)사, 내셔널 뱅크 오브 커머스(National Bank of Commerce), 생명보험업에서의 이퀴터블(Equitable)사, 뮤츄얼(Mutual Lifes)사 및 뉴욕(New York)사 등의 금융기관에 대해 큰 영향력을 가지고 있었다.[19]

모건상회는 자신 및 동맹관계 은행의 금융력을 동원하여 무수한 기업합병 내지 재건에 필요한 거액의 자금을 동원하고 금융지원을 한 기업의 이사회에 임원을 파견함으로써 기업운영에 관여하고 영향력을 행사하였다. 그것은 바로 은행자본과 산업자본의 결합인 금융자본의 성립이었다. 모건상회의 산업금융 활동에서 전형으로 나타난 금융자본은 미국 투자은행의 활동에서 광범하게 전개되었다.

3) 대형 유통조직의 전개

도시화의 진전과 수송통신수단의 발달에 따라 유통조직도 변화하였다. 변화의 중심에는 백화점, 통신판매점, 연쇄점 등 거대 소매기업의 성장이 있었다. 이들 소매기업은 마케팅을 지배하던 도매업자에 대신하여 제조업자에게서 대량의 상품을 직접 구입하고 높은 판매이윤보다도 박리다매로 회전율을 높임으로써 판매가격의 저렴화를 실현하면서 이윤을 올렸다. 도매 및 소매 과정에 다수의 중간상인이 개재하던 유통조직은 제조업자에 의한 판매기능의 내부화에 따라 변하였지만, 그러한 변화는 이들 거대 소매기업의 출현으로 더욱 촉진되었다. 거대 소매기업은 1860년대와 1870년대에 출현하고 1880년대와 1890년대에 본격적으로 성장하였다.

백화점은 상품라인부문에 따라 경영관리와 머천다이징을 조직화한 것이지만 발생사적으로는 특정상품 소매점포가 판매품목을 추가함으로써 나타난 것이다. 실제로 백화점은 제너럴스토어가 거대화한 것이며 전문점의 집합체로 기존의 제너럴스토어를 대체하는 것이었다. 1846년에 뉴욕에서 창업한 스튜어드(A.T. Steward)의 포목점은 1862년에는 여러 품목을 추가하여 실질적으로 백화점으로 되었으며, 1858년에 뉴욕에서 창립된 매시(Rowland Macy)의 의류·잡화점도 1860년대에 백화점이 되었다. 또한, 1861년에는 필라델피아에서 워너메이커(John Wanamaker)의 백화점이 설립되었다.

스튜어드사는 도매업도 하였으나 1865년 매출액 5,000만 달러 중 800만 달러는 소매에 의한 것이었다. 매시사는 1870년에는 100만 달러, 워너메이커사는 1896년에 1,000만 달러의 매출을 올렸다. 동부의 대도시를 중심으로 출현한 백화점은 1881년에는 시카고에서 마샬필드(Marshall Field) 백화점이 설립되면서 중서부 대도시와 전국 주요 도시에서 나타났다.

1870년대에는 우편배달제도를 이용하여 전국적으로 판매활동을 전개한 통신판매점도 출현하였다. 우편배달서비스와 소포우편제도가 발달하면서 우편주문판매는 특히 농촌지역에서 커다란 기업기회를 제공하였다.

이러한 기업기회에 대응하여 출현한 최초의 통신판매점은 1872년에 시카고에서 설립된 몽고메리 워드(Montgomery Ward)사였다. 1877년에 이 회사의 상품목록은 540쪽에 이르고 수록상품은 2만 4,000품목에 달하였다. 이 회사는 1880년대에는 전국적으로 영업을 전개하였으며, 1887년에는 경쟁회사인 시어스 로벅사(Sears, Roebuck & Co.)가 출현하였으나, 지방도시와 농촌시장을 기반으로 다양한 상품을 판매하면서 급성장하였다. 이 회사의 매출액은 1891년 13만 8,000달러에서 1900년에는 1,060만 달러, 1905년에는 3,700만 달러로 급증하였다.[20]

한편 식료품 및 잡화 판매에서는 연쇄점제도가 전개되었다. 연쇄점의 효시는 1859년 뉴욕에서 설립된 A&P(Great Atlantic and Pacific Tea)사였다. 차 전문점인 이 회사의 점포수는 1865년 26, 1880년 100, 그리고 1900년에는 200개로 증가하였다. 이 회사의 점포는 1890년에도 북동부에 집중되었으나 점차 전국적으로 확산되면서 차 이외에 커피, 코코아, 설탕, 베이킹파우더 등을 취급하면서 560만 달러의 매출을 올렸다.

이들 외에도 연쇄점으로는 1872년에 오늘날의 그라벨 유니온사(Gravel Union)의 전신인 존스 브라더스 티사(Jones Brothers Tea Co.)가, 1882년에 크로거사(Kroger Co.)의 전신인 그레이트 웨스턴 티사(Great Western Tea Co.)가, 그리고 1899년에 주얼 티사(Jewel Tea Co.)가 각각 설립되었다. 한편 1879년에 울워드(F.W. Woolworth)는 5~10센트의 저가상품을 판매하는 소형백화점인 잡화점의 연쇄점제도를 도입하였다. 그의 연쇄점은 1900년에는 500만 달러의 매출을 올렸으며, 1909년에는 국내에 318점포를 전개하고 영국에 지점을 개설하였다. 연쇄점은 1920년대에 크게 보급되었다.[21]

광고업계에서는 1860년에는 30개의 광고대리점이 존재하여 경쟁적으로 신문, 잡지 등 정기간행물의 지면을 확보하여 광고주에 판매하고 있었다. 그러나 1870년대 중반 이후 광고대리점의 역할에 큰 변화가 나타났다. 그것은 광고대리점이 광고지면을 판매하는 소극적인 역할에 그치지 않고 고객인 광고주를 위하여 광고수단과 함께 광고내용의 준비서비스까지 제공하는 역할까지 하게 되었다. 1877년에 에이어(N.W. Ayer)사는 선구적으로 시장조사를 실시하였다.

광고대리점은 1880년 이후 서비스를 더욱 확대하여 광고문안의 작성까지 하게 되었다. 그 속에서 상표, 디자인, 포장, 표어 등의 고안이 촉진되고 광고기술이 발달하였다. 광고매체도 확대되었다. 광고가 판매촉진을 위한 강력한 수단이라는 인식이 높아지면서 광고업은 급성장하였다. 기업의 광고비 지출은 1867년 약 5,000만 달러에서 1900년에는 5억 4,200만 달러로 10배 이상 증가하였다.[22]

3절 작업관리기술과 경영관리조직의 개발

1. 작업관리기술

1) 체계적 관리

기업의 거대화는 그 자체가 새로운 시장적 및 기술적 조건에 주체적으로 대응하는 과정에서 이루어진 것이다. 수직적 통합으로 판매와 구매의 기능을 내부화하면서 내부적으로 성장한 대기업은 그만큼 유리한 지위를 차지하게 되었으며, 합병으로 거대해진 기업은 그 자체로서 독점적 내지 과점적 지위에 서게 되었다. 그러나 기업의 거대화에 따라 기능은 다양하고 복잡해졌으며 시설도 대규모로 되고 종업원 수도 증가하였다. 기업으로서는 다양하고 규모기 커진 경영자원을 효율적으로 관리, 운영하는 일이 중요한 과제가 되었다. 대기업으로서는 규모의 경제를 실현하기 위해서는 통합이나 합병을 통한 규모의 확대에 못지않게 그것을 체계화·합리화하여 효율적·능률적으로 관리하는 일이 중요해졌다.

대량생산체제의 도입으로 기업규모가 커짐에 따라 먼저 제기된 문제는 공장 차원에서의 작업관리의 문제였다. 사실 1870년대와 1880년대에 경영관리는 공장관리와 동의어로 인식되었으며 그것은 사실상 공학(engineering)의 문제였다.[23] 대량생산을 위하여 기계화가 추진되고 생산규모가 확대되면서 공장 내의 분업과 작업표준화가 진전되어 종래의 숙련노동은 단순노동으로 대체되었다. 그 결과 작업관리는 종래의 내부청부제도를 통한 간접관리에서 직접고용제도를 통한 집중적 직접관리로 전환되었다. 대량생산을 위해서는 기계화의 진전, 원료 및 에너지 이용의 증대와 함께 노동자의 능률 향상을 위한 작업조직과 관리의 개선이 필수적으로 요구되었다.

작업조직과 관리의 개선에 관심이 높아진 것은 1870년대 이후 비용절감의 필요성이 커지면서였다. 1880년대에 '체계적 관리(systematic management)'로 널리 알려진 일련의 새로운 관리제도는 대량생산이 일찍부터 전개된 동부의 기계 및 금속 공업에서 처음 도입되었다. '체계적 관리'의 문제는 1880년대 중엽까지는 미국기계기사협회(American Society of Mechanical Engineers)의 주요 관심사가 되었다. 이 협회에는 기계공업 분야의 경영자, 공장장, 고도의 기능을 가진 기계기사들이 드나들면서 정보를 교환하였다. 특히 기계기사들은 많은 제안, 논의, 실험을 통해서 문제의 해결에 중심 역할을 하였다.

리터러(J.A. Litterer)에 따르면 '체계적 관리'는 작업이 세분화된 결과 하위부문 간의 조정이 불가능하게 되어 작업 흐름의 통합성이 상실되고 상하의 관계가 단절되어 상위관리인의 하위계층에 대한 작업 통제능력이 떨어짐에 따라 부문 간을 조정하고, 작업능률을 올리기 위하여 개별화된 작업을 통합하고 체계적으로 관리하는 방법으로 도입된 것이었다.[24] '체계적 관리'의 내용은 수평적 조정수단으로서의 생산관리제도와 수직적 조정수단으로서의 원가계산제도 및 임금제도로 구성되어 있었다.

생산관리제도는 공장에 대한 주문을 기록하고 각각의 명령서에 따라 작업을 지령하여 납기까지 완성하여 출하토록 하는 것이다. 원가계산제도는 원재료 및 노동비용에 관한 사후적 계산이라는 단계에서 더 나아가 1870년대 중반 이후에는 간접비 개념의 도입 등, 보다 정밀화되면서 상위관리인에 정보를 제공하고 공장관리 문제의 분석에 유효한 수단으로 이용되었다.

한편 임금제도는 1880년 이전에는 시간급, 즉 일급제와 표준성과급유인제(standard piece-rate incentive scheme)가 주로 채용되었다. 그러나 그들 제도의 난점 때문에 1880년 이후에는 노동비용을 절감하면서 능률적 생산에 자극을 줄 수 있는 임금제도로서 할시(F.A. Halsey)의 할증임금제(premium plan), 타운(H.R. Towne)의 분익제도(gainsharing) 내지 이익분배제(profit-sharing) 등이 고안되었다.

할증금을 포함한 성과급제도는 노동의욕을 자극하여 능률향상의 효과를 올릴 수 있는 방법이었으므로 기업은 그러한 제도를 적극 도입하였다. 그러나 그들 제도는 작업의 방법이나 속도에 대해서는 노동자에 일임하고 있었다. 실제로 기업이 경쟁이나 불황대책으로 임금 인하를 시도할 경우 강력한 노동조합에 소속되어 있는 노동자는 파업 등 집단행동으로 저항하거나 그렇지 않은 경우에는 노동규약 테두리 안에서 조직적 태업이라든가 작업거부 등의 작업규제수단으로 합법적으로 저항하였다. 따라서 '체계적 관리'도 기본적으로는 이전의 관리방식과 크게 다를 바 없는 '형편에 따른 관리'라는 성격을 벗어나지 못하였다. 이러한 관리체계에서 고용주는 노동자가 기분에 따라 충분한 작업량을 올리지 못한다고 보았고, 노동자는 고용주가 과도한 작업량을 요구하여 노동을 강화한다고 불평하였다. 노사 간의 불신 속에서 특히 1880년대 중반 이후 노동쟁의가 빈발하고 대규모 파업도 잦았다. 노사 간의 불신을 없애고 서로 납득할 수 있는 작업관리방식의 도입이 필요하였다.

2) 과학적 관리

이러한 문제의 해결책을 제시하는 데 큰 역할을 한 인물은 테일러(Frederick W. Taylor)였다. 그는 임금산정의 기초가 되는 능률에 대한 객관적·합리적 표준이 없다는 데 문제의 본질이 있다고 인식하고 노사가 이해할 수 있는 작업능률기준 제시의 필요성을 강조하였다. 1870년대 말에서 1880년대에 걸쳐 미드빌제강소(Midvale Steel Works)의 비숙련공, 직장을 거쳐 기계기사(mechanical engineer)로까지 올라간 테일러는 자신이 근무한 작업장에서의 경험으로 동료 노동자들이 고용주가 임금단가를 절하할 것을 두려워해서 작업량을 의도적으로 낮추려 한다는 것을 잘 알고 있었다. 그는 작업에서의 불신, 적대감은 능률에 대한 합리적·객관적 기준이 없기 때문으로 보고 그것을 구하기 위한 연구를 시작하였다. 그러기 위해서 그는 작업장에서 노동자가 자신의 작업을 수행하는 데 소요되는 시간을 스톱워치로 측정하였다. 그는 노동자가 능률적으로 작업할 수 있도록 작업의 재설계를 시도한 것이다.

테일러의 연구는 기본적으로 세 가지 방법으로 구성되어 있었다. 첫째, 노동자에게 매일의 작업량인 과업(task)을 준다는 것이다. 그 과업은 동작연구(motion study)와 시간연구(time study)에 의해서 우수한 노동자가 하루에 수행할 수 있는 것으로 판정된 작업량이며, 그것이 일반 노동자의 작업량으로 주어졌다.

둘째, 일반노동자로서는 수행하기 힘들 정도의 작업량을 수행할 수 있도록 하기 위하여 지시카드제(instruction card system), 기획부(planning department) 및 기능적 직장제(functional foremanship)를 도입한다는 것이었다. 지시카드제는 작업수행에 필요한 공구, 방법, 속도 및 수행시간을 상세히 기록한 지시카드를 정비하여 그것에 의거해서 작업함으로써 능률을 올리게 한다는 것이다. 기획부에서는 관리(정신)노동을 기획하고 그와 분리된 집행(육체)노동은 기획된 작업을 충실하게 수행할 것만 요구되었다. 기능적 직장제는 노동자로 하여금 한 사람의 직장만이 아니라 각각 특수 전문적 기능을 수행하는 직장을 통해서 매일의 지령과 원조를 받게 하는 제도다.

셋째, 노동의욕을 고취하고 '창의와 자극을 통한 관리'를 위해서 차별적 성과급제도를 도입한다는 것이다.

테일러의 방법에 의해서 객관적으로 결정된 작업원리가 '형편에 따른 관리'를 대체함으로써 작업기준의 우연적 요소는 사라지고 관리는 '과학적'이 될 수 있었다. 그러나 '과학적 관리'는 바로 보급되지는 못하였다. 이 방식을 전면적으로 도입한 기업은 거의 없었으며 제강소라든가 제철가공업에서 부분적으로 채용된 정도였다. 기계화가 진전되면서 인간의 능력을 극한까지 끌어올리려 한 '과학적 관리'법은 다른 한편에서는 가속도에 따른 노동의 강화, 인간성 상실, 노동소외의 문제를 수반하였다. 따라서 이에 대해 노동조합은 반대하였다.

'과학적 관리' 방식은 19세기 말엽의 능률증진운동에서 중요한 역할을 하였으며 1900년 초까지는 미국만이 아니라 세계적으로도 알려졌다. 포드는 1913년에 개업한 자동차공장에서 '과학적 관리'법을 철저하게 활용하여 포드시스템(Ford system)을 창출하였다. 특히 제1차 세계대전기에 생산증대의 필요성이 커지면서 많은 경영자들이 과학적 관리법을 도입하기 시작하였다.

그 속에서 '과학적 관리법'은 20세기 초에 미국의 일부 대기업에서 도입되기 시작하여 철도, 기계공업, 병기제조업, 조선업 등으로 보급되었다. 노동자들도 생산성 향상에 따른 실질임금의 상승경향으로 '과학적 관리'의 장점을 알게 되었다. 작업방법의 개량으로 노동자는 재료흐름의 속도와 같은 정도까지 동작하지 않고 보다 느린 동작으로 좀 더 안전하게 작업할 수 있을 것으로 기대하였다. 이에 노동조합도 정책을 전환하여 이 관리법의 도입을 수용하였다.

2. 경영관리조직의 개발

1) 조직개발의 필요성

'체계적 관리' 내지 '과학적 관리'는 노동능률을 최대한 증대하기 위한 공장 차원에서의 작업관리방식으로 전개된 것이지만, 그와 함께 거대화한 기업은 경영을 전체적으로 합리화·효율화하기 위해서 적합한 관리조직을 도입하지 않으면 안 되었다. '조직은 전략에 따른다'[25]는 챈들러의 명제와 같이 내부성장이나 합병전략으로 거대화한 기업에게는 그에 상응한 새로운 관리조직의 개발이 필수적으로 요구되었다.

자본집약적 기술의 이용과 수직통합전략으로 대량생산과 대량유통을 결합한 기업은 복수기능 간의 재화의 흐름을 원활하게 하고 각 기능부문의 업무조정으로 효율성을 높이기 위하여 통일적 시스템으로 관리될 필요가 있었다. 기업의 성장에서 수직통합전략에 못지않게 중요한 것은 기능이 많아지고 업무가 복잡해진 대기업을 효율적으로 관리할 수 있는 조직을 개발한다는 것이었다. 거대화한 기업의 성장에는 생산, 판매 및 관리 부문 등에 대한 투자가 요구되었다.

거대 통합기업은 형성 초기에는 방대한 생산시설과 판매조직이 있으면서도 그것을 효율적으로 관리할 수는 없었다. 공장이라든가 영업소 등의 시설은 분산되어 있었으며 그것을 관리할 통일적 기구는 없었다. 특히 트러스트 내지 지주회사 형태로 수평적으로 결합한 대규모 통합기업의 경우 생산과 판매 시설은 광범하게 분산되어 있었으며 구성기업들의 관리자주성도 상당 정도 있었다.

이러한 상태에서 수평적 통합기업은 가격과 생산을 조정하여 시장지배를 할 수는 있었으나 기업 전체의 효율성과 경쟁력을 높일 수는 없었다. 고도의 경쟁적 시장에서 이들 기업이 높은 경쟁력을 유지하기 위해서는 구성기업들이 본래 가지고 있던 각지에 분산되어 있는 공장과 영업소를 전사적 관점에서 폐쇄하거나 정비통합하고 새로운 시장조건의 이점을 살릴 수 있도록 입지적으로 재편성하고 합리화하지 않으면 안 되었다.

통합기업은 분산된 시설의 물리적 재편성과 함께 모든 현업단위를 거치는 재화의 총량을 증대하고 처리속도를 높일 수 있도록 효율적으로 조정·관리하고 앞으로의 시장과 기술의 변화를 예견한 계획을 수립할 필요가 있었다. 챈들러가 강조한 바와 같이 기업 간 경쟁은 궁극적으로는 각 기업이 가지고 있는 관리자 및 조직 간의 경쟁이었으며, 기업의 성공 여부는 오로지 기업이 가진 계층제 관리조직의 능력에 달려 있었다.[26] 이러한 필요에서 새로운 관리조직으로 보급된 것은 집권적 기능부제조직(centralized, functionally departmentalized structure, U-form)이었다.

2) 기업가기업에서의 집권적 계층제도

집권적 계층제조직의 도입은 내부적 성장경로를 거치거나 합병경로를 거친 기업 모두에서 추진되었다. 양자 모두 단일 운영체제의 도입이 필요하였기 때문이다. 그러나 그 도입과정과 도입된 관리조직의 성격은 기업의 법적 형태, 소유구조, 지배 형태에 따라 일정한 차이가 있었다.

일반적으로 보면 내부적 성장경로로 형성된 대기업은 비교적 소수의 창업자와 파트너 및 그 가족이 소유에 기초하여 최고관리업무를 집권적으로 수행하였으며, 그 밑에 광범하게 형성된 중간관리인층이 현업과 각 기능부문을 관리하였다. 그 경우 집권적 계층제도는 기존의 최고관리인층이 확대되는 중간관리인층을 통일적 관리조직으로 편입함으로써 확립되었다. 그에 비해서 합병경로로 형성된 대기업에서는 반드시 소유에 근거한 것은 아닌 고용된 봉급관리인층이 하급 및 중간 관리인층만이 아니라 최고관리인층에까지 확대됨으로써 집권적 계층제도가 형성되었다. 챈들러는 전자를 기업가기업(entrepreneurial enterprise), 후자를 경영자기업(managerial enterprise)으로 구별하였다.[27]

내부적 성장으로 거대화한 통합기업은 분산·중복된 생산 및 유통 시설을 통폐합·재편성하고 관리의 집중화를 추진하였다. 그 경우 전략적 의사결정과 인력, 자금, 정보 등 기업자원의 배분에 관한 권한은 소유경영자 자신이 장악하였다. 이들 기업은 수직통합에 필요한 자금을 기업의 내부축적자금으로 충당하였다. 이들 기업은 대량생산과 대량판매를 결합함으로써 고이윤을 올리고 있었으므로 내부축적기반이 강하였다.

물론 이들 기업도 주식회사라는 법적 형태를 취하고 있었으나 주식은 공개되지 않고 창업주와 파트너 및 그들의 가족에 의해서 폐쇄적으로 소유되고 있었다. 앞에서 본 아머, 매코믹, 싱어, 스위프트 등 내부적으로 성장한 대부분의 대기업은 폐쇄적으로 소유된 법인기업이었다. 그 전형적인 예로는 카네기 철강회사를 들 수 있다. 이 회사의 주주는 각각 1%에서 58.5%에 이르는 주식을 소유한 25명에 불과하였다. 그들 주주는 필요하면 엄격한 협정에 의해서 소유주식을 액면가로 동일 회사 내부자에게만 매도할 수 있었다.

이러한 협정은 기업지배권을 내부자에게 확보해주는 것이었지만 한편에서 기업의 자본동원력을 제약하는 것이었다. 따라서 기업은 필요자금의 조달을 소수그룹의 주주와 유보이윤 및 은행융자에 의존하였다. 기업의 유보이윤은 컸다. 카네기사의 경우 유보이윤으로 자본규모가 1873~1900년에 70만 달러에서 4억 달러로 증대하였다. 자금조달을 공개증권시장이나 투자은행에 의존할 필요가 없는 기업은 통합 후에도 본래의 소유자에 의해서 소유·지배되었다.

오너가 지배하는 기업에서는 두말할 것도 없이 소유경영자가 최고의 사결정권을 가지고 경영 전반을 관리하였다. 그 경우 상급관리인을 고용하거나 별도로 최고관리시스템을 개발할 필요는 크지 않았다. 그 대신 우선 필요한 것은 복수기능화한 통합기업을 기능부문에 따라 현업단위에서 관리하는 중간관리인이었다. 기업가기업에서는 소유경영자의 최고관리기능은 새로이 광범하게 형성된 중간관리계층의 활동에 의존하여 수행되었다.

수직적 통합을 한 기업가기업은 분산된 시설과 기능을 통합·재편성하여 제조, 판매, 구매, 수송, 회계(경리), 법률 등 기능부문을 설치하였다. 제조부문은 기존의 공장들을 통폐합하고 일부 공장을 확장하여 새로운 생산체제를 구축하고 판매부문도 기존의 국내 및 해외의 판매조직을 재편성하여 단일관리체제를 만들었다. 구매부문은 구매업무를 단일화하고 수송부문도 전사적인 물자수송체계를 정비하였다. 회계(경리)부문은 규모는 크지 않았으나 제품공급의 흐름을 조정, 통제하는 데 중요한 원가 및 기타 통계수치의 통제, 관리와 판매 및 제조단위의 회계감사를 하였다.

기능부문은 본사에 의해서 관리되었다. 본사에는 각 기능부문의 책임자가 참모인 스태프(staff)의 보좌를 받으면서 담당 기능부문의 활동을 감독, 평가, 조정하고 타 부문과의 업무를 조정하였다. 경험 많은 전문가로 구성된 이들 부문 책임자가 중간관리자계층으로서 통합기업의 중핵을 이루었다.

기업가기업의 최고관리인은 전문경영자가 아니라 소유에 기초를 둔 경영자였으며 그 수는 소수였다. 그들은 정보를 수집하고 조언을 얻을 스태프도 거의 없었다. 그들은 각 부문의 중간관리인의 보고서나 통계자료를 검토하는 데에 쫓겨 객관적 평가나 장기계획에 종사할 시간과 의지가 없었으며 종업원의 관리도 객관적 분석에 따르기보다도 개인의 기분에 의해서 행하는 경우가 많았다. 이러한 한계를 극복하여 근대적 최고관리체제를 개발하고 집권적 계층조직을 확립한 것은 경영자기업이었다.

3) 경영자기업에서의 집권적 계층제조직의 확립

합병기업의 경우 새로운 조직개발의 필요성은 더욱 컸다. 다수기업의 합병체인 만큼 기업의 관리대상시설은 더욱 크고 산재해 있었으며 인력도 많고 업무도 복잡하였다. 이들 기업에서는 설비의 재편성, 합리화와 관리의 집권화가 시급하였다.

이러한 필요에 대한 대응은 예를 들어 스탠더드석유트러스트의 경우 설립(1882) 초기부터 나타났다. 이 트러스트는 정유시설을 재편성하여 3대 정유공장체제로 전환하고 제조, 판매, 수출, 원유, 용기제조, 수송 등 기능부문별로 현업 자회사를 설립·관리하였다. 이들 현업 자회사의 활동을 감독·조정한 것은 각 기능부문에 설치된 위원회였다. 각 기능담당 상급

관리인과 트러스트 임원 및 몇몇 주요 자회사의 장으로 구성된 위원회는 트러스트 본사에 있는 전문 스태프의 조언과 지원을 얻어 업무를 수행하였다. 본사에는 판매, 품질관리, 감사, 법률 등 11개 스태프 부문이 있어 현업 자회사, 위원회 및 최고관리인들에게 필요한 정보를 제공하고 조언을 하였다. 기능부문별 관리의 상위에서의 조직 전체에 대한 관리는 9명의 수탁자로 구성된 경영위원회가 수행하였다. 수탁자집단은 현업단위의 업적을 평가하고 상급관리인을 선임하고 장기계획과 자원배분을 결정하였다.

그러나 수탁인들은 경영위원회의 구성원이면서 동시에 기능별위원회의 구성원이기도 하며 일상적 운영업무와 외부의 업무에도 참여하게 됨으로써 본래의 최고관리인으로서의 기능을 개발하고 수행하지 못하였다. 더구나 트러스트의 해체(1893), 지주회사의 형성(1899) 등의 법적 형태의 변화 속에서 스탠더드석유회사는 '기능적 지주회사' 형태의 관리조직을 창출하였으나 고도로 집권화한 전사적 관리조직을 개발하지는 못하였다. 이 회사가 체계적·합리적 조직구조를 확립한 것은 1920년대 중반에 이르러서였다.[28]

합병기업으로서 집권적 관리조직을 개발한 선구적 기업은 GE사(General Electric Co.)였다. GE는 앞선 통합으로 이미 대기업이 된 에디슨사(Edison General Electric Co.)와 톰슨휴스턴사(Thomson-Houston Electric Co.)와의 합병(1892)으로 설립된 대기업이었다. GE의 설립에 필요한 자금은 모건을 비롯한 월가의 금융업자들에 의해서 조달되었다. 따라서 GE의 지배권은 이들 금융업자가 장악하였다. 이 회사의 이사회는 모건과 그의 파트너들이 지배하였으며 사장인 코핀(Charles A. Coffin)도 모건의 지원으로 취임하였다.

GE는 코핀의 주도하에 구성 2사의 조직을 집권적 단일조직으로 통합하였다. GE의 조직구조는 철도회사의 그것을 모델로 하여 개발되었다. 코핀은 20개에 이르는 자회사 대부분을 청산하고 제조, 판매, 공무 등 기능부문을 설치하여 각각 담당 부사장으로 하여금 관리토록 하였다. 각 기능부문에는 위원회가 설치되어 상·하급관리인 간의 의사전달 기능을 수행하였다.

GE의 최고관리인층은 사장과 주요 기능부문 담당 부사장들로 구성되었다. 그들의 업무수행을 지원할 다수의 스태프가 있었다. 최고정책결정기관은 이사회 내에 설치된 경영위원회였다. 그 구성원은 대부분이 외부의 금융업자들이었으며 유급전문경영자는 사장인 코핀과 판매담당 부사장인 그리핀(Jujin Griffin)뿐이었다. 그러나 정책결정에 필요한 정보는 모두 내부의 관리인에 의해서 지배되었고, 외부의 위원들도 간여하지 않았기 때문에 경영위원회는 실제로는 정책결정기관이라기보다 정책승인기관이었다. 따라서 실질적인 정책결정자는 외부에서 파견된 이사가 아니라 내부의 전문 봉급관리인이었다. GE의 상급관리인은 중간관리인의 권한, 책임, 상호간의 의사소통경로를 명확히 하였다. GE는 자체 개발한 최고관리와 기업가기업에서 발전한 중간관리방법을 결합함으로써 완성된 형태의 집권적 관리조직을 창출한 것이다.[29]

집권적 관리조직은 듀퐁사(Du Pont de Nemours, E.I. & Company)에 의해서 더욱 진화하였다. 듀퐁사는 1802년에 가족기업으로 설립된 화약제조회사로 19세기를 통해서 성장해왔다. 이 회사가 새로운 발전을 시작한 것은 1902년에 듀퐁가 세 종형제(I. Alfred, T. Coleman, S. Piere)가 회사를 인수하면서였다. 그들은 모두 MIT 출신의 젊은 공학도들이었다. 인수 당시의 듀퐁사는 주주 6명의 소규모 가족기업이었으나 화약공업협회와 지주회사(holding company)의 두 개의 수평적 기업연합으로 화약산업을 지배하고 있었다. 세 종형제는 듀퐁사를 인수하면서 1903년에 두 개의 기업연합구성기업을 합병하여 단일기업화하고 새로운 합병기업의 관리조직으로 집권적 기능부제조직을 도입하였다.

듀퐁사의 기능부는 구성기업의 공장들을 재편성한 3개의 현업부문과 판매, 구매, R&D, 재무, 수송 등의 부문으로 구성되고 각 부문에는 부사장, 스태프 및 위원회가 있었다. 예를 들어 현업부문에는 각각 공무, 연구, 통제, 이사, 회계 등의 스태프가 있고, 재무부문에는 재무, 회계, 감사 등의 담당이 있었으며 원가계산, 자본회계, 재무회계가 효과적으로 이용되었다. 이 회사의 최고관리조직으로는 이사회와 경영위원회가 있었다. 이 회사의 합병자금은 내부에서 조달되었기 때문에 이사회는 외부인의 참여 없이 삼형제를 비롯한 내부관계인만으로 구성되었다. 경영위원회는 사장(Coleman)을 비롯한 3개 부문의 현업, 판매, R&D, 재무담당 부사장으로 구성되었다. 이에 전형적인 집권적 기능부제 관리조직이 확립되었다.

GE를 거쳐 듀퐁사에 이르러 완성된 집권적 기능부제 관리조직은 〈그림 5-1〉과 같은 구조였다. 이 조직도에서는 최고관리인-중간관리인-하급관리인이라는 계층적 관리체계와 그에 대응한 중앙본사-각 기능부문-현업단위라는 기능별 관리체계가 확립되어 있다. 즉 중앙본사에서 현업부문에 이르는 직계의 라인(line)에 따라 책임과 권한의 흐름을 나타내는 최고, 중간 및 하위 관리계층과 최고관리계층의 평가, 조정 및 기획 등 기능의 보좌부문을 담당 참모인 스태프가 조직의 중심에 배치되고 있다. 라인과 스태프 중심의 조직구조는 선구적으로는 철도기업에서 도입한 것이었다.

사장, 이사회 의장, 기능부문의 부사장들로 구성된 최고관리자들은 보통 경영위원회의 멤버로서 법률, 홍보, 부동산, 인사, 엔지니어링 등 부문의 스태프의 보좌를 받았다. 중심적 조직인 경영위원회의 기능은 기능부와 전 기업의 업무를 평가, 조정, 기획하는 일이었다. 평가는 재무부문에서 개발한 회계절차와 통계에 의해서 일상적 업무로 되었다. 그 속에서 원가계산, 재무회계, 자본회계법이 개발되고 이용되었다. 조정은 부문 간 협조방법에 의해서 체계화되었다. 경영위원회는 장기계획과 자원배분을 위해서 수요와 기술변화에 관한 장기예측을 할 필요가 있었다. 경영위원회가 평가와 계획에 이용한 기준은 투자이익률(rate of

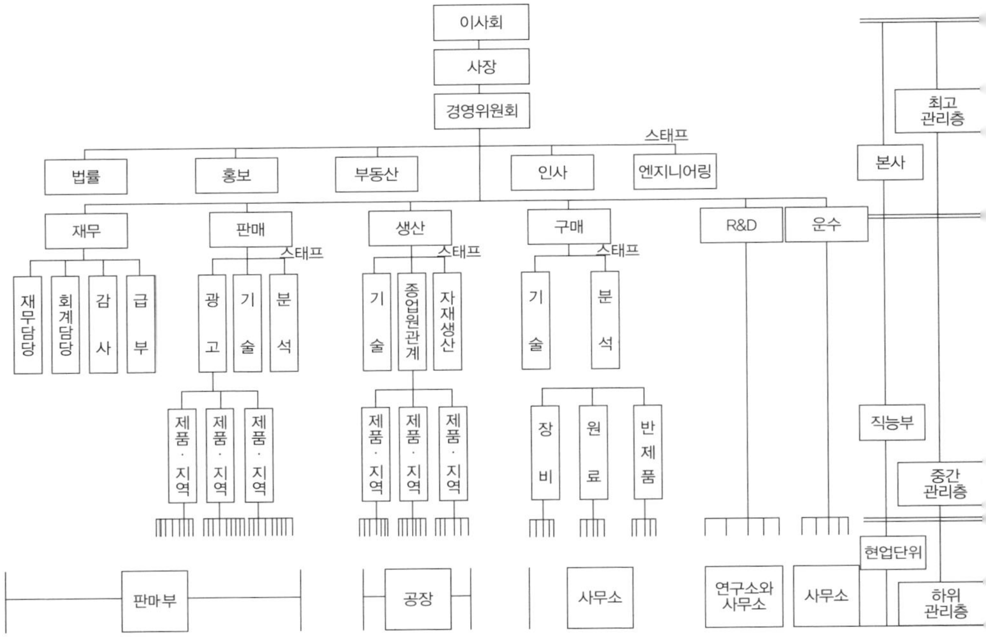

자료: A.D. Chandler, Jr., 1990: 16.

그림 5-1 기능부제조직도

return on investment)이었다. 이러한 관리절차에 의해서 관리인들은 현재의 생산과 유통을 조정·감시하고 장래의 활동을 위한 경영자원 배분 등의 기본기능을 효과적으로 수행할 수 있게 되었다.[30]

4) 소유와 경영의 분리와 전문경영자의 대두

상급관리인과 스태프로 구성된 대규모 중앙본사의 전개에 따라 소유와 경영의 분리가 진전되었다. 앞에서 본 스탠더드석유회사와 GE는 적어도 1917년까지는 경영자기업이 되었다. 듀퐁사는 1960년대에 이르러 비로소 소유와 경영이 완전히 분리되었지만, 당시에도 세 종형제는 소유인이라기보다 MIT 출신의 전문인이며 관리자적 능력을 갖춘 경험자로서 최고관리인의 직무를 담당하였다. 주식이 오너가족이나 금융기관에 의해서 대량으로 소유되던 초기의 경영자기업에서는 그들이 이사회의 중심멤버였으나 실제의 권력행사에는 소극적이었다. 권력은 사실상 주식을 소유하지 않은 전문경영자가 행사하고 있었다.

이러한 경향은 주식소유가 광범하게 분산됨에 따라 더욱 커졌다. 예를 들어 US스틸사의 주주는 설립 당시(1901)에 이미 5만 4,000명이었으나, 그 후 계속 증가하여 1910년에는 9만 5,000명, 1920년에는 17만 6,000명, 그리고 1930년에는 18만 3,000명이었다. 스탠더드오일사도 주주는 1901~29년에 3,800명에서 10만 4,000명으로 증가하였다. 주식분산에 따라 기업의 지배구조도 변화하였다. 합병·매수된 기업의 오너는 대다수가 경영에서 물러나 단순한 주식소유자로 되었다. 이러한 경향은 시간의 경과와 함께 점차 확대되었다. 그만큼 오너경영자의 입지는 좁아지고 그에 대신하여 전문경영자가 대두하였다. 내부적으로 성장한 대규모 통합기업에서도 기업기회가 확대되고 경영자기업과 경쟁하는 속에서 본사조직이 확대되었으며 오너가족이라 하더라도 관리능력이 인정될 때만 최고관리인이 될 수 있었다. 이렇게 해서 관리계층과 기능부제에 의해서 효율적인 관리·조정이 이루어지는 거대 산업기업은 경영자기업이 되었다.[31]

5) 전문교육

초기의 전문경영자는 많은 경우 기업의 계층조직 속에서 경영능력을 쌓으면서 내부적으로 승진한 사람들이었다. 그러나 후기로 가면서 전문경영자는 대학이나 경영대학원 출신자의 젊은 세대가 사내의 승진계단을 거치면서 최고경영자층으로 상승하는 공식적 경로가 점차 형성되었다. 9,000명의 실업계 지도자를 대상으로 1932년에 실시된 조사에 의하면

대졸자 32%, 대학수업 수강자 45%, 그리고 대학에서 정규 경영 교육을 받은 사람은 7.3%였다. 비즈니스 리더의 50% 이상은 기업경영이나 전문직 가계 출신자였고 하층에서의 상승은 예외적이었다. 그 대다수는 중류 이상 계층 출신자였다.

경영전문 교육기관인 경영대학원은 1881년에 설립된 펜실베이니아 대학교의 와튼스쿨(Warton School)을 효시로 1890년대와 1900년대에 여러 대학교에서 설립되었다. 하버드 경영대학원(Harvard Business School)은 1908년에 설립되었다. 경영교육은 1920년대에 급속하게 보급되었다. 1928년까지 89개 대학교의 경영학 과정을 이수한 학생은 6만 7,000명이나 되었다. 경영전문교육은 대공황기의 정체를 거쳐 1940년까지 110개 경영대학원에서 10만 명 이상의 학생을 수용할 만큼 발전하였다.[32]

경영교육에 앞서 공학기술 및 기계학 교육은 1860년대부터 전개되었다. 1862년의 모릴법(Morill Act)에 따라 연방정부는 농업 및 기계기술 교육을 위하여 대학에 보조금을 제공하였다. 그러한 가운데 농과 및 공과대학이 뒤이어 설립되었다. 1864년에는 미국과학아카데미(National Academy of Sciences)가 설립되고 다음해에는 MIT(Massachusetts Institute of Technology)가 교육을 시작하였다. 19세기 말까지 고등기술교육기관 수는 147개 교에 달하였다. 학생 수도 크게 증가하였다. 산학협동을 통해서 기술은 개인보다도 집단적 기반에서 조직적·이론적·체계적으로 개발되었다.[33] 그러한 기반 위에서 기술진보는 촉진되었다.

6장

미국 대기업의 발전

1절 경영환경

1. 제1차 세계대전 전후기의 경제성장

미국기업은 제1차 세계대전기와 뒤이은 1920년대에 급속하게 성장하였다. 이 시기에 앞서 미국경제는 공업화의 진전과 함께 장기간에 걸쳐서 높은 성장을 해왔다. 1870~1913년 미국의 GDP 성장률은 연평균 3.9%로 영국(1.9%)과 서유럽(2.1%)보다 약 2배나 높았다. 같은 기간에 미국의 연평균인구증가율은 2.1%로 영국(0.9%)과 서유럽(0.8%)보다 2배 이상이 높았으며 1인당 GDP 성장률도 2.1%로 영국과 서유럽(1.3%)보다 훨씬 높았다. 그만큼 미국시장은 크게 확대된 것이다. 상품수출의 연평균증가율은 4.9%나 되었다. 국내시장의 중요성이 압도적으로 큰 미국의 경우 수출증가의 수요증가기여도는 큰 것은 아니었으나 미국경제의 국제적 지위는 그만큼 높아졌다. 선행한 장기의 높은 성장기조가 제1차 세계대전기(1914~18)와 1920년대에 촉진되면서 미국경제는 '영원한 번영'기를 맞이하게 되었다.

미국경제의 규모는 제1차 세계대전기에 확대되었다. GDP 규모는 1913~19년에 18%나 확대되었다. 전쟁으로 생산기반이 파괴된 서유럽 제국은 군수물자의 공급을 미국에 의존하지 않을 수 없었다. 전쟁을 계기로 한 국내외의 수요 확대로 미국의 농업, 광업 및 공업 생산은 크게 확대되었다. 미국농업은 면화, 밀, 양모, 피혁, 목재 등에 대한 서유럽의 수요증대로 번영하였다. 면화가격은 1915~20년에 4배 이상, 밀 가격은 1913~20년에 3배 가까이 상승하였다. 그에 따라 농산물생산은 확대되었다. 광업생산도 확대되어 1914~17년에 철광석 82%, 구리 64%, 아연 70%, 석탄 31%, 석유 26%의 증가를 나타내었다. 공업생산도 전반적으로 확대되고 그 속에서 일부 공업은 급속하게 성장하였다.

특히 화학공업은 '전쟁이 낳은 아이(war babies)'라고 불릴 만큼 급성장하였다. 예를 들어 화학부문의 듀퐁사의 경우 1914~18년에 종업원 수가 5,300명에서 8만 5,000명 이상으로, 지출자본총액은 8,300만 달러(1915)에서 3억 900만 달러로 증가하고, 이윤도 그 후의 확장에 필요한 자금을 충분히 공급할 수 있을 만큼 컸다.[1] 신공업제품인 자동차 생산대수는 1913년 18만 300대에서 1917년에는 80만 3,000대로, 그리고 자동차 등록대수는 1913~20년 130만 대에서 1,230만 대로 각각 증가하였다. 1900년대 초에 제작되기 시작한 항공기도 제1차 세계대전 시에는 군용기로 대량 생산되었다. 철강생산은 1913년에는 약 3,200만 톤으로 유럽(약 4,200만 톤)에 미치지 못하였으나 1920년에는 약 4,300만 톤으로 유럽(약 2,700만 톤)을 훨씬 웃돌았다.

제1차 세계대전을 거치면서 미국경제의 국제적 지위는 상승하였다. 1913~18년에 세계 공업생산에서 미국의 점유율은 32%에서 40%로 상승하여 서유럽제국의 그것을 상회하게 되었다. GDP 규모에서도 같은 기간에 미국의 점유율은 세계 전체의 19%에서 25%로 높아진 반면 서유럽제국은 40%에서 19%로 떨어졌다. 전쟁으로 국내의 생산기반이 파괴된 서유럽제국은 미국에서 대량의 군수물자를 구입하였고 수입자금을 조달하기 위하여 자국의 대외자산을 매각하고 대미차관을 증대하지 않으면 안 되었다. 미국의 수출은 급증하고 무역수지흑자는 누적되었다. 그 속에서 서유럽제국은 거액의 전시채무를 진 데 비해 미국은 채무국에서 채권국으로 결정적인 전환을 하였다. 그 결과 미국은 영국을 제치고 세계경제의 중심이 되었다.

2. 1920년대의 경제적 번영

1) 공업 성장

전후 미국경제는 전시수요의 소멸에 따른 단기의 불황(1920~21)을 겪은 후 1929년에 이르기까지 두드러진 성장을 하였다. 경제회복과정에서 도입된 새로운 기계와 대량생산체제의 발전, 경영의 과학화로 노동생산성 내지 생산효율은 크게 향상되었다. 이 시기는 기술진보도 두드러졌다. 19세기 말에 개발된 기술은 계속 개량되면서 진보하였다. 특히 대기업의 적극적인 R&D 활동이 뒷받침되어 가공처리 및 상품회전의 속도와 양이 증가함으로써 생산성이 크게 향상되었을 뿐만 아니라 다양한 신제품이 개발됨으로써 산업화의 범위가 확대되었다. 이러한 배경에서 공업생산은 1921~29년에 1.9배나 증가하였다.

이 시기의 주도적 성장산업은 자동차공업이었다. 헨리 포드(Henry Ford)의 단일모델 T형자동차 생산에 이동식조립생산라인(assembly line)이 성공적으로 도입되어 대량생산이 가능해지면서 가격이 하락하고 자동차의 대중화가 실현되었다. 한편 GM(General Motors)은 모델의 다양화로 시장에 대응하였다. 미국의 자동차 등록대수는 1915년에 이미 230만 대에 이르렀으나 1929년까지 2,300만 대로 증가하고 자동차보유 가구비율은 5가구 중 3가구나 되었다.

자동차공업의 성장은 철강, 고무, 판유리, 공작기계, 석유 및 관련화학제품, 건설 등을 비롯한 광범한 관련산업의 성장을 자극하였다. 이 시기에 철강 수요에서는 자동차용이 철도용을 웃돌게 되었고 제품도 철도용 레일과 강판 생산이 크게 감소한 반면 박판압연강판 생산이 증가하였다. 그 속에서 새롭게 연속압연기가 개발되어 생산성도 크게 향상되었다. 가솔린 수요의 증대로 석유산업은 잇따라 새로운 유전을 개발하면서 생산을 급증시켰다. 국내 석유생산량은 1929년에는 1914년의 3.8배 규모인 10억 배럴에 달하였다. 석유산업의 발전에 따라 석유부산물을 이용하여 다양한 제품을 생산하는 석유화학공업이 발전하였다. 또한 자동차의 보급은 주거공간을 도시교외지역으로 확대시켰다. 그에 따라 주택건축, 도로망 개선, 고속도로 건설 붐이 나타났다. 1925년의 건설비 총액은 60억 달러에 달하였다.

전기공업도 괄목할 만한 발전을 하였다. 이 부문에서도 신기술의 발전으로 발전 및 송전효율은 증대하고 전기의 저렴한 공급기반이 마련되었다. 그 결과 동력원으로서 전기의 중요성이 증대하여 발전량은 1920년대 거의 2배나 증가하였다. 공업에서는 부피가 크고 진동이 심한 증기기관 대신에 생산규모에 따라 크기와 위치를 신축적으로 조절할 수 있는 편리한 전기모터가 널리 보급되었다. 그 결과 1920년대 초에 30% 정도이던 전기모터 보급률은 1920년대 말에는 70%에 달하였다.

발전부문에서의 성장으로 전기기구의 생산 및 소비도 확대되었다. 1922년 최초의 방송국이 출현한 후 1930년에 라디오 생산은 400만 대에 달하고 미국 가구의 3분의 1에 해당하는 1,200만 가구가 라디오를 보유하게 되었다. 그에 더하여 전기공업은 전기청소기, 전기스토브, 냉장고 등 다양한 가정용 전기제품을 생산하였다. 1930년의 전기냉장고 생산량은 1921년보다 50배나 증가하여 1백만 대에 달하였다.

이 시기에는 식품가공업을 비롯하여 재래의 소비재산업도 발전하였다. 그러나 급성장한 산업은 자동차, 전기, 화학 등을 비롯한 신공업이었다. 재래산업인 석탄, 면, 조선, 피혁 등 공업은 정체하거나 쇠퇴하였다. 〈표 6-1〉은 주요 공업의 생산액 순위 변화를 나타낸 것이다. 1860년에 최상위권에 있던 제분, 면제품, 제재(製材) 등은 후년으로 갈수록 순위가 떨어져 1929년에는 최하위권으로 떨어진 데 비해 처음에는 표에

표 6-1 주요 공업의 생산액 순위 (단위: 100만 달러)

순위	1860		1914		1929	
	공업	생산액	공업	생산액	공업	생산액
1	제분업	249	육통조림	1,652	자동차	3,723
2	면제품	116	철강제품	919	육통조림	3,435
3	제재	105	밀가루제품	878	철강제품	3,366
4	신발제조	92	주철, 기계	867	주철, 기계	2,792
5	주철, 기계	89	목재제품	715	석유정제	2,640
6	의류	88	면제품	677	전기기계	2,301
7	피혁	76	차량	510	인쇄, 출판	1,738
8	양모제품	67	자동차	503	여성의류	1,710
9	음료	57	신발제조	502	차체, 부품	1,538
10	증기기관	47	인쇄, 출판	496	빵제품	1,526
11	선철	37	빵제품	492	면제품	1,524
12	철가공품	37	여성의류	458	목재제품	1,274
13	식료품	32	남성의류	458	차량	1,184
14	인쇄	31	동 제련	444	담배	1,066
15	차량	27	음료	442	밀가루제품	1,060

자료: H.U. Faulkner, 1960: 395.

나타나지 않던 신공업이 후에 상위권에 나타나고 있음을 알 수 있다.

농업은 1920년에 이르기까지 착실하게 발전하였다. 특히 전시의 농업발전은 괄목할 만한 것이었다. 그러나 1920년대 들어 농업은 결정적으로 쇠퇴하기 시작하였다. 전쟁으로 생산기반이 파괴되었던 서유럽제국의 농업생산이 회복되고 농산물수입에 대한 관세장벽을 높임에 따라 미국 농산물수출시장은 축소되었다. 국내적으로도 이민제한조치에 따른 인구성장의 둔화라든가 기호변화 등으로 국내수요도 감소하였다. 그 속에서 농업은 사양화되어 1925년경에는 약 3,000만 에이커의 경지가 버려지고 농업인구도 처음으로 감소하였다.

2) 시장의 확대와 구조 변화

산업에 따라 일부에서 정체가 있으면서도 1920년대 미국경제는 크게 성장하였다. 공업생산은 1929년에는 1921년의 1.9배, 일인당 국민소득은 1.4배 증가하였다. 그 속에서 미국의 시장기반은 더욱 확대되었다. 무엇보다도 인구와 소득의 지속적 증가로 국민의 유효수요는 크게 확대되었다. 수출도 지속적으로 증가하였다. 철도와 통신수단, 그리고 도로교통수단의 발달로 지역적 특화가 진전되는 한편 전국적 공통시장화는 심화되었다.

시장의 확대와 함께 시장구조도 변화하였다. 공업화와 도시화가 진전되고 농업의 지위가 하락하는 가운데 총인구에서 도시인구가 차지하는 비율은 농촌인구비율을 웃돌게 되었다. 도시중산층이 성장하고 새로운 도시적 생활양식이 확대되면서 소비패턴은 재래의 가구 및 가정비품 중심에서 자동차와 세탁기, 냉장고, 라디오를 중심으로 한 전기제품 등 신제품 중심으로 크게 변화하였다. 소비자는 소득의 더욱 많은 부분을 내구소비재에 지출하게 되었다.

이러한 경향은 소비자금융에 의해서 촉진되었다. 소비자는 고가격의 내구소비재를 할부로 구입할 수 있게 된 것이다. 자동차구입 자금을 지원하기 위하여 1919년에는 GM 판매금융회사가 설립되고 10년 후에는 포드도 같은 회사를 설립하였다. 미국에서는 이러한 분할지불방식이 1929년까지 재봉기와 세탁기 구입의 90%, 라디오·냉장고·청소기 총매출의 80%, 자동차 매출의 60%를 차지하게 되었다.[2] 소비자금융은 제2차 세계대전 이후 더욱 확대되었다.

시장은 생산자지향에서 소비자지향으로 변화하였다. 기업은 R&D 투자를 확대하면서 신제품의 개발과 대량생산 및 대량판매 전략으로 새로운 시장기회에 적극적으로 대응하였다. 대형유통조직의 성장, 각종 매체를 통한 전국적 광고와 마케팅 활동의 추진, 소비자신용의 확대 등으로 대중소비시장은 적극 개발되면서 확대되었다. 그 속에서 서비스산업의 지위는 높아졌다. 로스토(W. Rostow)의 표현처럼 '고도 대중소비시대'가 열리면서 미국은 생산자지배의 사회에서 소비자지향 사회로 크게 변화하기 시작하였다. 이러한 변화는 제2차 세계대전 후 더욱 촉진되었다.

3. 대공황과 미국경제

'새로운 시대'라 불릴 만큼 번영을 누리던 미국경제는 1929년 10월에 발생한 뉴욕증권시장의 붕괴로 대공황(Great Depression)으로 급변하였다. 그것은 1920년대 후반기의 과열투자의 반동으로 주가가 폭락함으로써 나타난 현상이었다.

1920년대의 번영 속에서 기업에 대한 신뢰도와 주식투자의 매력은 높아지고 있었다. 전시공채라든가 지주회사제도 등도 주식에 대한 사람들의 관심을 높였다. 소득증가로 축적된 유휴자금은 1920년대 후반기의 호황 속에서 주식으로 투자되었다. 매년 8억 달러씩 쏟아져나온 연방정부의 전채(戰債)상환금도 새로운 투자대상을 찾는 부동자금이 되어 주식시장으로 몰려들었다. 주식수요가 급증하는 속에서 주가도 덩달아 오르고 그것이 다시 주식수요를 부추기면서 투기적으로 되었다. 폭발적으로 증가하는 주식수요에 편승하여 기업은 앞다투어 신증권을 발행하고 구증권을 분할 판매하였다. 그 결과 뉴욕증시에 상장된 주식 수는 1925~29년에 4억 4,000만 주에서 10억 주로 증가하고 주가는 2.5배 이상 상승하였다.

그러나 투기열은 영속될 수는 없었다. 기업은 투자 붐으로 막대한 축적을 하였으나 새로운 투자기회는 축소되고 있었다. 연방정부는 투기과열을 진정시킬 필요로 신용제한정책을 도입하였다. 1927년 3.5%이던 할인율은 계속 인상되어 1929년에는 6%까지 상승하였다. 그에 따라 시장이자율도 상승하였다. 그러나 할인율인상정책을 가지고 유입되는 투자자금을 억제할 수는 없었고 오히려 국내의 경기하강을 부채질하고 해외자금의 환류효과만 낳았다. 결국 투기 붐은 단 하루 사이에 1,600만 주를 웃도는 막대한 매물을 쏟아내고 주요 주가지수가 40포인트나 폭락하는 사태로 급변하였다.

증권시장의 붕괴로 경제 전망은 비관적으로 되고 기업에 대한 신뢰는 크게 실추되었다. 주가폭락으로 기업의 자본조달과 투자는 위축될 수밖에 없었다. 주가하락으로 손실을 본 무수한 투자자들의 소비지출능력도 크게 약화되었다. 증시붕괴 후 불과 3개월 동안 미국의 증권재산 손실액은 250억 달러나 되었다. 미국경제는 전례 없는 대공황 국면으로 들어갔다.

세계경제에서 주도적 지위에 있는 미국의 대공황은 점차 국제적으로 파급되어 1930년대로 접어들면서 세계대공황으로 되었다. 미국과 서유럽제국의 공업생산, 고용, 국민소득 등 일련의 경제활동지표는 계속 악화되고 실업도 급증하였다. 여타 지역도 정도의 차이는 있으나 사정은 같았다. 세계대공황 속에서 기존의 세계자본주의체제는 붕괴하였다. 각국은 관세장벽을 높이면서 지역적 블록화를 지향하였다. 자유무역체제를 유지해온 영국도 보호무역체제로 전환하였다. 국제금본위제도도 붕괴하였다. 그 속에서 국제무역과 국제자본이동은 크게 위축되었다.

대공황에 직면하여 정부는 적극적으로 경기대책을 강구하지 않으면 안 되었다. 공화당의 후버(Herbert Hoover) 대통령은 1930년대 들어서 금융공사(Reconstruction Finance Corporation, RFC)를 신설하여 위기에 처한 금융기관을 지원하고 실업구제 및 부흥을 위한 정부지출을 확대하였다. 그러나 기본적으로 균형재정을 고수하고 자유방임주의 신조하에서 수행된 경기대책으로는 자본주의의 위기 상황에 효과적으로 대응할 수는 없었다. 공황이 더욱 심화되는 속에서 후버 정부는 물러나고 공황 극복이라는 과제는 민주당의 루스벨트(Franklin D. Roosevelt) 대통령 정권으로 넘어갔다.

신정권이 들어선 1933년 3월 초는 공황이 최악의 상태에 떨어진 시점이었다. 경제활동은 정상시의 60% 이하로 떨어지고 실업률은 25%나 되고 물가는 최저점에 달하고 있었다. 금융공황도 심각하여 대은행의 모라토리엄이 잇따르고 미연방준비은행마저 휴업할 지경이었다. 대공황은 종래의 순환적 불황과는 다른 차원의 것이며 그에 대한 대응도 고전적·자유방임적인 정책으로는 안 된다는 것이 명백해졌다. 따라서 종래와는 다른 어떠한 새로운 차원의 대응이 필요하였다. 이러한 배경에서 등장한 공황극복정책이 뉴딜(New Deal)정책이었다.

뉴딜정책의 첫째 목표는 경제회복이었다. 그것은 농업과 공업의 양 부문에서 추진되었다. 1933년 제정된 농업조정법(Agricultural Adjustment Act, AAA)을 기초로 시행된 농업회복정책의 목표는 생산제한으로 과잉생산을 억제함으로써 농산물가격을 상승시켜 농가소득을 제1차 세계대전 이전 수준으로 끌어올린다는 것이었다. 생산제한에서 오는 농가의 손실에 대해 정부는 보상금을 지급하였다. AAA는 1936년 대법원에서 위헌판결을 받고, 1938년 제2 AAA로 되었으나 정책방향에서의 기본적 차이는 없었다.

뉴딜의 회복정책으로 가장 중요한 것은 두말할 것도 없이 공업정책이었다. 그의 법적 기반은 1933년 제정된 전국산업부흥법(National Industry Recovery Act, NIRA)이었다. 그 목표는 임금인상과 노동시간 단축, 그리고 경쟁제한과 가격협정으로 과잉생산을 억제하고 물가하락을 저지하여 구매력을 증대시키고 33억 달러에 달하는 공공사업으로 실업자를 흡수하면서 경기회복을 도모한다는 것이었다. 목표달성을 위하여 정부는 산업계와 노동계 대표와의 협의 하에 공정경쟁규약(codes of fair competition)을 작성하였다. 그것은 정부, 기업, 노동자의 협동체제로 산업회복을 지향한 것이었다. 이 법률은 1935년에 연방정부의 산업규제가 위헌이라는 대법원 판결을 받았으나 그 취지는 계승되었다.

뉴딜정책에는 경제회복정책에 더하여 구제정책과 개혁정책이 있었다. 구제정책으로는 농민부담의 감면, 자작농 육성, 농업의 능률화, 농촌

안정 등의 농촌구제정책과 함께 실업구제, 보험제도의 확장, 조직노동자의 지위 강화 등의 정책이 추진되었다. 한편 개혁정책으로는 첫째로 금융신용제도의 개혁이 있었다. 미국은 1933년에 금본위제도를 이탈하여 관리통화제도로 이행하고 은행법으로 통화 및 신용에 대한 연방정부의 통제력을 강화하였다. 개혁정책의 둘째는 공공사업에 국가자본을 투입함으로써 금융자본의 독점적 지배에서 오는 폐해를 제거한다는 것이었다. 그 대표적인 것으로 테네시계곡개발회사(Tennessee Valley Authority)의 설립에 의한 종합개발계획이었다.

뉴딜정책으로 미국경제는 회복과정으로 돌아서고 1937년에는 '중간경기'라 불릴 만큼 회복되었다. 제1차 세계대전 이전을 기준으로 해서 농산물가격은 1937년에는 92까지 회복되고 농촌구매력도 상승하였다. 그러나 전전 수준에 도달하지 못한 채 또다시 불황으로 들어갔다. 공업도 1929년을 기준으로 볼 때 1937년에는 92까지 회복되었다. 그러나 세계적으로 공업은 1936년에는 이미 공황 전 수준으로 회복하였는 데 비해 미국 공업은 그렇지 못한 채 또다시 경기후퇴기로 들어갔다. 1938년 미국의 실업률은 19%나 되었다. 미국경제가 대공황에서 완전탈출하고 새로운 대확장을 하게 되는 것은 제2차 세계대전 이후의 일이었다.

뉴딜정책의 추진으로 기업에 대한 정부의 영향력은 커지고 노사관계에서의 노동자의 지위도 상승하였다. 대기업이 주도해온 자본주의는 이제 정부, 기업, 노동조합의 3대 '평행력(countervailing power)'에 의해서 조정되는 체제로 되었다. 자유방임체제 속에서 성장해온 대기업은 이들 외부적 힘과의 관계 속에서 성장전략을 모색하지 않으면 안 되었다.

2절 기업의 성장

1. 기업규모의 확대

제1차 세계대전과 뒤이은 1920년대를 통해서 기업은 크게 발전하였다. 특히 제1차 세계대전을 계기로 발생한 전쟁경기 속에서 기업은 많은 분야에서 설비투자를 확대하면서 급성장하였다. 그들 기업은 주력 제품에 집중하여 대량소비수요에 뒷받침된 대량생산으로 규모의 경제를 추구하였다. 대기업은 규모 면에서 더욱 확대되었을 뿐만 아니라 수적으로도 증가하였다.

기업규모의 확대는 일차적으로는 수직통합에 의한 내부성장을 통해서 이루어졌다. 확대하는 시장을 배경으로 기업은 전후방으로 수직통합을 추진하여 적극적으로 설비투자를 확대하고 생산능률을 높이면서 성장하였다. 내부성장은 농산물가공 공업이라든가 금속가공 공업의 대기업이 전 세기 말부터 추구해온 전략이었다. 20세기에 신산업으로 등장한 자동차산업에서는 포드자동차회사가 생산공정을 통합한 일관생산체제로 급속한 내부성장을 하였다.

기업규모 확대의 또 다른 경로는 합병이었다. 특히 1920년대 대기업의 형성에는 기업합병이 중요한 역할을 하였다. 이 시기는 전 세기 말에 이어 제2차 기업합병운동이 전개된 때였다. 1920년대를 통하여 기업합병은 연평균 680건에 이르렀으며 특히 1925~29년에는 연평균 합병 수가 900건을 넘었고 1929년에는 1,240건을 넘었다.[3]

전 세기 말의 합병이 '통합의 통합'이라 불릴 만큼 통합된 대기업 간의 합병이었는 데 비해 이 시기의 합병은 중규모 기업 간에 이루어졌다는 데 특징이 있었다. 따라서 이 시기에 합병한 기업의 해당 산업생산에서의 점유율은 전체로 보면 높지는 않았다. 그러나 이들 합병기업의 출현으로 기존 대기업의 독점적 지배력은 그만큼 감소하였다. 즉, 독점적 시장은 유력한 복수의 기업에 의해서 지배되는 과점적 시장으로 되었다. 이러한 경향은 철강공업을 비롯하여 시멘트, 통조림깡통, 석유, 농업기계, 유리 등의 산업에서 두드러졌다.

합병운동으로 산업집중은 더욱 진전되었다. 전 세기 말에 독점체제로 전개된 산업집중은 1920년대에는 과점체제로 더욱 고도화되었다. 제조회사 상위 100사가 제조업 총자본에서 차지하는 비율은 1925~31년에 36%에서 44%로 상승하고 그들 회사가 1943년까지 미국 제조업 총생산액에서 차지하는 비율은 70%에 이르렀다. 대기업의 과점체제에서도 중소기업이 아직도 중요한 부분을 차지하고 있었다는 것은 사실이다. 특히 금속가공 분야와 같이 특정상품을 위한 세분화된 시장을 개척할 수 있는 산업 분야라든가 원래부터 규모의 경제성이 없는 가구생산, 피혁세공, 의류생산 등의 산업에서는 중소기업이 일반적이었다. 그럼에도 중소기업의 존립기반은 약화되었다. 미국의 기업체제는 더욱 양극분화의 경향을 나타내었다.[4]

과점적 산업조직 속에서 과점기업 간 경쟁은 격화되었다. 그러나 경쟁은 가격경쟁보다도 광고, 서비스, 품질, 신제품 등 가격 이외의 면에서의 경쟁이 중요하였다. 즉, 과점기업은 경쟁적으로 가격을 인하하거나 담합으로 독점가격을 유지하기보다는 R&D 투자를 확대하면서 품질개선, 신제품 개발, 전국적 광고, 개선된 서비스로 비교우위를 차지하려 하였다. 대기업은 장기적 수요예측에 기초하여 계획, 투자, 관리, 연구개발을 추진하였다. 과점적 경쟁 속에서 가격인하는 발생하지 않았다. 대공황 속에서도 대기업은 가격을 크게 인하하지 않고 생산과 인원감축으로 이윤을 올리면서 생존할 수 있었다. 가격결정은 시장에 의해서가 아니라 기업의 산출량에 의해서 결정되었다. 미국자본주의는 자원배분이 '보이지 않는 손'인 시장가격에 의해서가 아니라 기업경영자의 산출결정이라는 '보이는 손'인 관리가격에 의해서 결정되는 '경영자자본주의'가 되었다.

2. 기업의 내부적 성장: 포드자동차사의 사례

미국의 자동차산업은 1890년대에 출현하였다. 초창기의 자동차산업은 기본적으로 가내수공업적 수준을 벗어나지 못한 소규모 산업이었으며 시장도 한정되어 있었다. 1904년에 이르러서도 미국에서 생산된 자동차는 2만 2,000대에 불과하였다. 그러나 그 후 자동차산업은 급성장하여 자동차 등록대수는 1908년에는 20만 대, 1927년에는 2,300만 대 이상이 되었다. 1세대도 채 안 된 기간에 자동차산업은 무의 상태에서 미국의 주도산업으로 급성장하고 20세기의 최대 산업이 되었다.

미국 자동차산업의 급성장은 거대 자동차기업의 성장 과정이기도 하였다. 20세기 중엽까지 자동차산업은 GM, 포드사, 크라이슬러사의 3대 기업이 지배하는 과점산업으로 되었다. 최대 기업은 GM이었다. 그러나 초기에 자동차산업의 성장을 주도한 기업은 포드사였다. 포드사는 자동차의 대량생산과 대량보급을 선도하여 1920년대 중엽까지 미국 자동차산업의 발전을 주도하였다.

포드(Henry Ford)가 한 석탄업자의 자금 지원으로 포드자동차회사(Ford Motor Company)를 설립한 것은 1903년이었다. 이에 앞서 포드는 1896년에 자력으로 자동차를 조립한 후 두 번이나 자동차사업에 진입하였으나 실패한 경험이 있었다. 새로 설립한 회사의 수권자본금은 10만 달러였으나 설립 다음해까지 2회에 걸쳐 실제로 불입된 금액은 4만 2,000달러에 불과하였다. 그 후 사업 확장에 필요한 자금은 전적으로 이윤의 내부유보자금으로 조달되었다.

포드는 처음에는 자동차 생산자가 아니라 단순한 조립업자였다. 1908년경까지 대부분의 자동차제조업자는 고가 차의 제조를 지향하고 있었다. 그에 비해서 포드는 장차 대중시장 지향의 저가차 시대가 도래할 것을 통찰하고 있었다. 그는 자동차가 가격탄력성이 있는 상품이므로 가격이 저하하면 판매량은 그 이상 증대할 것이라고 믿었다. 그는 일정한 봉급을 받는 사람이면 누구나 구입할 수 있는 저가차의 대량생산을 지향하였다. 그러기 위해서 자동차는 완전히 규격화된 단일 모델의 표준제품일 필요가 있었다.

이러한 필요에서 포드는 1909년에 모델T의 자동차에 집중하여 단일 차종을 대량생산하였다. 모델T는 극단적으로 표준화되어 단순하고 믿을 수 있고 내구성이 높은 기계로 소유자가 직접 수리할 수 있었다.

포드는 대량생산을 적극 추진하였다. 표준화라든가 이동조립라인은 포드 이전에도 미국의 자동차생산에서 도입되고 있었다. 생산기술면에서 포드의 최대 공헌은 표준화, 연속성, 이동조립라인을 포함한 정확성과 제조, 원료 취급 및 조립의 속도를 정교하게 조합할 것을 강조하였다는 것이다.

그는 생산라인에서 인간의 영향을 철저히 배제하려 하였다. 그러기 위해서 표준화를 기초로 작업을 고도로 분할하여 전문기계로 대체하고 컨베이어 시스템을 도입함으로써 개개 부품의 생산 조립에서 최종 차체의 조립에 이르는 전 공정을 자동적으로 순조롭게 수행할 수 있는 생산기구를 창출하였다. 그것은 '포드시스템(Ford system)'이라 불린 새로운 대량생산방식이었다.

포드는 자신의 생산체제를 구축하는 데 과학적 관리법을 철저히 활용하였다. 그는 1910년에 조업을 시작한 하일랜드파크공장(Highland Park Plant)에서 능률적인 새로운 생산방식의 개발을 적극 추진하였다. 그는 연 1만 대의 생산을 달성하기 위하여 제품과 부품의 표준화를 기초로 기계와 기기는 기능에 따라 재조정하고 노동자의 불필요한 동작은 철저히 배제하여 능률 향상을 꾀하였다. 작업은 부품과 마찬가지로 표준화되고 최소의 동작으로 하나의 단순과업만을 수행하도록 거듭 분할되었다. 그리고 식육통조림공업에서 이용되던 이동컨베이어 방식을 채용·개량하였다. 이러한 원리가 1913년에 회전속도 조절바퀴의 발전기(flywheel magneto) 제조 작업에 적용된 결과 이전에 한 사람의 노동자가 20분 걸리던 작업은 최종적으로 5분으로 단축되었다. 즉, 4명의 작업을 1명이 할 수 있게 된 것이다. 같은 원리는 모든 곳에서 이용되었다. 모터의 조립은 84개 작업으로 분할되고 생산시간은 3분의 2나 단축되었다.

부품생산은 크게 증가하였다. 그러나 조립공정은 부품생산 공정에 보조를 맞추지 못하였다. 노동자가 필요한 부품을 가져다가 고정대좌에 올려놓고 조립하는 기존의 방식으로는 자동차 1대당 작업시간이 12시간 30분이나 소요되었다. 이러한 문제를 해결하기 위하여 포드의 기술자들은 1913년에 최종조립부문의 기계화에 이어 기계화된 고가 컨베이어를 개발하였다. 그에 따라 기계와 노동자를 자동차 조립순서에 따라 배치하고 자동차 각 부분의 조립에 필요한 재료를 생산라인에 따라 순차적으로 이동하는 생산공정이 도입되었다. 컨베이어벨트가 도입됨으로써 노동자가 일이 있는 곳으로 가는 것이 아니라 일이 노동자에게 오게끔 된 것이다. 시간·동작연구와 컨베이어벨트의 속도와 높이가 계속 조정되면서 조립작업은 끊임없이 개선되었다. 그 결과 소요작업시간은 원래의 12시간 30분에서 1시간 30분으로 대폭 단축되었다.

연구와 개량을 거듭하면서 '포드시스템'은 1922년까지 완전한 형태로 확립되었다. 포드는 1920~21년에 디트로이트(미시간 주)의 하일랜드 파크에서 새로운 생산시스템을 갖춘 최신의 리버루지공장(River Rouge Plant)을 건설하여 전면 가동에 들어갔다. 이 공장은 1만 5,000명의 노동자를 거느리고 제조공정은 일관체제로 자동화되어 고로에 투입된 철광석이 연속공정을 거쳐 3일 후면 완성 차로 되어 나올 만큼 전 공정이 유기적으로 연결되어 포괄적으로 관리되는 대규모 첨단공장복합체였다.

포드사의 대량생산기술은 자동차산업 전체로 파급되었다. 1915년 크로스 라이선스(cross license)제도의 도입으로 한 회사가 한 '발명'은 타사에서도 자유롭게 이용할 수 있게 되었기 때문이다. 그 결과 자동차산업은 급속하게 확장되었다. 플랜트 수는 1904년의 178개에서 1923년에는 2,471개로 증가하고 앞에서 본 바와 같이 생산대수도 크게 증가하였다. 생산에 필요한 노동시간도 크게 단축되었다. 생산성은 1914년 기준(100)으로 1923년에는 270으로 상승하였다. 자동차산업은 1923년에는 미국 최대의 산업이 되었다.

포드사는 기술적 우위로 초창기의 자동차산업에서 압도적 우위를 차지하였다. 1911년에 미국 자동차생산 대수의 20%이던 포드자동차의 점유율은 1915년에는 38%, 그리고 1921년에는 56%나 되었다. 반면에 최대의 경쟁기업 GM의 점유율은 18%, 11%, 13%에 불과하였다.

생산성 향상에 따라 임금도 상승하였다. 1903년에 일당(9시간) 2.25달러이던 포드사 숙련노동자의 임금은 1914년에는 일당(8시간) 5달러로 배증하였다. 자동차가격도 저하하였다. 포드의 소형차는 1908년 700달러에서 1920년에는 260달러로 그리고 고급차는 2,500달러에서 1,700달러로 하락하였다.[5]

포드사는 생산성 상승으로 가격인하를 실현하고 임금인상으로 자사의 노동자도 소유할 수 있을 만큼 자동차가 대중화된다면 노동자와 나아가 사회의 복지가 향상될 것이라는 신념의 소유자였다. 그러기 위해서 표준화된 대량생산을 극한까지 추구하면서 일당 5달러와 주당노동일수를 6일에서 5일로 단축하였다. '포디즘(Fordism)'이라 불리는 경영이념의 실천으로 포드사는 높은 평판을 얻고 세계적 명성을 얻었다.

그러나 '포디즘'은 포드의 인도주의적 충동에서보다도 연 300%나 되던 노동이동률을 낮추기 위한 대응책으로 나타난 것이다. 헨리 포드로서는 자동화기계가 중요하였고 인간적 요소는 부차적인 것이었다. 포드시스템이 갖는 고강도의 노무관리방식은 노동자의 주체성을 철저하게 부정하고 그들을 자동화된 기계체계의 한 부분으로 편입시키는 것이었다. 노동자는 노동과정에의 주체적 참여에서 소외되고 일상적인 과업수행만이 요구되었다. 노동의 압박과 권태감으로 노동이동률은 매우 높았다.

포드는 노동자의 조직화에 완고하게 반대하였으며 그로 말미암아 노사갈등은 심각하였다. 더구나 그는 기업의 모든 일에 간섭하고 책임의 분담을 싫어하였다. 그는 합리적 경영을 위한 경영관리조직이라든가 관리기법의 개선을 통한 기업의 경영효율의 향상에는 관심이 없었다.

포드사는 내부적 성장전략을 추구하여 이윤의 대부분을 사업에 재투자하고 배당은 억제하였다. 결국 그는 1919년에 자사의 미불입주식 전부를 매수하여 회사의 소유권을 완전 취득함으로써 대기업에 대한 절대적 통제권을 장악하였다. 그 결과 자금이 핍박해진 포드사는 전국의 딜러에게 일부 부담을 전가함으로써 판매조직에서도 문제가 발생하였다. 관리상의 문제들을 안으면서도 포드사가 1920년대 중반까지 선두주자로 순조로운 성장을 할 수 있었던 것은 모델T의 가격경쟁력이 우월하였고 주요 경쟁사 GM이 조직상의 혼란으로 기대만큼의 경영실적을 올리지 못하고 있었기 때문이었다.[6]

그런데 포드사는 마케팅 문제를 안고 있었다. 자동차시장이 성숙하면서 구매자로서는 가격보다도 기호에 따른 차종 선택이 중요해졌다. 즉, 시장은 단일 모델의 저가차보다도 선택 여지가 큰 다양한 차종을 선호하게 된 것이다. 시장의 변화에도 불구하고 모델T를 고집한 포드사는 경쟁사 GM의 조직개혁과 다양한 차종의 생산체제를 갖추게 되면서 경쟁우위를 상실하고 그 지위는 계속 하락하였다.

1921년에 56%나 되던 포드사의 국내 시장점유율은 1925년에는 40%로 떨어진 반면 GM의 점유율은 13%에서 20%로 상승하였다. 양사는 1929년까지 판매량이 각각 연 150만 대에 달하였다. 대공황기를 거치면서 포드사의 지위는 급락하였다. 1937년까지 포드사의 시장점유율(21%)은 GM(42%)의 절반으로 떨어지고 초기에는 존재하지도 않았던 크라이슬러사(25%)에도 뒤지게 되었다.

그동안 포드사는 대혁신을 단행하였다. 포드사는 거대한 리버루지공장의 가동을 1년간 완전히 중단하여 재정비한 후 1928년부터 GM의 대중차 쉐보레에 대응한 신형 '모델A'의 생산으로 전환하였다. 1933년부터는 매년의 모델 변경이 시작되고 GM의 중형차에 대응한 머큐리는 1938년에 이르러 도입되었다. 그러나 그 효과는 한정적이었고 1930년대를 통해서 적자 상태가 계속되었다. 쇠퇴하던 포드사가 부활한 것은 1945년에 은퇴한 포드의 후계자가 된 손자 포드 2세(Henry Ford Ⅱ)가 조직구조의 재건, 근대적 관리방법의 도입, 신차종의 도입, 해외사업의 전개를 적극적으로 추진하면서였다.[7] 그 후 포드사는 GM에 이어 업계 제2위의 지위를 확고히 하고 때로는 수위에 도전할 수 있을 만큼 되었다.

3. 다각화와 분권화

1) 과정

제1차 세계대전과 뒤이은 시기에 대기업은 수직통합과 주력제품의 대량생산·대량판매 전략으로 규모의 경제를 추구하였다. 이는 대기업이 19세기 말부터 추구해온 전략이었으며 그에 대응한 조직구조로 집권적 기능부제조직이 전개되었다. 집권적 관리조직은 제품이나 시장과 업무의 복잡성이 증대함이 없이 내부적 성장을 한 기업에서는 제2차 세계대전 이후까지도 계속되었다. 그러나 1920년대에 들어 일부 산업기업에서는 성장전략과 조직구조에 새로운 변화가 나타나고 있었다. 그것은 다각화와 분권화였다. 다각화(diversification)는 신제품 개발로 제품 계열을 다양화하여 새로운 시장의 확대를 추구한 전략이었으며, 분권화(decentralization)는 그에 따라 도입된 새로운 조직구조로서의 분권적 사업부제(decentralized divisional structure)였다. 이들 기업은 사업범위를 확대함으로써 '범위의 경제(economies of scope)'를 추구하였다.

다각화전략은 같은 종류 제품의 전 계열(full line) 개념에서 발전한 것으로 미국의 많은 기업이 마케팅과 구매조직의 효율적 이용·확대와 제조 및 가공처리의 부산물 이용이 가능한 상품라인의 추가를 통해서 추구해온 전략이다.

그러나 다각화가 명확한 성장전략이 된 것은 1920년대에 들어서였다. 그것은 제1차 세계대전기 미증유의 호황기에 설비와 관리 능력을 급격하게 확장한 대기업이 기존의 한두 가지 주력상품에 대한 전후의 수요 감퇴에 대비하여 풍부한 경영자원의 효율적 이용을 위하여 의도적으로 신제품의 개발과 해외시장을 포함한 신시장의 개척을 추진하게 되었기 때문이었다. 주력 제품라인의 매출과 이윤의 감소에 직면하여 기업은 다각화로 생산시설과 관리능력의 유리한 활용을 지향한 것이다.

다각화를 주도한 기업은 신제품을 창출할 기술, 공학 및 연구기법을 갖추고 제품을 생산·판매하는 관리조직과 경험을 가진 기업이었다. 규모와 관리기법이 기업으로 하여금 기본제품을 생산하면서 동시에 신시장에의 진출을 가능하게 하였다. 그러한 기업은 화학, 기계, 금속가공, 전기기계, 식품, 요업, 고무 등의 산업기업이었다. 1920년대에는 듀퐁사를 비롯한 기업들이 자사의 특별한 기술적 기반 위에서 새로운 산업분야로 진출하였으며, 전기기계산업의 대기업인 GE사(General Electric Co.)와 웨스팅하우스사(Westinghouse Co.)는 주력상품인 조명기와 전동기에서 더 나아가 라디오, X선 장치를 비롯하여 광범한 가정용 전기기구의 생산으로 다각화하였다. GM을 비롯한 자동차회사들은 1930년의 대공황으로 매출이 정체되자 기왕의 다양한 차종의 생산에서 더 나아가 디젤기관차, 가정용기구, 트랙터, 항공기 등으로 사업범위를 확대하였다. 구리와 놋쇠 등 금속제조업 기업들은 부엌용품이라든가 가정용기구의 생산을 시작하였다. 식품, 고무공업 기업들도 새로운 제품 계열을 추가하면서 자사의 마케팅 시설을 이용하여 판매하였다.[8]

다각화전략으로 제품과 판매시장이 다양화됨에 따라 기업은 복잡해진 업무를 관리할 새로운 조직구조가 필요하게 되었다. 주력제품의 대량생산·대량판매 전략에 상응한 조직으로 전개된 집권적 기능부제조직은 제품다각화전략에는 적합하지 못하였다. 다각화에 따라 현업단위인 기능부 내에서의 복잡·다양해진 업무의 조정은 곤란해지고 부문책임자인 기능부장은 세부적인 결정사항에 이르기까지 관리하지 않으면 안 되었다. 그것은 기능부장들과 최고경영자로 구성되는 본사에도 영향을 주었다. 본사의 이사들이나 위원회도 복잡·다양해진 회사업무를 처리하기 곤란해졌다. 본사는 회사의 일상적 업무도 효과적으로 수행할 수 없게 되었으며 더구나 장래의 계획을 제시할 수도 없었다.

이러한 관리조직상의 문제는 특히 전후 불황기(1920~22)에 명확하게 인식되었다. 불황에 직면하여 최고경영자들은 일상 업무에 몰두함으로써 불황에 대비한 계획을 사전에 수립·실행하지 못하여 막대한 손실을 입게 되었음을 알게 된 것이다. 사전계획의 결여로 대부분 기업은 새로운 상황에 조속히 대응하지 못하고 결과적으로 심각한 재정적 위기에 직면하게 되었다. 그중에는 포드사, GM, 굿이어타이어사(Goodyear Tire and Rubber Co.), 듀퐁사 등을 비롯하여 다수의 기업이 있었다.

이들 문제에 대응하기 위해여 몇몇 기업은 조직개혁을 추진하였다. 그 결과 도입된 새로운 조직이 분권적 복수사업부제조직(decentralized multi-divisional structure, M-form)이었다. 복수사업부문(multi-divisional)의 머리문자를 따서 M형 조직으로 불리는 이 조직은 〈그림 6-1〉에서 보는 바와 같이 각각의 제품계열별 생산라인을 관리하는 복수의 사업부와 전사적 관리업무를 담당하는 본사로 구성되었다. 각 생산라인 내지 지역에 따라 조직된 사업부는 구매, 제조, 판매 등의 기능부문을 가지고 일상적 업무에 대한 관리권한을 위임받은 자립적 조직이다. 말하자면 각 사업부는 집권적 기능부제조직의 단일회사에 해당한다. 사업부의 관리책임자인 총지배인(general manager)은 본사 업무와는 분리되어 전적으로 사업부문의 관리책임자이며 본사에 보고하는 중간관리인이었다.

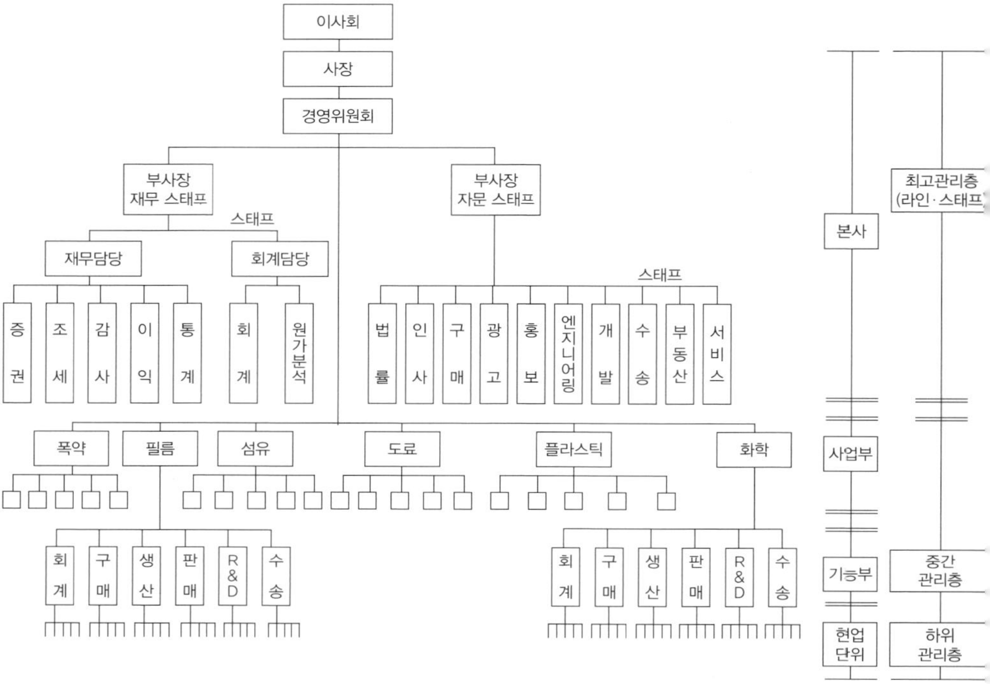

자료: A.D. Chandler, Jr., 1990: 44.

그림 6-1 사업부제조직도

사업부제하에서 본사(corporate office)는 일상적 관리업무에서 완전 해방되어 전략적 의사결정에 전념하였다. 본사의 일반임원은 각 현업사업부의 업적평가, 조정, 장기 전략의 기획, 자원배분 등 회사의 전반적 업무를 전담, 수행하였다. 그들은 의사결정을 하는 데 대규모의 본사 스태프의 지원을 받았다. 본사 스태프는 사업부의 총지배인에 대해서도 조언하였다. 본사 스태프는 법률, 인사, 구매, 광고 등의 스태프와 회계, 원가, 증권, 감사, 통계 등의 재무 스태프로 구성되어 있었다. 일반임원들의 전략적 의사결정은 정확한 통계에 의거하여 이루어질 필요가 있었다. 이러한 필요에서 전문 스태프에 의해서 정밀한 통계관리 시스템이 개발되었다.

분권적 관리조직은 19세기 말엽의 철도회사에서 이미 개발되어 있었다. 예를 들어 펜실베이니아 철도회사에서는 다양한 업무의 증가에 따라 발생한 관리상의 문제를 해결하기 위하여 영업지역을 셋으로 나누어 각 영업구역, 즉 사업부에서는 총지배인이 열차의 운행 예정, 노선의 보전, 기기의 구입, 인원채용 등 모든 업무에 책임을 졌다. 각 영업지역은 노선마다 관구로 구분되어 관구장이 전 책임을 지고 지역 총지배인에게 보고하였다. 이 회사의 열차 운행에 관한 일상적 업무는 총지배인-관구장의 라인 관리인에 의해서 처리되었다. 그들에게는 일상적 업무수행에 대한 상당한 재량권이 주어졌다. 한편 본사임원들은 일상적 업무에서 해방되어 전사적 의사결정에 전념할 수 있게 되어 전사적 차원의 계획을 수립하고 라인 관리인을 감독하였다.

분권적 관리조직은 선구적으로는 거대 철도회사에 의해서 개척되었으나, 1920년대 이후 다각화전략을 추구한 몇몇 산업기업은 철도회사의 개척자적 노력과는 관계없이 자사가 당면한 복잡한 관리 문제를 해결하기 위한 새로운 조직구조의 창출노력 속에서 동일한 해결책에 도달하였다. 그 대표적 사례를 우리는 듀퐁사와 GM의 경험에서 볼 수 있다.

2) 사례

(1) 듀퐁사의 사례

화약과 폭발물 전문생산업체인 듀퐁사가 제품다각화전략을 지향한 것은 1917년경의 일이었다. 제1차 세계대전 시의 대규모 수요에 대응해서 설비와 인력을 크게 확대한 듀퐁사는 앞으로의 전시수요의 소멸에 따른 방대한 경영자원의 유휴상태에 대비하여 새로운 제품계열의 다각화를 지향하였다. 그래서 듀퐁사는 1919년까지에는 기존 제품인 화약 이외에 화학제품, 염료, 도료, 인조섬유(레이온) 등을 생산하였다.

〈그림 6-2〉에서 보는 바와 같이 1919년의 듀퐁사의 관리조직은 집권

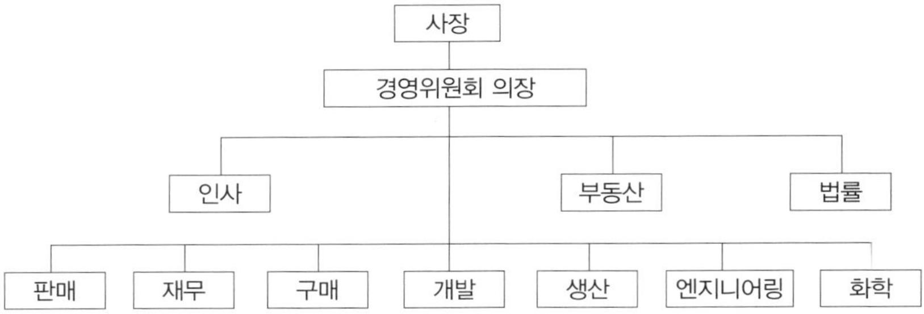

자료: A.D. Chandler, Jr., 1962: 74.

그림 6-2 듀퐁사의 집권적 관리조직(1919년)

적 조직이었다. 이 회사는 복수 기능부문으로 구성되어 본사의 경영위원회에 의해서 감독, 조정되고 있었다. 경영위원회는 각 부문에서 수집한 일련의 재무자료와 인사, 법률, 부동산부문 임원의 조언에 의거하여 의사결정을 하였다.

그러나 이러한 관리조직은 다각화와는 조화롭게 기능하지 못하였다. 본사의 경영위원회는 다각화한 회사에 전반적 지침을 제시하기 곤란하였으며 중요 부문 간의 조정도 하지 못하였다. 각 부문 내에서도 문제가 발생하였다. 예를 들어 판매부문에서는 서로 시장이 다른 다종류 제품을 취급하는 일이 곤란하다는 것이 판명되었다.

듀퐁사의 문제는 전후 불황기에 더욱 심각하게 나타났다. 다각화 후 회사의 수익은 기대만큼 크지 않았고 1921년에는 대폭적인 적자를 기록하였다. 그 원인에 대한 다각적 검토가 이루어진 결과 문제는 다각화 전략 자체가 아니라 관리조직에 있다는 결론에 도달하였다. 즉, 집권적 기능부조직으로는 다양해진 제품시장에 유효하게 대응하기 곤란하다는 인식이었다. 이러한 인식에서 듀퐁사에서는 조직개혁이 논의된 결과 최종적으로 분권적 복수사업부제조직이 도입되었다.

새로 도입된 듀퐁사의 분권적 관리조직은 〈그림 6-3〉과 같다. 그것은 폭약, 염료, 피라린(pyralin), 페인트·화학약품, 인조피혁·필름의 5개 제

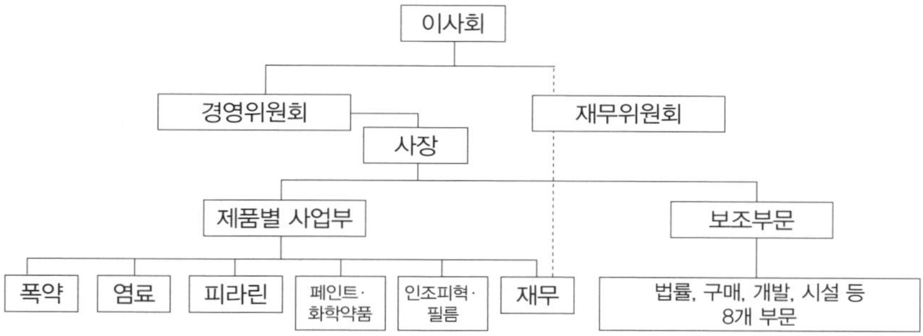

자료: A.D. Chandler, Jr., 1962: 108-109.

그림 6-3 듀퐁사의 분권적 관리조직(1921년)

품별 사업부와 1개 재무부문, 그리고 법률, 구매, 개발, 시설, 광고 등 8개 보조부문으로 구성되어 있었다. 경영위원회는 현업업무에 직접 관여하지는 않고 전적으로 전사적 정책입안, 평가, 조정을 하고 회사 전체의 이익에 책임을 졌다. 경영위원회에는 현업책임자의 참여는 없었고 의장을 제외하여 재무위원회의 겸임자도 없었다. 경영위원회 구성원의 사업부 업무활동에 대한 감독은 어디까지나 조언자적 입장에서 하는 것으로 되어 있었다.

한편 각 사업부문의 장은 담당부문의 일상업무를 관장하고 사업부 활동에 대해서 전면적인 권한과 책임을 가졌다. 사업부장의 경영위원회에 대한 보고는 정해진 절차에 따라 분석되고 자본수익률에 따라 평가되었다. 8개의 전문적 보조부문은 본사와 사업부의 쌍방에 대해서 조언과 서비스를 제공하였다. 재무부는 약간의 라인적 권한을 갖고 전사적으로 공통적인 회계처리 절차를 설정하고 재무통계와 기타 정기적인 보고서 양식을 규정하였다. 원가계산의 세세한 부분은 각 사업부장에게 위임되었다.

이렇게 해서 듀퐁사는 전반관리인과 전문 스태프가 있는 본사와 자립적 사업부로 구성된 새로운 조직을 발족시켰다. 그리고 각 사업부는 복수의 기능부와 그들을 관리하는 사업본부를 가지게 되었다. 이러한 듀퐁사의 기본조직은 1970년대에 이르기까지 유효하게 기능하였다.

(2) GM의 사례

단일기업체로 성장한 듀퐁사의 새로운 조직구조가 제품다각화에 따라 집권적 체제에서 분권화로 이행하면서 형성되었는 데 비해 GM의 분권적 조직은 산하에 있는 다수의 독립적 기업의 연합체를 통일적·집권적으로 관리할 필요에서 도입되었다.

GM의 설립자는 듀란트(William C. Durant)였다. 미시간 주 출신의 마차업자이던 그는 1904년에 경영부진 상태에 있던 뷰익사(Buick Company)를 매수하면서 자동차사업에 진출하였다. 그는 매수회사가 생산한 자동차를 재설계하고 공장을 건설하여 1908년까지 연 8,500대를 생산하는 미국 최대의 자동차제조업자가 되었다. 자동차산업의 장래성에 기대를 건 그는 1908년에 뷰익사를 기반으로 GM을 설립하고 1910년까지 올즈(Olds), 오클랜드(Oakland), 캐딜락(Cadillac)을 비롯한 10종이 넘는 승용차와 트럭을 생산하는 25개의 독립회사를 매수하여 지주회사 형태로 통합하였다. 그러나 그는 흡수·합병에 의한 확대정책을 야심적으로 추구하면서도 대규모 합병기업의 통합기업으로서의 재편성과 유효한 관리체제의 수립에는 관심을 두지 않았다. 그 결과 GM은 1910년에는 재정위기에 직면하고 회사의 지배권은 듀란트의 손을 떠나 구제금융을 한 보스턴과 뉴욕 은행가들의 손으로 넘어갔다.

은행가들의 GM 경영은 보수적이었다. 그들에 의한 건실한 경영으로 GM의 경영실적은 개선되었다. 그러나 자동차산업이 급성장한 초창기에 포드사가 급성장한 반면 보수적 경영으로 일관한 GM의 성장은 미미하였다. 그 결과 GM의 미국 자동차산업에서의 점유율은 20%에서 10%로 떨어지고 말았다.

한편 GM의 지배권 탈환을 노리던 듀란트는 대규모 일관 메이커인

쉐보레사(Chevrolet Company)를 매수하고 포드의 모델T와 경합할 경량 자동차를 생산, 판매함으로써 성공하였다. 그 기반 위에서 듀란트는 가격이 하락하는 GM 주식의 상당부분을 매수하고 듀퐁사의 강력한 지원으로 1915년에는 은행가들을 축출하고 또다시 사장으로 복귀하였다. 듀퐁사는 GM의 보통주 29%를 소유한 피에르 듀퐁(Pierre S. Du Pont)이 회장직을 맡았으나 그는 듀퐁사의 경영에 전념하여 GM의 경영에는 별로 참여하지 않았다. 따라서 듀란트는 실질적으로 GM의 지배권을 획득한 것이다.

듀란트의 지배하에서 GM은 제2의 확장국면을 맞이하였다. 1918~20년에 GM은 승용차, 트럭, 전기냉장고 등의 회사와 무수한 소규모 회사를 합병하였다. 그러면서도 그는 여전히 관리문제에는 주의를 기울이지 않았다. 그는 원 맨 경영인으로 회사의 전반적 방침과 일반 업무상의 결정을 혼자서 하려 하였다. 그러나 듀란트와 수 명의 보조인과 비서진만을 가진 본사가 다수의 회사로 구성된 대기업의 활동을 평가·조정·계획할 여유와 능력은 없었다. 회사의 전반적 활동의 분석과 일상업무의 결정은 듀란트가 혼자서 할 수 있는 업무범위를 훨씬 넘어 선 것이었다.

제1차 세계대전 후의 호황기에 GM의 생산은 급증하고 재고도 크게 증가하였다. 뒤이어 1920년에 전후 불황으로 들어서면서 GM은 막대한 손실을 입었다. 듀란트는 GM의 주가 유지를 위하여 거액의 은행융자를 얻었으나 주가하락을 막지 못하고 자신도 재정난에 빠졌다. 결국 듀란트는 그해 말에 사장직을 사임하고 GM을 완전히 물러났다. 듀란트의 채무와 GM 주식의 대부분은 듀퐁사와 모건상회가 이를 인계하였다. GM의 새로운 사장에는 대주주이며 듀퐁사를 퇴임한 피에르 듀퐁이 취임하였다.

GM을 구제·재건하면서 피에르 듀퐁은 슬론(Alfred Sloan)을 주임보좌역으로 임용하여 GM의 재건을 추진하였다. GM의 재건에 즈음하여 해결해야 할 근본적인 문제는 조직구조의 개혁과 새로운 경영전략의 수립이었다. 피에르는 이러한 과제의 해결을 슬론에게 위임하였다. 슬론은 MIT 출신으로 기술·경영의 뛰어난 재능을 가진 인물이었다. 그는 부친의 재정지원으로 자신이 근무하던 베어링제조회사를 도산위기에서 구제하여 사장이 되었으나 1916년에 회사를 듀란트의 UM(United Motors)에 매각하였다. 2년 후인 1918년에 듀란트는 UM사를 GM에 합병하여 슬론을 GM의 부사장 겸 집행위원회 위원에 임명하였다. 그는 이미 GM 대주주가 되어 있었다. 슬론은 듀란트가 실각한 후의 신체제에서 GM의 재건을 주도하였다. 1923년에 사장에 취임한 슬론은 경영혁신을 수행하면서 GM을 세계 최대의 기업으로 발전시켰다.[9]

슬론은 듀란트의 경영방식에 대한 불안감으로 1920년의 위기 이전에 이미 GM의 관리개선계획을 가지고 있었다. 이 계획은 듀란트에 의해서 무시되었으나 재건 후의 1920년 말에 피에르를 비롯한 최고경영자에 의해서 채택되었다. 구성 자회사의 독립성이 지나치게 강하여 주요 문제에 대해서 본사와 자회사 간의 연락·조정이 이루어지지 못하는 상태에서 슬론의 계획은 본사와 현업부문의 책임과 권한을 명확하게 구분하고 부문 간의 유효한 의사소통을 확립하여 합리적·분권적 조직을 도입하려 한 것이었다. 그의 목표는 각 부문의 자립성과 본사의 강력한 감독기능을 결합한다는 것이었다. 이 조직계획은 일부 수정되어 1924년 실행되었다.

그들의 조직개혁은 먼저 현업부문에서 시작되었다. 그들은 승용차, 트럭, 부품 등의 생산기업을 자율적인 현업사업부로 하고 각 사업부의 활동을 판매시장에 따라 구분하였다. 5개의 승용차사업부는 뷰익, 캐딜락, 쉐보레 등 고급차에서 대중차까지 5차종의 생산라인과 상응한 시장에 따라 구분되었다. 그것은 포드의 대중차 모델T의 단일제품정책에 비해서 다양한 제품을 다양한 고객·시장에 공급한다는 풀라인 정책이었다. 성숙단계에 도달한 자동차산업에서 GM은 자사가 생산하는 차종

간과 함께 경쟁사의 자동차와도 제품을 차별화하고 그에 따라 시장도 분할하는 정책을 업계 최초로 도입하였다.

각 사업부는 가격에 따라 설정된 시장과 가격 피라미드에서의 가격대 범위 내에서 각각 단일차종의 생산과 판매를 하였다. 그에 따라 최고급차 캐딜락은 소량생산되어 최고가로 판매되었으며 포드의 모델T에 대항할 호화롭게 설계된 대중차 쉐보레는 대량생산되어 저가로 판매되었다. 각 사업부는 독자적인 기술, 생산, 판매조직이 있었다. 각 사업부에 대해서는 전사적 문제 이외의 통상적 의사결정과 생산에서 판매에 이르는 포괄적 권한이 이양되었다. 또한 부문 간의 협조, 조정을 확보하기 위해서 부속품, 관련회사, 수출 및 승용차, 트럭의 4개 그룹이 설치되었다. 이들 그룹의 담당부사장은 특정 일상업무의 책임에서 벗어나 그룹의 업무를 감시하고 전사적 방침의 책정을 지원하였다. 각 사업부와 이들 그룹의 임원은 직계인 라인임원이 되었다.

분권적 복수사업부제조직의 개발에 이어 피에르 듀퐁과 슬론이 한 조직개혁으로 중요한 것은 강력한 본사의 창출이었다. 듀란트의 소규모 본사체제를 탈피하여 각 사업부 및 그룹의 업무 조정, 평가, 전사적 정책의 결정, 장래계획의 수립 등의 기능을 집권적으로 수행할 수 있는 본사체제의 확립은 GM으로서는 긴요한 과제였다.

개혁의 결과 본사에는 다수의 유능한 일반임원이 경영위원회와 재무위원회를 통해서 회사의 전반적 업무의 조정, 평가, 정책결정, 계획업무를 수행하였으며, 그것을 지원하기 위한 대규모의 전문적인 재무 및 자문 스태프 부문이 설치되었다. 자문 스태프는 본사의 최고경영자에 대해서만 아니라 현업관리인에 대해서도 전문적인 자문을 하였다. 본사의 최고경영자와 전문 스태프는 일상적 관리업무에는 관여하지 않았다. 피에르 듀퐁과 슬론은 스태프 관리인, 라인 관리인 그리고 전반관리인 간의 의사소통의 개선과 협조증진을 위하여 판매, 구매, 운영, 기술, 동력·보전 등 주요기능별 활동마다 사업부연락위원회를 설치하였다.

조직개혁과 함께 통계관리 시스템도 점차 확립되었다. 자립적인 사업부를 전사적으로 통제하기 위해서는 정밀한 업적평가의 수단으로 원가, 생산량, 매출액, 수익 등을 정확하고 통일적으로 파악할 수 있는 통계제도가 필수적이었다. 이에 각 사업부의 업적과 현황을 파악하기 위한 정보시스템의 확립, 회계절차의 통일, 재고통제의 개선 등이 추진되었다. 수익상황을 정확하게 평가할 수 있는 회계제도의 수립을 위해서 과거와 현재의 데이터만이 아니라 장래의 예측 데이터를 정비하고 이에 표준생산량, 표준원가, 예상매출액, 예상수익에 기초한 관리시스템이 점차 확립되었다. 그 결과 GM은 예상동향에 기초한 계획을 하고 그것을 끊임없이 현황에 맞추어 수정하는 시장밀착형 관리시스템을 확립하였다.

조직개혁으로 성립한 GM의 분권적 관리조직은 〈그림 6-4〉와 같다. 이 조직은 그 후 약간의 수정을 거치면서 1970년대까지 GM의 관리조직의 기본이 되었다. 다각화전략에 따라 분권적 관리제도를 도입한 GM의 영업실적은 크게 상승하였다. 1924~27년에 미국 자동차시장에서 GM의 점유율은 18.8%에서 43.3%로 상승하고 1928년의 순이익은 약 2억 8,000만 달러에 달하였다. GM은 업계 제1위를 차지하였다. 한편 조직과 전략에 관심을 기울이지 않은 포드사의 시장점유율은 1921~40년에 55.5%에서 18.9%로 떨어졌다. 1926년 이후 포드의 영업실적은 참담하였다.

듀퐁사와 GM에 의해서 선구적으로 도입된 분권적 관리조직은 다각화로 제품과 시장이 다양해진 여러 산업기업에서도 1920년대와 1930년대에 점차 도입되었다. 예를 들어 화학의 얼라이드 케미컬(Allied Chemical)사, 유니온 카바이트(Union Carbite)사, 허큘레스(Hurcules)사 몬산토(Monsanto)사, 전기의 웨스팅하우스사, 석유의 스탠더드 오일사, 기계의 인터내셔널 하베스터사, 그리고 철강의 US스틸사 등과 같이 다각화전략을 추구한 기업들이었다. 그러나 다각화되지 않고 단일 내지 소

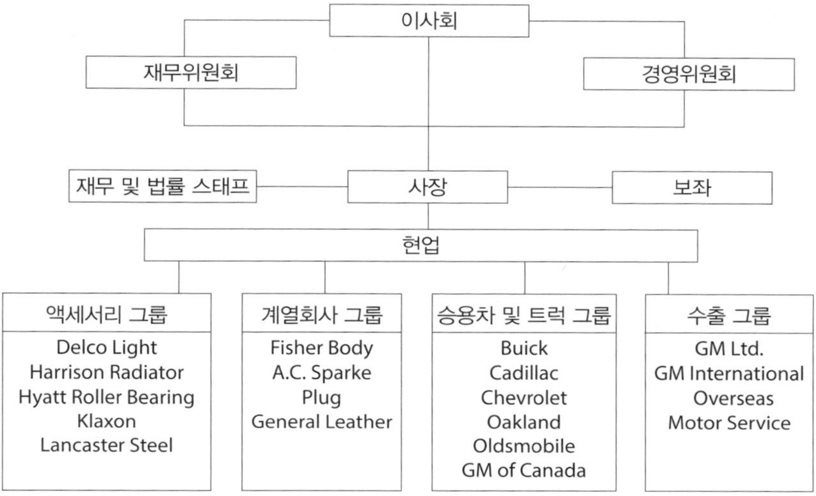

자료: Mansel G. Blackford and K. Austin Kerr, 1986: 288.

그림 6-4 GM의 분권적 관리조직(1924년)

수의 주력제품을 제조하여 단일시장에서 판매한 대부분의 산업기업에서는 집권적 복수기능부제조직이 유효한 조직으로 기능하였다. 다각화와 분권적 조직이 지배적으로 된 것은 1950~60년대에 이르러서였다.

4. 유통조직과 은행의 대형화

1) 유통조직의 변화

(1) 유통경로의 변화

교통통신수단의 진보, 인구증가, 도시화의 진전, 소득수준의 상승, 새로운 내구소비재를 포함한 다양한 제품의 다량생산에 수반된 대중소비시장(mass market)의 전개 속에서 유통조직은 구조적으로 변화하면서 대형화되었다. 많은 제조업기업은 자신이 생산한 신제품을 가지고 소비시장에 진입하여 브랜드를 창출하기 위한 전국적 광고계획을 추진하고 자사제품의 대량판매에 적합한 유통조직의 구축을 지향하였다. 한편 소매업자들은 한 가지 제품라인으로 전문화하든가 종합적 대규모 판매점을 전개하였다. 다양한 형태의 소매조직이 새로운 관리조직과 혁신적 광고기술을 가지고 이들 제품을 대량 유통·판매하였다. 각종 소매조직의 성장은 20세기 미국경제 변화의 중요한 요소의 하나였다.

각종 소매조직의 새로운 성장 속에서 여러 계통의 다양한 종류의 상품을 거래하던 전통적 도매상은 제1차 세계대전 이전에 급속하게 감소하여 그 지위는 크게 하락하였다. 그러나 그것이 도매경로를 통한 상품유통 총량의 감소를 의미하는 것은 아니다. 다만 상품이 제조업자에서 소매업자로 이동하는 경로가 변화한 것이다. 즉, 1920년대에 제조업자 자신의 판매지점, 대리업자 및 중매업자, 대형소매업자가 성장함에 따라 원래의 도매업자의 기반이 무너지면서 도매구조에 큰 변화가 나타난 것이다. 1929년 이후에도 도매업자는 도매업 순매출액의 40% 정도를 취급할 만큼 중요하였으나 그 속에서 재래의 구조는 소멸하고 전문도매업자가 성장하였다. 소매업에서의 커다란 구조변화에 의해서 도매업은 질적으로 변화하였다. 소매기업 규모가 거대화하는 속에서 마케팅 과정은 제조업자 - 소매업자를 중심으로 하는 방향을 지향하였다.

(2) 대형 소매업의 성장

① 백화점

대형 소매점인 백화점은 1900년까지 그 기반이 확립되었다. 백화점은 제조업자에게서 상품을 직접 구매하고 최종소비자에게 직접 판매함으로써 중간상인을 배제하였다. 백화점은 의류, 잡화 외에 다양한 신상품을 추가하고 대규모 광고와 가격인하로 판매를 촉진함으로써 상품재고

회전율을 높이면서 이익을 올렸다. 그들은 배달서비스와 불만상품의 반품보장 등 새로운 판매정책으로 시내에 산재하는 전문점의 영업영역까지 침투하였다.

백화점들은 상호간 및 다른 대형유통조직과의 경쟁에서 혁신적으로 대응하였다. 스튜워드는 최초로 여성고객 유인과 일부 상품의 제조업자로부터의 직접구입정책을 도입하였으며 워너메이커는 일련의 지점을 설립하고 신형광고의 도입에 앞섰다. 매시는 1900년까지 50개의 매장과 대규모 제조 및 배달 시설을 소유하였다. 사업규모의 확대에 따라 매시는 정보수집·조정·기획·의사결정을 더욱 효율적으로 하기 위한 조직개편을 하였다. 1905년에는 회계정보의 수집을 위하여 감사실을 설치하고 1914년까지 조업을 조언·감독하기 위한 2개의 위원회를 창설하였다. 경쟁 속에서 백화점은 1920년대와 1930년대를 통해서 소매업에서의 그들의 지위를 유지하였다. 도심지에 소재한 3~4층의 거대 백화점은 미국의 도시 대중소비시장의 상징이었다.

그러나 도시중심부의 증대하는 교통 혼잡, 교외 쇼핑센터의 성장, 다종 대규모 소매업의 성장은 독립적 백화점에게는 불리한 요소였다. 변화하는 시장조건에 백화점들은 적극 대응하였다. 백화점에 따라서는 여러 도시에서 백화점의 지배권을 매수하여 자신의 상호로 영업하였다. 그에 더하여 백화점은 교외지향에 맞추어 지점을 설치하고 할인소매업자에 대항하여 장식의 단순화와 서비스 제공의 최소화와 함께 격식에 구애받지 않은 할인목적의 새로운 판매점(outlets)을 설립하기도 하였다.

② 통신판매점

제1차 세계대전에 이르기까지 지방도시와 농촌시장을 기반으로 급성장한 통신판매점은 1920년대에는 경영전략을 크게 수정하면서 새로이 성장하였다. 자동차의 보급과 농촌의 쇠퇴, 도시의 성장이라는 시장조건의 변화로 상품목록에 의한 우편주문사업의 기반은 약화되고 있었다.

시장조건의 변화에 신속히 대응한 기업은 시어스 로벅사였다. 이 회사는 농민을 상대로 한 본래의 통신판매업무를 계속하는 한편 1925년에는 급속하게 확대되는 도시외곽시장을 상대로 소매점을 개설하여 그 수는 1929년에는 300개가 넘었다. 이 회사는 국내의 중·대도시에 소매점과 대규모 백화점을 개설하면서 확장하였다. 이 회사는 제조업자와 협동하는 새로운 경영전략으로 자사가 독자적으로 디자인한 고품질 상품을 소매점에 공급하였다. 이 회사의 소매점 매출액은 1929년까지 총매출의 40%에 이르고 10년 후에는 3분의 2를 차지하게 되었다.

통신판매업계의 선두주자인 몽고메리 워드사는 1925년에 최초의 소매점을 개설하고 시어스 로벅사와 같은 패턴으로 주요 소매점업자가 되었다. 그러나 이 회사는 새로운 시장조건에 시어스 로벅사와 같은 적극적 대응을 하지 못하였다. 이 회사는 농촌시장과 소도시시장 중시전략을 계속 추구한 반면, 확장계획을 적극 추진하지 못함으로써 지위가 크게 저하하였다. 몽고메리 워드사의 매출액은 1950년에는 주 경쟁사인 시어스 로벅의 2분의 1 이하로 떨어졌다. 시장변화에 대한 적응능력의 차이가 경영실적에 큰 차이를 가져온 것이다.

③ 연쇄점

대도시와 성장하는 도시교외시장에서 대형 백화점과 그 지점이 성장한 데 비해 중소도시시장에서는 연쇄점이 성장하였다. 그 두드러진 사례로는 어느 현금판매 백화점 체인으로 출발하여 거대상인이 된 페니(James Cash Penney)의 연쇄점이 있다. 그는 1902년 와이오밍 주의 켐머러(Kemmerer)에서 직물·의류판매점을 개점하였다. 첫해에 약 3만 달러의 매출을 올린 그는 소도시에 점포를 개설하면서 확장하였다. 그 결과 점포수와 매출액은 1917년에는 71점포, 360만 달러, 그리고 1923년에는 475점포, 6,200만 달러나 되었다. 그는 1930년대 중반에는 1,400점포를 소유하였으며 그중 많은 점포는 시어스 로벅과 몽고메리 워드 그리고 대형 백화점의 영업영역을 침범하였다. 페니는 시어스 로벅의 전략을 역으로 추구하여 우편주문 부문을 개설하였다.[10]

식품잡화 연쇄점업계에서는 A&P사가 20세기 최초의 20년 동안에 상품범위를 확대하면서 사업을 전국적으로 전개하였다. A&P사는 제조업자와 식품가공업자에게서 직접 구매하여 박리다매하는 한편 시용 및 배달서비스 정책으로 성공하였다. 한편 이 회사는 1912년에 개점한 현금·무 배달 방식의 아울렛(outlets)이 큰 성공을 거두자 전담부문을 신설하여 전국적으로 점포를 설립하였다. 다량판매로 구입가격과 판매가격을 낮춤으로써 판매량은 증가하였다. 이 회사의 아울렛은 1925년에는 전국적으로 1만 4,000개에 달하였다. 그 후 이 회사는 그들 아울렛을 4,000점으로 줄이고 종래의 차 전문 점포들을 다종 상품을 갖춘 셀프서비스의 식품잡화 수퍼마켓으로 전환하였다. 이 회사는 고유의 식품가공 공장을 가지고 고유의 상표명으로 판매하였다.

잡화 연쇄점부문에서는 울워드가 사업을 크게 확장하였다. 1911년에 그는 318개 점포를 가지고 다른 5개 그룹과 공동으로 울워드사(F.W. Woolworth Co.)를 설립하여 596개 아울렛을 전개하고 5,200만 달러의 매출을 올렸다. 1913년에 50층의 뉴욕 본사 빌딩을 개관한 울워드사는 1960년까지 국내에서 2,500점포를 전개하고 영국, 캐나다, 멕시코에도 사업을 전개하였다. 울워드사의 성공에 자극되어 다른 잡화 연쇄점들도 출현하였다.

대규모 드러그 스토어(drug store) 연쇄점은 20세기에 들어서 출현하였다. 1909년에 월그린(Charles Walgreen)이 시카고에서 설립한 드러그 스토어 연쇄점은 그가 사망한 1939년 시점에는 500점포, 7,000만 달러의 매출을 올렸다.

연쇄점을 통한 대량유통은 20세기 초의 소매부문을 지배하였다. 연쇄점은 특히 약품, 신발, 부인기성복, 보석, 기타 제품에서 많았다. 동시에 연쇄점그룹 내부에서도 집중이 진전되어 6대 기업이 백화점, 잡화, 식품잡화, 약품 분야에서의 연쇄점 판매를 주도하였다. 연쇄점은 슈퍼마켓 발전의 선구였다. 연쇄점 판매의 우위는 1960년대에 할인점(discount stores)이 다수 출현하면서 위협받게 되었다.

④ 대형매장의 출현

도시교외로의 확장, 자동차의 보급, 연쇄점과 백화점의 증가는 도심지에서 떨어진 곳에 쇼핑센터와 쇼핑몰의 출현으로 이어졌다. 최초의 쇼핑센터는 1922년에 캔자스시티에서 니콜스사(J.C. Nichols Company)에 의해서 건립되었다. 그것은 후에 전국적으로 전개된 쇼핑센터의 모델이 되었다. 쇼핑센터는 1~2개의 백화점, 다수의 연쇄점과 특약매점으로 구성되고 넓은 주차공간을 가지고 있었다. 지역에 따라서는 넓은 공간을 입지로 건설된 쇼핑몰은 소매상점만이 아니라 아이스링크, 음악당, 식당, 영화관 등과 장소에 따라서는 호텔까지 갖춘 지역생활의 중심이었다. 많은 백화점 연쇄점이 쇼핑몰을 건설하거나 금융지원을 하였다. 매시백화점은 5개 쇼핑센터를 완전소유하고 다른 3개 쇼핑센터의 주식 절반을 가지고 있었다.

⑤ 소규모 유통업의 존속

백화점이나 연쇄점 등 새로운 형태의 대규모 소매점이 성장한 한편에서 재래의 소규모 소매조직은 타격을 받고 쇠퇴하였다. 그러나 그들 조직이 소멸한 것은 아니다. 특히 소매업의 경우 도시에서는 이웃가게(neighborhood stores) 그리고 농촌에서는 만물가게(general stores) 등 소규모 상점이 존속하였다. 1929년에 도매업자 수는 16만 8,000사였는데 그 고용인원은 160만 명이었다. 소매점당 평균 고용인원은 10명 이하였던 것이다. 특히 소매업에서는 150만의 소매점이 570만 명을 고용하여 한 소매점당 고용인은 3명을 약간 웃돌 정도였다. 지역사회에 뿌리 내린 소규모 상점의 편의성이 규모상 불리함에도 불구하고 그들의 존속을 가능

하게 하였다.[11]

2) 은행의 대형화

(1) 중앙은행제도의 도입

20세기 초 미국은행제도의 발달에서 중요한 것은 중앙은행인 연방준비제도(Federal Reserve System)가 창설되었다는 것이다. 1913년에 창설된 이 제도는 워싱턴에 연방준비국을 설치하여 금융 전반의 감독권을 행사하고 중요한 정책을 결정하도록 하였다. 이 제도는 당연직인 현직 재무장관 및 통화관리관 외에 지역적으로 선출되어 대통령이 임명한 5명의 이사들로 구성되었다.

그러나 이 제도는 단일 중앙은행으로 창설된 것이 아니라 보스턴, 뉴욕 등 12개 지역에 설치한 연방준비은행으로 구성되어 있었다. 지역의 연방준비은행은 당해지역 은행들에 의해서 소유되었다. 각 지역의 모든 국법은행은 그 지역 연방준비은행(FRB)의 회원은행으로 되고 주법은행도 회원으로 참가할 수 있었다. 지역 연방준비은행의 이사회는 9명으로 구성되었다. 그중 3명은 중앙의 연방준비이사회에서 지명하고 나머지 6명은 지역의 회원은행이 선출하였다.

연방준비은행은 '은행의 은행'이었다. 이 은행은 가맹은행에 대해서 어음재할인, 환어음매매, 정부증권담보대부 등의 업무를 수행하는 한편 공채와 단기상업어음의 예탁을 담보로 연방준비은행권(Federal Reserve Bank Note)을 발행하였다. 어음이 만기가 되면 이 은행은 자신이 발행한 은행권으로 환불을 받았다. 이렇게 해서 연방준비은행권의 발행액은 상업어음의 발행액과 맞먹고 또한 상업어음의 발행액은 기업의 통화수요와 맞먹었다. 이 은행권은 모든 공과금의 납부수단으로 이용되었다. 연방준비은행은 발행고의 40%의 금과 예금액의 35%의 합법화폐를 준비로 보유할 의무가 있었으며 은행권은 태환이 가능하였다. 이 은행은 경기동향에 따라 통화공급을 탄력적으로 조절하는 한편 정부의 금융대행기관으로서의 기능도 수행하였다. 연방준비은행의 역할이 커지면서 주법은행과 신탁은행의 가맹도 급속하게 확대되었다.

(2) 은행의 성장

미국의 은행은 1900~20년에 급성장하였다. 이 기간에 상업은행 수는 3,000개에서 9,000개로 3배나 증가하였다. 물가상승으로 은행대부보증자산 가치가 상승하면서 은행업은 수익성이 높은 사업이었으며 은행가의 사회적 지위는 높았다. 1910~20년에 미국의 상업은행 총자산은 192억 달러에서 447억 달러로 2.3배나 증가하였다.

그러나 1920년대에는 은행 파산이 잇따라 발생하고 매년 수백의 은행이 소멸하였다. 1921~29년 9년간 파산한 은행은 5,411개나 되었다. 파산은행 대부분은 자산이 100만 달러 이하의 소규모 지방은행이었으나 대규모 국법은행도 있었다. 이 시기의 은행파산의 물결은 부분적으로는 1900년 이후의 급속한 은행팽창의 반동으로 발생한 것이었다. 은행은 아무리 작은 촌락에서도 설립되었으며 한 지방소도시는 은행이 3~4개나 있다고 자랑할 정도였다. 1920년대 도시화의 진전에 따라 은행 수는 감소하였다. 특히 농촌지역에서는 고가이던 대부저당토지가의 하락으로 많은 은행이 문을 닫았다.

미국의 은행제도는 대공황기에 총체적인 붕괴위기에 직면하였다. 1930~33년에 8,812개 은행이 일시지불정지를 하지 않으면 안 되었는데 그의 절반은 금융공황의 최고 시점인 1933년에 발생하였다. 연방준비은행은 지불능력의 확보 이외의 다른 관심을 가질 여유가 없었다.

후버 대통령은 초기에는 민간기구의 설립으로 은행 간의 상호원조를 하도록 하였으나 효과는 한정적이었다. 1931년 하반기에 은행파산의 제2파가 발생한 가운데 1932년에는 부흥금융공사(Reconstruction Finance Corporation, RFC)가 설립되었다. RFC는 은행구제를 위하여 20억 달러를 전대하고 10억 달러의 은행주를 매수하였다. 그것에 의해서 많은 은행, 특히 대은행이 파산을 모면하게 되었다.

최악의 금융공황 국면에 등장한 루스벨트 대통령은 뉴딜(New Deal)의 금융입법으로 1933년에는 긴급은행법(Emergency Banking Act)과 글래스-스티걸은행법(Glass-Steagall Bankig Act) 그리고 1935년에는 은행법(the Banking Act)을 제정하여 정부자금의 주입과 연방준비은행의 회원은행에 대한 통제권의 강화로 은행의 안정과 은행에 대한 고객의 신뢰회복을 도모하였다.

이들 입법에 기초하여 은행제도의 안정화를 위한 예금보험제도가 도입되고 그것은 오늘날까지 계속되는 영속적 제도로 확립되었다. 예금보험제도의 실행기관은 재무성과 연방준비은행의 출자로 설립된 연방예금보험공사(Federal Deposit Insurance Corporation, FDIC)였다. 연방준비은행의 모든 회원은행은 물론 기타 은행도 이 예금보험제도에 참가하지 않으면 안 되었다. 그 결과 1971년에는 모든 상업은행이 예금보험적용은행으로 되었다. 보증된 예금액은 최초의 5,000달러에서 1950년에는 1만 달러, 그리고 1969년에는 2만 달러로 인상되었다. FDIC는 은행예금의 신용을 확보할 뿐만 아니라 조사 및 감독권 행사로 소규모 은행의 업무기준의 향상을 유도하는 데도 기여하였다. 일련의 제도적 안정장치로 1933년 이후 은행은 안정을 회복하였다.[12]

〈표 6-2〉에서 보는 바와 같이 계속 증가해온 상업은행의 자산액은 대공황기에는 저축·대부조합과 함께 크게 감소하였다. 생명보험회사와 상호저축은행은 자산의 증가추세가 계속되었으나 주요금융기관 총자산은 감소하였다. 감소한 자산액이 증가추세로 반전한 것은 상업은행의 경우 1939년에 이르러서였다. 금융기관의 자산은 대공황 이전과 이후의 장기간에 걸쳐 크게 증가하였으며 특히 1950년 이후의 증가는 현저하였다. 1950~70년에 대부분 금융기관의 자산은 약 3배 증가하였으며 저축·대부조합은 10배나 증가하였다.

표 6-2 주요 금융기관의 자산총액 추이 (단위: 100만 달러)

연도	상업은행	생명보험회사	저축 · 대부조합	상호저축은행	총계
1910	19,226	3,876	932	3,690	27,725
1920	46,664	7,320	2,520	5,840	62,324
1925	57,475	11,538	5,509	8,025	82,547
1930	61,985	18,880	8,829	10,540	100,234
1935	52,338	23,216	5,875	11,173	92,602
1940	72,799	30,802	5,733	11,981	121,315
1950	168,932	64,020	16,893	22,385	272,230
1960	257,552	119,576	71,476	40,571	489,355
1970	576,242	207,252	176,183	78,995	1,038,674

자료: R.M. Robertson, 1973: 501-502.

금융공황 속에서 상업은행은 크게 감소하였다. 그 후 은행은 새로 출현하기도 하였으나 합병과 흡수, 해산 또는 파산으로 많은 은행이 소멸하였다. 1934년에 1만 5,000개던 상업은행 수는 1954년에는 1만 4,000여 개로 감소하였다. 1960년대에는 다수의 은행이 신설되었으나 기존 은행의 합병으로 수적으로는 감소하였다. 그러면서도 은행 수는 1970년 말에도 1만 3,688개나 되었다.

(3) 은행의 집중

금융공황 이후 은행은 집중경향을 나타내었다. 은행집중은 지점 설치, 그룹화, 체인화, 대규모화라는 형태로 진전되었다. 주법은 은행의 지점 설립을 금지하거나 본점 소재 도시나 같은 주에 한해서 허가하였다. 지점 설립에 대해서는 연방법도 주법과 마찬가지로 제한적이었다. 은행이 독립 내지 단일 형태로 다수 존재해왔다는 미국적 전통은 계속 이어졌다. 그러나 단일형태의 은행이 금융거래에서 차지하는 비중은 저하하였다. 〈표 6-3〉에서 보는 바와 같이 지점을 가진 은행은 1920년 이후 꾸준히 증가하였다. 그 증가는 특히 1950년대 이후 두드러졌다. 그 결과 1970년엔 지점을 가진 은행은 은행 총수의 3분의 2에 이르고 미국 은행

표 6-3 지점은행의 증가 추이

연도	지점운영 은행 수	지점 총수	본점 소재 도시 내 지점 수	본점 소재 도시 외 지점 수
1900	87	119	25	94
1920	530	1,281	773	508
1930	751	3,522	2,391	1,131
1940	954	3,525	1,602	1,923
1950	1,404	5,056	2,211	2,845
1960	2,523	10,702	4,288	6,414
1970	4,294	22,508	7,991	14,607

자료: R.M. Robertson, 1973: 493.

자산의 70% 이상을 차지하게 되었다. 이 시기에 이르러 미국은 단일은행의 원칙을 고집하지는 않았다.

은행의 집중은 그룹화와 체인화를 통한 복합은행(multiple banking) 형태로도 진전되었다. 이러한 형태는 지점 설치를 주 경계 내로 제한하려한 법적 제약을 회피하려는 의도에서 나타난 것이다. 은행그룹은 지주회사조직 하에 복수은행이 존재하는 형태로 복수의 주에서 영업할 수 있는 것이었으나 실질적으로는 지점 설치가 금지된 주에서 지점제도에 대신하는 것이었다. 은행체인은 그룹과 유사하였으나 개인 내지 이사겸임제도를 통해서 행사되는 복수의 독립적 법인은행에 대한 지배라는 점에서 다른 것이었다. 체인은행은 주요은행을 중심으로 형성되었다.

복합 형태의 은행은 1933년 이후 나타났으나 크게 성장한 것은 1950년대와 1960년대이다. 그 결과 1970년 말에 복합은행지주회사는 산하에 1,000행의 상업은행을 지배하고 미국 상업은행예금 총액의 16%를 점유하였다. 한편 체인은행은 1962년에는 상업은행 총수의 17.5%(2,300행), 그리고 총예금액의 19%를 차지하였다.

거대은행에 의한 집중도 있었다. 미국 최대의 은행인 아메리카은행(Bank of America)은 샌프란시스코에 본점을 두고 300억 달러 이상의 고객예금이 있었다. 그것은 12개 연방준비지구 중 6개 지구에서의 회원은행 총예금액보다 크고 다른 2개 지구에서의 그것과 같은 금액이었다. 뉴욕퍼스트내셔널시티은행(First National City Bank of New York)과 체이스맨해튼은행(Chase Manhattan Bank)의 예입금도 250억 달러 이상이었다. 그러나 전체적으로 볼 때 특별한 은행집중 경향이 있었던 것은 아니다. 100대 은행이 차지한 총예입금의 비율은 1923년의 33%에서 1935년에는 55%로 된 후 일시적으로 하락하였다가 1940년에 58%로 상승하였다. 그러나 그것은 제2차 세계대전 시에 크게 하락한 후 1950년대에 46% 수준으로 되었다.[13]

(4) 은행의 산업지배

은행의 산업지배는 1920년대와 1930년대에는 약화되었다. 그 원인의 하나는 제도적인 것이었다. 무엇보다도 1914년에 제정된 클레이턴독점금지법(Clayton Anti-Trust Act)은 독점적 지위를 높이기 위한 주식매수와 이사겸임제도를 제한하였다. 또한 뉴딜의 금융입법으로 제정된 1933년의 글래스-스티걸은행법과 증권법(Securities Act)은 상업금융과 투자금융을 분리하여 증권의 공공제공을 제한하였다. 특히 증권법은 주식거래업자의 등록과 완전한 금융정보의 제공, 그리고 회사임원의 개인지주의 공개를 요구하였다. 정부는 증권산업에 대한 규제와 함께 통일기준을 제공하였다. 이들 제도의 도입으로 금융기관의 비금융기관, 특히 제조업기업에 대한 지배는 재약되었다.

다른 하나의 보다 중요한 원인은 이 시기에 비금융기관, 특히 제조업기업의 자기금융능력이 강화되었다는 것이다. 20세기 미국의 비금융회사로서 2대 자본조달원은 증권발행과 자기금융(감가상각충당금과 유보이익금)이었다. 특히 20세기 전반기에 기업은 자본조달원천을 외부보다도 내부에서 찾았다. 자본축적이 진전되는 속에서 그들 기업은 대규모의 유동성(현금과 공사채)을 보유하고 외부차입금에의 의존을 기피하였다. 1913~22년 거대 산업기업의 자기금융은 자본조달의 60%, 그리고

1957~65년에는 66%를 차지하였다.[14] 대기업에 대한 자본시장과 은행의 영향력은 크게 후퇴하였다.

금융기관의 상업기업에 대한 영향력은 제2차 세계대전 후의 장기적 번영, 특히 1960년대의 호황 속에서 증대하였다. 번영의 지속과 인플레이션의 진행이 예상되는 속에서 기업은 적극적으로 투자를 확대하였다. 그 결과 기업의 투자지출은 현금수입규모를 초과하게 되고 기업의 유동성비율은 급격하게 악화되었다. 기업은 확장에 필요한 외부자본을 많은 경우 은행에서 조달하였다. 1966~74년에 상업은행의 대부는 비금융회사가 조달한 자금의 22%를 제공하였다. 1974년에 은행신탁부문은 발행증권 총액의 26.9%(1,710억 달러)를 소유하였으며 10대 은행은 전 신탁부문 자산의 32.2%를 소유하고 있었다.[15]

상업은행, 투자은행 및 증권회사의 기업금융은 급증하였다. 상업은행 자산이 금융기관 총자산에서 차지하는 비율은 특히 연금기금과 투자은행의 투자확대로 저하의 길을 걸었다. 그러나 금융기관은 모든 소득계층의 저축관리자로 되었다. 대기업에 대한 오너 내지 경영자지배는 제도화된 형태의 금융지배가 가속됨에 따라 제약되었다.

3) 다국적기업의 전개

(1) 다국적기업의 발흥

미국 제조업에서의 다국적기업화의 선구는 재봉기의 싱어사(I.M. Singer &Company)의 해외사업이었다. 1860년대에 들면서 싱어사는 캐나다, 멕시코, 카리브 해 및 중남미지역으로는 현지의 독립적 중간상인을 통해서 수출하는 한편 영국에는 직영영업소를 설립하여 유럽대륙 대부분과 아시아, 아프리카, 대양주로 관할지역을 확대하면서 영업하였다. 싱어사는 해외 판매망 구축과 함께 1867년에는 글래스고에 조립공장을 건설하여 현지생산을 시작하였다. 1870년대에 글래스고의 공장은 3개로 되고 캐나다와 뒤이어 오스트리아에도 조립공장이 건설되었다. 싱어사는 1874년에는 해외사업에서 발생한 매출액이 총매출액의 절반을 차지할 만큼 국제화되어 있었다. 싱어사는 1882년에 글래스고 근교에 최신 공작기계설비를 갖추어 본국에 있는 최대공장과 맞먹을 만큼의 생산능력을 갖춘 근대적 공장을 건설하였다. 이렇게 해서 싱어사는 1880년대에 세계적 범위의 판매망과 본격적인 제조공장을 가진 다국적기업이 되었다.[16]

싱어사의 경험에서 전형적으로 볼 수 있는, 국내에서의 전국적 판매조직의 구축 → 현지상인을 통한 수출 → 해외직영판매점 설립 → 해외제조공장의 건설이라는 해외 진출 패턴은 초기의 미국 제조업기업의 다국적기업화 과정에서 공통적으로 나타난 특징이었다. 미국기업은 신제품, 새로운 제조방법, 그리고 새로운 판매 및 광고기법으로 해외비즈니스에 적극 진출하였다.

1890년대 초까지 다국적기업이 된 회사는 금속가공공업에서는 증기기관의 볼드윈(Boldwin Locomotives)사, 금전등록기의 내셔널 캐시 레지스터사(National Cash Register Company), 농업기계의 인터내셔널 하베스터사(International Harvester Company), 타자기의 레밍턴사(Remington Company), 엘리베이터의 오티스엘리베이터사(Otis Elavator Company) 등이 있었다. 전신전화, 조명, 기계설비를 포함한 전기산업에서는 GE가 설립(1892) 당초부터 합병 2사의 기존의 해외사업기반 위에서 다국적기업화하였으며 웨스팅하우스사(Westinghouse Electric Company)도 국제 비즈니스에 진출하여 1889년에는 런던에 같은 이름의 회사를 설립하였다. 약품 조제, 필름, 폭약을 포함한 화학공업에서는 듀퐁사와 이스트맨 코닥사(Eastman Kodak) 등이 있었다. 알루미늄의 알코아사(Aluminum Company of America, Alcoa), 담배의 아메리칸 타바코사(American Tobacco Company, ATC), 석유의 스탠더드석유회사들도 일찍부터 해외사업에 진출하였다.

금융부문에서는 이퀴터블(Equitable), 뉴욕(New York), 뮤츄얼(Mutual)의

3대 생명보험회사가 1880년대까지 해외사업을 전개하였으며 은행으로는 내셔널시티은행(National City Bank)이 1914년에 최초로 해외에 지점을 설립하였다.

다국적기업은 농업부문에서도 일찍부터 출현하였다. 그 두드러진 사례는 유나이티드 프루트사(United Fruit Company)의 사례에서 볼 수 있다. 1889년에 설립되어 쿠바에서 사탕수수농장을 시작한 이 회사는 급속하게 사업을 확대하여 카리브 해 지역 및 중남미 일대에서 85만 에이커의 토지를 보유하고 바나나를 비롯한 열대과실 재배와 가축사육을 하였다. 이 회사는 광범하게 산재한 기업왕국 내의 신속한 통신의 필요에서 라디오 네트워크운영 자회사를 설립하고 철도 건설과 함께 미국과 유럽 시장에의 생산물수송용 선단을 소유하였다. 이 회사의 투자액은 1억 9,000만 달러에 달하였다.[17]

선구적 기업들이 일찍부터 다국적기업화하였음에도 불구하고 미국 기업의 해외 진출은 상대적으로 늦었으며 지역적으로도 한정적이었다. 1914년 미국의 대외투자액은 35억 달러(GNP의 7%)였는 데 비해 미국에 대한 외국인투자액은 72억 달러나 되었다. 국가별로 보면 미국의 대외투자 규모는 영국, 프랑스, 독일에 미치지 못하였다. 한편 형태별로 보면 투자의 대부분이 미국의 경우 직접투자인 데 비해서 외국의 대미투자는 증권투자였다.

미국의 대외직접투자는 지역적으로는 캐나다, 멕시코, 카리브 해 지역, 중남미 등 미주에 집중되어 있었으며 유럽, 아시아, 아프리카의 비중은 작았다. 미국은 캐나다에서는 제조업에 가장 많은 투자를 하였으나 미주의 여타 지역에서는 광산, 석유, 농업 등 1차 산업과 공익사업 및 철도에 대한 투자가 대부분이었다.[18]

19세기 말~20세기 초는 미국이 제국주의적 대외팽창을 한 시기였다. 1898년의 미·스페인전쟁(Spanish-American War)으로 미국은 하와이와 필리핀을 영유하여 태평양 세력으로 등장하고 라틴아메리카에 대해서는

1904년의 '루스벨트계(Roosevelt Corollary)' 노선의 연장선상에서 지배영역을 확대하였다. 미국은 라틴아메리카에 대한 배타적 영향력을 장악하면서 이 지역에 대한 직접투자를 확대하였다.

(2) 다국적기업의 성장

미국의 대외직접투자는 제1차 세계대전 후의 1919~29년에 38억 8,000만 달러에서 75억 5,300만 달러로 2배나 증가하였다. 이 시기에 미국의 투자는 캐나다와 라틴아메리카에서 영국에 앞서고 아시아와 아프리카에서도 확대되었다. 특히 주목되는 것은 미국의 대유럽직접투자가 1920년대에 2배나 증가하여 캐나다 및 라틴아메리카에 대한 투자와 맞먹을 규모로 되었다는 것이다.[19]

앞에서 본 바와 같이 미국은 제1차 세계대전을 거치면서 세계의 주요 채권국으로 전환하였다. 1920년대는 미국경제가 크게 번영하고 기업도 두드러지게 성장한 시기였다. 그 속에서 미국의 다국적기업은 세계적 차원에서 수와 사업규모 및 범위를 확대하면서 성장하였다.

일찍부터 다국적기업 활동을 전개해온 미국의 주요기업들은 1920년대에 사업규모를 크게 확대하였다. 그 두드러진 사례를 몇몇 산업에서 보자. 먼저 전기산업의 최대기업 GE는 1919년까지에는 유럽, 캐나다, 라틴아메리카, 아시아에서 공장을 운영하고 있었으며, 1920년대에는 자회사를 통해서 해외주식자산을 매수하면서 사업을 확장하였다. GE의 세계적 범위의 해외투자규모는 1927년의 2,400만 달러에서 1930년에는 1억 1,160만 달러로 팽창하였다. GE은 특히 영국과 독일의 대규모 전기회사주식을 상당 정도 보유하고 있었다. GE의 해외비즈니스는 세계적 범위에서 제조공장을 가진 다국적기업 RCA사(Radio Corporation of America)의 주식을 소유함으로써 더욱 확대되었다.[20]

한편 이 시기에 처음으로 해외사업에 진출한 자동차산업에서는 3대회사(Big Three)를 중심으로 다국적기업 활동이 광범하게 전개되었다. 그 선두기업은 포드사였다. 포드사는 제1차 세계대전 직후부터 1920년대를 통해서 유럽을 비롯하여 캐나다, 라틴아메리카, 일본, 터키, 오스트레일리아, 인도, 스리랑카, 말라야, 남아프리카 등지에 조립공장을 건설하면서 해외사업을 확대하였다. 포드사는 1928년에는 런던 근교에 대규모 제조공장을 건설하였다. GM은 영국의 복스홀(Vauxhall)사와 독일의 오펠(Opel)사를 매수하고 캐나다에 공장을 건설하면서 세계 규모에서 조립사업을 전개하였다. 크라이슬러(Chrysler)사는 캐나다와 유럽을 중심으로 해외사업을 전개하였다.

타이어산업에서는 파이어스톤(Firestone), 굿이어(Goodyear), 굿리치(Goodrich), 유에스 러버(U.S. Rubber) 등 주요 회사들이 해외의 기존 공장을 확대하는 한편 유럽을 비롯한 여러 나라에서 공장을 건설하였다.

석유산업에서는 스탠더드 석유계의 회사들이 다국적기업 활동을 주도하였다. 그중에서 세계 최대의 뉴저지스탠더드석유회사는 영국과 스페인의 석유회사를 매수하는 한편 유럽 각국에서 정유공장을 소유하고 광대한 마케팅조직을 개발하면서 활동을 확대하였다. 기타 식품가공, 공공사업, 광산개발에 대한 미국의 해외투자도 크게 확대되었다.

이 외에도 많은 산업기업이 해외사업에 진출하거나 기존의 해외 사업기반을 확대하였다. 해외에 직영영업점을 설치하여 유럽에 사무기기를 판매해온 IBM과 레밍턴사는 1920년대에 각각 영국, 프랑스, 독일에 공장을 건설하였다. 일찍부터 국제비즈니스에 진출한 이스트맨 코닥사는 1929년까지 유럽, 캐나다, 오스트레일리아에 제조공장을 가지고 세계 각국에 있는 영업점을 통해서 판매하였다. 식품가공부문에서는 스위프트(Swift)사와 콘 프로덕츠(Corn Products)사 등이 다국적기업이 되었으며 공공사업에서는 1920년에 설립된 ITT사(International Telephone and Telegraph Corporation)가 1925년에 웨스턴 일렉트릭사의 해외 자회사를 매수하면서 거대 다국적기업이 되었다.

미국의 다국적기업 활동을 주도한 산업은 신산업이었다. 미국의 유명

상표 내지 브랜드 상품을 가진 기업, 차별적 신제품을 가진 기업 그리고 선진 마케팅 방법을 이용한 기업들은 유럽의 경쟁국에 비교우위를 가지고 국제비즈니스를 전개하였다. 그렇지 못한 경우 실패하는 기업도 많았다.

다국적기업 활동에는 환경조건도 중요하였다. 멕시코와 러시아 혁명, 특히 전자는 미국의 투자가에게 큰 손실을 주었다. 제1차 세계대전 후에는 민족주의가 고양하는 속에서 외국자본의 투자제한과 투자기업에 대한 지배권 방지를 목적으로 한 입법 등 각종 규제가 도입되었다. 다국적기업 활동은 현지의 환경조건에 적응하면서 전개되지 않으면 안 되었다. 한편 국내적으로는 연방정부가 세법개정, 해외투자에 대한 상업적 내지 법적 정보의 제공, 외교적 협상 참가 등으로 기업의 해외투자를 지원하였다.

대공황기는 다국적기업의 성장이 크게 감속한 시기였다. 심각한 경제침체, 높은 관세장벽 그리고 블럭경제화가 세계적으로 확산되는 속에서 국제무역과 대외투자는 크게 위축되었다. 제2차 세계대전이 가까워지면서 해외투자의 위험은 증대하고 다국적기업 활동의 전망도 비관적으로 되었다. 사실 대전 중 미국의 대외투자가 GNP에서 차지하는 비중은 최저인 3.4% 이하였다. 석유산업에서는 해외사업이 확대되고 기업 수도 증가하였으나 그것은 예외적인 사례였다. 다국적기업이 활기를 되찾고 새로운 차원에서 급성장한 것은 제2차 세계대전 이후였다.

5. 정부와 기업

1) 혁신주의의 시대적 배경

혁신주의(Progressivism)는 20세기 초두에 미국에서 대두한 사회개혁이념을 지칭한다. 그것은 자본주의 체제를 유지하면서 경제적 기회의 평등을 회복하고 개개인으로 하여금 공정한 보수를 유지할 수 있도록 개혁해야 한다는 사고였다. 그것은 공업화에 따라 발생한 사회적 불공평과 대기업에의 경제력 집중으로 개개인의 권리나 자유가 압박되는 현실에서 불공평을 해소하고 개인의 기회를 회복하기 위한 개혁의 요구였다.

1870년대~20세기 초에 공업화가 심화되는 속에서 미국경제는 GNP, 1인당 국민소득, 인구 등 모든 면에서 크게 성장하였다. 산업노동자의 생산성도 상승하고 농업생산량도 증가하였다. 기업도 성장하면서 거대화하였다. 경제와 기업이 전체로서 성장하는 속에서 산업노동자의 실질임금의 상승은 상대적으로 낮은 수준에 머물렀고 농가소득도 상승하지 못하였다. 이러한 현실에서 노동자와 농민은 자신들이 한 노동의 정당한 대가를 보상받지 못하고 있음을 자각하고 그 원인은 고용주나 회사, 은행, 트러스트, 철도의 횡포에 있다고 믿었다. 농민은 조합 내지 동맹을 조직하고 노동자는 전국노동조합과 노동기사단을 중심으로 연방정부의 철도규제, 누진소득세 도입, 8시간노동제 실시, 여성노동자임금의 동등화, 이민제한 등의 정책을 요구하였다. 특히 노동조합은 단체교섭권을 요구하여 과격한 운동을 전개하였다.

불평등이 심화되고 소외계층의 불만이 분출되면서 기업의 폐해에 대한 비판여론과 공공이익의 구현을 위한 개혁요구는 커지고 있었다. 엘리(Richard T. Ely)를 비롯하여 독일 역사학파의 영향을 받은 젊은 경제학자들은 1880년대 이후 고전파경제학자들의 '경제인' 가설과 자유방임주의를 거부하고 국민경제의 건전한 발전을 위한 정부의 역할을 강조하였다. 공공이익의 가치는 리프만(Walter Lippmann)과 크롤리(Herbert Croly)와 같은 정치철학자와 사회학자에 의해서도 강조되었다. 이러한 사고방식은 정부-기업관계에 충격을 주었다.

'혁신주의'가 대두하는 속에서 '공공이익의 우선성'을 주장하고 그 목적을 달성하기 위하여 정부의 힘을 이용한 것은 루스벨트(Theodore Roosevelt) 대통령(1901~1909년 재임)이었다. 혁신주의의 정책기조는 그 후 태프트(William Howard Taft: 1909~13년 재임)를 거쳐 윌슨(Woodrow Wilson) 대통령(1913~21년 재임)까지 이어졌다. '혁신주의시대'로 불리는 이 시기에 정부는 전통적 자유방임주의를 벗어나 규제정책을 도입하였다. 그것은 국민경제에서의 정부의 역할을 새로운 차원에서 인식하게 하였다는 의미에서 중요한 '혁신'이었다.

경제활동에 대한 연방정부의 간여는 혁신주의시대에 처음 나타난 현상은 아니다. 건국 초기의 연방정부가 해밀턴(Alexander Hamilton)의 주도하에 추진한 광범한 개혁정책은 정부 간여의 고전적 사례를 보여주는 것이었다. 그러나 뒤이은 제퍼슨(Thomas Jefferson)과 그의 민주공화주의자들은 '최상의 정부는 최소지배의 정부다'라는 신조로 자유방임주의를 표방하였다. 그 후 자유방임주의는 19세기를 통해서 지배적으로 되었다. 남북전쟁 이전에는 회사법, 세법, 은행법의 당국으로서 기업 발전에 직접 영향을 준 것은 연방정부가 아니라 주정부였다. 연방정부는 주로 대법원의 판정을 통해서 주간(州間)통상, 계약, 과세권 등의 문제에 대한 연방정부의 권위를 유지하였다. 그러나 남북전쟁과 그 후 기업활동이 주 경계를 넘어 확대됨에 따라 연방정부에 의한 규제가 필요해졌다. 기업의 리더들은 기업활동의 지방주의적 제약에서 벗어나기 위하여, 그리고 기업 비판자들은 주정부의 규제력보다 커진 대기업의 규제를 요구하였다. 연방정부의 기업규제는 새로운 탄력을 얻게 된 것이다.

2) 정부의 기업규제

(1) 기업규제일반

연방정부의 기업규제는 철도, 금융, 은행, 식품·의약품, 세제, 트러스트 등을 중심으로 추진되었다. 그중에서 연방준비제도의 창설을 중심으로 한 금융규제에 대해서는 앞에서 고찰하였으므로 이하에서는 나머지 부분을 고찰하기로 한다.

철도서비스는 공공성이 큰 만큼 철도기업에 대한 규제는 1880년대부터 시작되었다. 혁신주의시대의 규제입법은 주간통상위원회(Interstate Commerce Commission, ICC)를 확대하고 ICC로 하여금 철도운임의 결정 내지 개정권을 행사하도록 하였다. 철도규제의 핵심은 운임문제였다. 거대 철도회사의 높은 운임은 일찍부터 기업이나 농민 등 화주들의 불만원인이었다. 1903년 규제입법은 철도 풀을 사실상 합법화하고 회사가 공표한 운임의 준수를 요구하는 한편 리베이트를 금지하였다. 이 법은 철도업자에게 유리한 한편 화주에게는 불리한 것이었다.

1908년 이후 설비개선투자의 필요 등을 이유로 철도회사들은 운임인상 요구를 강화하였다. 그것은 제조업자와 농민 등 화주들의 부담을 증대시키는 것이었다. 혁신주의시대의 철도규제체계는 1910년 맨-엘킨스법(Mann-Elkins Act)에 의해서 확립되었다. 이 법은 철도회사가 운임을 인상할 경우 그 필요성을 입증할 것을 요구하였다. 그것은 회사의 자의적인 임금인상을 통제한 것으로 화주에게 유리한 제도였다. 그 결과 운임은 객관적으로 결정되고 철도업자의 행동은 ICC의 감시를 받게 되었다. 이러한 운임결정시스템은 철도업자들에게는 불리한 것이었으나 그들을 19세기 말에서와 같은 치열한 경쟁에서 보호해주었다. 철도업자들은 정부규제를 수용하면서 ICC에 영향력을 행사하고 새로운 PR 기법으로 일반대중, 실업계, 정치인들에게 자신의 요구를 홍보하였다.[21]

식품·의약품에 대한 규제도 혁신주의시대에 시작된 중요한 것의 하나였다. 1906년의 순수식품·의약품법(Pure Food and Drugs Act)은 불순물을 혼합하거나 부당하게 표시한 식품 및 의약품의 거래를 금지하였다. 이 법은 법적 효과를 높이기 위해서 제품내용명시 의무조항을 두어 소비자로 하여금 양질제품과 불량제품을 식별할 수 있게 하였다. 또한 정부는 연방정부의 검사관으로 하여금 출하 이전 단계에서 식육을 검사하여 품질을 등급화하도록 함으로써 우량 정육업자와 식품가공업자를 보호하려 하였다. 그렇게 함으로써 정부는 소비자의 선택으로 불량품이 시장에서 도태될 것을 기대하였다. 정부에 의한 식품검사와 약품보장은 국내외에서의 공적 품질보장이 되어 유통을 용이하게 하였다.[22]

연방정부의 역할 증대에서 소득세의 도입은 중요하였다. 제1차 세계대전 이전에는 과세권은 연방이 아니라 주정부 이하의 자치단체가 가지고 있었다. 연방정부의 수입원은 수입세, 공유지매각수입, 주류소비세였고 이들 수입이 정부 지출을 상회하였다. 따라서 근대적 누진소득세제도의 도입에는 연방수입 증대의 필요성보다도 사회정의의 실현이라는 문제의식이 중요하였다. 소득세의 도입은 1895년에 시도되었으나 대법원의 위헌판결로 좌절된 후 1909년에 이르러 의회가 '사업을 영위하는 특권에 대한 소비세'라는 명분으로 회사소득세 부과를 승인하고 대법원도 회사소득세는 소비세이므로 위헌이 아니라고 판결하였다. 개인 및 회사 소득세는 1913년에 도입되었다. 개인소득세는 연 3,000달러 이상의 가계소득에 대해 1% 과세하는 것으로서 그 대상은 가계총수의 40%에 불과하였다. 그나마 소득세는 1920년대에는 공화당정권하에서 삭감되었다. 반트러스트 활동이 종식되고 연방정부 활동이 축소되면서 연방정부의 세수입도 감소하였다.[23]

(2) 독점규제

혁신주의시대의 규제정책에서 가장 큰 문제로 제기된 것은 반독점정책이었다. 독점기업의 횡포에 대한 비난이 커지는 속에서 1890년에 연방정부는 셔먼 반독점법을 제정하여 주의 범위를 넘어 사업하는 기업의 독점적 관행을 금지하였다. 이 법률에 의해서 스탠더드석유트러스트는 뉴저지주법에 의거한 지주회사로 전환하였다. 그러나 1890년대에도 연방정부는 대기업의 세계에서 전개되는 현실에 대해서 명확한 태도를 나타내지는 않았다. 한편 이 법 관련소송의 최종판정기관인 대법원에서는 1897년의 트랜스 미주리수송협회(Trans-Missouri Freight Association) 사건 소송에서 대다수 판사의 의견은 거래를 제한하는 모든 행위를 불법으로 보았다. 이에 대해서 화이트 판사(Justice White)는 '거래제한'은 '부당한 거래제한 계약'을 의미하며 '정당한 계약'의 경우는 이에 해당하지 않는다고 주장하였다. 이 소수의견이 아이러니하게도 뒤에서 보는 바와 같이 혁신주의시대의 반독점법 소송판결의 기준이 되었다.

반독점정책을 적극 추진한 인물은 루스벨트 대통령이었다. 그는 1904년의 선거유세 동안에 독점기업을 적극 소추(訴追)할 것을 공언하였다. 사실 그의 정부는 몇몇 대기업에 소장을 제출하였다. 그중에서 가장 중요한 것은 아메리칸 타바코사와 뉴저지스탠더드석유회사에 대한 것이었다. 이들 회사는 독점체의 기본형으로 인식되어 있었기 때문에 이에 대한 대법원의 판결은 셔먼 반독점법 하에서 규제의 정도를 나타내는 것으로서 주목되었다.

태프트 정부 하의 1911년 판결에서 대법원은 양 회사의 해산을 명령하였다. 판결의 근거는 양 사가 독점하려는 의지를 가지고 부당한 방법으로 독점력을 행사했다는 것이었다. 즉, 스탠더드석유트러스트의 경우 부당한 철도운임의 리베이트 획득과 가격경쟁으로 경쟁 정유회사를 매수함으로써 시장지배적 지위를 획득하였고 아메리칸 타바코트러스트도 가격경쟁으로 경쟁사를 굴복시키거나 매수 후 폐쇄하였다는 것이었다. 그 결과 스탠더드석유회사는 33개 사, 그리고 아메리칸 타바코사는 4개 사로 각각 분할되었다. 그러나 분할회사들은 강력한 과점체를 형성하였으며 고전적 의미에서의 경쟁이 회복되지는 못하였다.

반독점법으로 해산된 사례는 이들 2개 사뿐이었다. 대법원은 소송에 대한 판정기준으로는 '사리의 원칙(the rule of reason)'을 채용하였다. 그것은 불공정거래로 의도적으로 부당하게 시장을 지배하는 트러스트는 해체되나 그렇지 않은 트러스트는 그 대상에서 제외된다는 것이었다. 앞에서 본 1897년 소송에서 소수의견이던 화이트 판사의 주장은 이제 다수의견으로 된 것이다. 이러한 원칙을 적용할 경우 '의도적인 부당독점'의 존재 여부를 증명하기는 곤란하였다.

따라서 대부분의 대기업은 단순히 독점기업이라는 이유만으로 해체되는 일은 없었다. 예를 들어 태프트 정부는 US스틸사를 소추하였으나 1920년의 대법원 판결은 이 회사가 독점적 지배권을 행사할 힘도 의사도 없었다는 이유로 정부의 패소로 귀착되었다. 이 소송에서 맥케나 판사(Justice McKenna)는 이 회사가 시장점유율이 50%나 되는데도 불구하고 독점력을 갖지는 않았다고 주장하였다. 재판소는 기업 규모가 경쟁에 대한 잠재적 위협이 된다는 정부의 주장을 부정하고 단순한 규모와 독점력의 존재만으로는 유죄가 되지는 않는다고 주장하였다.

이제 서먼 반독점법은 본래의 역할을 수행할 수 없다는 것이 명백해졌다. 이법은 경쟁의 본질을 명확하게 하지 못하였으며 모든 독점행위를 규제하지도 못하였다. 의회는 기존 법의 애매함을 없애고 반독점에 대한 태도를 명확하게 하기 위해서 윌슨 정부 하의 1914년에 기존 법을 수정한 클레이턴독점금지법(Clayton Anti-Trust Act)을 제정하였다.

클레이턴독점금지법은 독점을 발생 전에 저지하기 위하여 경쟁기업 간의 이사겸임, 공급업자 간의 가격차별화, 공급자와의 배타적 판매계약, 매수 내지 결합을 금지하였다. 이 법률과 동시에 성립한 연방통상위원회법(Federal Trade Commission Act)에 의해서 설립된 연방통상위원회(Federal Trade Commission, FTC)는 정부가 임명한 5명의 위원으로 구성되어 클레이턴법을 강제하였다. FTC는 법률위반 사례가 발견되면 중지명령을 내릴 수 있었으며 이에 대해서 위반자는 연방재판소에 제소할 수 있었다.

클레이턴법은 경쟁을 강제하려는 정부의 힘을 강화하는 데 거의 도움이 되지 못하였다. 불법거래관행이 제소되면 재판소는 그 효과가 경쟁을 약화하는 것인지 또는 독점을 촉진하는 것인지를 판정하지 않으면 안 되었다. 1920년경까지 재판소가 거래를 제한한다고 판정한 유일한 관행은 독립적 생산자와 판매자 간에 존재한 명백한 공동모의였다. 한편 대기업의 '사리에 맞는' 독점관행 또는 '약한' 형태의 공동모의는 처벌대상이 되지는 않았다. 1926년의 한 클레이턴법 관련소송에서 재판소는 경쟁회사 매수제한규정은 주식매수에 한해서 적용된다고 판결하였다. 그것은 어느 기업이 다른 경쟁기업의 자산을 매수해도 위법이 아니라는 것을 의미하는 것이었다.

혁신주의시대 정부의 독점규제 노력은 실질적인 성과를 올리지는 못하였다. 더구나 1920년대에는 경제적 번영과 함께 대기업의 지위가 높아지는 속에서 연방정부의 규제권도 기업의 이해관계와 관심을 반영하는 경향에 있었다.

(3) 대공황기의 정부와 기업

대불황기에 정부는 경제의 회복과 부흥을 우선과제로 추진하지 않으면 안 되었다. 정부는 부흥금융공사(RFC)를 설립하여 은행 및 기업에 금융지원을 하는 한편 기업에는 생산과 고용을 유지하고 노동자에게는 파업을 자제하도록 권고하였다. 한편 경영자들은 대공황의 원인을 과잉생산으로 보고 생산과 소비의 균형을 목적으로 한 기업 간 협력이 법적으로 뒷받침된다면 경제회복은 촉진될 것이라고 주장하면서 그의 정책화를 각종 경제단체를 통하여 정부에 요구하였다. 이러한 주장 내지 요구에 대해서 후버 정권은 그것은 거대독점으로 이어지는 것이라 비난하고 자유방임적 경쟁정책을 고수하였다.

그러나 대공황은 자유방임적 경쟁정책으로 극복하기에는 너무나 심각한 불황이었다. 그 속에서 뉴딜정책은 등장하였다. 뉴딜정책은 정부의 정책방향을 자유방임에서 간여로 크게 전환하였다. 그것은 미국의 전통적 반독점정책으로부터의 이탈과 정부와 기업의 협력관계의 새로운 구축을 지향한 것이기도 하였다. 이러한 정책변화의 제도적 기반은 1933년 제정된 전국산업부흥법(National Industrial Recovery Act, NIRA)이었다. NIRA의 정책은 전국산업부흥국(National Recovery Administration, NRA)에 의해서 추진되었다. NRA는 제1차 세계대전기의 전시경제체제에서와 같은 정부-비즈니스의 협력관계를 재구축하여 경제위기를 극복하려 하였다. 정부와 비즈니스의 새로운 협력관계는 연방정부에 의한 기업활동의 계획화와 '공정경쟁규약(cordes of fair competition)'을 포함한 것이었다. NRA는 반독점법을 일시적으로 정지하고 연방정부의 관료와 업계단체를 대표하는 기업지도자가 협력하여 주요 산업기업으로 하여금 최저가격, 최저임금 및 생산할당을 보장할 적절한 규약을 작성하도록 하였다. NRA는 경쟁에 대신하여 정부의 합리적 계획으로 가격을 결정하고 중심기업과 주변기업을 모두 포함한 계획된 산업시스템을 구축함으로써 경제적 약자는 보호되고 경제는 자력으로 부흥하여 결과적으로 불황극복과 경제회복이 이루어질 것으로 기대하였다.

그러나 NRA의 전체적 노력은 오래 못 가서 좌절되었다. 공익을 위한 협동이라는 NRA의 이념은 위선이라는 비난을 받았고 이해관계가 대립하는 기업 간의 대국적 협동은 실현되기 곤란하였다. 가격고정에 대해서는 소비자도 반대하였다. 경영자와 노동자 간에도 분쟁이 발생하였다. NIRA는 노동조합화와 단체교섭권을 보장하였으나 경영자는 그에 반대하였다. 그 결과 파업은 빈발하였다. 경영자는 연방정부의 과도한 개입에 불만을 나타내기 시작하였다. 이러한 속에서 NIRA는 1935년에 위헌판결을 받아 그것이 추구한 정책은 좌절되었다.

정부는 중소기업 지원을 위해서 경쟁제한정책을 지속하였다. 그러기 위해서 1936년에 2개 법안이 제정되었다. 하나는 로빈슨-패트맨법(Robinson-Patman Act)이고 다른 하나는 반독점법 수정안이었다. 전자는 제조업자나 도매업자가 대규모 고객에 대해서 부당한 할인가격을 적용하는 것을 금지하여 중소기업을 판매가격상의 불리함에서 보호한다는 것이었다. 후자는 공정거래계약을 반독점법에서 제외하여 제조업자가 제품가격을 고정화함으로써 약소 소매업자의 이익을 보호한다는 것이었다. 한편 세력을 회복한 루스벨트 정권은 1937년에는 대규모의 과점기업에 대하여 반독점법을 적용하기 시작하였다. 이에 대해 재계는 크게 반발하였다. 정부의 독점금지정책은 실질적인 성과를 올리지는 못하였다. 더구나 새로운 독점금지정책은 제2차 세계대전기의 전시동원체제하에서 실질적으로 정지되었다.

한편 뉴딜의 노동정책은 1935년의 전국노사관계법(National Labor Relations Act)의 제정으로 획기적인 성과를 올렸다. 일명 와그너법(Wagner Act)으로 알려진 이 법은 노동자의 단결권과 단체교섭권을 보장하고 경영자로 하여금 단체교섭에 응하도록 요구하였다. 이에 경영자는 이 법이 위헌이라 주장하여 반대하였다. 경영자가 단체교섭협정에 서명한 것은 뒤에서 보는 바와 같이 격렬한 대규모 노동쟁의를 겪은 후인 1937년에 이르러서였다. 이 법에는 대법원도 합헌 판결을 내렸다. 그 후에도 경영자는 오픈숍의 원칙을 주장하면서 노동조합의 힘을 약화시키려 하였으나 대다수의 대량생산산업에서 노동자가 강력한 조합을 설립하는 것을 막지는 못하였다.

6. 노사관계

1) 초기의 노동운동

미국에서 노동운동이 경영자의 관심대상이 된 것은 남북전쟁 후에 직능조합(craft union)의 수가 증가하면서였다. 1864년 말까지 동부 여러 주를 중심으로 300개의 지방조합이 조직되어 조합원 수는 20만 명 정도였다. 1873년에는 전국적인 직능조합도 41개가 있어 조합원 수는 30~40만 명이었다. 이들 직능조합의 노선은 보수적이었고 주로 임금, 노동시간, 노동조건 등에 관심을 가지고 사회, 정치적 목적 추구는 배재하였다. 그러나 순수한 전국직능조합은 1871년의 불황기에 고유한 약점을 노출하였다. 6년간의 불황기에 크게 약화되면서도 생존한 것은 8개 조합에 불과하였다.

이 시기에 나타난 주목할 만한 것은 고용주에 대항할 강한 노동전선의 형성을 위하여 전 노동자를 단일조합에 결집하려는 움직임이었다. 그 결과 1866년에 결성된 것이 전국노동조합(National Labor Union)이었다. 이 조합은 몇몇 직능조합으로 구성된 지방조직의 전국연합으로 시작하여 점차 몇몇 전국직능조합을 산하회원으로 끌어들여 최성기에는 회원 수가 50~60만 명에 달하였다. 이 조합은 처음에는 순경제적 목적을 추구하여 분쟁의 조정을 강조하고 파업은 최후수단으로만 인정하는 온건노선을 취하였다. 그러나 이 조합은 8시간노동제 등 노동조건 개선 요구를 내세우면서도 점차 사회개혁을 지향하여 통화증발, 국립은행의 화폐독점 철폐, 생산 및 소비협동조합의 창설 등 정치적 강령을 내걸었다. 정치활동지향이 커지는 속에서 지방직능조합 간의 대립이 커지고 결국 이 조합은 1872년에 소멸하였다.

1870년대의 불황기에 조직적 노동운동이 대부분 소멸하는 속에서 조직을 확대하면서 1880년대에 걸쳐서 중요한 역할을 수행한 것은 노동기사단(Noble and Holy Order of the Knight of Labor)이었다. 1869년에 필라델피아의 양복장인조합이 다른 직종의 직능조합과 제휴하여 조직한 노동기사단은 우애적 유대로 결합한 비밀조직이었으며 그 목적은 노동자로 하여금 자신이 창출한 부의 정당한 몫을 차지하게 하고 그들의 노고를 덜어주고 곤란할 때에 상호부조를 한다는 데 있었다. 이 조직은 정치활동을 하지는 않았지만, 파업도 반대하고 궁극적으로는 생산협동조합에 의한 자치공장의 설립으로 자본주의하에서 임금제의 폐지를 지향하였다.

노동기사단은 1870년대를 거쳐 1880년대에 급성장하였다. 1879년에 이 조직은 비밀주의를 포기하였다. 1881년에 2만 명 정도이던 노동기사단의 조합원 수는 불과 5년 후인 1886년에는 75만 명으로 비약적으로 증가하였다. 초기에는 파업을 반대하던 이 조직이 강력한 철도기업에 대한 일련의 파업에 승리한 데 이어 8시간노동의 실현을 투쟁목표로 선언하자 조직에 대한 노동자의 신뢰는 증대하고 가입조합원 수는 격증하였다. 그러나 뒤이은 철도파업과 8시간노동 투쟁에 실패하자 노동기사단에 대한 노동자의 신뢰는 불신으로 변하고 그 위에 내부적 분열도 겹쳐 조합원 수는 1890년까지 10만 명으로 급감하였다. 노동기사단은 1917년까지 명맥은 유지하였으나 1900년 이후에는 사실상 소멸하였다.

노동기사단은 활동기간은 짧았으나 1860년대의 적극적 조합운동의 시대와 1890년대 이후의 전국적 조합연합의 시대와의 중간기에서 노동의 존엄성, 조직과 단결의 중요성을 강조함으로써 노동조합의 재조직과 새로운 기반의 구축을 주도하였고, 최초의 이민제한법 제정(1882), 하원상임노동위원회(1883)와 노동국의 설치(1884) 등에서 일정한 역할을 하였다.

2) 미국노동총동맹

19세기 말~1920년대에 노동운동을 주도한 것은 미국노동총동맹(American Federation of Labor, AFL)이었다. AFL은 1881년에 인쇄공, 유리제조공, 철강노동자, 주형공, 담배제조공 등의 지방적 직능조합의 전국적 연합으로 조직된 노동조합연합이 1886년에 노동기사단을 탈퇴한 노동자들이 전국조합으로 설립한 미국노동자연합과 합동함으로써 설립된 조합이다. 초대의장 곰퍼스(Samuel Gompers)는 그 후 반세기에 걸쳐 AFL의 노동운동을 주도하였다.

비숙련노동자를 배제하여 숙련노동자로 조직된 AFL이 추구한 노선은 직접적인 정치활동을 배제한 순수한 조합주의였다. 즉 AFL은 조합의 승인, 단체교섭, 노사협약의 체결 등을 요구하고 노동시간의 단축, 임금인상, 노동조건의 개선으로 노동자의 생활수준의 향상을 지향하였다. AFL은 처음부터 조합비를 징수하고 기금을 적립하여 조합원의 질병이나 사망 시에 급여를 지급하는 등 공제조합의 기능을 하였다.

AFL은 20세기에 들어 급성장하였다. 1898년에도 25만 명에 머물던 조합원은 1904년에는 160만 명, 1914년에는 200만 명, 그리고 제1차 세계대전이 끝날 무렵에는 400만 명에 달하여 전 노동조합원 수의 80%를 차지하게 되었다. 20세기의 최초 20년 동안 세 차례의 불황기가 있었으나 전체로는 경제활동이 확대되어 공업산출성장률은 높고 인플레이션이나 실업문제는 크지 않았다. AFL은 곰퍼스와 스트래서(Adolph Strasser) 등의 주도로 호황기에 구체적인 성과를 올리고 정당정치에 직접 참여하지 않으면서 필요한 입법을 실현하기 위한 운동을 전개하였다. 그러기 위해서 AFL은 선거에서 노동자에게 유리한 공약을 내건 정당을 지지하는 정책을 채용하면서도 영국과는 달리 노동자 정당을 결성하거나 특정정당에 대한 공식적인 지지약속도 하지 않았다. 그 결과 AFL은 경영자에게서 널리 인정을 받고 중산계급에게서도 지지를 받았다.

AFL은 기본적으로 동일직종 노동자의 직능조합으로서 강한 유대를 가지고 고용주에 대한 경제적 투쟁을 효과적으로 수행할 수 있었다. 그러나 가입조합의 직종이 다양화됨에 따라 노동조합의 관할권을 둘러싼 분쟁이 다발하고 협동행위의 기반도 약화되었다. 또한 기계화와 급증하는 이민으로 비숙련노동자가 숙련노동자를 대체하였다. AFL은 내부의 조직문제에 대해서는 동일원료를 사용하는 조합의 합동으로 대응하였다. 1915년까지 AFL에는 28개의 순수한 직능조합에 대해서 합동조합은 100개 정도 있었다.

그러나 산업에 따라서는 직능조합원리로는 포섭될 수 없는 부문이 있었다. 광산, 항만, 숙련공 대신 기계화된 대량생산공업 등에서는 오히려 산업별 조합이 적합한 조직으로 나타났다. AFL은 1902년에 연합광산노동조합(United Mine Workers)의 설립승인을 비롯하여 1915년까지 5개의 산업조합을 산하에 두었다. 또한 AFL은 1908년에는 건축, 금속, 철도산업 부문에서 전국조합연합을 조직하였다. AFL은 타협과 혁신으로 환경변화에 적응할 수 있는 조직창출을 시도하였다.

AFL은 1891년 이래 고용조건, 분쟁해결 절차, 합의사항의 실행과 개정 등을 포함한 노동협약을 고용주와 체결하였다. 1898~1904년에 조합주의가 성장함에 따라 문서화된 노동협약은 주요한 직종과 산업에서 일반적으로 되었다.

노동기사단이 붕괴된 후에 거의 소멸된 전투적 산업별 노동조합주의가 새로운 움직임을 보인 것은 20세기에 들어서였다. 1905년에 급진적 사회주의자들의 지도하에 시카고에서 세계산업노동조합(Industrial Workers of the World)이 조직되었다. 이 조합의 지도자들은 노사 간의 계급의식과 투쟁을 강조하고 총파업, 불매운동, 태업 등 할 수 있는 모든 행동을 주장하였다. 이 조합은 동부 섬유산업 파업을 성공적으로 주도하고 북서부의 광산 및 제재업에서의 쟁의를 주도하여 세간의 주목을 끌었으나 크게 성장하지는 못하였다. 이 조합은 전성기인 1916년에도 7만 명을 넘지 못하고 결국 1929년에 소멸하였다.

3) 노사관계

노동조합운동의 성과는 장기의 투쟁을 통해서 이루어졌다. 고용주는 노동조합의 세력증대는 개인재산의 권리와 제도를 위협하는 것으로 인식하고 노동운동에 대해서는 단호하게 비타협적 태도를 취하였다. 그 속에서 1870년대 이후에는 노사 간의 대립이 격화되고 노동쟁의가 다발하였다.

이 시기에 발생한 대규모의 격렬한 쟁의로는 1877년의 철도파업에서 시작하여 1886년에는 노동기사단이 주도한 시카고 지역에서의 총파업, 1892년 카네기 홈스테드제철공장에서의 임금인상요구 파업, 그리고 1892년에는 철도차량제조회사인 풀맨사(Pullman)에서의 인원 및 임금삭감반대 파업 등이 있었다. 격렬한 쟁의행위는 폭동으로까지 이어졌다.

고용주들은 노동파업에 대해서 직장폐쇄, 노동스파이 및 파업파괴 요원의 투입 등 강경수단으로 대응하였으며 심할 때는 지방경찰이나 군대까지 진압에 동원하였다. 재판소도 파업을 위법행위로 보고 파업중지명령에 따르지 않은 조합지도자를 투옥하였다. 그 속에서 이들 파업은 실패하였다.

제1차 세계대전 시에 노동조합은 세력을 회복하였다. 전시생산력 증강을 위해서 정부는 노동조합의 협력을 약속받는 대신 전국 제조공장에서 남녀노동자를 조직화할 권리를 부여하였다. 정부는 노사 간 분쟁을 적극 조정하고 사용자의 반 조합정책을 금지하였다. 노동조합은 약한 입장에서 벗어나 새로운 발전이 기대되었다. 그러나 그 기대는 실현되지 못하였다. 1919년에 AFL이 1일 8시간, 1주 48시간 노동을 요구하여 주도한 주요 철강회사의 파업이 철강업자들의 강력한 저항으로 실패로 돌아간 것을 계기로 대량생산산업에서의 노사관계는 전쟁 이전상태로 되돌아간 것이다.

경영자들은 전국적 규모의 동업자단체를 조직하고 노동조합의 공세에 협동하여 대항하였다. 가장 유명한 단체는 1895년에 설립된 전국제조업자협회(National Association of Manufacturers)였다. 이 협회는 1903년에서 제1차 세계대전까지 직업적 반조합주의자들의 주도하에 활동하였다. 고용주들은 독립적 노동조합이 고용 및 해고의 제한, 기계도입 반대, 도제제도의 제한, 클로스드숍의 제도화 등에 의해서 사용자 측의 기본권이 침해되고 있다고 믿고 조합을 공격하였다. 그들은 법정투쟁, 밀정투입, 감시 대상 명단 작성, 황견계약(yellow-dog contract) 체결 등을 추진하고 파업에 대해서는 앞에서 본 바와 같이 모든 방법을 동원하여 강경 대응하였다.

고용주는 노동조합에 대해서 비타협적인 자세로 임하면서 다른 한편에서는 후생복지제도와 산업민주주의를 병용하여 접근하였다. 그것은 노동자를 위한 주택제공, 교육, 의료, 종교 및 휴양시설 운영, 경영참가, 이익분배계획, 퇴직연금 지급 등 광범위한 것이었다. 그것은 대기업 노동자의 인간관계의 상실에 대한 대책의 일부로 나타난 것이기도 하였으나 한편 노사 간의 과격한 대립이 가져온 부산물이기도 하였다.

고용주는 임금이나 노동시간 등 기본적 사항에 대해서 단체교섭을 집단적으로 요구하는 독립노동조합에 대해서는 대결자세를 가지면서 다른 한편에서 개별기업 내의 회사조합에는 온정주의적 후생복지정책으로 종업원의 충성심을 유발하려 하였다. 그러나 이러한 정책은 대기업에 한정되어 있었으며 중소기업에서의 노사관계는 철저히 적대적이었다.

고용주의 강온양면정책은 노동조합활동의 저지라는 소기의 목적달성에는 상당한 효과를 올린 것으로 평가되고 있다. 초기에 활발하던 AFL의 활동도 진정되었다. AFL은 제1차 세계대전 중에 세력을 급신장하였으나 조합원 수는 1920년대를 통하여 감소하였다.

1920년대의 노사관계는 협조적이었다. 그러나 그것은 대등한 관계가 아니라 어디까지나 온정주의를 기반으로 한 것이었다. 그 속에서 노동자는 넘어서는 안 될 한계가 있었다. 고용주는 클로스드숍에 반대하여 업계단체를 이용하여 오픈숍의 선전과 함께 노동자의 외부 노동조합 가입을 저지하고 후생복지제도를 확대하면서 회사조합에 가입하도록 노력하였다. 1919~24년에는 약 500사에서 회사노동조합이 설립되었다. 회사조합가입자 수는 1928년에는 150만 명을 넘었다. 1920년대에는 노동조합원 수도 500만 명선에서 300만 명으로 감소하고 파업 건수도

1885년 이래 최저를 기록하였다.[24]

협조적 노사관계는 대공황의 도래와 함께 무너지게 되었다. 심각한 불황과 높은 실업률 속에서 기업에 대한 신뢰는 떨어지고 노동조합에 대해서는 여론은 동정적으로 되었다. 연방정부는 1930년대 초의 법으로 노동쟁의금지명령의 발동을 금지하였다. 그리고 정부는 1933년에 뉴딜의 전국산업부흥 입법의 한 조항으로 노동자의 단체교섭권을 승인하였다. 그 속에서도 다수의 고용주는 외부의 노동조합과 관계를 맺으려 하지 않고 노동자의 회사조합에의 편입을 요구하였다. 이에 단체교섭권 획득에서 전진을 본 노동조합은 대항하였다. 파업과 소송은 크게 증가하였다. 노동자는 1935년의 전국노사관계법(National Labor Relations Act), 일명 와그너법(Wagner Act)에 의해서 외부간섭 없는 단체교섭권을 최종적으로 보장받았다. 노동자의 조합화는 큰 자극을 받았다.

노동조합화의 법적 환경이 크게 개선되면서 AFL 내부에서는 자동차산업 노동자의 조직방법을 둘러싼 대립이 발생하였다. 통합광산노동조합 의장인 루이스(John L. Lewis)와 AFL의 의장 그린(William Green)은 자동차산업에서의 산업조합조직을 지지하였다. 결국 루이스와 몇몇 유력한 노동조합 간부들은 AFL을 탈퇴하고 산업별조직위원회(Committee for Industrial Organization)를 설립하여 루이스를 의장으로 조직화를 추진하고 신회원을 보충하였다. 통합자동차노동조합(United Automobile Workers, UAW)은 1936년에 이 위원회에 가입하였다. 2년 후에 이 위원회는 산업조합회의(Congress of Industrial Organization, CIO)로 되었다. 이에 AFL를 중심으로 통합적으로 수행되던 노동운동은 분열되어 CIO와의 2대 조직체제로 되었다.

CIO는 1936년 말에서 1937년에 걸쳐 GM과 크라이슬러사에서 공격적 파업을 강행하여 전면적 승리를 거두었다. 즉, 양 회사는 종래의 반대 입장을 포기하여 CIO의 지부인 UAW를 노동자를 위한 배타적 단체교섭조직으로 수용한 것이다. 1937년 초의 CIO와 US스틸사 간의 화해의 성립은 조직노동자의 대승리를 의미하였다. 이 회사는 노동조합을 단체교섭기관으로 승인하고 노동조합의 요구를 거의 모두 수용하였다. 노동자의 조직화를 때로는 폭력적으로 강력하게 반대하던 포드자동차사도 1941년에 이르러 결국 조합협약을 수용하였다. 대량생산산업에서의 노동조합화운동은 1930년대 말까지 계속되어 대부분의 산업에서 강력한 조합이 설립되었다. 제2차 세계대전 직전에 미국의 노동조합 가입자는 870만 명을 넘었다. 그것은 비농업노동자의 15.8%에 해당하는 것이었다. 이제 노동조합은 정부, 기업과 함께 사회의 3대 대항세력의 하나가 되었다.

7장

영국 대기업의 전개

1절 경영환경

1. 양차대전 중간기의 영국경제

1) 제1차 세계대전의 경제적 충격

제1차 세계대전은 영국의 무역과 산업에 큰 충격을 주었다. 대전에 이르기까지 영국은 상대적 지위의 하락에도 불구하고 최대의 공업국이었으며 주요 산업제품인 면제품, 철강, 중기계, 선박 등은 전 세계로 수출되었다. 한편 영국은 세계 최대의 수입국이기도 하였다. 영국의 공업생산은 수입한 원료에 크게 의존하고 있었다. 특히 전통적으로 최대 수출산업이던 면공업은 원면을 전량 수입하였다. 한편, 식료품 수입은 국내수요의 3분의 2를 차지하였다. 100년 전 나폴레옹전쟁기의 '대륙봉쇄'의 현대판이 재현된 가운데 1918년 영국의 수입과 수출은 1913년에 비해 각각 27%와 63%가 감소하였다. 이 당시 무역의 위축은 세계적 현상이었으나 특히 영국의 수출산업은 더 큰 타격을 받았다.

전쟁으로 말미암아 영국의 해외자산도 큰 손상을 입었다. 영국은 세계 최대의 해운국가이며 자본수출국이었다. 해운서비스 수입과 대외투자 이자수입은 영국의 만성적 무역수지적자를 보전하고도 남을 정도의 '보이지 않는 수출'의 성과였다. 독일의 잠수함('U보트') 공격으로 영국 해운업은 큰 손실을 보았다. 영국의 상선 총톤수는 1914~18년에 2천만 톤에서 1,636만 톤으로 감소하였다.

한편 영국의 해외투자자산도 감소하였다. 정부는 크게 팽창한 전쟁비용의 지출을 위하여 증세(增稅)를 하고, 절약장려와 함께 거액의 '전쟁채권'(국채)을 발행한 한편 해외자산을 매각하였다. 전시에 영국은 장기해외 투자자산의 10%를 순매각하였다. 그에 더해서 적국(敵國)과 혁명을 거친 러시아에 몰수된 자산은 영국의 해외투자 총액의 4~5%에 이르렀다. 미국을 중심으로 영국이 지급해야 할 대외전쟁부채는 전쟁배상금 수입을 크게 웃도는 금액이었다.

전쟁은 국내 산업자산에 직접적 피해를 크게 주지는 않았다. 서유럽 대륙 제국과는 달리 영국은 국토가 전쟁터가 되지는 않았기 때문이다. 그것은 그 자체로서는 다행한 일이었으나 전후의 산업발전이라는 관점에서 볼 때 반드시 유리한 것만은 아니었다. 왜냐하면 전쟁물자 공급확대를 위한 전시의 설비투자 확대가 전후에는 설비과잉문제로 나타나고 그것이 설비 근대화에 장애요인이 되었기 때문이다. 자본장비가 대대적으로 파괴된 서유럽대륙 제국의 산업이 최신 설비를 도입하면서 급속하게 전후 부흥을 이룩한 반면, 영국산업은 그러하지 못하였다.

그러나 전쟁의 충격은 산업에 따라 차이가 있었다. 정부는 전쟁수행목적을 위하여 국력을 총동원할 수 있는 복합적인 경제통제 시스템을 도입하였다. 물자와 인력의 유효한 이용을 위하여 임금과 물가는 통제되었다. 특히 특별한 권한을 가진 군수성(ministry of munitions)을 창설(1915)하여 가용자원을 군수물자 생산부문에 집중하였다.

주요 산업으로서 전시통제체제로 큰 타격을 입은 산업은 면공업이었다. 면공업은 전시 특수수요도 없었을 뿐만 아니라 수출 길도 막히고 원면 확보도 곤란하였다. 이미 설비과잉 상태에 있던 면공업은 면공업통제국(Cotton Control Board)의 통제하에서 기업마다 할당된 양을 배급된 원면으로 생산하였다. 일본과 인도의 면공업 성장으로 영국 면제품의 수출시장은 크게 잠식되었다.

한편 전시의 특수수요를 배경으로 철강, 금속, 기계, 조선, 석탄 등의 산업은 설비투자를 확대하면서 급성장하였다. 특히 강(鋼)의 생산능력은 50%나 증가하였다. 그러나 이러한 설비투자는 당면한 생산증대를 위하여 낙후된 기존 설비의 연장선상에서 이루어진 것이었다. 석탄증산(增産)도 이미 개발되어온 한계적인 탄광까지도 이용함으로써 이루어졌다. 이러한 성격의 설비확충은 한시적인 전쟁 특수수요가 소멸되어 대신할 수요확대가 없을 경우 노후시설의 과잉이라는 문제로 될 수 있는 것이었다.

농업도 전시에 번영을 누렸다. 농업은 보호되고 장려되었다. 그 속에서 목장의 경지로의 전환과 곡물증산이 유도되었다. 농업임금도 상승하였다. 정부는 특히 자작농육성정책의 일환으로 토지소유에 대한 중과세와 높은 상속세를 도입하였다. 그 속에서 지주의 토지가 매각되고 자작농은 증가하였다. 자작농지의 비율은 1913년 10.7%에서 1927년에는 36%로 상승하였다.

4년간이나 수행된 전쟁은 영국경제에 큰 과제를 남겼다. 무엇보다도 군수산업은 평화산업으로 전환되지 않으면 안 되었다. 그 속에는 산업시설의 노후화 문제도 있었다. 전쟁기의 미증유의 호황으로 미국의 산업은 생산력을 크게 확장하였고 일본 공업도 급성장하였다. 한편 영국은 전쟁으로 파괴·분단된 국제경제관계를 정상회복하면서 수출, 해운 및 해외투자에서의 지위를 회복하지 않으면 안 되었다.

2) 양차대전 중간기의 경제과정

(1) 1920년대의 불황과 회복

전쟁 종결 직후의 영국경제는 전쟁의 연속선상에서 단기의 호황을 누렸다. 물가는 상승하고 수출은 1918년의 5억 3,200만 파운드에서 1920년에는 15억 5,700만 파운드로 3배 가까이 증가하였다. 영국의 수출규모는 1948년까지 1920년의 수준을 넘지 못하였다. 호황 속에서 실업도 감소하였다.

그러나 호황은 단기간에 끝나고 1920년대로 들면서 본격적인 전후공황이 발생하였다. 물가하락과 함께 실업이 증대하고 임금이 하락하면서 1919년에는 노동쟁의가 빈발하였다. 1921년에 수출은 8억 1,000만 파운드로 감소하였다. 같은 해에 실업자는 200만 명을 넘어 실업률은 15.6%나 되었다. 1922년 이후 수출은 증대하여 1924년에는 9억 4,100만 파운드로 되고 실업률도 9.1%로 감소하였다. 그러나 실업은 양차 세계대전 중간기를 통해서 최대의 국내 문제로 되었다.

전후공황의 요인으로 전시경제의 평화경제로의 전환에 수반된 고유한 곤란과 산업의 대응력 부족, 복원(復員)군인의 취업과정에서 단기적 실업의 발생 등 국내경제적 요인들도 있었지만, 특히 국제경제적 요인이 중요하였다. 즉 전시에 파괴되거나 왜곡된 국제경제질서가 정상으로 회복되고 영국의 수출이 증대되지 않으면 안 되었다. 전시의 특수수요가 소멸한 상태에서 생산력을 크게 확장한 산업으로서는 그에 대신할 확대된 수요를 찾아야만 하였다. 그러기 위해서 수출확대가 필요하였다.

영국의 수출확대에는 불리한 조건들이 있었다. 전후공황은 영국만이 아니라 전 유럽적 현상이었다. 유럽은 공전의 초인플레이션으로 통화가치가 매우 불안정하였다. 통화가치가 안정을 되찾을 때까지 경제회복은 지연되었다.

영국에서는 디플레이션 정책이 도입되어 경제침체가 심화되었다. 영국은 해외투자의 가치를 회복하고 세계금융상의 우위를 회복하기 위하여 전시에 하락한 파운드화의 가치를 전쟁 전 수준으로 인상, 복귀하였다. 영국은 디플레이션적 조정을 거쳐 1925년에 금본위제로 복귀할 수 있었다. 그러나 그것이 결과한 경제적 손실도 컸다. 균형예산을 유지하기 위하여 국민은 높은 과세부담을 져야 했고, 고평가된 통화가치는 산업의 수출경쟁력을 약화시켰다.

영국으로서는 전시에 상실한 수출시장의 회복은 용이하지 않았다. 전쟁 수행으로 영국의 수출 여력이 감퇴한 틈을 타서 미국과 일본은 각각 중남미와 극동지역의 영국시장을 잠식하였다. 영국 제품을 수입하던 인도라든가 중남미제국의 공업성장도 영국의 수출시장을 감소시켰다.

영국경제는 1920년대 초 이래 완만한 회복과정을 거치면서 1925년에는 확대국면에 들어갔다. 유럽경제는 더욱 급속한 회복을 하였다. 세계무역이 확대되면서 영국의 수출점유율도 높아졌다. 그렇다고 해서 영국의 경제상태가 크게 개선된 것은 아니다. 영국의 수출은 1925년 9억 2,700만 파운드에서 1929년에는 8억 3,900만 파운드로 감소하고 세계무역에서의 지위도 낮아졌다. 국내경제활동은 확대되었으나 실업률은 1929년에도 10.4%로 높았다.

세계무역이 회복되고 수출도 증가하였지만 면, 석탄, 기계, 조선 등 전통적 수출주력산업은 전쟁 전의 수출시장을 회복하지 못하여 만성적 불황상태를 벗어나지 못하였다. 따라서 이들 산업의 집적지역인 잉글랜드 북동부, 웨일스 남부, 클라이드 및 랭커셔 남부 등에서의 실업상태는 심각하였다.

반면 자동차와 전기 등 많은 신공업은 1920년대에 번영하였다. 이들 산업은 동력원으로 전력을 이용하였으므로 산업입지로는 탄광지대를 벗어나 대도시시장에 인접하고 생활편의가 더 나은 미들랜드 남부와 런던 근교를 중심으로 발전하였다.

(2) 대공황과 영국경제

회복과정을 걸어온 영국경제는 1930년대에 들면서 심각한 불황으로 반전되었다. 1929년 가을 미국에서 발생한 대공황은 국제무역에 크게 의존하던 영국경제를 곧바로 공황으로 몰아넣었다. 1929~31년에 영국의 공업생산은 16% 감소하고 1930년 말에 실업자는 250만 명에 달하였다.

실업률은 1931년의 21.3%에서 1932년에는 22.1%로 상승하고 1933년에도 20%나 되었다.

수출은 급감하고 수입은 급증하였다. 전통적으로 자유무역정책을 고수해온 영국에는 외국상품이 자유롭게 들어올 수 있었는 데 반해서 높은 관세장벽으로 보호된 외국시장으로의 수출은 불리하였다. 이러한 조건에서 국내 산업은 큰 타격을 입었다. 또한 시티의 국제금융과 관련된 불안으로 국내에 들어온 외국자본이 철수할 뿐만 아니라 국내 자본마저 국외로 유출되었다. 잉글랜드은행의 금 준비는 단시일에 2억 파운드나 감소하고 1931년 9월에는 금 보유량이 1.3억 파운드로 격감하였다.

위기 상황에 직면하여 정부는 1세기 가까이 고수해온 자유방임주의를 포기하고 보호주의로 전환하였다. 우선 1931년에 금본위제를 이탈하여 과감한 평가절하를 하였다. 그 후 파운드화의 가치는 40% 하락한 수준에서 안정되었다. 그 결과 1925년에 금본위제로 복귀하면서 파운드화 가치를 실제보다 높은 수준에 고정함으로써 곤란을 겪은 영국경제는 수출조건이 호전되면서 회복으로 반전되었다.

뒤이어 영국은 보호관세제도를 도입하였다. 영국은 1932년에 일반보호관세를 규정한 수입관세법(Import Duties Act)을 제정하는 한편, 오타와협정(Ottawa Agreement)에 의해서 영연방제국과는 제국특혜관세로 자유무역관계를 유지하였다. 자유무역의 최후 보루이던 영국이 보호주의로 전환함으로써 세계무역체제는 분단되어 블럭화되고 세계무역은 위축되었다. 그 속에서 영국무역은 회복되기 시작하였다.

수출의 호조와 보호정책은 정부의 개입으로 추진된 합리화와 산업재구축정책과 함께 공업에 큰 자극을 주었다. 공업성장은 수출증대 수준보다 높았다. 1930년대 최고의 경기회복 시점인 1937년에도 영국의 수출은 경상가격으로 아직도 1913년 수준에 미치지 못하였으나 공업생산은 3분의 2나 증가하였다. 공업생산은 1929~37년에는 25% 증가하고 공황을 거치면서 1932~37년에는 70%나 증가하였다.

양차대전 중간기에 영국경제는 1920년대 초의 불황과 30년대의 대공황을 거치면서 불안정한 과정을 걸어왔다. 일부 산업은 극심한 침체를 경험하였고 실업률도 10% 이하로 떨어지는 일은 없었다. 아이러니하게도 실업률이 3.1%로 극적으로 떨어진 것은 제2차 세계대전이 발발하면서였다. 실업률은 특히 정체산업지대에서 높았고 계속되는 과격한 노동소요로 사회적 불안은 커져갔다.

그러나 전체적으로 볼 때 이 시기는 경제적 정체기는 아니었다. 국민소득은 1913~37년에 37.5%, 1인당 소득은 23% 이상 상승하였다. 그것은 제1차 세계대전 이전의 20년간보다 높은 증가율이었다. 소득증가는 1920년대보다 대공황기인 1929~37년에 더욱 급속하였다.[1]

대공황기의 공업생산의 두드러진 확대는 수출의존도가 높은 구공업에 대신하여 성장하는 국내시장에 기반을 둔 신공업이 성장한 결과였다. 수요 측면에서 볼 때 불황기의 물가하락에도 불구하고 취업상태에 있는 노동자의 화폐소득은 별로 떨어지지 않아 실질소득은 상승하였다. 특히 중산층의 소득은 상승하였다. 그 속에서 소비패턴은 신공업에서 생산되는 다양한 종류의 새로운 소비재중심으로 변화하였다. 한편 공급 측면에서는 신공업은 '제2차 산업혁명'기 기술혁신의 성과를 올리기 시작하고 그것이 국내수요에 뒷받침되면서 독립적인 발전기반이 되었다.[2] 1930년대 영국의 경제회복은 공업구조의 큰 변화에 뒷받침된 것이었다.

2. 산업 변화

1) 정체산업

전간기 산업 변화의 양상에는 어둠과 밝음의 양면이 있었다. 어두운 면은 전통적 주력산업인 면(綿)을 중심으로 한 섬유, 철강, 석탄, 대형기계,

조선 등 구공업이 쇠퇴하였다는 것이며, 밝은 면은 자동차, 전기기기, 화학 등 신공업이 성장하였다는 것이다.

구공업은 1914년에 이르기까지 영국의 경제발전을 주도한 기간산업이었다. 그것은 영국의 수출주력산업으로 그 제품은 전 세계로 수출되고 필요한 원료도 전 세계에서 수입되었다. 구공업을 생산력 기반으로 영국은 '세계의 공장'으로 세계시장을 주도할 수 있었다.

그러나 영국의 전통적 주력산업은 전간기에 쇠퇴하였다. 제1차 세계대전기에 급팽창한 후 심한 불황을 겪으면서 1937년까지 회복 국면으로 들어간 철강공업은 예외적인 경우였다. 이 시기에 전통적 주력산업이 쇠퇴한 원인으로는, 산업에 따라 차이는 있으나, 다음의 세 가지를 들 수 있을 것이다.

첫째, 세계의 공급조건이 변화하였다는 것이다. 전시(戰時)에 영국 수출이 수축된 틈을 타서 여러 나라에서 공업화가 진전되어 영국 제품에 대한 수입대체만이 아니라 수출까지 하게 됨으로써 영국의 수출시장은 압박을 받게 되었다. 그 위에 여러 나라의 보호관세도 대공황 이전까지 자유무역하에 있던 영국산업에는 불리하였다.

둘째, 이 시기의 기술혁신으로 새롭고 복잡한 원료조합법이 개발되어 공업생산이 부가가치가 높은 새로운 종류의 자본재 및 소비재 생산으로 집중됨으로써 원료를 비롯한 전통적 제1차 산품 공급자의 소득이 낮아졌다는 것이다. 그들의 구매력 저하는 특히 영국의 전통적 주력산업으로서는 심각한 문제였다. 왜냐하면 1913년의 영국 공업제품 수출의 약 40%는 제1차 산품의 수출국으로 수출되었기 때문이다.

셋째, 합성섬유, 석유, 전기 등 새로운 대체재와 원료의 이용 확대로 말미암아 전통적 산업의 곤란이 가중되었다는 것이다.

전통적으로 영국의 수출산업으로 가장 중요한 것은 면공업을 중심으로 한 섬유산업이었다. 1913년에 섬유제품은 영국 총수출의 3분의 1, 그리고 면제품은 4분의 1을 차지하였다. 따라서 수출 감소는 섬유산업에서 최대의 문제였다. 면제품 수출은 1913~33년에 1억 2,500만 파운드에서 4,670만 파운드로 2분의 1 이상이나 감소하였다. 그 속에서 면공업은 만성적 불황에서 벗어나지 못하였으며 특히 대공황기에는 큰 타격을 입었다. 실업상태도 심각하였다. 면공업노동자는 1911~38년에 64만 명에서 35만 명으로 절반 가까이 감소하였다. 특히 값싼 면제품을 생산하는 랭커셔의 여러 도시에서는 만성적 실업사태로 사회적 갈등이 고조되었다. 세계무역의 정체, 자본재 및 내구소비재의 비중상승에 따른 섬유제품의 수출시장에서의 지위 하락과 여러 나라로부터의 경쟁이라는 환경의 변화에서 섬유공업은 쇠퇴하였다.

전시에 전략산업으로 크게 발전한 철강공업은 전후 불황을 겪으면서 대공황기에는 생산이 반감되었다. 철강공업은 생산비 절감을 위한 시설통합을 광범하게 추진하고 자동차, 대형기계, 조선 등 산업에서의 강판수요 증대와 군비확장에 의한 수요자극 그리고 관세보호 등에 힘입어 1937년까지는 회복 국면으로 돌아섰다. 그러나 회복은 미약한 상태였다. 같은 해 철강수출은 1929년 수준의 59%였다.

석탄산업도 곤란을 겪었다. 영국의 석탄산업은 1913년에 2억 9,000만 톤을 생산하고 그중 3분의 1을 수출하였다. 석탄수출액은 영국수출총액의 10분의 1을 차지하였다. 그것이 1920년대 후반에는 생산도 수출도 거의 반감되었다. 주된 원인으로는 수요 측면에서는 불황과 수출 감소가 있었으나 공급 측면에서는 생산시설의 낙후라든가 낮은 노동생산성 등 구조적인 문제가 있었다. 1913년에 광부는 100만 명이나 되었다.

이러한 문제를 해결하기 위해서는 강도 높은 합리화를 추진할 필요가 있었다. 그러나 그것은 악화된 노사관계로 빈발하는 파업과 1926년의 총파업으로 좌절되었다. 광부들은 총파업 붕괴 후에도 6개월이나 단독투쟁을 계속하였다. 탄광지대에서의 실업사태와 투쟁적 노동쟁의 속에서 석탄생산량은 1932~33년에 2억 톤으로 떨어졌다가 1939년에는 2억 2,500만 톤으로 회복하였다. 합리화가 추진되면서 광부 수는 감소하고 생산성은 상승하였다. 그러나 수출은 회복되지 않았다. 석유와 전력 등 새로운 에너지원의 이용 확대로 석탄산업의 지위는 저하하였다.

조선업도 위축되었다. 1890년대에는 세계 선박의 5분의 4를 건조하던 영국의 조선업은 전쟁으로 해운업과 함께 큰 타격을 입었다. 조선업은 종전 직후 확장되었으나 전후공황으로 선박 수출은 감소하였다. 세계무역의 정체와 영국 석탄 수출의 감소 속에서 해운수요의 감소와 군비축소는 선박수요를 크게 감소시켰다. 낙후된 설비도 개선되지 못하였다. 더구나 영국 조선업은 독일, 네덜란드, 스웨덴, 일본 등 이전의 수출 대상국 조선업과의 경쟁에 직면하게 되었다. 대공황기에는 합리화의 일환으로 기업통합이 이루어지면서 실업문제도 커졌다. 조선업의 불황은 직접적으로 철강과 석탄산업에 영향을 미쳤다.

전통적 주력산업의 부진은 특히 지역경제에 큰 충격을 주었다. 왜냐하면 그들 산업은 고도의 지역적 집중구조로 되어 있었기 때문이다. 그들 산업은 원료, 자본 및 노동력 조달에서 지역과 밀접하게 관련되어 있었다. 따라서 노동력의 지역 간, 산업 간 이동은 유연하게 이루어지지 못하였고 그것이 실업문제의 곤란을 증폭시켰다.

그러한 조건에서는 한 산업 내지 기업의 곤란은 지역의 곤란으로 이어졌다. 그 경우 실업의 전국평균은 의미가 없었다. 1930~32년에는 최악상태 지역의 실업률은 50~60%에 달하였는데 전국평균은 20%였다. 전 기간의 실업률은 약 10%였는데 석탄산업에서의 그것은 평균 20%였다.[3] 이렇듯 잉글랜드 북부, 스코틀랜드, 웨일스 및 북아일랜드 지역을 중심으로 발전해온 전통적 주력산업의 곤란은 이들 지역에 심각한 곤궁과 실업을 가져왔다.

2) 성장산업

성장산업은 자동차, 화학, 전기 등 '제2차 산업혁명'의 기술을 기반으로 성장한 신공업이었다. 독일과 미국에 뒤지던 영국의 신공업은 제1차 세계대전 이후 급성장하였다. 그에 따라 런던 외곽의 잉글랜드 남부와 미들랜드가 새로운 공업중심지로 발전하였다. 수도권지역은 당시 가장 급속하고 광범한 산업성장지역이었다.

신공업으로 가장 중요한 것은 자동차산업이었다. 자동차산업은 코번트리(Coventry)와 옥스퍼드 등을 중심지로 하여 급속하게 성장하였다. 자동차는 이제 부자의 전유물이 아니었으며 버스는 새로운 교통수단으로 도시와 농촌 생활에 혁명적일 만큼 큰 영향을 미쳤다. 다수 부품산업의 복합체인 자동차산업의 성장은 기계기구, 강철, 비철금속, 고무, 가죽 등 광범한 관련 산업의 성장을 자극하였다.

독일에 훨씬 뒤지던 영국의 화학공업은 전시와 전후에 급성장하였다. 총산출량은 1924~37년에 연평균 3.1%의 성장을 하였다. 그러나 세계생산에서 차지하는 비율은 10% 수준이었다. 한편 영국의 합성염료 산출량의 세계생산에 대한 비율은 1913~24년에 3%에서 12%로 상승하였다. 산업재편성이 추진되면서 1926년에는 화학공업의 대통합기업인 임페리얼 케미컬 인더스트리스(Imperial Chemical Industries, ICI)사가 설립되었다. 1920년대에 합성섬유, 레이온(rayon)의 개발을 세계적으로 주도한 코톨즈(Courtaulds)사는 국내 레이온 생산의 5분의 4를 차지하였다.

전기산업은 발전장치에서 다양한 전기기기에 이르는 광범한 상품영역을 가진 산업이다. 1920~39년에 영국의 전력생산은 42억 7,500만 kw/h에서 200억 4,100만 kw/h로 증가하고, 전기기계공업 노동자 수는 2배로 증가하였다. 1926년에는 중앙전력국(Central Electricity Board)이 설립되어 전국적 송전망이 형성되고 전력공급자들은 당국의 중개로 송전망과 계약하여 전력을 공급하였다. 그 결과 새로운 산업입지조건은 전통적 에너지 및 원료공급원의 제약에서 벗어날 수 있게 되었다. 한편 전기기기산업은 산업용 각종 전기기계와 함께 다양한 소비재 전기기기를 생산하였다.

이들 외에도 이 시기에 급성장한 공업에는 항공기제조업과 자전거제조업이 있었다. 항공기제조업은 브리스틀(Bristol), 글로스터(Gloucester), 사우샘프턴(Southampton) 등지에서 발달하였다. 그러나 항공기 제조업의 산업상의 지위는 제2차 대전 이전에는 아직 낮았다. 한편 자전거는 크게 보급되었다.

전간기의 최대 성장산업은 건축업이었다. 건축노동자 수는 1921~38년에 53만 명에서 126만 명으로 2배 이상 증가하였다. 많은 산업용건축이 이루어지고 주택건설은 450만 호에 달하였다. 그중 300만 호는 1930년대에 건설되었다. 그 결과 이 시기에 주택스톡은 30%나 증가하였다. 대량의 주택공급은 가구제조업과 양탄자제조업 등 관련 산업의 성장을 자극하였다.

신공업은 국내수요를 기반으로 성장하였다. 자동차, 전기제품 및 인공섬유의 경우 수출은 생산량의 10%에 불과하였다. 운송, 통신, 공익사업 등을 비롯한 이 시기에 성장한 서비스산업도 확대되는 국내시장에 기반을 두고 있었다. 성장산업 자체가 수요확대요인이 되었지만, 중간소득층과 숙련노동자의 실질소득 상승과 다양한 신제품에 대한 수요증가가 신공업의 성장을 수요 측면에서 뒷받침하였다.

2절 대기업의 형성

1. 배경

1) 합리화 운동

전간기의 불황은 세계 자본주의경제에 공통으로 나타난 현상이었지만 특히 영국경제에 큰 타격을 주었다. 해외시장이 위축되는 속에서 많은 수출산업은 과잉생산능력으로 곤경에 직면하였으며 실업률은 전간기를 통해서 10%를 밑도는 일이 없었다. 노사관계는 악화되어 빈발한 노동쟁의는 총파업(1926)으로까지 확대되었다. 그 후에도 노동쟁의는 석탄산업에서 보다시피 계속되었다. 영국경제는 위기에 직면해 있었다.

그러한 상황에서 경제를 회복하고 새로운 발전을 이룩하기 위해서는 산업기업으로서는 전통적으로 이어온 기업경영의 틀과 관행에서 벗어나 새로운 차원에서 대응할 필요가 있었다. 그러한 필요에서 추진된 것이 '합리화운동(Rationalization)'이었다.

합리화운동은, 예컨대 과잉생산능력에 시달리는 구산업에서와같이, 생산시설 감축이라든가 해고(실업) 등을 연상시키는 문자 그대로 합리화(rationalization)에 그치는 것이 아니라, 근본적으로는 기업의 조직과 행동 전반에 과학적 방법을 적용한다는 것, 즉 산업을 과학적으로 재조직한다는 것이었다. 합리화운동은 대전 후의 독일에서 나타난 개념으로 그 의미는 기술적·체계적 조직으로 전반적 경제상황을 개선하는 모든 방법을 이해하고 적용한다는 것이었다.[4]

영국의 합리화운동의 이념에는 기본적으로 그때까지 자원배분의 결정요인으로 작용해온 '보이지 않는 손'이라는 시장원리에 대한 불신이 있었다. 즉 업종별, 지역별로 분단된 산업구조 속에서 무수한 전업(專業)

기업 간의 무한경쟁이 과잉생산능력을 낳고 결국 만성적 불황과 대량실업사태로 귀결되었다는 인식이다. 그 결과 영국의 개인자본주의의 교의(教義)로 신봉되어온 경쟁은 오히려 '파멸적', '불경제적', '해로운', '파괴적'인 것으로 인식되었다.

산업계에서의 이러한 사고의 변화에는 외부 요인도 영향을 미쳤다. 노동조합조직의 확대 및 투쟁력 강화와 그것을 기반으로 한 노동자정당의 신장은 그 자체가 경쟁적 시장원리에 반하는 것이었다. 또한 경제학에서는 케인즈혁명(Keynesian revolution)에 의해서 고전경제학의 자유방임 패러다임은 무너지고 있었다.

합리화운동은 만성적 불황 속에서 사적자본주의를 재편성하고 문제를 낳은 시장경제의 일부를 경제적 합리성을 갖춘 다른 경제시스템으로 대체할 수 있을 것으로 기대되었다. 이렇게 해서 합병을 통한 기업의 대규모화와 대량생산 그리고 새로운 조직구조의 창출과 과학적 관리를 주요 내용으로 한 영국의 합리화운동은 저명한 기업경영자만이 아니라 은행가, 정치인, 노동조합의 리더, 지식인들에게 수용되면서 전개되었다.

영국에서의 합리화운동은 제1차 세계대전기에 적극 추진되었다. 전시체제하에서 정부는 민간의 기업행동에 직접 간여할 수 있었다. 정부는 군수성(1915년 설치)을 통해서 산업기업의 계획, 금융, 지휘에 큰 영향을 미쳤다. 정부는 민간기업에 대해서 제품차별화의 중지, 장기투자, 표준화와 대량생산, 효율성의 극대화를 적극 유도하였다. 생산력 확대를 위한 기업매수는 기업통합으로 이어졌다. 전시의 산업기업의 발전은 현대의 대기업경제의 형성을 자극하는 요소들이었다. 정부의 민간기업에 대한 간여는 전후 후퇴하였지만, 전시에 추진된 합리화운동의 기본내용은 전후에도 계속되었다.

'합리화'는 1920년대 영국 산업계의 유행어였다. 그것은 과잉생산능력으로 말미암아 상실된 경쟁력 및 효율성을 회복할 수 있는 만병통치약으로 생각된 당시의 합병운동과 동의어가 되었다. 수평적 합병은 구조적으로 분단된 산업에서 한계기업의 도태로 경쟁력을 회복할 직접적 수단이 될 수 있을 것이며, 수직적 합병은 면공업과 철강공업과 같은 산업에서 규모의 경제를 실현할 필수 수단이 될 것으로 생각되었다.

영국의 합리화운동에는 경쟁국의 대기업 발전이 큰 자극이 되었다. 독일에서는 일찍부터 합리화운동이 전개되면서 신기술을 도입한 철강공업과 신공업을 중심으로 수직통합 대기업이 형성되어 규모의 경제를 실현하고 있었다. 특히 미국에서는 주요 산업에 걸쳐 광범하게 나타난 수직통합 대기업이 생산, 경영관리 및 마케팅에 대규모로 투자하면서 규모(scale)와 범위(scope)의 경제를 추구하고 있었다. 이들 나라에서의 대규모 기업조직의 전개와 그에 기초한 강력한 대외경쟁력에 대한 정보는 다양한 매체를 통해서 영국으로 들어왔다.

그뿐만 아니라 영국의 산업계는 이들 나라의 경험에서 직접 영향을 받았다. 합리화운동을 추진한 지도적 산업기업인 중에는 독일 출신이거나 독일 가계의 유력한 인물들이 있었으며 그들은 대륙의 경영모델의 영향을 크게 받았다. 그중 한 사람으로는 후의 멜체트 경(Lord Melchett)인 몬드(Sir Alfred Mond)가 있었다. 그는 화학공업에서 대통합기업인 임페리얼 케미컬 인더스트리스(Imperial Chemical Industries, ICI)사를 창건하는 데 독일의 대통합 종합화학기업 파르벤(I.G. Farben)사의 경험에서 큰 자극을 받았다.

한편 영국에 진출한 외국기업들도 큰 영향을 끼쳤다. 특히 미국기업은 신공업 부문에서 영국기업을 매수, 합병함으로써 합리화운동을 자극하였다. 예를 들어 GE는 영국의 전기제조기업 4사를 합병하여 어소시에이티드 일렉트리컬 인더스트리스사(Associated Electrical Industries)를 창설하였으며, GM은 복스홀자동차(Vauxhall Motors)회사를 매수하였다. 포드(Ford)사도 영국 자동차산업에 진출하여 대량생산방식을 도입하였다. 이들 사례는 전기 및 자동차 산업에서의 기업합병을 촉진하였으며 영국 기업경영자의 기업조직 및 관리관행에 대한 혁신의식을 자극하였다.

2) 정부와 기업

정부의 기업에 대한 간여는 제1차 세계대전기의 전시통제체제하에서 광범하게 이루어졌다. 자원을 전쟁목적으로 집중하기 위하여 정부는 시장경제에 대신하여 계획과 통제를 하였다. 정부는 전시에 설립한 군수성을 통하여 기계, 철강, 석탄, 화학, 수송 등 전략적으로 중요한 산업부문에 통제를 하였다. 전쟁이라는 비상사태에서 정부는 전통적으로 고수해온 시장경제에 직접 깊이 간여한 것이다.

한편 산업계에서도 정부와 밀접한 관계를 유지하려 하였다. 그러한 움직임을 주도한 것은 당시 제조업자들의 단체로 유명한 '생산자단(productionees)'이었으며 그 중심인물은 산업계의 최대 유력자이던 더들리 독커(Dudley Docker)였다. 생산자단은 제조업자의 연대 확대와 영국시장의 보호를 요구하였다. 독커는 정부, 기업, 노동으로 구성되는 삼각협력구조를 형성하려 한 조합주의자(corporatist)였다. 그는 1916년에 전국의 제조업자를 망라한 영국산업연맹(Federation of British Industries, FBI)을 창설하였다.

FBI는 산업계의 의견을 통합하여 정부로 하여금 산업의 지원·육성정책을 실시하도록 로비활동을 하고 국내외의 시장정보를 제공하였다. 당초 124사였던 FBI의 가입기업 수는 1년 후에는 400사를 넘었고 1931년까지는 2,480사와 157개 협회로 증가하였다. FBI는 산업계의 보호주의 요구를 지지하는 한편, 임금이나 고용조건에는 관여하지 않았다. 노동문제에 대해서는 1919년에 조직된 '전국사용자회의조직(National Confederation of Employers' Organizations, NCEO)'이 노동문제를 전담하는 사용자조직을 조정하였다. NCEO는 1930년대 초에 700만 명에 달하는 회사종업원을 이끌고 합리화, 실업수당 및 공공지출에 대한 정책결정에 영향을 미쳤다.[5]

정부의 시장개입은 전후에는 소멸되었다. 전시의 경제통제는 어디까지나 일시적 방편이었고 전쟁이라는 비상상태가 소멸되면 전전의 '정상' 상태로 복귀되어야 할 것이었다. 전쟁종결 후 정부의 통제정책은 사라지고 시장기능은 정상상태로 회복되었다.

1920년대의 산업정책은 소극적이었다. 반독점여론 속에서 정부는 트러스트위원의 임명 등 독점규제에 관심을 보였으나 뒤이어 발생한 불황으로 실제적인 의미는 없어졌다. 1918년에 500개나 된 동업자협회는 정보를 알리고 정부의 규제를 감시하면서 경쟁을 제한하였다. 독점적 관행에는 법적 제약도 없었다. 이러한 조건에서 1920년대에는 기업통합, 산업집중이 촉진되었다.

정부는 트러스트 추진자로서의 역할을 직접 수행하지는 않았다. 그러나 1921년에 산업보호법(Safeguarding of Industries Act)을 제정하여 항공기, 광학유리, 정제약품 등 국방상의 전략적 산업을 보호하였다. 자동차산업은 유치산업으로 20년대를 통해서 33.3%의 관세로 보호되었다. 또한 정부는 1921년의 철도산업 재편성에도 간여하였다. 그 결과 120사나 되던 철도회사가 1923년에는 4개의 지역별 대기업으로 통합되었다. 또한 정부는 1926년 법으로 중앙전력국(Central Electricity Board)을 설립하여 전국적으로 송전망(grid)을 조직하고 전력공급자들로 하여금 이 송전망과 계약하도록 유도할 권한을 행사함으로써 혼란상태의 전력시장에 개입하였다. 같은 해의 임페리얼 에어웨이(Imperial Airways)사의 설립도 무질서한 시장에 대한 정부개입의 수단이었다. 정부는 최대의 통합기업 ICI의 설립(1926)에 중요한 역할을 하였다. 1930년대 초에는 정부의 명령으로 런던의 교통시스템이 통합되었다.

한편 정부는 총파업으로 노동운동에 대한 여론이 악화된 틈을 타서 1927년에 '노동조합 및 노동쟁의법(Trade Union and Trade Dispute Act)'을 제정하여 과격한 노동운동을 강력하게 규제하였다. 그러나 이 법은 1946년에 노동당 정부에 의해서 철폐되어 이전의 법으로 돌아갔다.

공익사업은 전쟁 전부터 공공기관의 통제하에 운영되었다. 수도, 가스, 전력, 전차궤도 등의 사업은 도시 당국의 소유·관리하에 있었다. 전후에는 공기업의 범위는 확대되었다. 1922년에 설립된 BBC(British Broadcasting Company)가 1926년에 비영리 국가지원 공기업으로 되었으며 상기한 중앙전력국도 다수의 시영 및 민영 발전회사를 통합한 공기업이었다.

세계대공황기에 정부는 더욱 적극적으로 기업에 개입하면서 일반보호관세를 도입(1932)하고 산업합리화를 적극 유도·지원하였다. 이 시기의 합리화는 기업의 통합과 재건, 경제성과 효율성이 없는 플랜트의 폐쇄 그리고 자동화 기계장비를 갖춘 공업기업에의 생산의 집중을 의미하였다. 합리화운동이 추진되는 가운데 기업통합은 진전되고 대기업경제는 확대되었다.

정부가 유도한 산업합리화도 추진되었다. 은행도 산업합리화에서 일정한 역할을 하였다. 대은행은 처음에는 비공식적이나마 채무기업에 대해서 합병압력을 가하였다. 은행은 당좌대월의 갱신을 거절하거나 대부를 중단한다는 협박만으로도 채무기업의 합병을 유도할 수 있었다. 은행의 산업합리화에 대한 금융 지원은 잉글랜드은행의 주도로 각각 1929년과 1930년에 설립된 증권관리트러스트(Securities Management Trust Ltd., SMT)와 산업개발금융회사(Banker's Industrial Development Company, BIDC)에 의해서 공식적으로 이루어지게 되었다.

합리화는 불황산업에서 추진되었다. 철강업에서 정부는 1930년에 책정된 지역적 통합계획에 따라 합리화를 유도하였다. 1934년에는 전국적 조정기구로서 '영국철강연맹(British Iron and Steel Federation)'이 설립되었다. 그러나 이 기구가 추진하려 한 철강사업 재구축계획은 업자들 간의 이견으로 실행되지는 못하였다. 보호관세하에서 철강업자들은 정부의 재건압력을 회피하려 하였다. 결국 최종계획은 재건이 아니라 가격유지였으며 정부는 카르텔에 대해 통제가 아닌 지원을 하였다. 철강업에서의 합리화 내지 효율성 증대라는 목적을 달성하지는 못하였다.

면공업에서는 경제자문회의 보고서에 따라 1930년에 랭커셔코튼사(Lancashire Cotton Corporation)가 설립되어 매수한 공장의 반 이상을 스크랩화하였다. 그러나 1939년에도 방적능력의 75%와 방직능력의 68%는 사용되고 있었다. 방적과 방직 그리고 생산과 판매의 통합은 이루지 못하였다.

석탄산업의 합리화는 1930년의 탄광법(Coal Mines Act) 제정과 함께 추진되었다. 생산이 광범한 지역에 분산되어 있던 영국의 석탄산업은 개인 소유라는 조건에서 기업이 독점적 대기업으로 통합되기는 곤란하였다. 탄광회사의 강제적 합병도 시도되었으나 불황지역에서의 고용유지 방안으로 카르텔을 조직하는 데 그쳤다. 그 속에서 1936년에는 각 탄전지역에서 집중판매기구가 조직되었다.

조선업의 합리화는 1929년에 설립된 '전국조선안전회사(National Shipbuilding Security Ltd.)'의 주도로 BIDC의 금융지원을 받아 추진되었다. 이 회사는 조선소들을 매입하여 플랜트는 고철로 매각하고 부지 이용은 40년간 금지하였다. 그 결과 실업이 대량 발생하였다. 과격한 구조조정에도 불구하고 영국 조선업은 이전과 같은 우월한 지위를 회복하지 못하였다.

정부의 합리화 추진 노력에도 불구하고 그 성과에는 한계가 있었다. 전통적 주력산업의 쇠퇴는 중단되지 않았고 실업상태도 개선되지 않았다. 1934년의 특별지역법(Special Area Act)에 따라 설치된 위원회는 불황지역에서의 산업재생을 위하여 기업에게 잉글랜드 북부, 스코틀랜드 중부 및 웨일스 남부에서 신공업을 영위할 수 있도록 하는 유인책으로 지방세 면제와 유리한 조건으로 자본 및 부지를 제공하였다. 그 후 5년간 위원회는 신공업 개발, 공공사업계획 및 지역사회사업에 1,600만 파운드를 지출하였다. 그러나 위원회는 기업으로 하여금 공지(空地)로 된 조선소 터를 재정비하거나 유휴 제강 플랜트와 섬유기계를 재가동할 수 있을 만큼 금융능력과 권한을 부여하지는 않았다.[6]

1930년대에도 체계적인 산업정책은 시행되지 않았다. 그러나 산업정책이 일정한 한계를 가지면서도 많은 산업과 기업의 전략에 광범한 영향을 미쳤다는 것은 사실이다. 실제로 1930년대 말까지 정부간섭의 전통은 이미 확립되어 있었다. 정부의 기업에 대한 간섭 범위는 1940년 이후 극적으로 확대되었다. 산업집중과 정부간섭의 확대라는 의미에서 대기업경제의 기초는 바로 양차대전 중간기에 구축되었다.

3) 금융시장의 확대

(1) 상업은행

기업합병에 필요한 자금조달은 금융시장을 통해서 이루어졌다. 가족기업의 성격을 띤 영국 산업기업의 전형적 자본조달방식은 내부유보자본의 재투자라는 자기금융이었다. 대규모 가족기업인 유리산업의 필킹턴(Pilkington)사라든가 자동차의 모리스(Morris)사 등도 자본조달을 기본적으로 자기금융에 의존하였다. 그러나 자기금융방식은 신규의 대규모 투자를 위한 자본조달방식으로는 한계가 있었다. 합리화가 추구되고 대규모의 신규 투자의 필요가 커지면서 금융시장을 통한 자본조달의 필요성은 커지게 되었다.

전간기에 상업은행은 전통적으로 고수해온 보수적·소극적 영업태도를 전환하여 상공업기업에 대해서 적극적으로 융자하였다. 뉴욕과 파리가 새로운 국제금융시장으로 대두하여 국제경쟁이 격화되고 해외투자 대상에도 한계가 나타나면서 영국의 은행은 국내 산업으로 영업방향을 전환하였다. 은행은 산업증권의 발행업무에 관여하고 대규모 대출과 당좌대월(overdraft)을 함으로써 기업의 확장을 지원하였다. 그 결과 은행의 대출에서 상공업기업에 대한 대출이 차지하는 비율은 1929년에는 55.9%에 달하였다. 그 비율은 1937년에는 46.3%로 떨어졌으나 그러면서도 그 자체로는 전전에 비하면 상대적으로 높은 수준이었다.[7]

높은 비율의 상공업금융에도 불구하고 전간기에 은행은 단기신용의 공급이라는 전통적 관행을 변경하지는 않았다. 은행은 산업기업에 적극적으로 융자하면서도 산업증권을 소유하지는 않았다. 상업은행은 장기 산업금융을 그들의 본래 기능으로 생각하지 않았다.

개별적으로 은행이 산업기업과 특별한 관계를 가진 사례들은 있었다. 예를 들어 미들랜드은행은 대규모 해운·조선 기업의 사업 재구축을 지원하였으며 로이드은행과 스코틀랜드의 은행들은 스코틀랜드의 대규모 중기계·철강기업의 재건을 지원하였다. 미들랜드은행과 로이드은행은 자동차기업에 금융지원을 하였다. 은행은 지원기업의 경영에 참여하는 경우도 있었다. 그러나 대부분의 상업은행은 자신의 안전을 중시하여 금융적으로 관여한 기업에 대해서 사업재구축을 강제하거나 경영에 참여하지는 않았다.

전간기에 영국 은행이 한 역할에 대해서는 부정적 논의가 많다. 은행은 보수적 관행으로 산업금융에 깊이 관여하지는 않았다는 것이다. 그러나 미국과 독일을 포함하여 많은 나라에서 은행파산과 유동성 위기가 발생한 시기에 영국의 은행제도가 안정적으로 기능하였다는 것은 주목할 필요가 있다.[8]

(2) 잉글랜드은행

합리화 내지 산업재편성을 금융 면에서 주도한 것은 잉글랜드은행이었다. 이 은행 총재 노먼(Montague Collet Norman)은 산업합리화는 '금융과 산업과의 결혼'으로 달성될 수 있을 것이라 믿었다. 그는 기업합리화를 금융적으로 지원하기 위하여 민간 금융기관을 포함한 컨소시엄을 조직하여 산업기업에 관여하려 하였다. 그러한 목적으로 설립된 금융조직이 앞에서 언급한 바와 같이 1929년과 1930년에 설립된 '증권관리 트러스트(SMT)'와 '산업개발금융회사(BIDC)'였다. BIDC의 기금은 잉글랜드은행의 150만 파운드와 민간은행의 450만 파운드로 구성되어 있었다.

노먼은 그들 특수 금융기관을 통하여 면, 철강, 조선, 기계, 무기제조 등 광범한 산업의 재편성과 구조조정 등 합리화를 지원하였다. 그 결과 랭커셔 면업회사, 전국조선안전회사, 잉글리시 스틸사(English Steel Corporation), 랭커셔 스틸사(Lancashire Steel Corporation), 위건 콜사(Wigan Coal Corporation) 등 대규모 합병기업이 탄생하였다.

노먼의 야심적인 합리화계획은 영국 은행의 보수적 전통을 깬 획기적인 것이었으나 성공하지는 못하였다. BIDC는 은행업계의 충분한 지원을 받지 못하였다. 처음 조선과 면공업에서 시도한 주식발행은 어느 경우도 순조롭지 못하여 BIDC는 결국 주식발행을 단념하고 자체의 자금원에서 가능한 합리화계획에 한정하여 사업을 추진하였다.

노먼의 합리화계획은 1930년대 말에 결국 좌절되었다. 철강업의 경우 많은 기업이 '은행의 포로'로 되었으나 은행은 자금을 지원한 제철소의 운명에 관여할 의도는 없었으며 유능한 기사(技師)라든가 전문관리인도 없었다. 사정은 조선업이나 면공업에서도 같았다. 금융과 산업은 서로 접근하면서도 '결혼'에까지 이르지는 못하였다. 이 시기에 영국에서는 아직도 마르크스(K. Marx)적 의미의 '금융자본'은 존재하지 않았다. 노먼의 합리화계획은 한계를 가진 것이었으나 대공황기에 기업재건과 재조직을 위한 각종 예비조건을 마련하는 역할을 하였다는 점에서 중요하였다.[9]

(3) 증권시장

전간기에는 증권시장을 통한 산업자본 조달도 확대되었다. 런던증권거래소에서 거래된 국내산업 증권의 액면 가치는 1914년 8억 7,300만 파운드(거래증권 총가치의 8%)에서 1939년까지는 22억 6,000만 파운드로, 그리고 1968년에는 113억 4,300만 파운드(25%)로 크게 증가하였다. 같은 해의 산업증권 시장가치는 501억 7,400만 파운드로 이 거래소에서 거래한 모든 증권의 43%나 되었다. 그 속에서 금융기관이 보유한 증권의 비율은 시장가치로 103억 7,700만 파운드로 이 거래소 거래 총증권의 10%였다.[10] 한편 신규증권 발행시장에서 국내 산업증권이 차지하는 비율은 1911~13년의 34%에서 1930년대 중반에는 50% 이상으로 되었다. 국내 산업자본의 조달에서 증권시장의 중요성은 이 시기에 커진 것이다.[11]

증권시장이 해외발행에서 국내 산업증권으로 방향을 크게 전환한 원인은 국내에서 기업기회가 그만큼 많아졌기 때문이었다. 무엇보다도 세계경제의 침체와 국제금융환경의 불안으로 해외투자시장이 위축된 반면, 국내에서는 전간기와 1950~70년대의 대합병운동으로 신규발행시장이 크게 확대되었다.

또한 이 시기에는 중소규모 미공개 가족기업 오너들은 기업을 공개회사에 매각하여 단순한 주식소유자가 되거나 공모회사로 전환하여 주식시장에의 상장을 서둘렀다. 거기에는 상속세(1894년 제정)와 개인 기업에 대한 과세부담이 커진 반면, 증권수익 등 자본이득(capital gain)에 대해서는 과세되지 않은 등 중소규모 기업경영보다 상장 대기업의 주식소유에서 오는 이득이 컸다는 사정이 있다. 더구나 비공모기업 대부분은 회사발기인의 도움으로 높은 가격으로 주식을 대기업에 매각할 수 있었다.

그 결과 신주발행 붐이 일어나고 1907년에 불과 596사에 머물던 상공업 상장기업 수는 1924년에는 719사, 1939년에는 1,712사로 각각 증가하는 한편, 이들 상장기업증권의 시장가격은 같은 기간에 5억 파운드에서 25억 파운드로 5배나 상승하였다.[12]

증권시장이 확대되는 속에서도 20만 파운드 이하의 비교적 소규모 자금을 필요로 한 중소기업으로서는 장기자본조달이 어려웠다. 소액자본의 경우 발행비용이 비싸 시장이 인수하려 하지 않았던 것이다. '맥밀런 갭(Macmillan Gap)'이라 불리는 현상이 나타난 것이다. 이러한 사태에 대응하기 위하여 1930년대 중반에는 시티의 상업은행, 투자은행, 잉글랜드은행의 관여로 별도의 금융·증권회사 내지 트러스트와 같은 금융기관이 설립되었다. 그러나 이들 금융기관도 융자한 자금은 소액인데다가 심사기준이 엄격하여 그 혜택을 본 기업은 극히 소수에 그쳤다.

1945년에는 잉글랜드은행과 상업은행의 출자로 2개의 금융기관이 설립되었다. 하나는 대기업 금융을 위한 '산업금융회사(Finance Corporation for Industry, FCI)'이며, 다른 하나는 중소기업 금융을 위한 '상공업금융회사(Industrial & Commercial Finance Corporation, ICFC)'였다. 그러나 맥밀런 갭에 대한 불만은 1960년대까지 계속되었다.[13]

2. 기업합병의 진전

합리화운동이 전개되는 속에서 전간기에는 기업합병이 크게 추진되었다. 〈그림 7-1〉은 영국에서의 합병운동의 여러 국면을 나타낸 것이다. 그에 의하면 세기전환기의 제1차 합병운동에 비해서 전간기의 제2차 합병운동은 규모가 더욱 컸으며, 1950년대에서 60년대에 걸친 제3차 합병운동은 제2차의 그것보다는 훨씬 큰 것이었다. 제2차 합병운동에 의해서 소멸한 기업은 수적으로는 제1차의 2배(3,300사 대 1,400사), 그리고 자본액으로는 3배(26억 파운드 대 9억 파운드)에 달하였다.

이 시기의 합병은 제1차의 그것에 비해서 규모가 컸을 뿐만 아니라 소수기업 간의 합병이었다는 특징이 있다. 합병당 기업 수는 1890~1909년에 14.6사였는 데 비해 1920년대에는 9.1사, 30년대에는 6.9사였다. 전간기의 27건의 중요합병에서 합병당 기업 수는 6사에 불과하였다. 선행한 시기의 합병을 거치면서 이미 대형화된 기업들 간의 합병이 이루어진 것이다.

〈표 7-1〉은 전간기에 제조업에서의 주요 기업합병을 나타낸 것이다. 이 표에 따르면 '다수 기업합병'의 경우 섬유, 식품 등 산업에서 비교적

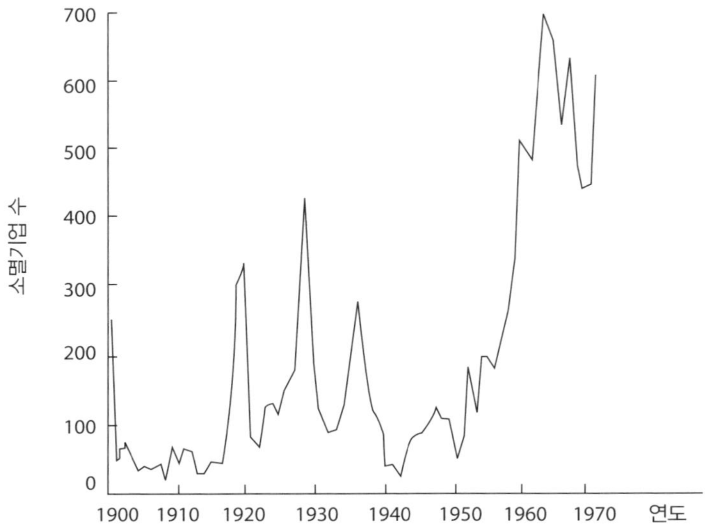

자료: L. Hannah, 1976: 107.

그림 7-1 제조업 기업합병의 여러 국면

많은 기업이 합병되었으나 '기타 주요 기업합병'의 경우 합병기업 수는 적었으나 집중률은 다수 기업합병보다 높았다. 소수의 대규모 기업의 합병이 높은 집중률을 나타내고 있는 것이다.

기업합병의 진전으로 영국에서는 대기업의 지위가 높아졌다. 〈표 7-2〉는 1930년대의 영국 제조업기업 상위 50사와 그 자본금 규모를 나타낸 것이다. 1919년에 자본금 4,500만 파운드 이상의 산업기업은 재봉사(絲)제조업의 코츠(J&P Coats)사 1개 사에 불과하였으나, 1930년에는 6개사로 증가하였다. 특히 식품의 유니레버사와 담배의 임페리얼 타바코사는 자본금이 1억 3,000만 파운드를 넘었다. 종업원 수로 본 기업규모도 크게 확대되었다. 1907년에 최대 산업기업인 파인 코튼 스피너스 앤드 더블러스(Fine Cotton Spinners & Doubler's)의 종업원 수는 3만 명이었으며 그 외에 그에 가까운 규모의 기업은 없었다. 그런데 1930년대까지 3만 명 이상을 고용한 산업기업은 적어도 10사에 이르고, ICI라든가 유

표 7-1 전간기 영국 주요 제조업기업의 합병

	연도	산업	회사명	합병 기업수	집중률*
다수 기업 합병	1919	식품	Spillers Milling & Assoc. Industries	9	34
	1921		London Flour Millers	7	34
	1920		Crosse and Blackwell	7	38
	1936		British Sugar Corporation	15	72
	1928	화학	Scottish Agricultural Industries	8	34
	1916~17	금속	United Steel Company	5	35
	1929		Allied Ironfounders	10	18
	1935		Federated Foundries	6	18
	1931	기계제작	Textile Machinery Makers	6	35
	1918	섬유	Amalgamated Cotton Mills Trust	9	22
	1920		Crosses & Winkworth Consolidated Mills	7	22
	1929		Lancashire Cotton Corporation	29	22
	1929		Combined Egyptian Mills	18	22
	1923	건축자재	London Brick Company	7	14
기타 주요 기업 합병	1921	식품	Tate and Lyle	2	72
	1930		Unilever Ltd.	2	72
	1925	음료	Distillers	3	74
	1926	화학	Imperial Chemical Industries	4	81
	1927		British Match Corporation	2	89
	1929		Fisons	3	34
	1921	금속	Metal Box Company	4	45
	1929		English Steel Corporation	3	35
	1929		Consolidated Tin Smelters	3	57
	1939		Llanelli Associated Tinplate Companies	4	57
	1928	기계제작	Associated Electrical Industries	3	48
	1930		Renold and Coventry Chain	2	100
	1922	마루깔기	Michael Nairn and Greenwich	2	64
			Barry and Staines Linoleum	2	64

주: * 1935년 현재 3대 기업 종업원이 해당 산업에서 차지한 비율.
자료: M.A. Utton, 1972: 56.

표 7-2 상위 50대 제조업기업(1930년)

산업	회사명	추정시장가치 (100만 파운드)
식품	Unilever	132.0
담배	Imperial Tobacco	130.5
화학	Imperial Chemical Industries	77.3
섬유(레이온)	Courtaulds	51.9
섬유	J. & P. Coats	47.4
음료	Distillers	45.5
음료	Guinness	43.0
고무	Dunlop Rubber	28.2
출판	Allied Newspaper	27.6
자동차	Ford Motor Co. (미국 포드사의 자회사)	21.2
금속가공·기계	Guest Keen & Nettleford	20.3
조선·기계	Vickers	19.6
음료	Watney Combe Reid	18.5
출판	Daily Mail Trust	15.6
전기기계	General Electric Company	14.5
건재	Associated Portland Cement	13.9
화학	Reckitt & Sons	13.4
음료	Bass Ratcliffe Gretton	13.3
화학	Boots Pure Drug(Liggest International사의 영국 자회사)	12.8
석면	Turner & Newall	12.6
식품	J. Lyons	12.1
기계	Babcock & Wilcox	11.0
식품	Bovril	10.8
식품	British Cocoa & Chocolat(Cadbury–Fry)	10.3
금속가공	Mond Nickel (International Nickel사의 영국 자회사)	10.3
담배	Carreras	10.0
음료	Waker–Cain	10.0
음료	Mitchells & Butle	9.9
전기기계	Associated Electrial Industries (International General Electric사의 영국 자회사)	9.8
금속가공	Dorman Long	9.8
섬유	Fine Cotton Spinners & Doublers	9.8
식품	Tate & Lyle	9.3
출판	Daily Mirror Newspaper	8.8
신발	J. Sears(Trueform Boot Co.)	8.5
성냥	British Match Corporation	8.1
제지	Wallpaper Manufacturers	7.9
음료	Hoare & Co.	7.6
자동차	Morris Motors	7.6
전기기계	British Industrial Cables	7.5
음료	Tayor Walker	7.5
식품	Unitied Dairies	7.3
음료	Barclay Perkins	7.1
금속가공	Stewarts & Lloyds	7.1
석유	Bleaches Association	6.9
식품	Liebigs Extract of Meat	6.9
섬유(레이온)	British Celanese	6.8
금속가공	United Steel	6.7
음료	Allsopp	6.4
섬유	Combined Egyptian Mills	6.3
화학	Pinchin Johnson	6.3

자료: L. Hannah, 1983a: 102-103.

니레버 등은 5만 명 이상을 고용하고 있었다.[14]

대기업은 어떠한 산업부문에 많이 출현하였는가? 〈표 7-3〉은 대기업의 산업별 분포추이를 나타낸 것이다. 이 표는 자본규모와 종업원 수에 따라 대기업의 분포에 큰 차이가 있다는 것을 보여준다. 예를 들어 1900년대에 식품, 담배산업의 대기업은 자본규모에서 볼 때 50사 중 21사나 되면서 종업원 수에서는 5사에 불과하였다. 그것은 이들 산업의 많은

표 7-3 대기업의 산업별 분포

	1900년대[1)]		1930년	1973년	
	자본 50사[2)]	종업원 50사[3)]	자본 200사	자본 200사	종업원 50사[4)]
식품·담배	21	5	68	31	16
섬유	10	11	24	10	3
의류	0	3[5)]	3	3	0
목재	–	–	0	3	0
제지	–	–	5	8	3
인쇄	0	1	10	12	0
화학	4	1 ¼	9	15	4
석유	–	–	3	4	2
고무	–	–	3	4	1
피혁	–	–	0	2	0
석재·점토·유리	1	2	6	22	3
조금속	3 ½	4 ¾	18	12	2
금속가공	–	–	7	11	5
기계	⅔	6 ¼	7	32	2
전기	0	2	18	12	4
수송용 기기	0[6)]	8 ¼	–	–	–
조선	2	7	14	13	3
기기(機器)	⅓	0	1	3	0
광산	3	–	–	–	–
기타	4 ½	½	4	3	2

주: 1) 자본금은 1905년, 종업원 수는 1907년 현재, 한 회사가 2개 산업에 걸치고 있는 경우에는 각각 2분의 1로 계산했기 때문에 분수로 되어 있다.
2) 자본금 200만 파운드 이상 기업.
3) 종업원 5,000명 이상 기업.
4) 종업원 2만 명 이상 기업.
5) 신발을 포함한다.
6) 철도회사가 포함되어 있지 않기 때문에, 1907년과 큰 차이가 있다.
자료: 1900년대는 C. Shaw(1983), 1930년 및 1973년에는 A.D. Chandler, Jr., 1982: 21, 23.

기업(17사)이 양조(맥주)회사였기 때문이었다. 즉, 맥주회사는 1890년대에 소매점(펍)을 계열화함으로써 자본액이 크게 증가하여 자본규모에서는 대기업 명단에 자주 올랐으나 종업원 수는 거의 증가하지 않았다. 한편 종업원 수에서 볼 때 대기업으로 분류된 대기업은 섬유, 의류, 금속, 기계, 수송기기(주로 철도차량), 조선, 식품 등 구산업에서 많았다. 그에 비해서 1930년에 대기업은 식품, 섬유산업에서 비율은 떨어지면서도 다수 존재하였으며, 제지, 인쇄, 화학, 석유, 고무, 석재·점토·유리, 금속, 기계, 수송용기기 등 산업에서 두드러지게 성장하였다. 특히, 레이온, 금속, 기계, 화학, 전기, 수송용기기 등의 중화학공업 부문에서의 대기업의 성장이 두드러졌다. 수송용기기의 경우 1930년까지 철도차량 및 조선 등 구산업에 대해서 자동차 등 신산업의 성장이 두드러졌다. 일반적으로 대기업은 구산업부문에서 아직도 중요한 지위에 있었으나 신산업에서 두드러지게 성장한 것이다.

3. 대기업의 지위

합병운동에 따른 대기업의 성장으로 산업집중도도 높아졌다. 영국의 상위 100사가 순생산에서 차지하는 비중은 1909년의 16%에서 1935년에는 24%, 그리고 1968년에는 41%로 높아졌다. 미국에 비해서 훨씬 낮던 영국 대기업의 비중은 1930년대에는 미국과 같은 수준이 되고 1960년대에는 미국을 상회하게 되었다(〈그림 7-2〉 참조). 경제규모를 고려하지 않고 집중도만을 보면 1930년대에는 영국 대기업의 지위는 미국과 맞먹을 정도로 높아졌다.

1930년대의 영국에서 대기업의 지위가 높아졌다는 것은 이 시기에 대기업의 안정도가 높아졌다는 사실에서도 알 수 있다. 〈표 7-4〉에 따르면 100대 기업 중에서 계속 그 지위를 유지한 기업은 1920년대에는

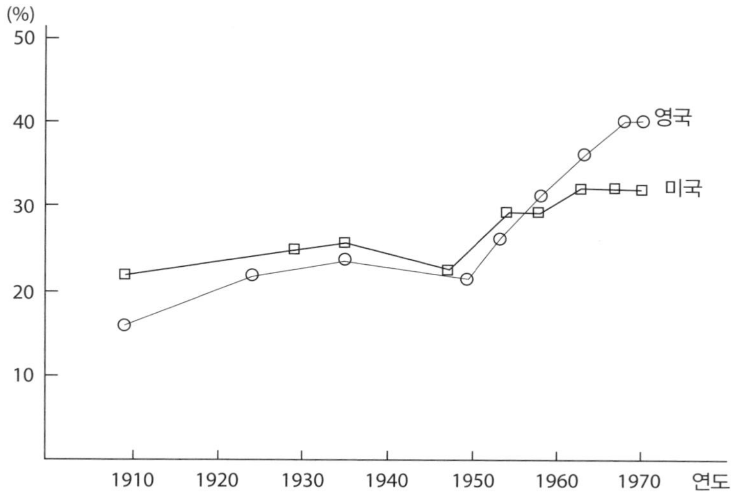

자료: S.J. Prais, 1976: 140.

그림 7-2 영국과 미국의 100대 기업이 순산출에서 차지하는 비중

52사였는 데 비해서 합병(17사)되거나 탈락(31사)한 기업도 그에 가까운 48사에 이르렀다. 그에 비해 1930~48년에는 100사 중 71사가 그 지위를 유지한 반면 3분의 1(29사)이 합병되거나 탈락하였다. 탈락기업 수는 1948~57년에 약간 증가하였으나 그것은 국유화의 영향에 의한 것이었으며, 그 후에는 대기업 간의 합병이 증가하여 대기업의 안정도도 높아졌다.

이들 대기업은 해당산업에서 과점적 지위를 차지하였다. 〈표 7-5〉는 산업에서 대기업의 집중도를 나타낸 것이다. 5대 기업이 차지하는 비중은 산업에 따라 다르지만, 일반적으로 1919~30년에 크게 상승하여 최저 40.6%(음료)에서 최고 99.7%(담배)를 차지하였다. 대기업의 과점체제는 그만큼 확대·강화된 것이다.

주요 산업별로 보면 자동차산업은 1929년에 모리스사(35%), 오스틴사(25%), 포드사(4%)의 3사가 64%를 지배하고, 1936년까지는 6대 기업

이 생산의 90%를 지배하게 되었다. 모리스사는 1919~25년에 연간 자동차 생산대수가 387대에서 5만 5,582대로 증가함으로써 시장점유율을 5%에서 41%로 올린 반면, 1925년까지 시장점유율 제1위를 차지하

표 7-4 100대 기업의 성쇠(1919～69년)

	상위 100사 내에 잔존	상위 100사 내에 있는 기업에 매수	100사 외로 탈락
1919년 상위 100사의 1930년의 지위	53	17	31
1930년 상위 100사의 1948년의 지위	71	5	24
1948년 상위 100사의 1957년의 지위	71	3	26
1957년 상위 100사의 1969년의 지위	68	22	10

자료: L. Hannah and J.A. Kay, 1977: 104.

표 7-5 산업별 집중도 추이(1919～30년)

상위 5사의 시장점유율			
산업	1919년 모집단(%)	1930년 모집단(%)	합병에 의한 상승비율(%)
식품	39.0	74.0	82
음료	25.7	40.6	55
담배	94.5	99.7	62
화학	61.3	86.3	91
금속	28.7	45.9	81
비전기기계	46.3	56.2	75
전기기계	43.8	51.9	160(1)
조선	64.6	89.7	81
자동차	34.1	66.5	22
금속가공	68.0	87.1	67
섬유	47.4	64.0	23
의복 · 신발	33.1	58.0	28
건재	59.5	83.0	93
제지 · 출판	40.8	73.8	72
기타 제조	49.2	84.8	60
상위 100사의 시장점유율			
전 제조업	56.4	77.4	77

자료: L. Hannah, 1983a: 98.

던 미국계의 포드사는 그 후 그 지위가 크게 떨어졌다. 그러나 1930년대 후반에 자동차의 연 생산대수는 미국의 3대 기업이 200~350만 대였는 데 비해 영국의 6대 기업은 30~40만 대에 머물면서, 미국보다 많은 40종 이상의 엔진과 차체 모델을 생산하는 등 다품종·소량 생산의 한계에서 벗어나지 못하고 있었다.[15]

화학공업은 ICI에 의해서 지배되었다. ICI는 독일의 거대 종합화학기업인 파르벤사(I.G. Farben: 1925년 설립)에 대항하기 위해서 1926년에 설립된 기업으로 기존의 4대 회사의 합병기업이었다. 합병된 4대 회사는 1919년의 상위 50사에 들어 있던 회사인 노벨 인더스트리스(Nobel Industries)사, 브루너 몬드(Brunner Mond)사, 브리티시 다이스터프사(British Dystuff Corporation), 유나이티드 알카리사(United Alcari Company)였다. 넷째의 회사를 제외한 나머지 3사는 그들 자체가 화학회사들을 그룹화한 통합기업이었다. ICI는 미국의 듀퐁, 독일의 파르벤과 함께 세계의 화학산업을 지배하였다. 한편 화학섬유(레이온) 산업에서는 코톨즈사가 지배적 지위를 차지하였으며 경쟁회사인 브리티시 셀라니스(British Celanese)사도 급성장하여 50대 기업에 들어갔다.[16]

전기기계산업에서는 제너럴 일렉트릭사(General Electric Company, GEC), 잉글리시 일렉트릭사(English Electric Company, EEC), 어소시에이티드 일렉트리컬 인더스트리스사(Associated Electrical Industries, AEI)의 3사가 35%의 시장점유율을 가지고 중전기 플랜트의 60%를 지배하였다. 그들 중 GEC는, 1880년대 중전기도매업에서 출발하여 성장하고 제1차 세계대전기의 기업매수를 통하여 최대기업이 되었다. 1918~22년에 GEC의 자본금은 150만 파운드에서 900만 파운드로 증가하고, 1919~39년에 종업원 수는 1만 5,000명에서 4만 명으로 증가하였다. EEC는 제1차 대전기에 그룹화한 기업들을 중심으로 1919년에 자본금 500만 파운드로 설립된 기업이다. 이 회사는 시멘스 다이나모(Siemen's Dynamo)사의 공장을 100만 파운드로 인수하면서 심각한 재정난에 직면하여 1930년에 50대 기업에 들지 못하였으나 1931년에 재건된 후 GEC의 주요 경쟁사가 되었다. AEI는 미국의 제너럴 일렉트릭사가 영국의 4개 자회사를 통합하여 설립한 기업이었다.[17]

신산업에서 합병이 진전되고 합리화가 추진되면서 대기업이 성장한 데 비해서 구산업에서의 합병은 구제적·소극적이었다. 특히 면공업은 제1차 대전 후 일본과 인도 면공업과의 치열한 경쟁에서 합병기업의 과잉시설을 파기하는 방향을 모색하였다. 1918~40년에 면공업에서는 800개 공장이 폐쇄되고 2,100만 방추가 폐기되어 35만 명의 직공이 해고되었다. 이러한 속에서 1929년에는 8개 기업이 합병하여 콤바인드 이집티언 밀(Combined Egyptian Mill)사가 그리고 1932년에는 잉글랜드 은행의 지원하에 96개 기업이 합병하여 랭커셔 코튼사(Lancashire Cotton Corporation)가 설립되었다. 후자는 매수한 공장의 절반을 폐쇄하고 700만 추의 방추를 스크랩화한 한편, 경영진을 재구성하였으나 영업실적이 호전되지는 않았다.

철강, 조선부문에서도 제1차 세계대전 후 심각한 불황에 직면하면서 합병이 추진되었다. 1928년에 비커스(Vickers)사와 암스트롱(Armstrong)사의 합병으로 설립된 비커스 암스트롱(Vickers Armstrong)사는 양사의 조선부문의 통합체였으며, 양사와 카멜 레어드(Cammell Laird)사와의 합병으로 설립된 잉글리시 스틸(English Steel Corporation)사는 중강(重鋼)부문의 통합체였고, 비커스사와 카멜사의 합병으로 설립된 메트로폴리탄 카멜(Metropolitan Cammell)사는 철도차량부문의 통합체였다. 이 외에 북서지역의 철강기업을 통합한 랭커셔 스틸사(Lancashire Steel Corporation)가 설립되었다. 이렇게 해서 제1차 대전 이전에 조선, 기계, 철강, 철도 차량 등의 수직적 통합기업이던 비커스사는 1920년대 말 이후 해체되면서 수평적 통합기업으로 재편성되었다.[18] 주요 산업부문에서는 비교적 소수의 대기업이 지배하는 과점적 체제가 확립되었다.

과점적 대기업 중에는 적극적으로 해외로 활동영역을 확대하여 다국적기업으로 발전한 기업도 많았다. 영국기업의 해외활동은 제1차 대전 이전에 이미 광범하게 전개되었으나 1930년대에 두드러지게 확대되었다. 이들 기업의 해외활동영역은 일차적으로는 대영제국이었지만 그에 한정되지 않고 구미지역에 걸친 광범한 영역이었다.

예를 들어 1929년에 영국의 비누회사 레버 브라더스(Lever Brothers)사와 네덜란드의 더치 마가린 유니온(Dutch Margarine Union)사와의 합병으로 양국에 각각 본사를 둔 다국적기업으로 탄생한 유니레버(Unilever)사는 구미지역에 광범한 사업기반을 가지고 있었다. 코톨즈(Courtaulds)사는 미국에서의 지배적인 레이온제조업자이기도 하였으며, 일렉트리컬 앤드 뮤지컬 인더스트리(Electrical and Musical Industries)사는 유럽을 중심으로 19개 국에서 50개 공장을 소유하고 있었다. 그 외에도 캐드버리-프라이(Cadbury-Fry)사, 아말가메이티드 프레스(Amalgamated Press)사, 던롭(Dunlop)사 등도 광범한 해외 자회사망을 구축하였다. 영국기업은 1934년까지 미국의 제조업에서 3억 500만 달러의 자산을 축적하였다. 1930년대 말에 전 세계에 걸친 영국의 대외 직접투자총액은 집계가 어려우나 대체적으로 5~15억 파운드의 규모로 추산되고 있다.[19]

4. 조직구조의 변화

1) 기업조직 형태의 변화

전간기에는 대기업의 성장에 따라 조직구조도 변화하였다. 무엇보다도 기업의 조직 형태가 변화하고 소유와 경영의 분리가 진전되었다. 제조업에서 개인 또는 소규모 파트너십 형태의 기업이 사실상 소멸하고, 반면에 비공모 유한회사가 증가하였다. 1938년 현재 비공모 유한회사는 공모회사 수의 10배나 되었다. 그럼에도 전자의 경제적 지위는 하락하였다. 전자의 총자본(19억 파운드)은 후자의 그것(41억 파운드)의 2분의 1에도 못 미치는 것이었다.

공모회사가 증가하고 규모가 커짐에 따라 소유와 경영이 분리되는 기업도 증가하였다. 대부분의 기업에서 단일주주 또는 이사가 공동으로 소유한 주식비율은 상대적으로 감소하고 주주가 수천 내지 수만 명이 되는 경우도 있었다.

그럼에도 대기업에서도 소유와 경영의 분리는 부분적으로밖에 나타나지 않았다. 왜냐하면 주식이 분산되면서도 대주주에 의해서 대기업이 계속 통제될 수 있었기 때문이었다. 대부분의 주주는 미성년자, 노인, 부녀자들로 특정 기업의 운영에 관심을 가진 것이 아니라 여러 기업의 주식을 소규모로 분산, 소유함으로써 단순한 이자소득자의 지위에 머물렀다. 따라서 대주주들은 회사의 통제권을 계속 장악할 수 있었다. 20대 주주가 적어도 20%의 투표권이 있는 주식을 소유하면 회사의 실질 통제권을 안전하게 장악할 수 있었다. 따라서 소규모 주주들의 투표권비율은 급속하게 감소하였다. 20대 주주들은 자신들의 가족이나 기타 관계로 상호 연고를 가지고 있었다. 그러한 연고관계는 특히 대주주의 상당부분이 임원으로 있는 기업에서 일반적이었다.[20]

이러한 배경에서 1935년 현재에도 영국의 대산업기업의 58%는 대주주에 의해서 소유·경영되었으며 대주주에 의한 경영이 아닌 경우는 9%에 불과하였다. 나머지 33%는 한계적인 상태였다. 따라서 이 시기에 영국에서의 경영자혁명을 전반적으로 인지할 수는 없다.

물론 일부에는 소유와 경영이 거의 완전히 분리된 대기업들도 있었다. 예를 들어 던롭(Dunlop)사, 리비히 미트 엑스트랙트(Liebig's Meat Extract)사, 리랜즈 텍스타일(Rylands Textile)사 등에서는 주식이 완전 분산되어 있었고, 어소시에이티드 스몰 암스(Associated Small Arms)사, 브리티시 알루미늄(British Aluminum)사, 잉글리시 소윙(English Sewing)사, 임페리얼 케미컬 인더스트리스(Imperial Chemical Industries, ICI)사 등의 임원들은 낮은 비율의 주식을 소유하고 있었다. 대기업에서는 주식의 부분적 소유에 의해서 통제되는 경우가 많았다.

한편 소유가 널리 분산되어 핵심적인 소그룹의 주주들이 소규모의 주식소유로 통제권을 행사할 수 있는 경우는 고전적 기업가기업과 다를 바 없었다. 그들 이외에 다수의 비공모회사와 중소규모 공모회사 등 가족기업이 광범하게 존재하고 있었다. 영국에서의 경영자자본주의는 아직도 초기 수준에 머물러 있었다.[21]

2) 집권적 및 분권적 관리조직의 도입

기업의 규모가 커지고 업무가 다양해짐에 따라 관리조직도 새로 도입되지 않으면 안 되었다. 영국의 대기업은 합병기업들을 전사적으로 조정하고 관리하는 집권적 통제기구를 갖지 않고 독립적·분산적으로 관리하고 있었다. 따라서 대 합병기업들은 무엇보다도 먼저 구성기업과 사업부문을 집권적으로 관리할 수 있는 통일적 관리체계를 구축하지 않으면 안 되었다. 이에 본사에 의한 중앙집권적 관리시스템을 확립하는 회사들이 증가하였다. 그와 함께 다각화전략을 추구한 대기업에서는 미국의 듀퐁사와 GM의 선례에 따라 분권적 관리조직으로 전환하는 기업도 나타났다. 전간기 이와 같은 관리조직의 변혁을 이룩하면서 성장한 두드러진 사례는 ICI에서 볼 수 있다.

앞에서 본 바와 같이 ICI는 1926년에 4개 기업의 합병으로 설립되었으며 자본금 규모로 볼 때 영국 제조업 최대의 통합기업이었다. ICI의 구성 4개 기업은 각각 선행한 시기에 이미 대규모 합병을 거친 대통합기업들이었다. ICI는 설립 당시 자본금 총액이 6천만 파운드를 초과하고 전국 60개 지역에서 4,700명을 고용하여 다각화된 화학, 금속그룹을 형성하고 있었다.

새로 창설된 ICI의 관리조직은 합병 당시의 최대구성기업이던 노벨 인더스트리(Nobel Industries)사와 같은 형태의 것이었다. 노벨 인더스트리사는 1920년에 30사 이상의 합병으로 설립된 기업으로 처음부터 효율적인 관리조직을 도입하지 않으면 안 되었다. 이러한 필요에서 이 회사는 집권적 관리체제를 창출하였다. 노벨 인더스트리사는 가장 능률적인 공장으로 생산을 집중하여 나머지를 폐쇄·매각하고 중앙 연구부문을 설립하였다. 그리고 구매, 인사, 광고, 법률, 세무, 투자 등 기능책임은 본사에 집중하였다.

기존의 자회사와 새로 매수한 기업에 대한 법률상의 관리책임은 노벨 인더스트리사에 있었으며, 그들 기업에 설치된 대리이사회로 하여금 노벨 인더스트리사의 이사회와 경영 및 재무 위원회에 책임을 지도록 하였다. 자회사의 업적평가는 통일적인 합동회계제도에 의해서 이루어졌다. 이렇게 해서 전 그룹 회사의 재무성과가 공통된 회계기준으로 표시되었다. 다른 두 개의 본사부문, 즉 개발부문과 본사 경영자문부문은 중요한 기업가적 역할을 하였다. 양 부문은 공동해서 유망한 기업매수를 심사·결정하였다. 집권적 관리체제를 확립한 후 노벨 인더스트리사는 제조부문에 책임 일부를 위임하였다. 즉, 분권적 관리를 지향한 것이다.[22]

ICI가 설립되었을 때(1926) 새 회사의 관리에서 전략적으로 중요한 지위를 차지한 것은 노벨 인더스트리사 출신의 관리인들이었다. 노벨 인더스트리사는 ICI의 가장 유력한 구성 기업이었을 뿐만 아니라 이미 집권적 관리체제를 확립하고 그 위에서 분권적 관리를 지향하고 있었다.

ICI는 8개의 사업부문을 가진 다각화기업이었으나 분권적 관리조직의 도입에 앞서 집권적 관리체제의 확립을 선행하였다. ICI는 관리이사인 몬드(Sir Alfred Mond)와 맥고완(Sir Harry McGowan)의 주도로 본사기구를 확대하고 집권적 관리체제를 확립하였다. 투자관리는 재무위원회에 집중시키고 각각 기능부문에 책임을 지는 임원들로 구성된 경영위원회는 모든 신규 자본지출을 관리하고 정책결정기구를 마련하였다. 노벨

사를 모델로 하여 확대된 본사 조직을 확립한 ICI는 1920년대 말까지 전 제조부문에 대한 생산능력의 합리화를 추진하는 한편, 신제품을 개발하고 금속, 비료, 염료, 일반화학 분야의 회사들을 매수하여 자회사로 편입하면서 확대를 계속하였다.[23]

집권적 관리체제는 다수 기업으로 구성된 통합기업인 ICI로서 그 효과가 기대될 수 있는 것이었다. 그러나 한편 그것은 많은 생산부문으로 다각화된 기업의 관리조직으로는 한계를 가진 것이었다. ICI로서도 결국 분권적 조직을 도입하지 않을 수 없었다.

그러한 필요에서 ICI는 제조부문을 8개 부문으로 하여 그룹화하고 각 부문에는 1인의 회장, 현지관리인 그리고 본사에서 파견된 연락임원으로 구성된 대리 이사회를 설치하였다. 그룹 부문 간의 정책은 각 그룹의 회장이 ICI의 기능별 상급임원과 동석하는 본사관리위원회에서 조정하였다. 형식적으로는 본사 이사회의 두 개의 소위원회, 즉 재무위원회와 종합정책(이전의 경영)위원회가 기본적 관리기능을 담당하였다. 이렇게 해서 본사임원과 그룹구성 사업부문의 관리인이 본사위원회라든가 그룹이사회의 공동구성원이 됨으로써 정보전달경로가 형성되었다. 본사이사회의 권한은 과거의 실적에 기초한 자본지출관리와 장래예측관리를 통해서 행사되었다. 재무기능은 본사에 집중되어 업적 측정과 예산관리를 수행하였다.

ICI는 1930년대에는 기능별로 전문화된 본사를 가진 분권적 조직구조를 확립하였다. 본사는 전반적인 재무통제를 하고 사업부문(그룹)에 대해서 경영과 재무 서비스를 제공하였다. 그것은 고도로 효율적인 자본시장, 경영컨설턴트 업무, 서비스중계 업무를 제공하는 본사를 갖춘 반독립기업의 연합체와 같은 것이었다. 복수사업부제조직 모델에 근사한 조직을 발전시킨 ICI는 1930년대의 불황기에도 경영상의 곤란을 받지 않고 성장할 수 있었다.

분권적 복수사업부제조직은 ICI 외에도 2~3개 기업에서 도입되었다.

제분업의 4개 기업 합병체인 스필러스(Spillers)사는 1926년에 4개 지역 그룹으로 구성된 지역별 사업부제조직을 도입하였고, 터너 뉴웰(Turner & Newall)사는 1931년에 석면제조의 다각적 사업을 통합관리하기 위하여 제품사업부제조직을 도입하였다. 그리고 고무산업의 던롭사는 버밍엄 본사의 고무타이어공장과 관련 사업을 직접 관리하는 기능별 라인과 함께 기타 사업에서 4개의 제품사업부제도를 도입하였다.[24]

그러나 전체적으로 볼 때 영국에서의 사업부제도의 도입은 극히 소수의 기업에 한정되어 있었다. 차논(Derek F. Channon)에 따르면 1950년에 이르러서도 복수사업부제조직을 도입한 기업은 12개 사에 불과하였으며, 그나마 8개 사는 주로 미국계 자회사와 네덜란드 기업과 합병한 유니레버(Unilever)사였다.[25]

영국의 대표적인 10개 사의 조직구조에 관한 구비쉬(T.R. Gouvish)의 연구에 따르면 1939년 현재 조직구조로서 사업부제도를 도입한 회사는 1개 사, 느슨한 의사(擬似)사업부제도를 가진 회사는 1개 사였는 데 비해서 나머지 8개 사는 모두 기능부제(unitary forms, U-form)였다. 기업의 지배 형태로는 내부와 외부에서 임명된 경영자가 지배하는 회사는 2개 사(그중 1사는 은행)에 불과하고, 나머지 대부분은 내부에서 임명된 가족이 지배하였으며 오너가 지배하는 개인회사도 1개 사가 있었다. 가족지배하에서 기능부제조직이 광범하게 도입되었던 것이다.[26]

3) 지주회사조직

한편 영국의 대합병기업이 다수의 산하 자회사를 통제한 일반적인 조직구조는 지주회사 형태(holding-company form, H-form)였다. 그것은 구성 자회사의 느슨한 연합체와 같은 조직이었으며, 그 속에서 본사가 행사하는 정책설정이라든가 재무통제권은 최소한으로 제한되어 있거나 거의 없는 상태였다. 이 시기의 기업합병은 명분상으로는 합리화를 통한 기업 체질의 강화를 지향한 것이었지만, 실제에는 많은 경우 시장독점에 의한 경쟁배제와 가족지배의 유지로 기업경영 기반의 안정을 도모한다는 동기에서 이루어졌다. 지주회사는 다수의 관련활동을 통합하였다는 점에서 의사(擬似) M-form 조직이라 할 수 있다. 그러나 그것은 전형적으로 강제 카르텔과 같은 것이었으며 시장지배를 위한 협정 이상으로 기업업무 분야의 통합을 지향한 것은 아니었다.

H-form 조직은 어소시에이티드 일렉트리컬 인더스트리스(Associated Electrical Industries)사 등 많은 기업에서 도입하였다. 합병 대기업은 H-form 조직으로 그룹기업 간 간접비의 공동화, 위험분산, 경영기법의 교환, 주식공모에 의한 가격조작, 신규투자의 조정 등의 효과를 올릴 수 있었다. 그러나 H-form 조직하에서 집권화와 분권화를 조화롭게 발전시키지 못한 기업들은 관리상의 곤란으로 성장이 제약되었다.[27]

예를 들어 섬유기업인 코톨즈사는 기존의 7인체제의 이사회가 화학과 다국적 활동으로 이행하는 데에 적절하게 대응할 수 없게 되자 1930년대 말에 이사회를 18명 규모로 확대하고 상업·회계 전문가의 임명, 본사 내 소자문위원회의 창설 등 일련의 개선책을 실행하였다. 그러나 회사의 명확한 관리계층은 없었고 여전히 가족기업 형태로 독재적으로 운영되었다. 윌가(Wills)가 지배한 임페리얼 타바코사는 1939년에는 구성기업에서 충원된 33명의 대규모 이사회를 가진 느슨한 의사 사업부제조직을 가지고 있었으나, 1955년 이전에는 조직개혁을 위한 내부적 노력이나 외부적 시장압력 없이 소유경영자 지배기업들의 연합체와 같은 지주회사 형태로 남았다.[28]

사실 조직상의 도전에 대한 소극적 대응은 기업활동의 상대적 정체의 원인이었다. 예를 들어 비커스사는 제1차 세계대전 직후에 철도와 자동차 부문으로 다각화하였으나 상응한 관리조직을 도입하지 못함으로써 다각화전략은 실패하고 매수기업은 결국 매각되었다. 비커스의 사례를 보고 다각화를 단념하는 기업들도 있었다. 내부조직의 급속한 변혁을 주저하는 기업으로서는 새로운 전략을 추구하기 곤란하였기 때문이다. 영국에서는 전략이 조직에 따르는 격이었다.[29]

4) 조직구조와 기업성과

합병 대기업의 전개에도 불구하고 영국기업의 성과는 미국과 독일에 비해서 상대적으로 부진하였다. 그 원인으로 자주 거론된 것은 조직구조의 낙후성이었다. 챈들러는 영국에 특징적인 가족기업이 제2차 산업혁명의 고도기술 공업에서 요구되는 생산·마케팅·매니지먼트에의 삼면투자에 소극적이었으며, 삼면투자를 한 경우에도 가족지배의 안정적 지속을 지향하여 성장에 필요한 정교한 관리조직을 도입하지 못하고 대부분의 유급관리인을 전략적 의사결정에서 배제함으로써 생산성과 경쟁력을 높이지 못하고 기업성과의 부진을 면치 못하였다고 주장하였다.[30]

영국기업 성과의 부진원인에 대한 챈들러 명제에 대해서는 한나(L. Hannah)도 H-form 조직이 반드시 규모의 경제를 실현하지 못할 것은 아니나 대규모의 잠재적 경제성을 충분히 실현할 수 있을지는 회의적이라고 지적하면서 챈들러 명제에 동의하였다.[31]

라조닉(W. Lazonick)은 19세기적 가족기업의 존속을 영국의 경제성장을 제약한 '제도적 경화증'의 징후이면서 그 원인으로 보고, 가족기업의 보수성이 경쟁과 변화에 대한 적응능력을 상실하게 하여 기업성과의 부진과 나아가 경제쇠퇴의 원인이 되었다고 주장함으로써 강조점은 다르나 기본적으로 챈들러 명제에 동의하고 있다.[32]

라조닉은 엘바움(B. Elbaum) 등과 공동으로 수행한 산업조직 연구에서 20세기에 들어서 영국이 대량생산과 기업의 조직화에 성공적으로 이행하지 못한 것은 19세기의 원자적 경제조직이라는 제도적 유산이 있었기 때문이라고 주장하였다. 가족기업을 기반으로 한 '원자적 거래구조'

는 합병 대기업으로 재편되면서도 H-form이라는 느슨한 조직 속에서 광범하게 존속되었다는 것이다.[33]

챈들러의 가족기업 유죄론에 대해서는 많은 비판이 제기되어왔다. 그것은 일반적으로는 가족기업이 세계적 범위에서 성공적으로 기업활동을 전개해왔다는 실증적 사실에 기초한 것이다. 가족기업은 영국만이 아니라 유럽제국과 일본 등 선진국을 비롯하여 각국의 공업화 과정에서 중소기업만이 아니라 대기업에서도 광범하게 존재하여 성장해왔다. 미국에서도 1930년대 후반기에 최대 광공업기업의 절반은 가족기업이었으며 그중에는 록펠러(Rockefeller), 듀퐁(Du pont), 포드(Ford), 멜론(Mellon), 퓨 클라우스(Pew Claus) 등 거대한 기업제국(帝國)이 있었다. 전간기의 일본과 1970년대 이후의 한국의 재벌도 가족지배하에서 규모와 범위의 경제를 실현하였다. 많은 나라에서 가족기업 형태는 산업자본주의의 지배적 특징의 일부였다.

따라서 가족기업이 많았다는 사실만으로 기업성과 수준을 설명하는 데는 무리가 있다. 처치(Roy Church)는 영국과 독일, 일본을 중심으로 한 가족기업의 국제 비교연구에서, 가족기업이 1940년 이전의 영국경제의 주된 제도적 약점이었을지 모르지만 그것이 경영자기업보다도 많은 기능장애를 내포하고 있다는 개연성을 수용해서는 안 된다고 주장하였다. 처치는 나라에 따라 기업의 행동과 성과가 대조적으로 나타난 것은 기업의 조직구조와는 관계없이 문화적 차이에 의한 것이었다고 결론지었다. 즉 나라에 따라 기업전략이 다른 것은 서로 다른 사회문화적 환경에서 성장한 기업경영자가 각각 다른 사고방식, 야망 및 기준에서 행동하였기 때문이라고 주장하였다.[34]

포맨-펙(James Forman-Peck)은 조직발달의 지체가 영국기업 발전의 지체를 설명하지는 않는다고 주장하고 미국의 포드자동차회사는 정교한 조직구조 없이 전적으로 포드(Henry Ford)의 개인제국으로 세계 자동차 산업을 지배하였다는 사실을 강조하였다. 그는 시장조건을 중시하여 영국의 모리스(William Morris)도 포드와 같은 국내시장을 가지고 있었다면 같은 규모의 기업을 일으켰을 것이라고 주장하였다.[35]

콜맨(D.C. Coleman)은 주도적 영국기업의 성과를 분석하여 전간기에 기업성과가 부진했던 원인을 19세기적 조직구조의 유산을 계승했다는 데에서 찾았다. 즉 가족지배하에서 — 때로는 경영자기업에서도 — 독재적 경영, 권한의 분담 내지 위임의 결여, 경영관리인의 전략적 의사결정에서의 배제, 조직 내 의사전달의 제약, 정보 부족, 여러 차원에서의 비밀주의 등 19세기적 조직유산이 20세기에 계승되어 제도적으로 경화(硬化)됨으로써 기업경영자는 필요한 혁신을 수행하지 못하였다는 것이다.

그러나 콜맨은 엘바움·라조닉의 제도론적 비관론을 비판하면서 기업성과는 장기적·역사적으로 평가해야 한다고 주장하고 제2차 세계대전 후의 영국기업의 혁신과 그 성과를 평가하고 있다. 그는 결론적으로 사업부제가 성공을 보장하거나 모든 경영활동에 반드시 적합한 것은 아니라고 지적하면서, 영국기업은 장기적으로 볼 때 급격한 변화를 방해한 기업문화를 인식하고 그것을 개혁할 능력이 있었다고 주장하였다.[36]

한편 기업성과 부진의 원인을 제도 내지 정부정책의 성격에서 찾는 논의도 있다. 올손(M. Olson)은 일찍이 제도적 경직증(institutional sclerosis) 명제를 제기하여 1930년대에는 경제침체 속에서 정책적 압력과 제한적 거래관행의 강화로 말미암아 생산요소의 자유로운 이동이 제약되고 기업구조의 근대화가 지체되었다고 주장하였다. 그는 기업 차원에서의 제도적 경화증은 영국의 특징적인 노사관계구조와 결합되어 나타난 것으로 보았다.[37]

올손의 명제는 브로드베리(S.N. Broadberry)와 크라프츠(W.F.R. Crafts)의 연구에 의해서 강화되었다. 그들은 기업활동에 영향을 준 가장 중요한 요인은 기업의 경쟁적 환경이라고 보고 정부의 정책을 중시하였다. 그들에 따르면 1930년대의 경제정책환경은 1980년대의 대처(M. Thatcher)

시대의 그것과는 매우 대조적으로, 관세인상, 카르텔 권장, 외국자본이동의 제한, 파운드화의 저평가 등 진입장벽을 높이고 비효율적 기업퇴출률을 낮추고 제한적 관행을 권장함으로써 생산성 개선에 역행하는 것이었다.[38]

커비(M.W. Kirby)는 영국기업 성과의 상대적 부진의 원인을 둘러싼 여러 논의를 검토하면서 결론적으로 그 원인이 영국의 제도적 경화 경향에 있다고 지적하였다.[39] 그는 기업활동은 법적·문화적·제도적·시장적 환경에 의해서 영향을 받는 것이므로 그러한 배경에서 기업조직과 경영전략을 나라에 따라 다르게 한 요인을 구명하는 것이 중요하다고 주장하였다. 그리고 그는 가족자본주의가 경영발전에서 불가피한 장애물은 아니며 M-form 조직이 경제 병에 대한 보편적 만능약으로 볼 수는 없다고 주장하였다.[40]

기업성과 부진의 원인을 둘러싼 가족기업 유죄론에 대해서 많은 비판이 제기되는 가운데 주목된 것은 환경적 조건이었다. 사실 다같이 가족기업이고 유사한 조직구조를 가지면서도 기업성과가 나라에 따라서 달랐다는 사실은 그 책임을 가족기업에만 돌릴 수는 없다는 것이다. 영국 내에서도 같은 가족기업이면서 분단된 국내시장에 대응해야 했던 기업은, 자동차와 같은 신공업에서도 규모의 경제를 적극적으로 추진하지 못하였는 데 비해 동질적·도시적 내지 전국적 시장을 대상으로 한 식료품, 비누, 금융, 유통 등의 산업에서는 규모의 경제를 달성하면서 성장하였다. 가족기업도 환경조건과 대응 형태에 따라 경영성과도 다를 수밖에 없었던 것이다.

그렇다고 해서 전간기 영국의 가족기업이 환경에 능동적으로 대응하지 못하고 조직구조에 결함이 있었다는 사실이 부정되는 것은 아니다. 오히려 영국의 가족기업은 가족의 충성심으로 내부결속을 공고히 하고 전략을 과감하게 추진할 수 있었다는 장점이 있는 한편 가족지배권을 수호하기 위하여 기업 확장에 소극적·보수적이고 아마추어적 경영으로 되었다는 중대한 결함이 있었다. 그러한 부정적 요소는 영국의 합병대기업의 경우 농후하게 나타났다. 영국기업의 경우 전문경영자의 결여와 관리조직구조의 취약성이 기업성장의 중요한 제약요인으로 작용한 것이다.

사실 합병대기업의 이사회는 구성기업의 지배가족들로 구성되었으며 이사들은 신생 합병기업의 합리화·효율화를 추구하기보다도 자신들의 지위 확보에 관심을 가졌다. 그들 중에는 직무를 잘 모르는 '모르모트(guinea-pig)' 내지 '장식적 임원(decoratic director)'들이 많았다. 기업에서도 젠틀맨을 우대하고 전문경영자를 낮추어보는 경향은 좀처럼 없어지지 않았다. 젠틀맨 임원 수는 1932년에는 562명이나 되었다.[41] 구비쉬(T.R. Gourvish)는 대부분의 이사회실의 클럽(club)적 분위기가 조직변화에 대한 태도에 영향을 준 주된 요인이었으며, 많은 영국기업이 성장에 대해 신중한 반응을 하도록 한 근본에는 최고경영진이 정통적 태도를 지속적으로 완강하게 가져왔다는 사실이 있다고 지적하고 있다.[42] 윌슨(John F. Wilson)도 대기업의 조직상의 한계가 잠재적인 규모와 범위의 경제성을 실현하는 데 최대의 제약요인이 되었다고 지적하였다.[43]

한나는 전간기를 영국 '기업 발전의 지체'가 크게 해소되고 근대적 대기업경제(modern corporate economy)의 기초가 놓인 시기로 평가하였다.[44] 이 시기에 영국에서는 많은 기업이 내부성장과 합병으로 대규모 기업으로 성장하고 국내적·국제적으로 규모와 범위의 경제를 추구할 수 있게 되었다. 그 결과 영국경제는 '보이지 않는 손'에 대신해서 대기업이라는 '보이는 손'에 의해서 크게 영향을 받게 되었다. 그러한 의미에서 이 시기의 기업 발전은 영국의 경영사와 더 나아가 경제사에서 현대의 표지가 될 획기적인 일이었다.

그럼에도 그 과정은 내용 면에서 역동적·전진적인 것만은 아니었다. 미국과 비교해볼 때 이 시기의 영국기업은 규모, 조직구조, 성과의 그 어느 면에서도 상대적으로 낙후해 있었다. 영국기업의 상대적 낙후성은 기업경영자의 자질과 노동관행에서도 나타나고 있었다.

3절 기업경영자와 노사관계

1. 기업경영자의 자질

1) 기업경영자의 사회적 기원

전간기 영국 기업경영자의 사회적 출신 기반은 어떠하였는가? 영국은 기업경영자의 잠재적 능력을 광범한 사회적 계층에게서 동원하여 이용할 수 있었는가? 아니면 일부 계층에서 보충함으로써 잠재적 능력을 충분히 이용하는 데에 실패하였는가?

영국에서의 사회적 이동성은 제한되어 있었다. 예를 들어 1950년을 전후한 시기에 철강공업에서의 기업경영자의 출신계층별 구성을 보면 인구의 대다수(74.5%)를 차지하는 하층출신자는 17%에 불과한 반면, 인구의 불과 15.4%를 차지하는 중산층 이상 출신자가 대부분(83%)을 차지하고 있었다. 그중에서도 인구의 11.1%에 불과한 상층의 비율은 57%나 되었다. 잠재적 인재가 전 인구에 널리 분포되어 있었다고 가정한다면 영국 철강공업에서의 인재활용은 한정된 것이었다고 볼 수 있다.[45]

이러한 사정은 철강공업의 사례에 한정된 것이 아니라 광범위한 산업기업에서 일반적으로 볼 수 있었다. 〈표 7-6〉을 보면 1950년을 전후한 시기까지만 하더라도 기업경영자는 압도적으로 상층 출신자들(71%)이었으며 중산층까지 포함하면 그 구성비는 87.5%에 달하였다. 특히 은행경영자의 경우 상층 출신, 그중에서도 특히 은행가의 아들이 큰 비중

표 7-6 기업경영자의 출신계층별 구성 추이 (단위: %)

연도 \ 사회계층	상층[1]	중산층	숙련노동자	최하층 (비·반숙련공)
1900~14	91	7.0	2.0	0.7
1925~35	77	16.0	6.0	0.8
1945~55	71	16.5	8.0	4.0
1974~75	13	68.0	6.0	7.0

주: 1) 귀족, 젠트리, 대사업가, 경영관리인, 전문직.
자료: D.J. Jeremy, 1998: 384.

을 차지하고 있었다. 1900~14년에 시티의 372개 은행경영자의 92%가 상층 출신자였으며 그 가운데 56%는 은행가의 아들들이 차지하고 있었다. 가족기업으로 경영되어온 개인은행과 투자은행의 경우 은행가 출신의 비율은 각각 87%나 되었다. 기업경영자가 대를 이어 기업경영자를 낳은 것이다.

한편 경향적으로 볼 때 주목되는 것은 20세기 중엽 이후 출신계층의 구성비상의 변화가 나타나고 있다는 것이다. 즉 상층의 비중이 크게 하락하고 중산층의 비중이 급격히 상승하였다는 것이다. 그것은 뒤에서 보는 바와 같이 이 시기에 교육개혁이 이루어지고 기업경영자의 양성을 위한 고등교육이 확대되었다는 사실에 뒷받침된 것이다. 그러나 출신계층구성비의 두드러진 변화에도 불구하고 그것은 기본적으로 상층과 중산층 간에 한정된 것이었고 하층에까지 미치지는 못하였다. 숙련노동자와 최하층의 구성비는 그 자체로는 상승하고 있으나 상대적으로는 매우 낮은 수준에 머물고 있다. 영국의 기업경영자는 사회·문화적 기반을 공유한 한정된 계층에서 공급된 것이다.

기업경영자 공급원천의 엘리트주의는 후계자의 세대교체를 예측할 수 있게 하고 가족기업의 존속을 보장하고 기업관계(business relation)의 불확실성을 덜어주는 데 기여하였다. 그러나 그것은 그만큼 기업경영자의 잠재적 공급범위를 좁히는 결과를 가져왔다.

2) 기업경영자의 양성

(1) 퍼블릭스쿨의 역할

기업경영자는 어떻게 양성되었는가? 그들은 기업경영자로서 적합한 교육을 받았는가? 그들은 출신계층의 편협성에서 오는 인재동원상의 제약을 기업경영에서 요구되는 능력을 개발함으로써 극복할 수 있었는가? 영국의 교육제도는 비즈니스 엘리트 양성에서 적극적 역할을 할 수 있었는가? 이러한 질문에 대한 대답은 적어도 1950년을 전후한 시기까지는 부정적이었다.

20세기 전반기를 통해서 영국 경영지도자의 교육기관으로 가장 중요한 것은 사립중등학교인 퍼블릭스쿨(public school)이었다. 영국 비즈니스 리더의 50~70%는 퍼블릭스쿨 출신이었다. 퍼블릭스쿨은 상층과 중산층 자제를 위한 특권적 교육기관으로 19세기 중엽 이후 증설되었다. 퍼블릭스쿨은 본래는 국가적 지도자 내지 젠틀맨을 양성하기 위한 교육기관으로 비즈니스맨을 양성하기 위한 것은 아니었다. 따라서 교육시간도 주로 고전(古典)교육에 할당되고 과학교육은 중시하지 않았다.

그러면 퍼블릭스쿨 교육은 가족기업의 잠재적 후계자라든가 대기업 지도자를 양성하는 데 적합하였는가? 이 문제에 대해서는 비판과 옹호의 두 견해가 있다. 비판론은 퍼블릭스쿨이 ① 기숙사제도에 수반된 학생의 산업 및 사회로부터의 격리, ② 과학교육의 무시, ③ 고전적·귀족적 가치의 주입에 의한 실제적·육체적 활동의 기피 내지 비즈니스 천시, ④ 스포츠맨십 숭배에서 오는 협동의 강조와 개인주의의 억제 등으로 부정적 역할을 하였다고 보았다. 반면 옹호론은 고전교육은 일반 중등교육기관인 그라머스쿨(grammar school)에서도 중점적으로 이루어졌다고 주장하고 퍼블릭스쿨은 권위와 계층의식, 협동정신, 과거 경험의 존중이라는 관념을 강력하게 주입하여 협동과 조직 내 상충집단과 협력할 수 있는 인간을 양성하였다고 평가하였다.[46]

영국의 중등교육은 아직도 낮은 수준에 있었다. 1900년 현재 영국의 중등학교 수는 퍼블릭스쿨(100개 교)과 그라머스쿨(약 575개 교)을 합해서 약 680개 교, 학생 수는 각각 3만 명과 9만 5,000명을 합해서 12만 5,000명 정도였다. 그것은 중등교육연령(10~19세) 인구의 2%를 밑도는 수였다. 그 비율은 1937년에는 7%로 상승하였으나 독일(8.4%·1939년)과 특히 미국(29%·1940년)에 비해서 낮았다. 영국에서는 1944년의 교육법에 따른 고등교육의 무료화가 중등학교 진학을 자극하면서 진학률은 1960년에는 40.9%로 독일(16.5%)과 미국(31.7%)을 웃돌게 되었다.

기업경영자의 공급원으로서 퍼블릭스쿨은 매우 중요하였다. 퍼블릭스쿨에서 직접 또는 대학교를 거쳐 기업으로 진출한 학생의 비율은 학교에 따라 다르나 19세기 말~20세기 초에는 16~20% 정도였는 데 비해 1930년대~50년대에는 생존 중인 졸업생의 46%나 되었다. 1950~70년에도 회사임원의 50~70%가 퍼블릭스쿨 출신이었다. 반면 중간관리인에는 그라머스쿨 출신이 많았다. 이 시기까지 비즈니스 엘리트의 공급원으로서 퍼블릭스쿨의 영향력은 컸다.[47]

(2) 도제제도

영국에서의 기술습득은 전통적으로 도제제도(apprenticeship)를 통해서 이루어졌다. 중세 이래 직인들은 기본적으로 학교교육이 아니라 현장실습을 통해서 기술을 습득하였다. 도제제도는 20세기에 들어서도 성행하여 전성기인 1964년에 도제 수는 39만 명이나 되었다. 철도와 같은 대규모 산업에서도 기술기반은 도제제도하에서 습득된 직인적 숙련에 있었다. 도제제도를 통한 기술습득은 많은 경우 경영관리인(managers)으로서의 경력의 출발점이 되었다. 특히 1950년대 이전의 기계공업에서는 그러하였다.

직인적 숙련을 터득하기 위한 도제수업과는 달리 기술자, 대학생 내지 대학졸업자를 위한 고등, 특별 도제제도도 있었다. 16세기에 기원을 가진 이 제도는 부유·특권층 자제가 상인, 법률가, 의약인 등에 연기(年期)계약으로 사사(師事)하여 특별수업(修業)을 한 제도다. 19세기 말에 도제의 수련기간은 4년 이상, 그리고 부담비용은 500~1,000파운드나 되었다. 이 제도하에서 도제들은 한 직종의 숙련이 아니라 여러 직종과 부문에 걸친 포괄적 훈련을 받았다. 이러한 수업을 거치면서 도제들은 기업 전체와 기계제작원리에 대한 개관능력을 양성하고 재무·마케팅 기법을 습득하여 후에 경영인이나 독립적 기업가로 되었다. 롤스로이스(Rolls-Royce)자동차의 로이스(Henry Royce)라든가 전기기기제조업자 벨링(Charles Belling)은 그레이트 노던 철도회사의 작업장에서 도제수업을 하였다. 도제제도는 1960년 이후 각종 직업과 기술에 공적자격시험제도가 도입되면서 쇠퇴하였다.[48]

(3) 대학교육

대학교육은 일반적으로 기업경영자에게 ① 교양교육의 완성, ② 법률, 회계, 과학 및 기계공학 등에 관한 이론 내지 원리의 습득, ③ 대학에서의 공동생활을 통한 개인적 생활기능 향상 등의 가치가 있었다.

그러나 〈표 7-7〉에서 보는 바와 같이 1960년대 이전에는 영국의 대학생 수와 진학률은 상대적으로 낮았다. 영국의 학생 수와 비율은 1960년까지 절대적으로는 크게 증가하였으나 주요 공업국과 비교해보면 현저히 낮은 수준이었다.

영국의 대학은 1900년 이전에는 학생 수와 교과목에서 변화하는 산업사회의 인재수요에 보조를 맞추지 못하였다. 잉글랜드 및 웨일스의 대학생의 3분의 1을 차지하던 옥스퍼드와 케임브리지의 교과목은 과학기술보다도 고전이라든가 인문학이 중심이었다. 런던유니버시티 칼리지(1826)를 비롯하여 19세기 중엽에는 각 지방에서 시민대학(Civic University)이 설립되어 비국교도에까지 문호를 개방하여 과학기술교육을 제공하였다. 1870년대 이후 많은 도시에서 지역산업가들의 지원에

표 7-7 대학생 수 및 비율의 국제비교 (단위: 천 명, %)

	1920		1938		1960		1995/96	
	학생 수	비율	학생 수	비율	학생 수	비율	학생 수	비율
영 국	61	1.7	69	1.76	104	3.24	1,698	33
프랑스	50	1.64	79	2.67	211	7.7	2,200	33
독 일	119	1.9	56	1.4	212	4.5	2,100	30
미 국	598	6.5	1,494	12.9	3,216	29.8	14,400	62
일 본	80	1.75	197	3.7	712	8.6	3,003	44

주: '비율'은 20~24세 연령인구에서 차지하는 비율.
자료: D.J. Jeremy, 1998: 399.

의한 시민대학 설립 붐이 나타났다. 그러나 그들 대학도 과학기술분야 졸업생의 배출 사정을 개선하는 데에는 충분하지 못하였다. 대학의 과학기술과정 학생 수는 1938년까지 전체 학생의 26% 그리고 1956년까지 35%였다.[49]

기업경영과 관련된 경제학 과정은 1890년대까지는 독일과 미국과의 경쟁에 자극되어 런던정경대학(LSE), 버밍엄대학 및 케임브리지대학에서 개설되었다. 뒤이어 맨체스터, 브리스톨, 리즈(Leeds), 글래스고 등의 대학에서 상학과정이 개설되었다. 그리고 전간기에는 미국의 하버드경영대학원을 모델로 한 경영관리 학위과정이 개설되었다. 그러나 그 경우에도 비즈니스의 경제적 분석이 실무적 연구에 우선하여 경영의 미국적 모델을 교습할 기회를 놓쳤다. 20세기 중엽에 이르기까지 영국의 대학은 기업경영에 필요한 인재의 양성에서 양적·질적으로 만족할 만한 역할을 하지 못하였다.[50]

2. 노사관계

1) 노무관리 관행의 특징

19세기 영국 노무관리 관행의 특징은 내부청부제도에 있었다. 내부청부제도는 높은 숙련이 필요한 노동, 생산과정을 통제, 조정하는 데에 따르는 문제를 해결하는 수단으로 발달하였다. 19세기를 통해서 대다수 산업에서 부녀자노동자를 포함한 대량의 비숙련노동자는 내부청부인인 숙련노동자에 의해서 고용되고 통제되었다. 그와 함께 기업은 온정주의(paternalism)적 수단으로 노동자의 귀속의식을 높이고 시간·규율과 같은 중산계급의 덕목을 생산현장에 침투시키려 하였다. 이러한 방법으로 기업경영자는 노동자로부터의 경영권 도전이 없는 생산조직을 유지하려 하였다.

그러나 내부청부제도를 통한 노무관리 관행은 1890년대 이후의 환경변화 속에서 변모하게 되었다. 1880~90년대에 대외경쟁이 격화되는 속에서 영국기업은 규모를 확대하는 한편 신기술과 노동절약적 생산방법의 도입으로 경쟁력을 강화하지 않으면 안 되었다. 그 속에서 기업은 종래의 이중적·간접적 고용·관리조직인 내부청부제도를 대신하여 사용자에 의한 일원적 고용제도를 도입하였다. 내부청부제도는 저임금으로 노동을 강화, 착취하는 것이라 하여 노동조합 측에서도 폐지를 요구하고 있었다.

새로운 고용제도하에서 생산현장에서의 노무관리의 중심에는 직장(foremen)이 있었다. 즉 내부청부인의 관리기능이 직장에 의해서 대체된 것이다. 직장은 내부청부인과는 달리 사용자에 의해서 완전 고용된 유급(有給) 숙련노동자였다. 이러한 혁신은 특히 기계공업에서 나타났다. 숙련노동자에서 선발되고 동시에 노동조합원이기도 한 직장은 작업계획, 인원배치, 작업속도와 임금요율결정 등 생산현장에서의 노무관리상의 중요한 문제에 대한 정책을 기업경영자의 직접 대리인으로서 실행하였다.

그러나 직장에의 관리기능 위임은 생산현장에서의 노무관리 문제를 해결하였으나 또 다른 문제를 수반하였다. 즉, 직장의 독립성과 권능은 사용자로서는 통제하기 쉽지 않았다는 것이다. 19세기 말에는 고용주에 대한 숙련노동자의 독립적 입장은 강화되었다. 실질임금의 상승, 신형조합(New Model)의 공제수당 등으로 숙련노동자의 금전적 저항력이 커진 것이다.

사실 1880년대 이후 노동조합은 경영권에 큰 위협이 되었다. 신형조합은 숙련노동자의 증가만이 아니라 반(半)·비(非)숙련노동자의 가입을 확대하면서 커진 것이다. 숙련노동자 측은 자신이 가진 노동강도(노력표준) 설정권을 경영자가 잠식하는 것에 대항하였다. 이에 고용주는 생산현장통제권의 확립을 지향하였다.

그러한 가운데 1896년에 '기계공업고용자연맹(Engineering Employer's Federation, EEF)'은 신기술하에서의 저임금노동자의 도입을 발표하였다. 1897~98년에 기계공업에서 발생한 대규모 쟁의는 사용자에 의한 저임금노동자의 고용계획과 직장통제권 확립 시도에 대한 합동기계공조합(Amalgamated Society of Engineers, ASE)의 저항운동이었다. 이에 대해서 사용자 측은 숙련노동자가 가진 통제기능을 약화시키는 것을 공통목적으로 단결, 대항하였다. 그 결과 쟁의는 고용주 측의 승리로 끝났다. 그러나 그것으로 문제가 끝난 것은 아니었다. 그 후도 노동자 측은 노동강도 통제권 확보를 지향하고 노력표준을 낮춤으로써 사용자에 대항하였으며, 이에 대해서 사용자 측은 성과임금제에 기초한 할증상여금제의 채용으로 대항하였다. 사정은 조선업에서도 같았다.

고용주 측의 공격에도 불구하고 생산의 결정적 부분은 직업별조합(craft union)에 의해서 계속 통제되었다. 기업은 소유권의 분산, 시장구조, 기존 공장의 성격으로 대폭적인 설비갱신을 하기는 곤란하였다. 숙련공의 기능에 의존하는 생산현장에서 숙련의 배제와 작업의 세분화라는 테일러(Taylor)의 과학적 관리(Scientific Management)의 기본 요소는 영국의 기계공업에서는 뿌리를 내리지 못하였다. 생산과 구매의 전통적 방식은 여타 산업에서도 완고하게 잔존하였다. 소수의 기업만이 '과학적 관리'를 변형, 도입하였음에 불과하였다. 직장을 중심으로 한 숙련노동자가 관행과 실제에 기초하여 통제하는 영국의 노동현장 관리시스템은 '과학적 관리법'이 도입된 미국의 그것과는 달랐다.

제1차 세계대전 이전의 영국에서는 '과학적 관리'를 도입하려는 협동적 시도는 없었다. 제1차 세계대전 중 기계공업은 군수산업으로 전환되어 대량생산방식을 광범하게 채용하였다. 그것은 영국기업의 생산현장에서의 노동 관행에 큰 영향을 미쳤다. 그러나 노동조합을 끌어들인 협의에서도 미국식 직접통제방식은 쓸모없고 생산성을 저해하는 것으로 배척되었다. 경영관계 저술가나 비평가들도 미국식 생산시스템이 갖는 비인간성에 주목하고 '과학적 관리'의 '과학적 기초'에 대해서도 회의적이었다. 무엇보다도 기업경영자 자신이 미국식 생산시스템의 도입에 적극적이지 않았다. 자동차산업과 같은 성장산업에서도 '대량생산의 영국방식'이라 불린 생산현장에서의 간접통제가 전개되었다.

선진적 대규모 사용자마저 과학적 관리의 도입에 소극적이던 영국에서 인기를 끈 것은 베닥스(Charles E. Bedaux)가 테일러주의를 번안하여 고안한 노무관리기법이었다. 베닥스기법의 본질은 'B-단위(B-Unit)'에 있었다. 그것은 단위별 노동측정수단이며 직무의 단순화와 생산현장의 관료화의 기반이 되었다. 베닥스시스템은 1920년대 말과 1930년대에 영국에서 보급되었다. 이 기법을 도입한 기업은 1939년까지 250개 기업에 달하였다. 그들은 대부분 식품가공, 화학, 경기계, 자동차부품 등 새로운 성장산업 기업이었다.

그러나 베닥스기법이 도입된 분야는 미숙련노동 과정이었으며 숙련기능의 해체를 의도한 것은 아니었다. 특히 새로운 노동패턴과 괘도(掛

圖)에 의한 작업성과의 표시에 대한 노동자의 반감으로 이 기법은 결국 수정되거나 실시를 유보하지 않을 수 없었다. 그것은 결과적으로 '과학적 관리'에 대한 소극적 태도를 강화하는 것이 되었다.

영국의 경영자들은 포디즘(Fordism)의 고임금과 고생산성이라는 관리통제방식을 수용하지 않았다. 영국에서는 1914년에 맨체스터 소재 미국계 포드자동차회사가 선구적으로 포드주의를 도입하였으나 그것은 하나의 예외에 불과하였다. 영국의 자동차 제조업자들은 포드주의의 수용을 주저하였다. 자동차산업에서 노동자들은 더 높은 임금과 개선된 노동조건을 기대하여 포디즘에 관심을 가졌으나 제조업자들은 포드기법에 있는 직접통제보다는 노동자에 의한 간접통제와 성과임금제도를 선호하였다. 전통적 기업문화가 강하게 잔존한 영국에서는 1940년대에 이르기까지 테일러와 포드의 혁신적 기법의 수용은 한정적이었다.

영국 노무관리제도의 특징은 임금제도에서도 나타났다. 임금기준을 생산성과 관련시켜 고효율 = 고임금이라는 미국식 사고와는 달리 영국의 고용주들은 임금을 효율보다도 통상적 수준과의 관련에서 결정되어야 할 것으로 보았다. 그들은 고효율임금이라는 사고를 거부하고 그 대신 화폐임금을 최소화하기 위하여 높은 산출고의 달성은 성과임금에 의존하였다. 그것은 매우 중요한 문화적 차이였다.

임금결정에는 다른 경우와의 비교성과 상대성이 결정적으로 중요하였다. 그 경우 가장 중요한 것은 경기상태였다. 철강공업에서는 임금수준은 슬라이딩스케일(sliding scale)에 따라 자동으로 조정되었다. 구산업은 복잡한 임금결정시스템을 낳았다. 석탄산업에서는 통상임금과 성과급이 있었다. 성과급가격표는 변화하는 지역적 상황, 과거의 표준, 물가 등에 의해서 결정되었다. 이렇듯 임금수준을 결정하는 데는 외부 기준이 생산성 내지 수익성과 같은 내부 기준보다 중요하였다. 이러한 특징은 1960년대 중반까지 계속되었다.[51]

노동조합의 대두에 따라 통상임금에 더하여 이익의 일정 몫을 노동자에게 돌리는 이익분배제도(profit-sharing)도 있었다. 그것은 노동조합의 대두에 대한 고심의 결과 채택된 제도였다. 이 제도는 고용주에게는 종업원의 충성심을 높일 수 있다는 이점이 있었다. 이 제도가 성행한 1930년에는 350개 기업의 20만 명의 종업원에 적용되었다.

숙련노동자에 대해서는 성장하는 대기업은 많은 경우 복지급부를 확대하였다. 기업주에 의한 인도적 시혜라는 성격의 구래의 사적 온정주의는 회사온정주의(corporate paternalism)로 이행하여 연금, 질병급부, 휴가 등의 급부혜택이 좀 더 체계적·합리적으로 지급되었다. 대철도기업과 캐드버리(Cadbury) 등 식품업 기업들은 제1차 세계대전부터 온정주의를 실시하고 있었다. 온정주의는 제1차 세계대전 이후 노동대책의 주된 전략이 되었다. 대기업의 고용규모의 확대에 따른 직장 간 소통의 곤란이 증대하고 노동자의 생활수준이 상승하면서 남부지방에서는 부족한 숙련노동자의 고용대책이 모색되었다. 그 속에서 복지시책은 종업원으로 하여금 충성심을 가지게 하고 직장 간의 조화를 이룰 수 있을 수단으로 새로운 관심의 대상이 되었다. 교육, 휴양, 의료 등 다양한 종류의 복지서비스 제공은 1930년대 말 이후에 영국의 고용주들 사이에서 성행하였다.[52]

2) 노동조합운동의 전개

19세기 후반기에 영국노동운동을 주도한 것은 '신형'조합이었다. 신형조합은 숙련공의 직업별조합이었으며 그 전형은 1851년에 조직된 '합동기계공조합(ASE)'이었다. 이 조합은 숙련기계공으로 조직된 전국조합으로 상임임원에 의해서 운영되고 높은 조합비로 조성된 풍부한 기금으로 조합원에게 질병·실업·분쟁 시에 급부금을 지급하였다. ASE를 모델로 그 후 다수의 직능별조합이 조직되었다. 이들 신형조합은 투쟁적 노선을 포기하고 파업을 배척하여 협상과 입법을 통한 점진적 지위의 향상을 지향하였다. 물론 지방에서는 전투적 조합들도 있었다. 다수의 노동조합이 전국적으로 연계하였다. 1868년에 성립된 '노동조합회의(Trade Union Congress, TUC)'는 정치적 압력단체로 기능하여 1871년에는 노동조합법(Trade Union Act)의 성립 등 노동자의 법적 지위 향상을 위하여 큰 역할을 하였다.

그러나 1870년대 후반기의 불황으로 신형조합의 온건 협조노선은 사용자의 임금인하 압력에 유효하게 대응할 수 없었다. 한편 전체 노동자의 4분의 3은 미조직 상태에 있었으며 그 대부분은 비숙련노동자로 저임금에 시달리고 있었다. 이러한 상태에서 1880년대 들어 비숙련노동자를 조직화하면서 투쟁적인 노동운동을 지향한 신조합주의(New Unionism)가 대두하였다.

신조합주의의 지도자들은 사회주의자들이었다. 그들은 노동귀족적 신형조합과는 달리 낮은 가입비로 비숙련노동자도 가입할 수 있게 하면서 투쟁적인 신형노동조합의 결성을 지향하였다. 신조합주의의 영향 밑에서 1880년대에는 성냥, 가스, 부두 등의 산업에서 비숙련노동자에 의한 파업이 발생하였다. 이들 파업의 성공으로 신조합주의 운동은 크게 전진하였다. 산업을 기반으로 비숙련노동자로 구성된 다수의 노동조합이 조직되고 조합원 수도 크게 증가하였다.

1890년에서 1900년대는 불황 속에서도 실질임금의 상승으로 노동자의 생활수준이 개선되고 노사관계도 비교적 평온하게 유지되었다. 환경변화 속에서 신노동조합도 후퇴할 수밖에 없었다. 그럼에도 신조합주의 운동은 제한적이면서도 ASE의 비숙련노동자에의 문호개방, 1890년의 TUC 대회에서의 8시간 노동제도의 제안, 노동당 결성요인 제공 등의 구조합의 정책에 영향을 미쳤다.

평온하던 노사관계는 1910~15년에 반전하였다. 노동조합원 수가 급증하고 쟁의가 빈발하였다. 조합원이 급증한 원인은 1910년을 전후한 시기의 일련의 사회개혁에 있었다. 이 시기에 이르러 영국에서는 8시간

노동법, 노령연금법, 직업소개법, 최저임금법, 국민보험법 등이 제정되었다. 이들 사회보험정책의 실행기관으로 이용된 것은 기존의 노동조합이었다. 그 결과 조합원 수가 급증하였다.

한편 쟁의다발의 배경에는 생디칼리즘(Sandicalism)의 영향을 받아 계급투쟁을 지향한 조합지도자들이 있었다. 그들은 협조주의와 관료주의를 비판하며 무허가 파업을 주도하였다. 이 시기에 발생한 최대의 노동쟁의는 그동안 산업별조합으로 재편하고 조직을 확대한 철도 및 운수산업조합과 전국탄광연맹의 3대 조합이 합동하여 단행한 1911~12년의 대파업이었다. 그 후 제1차 세계대전에 이르기까지 쟁의가 빈발하여 노사관계는 불안정하였다.

고조된 투쟁적 노동운동은 제1차 세계대전기에는 진정되었다. 총력전을 수행하는 데는 대량의 노동력 확보와 노사관계의 안정이 요구되었다. 노·사·정에 의한 전시생산체제를 위한 협정으로 노조는 파업권을 포기하는 대신 중재방법을 도입하고 전시의 노동력 부족에 대해서 비숙련 및 부녀자 노동자를 도입하는 것을 수용하였다. 전시에 노사관계는 휴전상태로 되었다.

휴전상태의 노사관계는 전후에는 긴장상태로 반전하였다. 전시에 억압된 불만이 폭발하면서 쟁의는 급증하였다. 그러나 전후공황과 동원병사의 대량 복귀에 따른 실업률 상승으로 쟁의에서 성과를 올리지는 못하였다. 예를 들어 1921년에 전국 탄광노동자연맹이 임금절하반대 파업에 들어갔으나 결국 패배하였다. 그리고 ASE를 중심으로 45만 조합원을 거느린 합동기계산업조합(Amalgamated Engineering Union, AEU)은 잔업명령권 등 경영권과 관련된 문제로 1922년에 쟁의에 들어갔으나 결국 사용자단체의 강경대응으로 패배하였다. 그 결과 AEU의 조합원 수는 절반으로 격감하였다.

그러나 1926년에는 '총파업'이라는 전례 없는 대쟁의가 발생하였다. 그에 앞서 1925년에는 금본위제로의 복귀로 수출산업이 큰 타격을 입고 임금은 인하되면서 노동자의 반발은 커지고 있었다. '총파업'은 최고도에 달한 노동자들의 반발이 행동으로 나타난 것이었다. 총파업에는 100만 탄광노동자를 포함하여 총 250만 노동자가 참가하였다. 정부는 총파업에 강경대응하는 한편 파업을 주도한 TUC와 교섭하였다.

양자의 타협으로 90일이나 계속된 총파업은 결국 중단되었다. 그러나 탄광노동자들은 그에 불복하여 단독으로 그 후 6개월간이나 절망적인 파업을 계속하였다. 이 공전의 대쟁의는 정부와 사용자 측의 강경대응으로 조합의 패배로 막을 내렸다.

1927년에 정부는 대규모 쟁의를 방지하기 위하여 노동쟁의 및 노동조합법을 제정하여 노동자의 연대·정치 투쟁을 금지하거나 제한하였다. 한편 사용자 측은 노사협조노선으로 합리화 추진을 지향하였다. 1928년에는 사용자 측 대표 ICI 회장 몬드와 노동자 측 대표 TUC 의장 터너(Ben Turner)와의 회담에서 합의가 이루어지고 노사협조노선이 확인되었다.

1930년대의 대공황기에는 실업률이 상승하는 속에서 노동자의 임금 인하반대, 실업급부인상 요구 등이 있었으나 조직적인 쟁의로 이어지지는 않고 기본적으로 몬드-터너의 노사협조노선이 유지되었다. 정부는

표 7-8 영국 노동조합의 성장 추이

	조합수	조합원 수(천 명)	조직률(%)
1900	1,323	2,022	12.7
1910	1,269	2,565	14.6
1920	1,384	8,848	45.2
1930	1,121	4,842	25.4
1940	1,004	6,613	33.1
1950	732	9,289	44.1
1960	664	9,835	44.2
1970	538	11,179	48.5
1980	438	12,947	52.6
1990	287	9,947	38.0

자료: D.J. Jeremy, 1998: 454.

적극적으로 경기부양책과 실업자보조대책을 강구하였다. 감소하던 조합원 수도 1930년대 후반부터는 경기가 회복되면서 증가하기 시작하였다.

〈표 7-8〉은 20세기 영국 노동조합의 성장 추이를 나타낸 것이다. 전간기에 노동조합의 세력은 크게 위축되었다는 것을 알 수 있다. 전간기의 불황, 구산업의 곤란, 높은 실업률, 임금인하라는 상태에서 노동자의 반발은 때로는 '총파업'과 같은 대규모의 투쟁으로 나타났다. 그러나 산업침체가 계속되고 합리화가 추진되면서 노동조합의 대규모 파업은 정부·사용자의 강경한 대응으로 실패로 돌아갔다. 그 결과 노동조합의 세력은 약화되었다. 한편 정부는 1934년의 실업법으로 실업보험 가입 범위를 확대하고 실업부조제도를 도입하는 등 실업자대책을 추진하였다.

8장

일본 대기업의 성장

1절 경영환경

1. 경제성장

1) 제1차 세계대전기의 번영

산업혁명을 거친 일본경제는 제1차 세계대전기에 대호황을 맞이하였다. 연합국의 대일 군수품 주문이 급증하고 물자수요는 세계적으로 확대되었으며 유럽제국이 전쟁으로 말미암아 수출 여력을 상실함에 따라 아시아·아프리카시장이 일본상품에 개방되면서 수출이 증가하였다. 전시의 수출급증으로 일본은 약 14억 엔의 무역흑자를 올렸다. 한편 일본의 해운용역에 대한 수요증가와 그에 따른 운송료 및 해상보험료 수입의 증가가 주요요인이 되어 무역외수지도 13억 4,000만 엔의 흑자를 기록하였다. 일본은 4년의 전쟁기간에 28억 엔(약 14억 달러)에 가까운 외화를 획득한 것이다.

대전 전의 일본경제는 장기의 불황을 겪고 있었다. 러일전쟁 수행을 위한 군수수요 확대 속에서 나타난 국제수지 적자의 누적규모는 11억 엔을 넘었다. 대전이 발발한 해에 일본은 4억 5,000만 엔의 대외채권에 비해서 대외채무는 19억 6,000만 엔에 이르러 원금은 고사하고 매년 이자도 지불하기 곤란한 상태였다. 대전기 거액의 외화 획득으로 일본은 대외채무국에서 채권국으로 전환한 것이다.

대전경기는 경제를 크게 자극하였다. 수요가 확대되면서 기업투자도 확대되었다. 정부의 군비지출이 급증하는 속에서 특히 군수산업의 발전이 두드러졌다. 대전 기간에 기업의 신설·확장자금 총액은 16배나 증가하였다. 그 속에서 특히 공업생산은 크게 확대되었다. 생산지수로 보면 대전 기간에 공업은 78%나 증가하였으며, 농업(19%), 광업(29%), 철도운송업(20%) 등도 꾸준히 증가하였다. 지표상으로 국민소득은 1909년을 기준으로 1914~19년에 128.1에서 388로 3배 이상 증가하였다.

2) 1920년대의 경제과정

전시수요에 자극되어 나타난 호황은 전쟁종결과 함께 전시의 특수수요가 사라지고 유럽제국의 수출 여력이 점차 회복되면서 일본의 수출도 감소하였다. 전쟁경기 속에서 진행된 과잉투자와 신용팽창은 붕괴되지 않을 수 없었다. 결국 1920년 3월 주가의 폭락을 계기로 본격적인 '전후공황'이 발생하였다. 주가와 물가가 50%나 하락하면서 많은 기업이 파산하였다. 특히 지방 중소은행의 파산이 빈발하면서 대은행에까지 영향이 미쳤다. 전후공황은 정부의 적극적인 구제정책으로 점차 회복되어 1921년 하반기부터는 '중간경기'가 나타났다. 그러나 그것도 오래가지 못해 1922년 말에는 '은행공황'이 발생하였다. 정부는 3억 5,000만 엔에 달하는 구제금융을 하면서 경기를 자극하였으나 호전된 경기도 1923년에 일어난 '관동대지진'에 의해서 또다시 중단되고 말았다.

관동대지진은 일본경제에 막대한 피해를 주었다. 정부는 경제회복을 위해서 적극적인 재정정책으로 '부흥경기'를 조성하였으나 그것은 수입증대와 국제수지 악화, 그리고 외환시세의 불안정을 가져와 경제성장을 제약하였다. 지진의 피해에서 벗어나 부흥하기 위한 정부의 방만한 구제정책은 과도한 신용팽창을 낳고, 그것은 그 후 금본위제도에의 복귀를 위한 '지진어음' 처리문제와 관련하여 경기가 회복되기도 전에 1927년의 '금융공황'으로 이어졌다.

금융공황으로 중소은행이 파산하고 일부 대은행도 영향을 받았다. 제1차 세계대전기에 재벌기업으로 성장한 스즈키(鈴木)상점도 파산하였다. 이러한 사태에 직면하여 정부는 모라토리엄령을 발포하는 한편, 일본은행의 신용을 높이면서 경기회복을 시도하였다.

세계대전 중의 호황 속에서 급성장한 일본경제가 전후의 반동적 불황기에 근본적 재조정을 하지 못한 채 정부는 공황이 발생할 때마다 금융완화정책으로 경기회복을 시도하였다. 1920년의 전후공황에서 1927년의 금융공황에 이르기까지 정부는 금융구제를 위해서 32억 엔이 넘는 거액을 방출하였다. 이러한 구제정책으로 오랜 금융 불안 속에서도 경기는 심각한 국면을 회피하면서 유지되었다. 그 결과 수입초과로 보유외화가 크게 감소하자 정부는 1923~28년에 13억 엔에 이르는 차관으로 그것을 보충하지 않으면 안 될 정도였다. 그동안 금융구제정책은 일시적인 효과를 올리면서도 문제를 근본적으로 해결하지는 못하였으며 그것이 마침내 '금융공황'으로 나타난 것이다.

1920년대의 세계경제는 안정적으로 성장하였다. 일본경제도 대전기와 같이 급속하지는 않았으나 발전하였다. 지표상으로 볼 때 1909년을 기준으로 1919~29년에 무역은 529.0에서 540.5로, 그리고 국민소득은 388.0에서 422.0으로 증가하였다. 이 시기의 일본경제가 불안정한 과정에서도 성장할 수 있었던 데는 세계경제의 호조도 작용하였다.

3) '쇼와(昭和)공황'과 확대정책

장기적이고 안정적인 성장 속에서 구미자본주의제국은 금본위제도로 복귀하였다. 일본경제로서도 국제경제로의 회복을 위해서 금본위제도로의 복귀가 당면과제로 등장하였다. 그러기 위해서 일본으로서는 언제까지나 금융적 구제정책을 계속할 수는 없었다. 금본위제도로 이행하기 위해서는 인플레이션적인 경제체질을 근본적으로 조정할 필요가 있었다. 이러한 필요에서 등장한 것이 1929년의 '이노우에(井上) 긴축재정'이었다.

금본위제도에 복귀하기 위하여 정부는 재정긴축, 공채의 발행 중지와 상환, 정화의 보충과 유출 방지, 국민소비절약 및 저축의 장려 등 일련의 디플레이션 정책을 시행하였다. 그러나 급격한 디플레이션 정책은 심각한 불황을 초래하였다. 더구나 불황은 때마침 발생한 세계대공황과 겹쳐 심각하였다. 정화유출이 격증하고 주가와 물가는 폭락하였다. 1930년에 유출된 정화는 2억 4,000만 엔이나 되었고, 주가는 1928~31년에 36.7%나 하락하였다. 1929~31년에 도매물가는 30.5%, 광공업생산은 31.4%, 명목국민소득은 24.4%, 그리고 수출은 46.7%나 하락하였다. 심각한 공황 속에서 디플레이션정책을 계속할 수는 없게 되었다. 이에 이노우에 긴축재정은 퇴장하고 '다카하시(高橋) 적극재정'이 등장하게 되었다.

다카하시 적극재정은 적극적인 재정확장과 금융지원으로 경기회복을 지향하였다. 일본은 영국에 이어 1931년 말에 금본위제도에서 이탈하여 최종적으로 관리통화제도로 전환하였다. 이제 정부는 금본위제도의 제약에서 벗어나 재정을 팽창하면서 경제과정에 적극 개입하고 경제위기에 대응하게 되었다. 대공황이 자본주의의 자기조정력에 의해서 회복될 가능성이 없게 되자 정부가 정면에 나서 경제활동에 개입하면서 경기회복을 적극 추진하게 된 것이다. 일본은 전통적으로 경제에서 정부의 역할은 컸으나 이 시기에 이르러 결정적으로 '국가자본주의'로 전환하였다. 이러한 자본주의 성격의 전환은 구미자본주의에서도 공통으로 나타난 현상이었다.

그러나 국가자본주의하의 각국의 공황극복정책은 동일한 방향은 아니었다. 예를 들어 미국의 뉴딜정책이 기본적으로 유효수요, 즉 국내시장의 확대를 지향한 정책이었는 데 비해서 일본의 공황극복정책은 제국주의적 대외팽창과 군비확장이라는 성격을 띤 것이었다.

이러한 성격은 다카하시 재정의 내용에서 잘 나타난다. 정부의 재정지출은 이노우에 긴축재정 때(1931)의 14억 8,000만 엔에서 다카하시 재정 2차년도(1933)에는 22억 5,000만 엔에 달하였다. 일반회계 지출의 팽창에는 공황극복을 위한 공공사업비의 증가도 있었으나 가장 중요한 것은 군사비 증가였다. 군사비 지출의 증가폭은 일반회계 지출의 그것보다 훨씬 컸으며 1936년의 군사비 지출은 일반회계의 50%에 육박하였다.

재정팽창을 위한 자금은 적자공채의 발행으로 조달되었다. 다카하시 적극재정기에는 41억 엔 정도의 공채가 발행되었다. 정부의 일반회계 세입에서 공채 및 차입금의 비율은 1930년의 2%에서 1931년에는 8%로 4배나 상승하고, 그 후 1935년까지 30%대의 고율을 유지하였다. 공채는 일본은행에 인수되었기 때문에 은행권이 크게 팽창하였다. 1930~36년에 일본은행권은 30%나 증대했고, 금리는 인하되었다. 한편 세출에서 군사비의 비율은 1930년의 29%에서 그 후 상승하여 1936년에는 48%에 달하였다. 군사비를 중심으로 한 정부지출의 증가와 저금리가 경제를 자극하였다. 일본경제는 만주사변(1931)을 계기로 공황에서 탈출하고 군비 확대방향으로 발전하였다. 그것은 중일전쟁과 태평양전쟁으로 이어지는 전쟁경제의 과정이었다.

정부의 확장정책과 수출 붐 속에서 일본경제는 1930년대를 통해서 크게 발전하였다. 광공업생산은 1929년을 기준으로 1930년 107, 1935년 174.3, 1940년 196.1로 증가하고 태평양전쟁 말기에 이르러 43.0으로 떨어졌다. 일본경제는 1935년까지는 공황에서 완전히 회복하였다. 이와 같이 급속한 공황탈출의 예는 군비확장정책을 추구한 독일 이외의 주요 자본주의국에서는 없었다. 뉴딜정책하의 미국의 경우 1937년의 중간경기에도 대공황 전의 수준을 완전히 회복하지 못한 채 제2차 세계대전으로 들어갔다.

2. 무역확대와 외자 도입

공업화의 진전과 경제성장에 따라 무역도 확대되었다. 무역량지수로 보면 일본무역은 1910~14년 기준으로 1935~38년까지 기간에 수입은 약 3.5배(약 89억 엔), 그리고 수출은 약 5배(38억 엔)나 증가하였다. 그동안 무역상품별 구성도 변화하였다. 그 내역을 보면 1914~28년에 수출은 원료품과 반제품의 비중이 약 60%에서 48%로 하락한 반면, 완제품 비중은 28%에서 43%로 크게 상승하였으며, 수입은 원료품(50%)과 반제품 수입(16~20%)이 주요 부분을 차지하고 있었다.

1929년 현재 산업별 수출상품 구성비의 특징은 섬유제품 비중이 73.6%로 압도적이었고 그 2분의 1을 생사(生絲)가 차지하고 있었다. 이 시기에 이르러서도 외화획득 수단으로서 생사의 중요성은 컸다. 한편 섬유제품 수출에서 면사의 수출비중은 2.1%에 불과한 데 비해 면직물은 26.6%나 되었다. 그동안 생사에 이어 수출상품 순위 2위를 차지하던 면사의 수출비중이 크게 떨어지고 별로 중요하지 않던 면직물수출 비중이 크게 상승한 것이다. 가공도가 한 단계 높은 면직물수출 비중의 상승은 그동안 면공업의 발전을 반영하는 것이다. 반면 중화학공업 제품의 수출구성비는 아직 7.2%에 불과하였다.

주요 산업별 수입상품 구성비를 보면 1929년에 섬유산업이 34.9%인데 비해서 중화학공업 제품도 33.9%나 되었다. 섬유산업의 경우 그 대부분(74%)은 원면이었고 양모제품이 18%를 차지하였다. 면공업 원료는 전적으로 수입원면에 의존하고 있었다. 한편 중화학공업의 수입구성비가 높은 것은 이 부문의 발전수준이 아직도 낮았음을 말하는 것이다. 그러나 이 부문에서도 그동안의 발전으로 제품자급률은 상승하였다.

무역의 지역구조로는 아시아와 미국의 비중이 매우 높았다. 이들 두 지역은 수출의 85%를 차지하였고 수입비중도 68%나 되었다. 아시아에서 중요한 것은 중국과 인도였다. 중국을 비롯한 아시아지역은 면공업 제품의 주요 수출시장이었으며, 인도와 미국은 면화수입대상 지역이었다. 일본 대미수출의 80%는 생사였으며 수입의 40%는 면화였다. 일본의 아시아와 미국에 대한 무역수지는 흑자였다. 유럽과의 무역에서는 중화학공업 제품을 중심으로 한 수입이 중요하였으며 무역수지는 거액의 적자였다. 일본의 무역수지는 아시아지역과 특히 미국에 대한 흑자로 유럽지역에 대한 적자를 보전하는 구조였다. 일본은 생사 및 면직물을 중심으로 한 소비재의 수출로 번 외화를 가지고 각종 금속제품, 기계기기, 화학제품 등 생산재를 수입하였다.

일본은 제1차 세계대전기에 거액의 무역수지흑자를 올려 채무국에서 채권국으로 전환하였으나 1920년대의 불안정한 경제과정에서 계속된 무역수지적자로 국제수지가 악화되었다. 이에 악화되는 국제수지를 개선하기 위하여 외자 도입이 불가피하게 되었다. 이에 일본은 러일전쟁에서 제1차 세계대전 전의 시기에 이은 '제2차 외자유입기'를 맞이하게 되었다. 이 시기에 도입된 외자총액은 약 11억 엔으로 선행한 시기의 금액과 비슷한 규모였다. 전전의 외자 도입은 대부분이 공공차관 형태인데 비해서 1920년대는 민간차관(사채) 형태가 42%나 되었다. 일본기업에 대한 직접투자도 있었다. 사채의 76%는 전력사채였다. 외자는 주로 미국에서 도입되었으며 도입된 외자는 전력, 전기기기, 기계, 자동차, 석유 등 신흥공업에 많았다.

일본경제는 1930년대의 수출증대로 자극되면서 확대되었다. 다카하시 적극재정하에서의 통화팽창과 재정 인플레이션으로 엔 가치는 크게 하락하였다. 이 시기에 통화가치 하락은 세계적인 현상이었으나 특히 엔화의 대외가치 하락폭은 컸다. 예를 들어 달러화에 대한 엔화의 가치는 1931~33년에 2.05엔에서 3.97엔으로 거의 절반으로 하락하였다.

엔화의 대외가치 하락에도 불구하고 일본의 최대수입품인 면화수입가 격도 하락하여 수입가 상승부담은 피할 수 있었다. 이러한 상황에서 세계대공황기의 세계적 무역 감소에도 불구하고 일본무역은 크게 증가하였다. 1931~36년에 수출은 11억 엔에서 27억 엔으로, 수입도 12억 엔에서 28억 엔으로 각각 2배 이상 증가하였다. 무역수지적자는 해운수입 등의 무역외수지흑자로 보전하여 국제수지는 흑자를 기록하였다.

2절 대기업체제의 확립

1. 산업기업의 성장

1) 공업성장

제1차 세계대전과 1920년대를 거치면서 공업은 크게 성장하였다. 경제지표로 보면 1909년을 기준으로 1919~29년에 광공업생산은 725.3에서 805.0으로, 공장 수는 136.0에서 195.1로, 그리고 공장노동자 수는 226.7에서 258.2로 증가하고, 회사자본은 487.0에서 1,029.0으로 급증하였다. 그 속에서도 중공업의 발전은 두드러졌다. 같은 기간에 섬유공업의 1.4배에 비해서 철강공업은 2배나 확대되었다. 공업생산에서 차지하는 중화학공업의 비중은 1931년에는 36.6%에 달하였다. 이 지표에서 주목되는 것은 공장 수의 증가율보다 공장노동자 수의 증가율이 높고 그보다도 공업생산액의 증가율은 더욱 높다는 사실이다. 그리고 증가율이 가장 높은 것은 자본증가율이었다.[1] 그것은 대기업이 성장하여 생산과 자본의 집적·집중이 심화되고 노동생산성이 상승하였다는 것을 의

미한다.

1930년대에 광공업생산은 거의 2배 증가하였다. 그중에서도 공업성장은 두드러졌다. 1929년을 기준으로 철강과 화학은 각각 2.6배와 3.6배 증가하고 섬유도 1.4배 증가하였다. 같은 기간에 공장 수는 23배 그리고 종업원 수는 22배(중공업 4.7배, 경공업 1.2배) 증가하였다. 그 속에서 자동차생산은 1931~40년에 504대에서 3만 8,000대로 75배, 공작기계는 2,100대에서 5만 8,000대로 28배나 증가하였으며, 강선도 10만 톤에서 31만 톤으로 3배 증가하였다.

1930년대의 공업발전은 중화학공업을 중심으로 이루어졌다. 그 결과 공업구조도 변화하였다. 1931년에 공장 수, 직공 수, 생산액에서 압도적인 비중을 차지하던 경공업은 1938년에는 공장 수와 직공 수에서는 각각 69.0%와 51.5%로 아직도 비중이 컸으나 생산액은 39.2%로 떨어지고 반대로 중공업생산이 60.8%를 차지하게 되었다.

2) 기업의 성장

산업혁명기의 '제1차'에 이어 제1차 세계대전기와 전후기(1919~20)에 일본은 '제2차' 기업발흥기를 맞이하였다. 대전에 따른 외국상품의 수입 두절과 해외수요의 확대로 생산과 수출이 급증하고 경제는 단기의 전후 불황을 겪으면서도 호황으로 반전하여 전에 없던 번영을 누렸다. 그 속에서 수입대체 및 수출산업을 중심으로 공업화가 심화되면서 산업은 전반적으로 발전하였다.

호황 속에서 기업의 확장·신설이 활발하게 전개되었다. 〈표 8-1〉은 그 양상을 나타낸 것이다. 기업의 신설·확장자금은 제1차 세계대전기에 6.2배나 증가하였다. 특히 방적, 채광, 해운사업에서의 자금은 10배 이상 증가하였다.

1910~19년에 회사 총수는 1만 2,300사에서 2만 6,300사로 2배 이상

표 8-1 제1차 세계대전기 기업 신설·확장자금의 증가 (단위: 100만 엔)

	신설	확장	합계	방적	전기	채광	수산	철도	제조	해운	보험	상업	은행
1912~ 15년 평균	182.4	178.8	361.2	11.7	38.1	16.5	5.3	44.3	91.3	14.6	9.8	70.4	60.3
1916~ 19년 평균	1,368.7	872.8	2,241.4	145.3	196.2	210.4	13.8	92.6	701.8	151.5	44.5	457.1	277.7
배율	7.5	4.9	6.2	12.5	5.2	13.5	2.6	2.1	7.7	10.4	4.5	6.5	4.6

자료: 三和良一·原 朗 編, 2010: 100.

증가하였다. 그중에서 광공업회사 수는 3,460사에서 9,900사로 2.9배나 증가하였다. 한편 상업·금융회사 수는 7,400사에서 1만 3,100사로 1.8배 증가하였다. 그 결과 불입자본금 비율로 본 산업구성비중은 같은 기간에 광공업이 31.5%에서 36.6%로 상승한 반면, 상업·금융업은 46.4%에서 41.2%로 저하하였다. 이 시기에는 산업의 비중은 변화하면서 전반적으로 발전하였다. 그 속에서 면방적, 기계기구, 금속, 조선, 화학, 광업, 철도, 전기, 해운, 상업, 은행, 보험 등 광범한 산업분야에 걸쳐서 기업의 신설·확장이 뒤이었다.

그러나 1920년대의 불안정한 경제과정에서 기업성장은 불균형하게 이루어졌다. 거듭된 불황으로 많은 기업이 도산으로 청산되었다. 다수의 약소기업이 도산·소멸하는 가운데 스즈키(鈴木)상점과 같은 대기업의 도산도 있었다. 그 속에서도 대기업은 외부적으로는 정부와 일본은행의 구제정책에 뒷받침되고 내부적으로는 경영합리화를 추진하면서 불황에 대응하였다. 그 결과 1920년대의 만성적 불황기에도 기업은 대기업을 중심으로 합리화를 추진하면서 성장하였다. 그렇지 못한 기업은 대기업에 흡수·통합되었다.

1930년대 들어 공황극복을 위한 재정의 대팽창과 경제군사화의 전개 속에서 공업은 급성장하였다. 주요 제조업 생산액지수는 1929년을 기준으로 1936년에는 158이었는데, 산업별로는 금속공업 344, 기계·기구공업 212, 화학공업 203, 방직공업 114, 식료품공업 108, 제재 및 목제품공업 131이었다. 이 시기에는 중화학공업이 공업발전을 주도하였다.

2. 대기업체제의 전개

1) 대기업의 성장

불안정한 경제과정에서 대기업은 합리화를 추진하고 생산성 향상을 실현하면서 발전하였다. 정부의 적극적인 구제정책도 대기업에 유리한 방향에서 추진되었다. 그 결과 중화학공업에서는 물론 중소영세기업이 많은 경공업에서도 소수의 대기업에의 생산과 자본의 집적·집중이 진전되었다. 1929년의 공장통계에서 보면 500명 이상의 노동자를 고용하는 대공장이 전체 공장에서 차지하는 비중은 공장 수에서는 0.8%에 불과하였으나 노동자 수에서는 31.2%, 그리고 총생산에서는 50% 이상이었다. 공장규모를 100명 이상으로 하면 4.5%의 공장이 55%의 노동자를 고용하고 있었다. 반면에 노동자 수 5~30명의 소규모 공장은 전체 노동자 수의 16.4%만 고용하고 있었다. 〈표 8-2〉는 제조업 대기업의 집중도의 추이를 나타낸 것이다.

생산의 집적과 함께 자본집중도 진전되었다. 1928년 현재 회사 총수의 0.9%에 불과한 자본금 1,000만 엔 이상의 회사가 회사자본 총액의 55%를 차지한 반면, 회사 총수의 44.9%나 된 자본금 5만 엔 미만의 회사는 회사자본 총액의 15%를 차지하고 있었다. 광범한 중소영세기업을 저변으로 해서 소수의 대기업이 생산과 자본을 지배하는 기업체제가 확립되었다.

대기업의 집중력을 강화한 기업합병과 카르텔 형성은 1920년대의 불안정한 경제과정에서 기업단위의 합리화 방안으로 추진된 것이지만 정부의 구제정책과의 관련에서도 촉진되었다. 특히 금융공황과 쇼와공황

표 8-2 제조업 대기업의 집중도 (단위: %)

1,000명 이상		공장 수		종업원 수		생산액	
		1,000명 이상	500~999명	1,000명 이상	500~999명	1,000명 이상	500~999명
제조업 전체	1914	0.3	0.4	16.7	8.5	–	–
	1920	0.3	0.5	21.7	10.6	–	–
	1925	0.5	0.6	26.8	10.8	–	–
	1929	0.3	0.5	20.1	11.3	19.9	11.5
	1934	0.3	0.4	18.7	10.6	26.2	12.1
방적공업	1914	0.5	0.6	20.7	10.5	–	–
	1920	0.6	0.8	24.0	13.8	–	–
	1925	0.9	1.1	30.9	13.7	–	–
	1929	0.7	1.0	25.3	15.3	32.5	14.6
	1934	0.4	0.8	18.8	14.5	32.6	17.1
화학공업	1914	0	0.5	0	10.2	–	–
	1920	0.2	0.3	9.9	5.8	–	–
	1925	0.3	0.7	11.0	10.8	–	–
	1929	0.3	0.6	12.6	10.8	7.3	11.6
	1934	0.5	0.6	25.6	10.2	16.6	12.0
금속공업	1914	0.1	0.3	7.6	8.0	–	–
	1920	0.3	0.4	24.9	10.8	–	–
	1925	0.2	0.4	31.8	7.3	–	–
	1929	0.1	0.3	11.8	9.3	14.8	13.6
	1934	0.2	0.5	25.0	10.0	46.0	11.2
기계공업	1914	0.6	0.5	43.1	8.4	–	–
	1920	0.6	0.9	47.1	11.0	–	–
	1925	0.8	0.8	46.7	10.1	–	–
	1919	0.5	0.5	37.0	8.4	35.5	9.0
	1934	0.5	0.4	34.6	9.2	35.7	10.8

자료: 中村隆英, 1978: 113.

기에 정부는 적극적으로 구제정책을 추진하면서 기업으로 하여금 신기술의 도입과 생산방법의 혁신을 유도하고 기업합병과 카르텔을 촉진하여 기업 간 경쟁의 배제를 적극 지원하였다. 그 속에서 1930년대에는 대규모 합병이 진전되고 카르텔이 광범하게 형성되었다.

(1) 경공업 부문

면방적공업 기업은 제1차 세계대전의 호황기에 40여 사에서 60~70사로 증가하였다. 방적회사들은 1920년대에서 1930년대에 걸쳐서 합리화를 추진하는 한편, 신기술을 도입하면서 생산성 향상 운동을 전개하였다. 그 성과 위에서 1931년 말 이후 엔화가치의 하락과 저임금으로 높은 경쟁력을 갖게 된 면공업은 대규모의 수출 확대를 달성하였다. 일본의 면제품 수출의 급증은 당시 저임금을 무기로 한 '소셜 덤핑(social dumping)'이라는 비난까지 받았다. 그러나 일본 면공업의 높은 경쟁력은 저임금만이 아니라 외환가치 하락, 선행한 혁신투자, 그리고 상사를 포함한 업계의 조직력 등 복합적 요인의 결과였다.

면방적공업의 성장과정에서 대기업을 중심으로 한 기업합병도 진전되었다. 그 결과 가네가후치방적을 비롯하여 미에방적과 오사카방적의 합병(1914)으로 탄생한 도요방적(東洋紡績), 아마가사키방적과 셋쓰방적의 합병(1918)으로 탄생한 다이니혼(大日本)방적의 3대 방적회사에 오사카고도(大阪合同), 후지가스(富士瓦斯), 닛신(日清)을 포함한 6대 방적회사가 방적연합회에 가입한 59개 사의 자본금과 추수(錘數)의 50%를 차지하는 체제가 확립되었다.

제지업에서는 약 200사가 있는 업계에서 오지(王子), 후지, 가라후토(樺太) 등 3대 회사를 비롯한 9대 회사가 지배적인 지위에 있었다.

식품공업에서는 제당, 제분, 양조(맥주) 등 분야에서 대기업이 성장하였다. 제당업에서는 3대 제당회사(明治, 東洋, 大日本)를 비롯하여 15개 제당회사가 성장하였으며, 제분업에서는 니혼(日本)제분과 닛신(日清)제분, 그리고 양조업에서는 다이니혼(大日本)맥주와 기린(麒麟)맥주 등이 성장하였다. 서양제과점으로 시작하여 1912년에 개명한 모리나가(森永)제과주식회사는 불황에서도 제품다각화와 독자적인 판매전략으로 성장하였다.

(2) 중공업 부문

철강공업에서는 제1차 세계대전기의 호황 속에서 기업 수가 187사에 이를 만큼 증가하였다. 민간 제강기업의 중심에는 러일전쟁을 계기로 발흥하여 성장한 고베제강소, 스미토모주강장, 스미토모신동강관, 가와사키조선소, 니혼제강소, 니혼강관 등의 대기업이 있었다. 전후공황기에는 많은 철강기업이 경영난으로 정리되거나 합병·통합되었다. 그 속에서 유력한 22개 사는 국영 야하타제철소를 능가할 만큼 성장하였다.

그러나 금융공황과 쇼와공황 속에서 많은 철강기업이 심각한 경영난에 직면하였다. 이에 철강공업의 합리화를 위하여 민간 철강기업의 국영 야하타제철소와의 대합병이 모색되었다. 그 결과 6개 민간기업이 참가하여 1934년에 민·관 합동의 대철강 트러스트인 니혼(日本)제철회사가 탄생하였다. 이 회사는 자본금 3억 4,600만 엔으로 당시 일본 최대의 주식회사였다. 1936년에는 이 회사의 생산고와 그 점유율은 선철 203만 톤으로 91%, 조강 273만 톤으로 51%, 강재 179만 톤으로 41%였다.[2]

그러나 니혼강관 등 주요 민간제강-압연제철기업은 대통합에 참여하지 않고 강재(鋼材)생산에서 유력한 지위에 있었다. 그 속에서 1935년에는 스미토모신동강관(伸銅鋼管)과 스미토모제강소의 합병으로 스미토모금속공업이 설립되었다.

기계공업의 중심이던 조선공업에서는 미쓰비시와 가와사키 등 재벌계 대기업이 지배적 지위를 차지하였다. 미쓰비시조선은 1934년에 미쓰비시항공기와 합병하여 미쓰비시중공업으로 되었다. 기계공업에서는 대기업이 성장하는 한편, 일찍부터 대도시와 지방을 입지로 한 다양한 중소기계 공장이 광범하게 전개되면서 유력한 중견기업으로 성장하였다.

지방적 기계공장들은 지방적 수요기반에서 독자적인 기술개발을 하면서 유력 기업으로 발전하였다. 그 대표적 예로는 이러한 움직임을 주도한 도요타(豊田佐吉)의 도요타자동직기제작소(豊田自動織機製作所)를 들 수 있다. 이 회사는 대기업이 수입 광폭역직기(廣幅力織機)를 사용하는 가운데 재래기술을 개량한 목·철소폭역직기에서 시작하여 점차 철제광폭역직기를 생산하는 기업으로 성장하였다. 이 회사의 자동차부가 도요타 자동차회사의 기원이 되었다. 그 외에도 도쿄의 미야타(宮田)제작소, 세이코샤(精工社), 메이덴샤(明電舍), 오사카의 하쓰도키(發動機)제조, 기모토(木本)제작소 등이 기계공업의 유력기업으로 성장하였다. 공작기계 분야에서는 이케가이(池貝)철공소, 니카타(新潟)철공소, 가라쓰(唐津)철공소 등이 기술력을 기반으로 유력 기업으로 성장하였다.

자동차공업은 1918년 이후 정부 보조하에 군용보호차를 제작하면서 시작되었으나 1930년대 중반까지는 별다른 발전을 하지 못하였다. 그것은 1920년대 중반에 포드와 GM이 일본에 진출하여 대중적 승용차의 대량생산·판매를 전개하면서 1930년대 중반까지 시장을 지배하였기 때문이었다. 그 속에서 일본기업은 외자계 승용차와 경합되지 않은 3륜차를 주로 한 화물운반용 소형차 생산을 중심으로 성장하였다.

본격적으로 대중차를 생산한 것은 1930년대 후반에 들어서였다. 외국기업이 시장을 지배하는 상황에서 정부는 대중차의 국산화촉진정책을 추진하였다. 그러기 위하여 정부는 1936년에 '자동차제조사업법'을 제정하여 외국기업의 생산량을 제한하고 대중차사업을 정부허가제로 하여 허가회사에는 각종 우대조치를 제공하였다. 이에 허가회사로 선정된 것이 도요타와 닛산이었다. 일본의 자동차산업은 1937년 중일전쟁에 따른 전시경제의 진전을 계기로 외국생산업체가 철수하면서 앞의 2사와 1941년에 허가회사로 지정된 디젤자동차공업(이스즈)을 포함한 3사체제로 급성장하였다.[3]

전기기계공업에서는 제1차 세계대전으로 수입이 단절되면서 대용량기, 고전압기기의 국산화가 추진되었다. 1920년대 들어 이 업계에서는 외자와 합작으로 국산기술을 개발하면서 기술력을 향상시켰다. 시바우라(芝浦)제작소는 일찍이 1909년부터 GE와, 그리고 미쓰비시전기는

1923년에 미국의 웨스팅하우스사와 제휴하였다. 후지전기는 후루카와 재벌이 독일 지멘스사와의 합작으로 설립한 회사였다. 외자와의 합작이 진전되면서 1920년에 구하라 재벌에서 독립한 히타치(日立)제작소는 국산기술의 개발에서 중요한 역할을 하였다. 전기기계공업에서는 이들 '중전(重電)4사'가 지배적인 지위를 차지하였다.

통신기기 분야에서는 오키(沖)상회와 웨스턴 일렉트릭사와의 제휴기업인 니혼(日本)전기, 그리고 전구생산에서는 GE와 제휴(1905)한 도쿄전기가 유력 기업으로 성장하였다. 한편 전선제조공업에서는 1920년대에 후루카와전기공업(古河電氣工業)과 스미토모전선제조소가 외국기업과의 합작으로 외국기술을 도입하면서 성장하였다.

한편 전기기구제조업에서는 1918년에 마쓰시타(松下幸之助)의 마쓰시타(松下)전기기구제작소가 설립되었다. 각종 가정용 전기기구를 제조하는 소규모 제작소로 출발한 이 회사는 점차 제품분야를 확대하면서 1935년에는 산하에 9사를 거느린 마쓰시타전기산업주식회사로 발전하였다. 또한 하야카와(早川德次)가 1924년에 설립한 하야카와금속공업연구소는 광석라디오 생산에서 시작하여 진공관라디오의 대량생산체제를 갖추면서 1936년에는 연구소를 주식회사로 개편하고 업계에서 1, 2위를 겨루는 기업으로 성장하였다.

(3) 중화학공업 부문

화학공업은 19세기 말에 화학비료를 생산하면서 생성되었고 20세기 초에는 기업의 뒤이은 시장진입으로 근대적 산업기반을 확립하였다. 그 후 근대적 화학공업은 잇따른 기술개발로 1930년대에는 신흥중화학공업으로 발전하였다. 그 속에서 니혼칫소(日本窒素=日窒), 쇼와덴코(昭和電工), 닛산카가쿠(日産化學), 닛소(日曹), 리켄(理硏) 등 신흥재벌이 형성되었다.

노구치(野口遵)가 설립(1908)한 니혼칫소는 석회질소비료제조를 시작하여 제1차 세계대전 중에는 최대의 유안제조기업으로 성장하고, 1923년에는 합성암모니아제조에 성공하여 합성유안의 본격적인 공업화를 주도하였다. 노구치는 1926년 이후 전기화학공업을 중심으로 한 대규모 콤비나트를 흥남(조선)에 건설하였다. 질소비료제조 분야에는 1930년대에 미쓰이, 미쓰비시, 스미토모 등의 재벌계 기업의 신규진입도 있었다.

쇼와덴코=쇼덴(昭電)은 모리(森矗昶)가 1920년대 후반에서 1930년대에 걸쳐서 설립한 쇼와비료(昭和肥料)와 니혼덴키(日本電氣)공업의 합병으로 설립된 신흥재벌기업으로 일본 최초의 알루미늄제련과 국산기술에 의한 유안제조에 성공하면서 급성장하였다.

닛산카가쿠는 아이카와(鮎川義介)가 제1차 세계대전기의 과잉설비로 경영난에 직면한 구하라 가의 사업재건을 위임받아 발전시킨 신흥재벌로 1933년에 닛산(日産)자동차를 설립한 것을 비롯하여 중화학공업을 중심으로 다각화하면서 후에 만주(중국)에서 대규모사업을 전개하였다.

닛소는 식염을 분해하여 가성소다를 제조하는 전해법(電解法)을 발명한 나카노(中野友禮)가 1920년에 니혼소다를 설립하면서 전해소다공업에 진입하여 급성장한 신흥중화학공업 재벌이었다.

리켄은 리카가쿠(理化學)연구소장 오코우치(大河內正敏)가 연구소의 발명·특허를 자신의 손으로 산업화하기 위하여 1927년에 리카가쿠흥업을 설립하여 발전하였다.[4]

1930년대에는 이들 신흥재벌 이외에도 기존 재벌계 기업을 비롯한 유력 기업의 중화학공업에의 신규진입이 진전되었다. 주요 기업으로는 스미토모비료제조소, 미쓰이계의 미이케질소, 미쓰비시계의 니혼카세이(日本化成)공업이 전후하여 설립되어 합성유안을 생산하기 시작하였다. 일본의 합성유안공업은 국내외의 다양한 기술을 도입하면서 확립·발전하여 1934년에 일본은 세계 제3위의 질소생산국이 되었다.

합성섬유, 레이온은 국내개발기술을 이용하여 1920년대에 시작되었다. 이 분야의 선구적 기업은 1920년대 초에 조업을 시작한 데이진(帝国

人造絹糸: 스즈키상점계)과 아사히견직(旭絹織)이었다. 1920년대 후반기에는 수요확대를 배경으로 상사와 방적기업도 자회사 설립으로 신규진입을 시도하였다. 그 속에서 도요(東洋)레이온(미쓰이물산), 니혼레이온(다이니혼방적), 쇼와레이온(도요방적), 구라시키견직(倉敷絹織)이 뒤이어 진입하였다. 6사를 중심으로 일본은 1930년대 중반에는 세계 최대의 레이온 생산국이 되었다.[5]

탄광산업에서는 미쓰이, 미쓰비시, 스미토모, 가이지마(貝島), 아사노, 야스가와(安川)의 6대 기업이, 동광에서는 구하라(久原), 후루카와(古河), 미쓰비시, 스미토모, 후지타(藤田)의 5대 기업이 각각 지배적인 기업이었다. 석유부문에서는 니혼석유회사 1사가 전국 석유생산량 대부분을, 그

표 8-3 주요 산업에서 생산의 집중(1937년)

부문	상위 3사	상위 3사의 집중률	상위 10사의 집중률	비고
석탄	미쓰이광업 · 미쓰비시광업 · 홋카이도탄광기선	35.4	59.4	
제철	니혼제철 · 니혼강관 · 츠루미제철조선	97.8	?	니혼제철이 83.9%
제강	니혼제철 · 니혼강관 · 가와사키조선소	56.2	81.3	니혼제철이 41%
동	니혼광업 · 후루카와전기공업 · 스미토모광업	74.9	100.0	6사로 100.0%
알루미늄	니혼전기공업 · 니혼알루미늄 · 스미토모알루미늄	91.8	100.0	4사로 100.0%
조선	미쓰비시중공업 · 가와사키조선 · 미쓰이조선	67.5	96.7	조선만
모터	히타치제작소 · 미쓰비시전기 · 야스가와전기	72.7	100.0	7사로 100.0%
유안	도요고압 · 쇼와비료 · 스미토모화학	60.0	93.5	미쓰이계 33.1%
염료	미쓰이광산 · 데이코쿠염료 · 니혼염료	56.3	70.1	니혼염료는 스미토모
판유리	미쓰비시화성공업 · 니혼판유리 · 도쿠나가유리	100.0	100.0	3사로 100.0%
시멘트	아사노시멘트 · 오사카요업 · 오노다시멘트	40.1	78.5	오노다는 미쓰이계
펄프	오지제지 · 호쿠에쓰제지 · 도호쿠펄프	65.2	85.3	
양지	오지제지 · 미쓰비시제지 · 호쿠에쓰제지	83.1	99.3	
방적	도요방적 · 다이니혼방적 · 가네가후치방적	33.9	59.1	
제사	가타구라제사 · 군제제사	18.4	?	2사 외는 불명
인견	데이코구인견 · 도요레이온 · 구라시키견직	36.5	76.1	도요레이온은 미쓰이계
제분	닛신제분 · 니혼제분 · 닛토제분	71.7	100.0	상위 4사로 77.2%
맥주	다이니혼맥주 · 기린맥주 · 사쿠라맥주	99.4	100.0	4사로 100.0%
해운	니혼우선 · 오사카상선 · 다이운기선	29.8	46.8	100톤 이상의 선박보유량
창고	미쓰비시창고 · 도신창고 · 스미토모창고	37.8	61.4	도신은 미쓰이계 · 평수

자료: 大內力, 1962: 268.

리고 시멘트업에서는 아사노와 오노다(小野田)의 2사가 지배하였다.

〈표 8-3〉은 주요 산업에서의 생산의 집중을 나타낸 것이다. 대기업이 성장하는 속에서 산업조직은 대기업체제 중심으로 전개되었다.

(4) 상사와 기타 서비스 부문

상업, 무역 등 유통부문에서는 미쓰이물산을 비롯한 재벌계 상사가 지배적 지위를 차지하였다. 상사회사는 제1차 세계대전기에 설립 붐을 맞이하였다. 무역업이 크게 번영한 대전 기간에는 후루카와상사, 아사노물산, 구하라상사, 미쓰비시상사 등 재벌계를 비롯한 여러 상사가 뒤이어 설립되었다. 재벌은 자사제품의 판매를 목적으로 전개하던 상사부문을 분리·독립하여 상사화하였다. 그들 상사는 전시 호황 속에서 취급상품을 급속하게 확대하면서 종합상사화를 지향하였다.

그러나 호황기에 설립된 상사의 대다수는 1920년의 전후공황 속에서 경영파탄으로 소멸하였다. 대전 붐에서의 과도한 확장이 심각한 경영난으로 반전한 것이다. 위의 4사 중 후루카와상사와 구하라상사는 경영파탄하고, 아사노물산은 개편되었으며 미쓰비시상사도 큰 손실을 보았다. 대전 전에 이미 종합상사이던 미쓰이물산은 대전 붐에서도 신중한 경영으로 전후공황을 간신히 극복하였다. 그와는 대조적으로 전시에 적극적으로 사업영역을 확대한 스즈키(鈴木)상점은 한때 미쓰이물산을 능가하여 일본 최대의 종합상사의 지위까지 올랐으나 1927년의 금융공황기에 파탄하고 말았다. 한편 스미토모는 대전 붐을 겪으면서도 상사를 설립하지 않음으로써 전후공황의 영향을 받지 않고 안정적으로 성장할 수 있었다.

재벌계 상사의 경영파탄은 그 후 재벌의 성장에 큰 영향을 미쳤다. 미쓰이, 미쓰비시, 스미토모가 종합재벌로 발전한 한편 상사경영에 실패한 후루카와, 구하라, 후지타 등은 2류 재벌의 지위에 머물게 되었다. 재편과정을 거친 종합상사는 세계적 범위에서 원료조달과 제품판매를 주도하였다.

금융부문에서도 대은행이 지방은행과 중소은행을 흡수·통합하면서 성장하였다. 그 결과 1930년에는 미쓰이, 미쓰비시, 스미토모, 다이이치, 야스다 등의 5대 은행이 전국 보통은행예금의 36.5%와 대출의 29.1%를 차지하게 되었으며, 이에 1933년에 오사카의 유력한 세 은행(鴻池, 第三十四, 山口)의 합병으로 설립된 상와(三和)은행을 포함한 6대 은행은 1935년에 전국 보통은행 예금의 53.7%, 그리고 대출금의 45.0%를 차지하였다. 이 외에도 보험, 해운, 전력 등에서도 소수 대기업의 지배체제가 확립되었다.

2) 재벌의 지위

대기업체제에서 중심적 지위를 차지한 것은 재벌기업이었다. 통상적으로 '재벌'은 제2차 세계대전 이전의 일본에서 가족지배하의 본사(지주회사)의 통일적 관리하에 편입되어 있는 여러 산업분야의 기업으로 구성된 기업집단을 말한다. 재벌은 형성과정과 성격에 따라 미쓰이, 미쓰비시, 스미토모, 야스다, 아사노, 오쿠라, 후루카와, 가와사키 등의 기성종합재벌과 쇼덴, 닛치쓰, 닛산, 닛소, 리켄 등의 신흥재벌로 구분되었다.

기성종합재벌은 메이지 정부 초기의 부호·정상으로 출발하여 정부의 지원을 받으면서 금융·무역 등의 사업과 수송부문을 중심으로 성장하여 1880년대 국영기업의 매각과정에서 특혜를 받으면서 산업자본으로 전환하고 러일전쟁과 제1차 세계대전기의 공업발전 과정에서 산업분야를 확대한 기업집단이다. 따라서 기성재벌은 초창기의 사업 성격으로 보아 주로 상업(무역)과 금융을 중심으로 발전하였으며 뒤이어 광공업부문으로 진출하면서 산업적 기반을 갖게 되었다. 그러나 기성재벌은 공업에서는 조선부문을 가진 미쓰비시를 제외하면 경공업 중심이었다. 이에 비해서 신흥재벌은 제1차 대전기에 급속하게 발전한 중화학공업을 중심으로 형성되었다.

재벌은 어느 특정산업에서 기술적으로 유기적 관련을 가지고 제품 다각화를 하면서 발전한 것이 아니라 그때그때 유리한 사업으로 진출하여 주요 산업부문에 걸쳐서 광범하게 사업을 전개하였다. 재벌은 주요 산업부문에서 한 세트의 기업을 가지는 종합화 경향을 띠고 있었다.

특히 3대 종합재벌(미쓰이, 미쓰비시, 스미토모)은 다수의 산업부문에서 유력한 지위에 있었다. 그들 3대 재벌은 1928년 무렵에 전국법인기업 불입자본의 30.1%를 차지하였으며 이에 5대 재벌(야스다, 아사노, 오쿠라, 후루카와, 가와사키)을 포함하면 39.5%가 되었다. 미쓰이계 기업의 중심적 직계회사인 물산, 은행, 광산은 강력한 금융 및 유통능력을 기반으로 신규 사업의 창설이나 통합과정을 거치면서 1930년에는 지배회사가 97사나 되었고 자본금 총액은 12억 3,000만 엔에 달하였다. 미쓰비시는 1928년에 직계 10개 사, 방계 11개 사, 관계회사 10개 사를 산하에 두고 있었으며 자본금 총액은 5억 9,000만 엔에 달하였다. 스미토모는 직계 13개 사에 자본금 총액은 1억 8,500만 엔이었다. 재벌계 기업은 당해산업에서 대표적인 대기업이었다.

재벌의 지배적 지위는 1930년대에 확립되었다. 이 시기는 산업의 군수산업화가 진전되면서 중화학공업이 급속하게 발전한 시기였다. 이 시기 중화학공업의 발전을 선도한 것은 신흥재벌이었다. 기성 종합재벌이 이 부문에 진입하는 것을 주저하는 틈을 타서 신흥재벌은 제1차 세계대전 이후 중화학공업의 발전을 주도하였다. 1937년 현재 신흥재벌의 불입자본금의 산업별 구성비를 보면 중공업(39.8%), 화학·고무(33.3%), 전력·가스(14.3%) 부문이 87.4%를 차지하고 있었다. 한편 기성 8대 재벌의 이들 부문에 대한 불입자본금 비중은 39.8%, 그 비중을 전국의 일반회사 전체로 보면 38.2%에 불과하였다. 신흥재벌의 주력 사업은 중화학공업이었다

그 속에서 신흥재벌의 지위는 상승하였다. 〈표 8-4〉는 10대 재벌의

상대적 지위를 나타낸 것이다. 10대 재벌에는 신흥재벌이 셋(日産, 日窒, 昭電)이나 들어 있었다. 특히 닛산은 미쓰이, 미쓰비시에 이어 3위로 부상하였다.

한편 미쓰이, 미쓰비시 등 기성 종합재벌은 본래 중화학공업의 기반이 약하였을 뿐만 아니라 신규산업에의 진출에도 소극적이었다. 그러나 1931년의 금수출 재금지를 내다본 미쓰이 등이 달러화 매입을 통한 폭리 획득을 계기로 재벌에 대한 사회적 비난이 고조되고 파시즘의 조류가 거세지면서 '재벌의 전향'이 있었다. '전향'의 내용은 재벌의 사회적 헌금, 재벌가족의 경영은퇴, 주식공개, 만주개발협력 등이었다. 그와 함께 미쓰이, 미쓰비시도 본격적으로 중화학공업으로 진출하였다. 중일전쟁의 발발(1937)과 전시경제의 진전에 따라 군부는 재벌의 협력을 필요로 하였다.

이러한 배경에서 기성종합재벌의 중화학공업으로의 진출이 활발해졌다. 1937~41년에 재벌의 사업에서 중공업이 차지하는 비중은 미쓰이는 35.4%에서 59.5%로, 미쓰비시는 37.7%에서 57.5%로, 스미토모는 43.2%에서 72.4%로 상승하였다. 종합재벌의 사업 중심이 중화학공업으로 크게 이동한 것이다.

표 8-4 10대 재벌의 지위(1937년)

순위	재벌 이름	산하회사 수	불입자본금(천 엔)
1	미쓰이	101	1,117,200
2	미쓰비시	73	848,204
3	닛산	77	473,632
4	스미토모	34	383,800
5	야스다	44	263,366
6	아사노	50	236,261
7	닛치쓰	26	197,100
8	모리(쇼덴)	20	141,996
9	오쿠라	51	133,845
10	후루카와	19	101,994

자료: 正田健一郎·作道洋一郎, 1978: 298.

3) 중소기업의 지위

주요 산업부문에서 재벌기업을 중심으로 한 대기업이 성장하여 생산과 자본 면에서 압도적 지위를 차지하는 한편에서 중소기업이 광범하게 존재하여 기업 수와 노동자 구성에서 중요한 지위를 차지하고 있었다. 특히 농업, 도·소매, 건설, 지역운수, 오락, 자유업 등에서는 소규모 사업소가 일반적이었으며, 공업에서도 면·견직, 메리야스, 성냥, 칠기, 도자기, 단추, 완구, 자전거, 전구 등의 생활필수품과 사치품은 물론, 수출품도 중소기업에서 생산되었다. 그리고 중소기업은 자동차, 기계제품, 전기기기 등 근대 산업에서 대기업과의 다양한 하청관계를 가지면서 전개되었다. 중소기업은 대기업의 대량생산방식만으로 담당할 수 없는 영역에서 광범하게 존재하였다. 중소기업은 특히 제1차 세계대전기의 수출붐 속에서 무수히 발생하여 그 후의 전개과정에서 대기업과 함께 기업체제의 중요한 구성요소로 되었다.

공장통계에서 중소기업의 지위를 보면 1931년 현재 노동자 수 5~99명의 중소공장은 공장 총수의 96%, 노동자 총수의 48.8%, 그리고 생산총액의 43.6%를 차지하고 있었다. 나머지가 고용노동자 수 100명 이상의 대공장의 비중인 것이다. 그러나 공장통계에 나타나 있지 않은 노동자 4명 이하의 영세경영은 1930년 현재 경영 총수의 94.9%와 노동자 총수의 49.9%를 차지하고 있었다. 이들 중소·영세기업은 주로 대기업의 영역인 방적부문을 제외한 경공업부문에 광범하게 존재하였으며, 중화학공업에서도 하청·선대제도를 통해서 대기업이나 상인에 직·간접적으로 지배되면서 수출품을 포함한 다양한 상품을 제조하였다.

중소·영세기업의 광범한 존재는 급속한 공업화 과정에서 나타난 것이다. 자본축적기반이 취약한 공업화 초기에 주요 산업부문에서는 외래기술을 도입한 근대적 기업이 전략적으로 설립되어 공업화를 주도한 반면, 여타 부문에서는 재래기술을 기반으로 한 비근대적인 생산조직이 광범하게 존재하였다. 그 후 공업화의 전개과정에서 전자가 근대적 대기업으로, 그리고 후자가 중소기업으로 발전하였다.

대기업과 중소기업의 병존현상은 후발국의 공업화 과정에서 일반적으로 나타난 현상이었다. 그러나 양자의 관계는 유기적 분업관계보다도 경쟁관계인 경우가 많았다. 이에 비해서 일본에서는 양자는 각각 존립기반을 달리하면서도 다른 한편에서 유기적인 분업관계를 유지하면서 발전하였다.

공업화가 진전되면서 중소기업의 존립기반도 확대되었다. 첫째, 공업화에 따른 소득수준의 상승과 도시화의 진전으로 수요의 양적 증대와 다양화가 기업기회를 확대하였다. 둘째, 전력사업의 발전으로 중소공장에서도 전동기를 이용한 근대적 기계·기술의 이용이 가능해졌다. 셋째, 도쿄, 오사카 등 대도시에서는 중소공장이 집중한 산업집적지가 형성되었다. 산업집적지에서는 중소기업의 사업전개에 필요한 다양한 정보를 입수하는 것이 용이하였고, 타사와의 분업관계를 활용하여 사업범위를 좁혀 전문화의 장점을 살릴 수 있었다. 넷째, 중소기업의 손쉬운 창업과 경영을 뒷받침할 금융, 교육, 중개업, 공설시험연구기관 등 사회적 제도가 조성되어 있었다. 다섯째, 중소기업은 하청 내지 거래관계를 통해서 대기업과 관계를 맺으면서 성장하였다. 하청관계는 특히 1930년대에 기계공업에서 확대되었다.

그러나 기업체제의 중요한 요소가 된 중소기업은 1920년대의 거듭된 불황 속에서 침체되었다. 호황기에 설비투자를 확대한 중소기업은 뒤이은 불황 속에서 과당경쟁과 가격하락으로 심각한 경영난에 직면한 것이다.

하청관계를 통한 분업관계도 대기업에 의한 중소영세기업의 착취, 지배를 강화하는 수단으로 되었다. 대기업은 호황기에는 설비투자의 일부를 하청기업에 전가하여 자본을 절약하고 중소기업의 저임금으로 노동비용을 절감하였다. 중소기업은 제품가격 면에서도 불리하였다. 대기업의 과점가격이 상대적으로 경직적이었는 데 비해서 중소기업의 제품 가격은 과당경쟁 속에서 신축적이었다. 그래서 대기업은 불황기에는 중소기업제품의 납품가격과 가공임금을 인하하는 방법으로 중소기업에 부담을 전가하면서 불황에 대처할 수 있었다. 금융제도와 정부정책도 상대적으로 대기업에 유리한 것이었다. 이러한 조건에서 일본경제의 '2중구조' 문제가 제기되었다.

'2중구조'는 후발국으로 뒤늦게 공업화를 시작한 일본에서 선진외국기술을 도입하여 자본집약적 근대부문(대기업)과 재래기술에 기초한 노동집약적 비근대부문(중소기업) 간의 생산성과 임금수준의 격차구조를 의미하였다. 원래는 양 부문 간의 격차현상은 존재하지 않았고 생산량과 노동력에서도 중소기업이 우세하였다. 그러나 1920년대 들어 양 부문 간의 생산성과 임금격차는 급속하게 확대되고 특히 생산량에서는 대기업이 우세하게 되었다. 합리화와 기술혁신을 이룩한 대기업과 그렇지 못한 중소기업 간에는 생산성에 큰 차이가 나타났고 그것이 결과적으로 임금격차를 초래한 것이다.

광범한 중소기업의 존재는 대기업 성장의 기반이었으며 더 나아가 과잉노동력을 흡수하여 인구압력을 완화함으로써 사회경제적 갈등을 흡수·완화하는 역할까지 수행하였다.

이 시기 중소기업의 침체는 '중소기업 문제'라는 큰 사회문제로 인식되었다. 정부는 수출품생산에서 중요한 몫을 담당하는 중소기업 문제의 대응책으로 협동·통제를 유도하였다. 그러기 위해서 정부는 1925년에 중요수출품공업조합법, 그리고 1931년에는 공업조합법을 제정하여 중소기업의 조직화를 추진하였다. 그와 함께 정부는 중소상공업에 대한 금융조성, 통제, 공업조성 등의 정책을 추진하였다. 중소기업 문제에 대응하는 과정에서 정부는 중소기업정책을 체계적으로 추진하기 시작하였다.

3. 은행의 역할

1) 일본은행

중앙은행인 일본은행은 1920년대의 뒤이은 불황 속에서 상업금융주의에서 점차 후퇴하여 적극적으로 구제금융에 나서 은행구제기관의 역할을 하면서 경기회복을 꾀하였다. 그러나 거액의 구제금융에 따른 대출의 고정화와 자산운영의 경직화로 일본은행은 시장조절능력을 상실하였다. 결국 일본은행의 구제금융정책은 금본위제도로의 복귀=금수출금지해제(1930)로 중단되었다. 그러나 1931년의 만주 침략을 계기로 발생한 정부 재정난과 대공황을 극복하기 위해서 정부는 1932년에 거액의 적자국채를 발행하고 일본은행이 인수하게 하였다. 그에 따라 통화가 증발되고 인플레이션이 진전되면서 경기는 회복으로 반전하였다.

경제가 회복되면서 일본은행은 인수한 국채를 공개시장조작으로 매각하여 시중의 잉여자금을 흡수하고 인플레이션 수습정책을 썼다. 그것을 계기로 공개시장조작은 기준금리조작과 함께 일본은행의 중요한 금융조절수단으로 이용되었다. 일본은행의 공개시장조작은 인플레이션 수습에 효과적으로 작용하여 1935년까지 물가상승은 억제되었다. 그러나 중일전쟁의 발발과 함께 정부의 국채 발행은 전비조달의 주요수단이 되었고, 일본은행은 국채를 무한정 인수함으로써 팽창하는 재정자금을 무제한으로 공급하는 금융기관의 역할을 하게 되었다. 1942년 정부는 정부통제하에서 전쟁수행을 목적으로 일본은행을 중심으로 금융체제를 전면적으로 개편하였다.

2) 보통은행

보통은행은 기업금융에서 중심 역할을 하였다. 후발국적 조건에서 일본의 보통은행은 제도적으로는 상업은행, 예금은행이었으나 실제로는 장기산업금융까지 겸하였다. 주식시장이 발달하지 못한 상태에서 기업은 주식을 담보로 장기자금을 조달하였으며 단기운전자금 차입은 반복함으로써 사실상 장기차입효과를 가졌다. 보통은행에서 유가증권담보대출은 1920~30년대를 통하여 대출총액의 30~50%를 차지하고 있었으며, 그중에서도 주식담보대출은 20~30%를 차지하여 보증신용대출과 함께 가장 중요하였다. 1920년대 들어서는 보통은행을 비롯하여 보험회사, 신탁회사 등 금융기관에 의한 사채 보유도 적극화되었다. 회사채 보유에서는 특히 5대 은행(미쓰이, 미쓰비시, 스미토모, 야스다, 다이이치)의 중요성이 컸다. 이들 은행은 사채투자를 통해서 산업기업과의 결합관계를 확대·강화하였다. 재벌은행은 소속 재벌의 필요자금을 조달하는 '기관은행'의 역할을 하였다.

보통은행의 기업에 대한 융자자금의 원천은 예금이었다. 그러나 자기금융력이 취약하면서도 왕성한 자금수요가 있는 기업에 대해서 은행은 대부한도를 초과하면서까지 융자를 확대하였다. 제2차 세계대전 후의 고도성장기에 은행대부 관행에서 특징적으로 나타난 '오버 론'은 이때부터 나타나고 있었다. 보통은행은 부족한 자금을 최종적으로는 어음재할인을 통해서 중앙은행에서 공급받았다. 일본의 금융기구에서 중앙은행인 일본은행은 최후에 의존할 수 있는 은행이었다.

보통은행의 합병이 진전되면서 대은행은 지배적 지위를 확립하고 경영기반을 강화하면서 발전하였다. 은행합병은 특히 1920년대의 거듭된 공황기에 본격적으로 추진되었다. 정부는 처음에는 은행조례(1920)의 제정으로 은행합병을 유도하였으나 후에는 은행법(1927)을 제정하여 은행합병을 강력하게 추진하는 한편 보통은행의 건실화를 위해서 타 사업의 겸영을 금지하고 지점·출장소 설립을 제한하고 은행감독을 강화하였다.

그 결과 중소은행의 정리·합병이 촉진되어 대은행에의 집중이 진전되었다. 1922~35년에 보통은행 수는 1,800행에서 466행으로 격감한 반면, 한 은행당 불입자본금은 80만 엔에서 243만 엔으로 크게 증가하였다. 그중에서도 5대 은행의 지위는 컸다. 1926~30년에 보통은행 전체에서 5대 은행이 차지하는 비중을 보면 예금은 24%에서 37%로, 대출은 20%에서 30%로, 그리고 유가증권투자는 26%에서 41%로 상승하였다. 5대 은행체제는 1933년에는 오사카의 유력한 세 은행의 합병체인 상와(三和)은행이 추가되면서 6대 은행이 지배하는 금융체제가 확립되었다.

재벌계 대은행과 재벌기업 및 계열기업과의 상호의존성은 매우 높았다. 기업이 성장하여 주식발행에 의한 대중자본조달능력이 증대하였음에도 불구하고 재벌그룹 내부에서의 주식상호소유는 증가하였다. 1928년 현재 재벌본사(지주회사·은행)가 재벌의 불입자본금 총액에서 차지한 비중은 미쓰이 90.2%, 미쓰비시 69.4%, 스미토모 79.1%로 매우 높았으며, 야스다는 32%로 상대적으로 낮았다. 재벌기업의 자체 자금조달능력과 은행의 자금공급능력이 다같이 증대하는 속에서 재벌은행은 '기관은행'의 역할을 하면서 재벌계열 이외의 대기업에 대한 장기금융도 확대하였다.

저축은행은 저축은행법(1921)에 따라 경영 건전성을 확보하기 위해서 최저자본액, 영업범위 및 자금운용에 대한 규제가 가해지면서 보통은행으로의 전환 내지 합병이 진전되면서 그 수가 격감하였다.

3) 특수은행

특수은행은 1920년대에 업무를 확대하면서 발전하였다. 국내 특수은행의 대출액은 1920~31년에 2.1배, 채권발행고는 2.7배 증가하였다. 요코하마정금은행(1879년 설립, 1887년 특수은행화)은 외환업무 대부분을 취급하고 해외지점을 통해서 종합상사 등 무역회사에 대한 금융을 하였다. 특히 일본흥업은행과 일본권업은행의 발전은 두드러졌다.

일본흥업은행(1902년 설립)은 자본금의 10배까지 장기채권 발행특권을 가지고 국채, 사채, 주식담보대부, 사채인수를 통하여 장기산업금융을 제공하면서 장기공업금융기관으로서의 지위를 확립하였다. 이 은행은 제1차 세계대전 후의 불황기에는 화학공업과 잠사업 등의 구제금융, 그리고 관동대지진과 금융공황 시에는 중소기업 구제금융을 하였다.

일본권업은행은 1921년의 권농합병법에 따라 농공은행을 합병함으로써 규모가 확대되고 지위도 높아졌다. 부동산담보로 농공업에 장기신용을 제공하는 은행으로 설립(1897)된 이 은행은 1920년대를 통해서 시가지의 부동산금융을 중심으로 한 '부동산은행'으로서의 기능을 수행하였다.

식민지 산업개발은행으로는 조선은행(1911년 설립)과 대만은행(1899년 설립)이 있었다. 대만은행은 제1차 세계대전기부터 일본 내에서의 금융업무도 수행하였다.

4) 중소기업금융기관

중소기업과 소농을 위한 서민금융기관은 1920년대의 만성적 불황에서 중소기업 문제가 발생하고 지주·소작제도의 확립에 따른 소농보호 문제가 제기되면서 새로운 전개를 보았다.

먼저 중소기업금융기관으로는 상호금융조직인 무진업(無盡業)이 1915년의 무진법에 의해서 법적 규제를 받는 금융업의 지위를 갖게 되고, 1931년의 대폭 개정으로 무진업은 주식회사에 한해서 영업할 수 있게 되었다. 그 결과 무진회사 수는 1916년 136사에서 1935년에는 259사로 크게 증가하였다.

신용조합도 발전하였다. 산업조합법에 의한 신용조합은 주로 농촌에서 보급·발전해왔으나 1917년의 개정법에 의해서 시가지 신용조합제도가 확립됨에 따라 도시의 신용조합이 발달하고 중소상공업자를 위한 금융기관으로 중요한 역할을 하게 되었다.

신용조합을 기반으로 전국적으로 자금을 조정할 수 있는 계통조직 금융조합으로 1923년에는 산업조합중앙금고(1934년에 농림중앙금고로 개칭)가 설립되고, 그것을 중핵으로 산업조합 및 동 연합회의 전국조직이 설립되었다. 산업조합중앙금고는 농공은행이 일본권업은행으로 합병되어 농업금융기관으로서의 기능을 하지 않게 되자 그를 대신하여 소농보호를 위한 농업금융을 하게 되었다. 중소기업 육성을 위한 금융기관으로 1936년에는 상공조합중앙금고가 설립되었다.

4. 다국적기업의 전개

1) 일본기업의 대외 진출

(1) 제국주의하의 식민지 진출

일본기업의 대외 진출은 일본제국주의 대외팽창과 밀접한 관련을 가지면서 전개되었다. 일본은 일찍부터 제국주의적 대외팽창정책을 추구하였다. 청일·러일전쟁을 거친 일본은 1905년 이후 조선에 대한 영향력을 확대하다가 1910년에 이르러 완전한 식민지지배로 들어갔다. 이에 앞서 일본은 청일전쟁의 결과로서 대만을 영유하였다. 일본은 제1차 세계대전을 계기로 중국에 대한 제국주의적 진출을 강행하였다. 대전에 참전한 일본은 남양군도와 중국의 칭다오(青島)·산둥성(山東省)을 점령하고 1915년에는 '21개 조의 요구'를 통하여 산둥성의 영유와 남만주 및 내몽골에 대한 특수이권을 요구하였다. 그 위에 일본은 1억 4,500만 엔에 이르는 거액의 '니시하라(西原)차관'을 제공하여 중국에서의 특수이권획득을 시도하였다. 일본의 일련의 요구는 열강의 반대로 결국 실현되지는 못하였다. 일본은 '시베리아출병'도 강행하였다. 조선을 식민지화한 일본은 중국대륙과 시베리아에 대한 지배영역의 확대를 강력하게 시도한 것이다.

일본제국주의의 중국침략은 일단 좌절되었지만 조선과 대만에 대한 식민지지배는 본격화되고 중국에 대해서는 만주에서의 각종 이권을 획득하였다. 결국 일본은 만주사변(1931)으로 만주를 지배하고 중국에 대한 영향력을 확대하였다. 일본기업은 제국주의적 팽창을 한 지역으로 적극 진출하였다.

일본기업의 조선에의 진출은 식민지 개발의 일환으로 추진되었다. 식민지는 식량 및 공업원료 등 1차산품의 공급지로서, 그리고 본국 공업제품의 판매시장으로서 일본자본주의에 편입되었다. 1920년대의 식민지 조선에서는 산미증식계획이 추진되고 다량의 쌀이 일본으로 수출되었다. 식민지 개발은 일본기업으로서는 새로운 기업기회의 확대를 의미하였다. 기업은 확대되는 기업기회를 찾아 조선으로 진출하였다.

대기업의 조선에의 진출은 광산자원 개발에서 시작되었다. 일본제국주의는 '조선광업령'을 제정하고 광업투자를 적극 유도하였다. 일본기업은 조선에서의 금, 은, 철, 석탄을 비롯한 다양한 광물 개발을 추진하였다. 특히 1918년의 미쓰비시겸이포제철소의 건설은 철광산 개발을 자극하였다. 제1차 세계대전 이전 조선에서 광물생산액의 80%는 금이었으나 전쟁기와 그 후에는 금의 비중은 20~30%로 낮아지고 그 대신 철, 석탄, 동, 흑연 등의 비중이 높아졌다. 일본에서의 중화학공업의 발달에 따른 조선의 광물자원공급지로서의 역할이 커진 것이다. 이 시기에 미쓰이, 미쓰비시 등 재벌계 기업이 조선에서 사업을 전개하였다.

조선에 진출한 일본기업의 선봉은 1908년에 국책회사로 설립된 동양척식주식회사(東洋拓植株式會社)였다. '동척'은 정부의 보호·감독하에 일본인의 조선이민을 추진하는 한편 스스로 거대지주가 되어 조선미의 대일수출을 주도하였다. 동척은 1920년대 이후에는 투자대상을 조선의 전력과 만주모직공업, 남미이민, 남양제당사업에까지 확대하여 태평양

전쟁기에는 직계기업 27사, 방계·관계기업 58사를 산하에 둔 기업연합을 형성하였다.

일본재벌기업의 조선에서의 대규모 투자는 1930년대에 추진되었다. 특히 1927년에 조선북부지역에 진출한 신흥재벌, 닛치쓰(日本窒素: 日窒)는 1930년대 조선에서의 대규모 투자를 주도하였다. 닛치쓰는 수력발전, 질소비료, 마그네슘, 석탄, 화약, 석유 등을 중심으로 한 중화학콤비나트를 건설하였다. 그 외에도 1930년대에는 미쓰이가 시멘트·유지·화학공업에, 미쓰비시가 철도·광산·선철 부문에, 그리고 스미토모가 경금속부문에 진출하고, 가네가후치(방적), 오지(제지), 니혼광업(광업) 등도 진출하였다.

식민지 대만도 조선과 같이 1차산품 공급지로서 일본자본주의에 편입되었다. 조선에서의 미곡이라든가 광산물 등에 대응한 대만의 주요 1차산품은 사탕이었다. 당업장려정책이 추진되고 일본기업이 진출하면서 대만의 당업은 급성장하였다. 대만은 사탕생산액의 90%를 일본으로 수출하였으며, 그것은 일본에 대한 수출총액의 50~70%에 해당하였다. 당업이 급성장하면서 대만제당(미쓰이계), 메이지제당(미쓰비시계), 대일본제당(후지야마계) 등 재벌계 기업이 독점적으로 성장하였다. 총인구의 60%를 차지한 대만농민의 3분의 1은 사탕수수 재배농민이었다. 한편 대만에서도 '산미증식'이 추진되어 미곡의 대일본 수출이 증대하였다.

(2) 중국 진출

일본기업의 중국 진출도 적극적으로 이루어졌다. 특히 만주에 대해서는 관동주의 조차권, 만주철도와 그 부속지의 경영권, 무순·연대의 광산경영권, 본계호의 제철권, 압록강 일대의 산림경영권, 토지사용권 등 일본이 획득한 특수권익에 기초하여 대기업이 진출하였다. 만주 진출 기업의 핵심은 1906년에 설립된 '만철'(滿鐵=남만주철도주식회사)이었다. 만철은 직할사업도 철도, 항만, 탄광, 제철, 제유 등 다각적으로 전개한 한편,

자회사를 통해서 전기, 가스, 시멘트, 선박, 호텔 등 광범한 분야에 걸쳐 사업을 전개하였다.

만철은 민간회사 형태를 취하였으나 국가의 재정지원과 감독하에 있어 실질적으로는 국영기업에 준하는 특수회사였다. 다각적으로 사업을 수행하면서도 만철의 기간산업은 철도와 탄광의 두 부문이었다. 만철은 만주에서의 석탄, 철 등 자원과 철도를 확보함으로써 이 지역에 대한 일본제국주의의 팽창을 뒷받침하였다. 일본은 만주에서 석탄, 선철, 대두를 수입하고 면제품, 철강, 기계기기 등의 공업제품을 수출하였다.

만철을 중심으로 한 직접투자는 만주사변 다음해의 '만주국' 수립 후 대규모로 추진되었다. 그것은 전적으로 만철 주도하에 중화학공업중심으로 이루어졌다. 1933~36년에 철강, 화학, 마그네슘, 석유, 탄광, 채금, 시멘트, 자동차, 광업, 연광, 소다, 경금속 등 많은 부문에서 만철이 주식의 40~100%를 지배하는 지주회사가 설립되었다. 만철은 1937년에는 15사의 직계기업과 75사의 방계기업을 가진 기업연합이었다. 재벌은 사채인수를 통하여 만철에 간접적으로 자본을 공급하였다.

실질적 국영기업이던 만철의 중공업부문은 1937년 이후 신흥재벌 닛산(日産)을 모체로 한 만주중공업개발회사(滿業)가 계승하여 수행하게 되었다. '만업'은 자본금 4.5억 엔으로 만주국과 닛산이 각각 절반씩 출자하였다. 만주가 일본의 지배하에 편입되어 군사적 통제에서 경제개발의 국면으로 전환되고, 추가적 자본조달의 필요성이 커지면서 민간자본의 참여가 필요해진 것이다. 이에 등장한 기업이 닛산이었다. 닛산은 일본 내에서 본격적으로 자동차공업을 시작하고 있었으나 만주의 자원을 이용한 종합적 중공업기업으로의 전개를 꾀하고 있었다.

만업은 닛산의 본래 사업 이외에 만주에서 철강, 경금속, 자동차, 비행기 등을 생산하고 산금과 기타 각종 광업을 경영하는 한편, 만철의 방계회사를 인수하고 신규 사업에도 진출하였다. 만업은 1938년에는 만주와 일본 내에서 각각 8개 사와 12개 사의 직계회사를 가진 자본금 합

표 8-5 재화방의 발전

	방적기(천 추)				직기(100만 대)			
	총계(A)	중국인 경영	일본인 경영(B)	B/A(%)	총계(C)	중국인 경영	일본인 경영(D)	D/C(%)
1921	3,232	2,124	849	26.2	16	11	3	18.4
1922	3,550	2,221	1,071	30.2	19	12	4	20.6
1924	3,581	2,176	1,218	34.0	22	14	6	26.4
1925	3,570	2,049	1,332	37.3	23	13	7	31.4
1927	3,685	2,099	1,383	37.6	30	13	14	46.9
1929	4,201	2,386	1,652	39.3	–	–	–	–
1931	4,904	2,730	2,003	40.9	43	21	19	45.3

자료: 安藤良雄 編, 1979: 103.

계 9.42억 엔의 대기업이었다. 만업이 사업을 인수함에 따라 만철의 사업은 철도·탄광사업과 조사활동에 한정되었다.

만주 이외의 중국에 대한 직접투자는 면방적공업기업이 주도하였다. 제1차 세계대전기에 고도의 자본축적을 이룩한 일본의 대면방적회사(도요, 다이니혼, 후지가스, 닛신 등)는 1920년대의 국내경제의 불안정 속에서 상하이(上海)와 칭다오(青島)를 중심으로 한 중국으로의 진출을 적극적으로 추진하였다. 일본면방적회사의 중국현지공장='재화방(在華紡)'은 〈표 8-5〉에서 보는 바와 같이 급성장하여 1931년에 전 중국 면방적공업에서 차지한 비중은 방적기 수의 40.9%, 그리고 방직기 수의 45.3%에 이를 정도로 높아졌다. 재화방은 계속 성장하여 1936년에는 중국 내 면사포생산의 57.4%를 차지하여 중국의 '민족방'(37.0%)과 '영국방'(5.6%)보다 비중이 높았다.

중국에 대한 직접투자에서 일본의 비중은 1914년 시점에서 13.6%로 영국(37.7%)보다는 크게 낮고 러시아(16.7%)와 독일(16.4%)에 이어 4위 수준이었으나, 1931년에는 35.1%로 1위인 영국(36.7%)과 거의 같은 수준으로 상승하였다. 〈표 8-6〉은 일본의 중국에 대한 직접투자의 내용을 나타낸 것이다. 이 표에서 보면 중국 투자의 주된 부문은 운수업, 광업,

표 8-6 일본기업의 대 중국 부문별 사업투자 (단위: 100만 달러, %)

	1914	1931
운수업	137(35.5)	409(23.4)
공익사업	7(1.8)	31(1.8)
광업	58(15.1)	175(10.0)
제조업	21(5.5)	331(18.9)
금융업	13(3.3)	148(8.4)
부동산업	17(4.4)	146(8.4)
무역업	85(22.1)	366(20.9)
기타	47(12.3)	143(8.2)
합계	385(100.0)	1,748(100.0)

자료: 安藤良雄 編, 1979: 103.

무역업이었다. 중국에서의 철광, 석탄 등 원료 확보와 그와 밀접한 관계를 가진 철도를 비롯한 운수업과 수출입관련업에 대한 투자가 중심이었다. 1931년 시점에서 제조업 비중이 높아진 것은 그동안 재화방의 발전을 나타내고 있다. 일본기업의 발전은 지역과 부문에 따라서는 중국의 민족기업을 압박하였다. 열강의 제국주의적 압박으로 중국의 반식민지적 종속이 진전되면서 민중의 반제국주의운동도 고양되었다.

2) 일본에 진출한 외국기업

외국기업의 일본 진출은 19세기 말부터 시작되었으나 본격적으로 전개된 것은 제1차 세계대전 이후의 일이었다. 1931년 현재 일본에 진출한 외국계 제조업기업은 88사가 있었으며 국적별로는 미국(36사), 영국(21사), 독일(17사), 기타(14사)의 순이었다. 외국기업의 대부분은 석유정제, 자동차, 자동차타이어, 중전기, 판유리, 합성섬유 등 신흥중화학공업부문의 기업이었다. 그들 기업 중에는 미국의 스탠더드석유, 아메리칸타바코, 싱어재봉기, GE, 웨스팅하우스, 포드자동차, GM, 오티스엘리베이터, 내셔널금전등록기, 왓슨계산도표작성기 등을 비롯하여 영국의 암스트롱 비커스(제강·기계), J&P 코츠(견사), 던롭(타이어), 레버 브라더스(비누) 등, 그리고 독일의 지멘스(전기기계)와 벰베르그(견사) 등 세계적 규모에서 제조·판매활동을 전개한 다국적기업들이 포함되어 있었다.[6]

선진기술과 우월한 경영능력을 갖춘 다국적기업들은 100% 지배의 자회사를 설립하거나 현지 기업과의 합작·제휴 형태로 일본시장에 진출하여 단기간에 당해시장에서의 비중을 높이면서 성장하였다. 예를 들어 중전기부문에서는 일본의 대표적인 4사 중 히타치제작소를 제외하고 시바우라제작소가 GE와, 미쓰비시전기가 웨스팅하우스와, 그리고 후지전기가 지멘스와 각각 제휴·합작하였다. 고무공업에서는 일찍이 1909년부터 던롭(영국)이 일본던롭을 설립하여 타이어사업을 지배해왔으나 1930년에 요코하마고무(横浜護謨)가 굿리치(미국)와 제휴하고 다음해에 이시바시(石橋正二郎)의 브리지스톤 타이어가 참여함으로써 3사에 의한 생산체제가 형성되었다.

특히 외국계 기업이 압도적 시장지배력을 가진 사업은 자동차공업이었다. 미국의 3대 자동차회사는 1920년대 중엽에 일본에 진출한 포드사와 GM은 도요타(豊田), 닛산, 도쿄자동차공업(현 이스즈) 등 국내 메이커를 압도하면서 1930년대에는 일본 자동차시장의 거의 90%를 지배하였다. 이러한 사태에 일본 정부는 1936년에 자동차제조사업법을 제정하여 외국 메이커의 활동을 제한하는 한편 위의 국내 메이커 3개 사를 허가회사로 지정하여 자동차국산화 정책을 추진하였다.

그 외에 통신기제조부문에서는 니혼덴키(日本電氣)가 1899년에 웨스턴 일렉트릭(미국)과의 합작회사로 설립되어 1932년에 스미토모재벌산하기업으로 되었으며, 약전기부문에서는 도쿄덴키(東京電氣)가 1905년에 GE의 자회사로 설립되었다.

외국계 기업은 일반적으로 비교우위를 가지고 일본에서의 사업을 유리하게 전개하면서 큰 기업성과를 올렸다. 그뿐만 아니라 그들 외국계 기업의 활동은 일본의 기업과 산업에도 큰 자극을 주었다.

일본에 진출한 주요 외국계 기업은 신흥중화학공업부문의 대기업들이었다. 그들은 선진적인 생산·판매기술과 경영수법을 가진 현대 기업이었다. 그들 기업의 활동을 통해서 일본기업은 선진적 기술과 경영 노하우를 전수받을 기회를 가질 수 있었다. 일본기업은 외국계 기업의 기술과 경영수법의 획득에 적극적으로 노력하였다. 외국계 기업의 전문경영자의 일본기업으로의 이동도 있었다. 외국계 기업은 선진기술과 경영 노하우를 전파하고 그와 관련한 전문인재를 양성할 기회를 제공함으로써 일본기업경영의 근대적 발전에 공헌하였다.

한편 외국계 기업의 진출은 당해분야 일본기업의 경영 내셔널리즘을 자극하여 경쟁에 대항하는 많은 혁신적 기업가활동을 유발하였다. 기업은 외국의 선진기술에 크게 의존하면서도 기술·제품의 국산화를 추진하여 외국계 기업과의 경쟁에 적극 대응하였다.

3절 기업의 성장전략과 조직

1. 성장전략

1) 정부와의 관계

기업의 성장전략은 기업 외부와 내부의 두 차원에서 고찰할 수 있을 것이다. 기업 외부 차원에서 중요한 것은 정부와의 밀접한 관계를 유지한다는 것이었으며, 기업 내부 차원에서 기본적인 것은 기업 간 경쟁 및 협조관계에 대응하고 다각화와 합리화를 추구한다는 것이었다.

첫째, 정부와의 밀접한 관계의 유지다. 기업환경에서 본 바와 같이 후발국으로서 국가자본주의적 발전정책을 추구한 일본의 경우 정부와 우호적인 밀접한 관계를 유지한다는 것은 기업성장요인으로 매우 중요하였다. 따라서 기업은 시기에 따라 양상을 달리하면서도 성장을 위해 정부와의 밀접한 관계유지전략을 추구하였다.

1900년대 이전에는 '정상(政商)'적 기업가의 성장에서 전형적으로 나타났던 바와 같이 기업은 많은 경우 정부의 강력한 지원으로 성장하였다. 기업가에 따라서는 식산흥업정책의 일환으로 설립·운영된 관영기업의 특혜적 불하혜택을 받는 일이 후에 재벌로 성장하는 기반이 되었다. 기업에 대한 정부의 영향력이 압도적으로 크던 당시에 기업은 정부의 공업화정책에 적극 부응하면서 정부의 각종 혜택을 받는다는 것이 성장의 중요한 요인이었다.

산업혁명을 거치면서 기업의 성장기반이 확대된 1910년대 이후에는 기업에 대한 정부의 영향력은 상대적으로 약화되고 그만큼 기업의 정부에 대한 지위는 높아졌다. 그러나 그 경우에도 기업으로서는 정부와의 밀접한 관계를 유지한다는 것은 전략적으로 매우 중요하였다. 특히 재벌기업은 정부에 대한 발언권을 높이면서도 정부의 경제정책 추진에 적극 참여하고 그것을 통하여 지위강화를 꾀하였다.

재벌과 정부와의 밀접한 관계는 1910~20년대의 '다이쇼(大正)데모크라시' 시대에는 더욱 노골화되었다. 정부에 대한 기업의 지위는 그동안의 산업발전기반 위에서 역전되어 우세한 지위에 서게 되었다. 정당정치가 전개되면서 재벌은 특정정당과 관계를 가지고 정당으로 내보낸 자신의 대표를 통해서 정치에 참여하였다. 미쓰이재벌은 '정우회'와, 그리고 미쓰비시재벌은 '민정당'과 각각 밀착되어 있었으며, 관련 정당이 정권을 장악하게 되면서 배후에 있는 재벌이 큰 정치적 영향력을 행사하였다. 이러한 정치력을 이용하여 재벌은 1920년대의 거듭된 공황에서도 안정적으로 성장하였다.

1930년대 재벌의 대정부전략은 '재벌의 전향'을 계기로 정부와 밀접한 관계를 유지하면서 협력한다는 것이었다. 정치에 영향을 미치면서 기업성장을 먼저 추구해온 재벌은 금수출재금지(1931)를 내다보고 달러를 대량 구입하여 환차폭리를 올린 미쓰이 재벌이 군부와 여론의 강력한 지탄을 받아 '전향'하게 되자 군부와 정부의 전쟁수행정책에 적극 협력하게 되었다. 그것을 계기로 미쓰이 재벌은 그동안 상대적으로 소극적이던 중화학공업에의 진입을 적극적으로 추진하여 경제군사화에 협력하였다. 한편 뒤늦게 신흥중화학공업을 기반으로 한 신흥재벌은 군부와 밀착하면서 급성장하였다. 이 시기에 재벌은 전쟁경제의 주역으로서 그 지위를 더욱 높였다.

2) 기업 간 경쟁과 협조

둘째는 기업 간 경쟁과 협조전략이다. 기업은 정부와의 밀접한 관계를 유지하면서도 기업 상호간에서는 치열한 경쟁관계에 있었다. 경쟁관계에서 살아남고 시장점유율을 높이기 위해서 기업은 내부축적의 확대와 경쟁기업을 흡수·합병하면서 기업규모를 확대하였다. 기업의 흡수·합병전략은 기업발흥기 이래 일찍부터 추구되어 1900년대에는 재벌기업을 중심으로 대규모 통합기업이 형성되었다. 합병 형태로는 방직회사 등의 경우 수평통합이 일반적이었으나 재벌기업의 경우에는 수평통합과 함께 원료공급, 제조, 판매 등 전후방 기능에 걸친 수직통합전략이 추진되었다. 기업의 흡수·합병전략은 1920년대의 공황기와 1930년대의 중화학공업 발전기에 광범하게 추진되었다.

특히 1930년대는 대형합병의 시대였다. 대표적 사례로는 1933년에는 3대 제지회사(오지제지·후지제지·가라후토공업)의 대합병으로 다이오지(大王子)제지가 탄생하고, 지방의 유력한 세 은행의 합병으로 상와(三和)은행이 설립하였으며, 니혼맥주에 의한 니혼맥주광천의 합병이 이루어졌다. 1934년에는 앞에서 본 바와 같이 제철회사의 대합병으로 니혼제철이 탄생하고 미쓰비시 재벌의 조선·항공기의 합병으로 미쓰비시중공업이 설립되었다. 뒤이어 1935년에는 합병에 의한 다이니혼인쇄의 설립과 다이니혼제당에 의한 경쟁기업의 합병이 있었으며 스미토모의 신동강관·제강소의 합병으로 스미토모금속공업이 탄생하였다.

기업 간 협조전략은 카르텔이라든가 동업자조직을 통해서 일찍부터 추진되었다. 불황기에 정부는 카르텔의 조직을 권장하여 기업 간 협조를 유도하였다. 특히 1920년대의 불황기에 카르텔은 여러 업계에서 보편적으로 형성되어 가격협정, 생산제한, 조업단축으로 경쟁을 억제하면서 경영안정을 도모하였다. 카르텔협정으로 기업 간 경쟁이 없어진 것은 아니었다. 외자계 기업도 있어 기업 간 경쟁은 치열하였다. 그러나 거듭된 불황 속에서 카르텔은 기업경영의 안정을 유지하는 데 유효하게 기능하였다.

카르텔조직은 1930년대의 호황국면에서 더욱 증대하였다. 카르텔은 정부의 '중요산업통제법'(1931)에 의해서 강제되어 주요 산업을 망라하여 조직되었다. 이 법은 방적, 철강, 시멘트, 제당, 제분, 제지, 카바이트 등 정부가 지정하는 중요산업에서의 경쟁제한과 생산비 절감목적의 카르텔조직을 인정하고 업계에 대한 통제강화를 지향하였다. 이 법에 의해서 동일업종에서 과반수기업이 카르텔을 조직할 경우 필요하면 정부는 아웃사이더에게도 카르텔협정을 준수하도록 강제할 수 있었다. 1932년 말에 카르텔 건수는 중공업 33, 화학 31, 섬유 11, 식품 8, 금융업 18 등 합계 108건에 이르러 주요 산업을 망라하였다.

기업 간 협조는 다양한 경제단체를 통해서도 추구되었다. 상공회의소는 중소상공업인의 이익옹호단체로 일찍이 1890년에 조직되었으며, 1917년과 1921년에 각각 설립된 일본공업클럽과 일본경제연맹회는 대기업을 위한 이해관계의 조정, 대 정부교섭, 해외기업과의 교섭 등 다양한 활동을 하였다. 재계는 1931년에는 '전국산업단체연합회(전산연)'를 조직하여 정부의 노동조합법안에 대한 반대운동을 전개하여 그 성립을 저지하였다. 일본경제연맹회는 전후의 경제단체연합회(経団連)의 전신이었다.

3) 다각화

다각화전략은 재벌기업의 경우 사업부문의 확대와 위험분산 목적으로 일찍부터 추구되었다. 예를 들어 미쓰이는 1870년대부터 은행, 광산, 물산을 중심으로 사업다각화를 추진하였으며, 해운업에서 시작한 미쓰비시재벌도 1880년대에는 석탄 및 금속광업, 유통, 조선, 금융, 토지, 항공 등 사업을 중심으로 다각화하였다. 그리하여 스미토모 재벌을 포함한 3대 종합재벌은 1910~20년대에는 다양한 산업에 걸쳐서 근대적 대기업을 산하에 둔 거대한 조직체로 되었다.

개별 기업이 경쟁우위에 서서 불황을 극복하면서 성장하기 위한 관련기술부문에로의 제품다각화 전략도 일찍부터 추구되었다. 예를 들어 방적업에서는 면사에서 면포, 인견, 모직물 생산으로 다각화하였으며, 조선업에서는 선박 외에 차량, 제강, 중전기, 기계, 전차 등 다양한 제품을 생산하였다. 제품다각화 전략은 특히 1920년대에는 공황 속에서 치열한 경쟁에 대응하기 위해서, 그리고 1930년대에는 중화학공업화의 진전에 따라 광범하게 추진되었다.

예를 들어 도요방적(東洋紡績)회사의 경우 면사, 인견, 타이어코트, 메리야스, 레이스, 양모, 펄프 등 10여 종의 제품을 직접 또는 관련회사를 통해서 생산하였으며, 맥주회사는 맥주 이외에 각종 청량음료를 생산·판매하였다. 화학공업의 니혼질소는 카바이트, 암모니아 합성, 인견에서 시작하여 다각화한 화학 콤비나트로 발전하였으며, 미쓰이광산은 미이케탄광을 기반으로 화학공업으로 진출하여 타르 및 유안, 발전 부문으로 진출하여 관련부문을 연결한 대규모 석탄화학콤비나트를 형성하였다. 미쓰비시광업도 염료, 비료, 화학약품, 공업약품, 아세틸렌계 합성화학, 레이온 등의 부문으로 진출하여 미쓰비시종합화학공업의 중심이 되었으며 지역적으로는 조선과 만주 등 식민지로 다각화하였다.

무역업에서의 사업다각화는 일찍부터 추구되었으나 종합상사를 통해서 광범하게 진전되었다. 예를 들어 미쓰이물산은 동일계열 기업의 원자재와 제품만이 아니라 면화, 철광, 밀, 사탕 등의 공업원료와 기계, 차량 등 자본재를 수입하고 면제품, 생사, 석탄 등 경공업에서 중화학공업에 이르는 전 산업의 국내생산물의 무역거래에 종사하였다. 공업화의 진전에 따라 거래상품의 종류와 양도 증가하여 20세기 초에 미쓰이물산의 거래액은 한때 일본무역의 30%에 달하였다. 미쓰이물산은 세계의 모든 지역에 지점 내지 출장소를 설치하고 유리한 해운, 금융정보를 얻으면서 국내에서 생산된 다양한 종류의 상품을 수출하고 필요한 원자재를 수입한 대종합상사였다. 미쓰비시상사도 석탄, 철강을 비롯하여 섬유, 목재, 곡물, 비료에 이르는 다양한 상품을 대량으로 거래한 종합상사였다. 이들 종합상사는 제품일괄판매권의 획득이라든가 선대금융 등으로 여러 산업기업에 대한 영향력을 높이고 투자와 경영에도 참여하였다.

경영합리화는 1920년대의 불황기에 추진되었다. 정부는 기술개량과 공업화의 추진, 산업금융과 판매제도의 개선, 세계경제에의 합리적 대응 등 광범한 내용의 '산업합리화운동'을 전개하였다. 합리화운동의 목표는 산업 차원에서는 기업합병과 카르텔 형성, 그리고 중소기업 통제로 기업 간 경쟁을 제한하는 한편, 기업 차원에서는 공장의 배치전환, 신기술의 도입, 생산방식의 표준화를 통한 생산효율을 개선하는 데 있었다. 정부의 산업합리화운동은 생산과정의 합리화보다도 오히려 산업통제에 중점을 둔 것이었으므로 생산효율의 개선효과에는 한계가 있었다.

2. 조직구조의 변화

다각화에 따라 규모와 범위의 경제가 확대되면서 기업은 그것을 효율적으로 관리·통제할 합리적 조직을 구축하지 않으면 안 되었다. 재벌과 같이 다수의 사업부문 내지 기업으로 구성된 경우에는 그것을 전체적으로 통할할 조직이 필요했으며, 대규모 단일기업의 경우는 다양하고 복잡한 업무를 합리적으로 수행할 수 있는 관리조직이 필요하였다. 이러한 배경에서 기업의 조직개혁이 추진되었다.

재벌의 조직개혁은 기본적으로 지주회사가 산하기업을 지배·통할하는 기업연합이라는 형태(H-Form)를 취하였다. 그것은 지주회사가 본사로서 총괄기능을 담당하고 산하에 직계회사-자회사-손자회사, 방계회사-자회사, 그리고 관련회사 등 다수의 기업을 직접·간접 지배하는 조직 형태였다. 지주회사조직을 통해서 재벌은 광범한 산업분야에 걸친 다수의 계열기업을 집권적으로 통제하였다.

조직개혁을 선도한 것은 미쓰이 재벌이었다. 미쓰이는 사업부문의 확대에 따라 1890년에는 이미 '미쓰이동족회'가 각 사업회사를 통할·관리하는 체제를 구축하였다. 그 연장선상에서 미쓰이는 1909년에 전면적인 조직개혁을 단행하였다.

그 내용은 독립법인인 미쓰이합명회사가 지주회사로 되어 미쓰이동족회를 대신하여 산하기업들을 통할한다는 것이었다. 미쓰이합명회사의 출자자는 미쓰이 일가의 11명에 한정되고 그들은 무한책임을 졌다. 이에 미쓰이 재벌은 미쓰이합명회사와 함께 같은 해에 합명회사에서 주식회사로 개편된 은행, 물산, 광산(1911) 등 직계 4사와 직계 자회사 4사를 거느린 근대적 기업연합조직으로 확립된 것이다.

미쓰이 재벌 산하의 은행, 물산, 광산은 그 자체가 유력한 기업이었으며, 그 후 급성장하면서 축적한 거대한 자금을 기반으로 그들 자신이 지주회사가 되어 다수의 직계 자회사와 손자회사를 산하에 두었다. 예를 들어 미쓰이물산은 1928년경에 산하에 6사의 직계 자회사가 있었으며 그중의 1사인 도요멘카(東洋棉花)는 11사의 직계 자회사를 산하에 두고 있었다. 또한 미쓰이는 7사의 방계회사가 있었으며 그중 1사인 오지(王子)제지는 18사의 자회사를 가지고 있다. 그 외에 미쓰이는 14사의 관련 회사가 있었다.

미쓰비시 재벌은 1917년의 조직개혁으로 근대적 기업연합체제로 되었다. 이 재벌이 산하기업을 통할한 조직은 미쓰비시합자회사였다. 이 회사는 회사법이 시행된 1893년에 미쓰비시사의 후신으로 설립되어 여러 사업을 직할관리하였다. 그 후 이 회사는 증자(1907)와 각 사업부의 독립채산제 도입에 따른 사업부문 전체를 통제할 필요에서 기구와 직제의 전면 개편을 추진하면서 기업연합에의 길을 걸었다. 그 결과 미쓰비시는 1917~19년에 조선, 제철, 창고, 광업, 상사, 은행의 각 사업부를 미쓰비시합자회사에서 분리·독립시켜 주식회사로 전환하고, 미쓰비시합자회사를 지주회사로 하여 산하회사들을 통할·관리하는 기업연합의 중심기구로 하였다. 미쓰비시 재벌도 다수의 직계, 방계 및 관계회사와 자회사를 가지고 있었다. 미쓰비시 재벌은 1930년에는 산하에 120개 사를 거느리고 9억 엔의 자본금을 가진 대재벌이었다.

스미토모 재벌은 개인조직의 스미토모총본점을 스미토모합자회사로 개편(1921)하여 지주회사로 하고 1920년대 중반에 기업연합체를 형성하였다. 이 재벌은 산하에 금융부문 4사, 중화학공업부문 14사, 기타 2사를 두어 상사와 운수 부문이 없는 중화학공업중심의 재벌로 발전하였다.

기업연합조직 하에서 재벌은 일부 주식의 공개로 외부자본을 조달하여 기업을 설립·확장하면서 사업을 확대하였다. 그러나 1930년대 중반에 이르기까지 지주회사는 합자조직으로 재벌일가의 완전한 소유하에 있었다. 그러한 속에서 재벌이 지배력을 확대하는 데는 기관은행과 상사가 중요한 역할을 하였다. 재벌계 은행과 신탁·보험회사 등이 다양한 경로로 자본을 조달하여 계열기업의 자본력을 높이는 데 크게 기여하였고 상사는 국제적으로 형성된 유통망을 통해서 판로를 확보하였다. 예를 들어 1936년에 미쓰비시 재벌의 금융기관들은 15억 6,000만 엔에 달하는 운용자금을 가지고 계열기업에 대한 장기대부와 유가증권 보유에 충당하고 있었다.

재벌의 관리조직은 1930년대에 중화학공업이 발전하고 전시경제체제가 전개되는 속에서 개편되었다. 이 시기의 막대한 자금조달의 필요에서 그때까지 공개하지 않던 재벌 산하기업의 주식이 1934년부터는 공개되고 지주회사인 합명·합자회사도 주식회사로 개편되어 재벌본사로서 산하기업의 통할기능을 담당하였다. 예를 들어 스미토모합자는 주식회사 스미토모본사로 개편(1937)되었으며, 1940년에는 미쓰비시합자가 주식회사 미쓰비시본사로, 그리고 미쓰이합명은 미쓰이물산에 합병(1940)되어 미쓰이물산이 본사 역할을 하다가 1944년에 주식회사 미쓰이본사로 되었다. 그에 비해서 금융부문을 갖지 못한 신흥재벌들은 처음부터 주식을 공개하고 사채를 발행하는 한편 흥업은행 등 정부금융기관으로부터 특혜융자를 받으면서 급성장하였다.

재벌계의 개별 기업은 본사인 지주회사의 지배·통할하에 있으면서도 경영단위로서는 일반기업과 같이 독립적 기업으로 운영되었다. 기업규모가 확대되고 업무가 복잡해지고 다양해지면서 조직구조도 개편되었다. 기업의 직제는 기본적으로 사업통할기능을 담당한 총무부, 생산기능을 담당한 공무부, 판매기능을 담당한 상무부로 구성되어 있었다. 이들 기존의 기능부문이 확대·강화되는 방향에서 재편성되고 인사 및 노무기능을 담당하는 인사부 등 새로운 기능부가 추가 설치되었다.

한편 상층관리직은 사장-전무-상무-이사로 구성되었다. 사장은 최대주주 내지 주주의 대표자였으나 외부에 대해서 회사를 대표하는 상징적 지위였으며 의사결정을 포함한 경영관리의 책임은 전무이사가 지고 있었다. 특히 재벌기업의 경우 재벌가문 출신 사장은 상징적인 존재였으며 전무이사가 경영의 전권을 위임받아 책임경영을 하였다. 1920년대 이전에는 대다수의 기업에서 사장과 전무가 중심이고 여타 임원들의 중요성은 크지 않았다. 그러나 제1차 세계대전 이후 기업규모가 확대되고 관리기능이 복잡화·다양화됨에 따라 상층관리계층도 기능별로 분화되고 확대되었다. 이에 전무이사 밑에 제조기술(공장), 판매(영업), 재무(경리) 등의 기능을 담당하는 상무이사와 그 외의 일반이사가 배치되었다. 그들 상층경영자는 소유와는 관계없이 고등교육을 받은 전문경영자였다. 이 시기 일본의 대기업은 집권적 복수기능부제의 계층적 관리조직을 갖춘 '근대 기업'이 되어 있었으며, 그 속에서 전문경영자가 경영책임을 지는 경영자자본주의의 요소가 확대되었다.

4절 기업경영자와 노동자

1. 기업경영자

1) 전문경영자의 성장

초기의 기업경영자는 일반적으로 소유경영자였으며 1인 독재적이었다. 그들은 자신의 자금으로, 주식회사의 경우에는 대주주로서 기업을 창설하고 자신의 기업가적 재질을 가지고 기업경영을 하였다. 그러나 주식회사조직의 기업이 보급·성장하여 기업규모가 확대되고 업무가 다양화·복잡화됨에 따라 기업경영에는 전문적 지식과 기술이 필요하게 되었다. 이에 소유와는 무관한 '회사형' 전문경영자가 기업경영에서 중요한 역할을 하게 되었다.

전문경영자는 청일·러일전쟁 후의 기업발흥기에 이미 나타나고 있었다. 대표적인 예로는 앞에서 본 바와 같이 미쓰이의 나카미가와(中上川彦次郎)와 미쓰비시의 쇼다(莊田平五郎)를 들 수 있을 것이다. 나카미가와는 위기 상황에 처한 미쓰이를 사업적으로는 금융·유통부문 중심에서 공업부문으로 크게 전환시키고 조직개혁을 단행함으로써 근대적 재벌로 발전할 수 있는 기초를 놓았다. 쇼다는 나카미가와와 같은 역할을 미쓰비시에서 수행하였다. 그들은 모두 게이오의숙 출신으로 전문경영자의 선구였다.

전문경영자는 제1차 세계대전기의 새로운 기업발흥기를 거쳐 공황이 거듭된 1920년대에 중요한 지위를 차지하게 되었다. 제1차 세계대전기의 기업발흥기에는 새로운 형의, 소유에 기초한 1인 독재적 기업경영자가 출현하여 전쟁 붐을 탄 투기적 활동으로 큰 이익을 올리면서 성장하였다. 그러나 그러한 유형의 기업경영자는 1920년대의 불안정한 경제과정에서 다수 도태되었다. 그 전형적인 사례에는 가네코(金子直吉)의 스즈키(鈴木)상점이 있었다. 이 '상점'은 대전 붐을 타서 막대한 이익을 올리고 여러 분야의 기업을 산하에 거느리면서 급성장하여 한때 미쓰이를 능가할 대재벌로 급부상하였으나 금융공황(1927) 속에서 파탄하고 말았다. 한편 1인 독재적 소유경영자는 토목건축, 백화점, 약품, 화장품, 조미료, 출판을 비롯하여 많은 분야에 존속하면서 두드러진 활동을 한 경우도 많았다. 그러나 이 시기에 근대적 대기업에서는 전문경영자의 지위가 상승하였다.

전문경영자는 무사계층[士族]을 비롯하여 중류 이상 계층 출신으로 고등교육을 받은 엘리트였다. 대기업의 이사회 구성을 보면 1913년에는 115사 중에서 전원이 오너경영자인 경우는 48사, 2명 이상이 전문경영인인 경우는 29사에 불과하였으나, 1930년에는 오너경영자인 경우는 158사 중 15사에 불과하게 되고, 전문경영자가 2명 이상 반수 이하인 경우가 71사에 달하였으며 과반수인 경우도 42사나 되었다.

경영자의 학력은 높았다. 1936년에 경영자의 73%는 고등교육학력소지자였으며 그 80%는 대학교 출신이었다.[7] 전문경영자를 많이 배출한 고등교육기관으로 처음에는 게이오의숙이었으나 뒤이어 도쿄제국대학과 도쿄고상(상법강습소)에서도 많이 배출하게 되었으며 와세다대학이 뒤따랐다. 1930년의 대기업 최고경영자 478명의 출신학력을 보면 도쿄제대의 163명(34.1%)을 포함해서 제국대학이 194명(40.6%)으로 가장 많고 다음으로 고등상업 89명(18.6%), 고등공업 28명(5.9%), 기타 전문학교 11명(2.3%) 순이었다. 사립대학교 출신은 게이오의 40명(8.4%)과 와세다의 8명(1.7%)을 포함한 70명(14.6%), 외국유학은 9명(1.9%)이었다. 그 외에 실업학교는 10명(2.1%)이었고, 불명 24명(5.0%)을 포함한 기타가 67명이었다.[8]

전문경영자는 관료 출신 등 외부에서 영입된 경우도 있었지만 처음부터 기업 내부에서 선발·승진되었다. 그들은 기업의 이사(이사장, 전무, 상무 등)의 상급관리인이었다. 재벌의 최고위직은 재벌가족이 차지하고 주식회사의 사장직은 대주주가 차지하였지만 기업경영의 실질적 권한은 전무로 대표되는 전문경영자가 장악하고 있었다. 그들은 수행한 역할에 상응한 높은 보수를 받았으며, 일반 주식회사의 경우 수령한 보수로 자사의 주식을 구입하여 대주주로서 사장이 되기도 하였다.

고등교육을 받은 인재를 기업으로 진출하게 한 중요한 동기로 큰 권한과 역할, 그리고 높은 보수의 가능성과 함께 높은 사회적 지위를 들 수 있다. 선행한 시기와는 달리 이 시기에는 기업경영자의 사회적 지위는 관료와 맞먹거나 그것을 능가할 만큼 높아졌다. 정부와의 관계에서도 기업은 정부의 정책에 영향을 미칠 수 있을 만큼 지위가 높아졌다. 기업경영자는 본래의 활동분야에서는 물론 정당과 정부를 통하여 정치와 사회·문화에도 큰 영향을 미쳤다.

주식회사조직인 대기업의 성장에 따른 '소유와 경영의 분리'는 전문경영자의 진출 기회를 확대하였다. 경영을 유능한 인재에 위임하는 관례는 근대 이전의 상가경영에서의 지배인인 반토(番頭)제도에서 이미 일반화되어 있었다. 그러한 전통 위에서 근대 기업에서의 '소유와 경영의 분리'와 전문경영자제도의 도입은 순조롭게 진전되어 1920년대를 지나면서 지배적으로 되었다.

이 시기에는 다수의 유력한 전문경영자가 활동하였다. 대표적 기업경영자로는 다음과 같은 인물들이 있었다. 즉, 재벌기업의 경우 미쓰이 재벌의 마스다(益田孝), 단(團琢磨), 이케다(池田成彬), 미쓰비시 재벌의 쇼다(莊田平五郎), 기무라(木村久壽彌太), 구시다(串田萬藏), 스미토모 재벌의 스즈키(鈴木馬左也), 나카다(中田錦吳), 유카와(湯川寬吉), 오쿠라(小倉正恒), 야스다 재벌의 유키(結城豊太郎), 후루카와 재벌의 나카지마(中島久萬吉), 히다(毘田交次郎), 스즈키(鈴木恒三郎) 등이었으며, 일반기업의 경우는 방적업의 무토(武藤恒三), 미야지마(宮島清次郎), 오하라(大原孫三郎), 제당업의 후지야마(藤山雷太), 소마(相馬半治), 보험업의 야노(矢野恒太), 해운업의 무라타(村田省藏), 제분업의 사카이(境豊吉), 쇼다(正田貞一郎) 등이었다.[9]

전문경영자는 재벌가족이나 오너의 단기적 이익보다 회사의 이익을 우선하는 경향이 있었다. 그들은 회사우선주의로 탐욕적으로 이윤추구활동을 전개하였다. 그러나 이윤추구를 우선으로 하는 기업행동은 사회적 해악을 낳았다. 그 결과 1930년대 초에는 강력한 재벌비판여론이 일었다. 재벌비판여론이 커지는 속에서 군부세력이 증대하고 정부는 기성재벌을 견제하면서 군사산업 중심의 중화학공업의 발전정책을 추진하였다. 그것은 일본의 군국주의적 대외침략으로 이어지는 정책이었다.

정부의 정책 방향에 적극 부응하면서 신흥재벌이 대두하여 급성장하였다. 그 대표는 닛산(日産), 닛치쓰(日窒), 닛소(日曹), 쇼덴(昭電), 리켄(理研) 등이었다. 특히 닛산은 만주, 닛치쓰는 조선 북부를 입지적 기반으로 빠르게 성장하였다. 이들 신흥재벌은 자본공개로 자본을 동원하면서 사업을 확장하였으나 상응한 인재 확보와 경영문제에 유효하게 대응하지 못하였으며 내부축적기반이 취약한 상태에서 계열은행도 갖지 못하였다. 신흥재벌은 제2차 세계대전 후의 개혁으로 해체되고 기성재벌과는 달리 재건되지 못하였다.

2) 경영이념

그동안의 기업 발전 속에서 경영이념은 내셔널리즘에서 합리주의로 크게 전환되었다. 공업화가 진전되어 기업도 규모가 확대되고 업무가 복잡해짐에 따라 초기의 원색적 내셔널리즘은 현실적합성을 상실하고 기업경영은 면밀한 계산 위에서 투자효과의 극대화를 위해서 경영관리의 합리화, 효율화를 추구하지 않으면 안 되었다. 기업의 대정부관계, 다각화, 조직개혁, 과학적 관리 등 기업경영의 새로운 과제는 합리주의에 기초한 대응이 요구되었다. 이 점에서 일본 근대 기업의 경영이념은 선진자본주의의 그것과 공통성을 가지게 되었다고 할 수 있을 것이다.

그러나 일본기업에서 경영이념으로서의 내셔널리즘이 사라진 것은 아니었다. 압도적인 '외압'에 대한 위기의식에서 나타난 초기적 내셔널리즘은 사라졌지만, 그에 대신해서 새로운 내셔널리즘이 나타난 것이다. 그동안의 경제발전을 이룩한 국민적 지신감과 새로운 대외 진출을 배경으로 내셔널리즘은 새로운 의미가 부여되었다. 그것은 바로 일본자본주의의 제국주의적 대외팽창과 관련된 것이었다.[10]

청일·러일전쟁을 거치면서 제국주의적 대외팽창정책을 추구해온 일본은 제1차 세계대전기의 경제적 번영에 이어 1920~30년대에 걸쳐 조선과 중국에 대해 군사력을 배경으로 정치적·경제적으로 팽창하였다. 제국주의적 팽창과 관련해서 국수주의적 내셔널리즘이 고양되고 그것은 1930년대에 들어 군국주의의 대두, 중일전쟁, 태평양전쟁으로 이어졌다. 그 속에서 기업도 무역, 자본수출, 식민지투자 등 대외활동영역을 넓히면서 적극적으로 활동을 전개하였다. 경영이념으로 국가성이 강조되면서 내셔널리즘은 새로운 의미를 가지게 된 것이다.

대기업이 내부적으로 종업원을 통합하고 동기 부여한 이념은 기업중심의식인 '기업주의'였다. 기업주의는 전통적인 '가업의식'을 확대·계승한 것으로 볼 수 있다. 즉, 기업은 그 자체가 영원히 존속·발전해야 할 운명공동체이며 그 목적을 달성하기 위해서 구성원은 충성·협동해야 한다는 것이다.[11] 그 경우 기업경영자와 종업원은 친자의 관계에 있으며 상호대립이 아니라 친화·정의(情誼)의 관계에 있는 것이다. 기업경영자는 오너 내지 주주의 이익보다도 기업성장을 우선하고 내부적으로 종업원은 사(私)를 버리고 기업을 위하여 협동해야 하는 것으로 인식되었다. 그것은 바로 가족으로서의 화(和)를 강조하는 '경영가족주의' 내지 '기업중심주의'의 이념이었다. 경영이념으로서의 합리주의, 과학주의도 경영가족주의와 그 연장선상에서의 내셔널리즘과 결합되어 추구되었다는 데 일본적 특징이 있었다.

기업중심주의·경영가족주의는 1930년대 말엽 이후의 전시경제의 전개 속에서 일단 무너졌지만 전후부흥기를 거치면서 재생하여 '일본적 경영'의 이념적 기반이 되었다.

2. 노동자

1) 노동자의 지위

노동자의 지위는 제1차 세계대전 후 변화하였다. 무엇보다도 노동자의 수가 크게 증가하였다. 산업별 취업인구 구성추이를 보면 1910~20년대에 농업취업인구가 절대적·상대적으로 감소한 한편 공업노동자가 크게 증가하였다. 특히 제1차 세계대전기의 노동력수요 증대 속에서 공장노동자 수는 1915~20년에 27.4%(120만 명)나 증가하였다. 같은 기간에 노동자 수는 섬유공업에서는 47.5%, 금속·기계 및 화학공업에서는 54.5%나 증가하였다.[12]

노동력 수요의 증대로 노동력이 크게 부족해지면서 기업 간에 노동력쟁탈전이 벌어지고 노동이동도 빈번하게 발생하였다. 노동자는 보다 높은 임금을 따라 이동하였다. 특히 노동력 수요가 큰 중공업에서의 노동력이동률은 높았다. 예를 들어 미쓰비시 고베조선소의 경우 노동력이동률은 1915년 13%에서 1917년에는 44%로 상승하고 1919년에도 33% 수준이었다.

그 속에서 임금은 2배나 상승하였다. 임금지수는 1912년을 기준으로 1914년의 102에서 1919년에는 224로 상승하였다. 그러나 물가상승이 임금상승을 앞질렀다. 물가지수는 1912년을 기준으로 1914년에 99로 떨어졌다가 1919년에는 238로 상승하였다. 노동자의 실질임금은 같은 기간에 94로 떨어진 것이다. 호황기에 발생한 '쌀 소동'(1918)은 미가상승으로 압박을 받게 된 일반대중의 불만이 폭발한 것이었다.

1920년대의 농업공황 속에서 많은 농촌노동력이 도시로 이동하였다. 쌀 소동을 계기로 도입된 저미가정책과 식민지산 미곡의 대량수입으로 농업은 심각한 타격을 받았다. 한편 도시의 공업에서도 고용은 확대되지 못하고 과잉노동력은 중소기업과 제3차 산업에 집적되었다. 이들 부문은 저임금의 온상이었다. 저임금은 일본기업의 국제경쟁력을 높이는데 중요한 수단이었다.

노동자의 기업 간 이동은 산업혁명기에는 자유로웠고 임금수준은 낮으면서도 부문 간 임금격차도 없었다. 그러나 제1차 세계대전을 전후해서 기업이 대규모화하고 기술이 고도화됨에 따라 대기업은 필요한 노동자를 노동시장에서 손쉽게 구할 수 없게 되었다. 1920년대의 불안정한 경제과정에서는 합리화가 추진되면서 고용기회는 감소하고 노동력과잉상태는 더욱 커졌다. 그러나 합리화를 추진하는 대기업은 필요한 숙련노동자를 상대적으로 높은 임금으로 확보하지 않으면 안 되었다.

대기업은 필요노동력을 직접 양성·확보하기 위해서 양성공제도를 도입하고 양성한 노동자를 종신 고용하여 연공서열에 따라 임금을 차등지급하였다. 초임은 매우 낮았으나 연공에 따라 상승하였다. 개별기업단위의 폐쇄적 노동시장과 임금체계가 형성되고 그것이 저임금을 유지하는 수단이 되었다.

한편 양성공제도를 도입할 수 없는 중소기업에서는 노동력과잉 상태에서 임금은 낮은 수준에 머물렀다. 대기업과 중소기업 간 노동이동은 없었으므로 임금격차는 크게 나타났다. 임금격차는 대기업에는 오히려 유리하였다. 대기업은 임금이 낮고 수시로 해고할 수 있는 임시공을 중소기업에서 쉽게 발견함으로써 경기변동에 신축적으로 대응할 수 있었다. 대기업의 임금도 절대적으로는 낮았다. 이러한 조건에서 대기업은 발전하였고 중소기업은 저생산성을 저임금으로 보충하면서 존속하였다.

2) 노동운동

1920년대에는 임금인상을 요구하는 노동쟁의가 빈발하고 노동조합운동은 새로운 고조기를 맞이하였다. 중화학공업에서 남자노동자의 증가, 대기업 및 대공업지대로의 집중에 따라 노동자의 계급의식도 높아졌다. 러시아혁명(1917)과 세계적으로 확산된 '데모크라시' 운동도 노동자의 계급의식을 높이고 노동운동을 자극하였다.

이러한 배경에서 노동자의 지위 개선을 위한 운동이 활발하게 전개되었다. 〈표 8-7〉은 노동운동의 추이를 나타낸 것이다. 노동쟁의는 1916~19년에 108건에서 497건으로 급증하였다. 그것은 1920년대 전반기에는 감소경향을 나타내었으나 후반기에 들어 또다시 고양되면서 1931년에는 1,000건에 달한 후 1937년까지 점차 감소하다가 그 후 급감하여 1941년에는 159건으로 떨어졌다. 1918년에 107개이던 노동조합 수는 1920년대와 1930년대 전반기를 통해서 크게 증가한 후 감소하여 1941년에는 11개가 되었다. 그리고 노동조합원 수도 1930년대 중반까지 증가하다가 그 후 감소하였다. 노동쟁의 참가인원도 1930년대에

표 8-7 노동운동의 추이

	노동조합 수	노동조합원 수 (천 명)	노동쟁의 건수	노동쟁의 참가인원(천 명)
1915	–	–	64	8
1916	–	–	108	8
1919	187	–	497	63
1920	273	–	282	36
1926	488	285	495	67
1931	818	369	998	65
1935	993	409	590	38
1937	837	395	628	124
1940	49	9	271	33
1941	11	1	159	10

자료: 中村隆英, 1978: 108.

는 많지 않았으며 특히 쟁의건당 참가인원은 소규모였다. 그것은 이 시기의 노동쟁의가 대부분 중소기업에서 발생하였다는 사실을 반영한 것이다. 대기업에서의 노사관계는 비교적 안정적이었다.

노동조합운동을 주도한 중핵조직은 '우애회'(1912)의 후신인 '일본노동총동맹'(1921)이었다. '총동맹'은 제1차 세계대전 후에 지향하던 전투적 계급투쟁노선을 포기하고 합법적 현실주의 노선으로 전환하여 단체교섭권과 쟁의권을 요구하면서 급성장하였다.

이러한 움직임에 대해서 정부는 노동운동의 전면적 탄압에서 후퇴하여 노동자의 기업 간 횡단적 연대투쟁은 금지하나 기업단위의 종단적 쟁의는 허용하고 필요하면 조정 역할을 하는 방향으로 정책을 전환하였다. 정부는 노동운동을 종단하여 기업단위로 국한함으로써 노사협조를 유도하고 전체로서의 노동운동을 억제하려 하였다. 이러한 방향에서 기업에는 공장위원회가 설치되어 노사협의가 지향되었다. 정부는 노동정책을 사회정책으로 인식하여 사회국(내무성)을 통하여 통일적으로 시행하려 하였다. 정부는 정부 내의 의견대립과 경제단체의 강력한 반대운동으로 노동조합법을 제정하지는 못하였으나 1926년에는 공장법을 개정하고 건강보험법, 노동쟁의조정법, 동맹파업을 금지한 치안경찰법 개정법을 제정하였다. 이에 앞서 정부는 1925년에 치안유지법과 보통선거법을 제정하였다. 정부는 정치운동과 노동운동을 체제 내에 한정하려 하였다. 그러나 노동조합운동은 1930년대의 전쟁경제 전개기에는 전면 억제되었다.

3) 노사관계의 새로운 전개

공업화의 진전에 따른 기업규모의 확대, 노동자의 수적 증가, 계급의식의 고조, 노동조합운동의 진전이라는 현실에서 고용주는 권위주의적 노무관리방식을 언제까지나 고집할 수는 없게 되었다. 한편 중화학공업이 발전하여 기업의 자본집약성·기술지향성이 증대하는 속에서 고용주는 숙련노동자의 안정적 고용의 확보와 사내훈련, 그리고 내부청부제도에 따른 이중적·간접적 고용·관리제도를 대신하는 집중적 관리체제의 구축이 필요하게 되었다. 이에 새로운 노사관계가 모색되었다.

그 경우 고용주는 노사문제를 노동자의 투쟁에 의해서가 아니라 가족적 협조에 의해서 해결할 수 있는 것으로 인식하였다. 즉, 기업에서의 노사관계는 전통적 가족제도에서의 부자관계와 같은 형태로 되어야 한다는 것이다. 기업경영자는 가족주의적 온정주의 이념으로 노사관계를 정립함으로써 노동이동을 방지하고 노동운동을 억제하려 한 것이다.

이러한 배경에서 기업경영자는 새로운 노무관리제도를 도입하였다. 남자숙련노동자의 이직을 방지하고 안정적 고용을 확보하기 위해서 이중고용제도하에서의 '오야카타(親方)'와 '고카타(子方)'를 직접고용으로 전환하여 사내에서 훈련시키는 한편, 학교졸업자를 신규 채용하여 사내양성제도를 통해서 기능·숙련공으로 양성하였다. 그와 함께 기업 내 승진제도, 연공임금, 퇴직수당 등 각종 근속장려제도를 도입하여 노동자의 종신고용을 유도하였다. 1920년대의 불황기에 합리화가 추진되면서 노동자는 대량으로 해고된 반면, 노동자의 이동은 진정되고 기업에의 정착성과 귀속의식은 높아졌다. 이러한 배경에서 노무관리 측면에서 '일본적 경영'인 종신고용·연공임금제도가 형성되고 기업 내 복리후생제도가 도입되었다.[13]

일본적 고용관리관행을 뒷받침한 이념은 전통적 가족주의였다. 가족이라는 관념이 기업구성원 전체로 확대되어 기업경영자는 자혜로운 어버이이며 종업원은 어진 자식으로서의 역할이 기대되었다. 이에 가장인 아버지의 온정적 배려에 대해서 자식의 충성이 요구되었다. 일본적 노무관리의 원형은 산업적 온정주의 내지 경영가족주의 위에서 형성된 것이었다.

일본에서의 과학적관리법에 대한 관심은 일찍부터 나타나고 있었다. 1927년에는 일본능률연합회, 그리고 1931년에는 일본공업협회가 설립되어 과학적 관리법의 조사, 연구 및 보급을 위한 활동도 전개되었으며 방적, 기계, 전기 산업 등의 일부 기업에서는 그것이 도입되기도 하였다. 그러나 그것은 일본의 가족주의적 고용관행도 작용하여 보급되지 못하였다. 기업 차원에서 도입된 과학적 관리법은 일본의 전통적 경영양식 내지 경영관행의 기반 위에서 능률원리 자체가 전면적으로 도입된 것이 아니라 기술적 부분을 중심으로 한 부분적 도입에 머물렀다.[14]

고양되는 노동운동과 사회적 긴장에 대한 기업경영자의 대응과정에서 형성된 일본적 노무관리 관행은 협조적 노사관계의 정립에 중요한 역할을 하였다. 그러나 일본적 노무관리는 1930년대 후반기에 들어 전시경영체제하에서 노사관계의 관리기구인 '산업보국회'가 발족(1938)되면서 크게 변모하였다. 산업보국회체제하에서 협조적이던 노동조합마저도 강제해산되고 대량의 노동력이 강제동원되어 재배치됨으로써 종단적인 기업단위의 종신고용(장기근속), 연공임금, 경영가족주의는 무너지고 획일적·관료적 노무관리가 시행되었다. 일본적 노무관리가 새롭게 전개된 것은 1950년대 중반 이후였다.

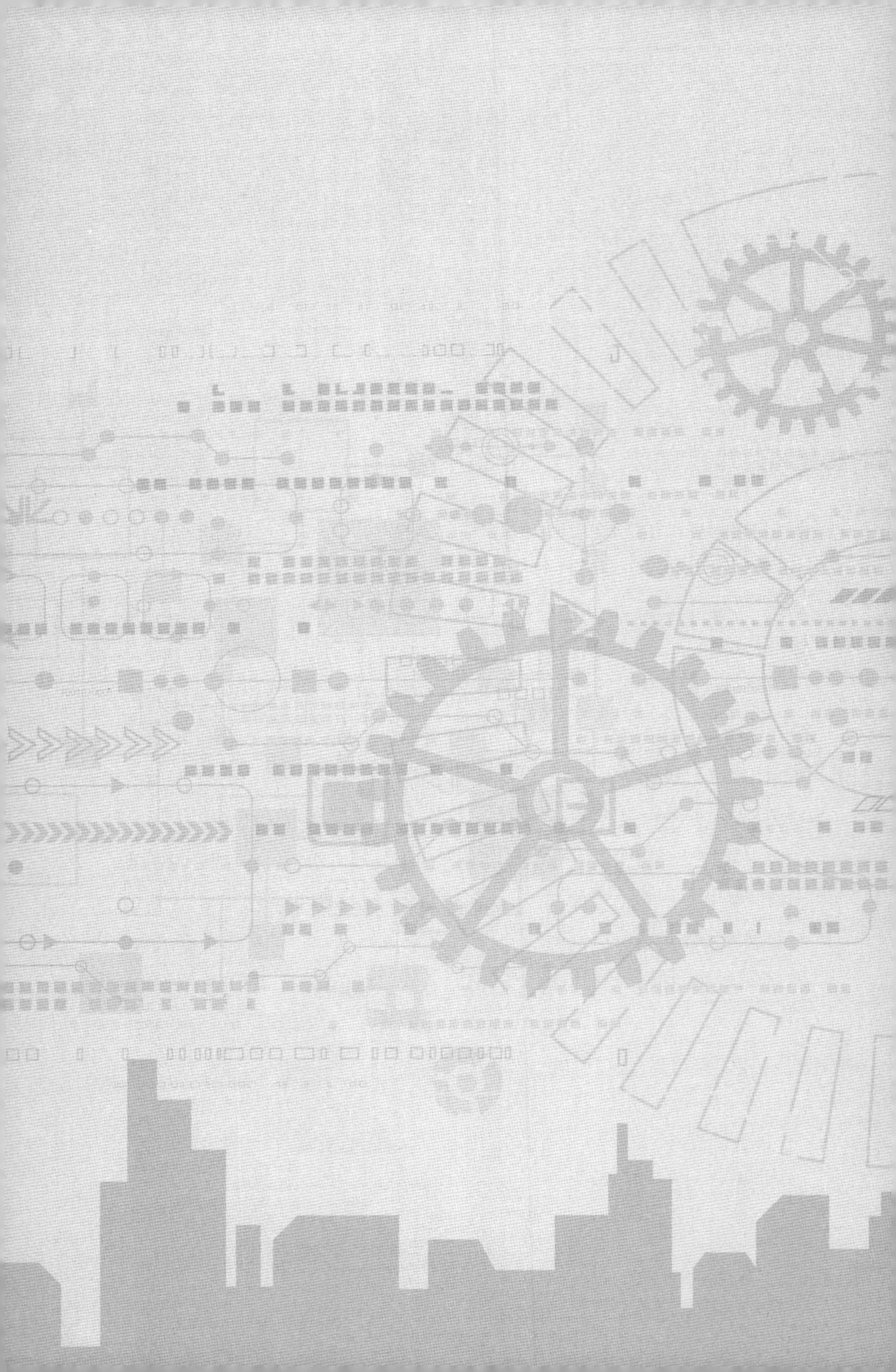

3부

근대적 대기업의 성숙

9장

미국기업의 성숙

1절 경영환경

1. 시장의 확대

1) 국내시장

미국기업은 제2차 세계대전을 거쳐 1970년대에 이르기까지 높은 성장을 지속하였다. 시장이 확대되고 하이테크산업이 성장하면서 대량생산, 제품다각화, 다국적기업화, 기업합병으로 기업의 규모와 사업범위는 더욱 확대되었다. 그와 함께 조직구조도 변화하여 분권적 관리조직이 지배적으로 되었다. 주식분산이 극대화되면서 대기업에서는 소유와 경영이 분리되어 전문경영자에 의해서 과학적·합리적으로 관리되는 '경영자자본주의'가 확립되었다. 미국의 대기업은 성숙단계에 도달하였다.

이 시기 기업발전의 배경으로는 첫째, 시장의 확대가 있었다. 무엇보다도 미국경제는 제2차 세계대전 후 1970년대에 이르기까지 두세 차례의 완만한 경기후퇴를 수반하면서도 급속하게 성장하였다. 미국의 실질 GNP와 1인당 GNP는 1945~60년에는 각각 52%와 19%, 그리고 1961~70년에는 각각 46%와 29% 증가하였다. 인구는 1950~70년에 1억 5,000만 명에서 2억 명으로 크게 증가하였다.

급속한 성장에도 물가수준은 비교적 안정적이었다. 그 결과 완전고용

상태에서 노동자의 실질임금은 전시와 전후에 걸쳐서 상승하였다. 대기업의 성장에 따른 중간관리·사무직 층이 증대하면서 고소득 중간계층의 폭도 확대되었다. 하층소득자에게는 복지급부의 지급 등 정부의 소득재배분정책으로 소득평준화도 크게 진전되었다.

높은 경제성장과 소득증대는 텔레비전, 자동차, 각종 가정용 전기기기 등의 내구소비재와 주택, 서비스에 대한 수요증대와 함께 대량소비시장의 확대로 이어졌다. 특히 상대적으로 좁은 영역에 한정되었던 서비스산업은 즉석식품에서 정보처리산업에 이르기까지 넓은 영역을 포함하게 되었다. 그 결과 서비스산업은 1983년에는 GNP의 68%의 비중을 차지하고 전국 취업자 수의 65%를 차지하였다. 소비자사회의 확대되면서 미국의 지역적 시장들은 19세기의 전국적 시장만큼이나 확대되었다. '미국형 생활양식'에 의한 '풍요한 사회'가 전개되는 가운데 제조업과 서비스산업을 비롯한 전 산업에서의 기업기회는 확대되었다.

2) 해외시장

미국의 해외시장도 크게 확대되었다. 시장과 자원의 국내의존도가 높은 미국경제에서 해외무역의 중요성은 전통적으로 크지 않았다. 미국의 무역이 GNP에서 차지하는 비중은 식민지시대 말기 이후 10% 미만에 불과하였다. 그러나 그 비중은 제2차 세계대전 후 상승하여 1969년에는 16%로 되고 1980년대 전반기에는 40%로 되었다. 그 기반에는 미국의 압도적인 산업생산력이 있었다. 미국이 세계의 공업생산에서 차지하는 비율은 전후에 이르러 1920년대에 처음 달성한 42% 수준으로 회복하고 1970년대까지 계속 그 수준을 유지하였다.

세계경제도 전후의 부흥기를 거치면서 빠르게 성장하였다. 세계무역은 1950~70년에 5배나 증가하였다. 전후 세계경제의 부흥과 성장을 주도한 나라는 미국이었다. 미국은 제2차 세계대전기에 세계자본주의 중심국으로서의 지위를 확립하였다.

미국은 제2차 세계대전의 참전국이면서 연합국에 대한 군수물자의 공급국이었다. 유럽연합국은 국토가 전쟁터가 되고 생산시설이 크게 파괴되는 과정에서 군수물자의 조달을 미국에 의존하였다. 그 속에서 미국의 대외수출은 크게 증가하였다. 한편 미국은 연합국에 대해서 460억 달러에 이르는 '무기무상공여(Lend-Lease)'를 제공하였다. 그럼에도 연합국의 대미수입은 증가하였다. 연합국은 수입대금을 지불하기 위하여 보유외화를 계속 유출하는 한편 외화조달을 위하여 해외자산까지도 매각하지 않으면 안 되었다. 그 결과 유럽연합국은 외화(달러)가 고갈되고 해외자산도 크게 감소하였다. 전쟁이 종결된 1945년에는 서방세계의 외화(달러)는 미국에 집중되어 있었다. 미국은 압도적 경제력과 군사력을 가진 패권국으로서 세계자본주의를 주도하게 되었다. 이른바 '미국의 평화(Pax Americana)'가 현실화된 것이다.

미국이 주도한 전후 세계자본주의 재건은 전전의 보호주의와 블럭경제에 대한 반성 위에서 무역과 외환 상의 규제를 철폐하고 상품 및 서비스의 국제간 이동을 자유롭게 할 수 있는 새로운 국제질서의 구축 위에서 추진되었다. 이에 국제통화기금(IMF)과 관세와 무역에 관한 일반협정(GATT) 등 일련의 국제협정으로 확립된 국제질서 속에서 자유무역이 확대되었다.

새로운 자유무역체제에서 국제자본주의 경제가 성장하기 위해서는 전쟁으로 파괴된 각국 경제가 재건되고 회복되지 않으면 안 되었다. 그러나 참전국들은 당장 자력으로 경제를 재건할 수 있는 상태는 아니었다. 경제재건을 위해서는 수입이 필수적이었으나 수입지불수단으로서의 보유달러는 고갈상태에 있었다. 세계자본주의의 재건을 위해서는 미국의 경제원조가 절실하게 요구되었다. 한편 전후 사회주의권의 확대와 함께 동서 간의 냉전이 격화되는 가운데 미국으로서는 서방측의 맹주로서 서방제국에 대한 군사원조를 적극 추진할 필요가 있었다.

미국은 여러 형태의 경제원조계획을 범세계적으로 실행하였다. 미국은 먼저 유럽참전 제국의 전후 경제재건을 위하여 마셜플랜(Marshall Plan)에 따라 1948~52년에 157억 달러를 공여하였다. 그와 함께 미국은 동서냉전 속에서 동맹국에 775억 달러의 군사원조를 제공하였다. 그 외에도 1960년까지 전 세계에 730억 달러에 달하는 다양한 외국원조계획을 실행하였다.

미국 원조에 의해서 외국은 미국의 농산물, 자본장비, 각종 소비재, 무기를 구입할 수 있었다. 외국은 미국의 원조에 자극을 받아 전후경제의 안정과 재건을 이룩하면서 새로운 성장을 지향하였다. 한편 미국의 대외원조는 상대국에 대미수입을 위한 결제수단인 달러를 제공함으로써 결과적으로 미국의 대외수출 증대로 이어졌다. 전후회복과정을 거친 선진공업국의 장기에 걸친 안정적 경제성장의 지속과 신흥공업국들의 대두 속에서 세계무역은 크게 성장하였다. 세계무역의 확대에는 뒤에서 보게 될 다국적기업의 역할도 컸다. 세계자본주의의 성장 속에서 미국의 해외시장은 크게 확대되었다.

3) 정부의 역할

전후 경제가 지속적 성장을 이룩하는 데에는 정부의 역할이 컸다. 1946년 제정된 고용법(Employment Act)에 의해서 연방정부는 '최대한의 고용, 생산 및 구매력의 유지'를 책임지게 되었다. 정부는 재정 및 금융 정책으로 총수요를 관리하면서 경제의 지속적 성장을 도모하였다. 비즈니스에 대해서는 정부는 규제와 함께 밀접한 협력관계를 유지하였다. '정부에 의한 관리된 자유경제' 속에서 전후 미국경제는 지속적으로 성장하였다.

경제활동에 대한 정부의 간섭은 앞에서 고찰한 바와 같이 제1차 세계대전과 1930년대의 뉴딜정책에서 시작되었다. 뉴딜정책은 비즈니스와의 협조관계를 통해서 중요한 개혁을 추진하고 재정지출을 확대하면서 실업구제와 경기회복을 도모하였다. 그것은 전시가 아닌 평시에 전통적으로 이어져온 자유방임정책기조를 크게 수정하였다는 의미에서 획기적이었다. 그러나 그 경제적 효과는 기대에 미치지 못하였다. 중간경기기인 1937년에도 공황 전 수준까지의 경제회복은 이루지 못한 채 또다시 불황으로 반전하였다. 실업률은 아직도 14.3%나 되었다. 미국경제가 급속하게 대공황에서 탈출하고 확대국면을 맞이한 것은 제2차 세계대전기에 들어서였다.

전시에 정부는 전쟁수행을 위하여 자원의 총동원체제를 구축하였다. 정부는 경제통제와 군수품을 비롯한 물자공급의 확대를 위하여 거액의 재정을 지출하였다. 정부는 생산력 확충을 위하여 막대한 자금을 투입하면서 생산기반의 창출·확충을 주도하는 한편 군수품을 포함한 모든 물자의 생산은 기업이 담당하도록 하였다. 그 속에서 정부와 민간기업 사이에 밀접한 협조관계가 형성되었다.

정부는 기업이 충분한 이윤을 보장받을 수 있도록 신규 설비투자에 대해서 급속한 감가상각을 할 수 있는 세법을 마련한다든가 항공기와 같은 민간시장이 협소한 영역에서는 정부가 설비투자를 하고 민간기업이 운영하도록 하였다. 한편 노동조합에 대해서는 전쟁기의 노동력 부족과 조합세력의 증대 속에서도 분쟁발생 시의 전시강권발동을 배경으로 파업을 억제하는 한편 노동조합의 협조를 얻기 위해서 클로즈드 숍(closed shop)의 인정이라든가 실질임금과 급부금을 통한 경제적 이익의 보장으로 노사 간의 타협, 협조를 유도하였다. 전시체제하에서 구축된 노사협조관계는 전후 미국의 협조적 노사관계의 원형이 되었다.

전시체제하에서 긴급한 문제는 대량의 군수품을 단기간에 생산한다는 것이었다. 군수품생산의 기간산업은 전전부터 발전해온 자동차를 중심으로 한 내구소비재, 전기기계, 기계, 금속가공, 운수설비, 화학, 병기, 석유, 철강, 비철금속 등의 중화학공업이었다. 그것은 대기업체제가 확립된 산업이었다. 정부는 대량의 군수물자생산을 이들 산업의 대기업에 집중적으로 발주하였다. 전시의 군사비 지출은 GNP의 38%를 차지하였다. 군수물자조달기관인 군과 생산주체인 대기업과의 밀접한 협력관계 속에서 대규모의 군산복합체(military-industrial complex)가 출현하였다. 그것은 실질적으로 전후기에 이어지면서 하나의 특징적인 비즈니스 시스템으로 되었다.

전시생산체제 하에서 미국은 무기대여분을 포함하여 총 3,200억 달러에 달하는 거대한 생산실적을 올렸다. 그 속에서 대기업은 고이윤을 실현하면서 성장하였다. 대규모의 정부발주는 대기업으로의 산업집중을 촉진하였다. 상위 100사가 제조업생산에서 차지하는 비중은 1939~43년에 30%에서 70%로 상승하였다. 한편 노동자의 소득은 임금동결에도 불구하고 고용증가, 추가근무수당, 기타 급부금, 고임금부문으로의 노동력 이동 등의 요인으로 대폭 상승하였다. 전시경제체제하에서 미국은 뉴딜정책에 의해서도 이루지 못한 완전고용을 달성하고 생산의 극대화를 이룩하였다. 그것은 정부에 의한 막대한 재정투입과 기업 및 노동의 협조체제를 기반으로 이루어진 것이었다. 이러한 생산력기반을 기초로 전후 미국의 산업기반이 전개되었다.

전시체제는 전쟁종결과 함께 평화경제로 전환되었다. 전시경제통제는 철폐되고 민간이 주도하는 자유경제가 회복되었다. 그러나 정부의 간섭이 없어진 것은 아니었다. 정부는 국민경제가 대공황과 같은 국면을 회피하면서 지속적으로 성장할 수 있도록 하는 책임을 지고, 그러기 위해서 필요한 정책과 규제를 실행하였다. 평화경제하에서도 정부는 '큰 정부'였다.

정부는 재정·금융기구를 통한 거시경제정책으로 경제안정화 기능을 수행하였다. 그러한 기능이 효과적으로 수행될 수 있었던 기반은 전시에 이어 전후에 정착된 대기업을 중심으로 한 비즈니스 시스템과 협조적인 노사관계였다. 정부의 비즈니스 규제도 확대되었다. 종래 특정 산업을 대상으로 시행하던 규제는 1960년대에는 고용에서 성별 및 인종 차별을 금지한 공민권법(Civil Rights Law of 1964)이라든가 소비자보호 및 환경보호, 수질관리법(1970) 등의 규제법이 제정되면서 산업 간 경계를 넘어 적용되고 비즈니스에도 광범한 영향을 미쳤다.

전후에 전시경제의 평화경제에의 전환은 순조롭게 이루어졌다. 전시 수요의 급감에도 불구하고 전시에 미루어오던 민간수요가 급증하면서 생산증대를 뒷받침하여 1946년부터는 경제규모가 확대로 전환하였다. 1948년 말에서 1949년에 걸친 전후 최초의 불황은 정부의 군사수요 증대에도 뒷받침되어 경미한 정도에 그치고 제1차 세계대전 후와 같은 심각한 '전후공황'으로 이어지지는 않았다. 미국경제는 전시의 대확충의 시대에서 전후의 지속적 성장의 시대로 순조롭게 이행하였다.

미국경제는 한국전쟁에 의한 3년간의 번영을 거쳐 1953~54년에는 재차 불황을 겪었으나 심각한 것은 아니었다. 경기후퇴는 1957년과 1959년에도 단기적으로 발생하였다. 1950년대에 순환적인 경기후퇴를 거치면서 성장한 미국경제는 1970년대 초에 이르는 장기의 1960년대에 확장과 번영을 지속하였다. 그것은 '황금의 60년대'라 불린 전후 최장의 경기확대 국면이었다. 장기의 호황이 지속되면서 대중소비시장은 더욱 확대·고도화되고 기업기회도 확대되었다.

시장확대를 위한 정부의 역할은 해외시장 확대에서도 두드러지게 나타났다. 앞에서 고찰한 바와 같이 미국 정부는 전후 세계자본주의 재건과 성장의 기본 틀 구축에 주도적 역할을 하였다. 더구나 미국은 자국의 상품수출을 적극 지원하였다. 특히 정부는 국내의 잉여농산물 수출을 촉진하기 위해서 1954년에 PL-480으로 알려진 농산물원조법을 제정하여 대규모 농산물원조 수출을 추진하는 한편, 국내 농가에 대해서는 직접보조금 지급, 국내가격 지지, 기타 시장정보 제공 등의 지원을 하였다. 그 결과 농산물 수출은 증대하여 1970년까지 농산물은 수출에서 또 다시 공산품과 경합하게 되었다. 농산물 수출은 1980년까지 연평균 280

억 달러에 달하여 전국 농가수입의 20%를 차지하였다.

2. 기술혁신과 산업기반의 확대

제2차 세계대전기의 전시수요를 기반으로 개발된 각종 신기술은 전후에 산업화되었다. 오토메이션을 포함한 전자혁명, 고속컴퓨터, 항공·우주, 원자력, 석유합성화학, 합성섬유, 합금 등의 개발을 비롯하여 과학의 산업화가 체계적으로 이루어지면서 다수의 산업분야에서 신제품, 신기술이 개발되었다.

신기술이 개발되면서 산업기반은 확대되었다. 전후 미국의 산업기반은 기본적으로 자동차와 전기기기를 중심으로 한 내구소비재를 비롯하여 기계, 운수설비, 화학, 석유 등 산업과 철강, 비철금속 등의 소재산업을 포함한 중화학공업이었다. 전전부터 발전해오다 전시에 생산력을 크게 확충한 중화학공업은 전후 평화산업으로 재전환하면서 새롭게 발전하였다. 한편 전자기술은 텔레비전 산업을 낳고 텔레비전이 대중매체로서 영화와 라디오를 대체하면서 매스 커뮤니케이션과 오락 등 산업의 변화와 확대로 이어졌다. 미국의 중화학공업 기술은 유럽, 일본 등 자본주의 공업국에서도 전반적으로 확산되어 그들 나라 경제발전의 산업적 기반이 되었다.

중화학공업과 함께 전후 새롭게 발전한 산업은 군수산업이었다. 제2차 세계대전기에 군산복합체를 형성하면서 전개된 군수산업은 전후 규모가 축소되면서도 미·소의 대립과 동서냉전의 격화 속에서 기본적으로 유지되다가 한국전쟁기에 산업기반을 확립하였다. 군수계약이 내구재에서 차지하는 비중은 한국전쟁이 한창이던 1951년에는 72.6%에 달하였다. 그 비중은 그 후 1970년까지 20~30%까지 하락하였다.

군산복합체는 1960년대의 케네디(John F. Kennedy) 정부 이래 급성장하였다. 1945~71년의 군사비지출 1조 달러 중 50%는 1960년대에 지출되었다. 국방성은 GE, 록히드(Lockheed), 제너럴 다이나믹스(General Dynamics) 등과 같은 주요 방위청부업자의 군사생산부문을 위한 산업매니저로 되었다. 방위비지출은 1970년대에 감소하였으나 1980년대 들어 레이건(Ronald Reagan) 정부의 군사력 증강에 따라 다시 증가하였다. 연방정부 지출 중 군사비 비율은 1980년 22.7%(1,550억 달러)에서 1987년에는 27.8%(3,087억 달러: GNP의 6.4%)로 상승하였다. 군산복합체는 전후 전자공학, 원자력, 석유합성산업, 항공·우주산업 등 고도기술 신산업의 발전을 이끄는 데 큰 역할을 하였다.

2절 대기업의 성숙

1. 기업의 거대화

새로운 경영환경이 전개되는 가운데 대기업은 중화학공업을 주된 산업기반으로 대량생산과 제품다각화를 추진하면서 성장하였다. 제2차 세계대전 후 1960년대 중반까지 4반세기 동안은 미국기업이 두드러지게 성장한 시기였다. 이 시기의 기업성장으로 기업규모는 더욱 확대되었다. 치열한 경쟁 속에서 기업은 합병을 거듭하면서 대규모화를 지향하였다. 한편 중소기업은 쇠퇴하였다.

〈표 9-1〉은 미국의 상위 81개 제조기업의 산업별 분포 추이를 나타낸 것이다. 이 표에서 알 수 있는 바와 같이 1960년에 이르는 30년 동안에 대기업이 나타난 산업과 그 수에는 거의 변화가 없었다. 그러나 그 중심은 중화학공업이었다. 이들 산업이야말로 시장의 확대와 기술진보가 뒷

받침되면서 대량생산과 제품다각화가 광범하게 전개된 부문이었으며 대기업은 바로 이들 산업부문에서 새로운 발전을 하였다.

전후 4반세기 동안 특히 두드러진 성장을 한 산업은 자동차, 전자, 컴퓨터 산업이었다. 전전부터 최대산업으로 성장해온 자동차산업에서는 변화와 혁신을 거듭하면서 GM, 포드, 크라이슬러의 3대 회사(Big Three)가 지배적 지위를 차지하고 아메리칸 모터스사(American Motors)와 함께 과점체제를 형성하였다. 이 산업은 상대적으로 정체한 철강공업을 수요면에서 크게 뒷받침하였다. 자동차산업은 1960년대 말에는 소비자의 안정의식의 고양, 독일과 일본 차와의 경쟁, 경기후퇴, 공해문제 등으로 큰 도전에 직면하였으나 공해대책, 가격억제, 경쟁력 있는 소형차의 생

표 9-1 미국 상위 81개 제조기업의 분포 추이(1929~60년) (단위: 사)

산업	1929	1935	1948	1960
식품	8	8	9	6
담배	4	3	3	2
섬유	1	0	2	1
의복	0	0	0	0
목재	1	0	1	0
가구	0	0	0	0
제지	2	5	1	3
인쇄·출판	0	1	0	0
화학제품	5	5	10	9
석유	19	16	17	18
고무	4	4	4	4
피혁	1	1	0	0
석재·점토·유리	1	1	2	2
조금속	16	17	15	15
가공금속	1	3	2	2
기계	4	7	6	6
전기기계	3	3	3	4
수송기기	8	6	5	7
기구	2	1	1	1
기타	1	0	0	1
합계	81	81	81	81

자료: A.D. Chandler, Jr. 1977: 370.

산 등 적극적인 대응으로 이를 극복하였다.

전자산업은 전후 최대의 성장산업이었다. 이 산업은 철강, 자동차, 식품가공 같은 재래산업과 달리 방위, 우주산업 등을 비롯하여 기존의 민간수요 내구소비재 생산에 광범하게 적용될 수 있는 신기술산업으로 정부와 민간에 대 소비시장을 가지고 있었다. 이 산업은 어드미럴 코퍼레이션(Admiral Corporation), 모토롤라(Motorola), 실바니아(Sylvania), 제니스(Zenith), RCA, GE, 웨스팅하우스(Westinghouse) 등을 선두주자로 급성장하였다. GE의 전자산업 매출액은 1940~50년에 5억 3,300만 달러에서 19억 6,000만 달러로 3.7배나 증가하였다. 특히 이들 기업은 방위산업관련제품을 생산하는 한편 확대하는 텔레비전 시장을 기반으로 크게 성장하였다. 텔레비전 분야로 진입하면서 경쟁은 더욱 격화되었다. 1966년에 텔레비전 시장은 이 기업들이 지배하였다.

민간과 군사 시장에서 핵심적인 것은 트랜지스터와 집적회로를 둘러싼 신기술 개발이었다. 트랜지스터는 1948년에 미국전화전신회사(American Telephone and Telegraph, AT&T)의 한 사업부인 벨연구소(Bell Laboratories)에서 개발되었다. 이 회사는 이 기술을 자사의 복잡한 통신시스템 개발에 이용하는 한편 독점혐의에서 벗어나기 위하여 명목적인 특허 사용료로 일반에 공개하였다. 그 결과 1950년대 초까지 생산기업 간의 시장쟁탈전이 벌어졌다. 위의 몇몇 대기업을 포함하여 다수의 기업이 이 분야에 진입하였다.

그러나 이 분야의 최대기업으로 성장한 것은 벤처기업으로 출발한 텍사스 인스트루먼트(Texas Instruments)사였다. 이 회사는 유능한 경영관리인과 기술개발 인재를 모아 트랜지스터 기술개발을 선도하고 후에 소형회로와 집적회로의 혁신에도 주도적 역할을 하였다. 1960년대 초까지 트랜지스터 분야의 다수의 소기업들은 대기업에 흡수되거나 소멸하였다. 당시까지 텍사스 인스트루먼트사는 20%의 시장점유율을 가지고 2위 이하 기업에 크게 앞서 있었다.[1]

컴퓨터산업은 제2차 세계대전 중에 탄생하였다. 정부와 기업의 거대한 관료조직하에서 관리자들은 의사결정을 하는 데에 방대한 양의 정보처리능력이 필요하였다. 이러한 필요에서 몇몇 기업이 정부의 자금지원으로 컴퓨터 제작을 지향하였다. 그 속에서 아이비엠(International Business Machine, IBM)사와 하버드의 과학자그룹에 의해서 건조되어 ENIAC이라 명명된 최초의 컴퓨터는 거대한 계산기였다. 다른 몇몇 기업도 같은 모델의 컴퓨터를 제조하였다. 전시의 기술개발을 기반으로 전후 컴퓨터 산업은 신산업으로 급속한 발전을 하였다.

컴퓨터산업은 IBM과 함께 발전하였다. IBM은 1910년에 설립된 작표 계산기 및 기타 사무기기 생산업체가 1924년에 개명하여 새출발한 회사이다. 최첨단 전동사무기기를 공급한 IBM의 규모는 1939년에는 업계 제2위로 올라섰다. 전시에 정부의 자금지원으로 컴퓨터 개발에 참여한 IBM은 1953년에 컴퓨터시장에 진입하여 레밍턴 랜드(Remington Rand)사의 UNIVAC과 경합할 수 있는 대형 컴퓨터의 제조라인을 갖추었다. IBM은 1956년까지 생산, 연구, 판매 및 서비스 등 모든 분야를 선도하였다. 제1세대 컴퓨터는 진공관기술에 기초한 대형기계로 냉각에 어려움이 있었다. 그것은 1960년대 전반까지는 더 소형이고 신뢰성이 높고 냉각이 용이한 제2세대 컴퓨터로 대체되었다.

1960년대 초까지 컴퓨터산업에는 IBM을 비롯하여 버로스(Burroughs), 내셔널 캐시 레지스터(National Cash Register), 레밍턴 랜드와의 합병체인 스페리 랜드(Sperry Rand), RCA, GE의 컴퓨터 부문, 컨트롤데이터(Control Data Corporation), 제록스(Xerox) 등의 기업이 경쟁하고 있었다. 그중 최대기업은 IBM이었다. IBM은 1965년에 25억 달러의 매출과 3억 3,300만 달러의 순이익을 올려 미국 컴퓨터시장의 65%를 지배하였다. IBM은 같은 해에 경쟁회사의 움직임에 대응하여 제3세대 컴퓨터인 시스템 360(system 360)을 출시하였다. 그것은 트랜지스터 대신에 집적회로를 이용하는 컴퓨터로 빠르고 고장이 없었다. IBM은 1983

년에는 402억 달러의 매출과 55억 달러의 순익을 올리면서 1980년대 중반에는 세계 대형 컴퓨터시장의 60~70%를 점유하였다.[2]

1960~70년대 컴퓨터산업은 메인프레임(mainframe)이라 불린 대·중형 고속범용컴퓨터본체, 데이터저장용 테이프드라이브, 프린터 등 하드웨어 생산에 집중하고 있었다. 데이터처리프로그램 소프트웨어는 판매인이 고객의 이용을 위하여 만들어내고 있었다. 이러한 조건에서 IBM은 시장독점적 기업이 되었다. IBM은 값비싼 컴퓨터의 판매에서 일시금이 아니더라도 일정기간 임대하고 임대기간이 끝난 후에도 큰 부담 없이 새로운 모델의 호환기로 교체할 수 있게 하였다. 일부 기업은 IBM에서 컴퓨터를 구입하여 임대사업을 하기도 하였다. 이러한 전략으로 IBM은 컴퓨터시장에서 독점적 지위를 유지하였다.

1970대에 들면서 컴퓨터업계는 GE와 RCA가 이 산업에서 철수하는 등 큰 변화를 겪었다. '백설공주와 7인의 난쟁이'로 비유되던 업계의 구도는 거인 IBM 외에 'BUNCH'(Burroughs, Univac, NCR, Control Data, Honeywell의 머리글자로 다발이라는 뜻도 됨)가 경쟁하는 구도로 재편성되었다. IBM의 압도적 지위 속에서 경쟁기업들은 이와 정면으로 경쟁할 수는 없으며 어떤 틈새(niche)시장을 노리는 것이 현명한 전략임을 깨달았다. 예를 들어 컨트롤데이터사는 IBM이 무시한 초대형 기계에 집중함으로써 급성장하였으며, DEC(Digital Equipment Corporation)는 저렴한 소형(mini)컴퓨터로 부상하였다. 그리고 호환기인 PCM(plug-compatible mainframe) 제조기업도 성장하였다. PCM에는 IBM의 소프트웨어를 이용할 수 있었다.[3]

기업의 거대화는 섬유, 자동차부품 등 본래 경쟁적인 중소규모 기업분야이던 산업에서도 진전되었다. 섬유산업에서는 오랜 경쟁 끝에 벌링턴 인더스트리스(Burlington Industries)사와 스티븐스(J.P. Stevens)사가 지배적 지위를 차지하고 자동차부품산업에서는 걸프웨스턴 인더스트리스(Gulf & Western Industries, G&W)를 비롯한 몇몇 대기업에 의한 지배가 진전되었다. 반면에 독립적 중소기업은 많은 경우 대기업에 흡수되거나 쇠퇴하였다.

대기업은 금융부문에서도 성장하였다. 새로운 전자기기는 은행이나 보험회사 등 금융기관에서 처리할 수 있는 업무의 속도와 양을 많이 증가시켰다. 은행은 지점망의 확충과 그룹화, 합병으로 규모를 확대하였다.

대기업의 성장은 다각화와 기업합병을 통해서 촉진되었다. 기업합병은 다각화를 위한 손쉬운 방법이었다. 특히 복합기업(conglomerate)의 경우 업무범위의 확대는 기본적으로 기업의 합병이나 매수를 통해서 이루어졌다. 기업합병은 1950~60년대에 진전되었다. 그것은 미국에서의 기업합병의 제3국면이었다. 기업합병은 특히 1960년대에 두드러지게 진전되었다. 연평균 기업합병 수는 1948~60년의 1,250건에서 1968년에는 2,655건이나 되었다.[4]

이 시기 기업합병의 특징은 대기업 간 합병이 아니라 주로 주요 중소기업들에 의한 복합기업화 합병이었다. 기업합병에서 복합기업화 합병이 차지한 비율은 1961~65년 60%, 1966~68년 81.6%, 그리고 1974~78년에는 72.5%나 되었다.[5]

이러한 과정에서 기업규모는 크게 확대되었다. 어느 한 대기업은 50만 명 이상을 고용하고 판매대리점에서 40만 명의 또 다른 고용을 하였다. 또 다른 대기업은 80만 명을 고용하고 주주 수가 200만 명에 달하였다.[6]

2. 산업집중

대기업이 성장하는 과정에서 산업집중이 진전되고 과점체제는 확대되었다. 미국의 산업기업에서 200대 기업이 차지하는 비중은 1947~63년에 부가가치는 30%에서 47.2%로, 기업 총자산은 42.7%에서 56.3%(1968년 60.9%)로 상승하였다. 또한 자산 10억 달러 이상의 100대 제조업기업은 전체 제조업기업 총자산과 이윤의 50%를 지배하고, 자산규모 2,000만 달러 이상의 2,000대 기업은 전체 제조업기업 총이윤의 88%를 점유하고 있었다.[7] 미국의 비즈니스 시스템은 대기업중심 체제로 되었다.

대기업의 과점체제 속에서 기업 간 경쟁은 치열하였다. 그러한 사실은 대기업의 상대적 지위의 변동에서 볼 수 있다. 대기업의 상대적 지위는 시기에 따라 기술변화와 신산업의 발전과 관련하여 변동하였다. 자산을 기준으로 한 100대 기업의 구성에서 보면 1909~19년의 10년 동안 39개 기업이 탈락하였으며 1919~58년의 40년 동안에는 46개 기업이 탈락하였다. 기업의 안정성은 전기보다도 후기에서 높았다. 전기에 기업의 안정성이 낮았던 것은 자동차산업과 같은 신산업의 출현으로 기업 간의 상대적 지위의 변동이 컸기 때문이다. 후기에 소멸한 46개 기업의 내역을 보면 실패한 기업은 4개 기업에 불과하고 13개 기업은 합병으로, 그리고 29개 기업은 100대 기업 밖으로 밀려났다.

한편 1948년 이전에는 100대 기업 명단에 없던 기업이 1958년 명단에 들어온 기업은 16사에 불과하였다. 1958~70년에는 30개 기업이 100대 기업 명단에서 사라졌다. 그중 11사는 합병으로, 19사는 시장과 기술변화로 탈락한 것이다. 12년 동안 30%의 변동성은 높은 것으로 볼 수 있을 것이다. 그러나 대기업의 안정성이 높았다는 것은 사실이다. 1970년까지 100대 기업에서 탈락한 30사 중에서 1958년의 50대 기업에 들어 있던 것은 3사에 불과하였고 그 이유도 실패나 낙후가 아니라 합병 때문이었다. 그러나 대기업의 안정성도 규모 그 자체보다 고도의 경영능력에 기인한 것이었다. 제2차 세계대전 후의 신기술과 신산업의 전개 속에서 대기업은 과점적 경쟁을 통해 끊임없는 기술개발을 하면서 성장하지 않으면 안 되었다.[8]

보다 상위그룹의 기업들은 선두주자의 순위경쟁에서는 큰 변동이 있으면서도 여전이 상위에 머물러 있었다. 〈표 9-2〉는 1909~70년의 상위 기업의 지위변동을 나타낸 것이다. 이 표에서 보면 1909년에 100대

표 9-2 자산으로 본 기업 순위의 추이(1909~70년)

기업명	1909	1919	1958	1970
U.S. Steel	1	1	3	11
Standard Oil (N.J.)	2	2	1	1
American Tobacco	3	22	38	43
International Mercantile Marine	4	12	×	—
International Harvester	5	13	24	36
Anaconda Copper	6	16	23	54
U.S. Leather	7	36	×	—
Armour	8	3	85	○
American Suger Refining	9	35	*	—
Pullman	10	26	*	—
U.S. Rubber	11	8	55	83
American Smelting & Refining	12	20	82	*
Singer Manufacturing	13	28	78	61
Swift	14	4	58	*
Consolidation Coal	15	27	94	—
General Electric	16	11	11	12
A.C.F. Industries	17	37	*	—
Colorado Fuel & Iron	18	80	*	—
Corn Products Refining	19	38	88	*
New England Navigation	20	×	—	—
American Can	21	×	—	—
Lackawanna Steel	22	64	○	—
American Woolen	23	42	○	—
Westinghouse Elec.	24	29	17	21
B.F. Goodrich	25	24	65	84
General Motors	*	5	2	2
Beth. Steel	34	6	12	22
Ford	*	7	7	4
Socony Mobil	*	9	5	7
Midvale Steel	*	10	○	—
Sinclair Oil	*	14	16	○
Texaco	91	15	6	3
Phelps Dodge	49	17	83	*
Du Pont	29	18	8	19
Gulf Oil	*	19	4	5
Union Carbide	*	21	14	20
Magnolia Petroleum	*	23	○	—
Standard Oil (Cal.)	*	25	10	10
Standard Oil (Ind.)	*	32	9	13

표 9-2 계속

기업명	1909	1919	1958	1970
Shell Oil	*	*	13	15
Phllips Petroleum	*	*	15	23
IBM	*	*	18	6
Chrysler	*	89	19	14
Western Electric	55	46	20	18
Aluminum	*	49	21	30
Cities Service	*	*	24	37
Republic Steel	31	48	25	51
General Telephone	*	*	*	8
I.T. & T.	*	*	30	9
Atlantic Richfield	*	65	41	16
Tenneco	*	*	*	17
Eastman Kodak	60	71	34	24
Continental Oil	*	*	56	25

주: × 소멸된 기업
○ 합병된 기업
* 최초의 100사에 들어 있지 않은 기업
자료: H.E. Krooss, 1974: 205-206.

기업에 들지 않았던 13개 기업이 1919년에는 25대 기업에 들어 있으며 100대 기업에도 들지 않았던 기업 가운데 각각 2개 기업이 1958년과 1970년에 25대 기업으로 상승하였다. 1909~19년에 25대 기업 순위의 변동이 큰 것은 이 시기에 자동차, 석유, 화학, 전기, 조금속 등의 산업에서 새롭게 발전했기 때문이다. 1919년에 상위그룹에 들어간 기업들은 순위변동은 있으면서도 비교적 안정적으로 그 지위를 유지하였다. 이들 산업을 기반으로 대기업은 다각화전략을 추구하고 조직능력을 개발하면서 경쟁력을 높이고 선두주자로서의 지위를 유지하였다.

3. 다각화와 분권적 조직구조의 확산

1) 다각화전략

제2차 세계대전 후에도 수직통합으로 복수의 생산단위와 직능부문을 가진 기업은 성장하였다. 그러나 그보다도 두드러진 것은 다각화한 복수산업기업의 성장이었다. 기술이 진보하는 가운데 연구개발을 위한 집중적 노력은 통합기업으로 하여금 다각화성장 전략을 적극 추진하게 하였다. 이미 다각화전략을 추구해온 기업은 또 다른 생산라인으로 범위를 확대하였다. 1960년까지 화학, 고무, 유리, 종이, 전기, 수송기기 등 산업의 주요 기업 대부분과 다수의 식품회사들은 표준 산업분류상 10개 이상의 다른 산업분야에서 생산에 종사하고 있었다. 금속, 석유, 기계 등의 산업기업 대부분도 3~10개 산업부문에서 사업을 계속하였다. 1970년까지 미국의 산업기업 상위 500사의 86%가 적어도 3개 이상의 사업부를 가지고 있을 만큼 다각화는 진전되었다.[9]

〈표 9-3〉은 1949~69년 미국의 제조업기업 상위 500사가 추구한 성장전략 유형을 나타낸 것이다. 이 표에서 단일사업형 기업은 총매출에서 최대 단위사업 매출이 차지하는 비율, 즉 단일사업비율이 95% 이상인 기업이며, 본업중심형 기업은 단일사업비율이 70~95%인 기업, 관련형 기업은 단일사업비율은 70% 이하이나 관련비율(총매출에서 관련다각화 사업의 합계 매출이 차지하는 비율)이 70% 이상인 기업, 그리고 비관련형 기업은 관련비율이 70% 이하로 다각화한 기업을 나타내고 있다. 이 표를 보면 같은 기간에 전업형 기업비율이 34.5%에서 6.2%로 급락한 한편 다각화기업은 본업중심형 기업을 포함해서 65.5%에서 93.8%로 크게 상승하였다는 것을 알 수 있다.

다각화를 주도한 기업은 신제품을 만들어낼 수 있는 R&D 능력과 제품을 생산·판매할 수 있는 조직능력 및 경험을 가진 기업이었다. 규모

표 9-3 상위 500사의 성장전략 유형 (단위: %)

전략 유형	1949	1959	1969
단일사업형 기업	34.5	16.2	6.2
본업중심형 기업	35.4	37.3	29.2
관련사업형 기업	26.7	40.0	45.2
비관련사업형 기업	3.4	6.5	19.4

자료: R.P. Rumelt, 1974: 51.

와 관리기법이 그들 기업으로 하여금 기본제품의 제조와 함께 신제품시장으로의 진입을 가능케 하였다. 이러한 조건을 가진 기업은 본래의 제품라인의 매출과 이윤이 감소할 경우 다각화하여 경영자원을 좀 더 유리하게 재배분할 수 있었다. 그들 기업은 1950년대를 통하여 신제품이 사이클을 그리면서 성숙할 때까지 최대의 이익을 올리려 하고, 제품의 사이클이 중단되지 않도록 서로 다른 단계의 사이클에 있는 일련의 제품계열을 가지려 하였다.

그러기 위해서는 R&D에 대한 대규모의 투자가 필요하였다. 가장 많은 연구인력을 가진 기업은 전기, 화학, 금속, 기계, 항공기, 정밀기계, 전자 산업 등의 기업이었다. 다각화는 이들 높은 R&D 능력과 관리능력을 가진 기업에서 광범하게 추진되었다. 이들 기업은 기본조직 외에 별개의 사업부를 설치함으로써 각종 무기에서 원자력, 우주항공에 이르는 방위산업시장에 진입한다든가 사업범위를 해외로 확대할 수 있었다.

반면, R&D 투자에 실패한 기업은 시장점유율이 하락하거나 경쟁에서 낙후될 수밖에 없었다. 그 예로 철강공업을 들 수 있을 것이다. 연구개발비가 매출액에서 차지한 비율은 제조업 평균으로는 1.9%인 데 반해 철강공업에서는 0.6%에 불과하였다. 철강공업은 새로운 용광로와 선철공정의 개발에 실패함으로써 기술적으로 낙후되어 당초에는 독일과 일본 그리고 그 후에는 한국, 브라질, 인도의 신제철소에 시장을 내주었다.[10]

기업이 다각화를 추진한 동기로는 반독점법의 적용을 피하려는 의도도 있었다. 정부는 전시에 정지한 반독점법의 적용을 전후에 재개할 것을 시사하고 재판소는 그 적용을 선언하였다. 의회는 1950년에 클레이턴법의 수정법(Celler-Kefauver Amendment)을 제정하여 기업합병의 경우 그 의도와는 관계없이 결과적으로 시장점유율이 커지면 거래제한이 발견되지 않아도 그것을 해산할 수 있게 하였다. 그러나 법이 실제로 적용되는 경우는 거의 없었다. 기업도 반독점법을 의식하여 합병을 독점적 지위의 확보가 아니라 다각화를 위한 방법으로 이용하였다. 다각화가 추진되는 가운데 전체로서의 기업규모는 거대해졌지만 단일시장에서의 점유율이 크게 상승하지는 않았다. 뒤에서 보는 복합기업의 경우는 더욱 그러하였다. 다각화가 진전되면서 과점기업 간의 경쟁은 치열해졌다.

2) 복합기업의 전개

(1) 일반 특징

다각화전략의 추구는 복합기업(conglomerate)이라는 새로운 형태의 기업을 낳았다. 미국기업의 다각화는 (1) 기술의 내부개발을 통한 기본영역에서 신영역으로의 확대, 이행, (2) 기존 기술을 보완하기 위한 기업매수, (3) 유통경로가 동일하거나 유사한 유통망을 가지고 제품을 유사한 시장에 판매하는 기업의 매수, (4) 복합기업화 등 4가지 경로로 추진되었다. 이들의 다각화경로 중 (1), (2), (3)은 어느 경우도 기업이 제조, 판매하는 기존 제품과 신제품 간에 뚜렷한 관련이 있었다. 다국적기업도 관련다각화기업이 해외로 사업을 확대함으로써 나타난 기업 형태였다. 이에 비해서 (4)는 그러한 뚜렷한 관련이 존재하지 않았다. 복합기업은 상호관련이 없는 상품을 제조, 판매하는 8개 이상의 사업부문을 가진 기업 형태로 이해되고 있다.

다각화기업은 본래 내부적 성장을 하거나 자사의 경영능력 내지 경영자원으로 비교우위를 가질 수 있는 시장으로 진출하였는 데 반해서 복합기업은 상호관련이 없는 기존 기업을 매수하면서 성장을 지속하였다. 복합기업은, 다각화를 하지 않은 석유회사를 제외하면, 자본집약적 대량생산·대량판매 산업이 아니라 경쟁적인 섬유나 해운 등과 개별주문으로 전문제품을 생산하는 공작기계, 국방, 우주 등의 산업에 속한 경우가 많았다.

복합기업의 출현 원인은 여러 가지가 있으나 다음과 같은 4가지로 요약할 수 있다. 첫째, 기업이 본래사업의 전망이 불투명하여 방어적 전략으로 좀 더 유리한 신분야로 투자기회를 찾아 다각화하였다는 것이다. 둘째, 소수의 야심적 경영자집단이 다각화를 성장을 위한 당연한 전략으로 인식하고 사업범위를 다방면으로 확대하였다는 것이다. 셋째, 기업은 신규 설비투자 없이도 타사를 매수하여 주식을 재구성함으로써 큰 이익을 올릴 수 있었다는 것이다. 예를 들어 어느 기업은 주식이 자산가치보다 저평가되어 있는 회사를 매수하여 양사의 장부를 통합함으로써 전 주식의 가격상승을 유도하여 이익을 올릴 수 있었다. 그리고 매수된 기업이 손실을 보는 경우 매수회사는 세금을 경감받을 수 있었다는 것도 유리한 조건이었다. 넷째, 복합기업은 경쟁촉진적 기업 형태로 간주되어 반독점법의 규제대상에서 제외되었다는 것이다.

(2) 성장사례

복합기업은 1960년대에 성장하여 미국의 비즈니스 시스템에서 중요한 요소가 되었으나 미국기업의 지배적 형태가 된 것은 아니었다. 1966년 미국의 산업기업 상위 500사 중에서 복합기업은 46사에 불과하였다. 그러나 복합기업은 제3국면의 미국기업합병을 주도하면서 시장에서 큰 주목을 받았다. 복합기업의 대표적 사례로는 리튼(Litton Industries)사, 텍스트론(Textron)사, L-T-V(Ling-Temco-Vought)사를 들 수 있다.

리튼사는 1954년에 소규모 전자회사가 동일 형태의 기업을 매수하여 새롭게 출발한 기업이었다. 이 회사는 다음해에 3개 회사를 매수하고 1958년에는 자신보다 큰 기업을 매수하였다. 이 회사의 매출액은 1958년에 이미 8,300만 달러였고 1966년에는 10억 달러에 달하였다.

리튼사의 급성장을 이끌어낸 원천은 하버드 비즈니스 스쿨 출신인 손튼(Charles Thornton)을 중심으로 한 매니지먼트 팀의 성공적 투기전략과 리먼 브라더스(Lehman Brothers)의 신용이었다. 주식양도에 의한 매수로 리튼사의 주가는 장부가치보다 30~40배나 상승하였다. 큰 폭의 주가상승으로 이 회사는 자본을 보전하면서 기업매수자금을 추가로 조달할 수 있었다. 투자은행은 주가를 높임으로써 리튼사의 외부적 확장을 위한 자금조달을 지원하였다.

1950년대 말에서 1960년대 초까지 리튼사는 3~4개월에 1사꼴로 합병을 추진하여 한때는 50개 기업을 거느린 집단이 되었다. 이 회사는 매수로 사업범위를 확대하면서도 산하기업은 우회적으로나마 일정한 관련이 있었다. 예를 들어 이 회사는 군수물자 조달에서 사무기기 장비 → 소형 군사컴퓨터 → 잠수함을 포함한 선박 → 물자취급 등 사업부문으로 확대하였으며, 그 속에서 매수된 기업은 기업집단 내에서 상호간에 공급자가 되거나 고객이 되었던 것이다. 리튼사는 전체로서는 대기업으로 되면서도 다방면으로 사업을 확대함으로써 각 사업부문에서는 도전자이지 시장지배적 요소가 되지는 않았다. 따라서 반독점법의 위반혐의 대상이 되지는 않았다.

리튼사와는 달리 텍스트론사의 경우 기업매수는 사업상 상호관련 없이 추진되었다. 1923년에 섬유산업에 진출한 리틀(Royal Little)의 사업은 제2차 세계대전기의 섬유산업 일반의 호황 속에서 급속히 확대하였다. 그러나 섬유산업은 저성장적이면서 매우 경쟁적이고 경기변동에 취약하였다. 그래서 다른 성장산업으로의 진출을 결심한 리틀은 1944년에 회사명을 텍스트론으로 변경하고 다음해에 소규모 안테나제조업체를 매수하였다. 리틀은 실적이 부진한 중소기업을 찾아 새로운 관리로 재활성화하면서 이익을 올리기 위하여 1956년 이후 잇달아 합병을 추진하여 시멘트, 알루미늄, 주조, 합판, 피혁, 농기구, 방위, 화학, 부품제조 등 여러 부문의 기업을 산하에 거느린 거대복합기업이 되었다. 한편 이 회사는 1963년에 나머지 섬유부문 지사를 매각하여 본래의 사업에서는 완전 철수하였다. 1965년 이 회사의 매출액구성비는 항공·우주와 방위제품 35%, 소비제품 16%, 금속제품 17%, 농화학제품 12%였다.[11]

L-T-V사는 링(James Ling)이 1946년에 텍사스 주 달라스(Dallas)에서 2,000달러를 자금으로 한 전기공사청부회사를 설립한 후 합병을 거듭하면서 창출한 거대복합기업이다. 링은 확장을 위한 추가자금조달을 위하여 1954년에 자사의 주식을 공개하고 성장잠재력이 큰 전자산업의 회사를 매수하였다. 그는 매수한 기업과 함께 링 인더스트리스(Ling Industries)사를 설립하고 추가로 주식과 채권 발행으로 소규모 전자회사들을 매수하면서 확장하였다. 주가의 급상승으로 이 회사는 기업매수를 위해서 발생한 부채를 쉽게 상환할 수 있었다. 또한 1959년에는 4,800만 달러의 매출을 올리고 500대 산업기업에 들 정도로 성장하였다.

링 인더스트리스사는 1960년에 군용기와 미사일을 생산하는 템코사(Temco)를 매수하고 더 나아가 보험회사의 융자를 받아 항공기와 우주선을 제조하는 챈스 보트(Chance Vought)사를 주식공개매입으로 매수하여 1961년에는 L-T-V사로 재출발하였다. 회사의 매매로 큰 차익을 올리면서 형성된 링 제국은 1962년에는 3억 2,500만 달러의 매출을 올려 대기업 명단의 상위에 들었다.

L-T-V사는 1960년대 전반기까지는 아직 복합기업이 아니라 매출액의 90% 이상을 군용기기와 항공우주제품 관련 분야에서 올리고 있었다. 이 회사가 비관련 분야로 진출하여 결정적으로 복합기업이 된 것은 1967년에 윌슨(Wilson)사를 매수하면서였다. 윌슨사는 그 자신이 전국 제3위의 식품가공회사, 대규모 스포츠용품회사, 제약회사를 산하에 둔 다각화기업이었다. 뒤이어 L-T-V사는 은행과 보험회사를 지배한 그레

이트아메리카사(Great America Corporation)를 비롯하여 항공, 자동차임대, 제강 분야의 대규모 기업들을 잇달아 매수하였다. L-T-V사는 기업매수 자금을 가격이 상승하는 주식의 일부를 매도하면서 조달하였다.[12]

이들 외에도 대표적 복합기업으로는 ITT(International Telephone & Telegraph)사와 걸프웨스턴 인더스트리스(G&W)사 등이 있었다. ITT사는 본업인 통신업과 전기·전자기기 제조를 주요 업종으로 하였으나 1960년대를 통해서 국내외에서 166건의 기업매수를 하여 자동차임대, 주택건설, 호텔, 유리 등 비관련 분야로 광범하게 다각화한 복합기업이 되었다. 또한 자동차부품제조업의 G&W사는 1957년 말부터 1969년 초에 92건의 기업매수를 하여 1970년에는 자산가치로 미국 제33위의 대기업이 되었다.

(3) 성장의 한계

1960년대에 고조된 복합기업화 붐은 1969년 이후 사라지고 기업합병 운동도 진정되었다. 그 배경으로는 (1) 1969년의 경기후퇴로 주가가 급락하여 복합기업의 재무적 취약성이 커졌다는 것, (2) 공격적 주식공개매수에 대한 표적기업의 대항으로 공개매수를 위한 금융부담이 증대하였다는 것, (3) 당국에 의한 반독점 소송의 위협이 커졌다는 것 등을 들 수 있을 것이다. 더구나 주요 몇몇 대규모 복합기업이 자사의 주식가격을 끌어올리기 위해서 장부를 조작한 사실이 폭로되면서 여론이 악화되었다.

이러한 배경에서 복합기업에 대한 주식시장과 대중 투자가의 열기는 냉각되었다. 급팽창해온 복합기업은 이자부담이 커지면서 외부자금 도입의 길은 좁아졌다. 이러한 곤란은 기업이 내부적으로 고수익을 올리면서 극복해야 할 과제였다. 그러나 복합기업이 효과적으로 대응하는 데에는 한계가 있었다. 그것은 기업의 관리문제였다.

복합기업은 다수 산하부문의 업무를 감독, 조정할 효율적인 조직구조와 인적자원을 개발하지 못하였다. 많은 경우 복합기업은 일류 경영대학원 출신과 과학자들의 팀이 벤처기업으로 출발하여 합병을 거듭하면서 급성장하였다. 그들 기업에서는 기업매수를 통한 사업기회확대전략이 추구되는 속에서 제품이라든가 생산관리보다도 재무관리가 강조되었다.

복합기업의 최고경영자는 강력한 리더십으로 산업제국을 건설하였지만 많은 경우 본사조직은 소규모였고 회사 전체의 효율적 경영관리에 필요한 충분한 정보흐름의 확보와 통계적 통제를 하지 못하고 생산관리체계를 갖추고 있지 않았다. 따라서 사업부의 문제점을 본사가 모르는 경우도 있었다. 예를 들어 1960~62년에 제너럴 다이나믹스(General Dynamics)사에서는 뉴욕 본사가 로스앤젤레스의 상용제트기 제작에 종사하는 컨베이어사업부의 업무를 충분히 감독·통제하지 못함으로써 4억 2,000만 달러의 손실을 보았다. 이러한 문제들이 1970년대와 1980년대에는 다수 발생하였다.

과도한 확장으로 경영난에 직면한 복합기업은 부채부담을 줄이고 수익성을 높이기 위하여 사업구조조정을 추진하였다. 예를 들어 과도한 기업매수로 1969년에 부채가 19억 달러에 달한 L-T-V사는 강력한 리더십으로 회사를 거대한 산업제국으로 이끌어온 링을 추방하고 세이어(Poul Sayer)를 최고경영자로 한 신체제하에서 수익부문을 매각하여 부족한 현금을 조달하면서 복합기업에서 탈피하기 위한 광범한 구조조정을 단행하였다. 1970년대 중반까지 이 회사는 항공우주, 철강, 식육가공의 세 분야로 사업범위를 축소하였다. 1970년대에는 많은 복합기업이 L-T-V사와 같이 몇몇 사업부문을 매각하면서 탈 복합기업을 추진하였다. 다각화는 이전보다도 관련분야에서 많이 나타났다.

3) 조직구조의 변화

(1) 분권적 사업부제조직의 확산

다각화한 기업은 1960년대까지 자율적인 현업사업부와 그것을 평가하고 전사적 차원에서 계획하는 본사로 구성된 사업부제조직을 도입하였다. 1920년대에 듀퐁과 GM에서 개발·도입한 이 조직이 이 시기에 이르러 광범하게 확산된 것이다. 이 조직은 특히 기술적으로 앞선 기업에서 광범하게 수용되었다. 이들 기업은 신제품과 공정 개발에 과학기술의 적용을 제도화하고 있었다.

사업부제조직에서 연구부문은 중앙연구 스태프나 현업사업부가 개발한 신제품의 상업적 채산성을 시험하였다. 본사의 임원들은 일상 업무에서 벗어나 신제품의 생산과 판매에 기존 조직을 활용할 것인지 아니면 새로운 조직을 개발할 것인지에 대한 의사결정을 하였다. 기존 조직을 활용할 경우 제품 생산과 판매는 기존의 사업부에서 추진하고 만약 판매시장이 전혀 다르면 새로운 사업부를 창설하였다. R&D의 제도화는 제품사이클이라는 새로운 비즈니스 개념을 낳았다. 상품전략은 신제품이 상품화되어 사이클을 그리면서 성숙단계에 이르기까지 최고수익을 올릴 수 있도록 책정되었다. 기술적 연관성을 가진 다각화기업은 각각 다른 제품사이클 단계에 있는 일련의 제품계열을 가지려 노력하였다.

제품혁신의 제도화를 추진한 사업부제조직에 의해서 기업은 정부의 각종 병기와 고도과학기기에 대한 수요에 대응할 수 있었고 급속하게 확대되는 해외시장에의 진출도 용이해졌다. 기업은 사업부제조직을 도입함으로써 사업범위의 확대에 신축적으로 대응할 수 있었던 것이다.[13]

분권적 사업부제는 크게 확산되었다. 〈표 9-4〉는 상위 200사의 조직유형의 변화를 나타낸 것이다. 이 표에서 두드러진 것은 1949~69년에 기능부제조직이 62.7%에서 11.2%로 감소한 반면, 제품별 사업부제조직은 19.8%에서 75.5%로 크게 증가했다는 것이다. 대기업은 제품다각

표 9-4 상위 200사의 조직 유형 비율의 추계 (단위: %)

조직구조	1949	1959	1969
기능부제조직	62.7	36.3	11.2
지사가 있는 기능부제조직	13.4	12.6	9.4
제품별 사업부제조직	19.8	47.6	75.5
지역별 사업부제조직	0.4	2.1	1.5
지주회사조직	3.7	1.4	2.4
추계에 이용된 기업 수	187	207	183

자료: R.P. Rumelt, 1974: 65.

화에 따라 제품별로 사업부제조직을 채용한 것이다.

한편 다국적기업은 세계적인 규모의 변화에 적응하여 다각화기업의 조직구조에 영향을 미쳤다. 1920년대에 해외로 진출한 미국기업들은 본사에 국제사업부를 설치하여 해외자회사를 관리하였다. 그 후 30년 동안 미국 다국적기업의 조직구조는 기본적으로 이러한 형태를 취하였다. 그러나 해외사업의 규모와 범위가 확대됨에 따라 국제사업부조직으로는 업무의 효율적 수행은 곤란하게 되었다. 더구나 국제사업부는 사내의 다른 모든 부문으로부터 고립되기 쉬워 체계적 조정이 원만하게 이루어지기도 곤란하였다. 이에 다국적기업은 1950~60년대에 사업규모와 범위의 확대에 대응하여 기존의 국제사업부에 대신할 새로운 조직구조의 도입을 모색하였다.

다국적기업이 기존의 국제사업부에 대신할 조직으로 '월드와이드', '글로벌', '코스모폴리탄'하다고 자칭한 새로운 조직구조는 세 방향에서 전개되었다. 첫째, 국내 사업부의 본부관리책임자가 특정지역전문 상급 스태프의 조언을 얻어 담당제품의 국제사업에 책임을 진다는 것이었다. 둘째, 보통 지역적 범위가 정해진 해외의 기능부별 자회사가 하나의 사업부로 독립하여 지역별로 현업사업부로 된다는 것이다. 이러한 조직 형태는 특히 석유, 구리, 식품, 음료(코카콜라 등) 등 단일계열 제품에 집중한 기업에서 도입되어 지역별 자회사가 세계의 주요 지역을 각각 담당하였다. 셋째, 제품과 지역별로 사업부를 두거나 이들을 혼합한 조직으로 해외담당 관리자가 사업에 따라 양 사업부의 어느 한쪽에 직속하였다.

어느 경우든 조직구조의 재편성은 조직기반을 국내에서 세계로 확대하고 본사의 최고경영자로 하여금 세계적 차원에서 전략적 의사결정을 하도록 하였다. 새로운 국제사업부는 조직재편성으로 낡은 조직에서 나타난 것과 같은 사내에서의 고립에서 벗어날 수 있게 되었다.[14]

(2) 복합기업의 조직구조 성격

한편 1960년대에 급성장한 복합기업의 조직구조는 다각화기업의 사업부조직과는 달랐다. 복합기업은 재무와 법률 등 현업과는 관계 없는 부문으로 구성된 본사가 다수의 비관련 매수기업을 관리하는 기업그룹이다. 그 경우 본사의 규모는 작고 구성기업의 자율성은 다각화기업의 사업부보다 컸다. 복합기업의 본사는 재무, 법률, 기획담당 전문 스태프를 두고 그들의 도움을 받아 그룹기업을 중심으로 자원배분이라든가 산업이나 시장에 대한 진출 내지 철수를 결정하였다. 한편 복합기업의 본사에는 구매, 수송, R&D, 판매, 광고, 생산 등 현업과 관련된 스태프 기구가 없어 사업부 내의 감시, 평가, 영업성과의 개선 등을 효율적으로 수행할 수 없었다. 복합기업은 재무제표중심의 기업매매 내지 경영을 하였다. 따라서 복합기업의 성장전략은 단기 지향적으로 되고 R&D를 통한 새로운 제품이나 공정을 개발하는 장기 성장전략과는 멀어지게 되었다.[15]

(3) 경영자혁명

수평적·수직적 통합으로 기업이 거대화·다각화되고 분권적 조직구조가 전개되는 과정에서 소유와 경영의 분리는 진전되었다. 대기업의 형성에는 개인이나 소수의 동원능력을 훨씬 넘는 자금이 필요하였다. 그 자금은 발전하는 금융·자본시장과 함께 일반대중에게서 동원되지 않으면 안 되었다. 주식은 광범하게 분산되어 주주 수는 200만 명이나 되기도 하였다. 그러한 상태에서 소유권이 특정개인에게 집중될 수는 없었다. 한편 기업의 조직구조가 변화하고 최고관리기구가 확대하면서 전문경영자의 집합체가 형성되었다. 그들이 전문지식을 가지고 장기적인 자원배분을 하게 되면서 소유자라는 자격만으로 최고경영자의 역할을 담당할 수는 없게 되었다. 이에 소유와 경영은 분리되어 전문경영자가 기업경영에 책임을 지는 '경영자혁명'이 이루어졌다.

소유와 경영의 분리는 19세기 말 이래 계속되어온 과정이다. 그 과정에서 하나의 이정표는 1957년 대법원 판결에서 주식소유에 기초한 듀퐁사의 GM에 대한 경영참여가 금지되었다는 사실이다. '경영자혁명'은 장기간에 걸쳐 점차 이루어졌다. 1771~1800년, 1831~60년, 1891~1920년에 출생한 기업경영자 중에서 소유경영자와 전문경영자가 차지하는 비율은 각각 76%와 5%, 56%와 21%, 18%와 48%였다. 소유경영자의 비율은 1950년 60%에서 1970년에는 25%로 떨어졌으며 나머지는 고용된 경영자였다.[16] 1970년까지 대다수의 미국 기업은 '경영자기업'이 된 것이다.

4. 유통조직의 대형화

유통업에서는 시기가 지나면서 지속적으로 기업의 수가 증가하고 규모가 확대되었다. 백화점은 시내와 교외지역에서 체인점을 개설하면서 영업범위를 확대하였다. 통신판매업의 시어스 로벅(Sears, Roebuck)사는 본래의 통신판매사업을 계속하는 한편 성장하는 도시 외곽지역과 중소도시에서 대규모 백화점을 포함한 소매점포를 설립하면서 규모를 확대하였다. 1954년에 이 회사는 694개 소매점과 570개의 상품목록으로 영업하는 판매점을 경영하여 20만 명의 종업원으로 30억 달러의 매출을 올리는 세계 최대의 판매회사가 되었다. 이 회사의 매출액은 1970년에는 100억 달러로 경쟁사인 몽고메리 워드(Montgomery Ward)사의 3배나 되었다.

연쇄점(chain stores)도 규모와 범위를 확대하면서 성장하였다. 페니(J.C. Penney)사의 연쇄점은 1962년에는 본래의 직물의류에서 다양한 상품을 갖춘 백화점으로 전환하였다. 이 회사는 3,000개 이상의 점포를 운영하여 시어스 로벅사와 몽고메리 워드사에 이은 전국 제3위의 대규모 소매회사가 되었다. 섬유의류체인점들도 페니사의 성장패턴을 따라 성장과 합병을 통해서 지역적 범위에서 전국적 범위의 기업으로 성장하였다. 한편 식품잡화연쇄점인 A&P사는 전 상품을 갖춘 슈퍼마켓으로 영업을 확대하였다.

20세기 초 이래 소매업부문을 주도한 것은 연쇄점이었다. 연쇄점과 백화점에 의해서 도심지를 벗어난 교외에서 쇼핑센터나 쇼핑몰 등 대규모 매장이 전개되고 그것이 고도대중 소비시장의 중심적 유통조직으로서의 기능을 수행하였다. 그러나 유통조직을 주도해온 연쇄점 형태의 기업은 1960년대에 들어서 대규모 할인점(discount stores)의 도전에 직면한 결과 그 주도권을 후자에게 넘겨주었다.

할인점은 1960년대에 폭발적으로 증가하였다. 그 배경에는 최저가격 내지 공정가격의 유지를 목적으로 1937년에 제정된 공정거래법의 이념이 1951년에 이르러 대법원 판결에 의해서 무효화된 사실이 있었다. 공정거래법은 대규모 체인점이 상품을 대량으로 구입하여 대폭 인하한 가격으로 판매함으로써 경쟁업자를 배제하는 불공정경쟁을 방지한다는 이념으로 제정된 입법이었다. 제조업자들도 제품판매점들이 서명할 수밖에 없었던 최저소매가격협정을 법적으로 확인하였다. 그 결과 일반소비재는 법이 강제한 최저가격협정에 따라서 판매되었다. 법이 무효화됨으로써 소매업자는 가격정책을 자유롭게 할 수 있게 된 것이다.

공정거래규정의 폐지와 함께 대기업은 광범위한 제품을 표준가격의 15~25%의 할인가격으로 출하하기 시작하였다. GE와 웨스팅하우스 등의 제조업자는 할인가격방침에 반대하였으나 그러한 반대 시도는 매매차익이 낮은 소매가 전국적으로 보급되면서 실패하였다. 할인판매업자는 박리다매를 목표로 면적이 15만 평방피트나 되는 대규모 매장과 주위에 넓은 주차장을 갖춘 거대점포를 설치하여 다양한 상품을 할인가격으로 판매하였다. 1962년에는 코베티스(Korvettes), 아란스(Arlans), 투 가이스(Two Guys), GEM, 스파르탄(Spartan), 기타 할인연쇄점이 2,500개 이상의 매장(outlets)을 가지고 조업하였으며 평균 연 250만 달러 이상의 매출을 올렸다.

할인점이 성장함에 따라 기존의 체인점과 백화점도 할인판매를 시작하거나 할인판매사업부를 창설하였다. 예를 들어 버라이어티 부문의 울워드사(Woolworth)는 울코 (Woolco)점을 할인점으로 개설하고 크레스지사(Kresge)는 완전한 할인백화점인 K마트(K Mart)사업부를 신설하여 크게 성공하자 이 사업부명을 새 회사명으로 채택하였다. 식료잡화연쇄점도 할인점포를 운영하였다. 모든 연쇄점이 할인점으로 성공한 것은 아니며 실패한 경우도 많았다. 그러나 할인소매업자들은 백화점과 같은 고가의 장식을 피하고 매장의 여유공간을 할인점과 다른 품목을 판매하는 회사에 임대하였다. 그러한 점포는 10,000개 이상에 이르렀으며 연간 매출액은 500억 달러를 넘었다. K마트사는 국내 최대의 시어스 로벅사와 경합하면서 1977년에 J.C. 페니사를 앞질렀다.[17]

할인연쇄점과 함께 제2차 세계대전 후에는 프랜차이징(franchising) 형태의 사업이 전국적으로 보급되었다. 그것은 사업을 하고자 하는 사람(franchisees)이 특정 계열에서의 사업을 모기업(franchisers)과 특약을 맺어 영위하는 사업 형태다. 그 속에서 전자는 후자의 회사명을 사용하고 그 생산물라인에 접근하는 대신 정해진 방법으로 특정제품만을 판매하는 한편 특약요금과 연간 매출액의 일부를 후자에게 지불하였다. 이에 대해서 후자는 전국적 광고를 하고 사업에 대한 조언과 지침 그리고 대량 조달로 가능한 할인이익을 전자에 제공하였다.

원래 특약점계약에 필요한 자본은 상대적으로 소규모였으며 대부분은 사업을 하고자 하는 사람이 부담하였다. 그들은 프랜차이즈(franchise) 제도를 소규모기업이 갖는 독립성과 기업가가 될 수 있는 수단이며 동시에 대기업이 갖는 안정성도 얻을 수 있는 방법으로 보았다. 한편 모기업으로서는 큰 자본부담 없이 사업을 전국적 규모로 확대할 수 있었다. 많은 사람들에게 프랜차이즈사업은 대기업과 소규모기업의 이상적인 조합 내지 그 중간영역으로 생각되었다.

프랜차이즈제도는 일찍부터 도입되었다. 맥코믹(Cyrus McCormick)은 1860년대에 프랜차이즈 방식으로 자신이 제작한 수확기를 판매하였으며 20세기 초의 수십 년 동안 자동차제조회사와 석유회사가 총판권을 부여한 딜러를 통해서 자동차와 가솔린을 판매하였다. 이 같은 제도는 코카콜라를 비롯한 청량음료 제조업자라든가 레스토랑에도 도입되었다. 그러나 프랜차이즈 사업이 본격적으로 보급된 것은 제2차 세계대전 이후의 일이었다.

전후에 다수의 전국적 회사들이 제품시장 창출을 위한 새로운 방법으로 프랜차이즈 방식을 도입하였다. 굿리치(B.F. Goodrich)는 프랜차이즈 특약점방식으로 타이어 판매 확대를 위하여 시트커버와 액세서리체인점을 매수하였다. 시어스 로벅사와 몽고메리 워드사마저도 그들의 상품목록 주문통신판매점들을 프랜차이즈 판매점으로 전환하였다.

프랜차이즈는 기술변화에 따른 신제품과 서비스부문에서도 도입되었다. 예를 들어 TV와 음향장치 부문에서의 기술진보는 광대한 시장을 창출하였다. 1963년에 찰스 탠디(Charles Tandy)는 9개의 점포를 가진 라디오 샤크사(Radio Shack)를 매수하여 전국적 특약판매를 시작하였다. 그는 회전율이 높은 선별된 다수의 전자제품을 대중시장에 제공하였다. 라디오 샤크사는 대규모 광고와 함께 대규모 쇼핑몰과 소도시에 점포를 두고 제조업자에게는 제품에 라디오 샤크사의 이름을 붙일 것을 요구하였다. 이 회사 체인은 급성장하여 1980년에 점포 수는 7,500개에 달하였다. 제록스(Xerox)와 IBM 같은 대기업도 자사제품 판매를 위해서 전문매장을 개설하였다.

프랜차이즈 사업은 1950~60년대에 패스트푸드업체인 맥도날드(Mc-Donald's)와 켄터키 프라이드 치킨(Kentucky Fried Chicken) 그리고 모텔 체인인 홀리데이 인(Holiday Inn)을 비롯하여 동전세탁상점(Coin Laundry), 가정용 애완동물 판매회사, 경비회사 등에 도입되면서 모든 사업이 프랜차이즈화한 것과 같은 양상을 나타내었다. 1967년에는 프랜차이즈 상점의 판매액은 GNP의 10%를 차지하였다.

프랜차이즈 열기는 1970년대에는 점차 식었다. 이 시기는 경기가 후퇴하고 확장을 거듭하던 복합기업의 약점이 노출된 때였다. 프랜차이즈 자체가 피라미드 조직의 일부에 불과하여 프랜차이즈 점포의 희생으로 모회사만 이익을 보는 사기적인 경우도 있었다. 그러나 프랜차이즈는 1970년대 후반에서 1980년대 전반에 걸쳐서 회복세를 만회하고 많은 분야로 확대하였다. 1980년 미국에는 44만 2,000개의 프랜차이즈 판매망이 있어 3,360억 달러의 매출을 올렸다.[18]

5. 노사관계

제2차 세계대전 후 평시생산체제로의 전환기에 미국에서는 철도, 광산을 비롯하여 다수산업에서 파업이 발생하였다. 특히 GM의 파업은 기업의 경영권까지 위협하였다. 통합자동차노동조합(UAW)은 루터(Walter Reuther)의 주도하에 고율의 임금인상, 경기와 무관한 임금의 보장, 조합의 지위보전, 회사장부검사권 및 노동자에 의한 직무통제권의 인정 등을 요구하였다. 경영진은 노동조합과의 분쟁은 대상이 경제적 문제에 한정되어야 하고 해결도 단체교섭을 통해서 이루어져야 한다고 주장하면서 강경하게 대항하였다. 연인원 30만 명이 참가하여 113일이나 계속된 파업은 결국 경영진의 승리로 막을 내렸다.

그 후 경영자들은 전국경영자협회를 비롯한 업계단체를 통해서 노동조합세력의 신장을 저지하면서 조합운동을 경제적 문제에 한정시키기 위하여 1935년의 와그너법의 개정운동을 전개하였다. 와그너법에 의해서 노사관계의 기본 틀은 노동자와 사용자 간의 단체교섭에 의해서 결정되게 되어 있었다. 그에 따라 노동조합의 승인과 함께 단체교섭권의 보장, 노동협약 및 선임권제도(seniority rule)의 도입 등 노사관계의 틀은 획기적인 전환을 하고 있었다. 뒤이은 제2차 세계대전기의 노사관계는 생산력 확충이 지상과제로 추구되면서 협조적으로 전개되었다. 그러나 종전과 더불어 가격통제의 철폐 등 평화경제로의 재전환이 모색되면서 파업이 빈발하자 경영자로서는 새로운 안정적인 노사관계의 틀을 확립할 필요가 있었던 것이다.

그 속에서 공화당 정권하의 1947년에 새로운 노사관계법으로서 태프트-하틀리법(Taft-Hartley Act)이 제정되었다. 이 법의 기본신조는 노동자의 조합가입권과 마찬가지로 비가입권도 법적으로 보호되어야 한다는 것이었다. 이 법은 클로즈드 숍제도를 금지하여 유니온 숍제도를 용인하고 노동조합의 파업에 대해서는 60일 전의 사전통고를 의무화하고 연방정부의 일정한 개입권을 인정하였다. 또한 이 법은 주정부가 노동권을 포함한 오픈 숍제도를 도입하는 것을 허가하였다.

제2차 세계대전 후 노동문제에 대한 경영자의 대응자세는 공격적이면서도 현실적이었다. 1920년대와 같은 적대적 자세와 온정주의는 사라졌다. 경영자는 노동조합을 사회에 정착한 제도로 인식하게 되었다. 그러나 그들은 노동문제를 어디까지나 경제문제로 한정해 해결하려 하였다. 이에 대해서 노동조합은 경영권에 관련되는 문제까지를 들고 강력하게 맞섰다.

UAW가 격렬한 투쟁 끝에 1948년에 GM과 체결한 노동협약은 타협적인 것이었다. 그 속에서 노동조합은 사용자의 경영권 관장을 인정하고 노동협약의 유효기간 중에는 파업 등의 실력행사를 하지 않는 데에 동의하였다. 그 대신 노동자는 물가 및 생산성 상승분을 반영한 임금인상을 약속받는 한편 경영자에 의한 노동규칙의 자의적 운용에 제동을 걸고 승진과 정리해고(lay-off)에 대한 선임권제도를 통해서 고용을 보장받았다.

미국의 2대 노동조합은 1955년에 합동하여 AFL-CIO가 되었다. 노동자의 조직률은 1954년 35%를 정점으로 그 후 점차 하락하여 1983년 이후에는 20% 이하로 떨어졌다. 그러나 조합은 자동차, 철강, 전기기계, 일반기계, 통신 등 대기업이 지배하는 산업에 강력한 조직기반을 가진 거대조합이었다. 조합은 산하의 산업별 조합을 통해서 대기업과 잇따라 노동협약을 체결하였다. 그 경우 모델이 된 것은 GM과 UAW 간에 체결된 타협적인 노동협약이었다. 그 결과 전후 미국의 대기업체제에 대응한 타협적 노사관계가 확립되고 안정되었다.

3절 다국적기업의 발전

1. 배경

미국의 다국적기업은 제2차 세계대전 후의 1950년대 중반에서 1970년까지 새로운 발전을 하였다. 이 기간에 미국의 다국적기업은 수와 규모만이 아니라 제품과 활동지역의 범위를 확대하고 관리기법과 조직도 고도화하면서 발전하였다. 이 시기 다국적기업의 발전은 국내기업 발전의 국제적 반영으로 볼 수 있을 것이다.

미국 다국적기업 활동의 외부적 조건도 1950년대 중반까지 크게 개선되었다. 전후 세계자본주의는 미국을 중심으로 재편성되었다. 달러를 기축통화로 한 IMF 체제의 구축과 GATT로 자본의 자유로운 국제적 이동과 무역장벽의 철폐 및 무역자유화의 확대가 추진되었다. 특히 미국 정부는 자국에 집중된 달러화를 가지고 전후 유럽 부흥을 위한 마셜플랜(Marshall Plan)을 비롯하여 PL-480에 의한 잉여농산물 원조라든가 AID 원조 등 저개발국에 대한 원조를 확대하였다. 선진국경제의 회복과 지속적 성장 그리고 정치적으로 독립한 저개발국의 경제개발은 다국적기업의 시장기회를 확대하였다.

다국적기업은 사업을 영위하는 현지국가의 습관이라든가 법규를 존중하여 적응할 필요성이 있었다. 이러한 필요성은 1920년대에도 인식되고 있었으나 특히 제2차 세계대전 후에는 세계적 범위에서 독립운동이 일어나고 식민지 지배체제가 붕괴되면서 더 심각한 문제로 인식되었다. 미국의 다국적기업은 사업의 순조로운 수행을 위하여 민족주의적 현지정부와 파트너십 협정을 체결하기도 하였다.

한편 미국 정부는 민간기업의 해외투자를 전면적으로 지원하였다. 정부는 외국과의 우호, 통상, 항해, 사적재산 보호에 관한 조약을 협상하고 투자가에 부과되는 2중과세를 회피하기 위한 과세협정을 체결하였다.

더 나아가 정부는 저개발국에 대한 직접투자에는 원조자금을 대부하는 한편 사기나 부실 경영을 제외한 모든 손실에 투자액의 75%까지, 그리고 현지에서의 전쟁, 혁명, 몰수 등 비상사태에 대해서는 100% 보장하는 보장계획을 운영하였다. 1970년까지 민간 신 투자의 보장건수는 3,500건, 보장금액은 75억 달러에 달하였다.

보장계획당국인 AID는 달러대부와 해외투자정보의 제공으로 저개발국에의 직접투자를 유도하고 지원하였다. 저개발지역에서의 미국기업을 지원한 금융기관으로는 미국수출입은행, 세계은행(IBRD) 및 그 자

회사인 국제금융회사(International Finance Corporation) 등이 있었다.[19]

2. 다국적기업의 전개

1) 해외직접투자의 증대

미국의 FDI(해외직접투자)는 급증하였다. 그 총액은 1950년 118억 달러에서 1960년에는 312억 달러 그리고 1970년에는 782억 달러(GNP의 8%)로 10년마다 2배를 훨씬 넘는 규모로 확대되었다. FDI의 증가추세는 미국의 경제성장보다 빨랐다. 미국 FDI의 방향은 정부의 정책전환에 따라 종래의 서유럽 및 캐나다 등 선진공업국과 라틴아메리카 중심에서 아시아, 아프리카, 대양주 등의 저개발지역도 중요한 대상으로 되었다. 또한 투자증대의 상대적 비중을 산업별로 보면 제조업과 석유산업이 가장 높은 반면 상업, 광업, 특히 공익사업은 낮았다. 미국의 다국적기업 활동은 제조업과 석유산업을 중심으로 세계적 범위에서 전개되었다.

미국의 다국적기업은 1955~70년에 그 수가 크게 증가하였다. 1957년까지 2,800사의 미국기업이 1만 사의 해외 직접투자회사에 대해서 이해관계가 있었다. 그 가운데 45사는 1억 달러 이상의 FDI 회사였다. 그런데 1970년에는 미국의 3,350개 직접투자기업이 1만 5,000사 이상의 해외기업을 통제하고 있었다. 그중에서도 미국 FDI를 주도한 것은 200대 기업이었다. 미국 FDI의 50% 이상은 그들 기업에 의해서 수행되었다.[20]

미국기업이 한 FDI의 최대부문은 제조업이었다. 이 부문에서 해외투자를 주도한 기업은 기술우위에 있거나 차별적 제품을 가진 기업과 국내에서 우위에 있으면서 해외사업에 오랜 역사를 가진 기업들이었다. 산업으로는 전기, 전자, 컴퓨터를 포함한 사무기기, 화학, 자동차 등이었다. 최대의 투자산업은 자동차산업이었다. 1960년대를 통한 미국의 해외 제조업 계열회사 매출액의 산업별 순위는 교통장비(주로 자동차), 화학, 기계, 식료품, 전기기계, 제1차 및 가공금속순이었다. US스틸사를 비롯하여 기술우위를 상실한 미국 철강기업의 해외사업은 제조업보다 광산업으로 중심이 이동하였다.

2) 제조업에서의 다국적기업

제조업기업의 해외투자 동기는 기본적으로 확대하는 해외시장기회를 선점한다는 것이었다. 기업이 해외사업을 시작하거나 확장하는 방법으로는 해외기업의 매수 내지 접수(takeovers)가 일반적으로 이용되었다. 국내에서의 활발한 합병운동기에 해외에서의 기업매수는 통상적인 일이었다. 기업 형태로는 본국 기업이 완전지배하는 자회사이거나 현지자본과의 합작회사였다. 합작회사 형태는 현지의 민족감정을 완화하고 추가자본을 조달하는 수단으로 일찍부터 나타나고 있었으나 전후에는 많은 저개발국으로 확대되었다. 합작회사 형태는 신규 해외투자가로서는 숙련, 노하우, 제품, 고객, 기존 설비를 획득하여 용이하게 시장진입을 할 수 있는 방법이었다.

미국의 다국적기업은 기능을 더욱 통합하고 다각화하면서 성장하였다. 기능의 통합과 다각화는 특히 선진공업지역인 유럽에서 두드러지게 나타났다. 그들은 유럽에서 공장만이 아니라 연구시설을 갖추고 많은 제품을 생산하였다. 발전도상국에서도 미국기업의 투자가 계속 증대하고 기능의 통합과 다각화가 진전되었다.

그 속에서 코카콜라사(Coca-Cola Company)는 참신한 마케팅 기법으로 미국을 상징하는 거대 다국적기업의 하나가 되었다. 1886년 조지아 주 애틀랜타의 한 소다 샘터에서 시작된 이 회사의 독특한 음료인 코카콜라는 급속하게 전국적 및 국제적 상품으로 되었다. 이 음료는 정교한 마케팅시스템을 통해서 전국적으로 유통되고 1900년에는 캐나다에서 판매되기 시작하였다. 뒤이어 코카콜라사는 캐나다에 지사를 설립하면서 다국적기업의 길로 들어섰다. 이 회사는 제품을 휴대할 수 있고 청량한 맛을 보증하면 판매잠재력은 무한할 것으로 믿고 프랜차이즈 방식으로 판매권을 양도하였다. 판매권에는 이 음료의 제조와 보틀링권이 포함되어 있었다. 그러나 회사의 비법으로 제조한 핵심원료인 시럽은 회사가 독점적으로 공급하였다. 이러한 판매전략으로 이 음료의 해외매출은 1970년까지 크게 증가하여 코카콜라 소비의 절반 이상이 해외시장에서 이루어졌다.

지역적으로 소유·조업되는 보틀링공장이라는 개념 위에 구축된 코카콜라의 국제판매전략은 미국기업의 지사가 모든 공장을 소유하는 경우와는 달리 현지 정부에 의한 접수라든가 민족주의의 위협대상이 되지는 않았다. 외국에 소재한 공장의 종업원 대부분은 그 나라 시민이었다. 코카콜라사는 그러한 다국적기업정책을 '산업파트너십'이라 불렀다. 코카콜라는 1954년까지 회사의 유일한 제품이었으나 그 후 몇몇 음료제품을 추가하였다. 코카콜라는 세계에서 가장 널리 알려진 상표이며, 80개국에서 같은 상표를 붙여 세계의 400만 이상의 소매점에서 판매되는 세계상품으로 되었다. 이 회사의 판매권양도제도는 유사제품으로 해외사업에 진출한 다른 미국기업에 하나의 모델이 되었다.[21]

3) 기타 산업에서의 다국적기업

석유산업에서는 5대 회사(Standard of New Jersey, Mobil, Gulf, Texaco, Standard Oil of California)와 20 내지 30개 독립회사로 구성된 소수 기업이 지배하였다. 미국의 5대 회사와 외국의 2개 사(Royal Dutch-Shell, British Petroleum)를 포함한 7대 석유회사가 1968년에 북미와 공산권을 제외한 세계 원유생산량의 75%를 차지하고 있었다.

미국의 석유회사들은 석탄을 대체한 석유의 수요가 급증하면서 전 세계적으로 유전을 발견하려 노력하였다. 석유부문에서는 정유, 수송, 생산 및 탐색에서 중요한 기술진보가 이루어진 결과 1960년대에는 세계적인 석유매장량과 산출량의 대증가가 가능하게 되었다. 세계 석유생산량에서 미국 내 생산량이 차지하는 비중은 1930년 63%에서 1969년에는 24%로 크게 저하하였다. 그러나 미국 석유회사들은 합작 형태로 밀접한 협력관계를 가지면서 해외에서의 석유생산 증대에 중요한 역할을 하였다. 미국 석유회사는 캐나다, 오스트레일리아, 네덜란드 및 독일(천연가스), 북해 등 선진국의 유전개발에 참가하였다. 그러나 미국 석유회사의 석유탐사 및 생산에서의 주요 이해관계는 베네수엘라, 라틴아메리카, 중동, 아프리카, 인도네시아에 있었다.[22]

공익사업에서는 해외통신사업에 진출한 ITT(International Telephone & Telegraph)사가 세계 최대의 다국적기업으로 성장하였다. 1920년에 푸에르토리코와 쿠바에서 설립된 이 회사는 AT&T사의 국내사업 독점에 대항할 수 있는 국제통신시스템의 건설을 목표로 중남미와 유럽의 여러 나라에서 회사의 설립, 매수, 카르텔협정 등을 추진하면서 거대 다국적 기업으로 성장하였다. 제2차 세계대전 동안 다수의 국제사업이 붕괴하고 전후 처리과정에서 곤란을 겪은 ITT사는 1960년대에는 본국 내 다양한 분야의 회사를 매수·합병하여 복합기업이 되었다. 이 회사는 유럽에서의 활동을 확대하여 종업원 20만 명을 가진 유럽대륙 최대의 미국기업이 되었다.

ITT사는 1970년대에 확장을 계속하였다. 그러나 규모가 크고 다각화한 기업을 경영한다는 것은 쉬운 일이 아니었다. 이 회사는 많은 기업매수 과정에서 발생한 부채를 삭감하고 사업을 재구축하기 위하여 1978~80년에 연간 10억 달러의 매출을 올리는 40개 사업을 매각하였다. ITT사는 군살을 빼고 합리적인 조직구조를 가진 기업으로 발전하면서도 1980년대에 238억 달러의 매출을 올리는 세계 최대의 복합기업

이면서 세계의 유력한 다국적기업의 하나였다.[23]

미국의 은행은 해외지점의 개설 내지 시설의 매수를 통해 해외사업을 확대하면서 번영하였다. 미국 은행의 해외지점 수는 1955년 111개에서 1970년에는 536개로 크게 증가하였다. 1970년의 해외 지점의 지역적 분포를 보면 라틴아메리카가 223개로 가장 많고 뒤이어 극동지역(79개), 유럽대륙(72개), 영국(44개), 기타(118개)순이다.

기타 서비스산업의 해외 진출도 급증하였다. 미국의 엔지니어링, 광고, 회계, 시장조사, 경영컨설턴트 회사, 호텔체인, 식당체인 등 다양한 서비스회사가 해외 비즈니스를 전개하였다. 이들 부문의 해외 진출은 규모는 상대적으로 작았으나 미국기업의 해외활동이라는 중요한 측면이 있었다.[24]

미국의 다국적기업은 1970년대에도 성장을 지속하였다. 그러나 그 속도는 그 전 시기에 비하면 완만하였다. 이 시기 다국적기업의 성장둔화요인으로는 현지 정부의 세수증대를 위한 각종 규제의 도입, 기업매수의 제약을 지향한 회계정책의 변경, 다국적 노동조합이라는 대항세력의 생성, 특허보호의 곤란 증대 등이 지적되고 있다. 그와 함께 중요한 것은 다국적기업을 포함한 미국기업의 국제경쟁력이 저하하고 있었다는 것이다. 그 지표로는 1970년대에 다국적기업이 다수의 해외자회사를 매각하였다는 사실에서 볼 수 있다. 1971~75년에 미국의 다국적기업은 전체의 10%에 해당하는 1,359개의 해외자회사를 매각하였다.[25]

4) 미국 내의 외국 다국적기업

거대한 대량소비시장이면서 기업규제가 적은 미국은 외국기업으로서는 매력적인 투자대상국이었다. 영국, 독일, 네덜란드, 스위스 등 유럽자본은 일찍부터 대미투자를 하고 있었다. 그러나 그중에서 가장 중요한 투자국은 영국이었다. 1914년에 대미 외국 총투자액 67억 달러 중 42억 달러는 영국 자본이었다. 영국을 선두로 외국자본은 대농장, 철도, 광산, 제분, 목재, 보험, 부동산 등에 투자하였다. 그러나 이들 외국자본은 초기에는 주로 증권과 부동산에 대한 투자였고 직접투자인 경우도 제조공장 설립에 이르지는 않았다. 더구나 양차 세계대전을 거치는 동안 서유럽제국은 미국에 대해서 채무국이 되고 특히 제2차 세계대전 후에는 달러 부족으로 대미투자는 감소하였다.

서유럽제국을 비롯한 여러 나라의 대미투자가 증가추세로 급속하게 반전한 것은 전후의 경제회복이 이루어진 1950년대 이후였다. 1955년에 77억 달러이던 대미투자는 1974년에는 207억 달러, 1982년에는 898억 달러, 1987년에는 1조 5,400억 달러에 달하였다. 영국을 선두로 네덜란드, 독일, 그리고 뒤늦게 일본의 기업이 미국시장에 진출하여 다국적기업 활동을 전개하였다. 미국의 증권 및 달러가치의 하락이 외국기업에 의한 미국기업 매수를 유발하였다. 영국의 투자가들은 석유, 은행, 백화점, 식료잡화 체인 등에서 이해관계를 확대하였다. 외국의 다국적기업은 특정시장에서 지배적이지는 않았으나 은행을 비롯한 일부 분야에서는 존재감이 있었다.

상대적으로 뒤늦게 미국시장에 진출하여 두드러진 성장을 한 것은 일본의 다국적기업이었다. 대표적인 기업으로는 컬러TV를 비롯한 전자산업의 소니(Sony), 마쓰시타(Matsushita), 자동차의 도요타(Toyota), 혼다(Honda), 스바루-이스즈(Subaru-Isuzu) 등이 미국에서 공장을 건설하고 현지생산을 확대하였다. 일본 자본은 캘리포니아와 뉴욕을 비롯한 각지의 사무실용 빌딩, 호텔, 쇼핑센터에도 투자하였다. 일본의 투자가는 1986년에 1,500억 달러의 주식 및 채권에 투자하였으며 일부 회사에 대해서는 상당한 지배권을 소유하였다.[26]

10장

영국 대기업체제의 확립

1절 경영환경

1. 시장의 확대

1) 국내시장

제2차 세계대전 후 영국의 국내시장은 크게 확대되었다. 전시에 억제되었던 민간의 소비욕구는 전후에 풀리면서 경제재건과 뒤이은 경제성장 속에서 거대한 수요로 나타났다. 경제에 대한 정부의 간섭과 복지정책의 확대로 정부수요도 확대되었다.

전후의 경제재건은 애틀리 노동당정부(Atlee Labour Government)가 추진하였다. 전시에 영국은 공습으로 일부 도시의 파괴는 있었으나 국토가 전장으로 되지는 않아 산업시설의 피해는 상대적으로 작았다. 더구나 화학, 항공기제작, 전자 등 신공업은 성장하였다. 그러나 철도, 전기설비, 철강, 석탄 등 재래의 주요 산업은 설비 노후화로 낙후되어 있었다. 정부는 이들 산업을 서둘러 국유화하여 재건을 추진하였다.

한편 정부는 광범한 사회보장제도를 도입하였다. 이 제도는 전시(1942)에 작성된 베버리지 보고서(Beveridge Report)에 담긴 광범한 사회보장계획을 1945년의 총선거에서 모든 정당이 수용하면서 집권노동당에 의해서 실행된 것이다. 1946년에서 1948년에 걸쳐 국민보험법

(National Insurance Act), 국민건강서비스법(National Health Service Act), 주택법(National Housing Act), 국민지원법(National Assistance Act) 등 일련의 기본법이 제정되면서 영국은 실업급부금과 퇴직연금의 지급, 의료서비스의 무료화, 공영주택의 제공, 빈곤 노령자에 대한 생활부조 등 광범한 사회보장제도를 갖춘 복지국가로 발전해갔다.

정부는 완전고용을 지향하여 확장정책을 추구하였다. 특히 국유화산업의 재건과 주택건설, 그리고 광범한 사회보장제도의 시행으로 정부의 재정지출은 크게 확대되었다. 총고정자본 형성에서 공공투자가 차지하는 비율은 전전의 30%에서 1948~52년에는 평균 50%까지 증가하였다. 공공투자와 국방비지출 등 확대된 정부지출에 유발되어 민간투자와 개인 소비도 증가하였다. 그 속에서 생산은 회복되었다. 지수로 본 공업생산은 전전(1937~38년 평균) 기준(100)에서 1947년에는 115 그리고 1951년에는 155로 회복되었다. 고용수준도 높았다. 전쟁에 동원된 800만 명은 1년 이내에 큰 마찰 없이 재취업되었다. 실업률은 1946년 2.2%에서 1951년 초에는 0.9%로 낮아졌다.

경제재건에 어려움이 없었던 것은 아니다. 재건기의 수요확대는 물가상승을 유발하여 정부는 일찌감치 총수요억제정책을 도입하지 않으면 안 되었다. 경제재건에 필수적인 무역확대도 순조롭지 못하였다. 영국은 영연방파운드화 지역을 중심으로 무역확대를 지향하였다. 그러나 약화된 파운드화 지역 내에서의 무역확대에는 한계가 있었다. 따라서 국제통화로서 지배력을 가진 달러화 지역과의 무역이 확대되지 않으면 안 되었다. 그러나 그 경우 곤란한 문제는 달러 부족이었다. 영국은 전쟁 중 미국으로부터 '무기무상공여(Lend-Lease)' 원조를 받으면서도 증대하는 전쟁비용을 조달하기 위하여 10억 파운드에 달하는 해외자산을 매각하였다. 그 결과 영국의 대외부채는 30억 파운드로 증가하였다. 한편 수출은 전전(1938)의 40% 수준으로 감소하였다. 달러화가 세계적으로 미국에 집중된 가운데 영국의 달러보유고는 바닥난 상태였다.

영국은 1946년에 9억 3,500만 파운드의 대미차관을 도입하였다. 그러나 도입자금은 예정보다 조기에 지출되고 말았다. 그 후 영국은 미국의 유럽부흥계획(European Recovery Programme), 즉 마셜플랜(Marshall Plan)에 따라 1948~52년 동안 31억 7,400만 달러의 무상원조를 받았다. 마셜원조가 영국경제의 부흥에 미친 영향에 대해서 근래에는 낮게 평가되고 있으나 그것이 전후의 심각한 달러 부족 상태에서 영국이 민생물자를 조달하고 자본스톡을 개선하는 데 기여한 것은 사실이다.

영국의 국제수지는 1949년에 파운드화를 30.5%나 대폭 평가절하하는 것을 계기로 2억 2,900만 파운드의 흑자로 반전하였다. 외환의 평가절하는 다른 나라에서도 연쇄적으로 이루어짐으로써 영국이 얻은 국제수지효과는 상쇄되어 단기에 끝났다. 영국이 수출확대와 국제수지의 개선을 이룩한 것은 한국전쟁 발발 직후 발생한 금융위기를 거친 후의 일이었다.

경제활동에 대해서는 상대적으로 노동당 정부가 국가개입적이고 보수당 정부가 시장기능 중시적이라는 차이는 있었으나 정책기조가 크게 다르지는 않았다. 1951년에 들어선 보수당 정부는 철강공업과 육로수송업을 민영사업으로 되돌렸으나 큰 테두리에서는 국유화정책을 수용하였다. 철강공업은 1967년에는 윌슨노동당 정부에 의해서 다시 국유화되었다. 1970년대에는 민간산업을 구제할 목적으로 자동차와 조선업에까지 국유화가 확대되었다. 경제활동에서 정부의 개입영역이 확대된 것이다.

경제성장과 완전고용이라는 경제정책목표는 1950~60년대를 통하여 정권이 바뀌면서도 계속 추구되었다. 그러나 확대정책은 인플레이션을 수반하였다. 고임금에 따른 수요증대는 물가상승을 낳고 그것이 임금인상압력으로 이어지면서 인플레이션은 누진되었다. 이에 대해서 정부는 총수요억제정책을 도입하였다. 정부의 경제정책은 단기적인 성격의 것이었다. 정부는 감세로 수요확대를 유도하고 경제가 과열되면 증세라든가 각종 규제로 임금과 물가의 상승을 억제하는 '스톱-고(Stop-Go)'정책을 되풀이하였다. 그러한 정책은 특히 외국은행의 불신을 받아 1970년대에는 그들이 런던에서 철수하기에 이르렀다. 금융위기를 맞아 영국은 IMF 차관으로 대응하였다.

영국경제는 곡절을 거치면서도 1950~70년대 초 약 4반세기 동안 장기의 확대 국면을 지속하였다. 공업생산은 1953년을 기준(100)으로 1950년의 94에서 1970년에는 175로 증가하였다. 1960년대의 10년 동안 공업생산은 30%나 증가하여 30년 전 수준의 2배로 되었다. 〈표 10-1〉은 주요 자본주의국의 경제성장률을 나타낸 것이다. 이 표에서 보는 바와 같이 영국경제는 높은 수준의 성장을 지속하였다. 1950~73년에 영국의 경제성장률은 미국을 제외한 기타 외국과 비교하면 낮았으나 영국 자체로 보면 어느 시기보다 높았다.

영국의 인구는 1951년 약 5,000만 명에서 1971년에는 5,550만 명으로 증가하였으나 완전고용으로 실업률은 1948~73년에 1.2~3.8%였다. 임금은 상승하고 사회복지혜택도 확충되었다. 교육과 주택 보조를 포함한 사회적 서비스 지출이 국민소득에서 차지하는 비중은 1945년의 10.6%(8억 8,600만 파운드)에서 1954년에는 17.8%(19억 8,900만 파운드)로 높아졌으며, 1964년의 교육 및 주택 보조를 제외한 영국의 복지지출은

표 10-1 주요 자본주의국의 실질GDP성장률(연평균) (단위: %)

	1913~50	1950~73	1973~89
영 국	0.8	2.5	1.8
독 일	0.7	4.9	2.1
프랑스	1.1	4.4	1.8
이탈리아	0.8	5.0	2.6
미 국	1.6	2.2	1.6
일 본	0.9	8.0	3.1
16개 국 평균	1.2	3.8	2.1

자료: A. Maddison, 1991: 49.

26억 2,300만 파운드에 달하였다. 그 속에서 국민의 소득수준은 상승하였다. 1954년에 인구의 60%가 250파운드의 소득수준에 머물러 가처분 소득의 여유는 거의 없었으나 1968년에는 소득이 750파운드 이상 되어 인플레이션에도 불구하고 국민 대다수의 생활수준은 향상되었다. 국제수지 적자로 금융위기가 있었고 물가도 상승하였으나 영국경제는 장기간 호황을 누렸다.

소득수준의 상승으로 영국은 대량소비사회가 되었다. 국민의 소비지출이 양적으로 증가하였을 뿐만 아니라 그 패턴도 변화하였다. 1951~68년 사이에 국민의 총지출이 50% 이상 증가하면서 식료품에 대한 지출은 32%에서 22%로 감소한 반면 자동차와 같은 내구소비재라든가 여행, 기타 여가활동, 주택, 의류 등의 지출은 크게 증가하였다. 수요패턴의 변화에는 공공부문의 구매증대도 중요한 역할을 하였다. 1964년에 들어선 제2차 노동당 정부는 대규모의 공적지출을 하였다. 확대된 공적 지출은 주택, 교육, 사회복지의 확대와 이들 시장에서의 비즈니스를 자극하였다. 또한 그것은 항공기, 에너지, 전기통신, 컴퓨터 등 신산업을 수요 측면에서 크게 뒷받침하였다. 이러한 조건이 경쟁우위 패턴을 변화시키는 가운데 기업은 살아남기 위한 새로운 시장전략을 탐색하지 않으면 안 되었다.[1]

2) 외국시장

제2차 세계대전 후 세계경제질서가 재편성되고 세계경제가 확대되면서 영국의 해외시장도 확대되었다. 전전의 국제경제관계는 영국을 포함하여 1930년대 이래의 보호주의와 블록경제체제하에서 크게 제약을 받았다. 그에 비해서 전후에는 전전의 국제경제관계의 역사적 경험에 대한 반성으로 자유무역을 지향한 새로운 국제경제질서가 구축되어 국제경제관계는 세계적인 차원에서 확대되게 되었다. 또한 전후 자본주의 세계경제의 재건과 장기 지속적 성장 속에서 세계무역은 크게 확대되었다. 그 속에서 영국의 해외시장도 확대되었다.

전후의 새로운 국제경제질서는 재편성된 국제통화 및 무역 시스템을 기축으로 구축되었다. 그것은 무역 및 외환 상의 규제를 철폐하고 상품 및 서비스의 자유로운 국제간 이동을 실현한다는 것을 목표로 한 것이었다. 그러한 목표를 달성하기 위해서 설립된 조직구조가 1944년 브레튼우즈협정(Bretton Woods Agreement)에 따른 국제통화기금(International Monetary Fund, IMF)과 세계은행(World Bank)이라 불리는 국제부흥개발은행(International Bank for Reconstruction and Development, IBRD), 그리고 1947년부터 시작된 관세 및 무역에 관한 일반협정(General Agreement of Tariff and Trade, GATT)이었다.

IMF 체제하에서 국가에 의한 자의적인 외환관리는 철폐되고 각국의 통화는 기축통화인 달러화와의 관계에서 평가되어 국제적 교환을 안전하게 수행할 수 있게 되었다. 그 결과 다각적 국제경제관계가 확대되었다. IBRD는 전후 각국의 경제부흥에 금융지원을 하였으며 후에는 특히 발전도상국에 대한 개발금융지원에서 중요한 역할을 하였다. 한편 GATT는 보호주의를 극복하여 관세와 기타 무역장애를 제거하기 위한 다국간 협상을 계속하였다. 그 결과 평균관세율은 1947년 40%에서 1993년에는 5% 이하로 내려갔다. GATT의 계속된 관세인하 교섭을 통해서 자유무역은 세계적으로 확대되고 그에 대응해서 시장도 세계적 범위로 확대되었다. 관세교섭참가국은 최초의 23개 국에서 1950년대 중엽에는 세계무역의 80% 이상을 차지한 70개 국으로 증가하였다.

영국의 해외시장은 다각적 국제경제관계의 전개와 함께 1950년대 말 이후에는 특정국가 간의 지역적 통합을 통해서도 확대되었다. 전후 유럽의 가장 중요한 지역적 통합으로는 1958년에 서유럽대륙 6개 국으로 구성된 EEC(European Economic Community)가 있었다. EEC는 대내적으로는 자유무역을 그리고 대외적으로는 공통관세정책을 적용하는 관세동맹(Common Market)으로 높은 생활수준의 2억 인구를 가진 거대한 단일 자유무역지역이었다. 그러나 스털링지역과의 배타적 무역관계를 지속하는 영국으로서는 농산물까지 자유화 대상으로 하는 EEC에 참가할 수는 없었다. 이에 영국은 자국을 포함하여 8개 국이 참가한 EFTA(European Free Trade Association)를 창설하였다. EFTA는 역내는 자유무역지역이면서도 농림수산물은 자유화 대상에서 제외하고 대외적으로도 공통관세정책을 도입하지 않았다는 점에서 영연방의 입장과도 모순되지 않았다. 그러나 EFTA는 EEC와의 비교에서 볼 때 자유무역지역으로서의 통합도가 낮았을 뿐만 아니라 인구규모도 절반밖에 되지 않았다. 따라서 EFTA가 영국의 해외시장 확대에 미친 효과는 그리 큰 것은 아니었다. 결국 영국이 EEC에 가입한 것은 1973년에 이르러서였다. 그 후 EEC는 가입국 수가 증가하면서 오늘날의 EU(European Union)로 발전하였다. 그것은 영국 해외시장의 확대국면이기도 하였다.

전후의 새로운 국제경제질서의 성립과 더불어 각국 경제의 재건과 성장 속에서 세계시장은 확대되었다. 전후의 경제재건은 큰 고난 속에서 진전되었다. 유럽대륙은 전 지역이 전쟁터가 되어 막대한 전쟁피해를 입었다. 게다가 유럽에서는 동유럽지역이 소련사회주의권에 편입되는 등 정치적·경제적으로 다양한 사정의 나라들이 있어 경제재건에 어려움이 있었다. 결국 경제재건은 서유럽지역 중심으로 이루어지게 되었다.

서유럽제국의 전후 경제재건을 위해서 미국은 경제 원조를 제공하였다. 미국은 마셜계획에 따라 1948~52년에 131억 1,500만 달러를 서유럽제국에 원조하였다. 미국 원조의 효과에 대해서는 상반된 논의들이 있으나 단기적이나마 재건기의 민생과 생산설비의 개선에 일정한 기여를 하였다는 것은 부정할 수 없을 것이다. 미국의 원조는 군사적인 함축도 있었으나 여타 자본주의국가에 대해서도 광범하게 이루어졌다. 미국의 점령하에 있던 일본의 경제재건에도 미국의 경제원조는 중요하였다.

전후 재건을 한 자본주의경제는 1950년대와 60년대에 걸쳐서 장기의 성장을 지속하여 '황금시대'를 누렸다. 그에 더하여 1960년대와 70년대에는 공업화가 지역적으로 확산되면서 세계경제는 더욱 확대되었다. 1950~73년에 세계경제의 실질GDP는 연평균 4.9% 성장하였으며 그 속에서 무역량은 연평균 8.6%나 되는 높은 성장을 하였다. 그만큼 영국의 해외시장도 확대된 것이다.

2. 경쟁의 격화

시장은 확대되었을 뿐만 아니라 경쟁적으로 되었다. 양차대전 중간기의 영국시장은 보호주의하에서 경쟁제한적 성격을 띠고 있었다. 1920년대와 1930년대 초에 진전된 기업합병과 합리화 운동은 그 후 약화 경향을 나타내고 업계는 경쟁보다도 협조적으로 되었다. 기업은 합병이나 합리화보다 카르텔과 업계단체를 통한 담합된 행동을 선호하게 된 것이다. 그 속에서 다수의 카르텔과 업계단체가 나타나면서 기업행동은 협조적으로 되고 경쟁은 억제되었다. 업계의 경쟁제한적 행동은 정부에 의해서 지지되었다. 1935년에 정부는 기업 간의 생산제한을 위한 협력에 대해서 세제상의 특전을 부여하고 제2차 세계대전기에는 계획경제를 수행하기 위해서 업계단체와 협력하였다. 이렇듯 보호적이고 경쟁제한적이던 영국시장이 전후에 이르러 경쟁적 시장으로 변화한 것이다.

전후 경쟁조건의 변화는 국내외 시장에서 다 같이 나타났다. 국내적으로는 경쟁제한적이던 정부정책이 경쟁촉진적 정책으로 전환되었다. 1948년에는 영국 최초의 독점금지법인 '독점 및 제한적 관행법(Monopolies and Restrictive Practices Act)' 그리고 1956년에는 그것을 강화한 '제한적 거래관행법(Restrictive Trade Practices Act)'이 제정되어 동업조합의 판매, 가격, 생산 등에 대한 카르텔 행위는 제도적으로 금지되었다. 이 제도에 의해서 설립된 재판소는 담합적 거래행위를 기본적으로 유해한 것으로 보았다. 재판소는 출범 후 10년 동안에 등록한 2,250건의 동업조합규약의 대부분(2,100건 이상)에 대해서 규약 연장을 인정하지 않았다. 카르텔 행위는 불가능하게 된 것이다.

그 속에서도 업계에 따라서는 암묵적·비공식적 합의라든가 과점적 거래기구를 통해서 법적 규제를 빠져나갈 길을 찾는 경우도 있었다. 정부는 1968년에 새로운 '제한적 거래관행법'을 제정하여 업계의 제한적 거래에 대한 규제를 강화하였다. 동업조합에 의한 관행적 가격협정이 불가능해진 상태에서 기업은 합병으로 규모를 확대하여 가격을 유지하려 하였다. 이에 정부는 1965년에 '독점 및 기업합병법(Monopolies and Mergers Act)'을 제정하여 독점위원회(Monopolies Commission)에게 기업합병에 대한 광범한 조사권과 금지 내지 해산 명령권을 부여하였다. 그러나 1965~73년의 조사대상 합병사례 833건 중 실제로 조사된 사례는 20건, 그리고 금지되거나 해산된 사례는 6건에 불과하였다.[2]

정부의 독점금지법은 관행으로 되어온 업계의 제한적 거래행위를 규제하였다는 점에서 획기적이었다. 그러나 그것은 기업합병운동에는 거의 영향을 미치지 못하였을 뿐 아니라 결과적으로 그것을 촉진하는 계기가 되었다. 동업조합에 의한 담합이 금지되어 국내시장에서 경쟁압력이 커지는 가운데 기업은 합병으로 경쟁적 우위를 확보하려 하였다.

경쟁압력은 국제적 차원에서도 높아졌다. 첫째, 영국기업은 국내시장에서 증대하는 다국적기업 제품과의 경쟁에 직면하였다. 영국 내에 제조 자회사를 가진 미국기업의 수는 1907년 43사에서 1935년에는 222사, 1962년에는 493사로 증가하였다. 1962년에 영국 내의 미국 다국적기업은 자동차, 각종 가정용 전기기기, 사무기기, 컴퓨터, 고무타이어 등에서 영국시장의 30~50%를 차지하고 있었다.[3]

둘째, 국제무역에서도 경쟁은 증대하였다. 전후 영국은 인도를 비롯한 식민지의 독립으로 전전 영국제품의 주요 판로를 지배해온 보호적 제국시장의 태반을 상실하였다. 한편 영국은 전후의 IMF-GATT 체제하에서 자국시장을 대외적으로 개방하였다. 영국의 영연방(Commonwealth)과의 무역은 상대적으로 감소하였다. 1952년 현재 영연방은 세계무역의 20%를 차지하는 최대의 단일시장으로 영국은 특혜관세혜택하에 수출무역의 55%를 이 지역에 의존하고 있었다. 그러나 대규모 공산품시장이 없는 이 지역은 영국의 무역대상지역으로 한계가 있었다. 이 지역에 대한 영국의 수출무역은 1968년까지 27% 이하로 감소하였다. 영국의 수입대상지역으로서도 이 지역이 차지하는 비중은 1952년 45.8%에서 1969년에는 23.2%로 저하하였다.

영국무역에는 서유럽제국과 미국 등 경쟁적 고성장 공업국시장이 중요하게 되었다. 영국의 EEC, EFTA, 미국과의 무역은 1952년에는 24.5%, 그리고 총수출에서 차지하는 비중은 6.4%에 불과하였으나 1968년에 이르러서는 각각 39%와 16%로 증대하였다. 보호된 연방시장에의 무역의존도가 낮아지는 가운데 영국의 고성장 공업국과의 무역은 확대될 수밖에 없었다. 전후 무역자유화가 확대, 진전되는 속에서 영국의 국제무역은 증대하는 경쟁에 직면하였다.

경쟁이 증대되면서 국내유통조직도 크게 변화하였다. 소매업 분야에서 1950년대의 셀프서비스 상점은 아직 소수였으며 소매거래의 절반은 지역적 소규모상점에 의해서 영위되고 있었다. 그러나 1960년대에 소매조직은 극적으로 변화하였다. 즉, 셀프서비스 상점, 슈퍼마켓, 멀티플 스토어(multiple stores)가 확산된 것이다. 1950년에는 500점포를 밑돈 셀프서비스 상점은 7년 후에는 4,000점포, 1966년에는 1만 7,000점포로, 그리고 1956년에 처음 영업을 시작한 슈퍼마켓은 1961년에 870점포, 1966년에는 3,000점포로 각각 증가하였다. 전문상품을 판매하는 멀티플 스토어는 1960년대에는 할인판매를 시작하고 마크스 앤드 스펜서(Marks and Spencer)와 같은 소매업체는 자사상표(PB)를 사용하기 시작하여 가격과 품질을 주도하였다. 광고업도 성장하였다. 1955년에 텔레비전 광고가 출현하면서 상표이용이 증대하고 지방적 시장에 대신하여 전국적 시장의 발달이 촉진되었다. 유통조직의 변화에 따른 소매경쟁의 증대는 시장의 경쟁 압력을 높였다.[4]

3. 기술진보

양차대전 중간기에는 두드러진 기술변화가 있었던 것은 아니었으나 '제2차 산업혁명'기의 기술이 더욱 진보하면서 그의 산업화 기반이 확대되었다. 그중에서 특히 중요한 것은 자동차, 항공기, 전화, 라디오 및 레이더, 필름, 플라스틱 등의 산업이었다. 자동차는 전간기에 설계상의 큰 개량이 이루어지고 대량생산기술의 도입에 따른 가격인하로 교통수단으로서 철도에 도전하게 되었다. 전화의 이용도는 1912~37년에 2.5배 증대하고 라디오 수신등록인은 1923~39년에 12만 5,000명에서 8,900만 명으로 70배 이상 증가하였다. 사진발명에서 시작된 필름은 영화필름, 카메라, 영사장비 등 결정적으로 중요한 기술적 요소들이 개발되면서 영화산업의 발달로 이어졌다. 1946년 영국에는 5,000개의 영화관이 있었다. 화학공업에서는 '중합체(polymers)'라 불리는 신소재의 생산방법이 진보하면서 플라스틱과 합성섬유의 생산이 확대되고 그들을 소재로 다양한 제품이 생산되었다. 특히 플라스틱은 전후 세계석유산업의 발달 속에서 유기화합물에서 유도되면서 크게 성장하였다.

전쟁은 직·간접적으로 기술진보를 촉진하였다. 전후에는 전시에 개발된 기술의 산업화를 포함하여 기술혁신의 물결이 광범한 분야에서 나타났다. 그중에서 두드러진 분야는 교통, 통신, 에너지, 정보, 의료기술, 생명과학 등이었다. 신기술은 미국에서 처음 개발된 것이 많았으나 영국에서 앞서거나 거의 동시에 그리고 공동으로 개발된 경우도 있었다. 그 결과 제트항공기, 텔레비전을 비롯한 가전기계, 원자력, 컴퓨터, 의료기기, 생물공학 등의 산업이 새로이 성장하여 거대한 기업기회를 제공하게 되었다.

제트항공기는 1939년에 독일에서 처음으로 제작, 비행되었다. 그것은 1930년에 이미 휘틀(Frank Whittle)이 획득한 원심압착기의 특허를 모방한 것이었다. 영국에서 휘틀의 제트항공기가 처음으로 비행한 것은 1941년이었으며 3년 후에 공군의 글로스터 메테오공항(Gloster Meteor)에서 운항이 시작되었다. 1952년에는 민간 제트항공이 운항되었으나 잇따른 추락사고로 정체하는 가운데 1958년에는 미국의 보잉707기가 대서양 정기노선을 개설하면서 영국은 선두 자리를 내주었다. 항공업은 정부지원하에 크게 성장하여 1970년까지 대서양항로 여객 수는 항공로가 해로의 40배나 많았다.

텔레비전은 제1차 세계대전 전에 브라운관이 개발되면서 출현하고 양차대전 중간기에는 선명도도 높아졌다. 그러나 영국에서 TV가 급속하게 증가한 것은 전후의 일이었다. 1947년에 1만 5,000대이던 영국의 텔레비전 등록대수는 1952년에 150만 대, 1960년에 1,000만 대, 1970년에는 1,600만 대로 증가하였다. 1955년에는 텔레비전 광고방송이 시작되고 1969년에는 컬러TV가 도입되었다.

원자력 개발은 제2차 세계대전 중에 영·미 공동으로 최초의 원자로를 제조함으로써 시작되었다. 전후 10년간에 영국 정부는 원자연구, 원자무기, 산업용 원자력에 대한 투자를 계속하였다. 영국은 1955년의 원자력발전계획에 따라 1971년에는 총발전력 4,000메가와트에 달하는 9개의 원자력발전소를 건설하였다. 뒤이어 1970년대에는 제2차 계획으로 5,000메가와트의 원자력을 추가하였다. 영국은 원자력 발전을 세계적으로 주도하였다.

정보기술(Information Technology)은 1940년대 이후 눈부시게 발달하였다. 그때까지 현대적 컴퓨터는 없었다. 그에 앞서 19세기 말에는 계산기, 금전등록기, 타이프라이터, 표작성기, 고속계산기, 펀치카드 등이 개발, 이용되었다. 특히 수량정보저장기능을 가진 펀치카드는 1890년과 1911년에 각각 미국과 영국에서 전국인구조사의 기계적 계산과 분석에 이용되었다. 이들 기기에는 1930년대에 전력이 적용되었다.

컴퓨터는 미국과 영국에서 1940년대 말에 거의 동시에 개발되었다. 제2차 세계대전은 정확한 무기계산, 암호해독, 원자폭탄을 위한 고등수학을 위하여 내장기억장치기계의 건조에 박차를 가하였다. 미국과 영국의 수학자와 엔지니어들은 1945년 이전에 정보기억 프로그램기계에 대한 착상(着想)을 가지고 있었다. 그러나 세계 최초의 컴퓨터는 1948년에 맨체스터대학에서 윌리엄스(Frederic C. Williams)와 킬번(Tom Kilburn)이 건조, 조작한 디지털 정보기억 프로그램 컴퓨터였다. 컴퓨터 제작에서 미국은 불과 1개월 늦었다.

컴퓨터는 적정한 프로그램이 삽입되면 어떠한 수학문제도 풀 수 있는 만능기계였다. 초기의 디지털컴퓨터는 무수한 진공관으로 실내 전체를 차지할 만큼 대형이었으며 생산비도 거액이 소요되어 1950년대에는 정부의 군사적 이용을 위하여 소수 생산되었다. 컴퓨터의 크기와 비용을 감축할 수 있게 한 것은 1950년대 후반 이후에 개발된 제2, 3세대 컴퓨터였다. 제2세대 컴퓨터의 핵심은 트랜지스터가 자기 코어 메인 메모리(magnetic-core main memory)와 자기 드럼(magnetic drums), 그리고 입·출력기기와 함께 도입되었다는 데에 있었다. 제3세대 컴퓨터는 1963년에 하나의 실리콘칩에 들어 있는 집적회로에 의해서 도입된 냉장고 크기의 미니컴퓨터였다. IBM은 제1세대 컴퓨터(System 701)를 출시한 10년 후인 1964년에 최초의 범용컴퓨터인 시스템 360(System 360)을 출시함으로써 컴퓨터산업에 혁신을 가져왔다. 이 기종은 영국에서는 1960년대 금융기관과 대기업에서 보급되기 시작하였다. 영국에서 가정용인 퍼스널컴퓨터가 보급된 것은 미국보다 10년 늦은 1980년대에 들어서였다.

현대의학과 의료기술도 크게 발달하였다. 특히 20세기에는 화학요법, 방사선학, 외과의학 등에서 주요한 발달이 있었다. 현대유전학에 기초한 생물공학도 발달하였다. 미국에서는 1921년에 최초의 하이브리드 옥수수 생산이 시작되었다. 그 재배면적은 1933~60년에 1%에서 96%로 확대되고 단위면적당 생산성은 3배 가까이 상승하였다. 1953년에 영국인 크릭(Francis H.C. Crick)과 왓슨(James D. Watson)에 의해서 인간의 복잡한 유전물질인 DNA가 확인되었다. 그 후 유전공학의 발달은 윤리적 문제를 제기하면서도 광대한 의학적·경제적 가능성을 열었다.[5]

기술진보는 산업과 기업에 큰 충격을 주었다. 신기술은 신시장, 신제품, 신공정을 낳으면서 공업성장을 가져왔고 기업기회를 확대하였다. 기업은 확대되는 시장에서 비교우위에 서기 위해서는 기존 기술의 이용만이 아니라 혁신적인 기술을 이용할 필요가 있었다. 신기술은 자본집약적이고 개발에는 많은 비용이 들었다. 기술개발을 위한 연구는 영국에서는 1950년 이후 증가하였다. R&D 지출의 대 GNP 비율은 1955년 1.8%(3억 파운드)에서 1968년까지는 2.7%로 상승하였다. 그 비율은 미국 수준에 근접할 만큼 높은 것이었다. 연구개발비의 51.3%는 정부가 제공하고 37.5%는 민간기업이 부담하였다. 정부는 특히 항공기 및 항공우주 분야를 중심으로 거액의 연구개발자금을 투입하였다.[6] 미국에서는 신무기, 로켓, 인공위성의 개발연구에 거액의 정부자금을 투입하였다. 그 속에서 정부-산업-기업의 밀접한 제휴관계인 군산복합체(military-industrial complex)가 형성되었다. 새로운 기술환경에 대응하면서 기업은 규모와 범위를 확대하고 조직화하였다.

2절 대기업체제의 확립

1. 기업합병과 산업집중

1) 기업합병운동

시장과 기술의 변화에 기업은 적극적으로 대응하였다. 기업은 확대하는 경쟁적 시장에서 비교우위를 차지하기 위하여 규모를 확대하고 사업을 재구축하고 조직화를 추진하였다. 그 속에서 영국에서 현대적 대기업체제가 확립되었다.

영국기업은 규모의 확대는 내부성장보다도 합병을 통해서 이루어졌다. 합병은 수평적 통합이 일반적이었다. 1957~68년에 이전된 기업총자산의 66%는 동일산업 내에서의 합병을 위한 것이었으며 다른 산업기업 간 합병을 위한 것은 26%에 불과하였다. 영국의 기업합병운동은 1950년대에서 1970년대 초에 걸쳐서 집중적으로 이루어졌다. 그것은 영국에서의 기업합병운동의 제3국면이었다. 이 시기의 기업합병 규모는 소멸기업 수와 자본규모에서 제2국면의 2배를 상회하였다(〈그림 7-1〉 참조).

〈표 10-2〉는 이 시기 합병운동의 추이를 나타낸 것이다. 기업합병은 특히 1959년부터 급증하여 1969년 정점에 이를 때까지 연도에 따라 약간 감소한 경우도 있었으나 기본적으로 계속 증가하였다. 합병은 대부분 수평적 통합이었다. 1965~69년에 합병의 82%는 수평적 통합이었다. 한편 복합기업(conglomerate) 합병 수는 1960년대 후반에는 12%였으나 70년대 말에는 35%로 증가하였다.

합병운동은 많은 산업에서 전개되었다. 자동차산업에서는 1968년에 브리티시 모터즈 홀딩스(British Motors Holdings, BMH)와 리랜드 모터

표 10-2 합병운동의 추이(1954~68년)

연도	합병 수	가치(100만 파운드)	연도	합병 수	가치(100만 파운드)
1954	275	105	1962	636	358
1955	294	89	1963	885	332
1956	246	131	1964	939	502
1957	301	136	1965	995	507
1958	341	120	1966	805	447
1959	559	307	1967	763	822
1960	736	338	1968	942	1,774
1961	632	368			

자료: P.L. Payne, 1978: 220.

(Leyland Motor Company)사의 합병으로 대기업 브리티시 리랜드(British Leyland, BL)사가 탄생하였다. 이에 앞서 1952년에는 오스틴(Austin)사와 모리스(Morris)사는 국내시장에 진출한 포드(Ford)사와 복스홀(Vauxhall)사에 대항하기 위하여 합병하여 브리티시 모터사(British Motor Corporation, BMC)를 설립하였다. BMH는 선행한 합병으로 설립된 BMC가 재규어 그룹(Jaguar Group)을 추가 매수함으로써 탄생한 대기업이었다. 그러나 BMH는 통합과 합리화를 적극적으로 추진하지 못하고 영업실적도 부진하였다.

한편 리랜드사는 1960년대 중반까지 트럭과 버스의 제조회사로 고수익을 올리고 있었다. 그에 앞서 1961년에 리랜드사는 스탠다드 트라이엄프(Standard Triumph)사를 매수하여 승용차 부문으로 진출하고 뒤이어 로버사(Rover)를 매수하면서 BMH와 맞먹을 정도의 대기업이 되었다. 따라서 BL은 수익성 악화로 곤경에 처한 BMH를 고수익을 올리는 리랜드사가 합병함으로써 탄생한 대기업이었다. 정부는 이 구제적 성격의 합병을 적극 권장하여 IRC(Industrial Reorganisation Corporation)를 통하여 2,500만 파운드의 대부를 제공하였다. 이로써 영국의 자동차산업은 1사체제로 통합되었다. 그러나 이 대기업은 그룹 내부의 정리통합과 생산능력의 합리화를 추진하지 못하여 합병의 이점을 살리지 못하였다.

전기기기산업에서는 제너럴 일렉트릭회사(General Electric Co.,)가 1967~68년에 어소시에이티드 일렉트리컬 인더스트리스(Associated Electrical Industries)사와 잉글리시 일렉트릭(English Electric)사를 잇따라 합병함으로써 지배적인 기업이 되었다. 이에 앞서 GEC는 1960년에 라디오 얼라이스사(Radio Allies Limited)를 매수하고 극적인 구조조정과 합리화를 추진함으로써 양호한 영업실적을 올리고 있었다. 정부는 GEC의 우수한 경영능력을 평가하여 1967~68년의 대규모 합병을 지원하였다. 합병 후 GEC는 과감한 구조조정과 완전한 기업통합을 실현함으로써 합병의 시너지효과를 얻어 1970년대의 불황에서도 양호한 실적을 올릴 수 있었다.[7]

유사한 대규모 합병의 사례는 다른 산업에서도 나타났다. 항공기산업을 보면 1960년에 탄생한 브리티시 에어크래프트사(British Aircraft Corporation, BAC)는 관련 3사가 여타 기업까지 합병하여 설립된 기업이었다.

섬유산업에서는 비옐라 인터내셔날(Viyella International)은 1964년에 콤바인드 이집티언 밀스(Combined Egyptian Mills)와 브래드포드 다이어스사(Bradford Dyers' Association)를 합병하고, 1970년에는 캐링턴 듀허스트(Carrington and Dewhurst)사를 합병하여 캐링턴 비옐라(Carrington Viyella)사로 되었다. 이 회사는 1970대 초에 임페리얼 케미컬 인더스트리(Imperial Chemical Industries, ICI)사와 합병하였다. 코톨즈(Coutaulds)는 1964년에 랭커셔 코튼사(Lancashire Cotton Corporation)와 파인 코튼 스피너스 앤드 더블러스사(Fine Cotton Spinners and Doublers' Association)를 합병하였다. 잉글리시 소윙 코튼(English Sewing Cotton)사는 1964년의 합병을 거쳐 1968년에는 캘리코 프린터스사와 합병하여 잉글리시 캘리코(English Calico)사로 되었다.

소매업에서는 프레이저상회(House of Fraser)가 1959년에 해로즈

(Harrods)사와 그리고 1974~75년에는 아미 앤드 네이비(Army and Navy)사와 합병하였다. 은행업에서는 1968년에 바클레이스은행(Barclays Bank)이 마틴스(Martins)를 합병하고 내셔널 프로빈셜은행(National Provincial Bank)은 웨스트민스터은행(Westminster Bank)과의 합병으로 내트웨스트은행(Natwest Bank)이 되었다.[8]

합병운동이 진전되면서 기업규모도 확대되었다. 영국기업은 국제비교에서도 손색이 없을 만큼 대규모화하였다. 영국에서는 1970년대 초에 고용규모 4만 명의 산업기업은 적어도 30사가 있었다. 이 숫자는 미국의 89사보다는 적으나 초기의 EEC 가입 6개 국을 합친 기업 수와 같은 것이다. 1969년 현재 미국기업을 제외한 세계 상위 200사의 20% 이상, 그리고 서유럽 산업기업 상위 300사 중 100개 기업이 영국기업이었다.[9]

대기업은 어떤 산업에서 많이 나타났는가? 1973년 현재 자본규모로 본 대기업의 산업분포는 식품, 담배, 섬유, 제지, 인쇄, 화학, 석재, 점토, 유리 금속, 기계, 전기, 수송기기 등에 집중되고 있었다. 대기업의 부문별 수를 1930년과 비교하여 추세적으로 보면 식품 및 담배는 68사에서 31사로, 섬유는 24사에서 10사로 큰 폭으로 감소한 반면, 화학은 9사에서 15사로, 석재점토 및 유리는 6사에서 22사로, 기계는 7사에서 32사로 급증하였으며 제지, 인쇄, 금속, 전기, 수송기기 등 산업에서는 약간의 증감을 보이고 있다. 대기업의 성장추세는 신산업을 중심으로 뚜렷하게 나타나고 있었다(〈표 7-3〉 참조).

1960년대 영국의 대기업은 태반이 19세기 말 내지 전간기와 같은 이른 시기부터 성장해온 기업들이었다. 〈표 7-4〉에서 본 바와 같이 1948~57년에는 100대 기업 중 71개 기업이 생존하였으며 3기업은 100대 기업에 속한 기업에 매수되었고 26개 기업은 100대 기업에서 탈락하였다. 이 시기에는 산업국유화 등 산업재편성으로 대기업 기반은 상대적으로 불안정하였다. 그러나 뒤이은 1957~69년에는 100대 기업 중 68개 기업이 생존하고 22개 기업이 100대 기업에 들어 있는 기업에 의해서 매수된 데 비해 완전 탈락한 기업은 10사에 불과하였다. 그만큼 대기업의 지위는 크게 안정되었다.

대기업의 지위가 안정적이었다고 해서 그들 기업의 상대적 지위에 변동이 없었던 것은 아니다. 오히려 그들의 지위는 두드러지게 변동하였으며 그 지위를 계속 유지하기 위하여 합병이라든가 구조조정 내지 합리화를 추진하지 않으면 안 되었다. 전전에 5만 명의 종업원을 가진 최대산업기업인 ICI라든가 유니레버(Unilever)사는 1980년대 초까지는 각각 14만 3,000명과 8만 명을 고용하고 있었다. 같은 기간에 GEC는 종업원이 2만 4,000명에서 18만 8,000명으로, 그리고 코톨즈사는 2만 2,500명에서 8만 8,000명으로 증가하였다.[10] 전간기에 성립한 영국의 대기업체제는 규모를 크게 확대하면서 안정적으로 전개되었다.

2) 산업집중

대규모 합병운동으로 산업집중도는 크게 높아졌다. 〈그림 7-2〉에서 본 바와 같이 영국의 상위 100사가 순공업생산에서 차지한 비중은 1935년의 24%에서 1968년에는 41%로 상승하여 집중도는 미국보다 높아졌다. 독점위원회가 실시한 집중도 조사에 따르면 1957~67년에 22개 산업분류 중 14개 산업에서 집중의 뚜렷한 증대가 있었고, 2개 산업에서 저하했으며, 6개 산업에서는 변동이 없었다. 또한 최대기업이 가진 순자산 비율은 1957~68년에 50%에서 70%로 크게 증가하였다. 원래 조사대상 2,024사는 같은 기간에 1,253사로 감소하였다. 제조업부문에서는 600사가 합병되거나 매수되어 대부분의 산업에서 집중이 증대하였다. 특히 전기기계, 음료, 자동차, 섬유, 제지·인쇄·출판 등의 산업에서 최대기업들은 같은 산업분류 내에서의 순 총자산의 75%를 점유하고 있었다. 같은 기간에 조사된 나머지 1,253사의 순자산은 165% 증가하였으며 그중 25%는 매수에 의한 것이었다. 10대 회사는 194%의 고도성장을 하였으

나 그중 40%는 매수에 의한 것이었다.[11]

〈표 10-3〉은 산업별 집중도를 나타낸 것이다. 1969년 현재 5대 기업의 시장점유율은 산업에 따라 차이는 있으나 비전기기계(25.3%)를 예외로 하면 최저 50%대에서 최고 100%까지의 높은 수준에 이르렀다. 전 제조업에서 보면 최대 100사의 시장점유율은 1969년까지 12년간 60.1%에서 74.9%로 증대하였다.

영국 제조업에서 대기업에의 경제력집중이 진전된 한편, 중소기업의 지위는 미국이나 일본보다 급속하게 하락하였다. 종업원 200명 이하의 중소제조업 기업 수는 1948~71년에 10만 3,000사에서 7만 5,000사로 감소하였다. 같은 기간에 중소제조업 기업의 고용노동자 비율은 37%에서 28%로 하락하였다. 1970년대 중반에도 중소제조업 기업이 영국 공업제품 생산에서의 점유율은 25%에 불과하였다. 이 시기의 시장적·기술적 환경이 대기업에 의한 대규모 생산에 유리하였을 뿐만 아니라 정

표 10-3 산업별 상위 5대 기업의 시장점유율(1957~69년) (단위: %)

산업	1957년 모집단	1969년 모집단
식품	41.3	52.7
음료	32.7	69.5
담배	95.6	100.0
화학	71.0	73.5
금속	45.7	59.5
비 전기기계	29.8	25.3
전기기계	47.2	68.0
조선	62.1	74.2
자동차	50.4	71.0
섬유	44.2	65.1
의복·신발	63.8	78.4
건재	53.1	51.1
제지·출판	47.5	63.2
100대 기업의 시장점유율		
전 제조업	60.1	74.9

자료: L. Hannah, 1983a: 144.

부정책도 중소기업을 지원하기보다 생산성 향상에 대한 기대로 기업합병과 합리화에 호의적이었다.[12] 1950~60년대에 진전된 합병운동은 기대한 만큼 경제효율을 증진하지는 못하였으나 영국 산업에서의 대기업의 세력을 크게 증대시켰다.

3) 합병운동의 촉진요인

(1) 제도적 요인

합병운동이 진전된 배경에는 기본적으로 앞에서 고찰한 바와 같이 시장변화와 기술진보가 있었다. 새로운 시장과 기술의 변화에 대응하여 기업은 활동규모와 범위를 확대하고 효율을 높이지 않으면 안 되었다. 이러한 필요를 충족하기 위해서 기업이 이용한 방법이 타 기업을 합병하거나 매수하는 일이었다. 그러면 대규모 기업합병운동을 촉진한 요인은 무엇인가? 이 문제에 대해서는 제도, 금융 및 정부의 역할을 고찰할 필요가 있을 것이다.

먼저 제도적 요인으로 중요한 것은 독점금지법의 도입에 따른 경쟁의 격화와 회사법의 시행이었다. 앞에서 본 바와 같이 일련의 독점금지법의 도입으로 경쟁압력이 커지면서 기업 자체도 자연도태의 대상이 되었다. 우량기업은 취약기업을 합병하면서 경쟁우위를 획득하려는 강한 동기를 갖게 되었으며, 반면 비효율적인 취약기업은 언제나 우량기업에 흡수될 가능성이 있었다. 실제로 1950년대 초부터 기업공개매수(takeover bid, TOB)라는 신기법이 등장하면서 기업매매는 촉진되었다.

주식시장도 확대되었다. 중소오너경영자 중에는 높은 상속세 부담에서 벗어나기 위하여 기업을 매각하고 주식소유자로 전환하는 경우도 있었다. 세법상 자본소득에는 과세되지 않았다. 소유와 경영의 분리 움직임은 특히 1950년대에 두드러지게 진전되었다. 그때까지만 하더라도 대기업의 3분의 1은 아직도 오너 자신이 관리인이었다. 그러나 대기업에서는 최대주주의 투표권 비율은 1936~51년에 30%에서 19%로 감소하고 오너임원의 비율과 20대 주주 중 임원의 비율도 감소하였다. 더구나 1969년까지 상위 100대 제조업체의 회장은 자사보통주의 2.5%, 그리고 전체 임원도 7.5%만을 지배하고 있었다. 한편 1957~69년에 개인소유의 수익(受益)주식비율은 총주식의 65.8%에서 47.4%로 떨어졌다. 즉, 개인주주 수는 증가하는데 소유주식의 상대적 가치에서 볼 때 보통주 개인소유자의 중요성은 저하하였다.[13] 중소기업에서는 산업혁명 이래 오너경영은 계속되었다. 그러나 대기업이 성장하는 가운데 주식소유는 광범하게 분산되면서 소유와 경영도 분리되어 '가족자본주의'는 '경영자자본주의'로 이행하였다. 소유와 경영의 분리는 기업의 합병과 자금조달에 큰 영향을 미치게 되었다.

주식시장의 확대와 소유, 경영의 분리는 기업합병을 촉진하는 데 유리한 조건이었다. 그에 더하여 회사법(1948)은 기업으로 하여금 매년 확정된 대차대조표를 제출하는 데 진정한 자산과 수익에 대한 상세한 정보를 개시하도록 하였다. 이에 TOB를 제약하던 정보상의 큰 제약조건은 제거되었다. 한편 법인세는 1938~52년에 영업이익의 37%에서 56%까지 인상되어 기업은 이익을 배당하기보다 사내유보로 돌리게 되었다. 더구나 전후 정부는 인플레이션 대책의 하나로 배당억제를 권고하고 이익의 사내유보에는 3%를, 배당에는 30%를 과세하였다. 그것은 준비금 적립을 권장하는 방향으로 작용하였다.[14]

자산가치의 상승, 보수적 회계 관행, 배당억제로 주가가 낮게 평가되어 기업이 TOB에 쉽게 노출되면서 TOB 추진인은 대상기업의 주식을 취득하고 높은 시가로 자산을 매각하여 큰 이익을 올릴 수 있었다. 1965년까지 단기자본이득에는 과세가 없었다. 기업매수의 매력은 커지고 정확한 회계정보의 공개로 매수에 수반되는 위험도는 낮아졌다. 기업의 합병, 매수는 그 자체가 하나의 큰 비즈니스 기회로 되었다. 풍부한 자금을 가진 대투자가들은 경영자가 자산을 낮게 평가하여 운영하는 기업의 주주들을 상대로 직접 기업매수에 나섰다. 적대적 공개매수는 실제로는 소수에 불과하였다. 그러나 공개매수의 공포는 기업경영자가 공개매수에 대한 방어와 더 나아가 시장점유율 증대를 위한 대응을 적극적으로 모색하지 않을 수 없게 하였다. 그 결과 기업합병이 진전되었다. 많은 경우 합병은 기업 간 교섭으로 소규모 경쟁기업을 흡수하는 형태로 이루어졌다. 합병운동이 촉진된 1957년 이후의 10년간 타 기업에 매수된 기업은 런던증권거래소 상장기업의 38%나 되었다.[15]

(2) 금융부문의 역할

제2차 세계대전 후 산업과 금융의 관계는 변화하였다. 산업기업은 합병운동이 전개되는 가운데 필요한 자본조달을 외부에 의존하게 되었다. 1950년대만 하더라도 산업기업투자의 상당부분은 실질적으로 내부저축자금으로 충당되고 있었다. 그러나 1960년대 후반까지 기업은 투자자금의 50% 이상을 외부에서 조달하고 있었다. 전통적으로 자본조달을 내부금융에 의존해온 영국의 산업기업은 이제 그것을 크게 외부금융으로 전환하게 된 것이다.

이러한 조건에 대해서 시티(City)도 전향적으로 대응하였다. 런던증권거래소에서 국내증권의 비중은 1913년의 불과 8%에서 전후에는 90%를 넘게 되었다. 투자은행은 관심을 국내로 돌리면서 전 동업자가 가입한 발권업자협회(Issuing Houses Association)를 설립(1945)하여 발권업무를 조정, 감시하였다. 거액의 해외자산 매각, 세계금융 중심지로서의 뉴욕의 지위상승, 전후 자본수출의 정체라는 국제금융환경의 변화 속에서 영국의 금융기관은 국내 산업투자로 관심을 돌리게 된 것이다.

전후 자본수요가 확대되고 최초의 투자 붐(1949~54)이 나타나면서 국내증권 발행은 급증하였다. 1945년 후반에 평균 7,000만 파운드(시가)이던 국내주식발행액은 1970년대 초에는 6억 5,000만 파운드 이상으로 증가하여 공개시장에서 거래되었다. 거래된 대량의 기업증권은 보통주였다. 주식의 공개모집으로 기업의 소유권 매매가 성행하게 되었다.

1950년대 이후 투자가로서의 지위가 두드러지게 높아진 것은 보험회사, 연금기금, 단위 트러스트(unit trust), 투자회사 등 기관투자가들이었다. 1970년에는 2,765사의 주식거래 총액 380억 파운드 중에서 개인투자가와 기관투자가의 점유율은 각각 44.7%와 43%였다. 신규 투자액에서는 후자가 전자를 훨씬 웃돌았다. 보통주에서 기관투자가가 점한 비율은 1977년에는 60%에 이르렀다. 그것은 전후 기업소유권이 동족집단에서 무수한 대중투자가의 이익을 대표하는 기금관리인(fund managers)의 손으로 이전되었음을 의미하였다.[16] 그 결과 영국기업에서의 경영자 지배의 증대는 기업의 불안정성을 증대시켜 TOB와 더 나아가 합병 및 집중을 자극하였다.[17]

어음교환조합은행(clearing banks)도 산업기업과의 거래관계를 확대하였다. 기업의 은행차입이 외부자금조달에서 차지하는 비중은 1960년대 초의 50% 정도에서 1970년대 초에는 65%로 높아졌다. 그 비중은 석유위기에 따른 극심한 유동성위기 때(1974)에는 94%나 되었다. 은행은 당좌대월(overdraft)에 의한 단기금융과 함께 중기금융도 하였으며 매각차용(lease-back), 채권매수금융(factoring) 등의 업무도 개발하였다. 기업으로서는 공개시장에서의 고정자본조달에 수반되는 위험부담 없이 설비자금을 조달할 수 있었다. 기업의 자본조달에서 은행에의 의존도가 높아지면서 양자의 관계는 적극적인 것으로 전환하였다. 즉, 은행은 융자만이 아니라 사람까지 파견하여 기업의 이사회구성원으로 참가시키는 경향이 증대하였다. 1976년에 최대 제조기업 50사 중 32사의 이사회에 '청산은행' 대표가 참가하고 있었다. 은행대표의 산업기업 이사겸임관계를 통해서 은행자본은 금융자본으로 전환되었고 그 속에서 기업합병은 촉진되었다.[18]

(3) 정부의 역할

정부도 합병운동의 촉진에 큰 역할을 하였다. 전후 일련의 독점금지법은 카르텔 담합행위의 금지는 물론 대기업의 독점화 경향도 규제한 것이었다. 1965년의 독점·합병법은 취득자산이 500만 파운드를 초과하거나 한 기업의 시장점유율이 3분의 1을 초과할 수 있을 모든 합병을 독점위원회의 심의에 붙이도록 하였다. 그러나 그러한 합병이 실제로 심의에 붙여진 예는 거의 없었다. 1973년 공정거래법은 독점규제기준을 시장점유율 4분의 1로 강화하였으나 많은 합병은 심사대상에 오르지 않았다. 대기업의 독점화에 대한 규제는 사실상 시행되지 않았던 것이다. 정부의 독점금지정책은 한편에서 개별기업 간의 경쟁을 유도하면서 다른 한편에서 경쟁력을 가진 대기업에로의 합병에는 관대하였다. 그뿐만 아니라 정부는 외국기업과 유효하게 경쟁할 수 있는 대기업의 창출을 목표로 기업합병을 지원하였다.

정부는 일찍부터 법을 제정하여 면공업생산의 집중화를 지원하였다. 그러나 정부가 적극적으로 기업합병에 개입한 것은 1960년대 후반의 노동당 정부에 의해서였다. 정부정책은 1966년 설립된 '산업재편회사(Industrial Reorganisation Corporation, IRC)' 주도로 추진되었다. IRC는 5년의 존속기간에 신산업을 중심으로 중요한 몇몇 대규모 합병을 주도하였다. 주요 사례로는 자동차의 브리티시 리랜드, 전기기계의 GEC, 컴퓨터의 ICL(International Computers Limited), 조선의 스완 헌터(Swan-Hunter) 등이 있었다.[19] 이에 앞서 정부는 항공기산업의 20사를 3대그룹으로 통합하도록 합병을 권장하였다. 그중 가장 중요한 것은 대합병기업인 브리티시 에어크래프트 코퍼레이션(BAC)의 창설(1960) 지원이었다. 항공기산업은 군사적 전략산업으로 제1차 세계대전 이래 정부와의 밀접한 관계에서 성장해온 산업이었다. 그리고 정부는 1967년에는 14사의 합병기업인 브리티시 스틸사(British Steel Corporation, BSC)의 창설을 지원하였다.

정부의 중요 산업부문에서의 합병지원정책은 기업의 대규모화와 산업집중을 촉진한 요인으로 중요하였다. 그러나 정부의 역할은 그것으로 끝난 것은 아니다. 정부는 주요 산업의 국유화로 기업의 대규모화와 산업집중을 직접적으로 촉진하였다.

산업국유화는 거의 모두 3대에 걸친 노동당 정부에 의해서 추진되었다. 보수당 정부는 국유화정책을 기본적으로는 계승하면서도 1951년에는 국영산업인 철강업과 도로 수송산업을 민영으로 환원하였다. 보수당 정부가 예외적으로 수행한 주요 국유화 사례는 롤스로이스사의 매수에 불과하였다.

국유화가 대규모로 추진된 최초의 국면은 1946~51년이었다. 이 국면에서 정부는 잉글랜드은행을 비롯하여 석탄, 가스, 철도 및 부수사업시설을 포함한 수송, 철강 등 공공성이 큰 기간사업을 국유화하여 전면적인 재건을 추진하였다. 1960년대 후반기의 제2국면에서는 공항, 철강(재국유화), 수송, 우편 등의 산업이 국유화되었다. 그리고 1970~77년의 제3국면에서는 원자력, 항공기엔진, 수자원, 자동차, 석유, 항공우주, 조선 등이 국유화되었다.

국유화는 첨단기술 산업의 발전과 불황산업의 합리화를 추진하기 위하여 광범하게 추진되었다. 예를 들어 정부에 의한 롤스로이스사의 매수(1971)는 첨단 항공기엔진 설계기술에서 선두주자로서의 지위를 확보하기 위한 것이었으며, 브리티시 리랜드사(BL)의 매수는 경영난에 처한 회사를 파탄에서 구하기 위한 것이었다. BL은 1968년에 정부 지원으로 설립된 자동차산업의 거대 합병기업이었다. 국유화는 일반적으로 다수 기업 합병을 수반하면서 거대 국유화 기업의 형성을 촉진하였다.[20]

2. 다국적기업의 성장

기업규모의 거대화는 다국적기업의 성장 속에서 더욱 촉진되었다. 이 시기에 많은 대통합기업은 외국에 직접 투자하여 여러 나라에서 자회사를 설립하거나 외국기업을 매수, 합병하여 사업범위를 국제적으로 확대하였다. 그 결과 기업규모는 더욱 확대되었다.

외국직접투자(FDI)를 통한 국경을 넘은 다국적기업 활동은 20세기에 들어 크게 확대되면서 세계경제에서의 중요성을 증대하였다. 제2차 세계대전 이전에 FDI를 주도한 나라는 영국이었다. 1938년 현재 세계의 외국직접투자 총액 260억 달러에서 영국과 미국이 차지한 몫은 각각 40%와 28%였다. 그러나 압도적이던 영국의 지위는 제2차 세계대전 이후 크게 하락하였다. 1970년 현재 세계 FDI 총액 1,720억 달러에서 영국의 몫은 14%인 데 비해 미국은 48%였다. 제2차 세계대전 중과 전후의 해외자산의 대량 매각과 상실로 영국은 FDI에서의 압도적 지위를 미국에 넘겨주었다. 그러나 영국은 미국에 이은 세계 제2의 대규모 FDI국이었다. 더구나 영국의 기업활동에서 FDI의 중요성은 타국에 비해 컸다. FDI가 GDP에서 차지한 비율은 1969년 현재 영국 15.5%에 비해 미국은 7.1%였다. 영국의 비율은 네덜란드(33.1%)만큼 높지는 않았으나 국민경제에서 매우 중요한 몫을 차지하고 있었다. 외국직접투자가 영국경제에서 차지하는 중요성은 1990년대에는 더욱 커졌다.[21]

제1차 세계대전 이전의 최대 자본수출국은 두말할 것도 없이 영국이었다. 그 경우 영국 해외투자의 대부분은 직접투자가 아닌 증권(portfolio)투자였고 따라서 제조업에서의 다국적기업은 미국에 뒤져 있었다고 생각해왔다. 그러나 근래 이러한 소극적 해석은 FDI의 제도적 형태의 차이를 정당하게 인식하지 못해 나타난 오해라고 비판되고 있다. 즉, 미국과 독일의 FDI는 19세기에 시작할 때부터 기존 국내회사가 외국에 자회사를 설립하여 그에 대한 경영통제를 행사하는 형태를 취하였다. 그것이 제1차 세계대전 이후 1970년대까지 국제적 기업활동을 지배한 다국적기업의 '고전적' 형태로 인식되어온 것이다. 영국의 제조기업도 이러한 형태의 투자를 소극론자들이 생각한 것보다 많이 하였다는 것은 사실이다. 그러나 보다 중요한 것은 영국기업이 거액의 FDI를 '고전적' 형태와는 다른 형태로 수행하였다는 사실이다. 이렇게 볼 때 1914년 현재 영국 해외투자 총액의 3분의 1 이상은 증권투자가 아닌 직접투자의 범주에 속하는 것으로 볼 수 있다는 것이다.

제1차 세계대전 이전의 영국 FDI의 주요 형태는 독립회사(free-standing company) 형태였다. 그것은 해외에서 기업활동을 하기 위하여 국내에서 등록된 독립기업으로서 국내에 본사를 둔 기업의 성장선상에서 나타난 '고전적' 형태와는 다른 것이었다. 그들 기업은 보통 단일국가 내에서 특정산업으로 전문화하여 그 수는 수천이나 되었다. 그 외에도 해외에서 활동한 영국 기업으로는 무역회사라든가 경영대리점 등 다양한 형태의 기업이 있었다.

그들 기업은 명목적으로는 독립적이었으나 일정한 이해관계와 업종에 따른 기업집단을 구성하고 있었다. 예를 들어 투자부문에서는 30개의 투자그룹이 있었다. 투자그룹은 주식의 상호소유라든가 이사겸임으로 여러 회사를 하나의 네트워크로 결합하여 세계 각지에서 다각적 활동을 수행하였다. 또한 영국의 무역회사는 제1차 세계대전 이전에 국제무역에서 해운, 광산, 농업에 이르는 다각적 경영을 하였다. 이와 같은 '고전적' 다국적기업과 다른 다양한 기업 형태는 영국에 고유한 것이 아니라 독일 이외의 서유럽제국의 공통된 특징이었다.

제1차 세계대전 이전 영국의 FDI는 수출산업과 농업 등 제1차 산업과 무역, 금융, 철도 등 서비스산업에 집중되어 있었다. 제조업에서의 FDI는 상대적으로 규모는 작으면서도 당시의 신공업부문을 중심으로 광범하게 전개되었다. 코츠(J.P. Coats)사는 1890년대 중엽까지 미국을 비롯한 5개 국에서 특수면사 생산공장을 가지고 있었으며 코톨즈(Courtaulds)사는 1904년에 미국에 레이온공장을 건설하여 그 후 20년간 미국시장을 지배하였다. 레버 브라더스(Lever Brothers)사는 1890년 이후 많은 나라에서 비누를 생산하였다. 이들 외에 음반의 그래모폰사

(Gramophone Company), 타이어의 던롭(Dunlop)사, 조선 및 병기제조의 비커스(Vickers)사 등은 4 내지 8개 국에 제조공장을 두고 있었다.[22]

양차 세계대전 중간기에도 영국의 FDI는 주로 제1차 및 서비스산업에 대한 것이었다. 한편 제조업의 FDI도 증가하였다. 그 결과 영국 제조업기업의 다국적기업화도 확대되었다. 영국 제조업의 다국적기업 수는 1914~39년에 200사에서 448사로 증가하였다. 던롭, 코톨즈를 비롯하여 1914년 이전부터 활동해온 많은 제조업 다국적기업은 해외생산시설을 확대하였다. 레버 브라더스사는 1930년에 네덜란드의 경쟁회사(Margarine Unie N.V.)와 연합하여 거대 다국적기업인 유니레버(Unilever Ltd.)로 되었다. 수출에만 의존해온 초콜릿제조업의 캐드버리(Cadbury)와 론트리(Rowntree)도 외국에 공장을 건설하였다. 그 외에 Glaxo(약품), GKN(기계), Distillers(양조) 등도 다국적기업이 되었다. 영국 제조업의 다국적 투자는 급성장 부문만이 아니라 전통적 섬유산업에서도 진전되었다. 보호주의가 확대되는 속에서 영국의 제조업기업은 고관세를 회피하기 위하여 다국적 투자를 확대하였다.

특히 수출산업에서는 세계 수요의 증가를 배경으로 수평적 내지 수직적 통합을 이룩하면서 다각화한 대규모 다국적기업이 전개되었다. 석유산업에서는 1930년대까지 앵글로-이라니안(Anglo-Iranian)과 브리티시 셸 그룹(British Shell Group)은 세계 석유생산을 지배한 7대 석유회사(seven sisters) 중 2사였다. 그들 회사는 산유만이 아니라 세계적으로 유통조직을 가지고 있었으며 특히 브리티시 셸 그룹은 미국에 회사를 설립하여 화학부문으로 다각화하였다. 광산부문에서는 리오 틴토사(Rio Tinto Company)가 스페인의 광산과 잠비아의 동광에 대규모 투자를 하고 유럽과 미국에서 화학부문으로 다각화하였다. 영국인 소유 주석회사는 런던 틴사(London Tin Corporation)가 설립된 후 대규모 통합을 이루어 여러 나라에 있는 영국 주석회사를 지배하고 그들 나라에서 주석 생산에서 큰 몫을 차지하였다.

다각화한 대규모 다국적기업이 전개되는 가운데 소규모 독립기업은 소멸되거나 위축되었다. 기업의 대규모화 및 다각화와 함께 광범한 관리조직이 도입되면서 초기의 벤처기업에서 나타났던 독립기업 형태는 소멸될 수밖에 없게 되었다. 제1차 세계대전 중에는 미국에 있던 많은 영국회사가 미국인에게 매각되고 1929년 이후에는 영국의 외환통제가 외국에서 활동하는 영국의 독립기업에게 타격을 주었다. 그럼에도 서비스부문에서는 영국의 독립회사와 무역회사는 전간기와 그 후에도 활력을 가지고 존속하였다.[23]

제2차 세계대전 후 영국의 FDI는 지역과 산업에 따른 비중 변화를 수반하면서 확대되었다. 1945년 이후 15년 동안 영국 FDI의 80%(20억 파운드)는 영연방제국으로 들어갔다. 이 지역은 파운드화 지역으로 외환통제를 받지 않았다는 이점과 함께 정치적 안정, 성장하는 시장, 광범한 정치적 연계관계, 공통어(영어) 등 영국기업이 투자하기에 유리한 조건에 있었다. 1962년까지 영국 FDI 잔고의 55%는 이 지역에 있었다.

그러나 영국 FDI의 방향은 1960년대 이후 미국과 서유럽을 비롯한 선진공업국 중심으로 크게 전환되었다. 영국 FDI 잔액의 지역구성비를 보면 1962~81년에 서유럽은 13.4%에서 23.2%로, 북미는 23.1%에서 34.6%로 비중이 크게 상승하였다. 기타 선진공업국의 비중은 27.1%에서 20.4%로 떨어졌으나 1981년에 영국 FDI 총액의 78.2%는 선진공업국에 있었다. 특히 대미투자가 컸다. 1980년까지 영국의 대미 FDI액은 그 반대 경우보다 컸다. 영국기업은 미국에서 적극적으로 기업매수를 추진하였다.[24]

영국 FDI의 산업분포도 변화하였다. 제2차 세계대전 후 영국 FDI는 제1차 및 제3차 산업이 아니라 주로 제조업에서 이루어졌다. 〈표 10-4〉는 전후 영국 제조업 해외자산 구성 변화를 나타낸 것이다. 1954년에 해외 총자산의 절반 가까이 차지한 식품, 음료, 담배의 비중은 1981년에는 4분의 1을 약간 웃돌 정도로 낮아졌다. 이들 부문은 기술집약도는

표 10-4 영국 제조업 해외자산 구성비 (단위: %)

	1954	1964	1981
식품·음료·담배	47.3	39.0	27.1
화학	11.9	14.2	28.0
전기기계	5.4	4.9	10.0
기계	1.9	1.5	6.3
자동차	7.9	9.2	3.4
섬유	8.1	6.9	4.3
금속제조	7.3	9.7	2.0
제지	5.4	8.7	5.5
기타 제조	4.7	5.6	13.4
합계	100.0	100.0	100.0

자료: D. Shepherd et al., 1985: 63; G. Jones, 1994: 194.

상대적으로 낮으나 상표가치가 큰 소비재산업이었다. 이에 비해서 화학, 전기기계, 기계 등 기술집약도가 높은 부문의 비중은 같은 기간에 19.2%에서 44.3%로 크게 상승하였다. 이 시기에 영국 제조업의 다국적기업 활동의 중심은 기술집약도가 높은 산업부문으로 크게 이동하였다. 그 속에서 다국적기업의 규모는 거대해지고 산업집중도도 높아졌다. 1974년에 15대 기업은 영국의 1,798개 기업이 소유한 해외자산 총액(은행, 보험, 석유사업 제외)의 36%를 점유하고 영국기업의 해외자회사 총수 1만 2,303사 중 1,130사를 소유하고 있었다.[25]

3절 다각화전략과 조직구조

1. 다각화전략의 추구

기업규모가 확대되면서 경영전략도 변화하였다. 1950년까지도 영국 제조업의 대기업은 대부분 단일제품 내지 주력제품을 생산하였다. 경쟁적 시장에서 기업은 일반적으로 동일업종에서의 수평적 통합으로 독점적 대기업으로 되면서 '규모의 경제'를 추구하였다.

그러나 독점화전략의 경제적 효과에는 한계가 있었다. 국내외시장의 치열한 경쟁 속에서 독점적 대기업의 시장지배적 지위는 지속될 수 없었다. 통합기업이 규모의 경제를 실현하기 위해서는 합리화를 통한 통일된 생산체제를 구축하지 않으면 안 되었다. 그러나 영국기업은 그렇지 못한 경우가 많았다. 그리고 규모의 경제는 언제까지나 계속될 수 있는 것은 아니었다. 연구개발이 추진되고 시장구조가 변화하면서 다양한 상품이 등장하였다. 단일제품 중심으로 규모의 경제를 추구해온 대기업은 안정적 성장을 위하여 제품을 다각화하면서 '범위의 경제'를 추구하는 전략으로 방향전환을 하지 않을 수 없었다.

영국기업의 제품 다각화전략은 1950~70년에 크게 진전되었다. 〈표 10-5〉는 영국 상위 100사의 제품전략을 나타낸 것이다. 이 표에서 단일제품형은 단일제품이 총매출의 95% 이상을, 주력제품형은 단일제품이 매출의 70~95%를, 관련제품형은 어느 제품도 매출의 70% 미만이고 제품이 시장적·기술적으로 상호관련을 가진 경우, 그리고 비관련제품형은 어느 제품도 매출의 70% 미만인 점에서는 관련제품형과 같으나 제품 간에 관련이 없는 경우를 말한다. 비관련제품형 기업은 복합기업(conglomerate)이다.

이 표에 의하면 1950~70년에 단일제품형이 감소한 반면에 관련제품

표 10-5 상위 100사의 제품전략 변화 (단위: 사)

	1950	1960	1970
단일제품형	31	18	6
주력제품형	38	35	34
관련제품형	21	39	54
비관련제품형	2	4	6
합계	92	96	100

자료: D.F. Channon, 1973: 67.

형, 제품 다각화를 이룩한 기업이 크게 증가하였다는 것을 알 수 있다. 그 결과 1970년에는 상위 100사 중에서 다각화기업은 복합기업(6사)을 포함하여 60사에 이르렀다. 그 경우 다각화의 주된 방향은 단일제품-주력제품형(20사)과 주력제품-관련제품형(26사)이라는 두 가지였다. 따라서 주력제품형은 수적으로는 큰 변화가 없으나 구성기업에는 큰 변화가 있었다. 한편 복합기업은 수적으로는 크게 증가하였으나 그 지위(6%)는 낮았다.

관련제품형, 즉 다각화기업은 어떤 사업에서 많이 나타났는가? 〈표 10-6〉은 상위 100사의 제품전략별 산업분포를 나타낸 것이다. 이 표에 의하면 다각화기업은 기계(12사), 식품(11사), 화학(8사), 전기기계(6사), 섬유(5사), 석재·유리(3사), 인쇄(2사), 음료(1사), 금속(1사) 등의 산업에서 나타나고 있다. 섬유는 레이온 등 합성섬유부문에서 다각화가 진전되었다. 다각화기업은 고도기술의 신산업부문에서 집중적으로 나타난 것이다. 이와 같이 기술이 새로운 제품분야로 이끈 것과는 달리, 다각화의 제2의 경로는 합병이나 매수였다. 그것은 쇠퇴산업이라든가 경쟁이 격화된 산업에서의 탈출을 시도한 기업이 추구한 방위전략이었다.

신산업부문의 기업은 고도집약기술을 기반으로 제품범위를 확대하면서 다각화하였다. 예를 들어 합성섬유부문에서는 코톨즈사를 비롯하여 다수의 기업이 다각화하였으며, 전기부문에서는 GEC사, 그리고 화학부문에서는 ICI 등을 선두로 일찍부터 다각화가 추진되었다. 제지부

표 10-6 상위 100사의 제품전략별 산업분포(1970년)

	단일제품형	주력제품형	관련제품형	비관련제품형	합계
식품	1	4	11	–	16
음료	2	6	1	–	9
담배	2	2	–	–	4
섬유	–	–	5	–	5
의류	–	1	–	–	1
제지	–	–	5	–	5
인쇄	–	1	2	–	3
화학	–	–	8	1	9
석유	–	4	–	–	4
석재·유리	–	3	3	–	6
금속	–	4	1	–	5
기계	–	–	12	–	12
전기기계	1	1	6	1	9
수송기기	–	8	–	–	8
기타	–	–	–	4	4
합계	6	34	54	6	100

주: 상위 100사는 매출 기준임.

자료: D.F. Channon, 1973: 52-63.

문에서는 리드 페이퍼(Reed Paper)사와 같이 각종 종이제품만이 아니라 플라스틱류에 이르는 제품으로 다각화한 기업이 있었으며, 기계부문에서는 볼트, 너트에서 자동차의 트랜스미션에 이르는 다양한 제품을 생산하는 게스트 킨 앤드 네틀폴즈(Guest Keen and Nettlfolds)사와 같은 기업이 있었다. 한편 산소 및 공업용가스 공급에서 전전부터 국내시장에서의 독점적 지위와 해외에서 광범한 이권을 가지고 있던 브리티시 옥시전(British Oxygen)사는 전후 다국적기업의 경쟁에 직면하여 수지, 기계장치, 저온유지기, 진공장치, 식품가공 등 분야로 다각화하였다. 유니레버사는 비누와 마가린산업에 기반을 둔 다국적기업으로 출발(1929)하였으나, 비누를 기반으로 중성세제와 화장용품, 그리고 마가린을 기반으로 냉동식품, 통조림 및 건조식품, 잼, 차, 커피, 축산물 등으로 다각화하였다. 이 회사는 타사를 적극적으로 매수하면서 확장하였다. 당초에 지역사업부제조직을 둔 유니레버사는 1949년에는 제품사업부제를 도입하기 시작하여 1970년에는 12개 제품사업부와 4개 지역사업부를 가진 기업이 되었다.[26]

다각화는 자사 내의 축적기술을 통해서만이 아니라 기업의 수직적 통합, 국내외 자회사의 매수, 타사와의 공동기업의 설립 등을 통해서도 이루어졌다. 특히 다국적기업은 제품다각화와 함께 외국기업을 매수하여 자회사화하거나 외국기업과 합작회사를 설립함으로써 지역적으로도 다각화하였다. 예를 들어 유리제조업의 필킹턴(Pilkingtons)사는 1938년에 챈스(Chances)사와 공동기업을 설립하여 섬유유리 제조부문에 진출한 후 1945년에는 챈스사 자체를 매수하면서 다각화하였다. 이 회사는 국내의 경쟁우위를 기반으로 1965년까지 판유리, 안전유리, 섬유유리의 생산시설을 해외에 설립하여 다각화를 지역적으로 확대하였다. 국내적으로는 ICI는 코톨즈사와 설립한 합작회사(British Nylon Spinners)로 코톨즈사의 인조섬유의 제조, 판매기술을 획득하였다. 합작회사도 지역적 다각화를 위한 방법으로 통상적으로 이용되었다.[27]

기업의 지역적 다각화는 국내외에서의 자회사 매수로 추진되었다. 1958년에는 상위 100사의 평균공장 수는 27개였으나 1972년에는 72개로 증가하였으며, 공장당 종업원 규모는 750명에서 430명으로 감소하였다. 그것은 다수의 소규모 경쟁기업을 매수한 결과였다.

2. 조직구조의 변화

규모, 제품계열, 지리적 분산을 확대한 기업은 복잡한 관리문제에 효과적으로 대응할 수 있는 관리조직을 도입하지 않으면 안 되었다. 1950년대까지 영국에서는 대다수 대기업의 조직은 집권적 기능부제(centralized, functionally departmentalized form, U-form) 내지 지주회사 형태(holding

표 10-7 상위 100사의 관리조직의 변화(기업 수)

조직 형태	1950	1960	1970
기능부제(U-form)	52	23	8
지주회사(H-form)	28	41	20
사업부제(M-form)	12	32	72
합계	92	96	100

자료: D.F. Channon, 1973: 67, 72.

company structure, H-form)를 채용하고 있었다. 기능부제조직은 단일제품을 중심으로 한 전업형 대기업에서 일반적으로 채용된 관리조직이었다. 한편 합병으로 다수의 회사를 산하에 둔 지주회사는 본사를 중심으로 한 통합된 관리조직이 아니라 실질적으로는 독립적 구성기업들이 느슨하게 결합한 분권적 조직이었다. 그 속에서 제조, 판매, 구매, 재무, 연구 등 주요기능은 그 자신의 기능부문을 통해서 관리되었다. 이들 조직으로는 다각화로 업무가 더욱 복잡해진 기업을 효과적으로 관리할 수는 없었다. 이러한 필요에서 새로운 관리조직으로 도입된 것이 분권적 복수사업부제조직(decentralized multidivisional structure, M-form)이었다.

〈표 10-7〉은 영국기업의 관리조직의 변화를 나타낸 것이다. 이 표에 의하면 M-form 조직을 도입한 기업은 1950년에는 92사 중 12사에 불과하였다. 그러나 이들 12사 중 8사는 포드사, 복스홀(Vauxhall)사, 매시-퍼거슨(Massey-Ferguson)사 등 미국 다국적기업의 자회사 8사가 포함되어 있었으며, 영국기업은 1930년대에 M-form을 채용한 ICI와 유니레버사 이외의 2사(Smiths Instruments와 Spillers)에 불과하였다. M-form 조직을 도입한 기업은 1960년에는 96사 중 32사였고, 1970년에는 100사 중 72사로 크게 증가하였다.

다각화기업은 새로운 관리문제에 직면하여 미국기업의 경험에 주목하였다. 다각화전략과 그에 대응한 혁신적 관리조직인 M-form은 미국기업에서는 20세기 초부터 도입되어 1930년대에는 일반화되고 있었다. 1950년대 이후 영국에 있는 미국 다국적기업의 자회사들은 뒤이은 M-form 조직의 채용으로 그 유효성을 직접 보여주고 있었다. 한편 미국의 경영컨설팅 회사인 맥킨지사(Mckinsey and Co.)는 화학, 석유, 기계, 전기기계 등의 업종에서 재조직화의 자문을 다수 청탁받으면서 다각화 전략의 추구와 M-form 조직의 채용을 적극적으로 권고하였다.

그러나 다각화와 사업부제로의 조직혁신이 동시에 진행된 것은 아니다. 〈표 10-7〉에서 보면 U-form 조직의 기업은 1960년까지는 수적으로 감소하였는 데 반해서 H-form 조직은 크게 증가하여 96사 중 41사나 되었다. 후자는 1970년까지 반감하면서도 아직도 20사나 있었다. 그것은 1950년대에 진전된 다각화가 기업의 내부 성장을 통해서가 아니라 주로 합병을 통해서 이루어졌다는 사실과 관계가 있다. 합병을 통해서 형성된 대기업은 바로 사업부제를 채용하지 못하고 일반적으로 H-form 조직을 취하였다. 그것은 이 시기에 이루어진 합병 대부분이 고도로 경쟁적인 경영환경에서 기업의 효율성 극대화보다도 관련기업의 안전을 모색한 방위적 기업결합이었다는 사실과 관계가 있다. 합병기업의 H-form 조직 도입으로 구성기업의 집행임원들은 정리해고되지 않고 이전에 누리던 지배권을 실질적으로 유지할 수 있었다.

그러나 H-form 조직을 가지고 기업을 효율적으로 관리할 수는 없었다. 1970년대까지 규모의 확대, 지리적 분산 다각화를 추진한 기업은 스스로의 산업제국을 효과적으로 관리하기 위하여 상응한 조직개발을 하지 않으면 안 되었다. 이에 H-form 조직의 기업들은 1960년대에 M-form 조직으로 크게 전환하였다. M-form 조직은 미국에서는 주로 U-form 조직에서 나타난 데 비해서 영국에서는 주로 H-form 조직에서 나타났다. 조직혁신의 필요성이 커지면서 M-form 조직은 급속하게 보급되었다. 영국기업에서의 M-form 조직의 채용은 시기적으로 늦었으나 1970년대까지는 미국을 제외한 다른 어떤 나라에서보다도 광범하게 이루어졌다.

영국기업의 M-form 조직은 미국기업의 그것과 유사하였다. 그러나 양자 간에는 기능 면에서 차이가 있었다. 첫째, 본사의 책임과 기능에 차이가 있었다. 미국의 경우 본사와 사업부 간에는 의무와 기능이 명확하게 구분되어 있었다. 본사의 최고집행임원은 스태프 임원의 조언을 받아 기업의 정책에 관한 의사결정을 하고 사업부의 현업업무는 집행임원의 책임에 일임하였다. 사업부의 집행임원이 정책을 논의하는 이사회나 본사의 경영위원회에 참가하는 경우가 있어도 그것은 사업부문의 업적을 평가받는다는 의미밖에 없었다. 그에 비해서 영국기업은 본사와 사업부 간의 의무와 기능이 명확하지 않았으며 정책과 운영 간의 구별도 뚜렷하지 않았다. 그러한 속에서 영국기업은 일상 업무의 관리에 미국기업보다도 많은 위원회와 임원을 이용하였다. 또한 사업부의 책임임원이 운영업무만이 아니라 본사의 정책결정과정에 참여하는 경우도 많았다. 그것은 사업부의 업적을 객관적으로 평가하는 일에 장애가 되었다.

둘째, 영국기업에서는 재무통제의 방법이 도입되기 시작하였으나 아직 충분히 발달하지 못하였다. 사업부의 성과를 감시하고 평가하는 데에 이용된 주된 기준은 투자에 대한 수익, 즉 재무성과였다. 미국기업에서는 연간예산이 일찍부터 통제수단으로 이용되고 있었다. 영국에서는 공식적인 계획부문을 가진 기업은 많지 않았다. 통제와 계획의 수순이 미국에서만큼 정교하고 명확하게 규정되어 있는 경우는 화학, 약품, 전기, 전자 등 고도기술을 기반으로 다각화한 일부 기업에 한정되어 있었다.

셋째, 영국기업에서는 미국기업만큼 관리계층이 발달하지 못하였다. 미국기업에서는 특히 본사 스태프의 중추로서 특정사업부문에 속하지 않은 집행임원 계층이 발달하였으나 영국에서는 그렇지 못하였다. 1968년에 이르러서도 영국 상위 120사의 3분의 2나 되는 기업에서는 사장과 업무집행임원 이외의 관리계층은 없었다.[28]

3. 기업경영자의 자질과 태도

1) 자질

1950년대와 60년대 초에 걸쳐서 많은 대기업에서는 소유와 경영의 분리 경향이 나타났다. 경쟁압력이 커지는 속에서 대기업에서는 오너의 지배권이 주식보유 지분 및 가족적 연고의 유무와 관계없이 유능한 지배인에게 이양되었다. 소유와 경영의 분리 경향은 자본금 100만~300만 파운드의 중규모 기업에서도 나타났다. 가족이 지배권을 가진 기업은 1960년대 중반까지는 소수였다. 그때까지 오너가 지배하는 기업은 자본금 20만~100만 파운드의 소규모기업이 대부분이었다. 물론 중소기업에서는 오너에 의한 경영지배가 계속되었다. 비공모회사는 1961년에 회사 총수의 98%, 민간고용의 39%, 기업 총수익의 40%를 차지하고 있었다. 오너가 지배한 회사 중에는 규모가 큰 경우도 있었다. 그럼에도 전체적으로 볼 때 영국기업의 특징으로 계승되어온 가족지배의 '개인자본주의'는 전문경영자가 주도하는 '경영자자본주의'로 크게 전환하였다.

소유와 경영의 분리가 진전됨에 따라 전문경영자가 기업경영에서 중요한 지위를 차지하게 되었다. 필킹턴사와 같은 가족기업에서도 가족 출신 임원은 전문성이 뒷받침되지 않으면 안 되었다. 기업규모가 커지고 업무가 다양하고 복잡해지면서 전문성이 높은 경영자를 종래와 같이 사내 실습으로 양성하면서 승진으로 충원할 수 없게 되었다. 따라서 그들은 많은 경우 타 회사의 종업원, 과학자, 기술자, 관료, 회계사 등 사외의 전문직에서 충원되었다.

영국 기업경영자들은 변화하는 경영환경에 능동적이고 효과적으로 대응할 수 있었는가? 앞에서 본 바와 같이 이 시기에 영국기업은 규모, 전략 및 조직, 그리고 경영관리기법에서 미국기업에 인접한 수준에 도달하고 있었다. 그럼에도 영국기업의 경영성과는 영국에 있는 경쟁상대인 미국기업에 비해서 일반적으로 저조하였다. 그 원인은 여러 가지가 있을 것이나 특히 주목되는 것은 경영자의 자질과 관계되는 문제다. 경영자가 합리적 의사결정과 효율적 관리를 할 수 있는 자질의 유무가 경영성과에 영향을 주는 중요한 요소로 작용하기 때문이다.

영국 기업경영자의 기술능력과 태도에 대해서는 부정적 평가가 많다. 즉, 그들은 마케팅, 전문성, 유효성, 교육 정도, 경쟁적 관리능력, 변화와 혁신에 대한 태도에서 취약하거나 뒤지고 있었다는 것이다. 그에 비해서 미국의 기업경영자는 보다 높은 교육, 기술요건을 가지고 지식과 전문기술을 이용하여 효율성을 높이려 하였으며 경영관리와 의사결정에는 좀 더 동적이고 전문적인 태도로 임하였다고 평가되고 있다. 영국기업경영자는 기술상의 능력과 경영자로서의 기본태도인 효율성과 수익을 올리려는 의욕에서 미국의 경영자와는 차이가 있었다.[29] 영국의 기업경영자는 변화하는 경영환경에서 기업의 합병, 매수, 다각화 등 야심적인 전략을 추구하면서도 그와 함께 대응해야 할 조직과 관리상의 도전에 충분히 대응하지 못하였다고 평가되고 있는 것이다.

이러한 평가와 관련해서 경영자의 자질 문제가 중요한 논점이 되었다. 그 경우 문제는 경영자의 자질이 모든 수준에서 선행세대보다 향상되었는지 여부였다. 다시 말해서 그동안 경영환경의 변화와 기업 발전이 요구하는 만큼 경영자의 자질 향상이 있었는지에 대한 의문이었다.

영국 기업경영자의 엘리트주의는 오랫동안 이어온 특징이었다. 그들은 일부 사회계층 출신이었고 한정된 교육을 받고 경영엘리트가 되었다. '기업경영자는 타고난 것이지 만들어지는 것이 아니다'라는 격언은 이러한 특징을 단적으로 나타내고 있다. 기업경영자('젠틀맨')와 종업원 일반('플레이어') 사이에는 건널 수 없는 사회적 간격이 있었던 것이다. 기업의 이사회는 젠틀맨의 클럽과 같은 성격이 농후하였고 회사 중역의 인사에는 능력보다도 개인적인 교제관계라든가 사회적 지위가 중시되었다. 이러한 실정은 1970년대까지도 크게 변화하지는 않았다.

1970년경에도 영국의 기업경영자의 성격은 제2차 세계대전 이전과 유사하였다. 그들은 사회적 지위가 높은 계층에서 선발되었으며 경영자로서의 공식자격 소유자는 극히 소수였다. 영국기업에서 임원의 대부분은 퍼블릭스쿨 출신이었다. 그 출신비율은 제조업 66%, 시티의 금융부문 80% 그리고 소매업에서는 88%나 되었다. 전체적으로 대학 출신은 50%에 불과하였다. 그것은 미국(83%), 서독 및 이탈리아(78%), 일본(90%)에 비해서 크게 낮은 수준이었다. 대학도 대부분은 옥스브리지 출신이었으며 인문학 분야의 학위를 선호하였다. 오래된 전통적 대학과 새로운 '붉은 벽돌 대학(Redbrick)' 간에는 계급적 벽이 있었다. 전문경영자가 낮게 평가된 영국의 계급제도하에서 대학졸업자 대부분은 아직도 경영자 계층으로의 진출에 소극적이었다.

교육에서의 계급적 장벽의 존재는 전 국민적 인재개발과 국민의 사회적 상승기회를 제약하여 상층계급 엘리트와 경영 아마추어리즘을 영속하게 한 한편, 노사관계에서는 '그들'과 '우리들'이라는 사회적 분열로 상징되는 적대의식 확대를 촉진하는 경향을 낳았다.

영국에서는 1960년대까지 전문경영자 양성기관인 경영대학원은 없었으며 전문경영 교육을 받은 임원은 1970년이 되어도 9%에 불과하였다. 영국에서는 전통적으로 비즈니스는 학교교육이 아니라 현장실습을 통해서 습득하는 것으로 인식되었다. 19세기 말에 이미 경영대학원 내지 고등상업 경영교육기관을 설립하기 시작한 미국, 독일, 일본에 비해서 영국의 전문경영자 교육은 크게 뒤늦었다.[30]

영국에서의 경영관리 교육의 혁신은 제2차 세계대전 후에 나타났다. 1947년에는 단기의 일반 경영관리 과정을 제공하는 칼리지와 현직 관리인과 관리후보자를 위한 학위과정 대학이 설립되었다. 그 후 대학에서의 본격적인 경영관리 교육의 제도화를 위한 운동이 전개되었다. 그 결과 1965년에 런던대학교와 맨체스터대학교에 MBA 과정의 경영대학원이 설립되었으며 뒤이어 1970년대 초까지 33개 대학교에서 경영대학원이 설립되었다. 그러나 그것이 매니지먼트 교육에 대한 영국기업의 근본적 자세변화를 반영한 것은 아니었다. 기업은 MBA 취득자가 실제 비즈니스에서 유용한 기법을 터득한 인재로 보지는 않았으며 오히려 실무경험자를 위한 연수과정을 평가하였다. 영국기업에서는 1970년대까지도 자사 매니저 양성을 위한 사내훈련을 선호하였다.[31]

영국의 기업경영자들은 자신만이 아니라 노동자교육에도 적극적으로 투자하지 않았다. 노동자교육에는 현장실습이 중시되고 조직적인 교육훈련으로 노동자의 능력을 향상하는 일에는 소극적이었다. 노동자의 기능 향상을 위한 공공교육도 기업 차원에서의 훈련 부족을 보충하지 못하였다. 공공의 기술학교는 1947~62년에 321교에서 225교로 오히려 감소하였다. 신산업이 성장하고 새로운 생산방식이 확대되면서 그에 대응할 수 있는 기능과 지식을 갖추지 못한 노동자들은 작업현장의 자동화라든가 기타의 기술혁신에 반대하였다. 노동자의 기능낙후 문제는 양차 세계대전 중간기에 이미 나타났으나 제2차 세계대전 후에도 계속되어 1970년대와 80년대에는 더욱 명백하게 나타났다. 1970년대 중반에 이미 영국 공업노동자의 생산성은 서독의 노동자보다 약 50% 낮고 일본보다는 더욱 낮았다.[32]

2) 태도

전통적 관행과 아마추어리즘이 존중되는 기업문화에서 기업경영자의 태도는 보수적이었다. 첫째, 상급임원의 기업 간 이동성은 낮았다. 그 원인으로 그들의 보수수준이 낮음과 연금의 이전불가능성이 지적되고 있다. 영국기업의 상급임원의 보수 순수입은 고율의 누진소득세 때문에 낮았다. 한편 스톡옵션(stock options) 등의 방법은 1970년 무렵에도 거의 이용되지 않았다. 보수면에서 동기의 결여는 기업경영자로 하여금 위험부담을 지면서 능동적으로 대응하기보다는 현상유지를 선호하게 한 것이다.

기업경영자로 하여금 기업 간 이동을 기피하고 현상유지 태도를 갖도록 한 기본 원인은 연금제도에 있었다. 영국의 대다수 대기업은 상급임원에게 고용말기 급료의 3분의 2에 해당하는 '실크햇'연금('Top Hat' pension)을 제공하고 있었다. 그러나 중요한 것은 이 연금을 타사로 이전할 수는 없었다. 상급임원으로서는 고율소득세로 말미암아 실 봉급액도 낮은 상태에서 타사로 이동하기 위하여 연금권을 포기한다는 것은 크고 안정적인 수입원의 상실을 의미하였다. 따라서 그들은 보수적으로 되어 현상유지를 선호하고 큰 변화를 초래할 수 있는 조직상의 근본적 변화에 반대하였다. 그 결과 기업에서는 조정의 결여, 계획 및 통제수순의 빈약함, 구식보수체계 등 H-form 조직의 부정적 특징이 그대로 잔존하게 된 것이다.[33]

그와 함께 소유 및 경영지배의 형태가 변화하고 금융기관의 영향력이 커지는 속에서 경영자로서는 주식시장의 변동에 따라 상응한 의사결정을 하는 일이 중요하게 되었다. 그래서 그들의 주요관심은 기업의 장기적 성장보다도 주식시장에서의 주가상승으로 이어질 단기적 전략을 실행하는 데 있었다. 1970년대까지 영국기업은 대규모 생산의 잠재적 이점을 현실화할 수 있는 장기적 관점에서 성장전략을 추구하기보다는 안정적 기반에서의 단기 수익과 상급경영자의 지위 향상을 우선 추구하였다.[34]

제2차 세계대전 후 약 4반세기 동안 영국기업은 규모, 범위, 조직 등 외형적으로는 현대기업으로 발전하였다. 소유와 경영의 분리가 진전되어 '개인자본주의'는 '경영자자본주의'로 되었다. 그러나 그것은 현대기업에 걸맞은 경영의 내실을 올리지는 못하였다. 합병과 매수로 창출된 대기업은 많은 경우 독점적 효과를 노린 방어적 성격의 것이었으며 기업능력의 극대화를 지향한 근본적인 대응은 하지 못하였다. 경영관리와 관련하여 경영관리의 현대적 기법에 관심은 크지 않았으며 새로운 조직으로 M-form이 도입되어도 그에 필요한 정교한 경영기법은 좀처럼 정착되지 못하였다. 기업경영자들은 장기적 성장보다도 단기적 수익, 따라서 혁신과 변화보다도 현상유지와 안정을 우선하였다.

이 시기 영국의 기업성과는 상대적으로 낮았다. 경제성장률은 영국 자체로서는 전후 어느 기간보다 높았으나 다른 공업국에 비해서는 크게 낮았다. 그렇다고 해서 영국의 기업성과가 전면적으로 부진했던 것은 아니다. 채취 산업과 은행 및 유통업 등의 제3차 산업은 역동적으로 성장하면서 상대적 지위를 높였으며 다국적기업도 활발하게 전개되었다. 제조업에서도 일부 식품이라든가 고도기술, 자본집약산업에서는 경쟁우위를 가진 기업들이 있었다. 그러나 전체적으로 볼 때 영국 제조업기업의 활력이 다른 경쟁 공업국에 비해서 약했다는 것을 부정할 수는 없을 것이다. 그 배경에는 영국에 특징적인 기업 체질이 있었다.

11장

일본 대기업체제의 전개

1절 경영환경

1. 전후 자본주의의 재편성

1) 배경

제2차 세계대전 후 일본자본주의는 근본적인 변혁을 거치면서 재편성되었다. 전전의 일본자본주의는 기본적으로 대지주와 재벌에 경제력이 집중되고 일반민중의 상대적 빈곤 속에서 협소한 국내시장의 제약을 제국주의적 대외팽창으로 극복해왔다. 전전의 발전의 최종국면이 만주사변(1931~32)에서 중일전쟁(1937~45), 태평양전쟁(1941~45), 제2차 세계대전으로 이어진 '15년 전쟁'이었다. 1930년대에 일본경제는 전시경제체제의 전개 속에서 중화학공업을 중심으로 크게 발전하고 기업도 재벌기업을 중심으로 급성장하였다. 그러나 발전의 정점에 도달한 일본자본주의는 결국 태평양전쟁에 패배함으로써 근본적으로 붕괴하고 말았다. 일본자본주의가 새로운 발전을 하기 위해서는 재래의 발전 틀이 근본적으로 개혁되고 재편성될 필요가 있었다.

전후개혁을 주도한 주체는 미점령 당국이었다. 점령 당국의 초기 개혁목표는 일본자본주의의 '비군사화', '민주화'였다. 비군사화는 군수산업을 없애고 민주화는 소유와 생산의 집중을 배제하고 노동자·농민의 권익을 신장한다는 것이었다. 미군 당국은 일본의 군사력 복원을 제도적으로 저지하려 하였다. 그 방법으로 점령 당국은 군국주의의 경제적 기반이던 재벌해체로 경제력 집중을 배제하고 농지개혁으로 부재지주 제도를 철폐하여 자작농을 창설하고 노동자의 권리를 보장하여 그의 사회·경제적 지위의 향상을 도모하였다.

2) 재벌해체

재벌해체의 기본내용은 재벌지배의 중추조직인 본사(지주회사)를 해체하여 일족의 독점적 기업지배를 금지하고 소유주식을 공개매각·분산한다는 것이었다. 1947년 해체대상으로 최종 지정된 지주회사는 83사(산하 회사 수 4,500여 사)에 이르고 재벌가족 56명이 지정되어 기업의 지배와 경영에서 추방되었다. 같은해에 2,000명에 이르는 대기업 전문 경영자가 현직에서 추방되어 신세대의 젊은 경영자가 그를 대체하였다. 그와 함께 대기업에 대해서는 같은해에 카르텔 등에 의한 거래의 독점적 지배를 금지하기 위하여 독점금지법을 제정하고 그 시행을 위하여 '과도경제력집중배제법'을 제정하여 재벌계 대기업을 분할하였다.[1]

재벌해체는 본래 의도만큼 철저하게 시행되지는 못하였으나 일본 대기업체제의 존재 형태와 나아가 일본자본주의의 성격을 근본적으로 변화시키는 중요한 계기가 되었다. 재벌해체는 재벌가족이 폐쇄적으로 지배하던 지주회사를 해체하여 주식을 공개 매각함으로써 경제민주화를 촉진하였을 뿐만 아니라 대중자본의 동원을 용이하게 하였다. 재벌해체로 재벌 산하기업은 분할·독립되고 재벌가족은 소유만이 아니라 경영에서도 배제되었다. 재벌해체는 소유와 경영을 분리하여 전문경영자가 기업경영에서 중심적인 역할을 담당하게 함으로써 일본에서의 '경영자 자본주의'를 확립한 제도적 기반이 되었다.[2]

물론 재벌해체로 분할된 기업들이 완전히 독립적으로 존재한 것은 아니었다. 그들 기업은 주식의 상호소유를 통해서 밀접한 관계를 맺으면서 거대한 기업집단을 형성하였다. 그것은 '재벌의 부활'이라고도 불렸으나 재벌이 과거와 같은 형태로 부활하였다는 것을 의미하는 것은 아니다. 전후의 새로운 기업집단은 전전의 재벌과는 역사적 배경이라든가 자본계열 면에서 관련이 있다 하더라도 지배구조 면에서는 근본적으로 다른 것이었다. 그러한 의미에서 양자 간에서는 역사적 연속성과 단절성을 인식할 수 있는 것이다.

3) 농지개혁

농지개혁은 일본농업을 지배하는 부재지주제도를 철폐하고 소작농을 자작농으로 전환한 급격한 개혁으로 1946~50년에 실시되었다. 개혁의 결과 약 200만 정보에 달하는 소작지가 자작지로 전환되어 총경작지에 대한 자작농지비율은 개혁 이전의 50%에서 87%로 상승하고 전 농민의 84%가 자작 내지 자소작농으로 되었다. 한편 소작지의 80%가 자작지로 전환되어 총경지의 46%나 되던 소작지비율은 10%로 크게 떨어졌다. 이에 부재지주는 없어지고 자작농을 근간으로 하는 농촌구조가 확립되었다.

자작농제도가 확립됨으로써 농업은 안정적 기반에서 발전하게 되었다. 농민의 생산의욕이 자극되어 농업투자의 확대, 농업생산의 증가, 농산물상품화의 다각화가 진전되면서 농업소득이 크게 증대할 수 있게 되었다. 농업소득의 농업 이외 부문으로의 유출률은 개혁 전의 20%에서 3%로 격감하였다. 정부는 농지개량 등에 정부투자를 확대하는 한편 농산물가격지지정책을 지속적으로 실시하면서 농가의 소득증대를 뒷받침하였다.

농지개혁의 성과 위에서 1955년 이후 농업은 기술혁신을 이룩하면서 생산이 크게 증대하였다. 농업소득의 증대와 농업투자의 확대는 농민의 구매력을 확대하였다. 공산품에 대한 국내수요 기반은 크게 확대된 것이다. 또한 자작농체제의 확립으로 소작쟁의는 소멸하고 사회적·정치적 기반은 안정되었다.

4) 노동개혁

노동개혁은 1946년 '노동조합법'의 제정에서 시작되었다. 이 법은 노동자의 단결권과 파업권의 확립, 노동협약과 단체교섭권의 확보, 노동위원회의 설치를 주요내용으로 한 것이었다. 이 법의 제정으로 노동자의 조직화는 급진전하여 전국노동조합 수는 1945년 말~1946년 6월에 24배, 전국노동조합원 수는 10배 증가하였다. 1949년에는 노동조합 수는 3만 6,500개, 조합원 수는 690만 명으로 노동자의 조직률은 55%에 달하였다. 노동조합법과 함께 노동관계조정법과 노동기준법(1947)이 제정되었다.

노동 3법이 제정됨으로써 노동자의 법적 지위는 개선되고 노동운동은 고양되었다. 과격한 노동운동은 한때 총파업까지 지향하면서 사회불안을 조성하였지만, 1950년대 중반에는 노동운동의 신질서가 형성되어 산업민주주의가 정착하였다. 신질서 속에서 통일적 노동운동인 '춘투(春闘)'가 전개되면서 임금은 매년 인상되었다. 노동자의 경제적 지위의 개선으로 경제민주화가 진전되었을 뿐만 아니라 국내시장도 크게 확대되었다. 한편 산업민주주의의 확립으로 기업은 안정적 기반에서 설비투자를 확대하고 생산성 향상을 추진할 수 있게 되었다.

경제민주화 개혁으로 재편성된 일본자본주의는 전전의 그것과는 크게 달랐다. 절대주의적 천황제, 부재지주와 재벌의 경제력 집중, 국민대중의 상대적 빈곤, 제국주의적 대외팽창, 식민지지배 등으로 특징지어지던 전전의 일본자본주의는 전후 개혁으로 국내적으로는 경제민주화와 국제적으로는 평화주의로 체질변화를 하였다. 이러한 의미에서 일본

자본주의에는 전전과 전후의 역사적 단절을 인식할 수 있을 것이다. 그러나 제도적 변화가 아무리 큰 것이었다 하더라도 자본주의 축적기반이 근본적으로 변화한 것은 아니다. 전후 일본자본주의는 변화와 재편성을 거치면서 전전에 이룩한 축적기반의 연속선상에서 새로운 발전을 하게 된 것이다.

2. 경제 재건과 부흥

1) 경제재건

제2차 세계대전으로 일본경제는 심각한 타격을 받았다. 인적 피해는 물론 물적 피해도 국부의 25%에 달하였다. 1946년 광공업생산은 전전의 27% 수준까지 떨어져 마비상태에 있었다. 사회·경제적 혼란은 극심하였다. 무엇보다도 생활물자 부족이 심각해 국민생활은 도탄에 빠졌다. 심각한 식량 부족은 미국의 원조로 보충되었다. 일본의 수입 총액에서 원조수입 비율은 1947년에는 77%에 달하였다.[3] 물자 부족, 정부지출 확대, 통화증발은 인플레이션으로 이어졌다. 이러한 상태에서 일본자본주의는 재건되지 않으면 안 되었다.

정부는 전후의 경제재건을 주도할 기관으로 1946년에 '안본'(경제안전본부)을 설치하였다. 안본은 전후의 경제통제, 경제재건, 인플레이션 억제에 주도적 역할을 하였다. 안본은 경제재건을 위한 확대재생산정책으로 '경사생산방식(傾斜生産方式)'을 도입하였다.

경사생산방식의 기본전략은 수입원유 → 철강증산 → 탄광에의 강재(鋼材)의 집중배급 → 석탄증산 → 철강에의 석탄배급 증대라는 경로로 석탄과 철광의 생산을 증대하여 축소재생산 상태를 확대재생산의 궤도로 올려놓는다는 것이었다. 이 전략을 위해서 인력, 자금, 자재가 이들 부문에 최우선으로 집중 투입되었다.

경제재건의 추진에 필요한 막대한 자금을 공급하기 위해서 정부는 특수금융기관인 부흥금융금고를 설립(1947)하였다. 이 금고는 2년의 업무 수행 기간에 일본에서의 산업금융의 25%, 설비투자자금의 75%를 공급하였다. 이 금고의 자금원은 일본은행이 인수한 거액의 금고 채권('부금채')이었다. 또한 정부는 주요 산업제품에 대해서 보조금을 지급하였다.

그러나 대규모의 재정지출은 결국 인플레이션으로 이어졌다. 1944~48년에 통화발행고는 20배 증가하고 도매물가지수는 128배나 상승하였다. 1931년 이래 인플레이션 기조 위에서 발전해온 일본경제도 이러한 격심한 인플레이션은 전후 처음으로 경험하였다.

일본경제가 자립적으로 재건, 부흥하려면 급진하는 인플레이션을 수습하여 경제안정의 기반을 마련할 필요가 있었다. 그것은 미 점령당국의 강력한 요청이기도 하였다. 동서 간의 냉전이 격화되는 가운데 미국의 대일정책은 1947년부터 징벌적인 것에서 자립과 부흥을 지원하는 방향으로 변화하였다. 미국으로서도 일본경제가 자립적 기반을 회복하려면 인플레이션을 수습하고 국제경제에 복귀할 필요가 있었다. 이러한 필요에서 점령당국은 일본 정부에 경제안정9원칙의 시행을 지령하였다.

1949년부터 시행된 경제안정9원칙은 '닷지라인' 내지 '닷지플랜'이라 불린 초긴축정책이었다. 그것은 3가지 기둥을 가지고 있었다. 첫째, 종합적 균형예산으로 세입증대와 재정투자 감축으로 전 재정을 균형화하여 대규모의 채무를 상환한다는 것이다. 둘째, 인플레이션 수습으로 1달러=360엔의 단일환율을 설정하여 일본경제를 세계경제와 연결시킨다는 것이다. 엔 가치가 상대적으로 저평가된 신 환율은 그 후 20년간 고정적으로 유지되어 일본의 수출에 매우 유리하게 작용하였다. 셋째, 대충자금을 주요 산업의 부흥자금으로 이용한다는 것이다.

인플레이션 수습을 위한 긴축예산기조는 1950년에도 계속되었다. 그 결과 통화가 감축되고 물가도 안정되었다. 그러나 그것은 반동으로 급격한 디플레이션을 초래하고 경제를 심각한 불황으로 몰아넣었다. 그 속에서 많은 중소기업이 파산하였다. 이에 정부와 일본은행은 긴축재정을 금융완화로 보완하는 디스인플레이션정책을 실시하였다.

디스인플레이션정책으로 대기업이 성장하고 경제부흥도 진전되었다. 그러나 한편 중소기업과 일반국민은 심각한 곤란에 직면하였다. 닷지라인은 '안정공황'이라는 심각한 불황을 초래하여 경제적 곤란과 사회적 불안을 크게 하였다. 이에 이 정책을 계속 실시하는 것 자체가 곤란해졌다. 이러한 상황에서 일본경제를 재생시키고 회복국면으로 전환한 결정적 계기가 된 것은 한국전쟁이었다.

2) 경제부흥

안정공황을 겪던 일본경제는 한국전쟁(1950~53)을 계기로 대호황국면으로 반전하여 새로운 발전의 계기를 마련하였다. 또한 일본은 한국전쟁을 계기로 정치적으로는 미국과의 강화조약(샌프란시스코조약)을 앞당겨 체결(1951)하여 점령군 지배에서 벗어나 독립을 회복하였다. 강화조약체제하에서 일본은 국가의 안전보장을 미국의 군사력에 의존하고 경제관계에서도 대미의존성은 매우 컸다.

경제부흥의 계기로서 중요한 것은 한국전쟁을 전기로 일본경제가 호황으로 급반전하였다는 것이었다. 그것은 전쟁에 필요한 군수물자와 용역 일부가 일본에 발주되어 특수(特需)로 나타나고 세계적인 군비확장 분위기에서 해외수요가 증대하면서 일본의 수출이 크게 증가하였기 때문이다. 전쟁에 의한 특수수입은 3년 반의 한국전쟁 동안 13억 달러에 달하고, 이에 일본주둔 미군 관련 수입을 포함하면 23억 달러에 달하였다. 외화수입에서 특수수입이 차지하는 비율은 1953년에는 38%에 달하였다. 특수에 의한 외화수입 증가로 일본의 외화보유고는 1949년 말의

2억 달러에서 1952년에는 9억 4,200만 달러로 4.5배 증가하였다. 이로 인하여 일본의 국제수지의 상한은 크게 높아져 국제수지상의 제약 없이 20억 달러의 수입이 가능하게 되었다. 그것은 일본의 경제부흥능력이 그만큼 증대하였다는 것을 의미하였다.

특수경기는 생산을 크게 자극하였다. 광공업생산은 1950년 10월에는 전전 수준을 넘었으며 1954년에 이르는 4년 반 동안 25배나 증가하였다. 이 시기의 생산증대는 기존 생산설비의 복구와 가동률 증대와 함께 생산설비의 신규확장을 통해서 이루어졌다. 그와 함께 생산성 향상을 위한 생산설비의 신규확장과 합리화가 추구되었다. 새로운 설비투자가 이루어지고 선진기술이 도입되면서 선진국 기술수준을 추격하는 과정이 시작되었다.

일본경제는 전후의 혼란을 극복하고 급속한 부흥을 이룩하였다. 1946~55년에 실질GNP성장률은 연평균 8.9%나 되었다. 특히 한국전쟁을 계기로 한 성장은 두드러졌다. 광공업생산과 농업생산 수준은 1950년에 전전 수준을 넘었다. 1인당 실질국민소득과 소비수준도 전전 수준에 상당 정도 접근하고 있었다. 이러한 경제부흥실적을 전제로 1956년의 『경제백서』는 일본경제가 '이제는 이미 전후가 아니다'라고 평가하였다. 일본경제는 그동안의 부흥을 기반으로 1950년대 중반 이후 고도성장으로 이어졌다.

3. 경제성장

1) 고도성장

전후 부흥을 이룩한 일본경제는 1955년에서 1973년 석유위기까지 19년간 고도성장을 지속하였다. 그동안 경제성장률은 연평균 9.8%에 달하였다. 이와 같은 고도성장은 일본경제로서는 처음 경험하는 일이었으며 국제적으로도 전례가 없는 일이었다. 선진자본주의 경제가 장기 번영을 누린 1960년대에도 일본의 연평균 경제성장률은 11.1%로 미국(3.9%), 서독(4.7%), 프랑스(5.6%)의 약 2배, 영국(2.8%)의 4배나 되었다. 일본경제의 고도성장도 주기적인 경기순환을 수반하였다. 그러나 그 속에서의 불황은 높은 성장을 조정하여 다음의 성장기반을 다지는 과정이었으며 불황기에도 성장률은 상당히 높았다.

1965년 이전에 일본의 경제성장을 제약한 기본조건은 외화보유고의 한계였다. 즉, 투자확대 → 수입증대 → 생산증대라는 확대 호황국면이 지속되면 결국에는 외화보유고의 한계에 부딪쳐 계속성장이 제약받고, 긴축정책이 도입되어 투자억제 → 수입감소 → 생산감소라는 축소 불황국면이 나타났으며, 이 국면에서 이루어지는 수출증대=보유외화 증대를 토대로 또다시 확대국면이 나타났다. 이러한 순환 형태는 일본경제에서 전통적으로 이어져온 것이다. 그러나 1965년의 불황 이후 이러한 제약조건은 사라졌다. 그것은 수출이 지속적으로 급신장함으로써 국제수지흑자 기조가 정착되고 흑자폭도 크게 확대됨으로써 외화보유의 상한이 사라졌기 때문이다.

고도성장을 주도한 것은 민간설비투자의 확대였다. 민간설비투자는 1960년대 전반기(8.7%)를 제외한 고도성장기를 통해서 연평균 22%대의 높은 성장을 하였다. 실질국민총지출 구성비에서 보면 1955~73년에 민간고정자본지출 비율은 고도성장기에 10.6%에서 27.7%로 상승하였다. 이에 정부고정자본형성지출을 합하면 총고정자본형성 비율은 16.1%에서 37.3%로 높아졌다. 같은 기간에 수출 및 해외소득의 구성비는 6.5%에서 12.3%로 2배 상승하였다. 그것은 생산력 증대의 결과로 볼 수 있으므로 설비투자 확대의 의의는 컸다고 할 수 있다. 광공업생산증가에 대한 최종 수요별 기여율은 민간투자가 44.6%(1958~61) 또는 42.4%(1966~69)를 차지하여 가장 높았다.[4] 개인소비지출은 고도성장기를 통하여 60% 내외 수준이었다.

설비투자의 중심은 공업투자였다. 설비투자의 업종구성비를 보면 제조업은 1961~70년에 51%에서 45%로 감소추세를 보이면서도 압도적으로 높았다. 같은 기간에 도·소매업 및 서비스업의 비율은 11.8%에서 20.2%로 증대하였다. 그것은 이 시기의 유통혁명으로 이어진 유통업의 근대화, 대형화 투자를 중심으로 한 것이었다. 공업에 대한 설비투자의 중심은 중화학공업이었다. 철강, 기계(자동차 포함), 화학 등을 중심으로 한 중화학공업 투자는 공업 총투자의 80% 이상을 차지하였다. 경공업투자 비중은 20%에도 못 미쳤다.[5] 중화학공업중심의 민간설비투자가 활발하게 진행되면서 고도성장이 이루어진 것이다.

고도성장의 결과 일본경제는 양적으로 크게 확대되고 질적으로 고도화되었다. 고도성장기에 GNP 규모는 17조 엔에서 91조 엔으로 5.2배 증가하여 자본주의 세계에서 미국에 버금가는 '경제대국'이 되었다. 1인당 국민소득도 19만 엔에서 84만 엔으로 4.3배 증가하였다. 수출은 같은 기간에 20억 달러에서 360억 달러로 18배 증가하여 세계 수출에서 차지하는 비중도 4%(1962)에서 7%(1975)로 높아졌다.

고도성장으로 국부는 1955~70년에 3.4배나 증가하였다. 국민의 소비수준도 향상되었다. 그것은 내구소비재의 높은 보급률에서 두드러지게 나타났다. 가전기기의 보급률은 90% 이상이 되었으며 승용차의 보급률은 37.4%로 상승하였다. 대량으로 공급되는 다양한 내구소비재는 '유통혁명'·'소비혁명'과 함께 '고도 대중소비시대'를 낳았다. 고도성장기는 일본경제의 '역사적 발흥기'였으며 가장 역동적인 시기였다.

2) 안정성장

(1) 석유위기의 충격

고도성장은 제1차 석유위기(1973년 말)의 영향으로 중단되었다. 석유위기의 충격은 영·미를 비롯한 자본주의 제국에서 공통적으로 나타났지만, 일본경제에는 특히 컸다. 일본은 고도성장 과정에서 에너지원을 석탄에서 석유로 전환하고 석유다소비형 산업을 발전시켜온 데다가 국내 소비석유를 전량 수입에 의존하여 그 70%를 석유위기의 진원인 OPEC(석유수출국기구) 지역에서 수입하고 있었기 때문이다. 극적인 석유생산의 제한과 가격의 대폭인상은 거의 모든 공산품가격을 폭등시키고 그것을 매점·매석하려는 소비자행동이 가격상승을 부채질하여 '광란물가'라는 인플레이션이 급진전하였다.

인플레이션의 요인은 석유위기 이전부터 나타나고 있었다. 그 하나는 국제경제체제의 하나의 기둥이던 국제통화체제가 동요하는 속에서 과잉유동성 문제가 발생하였다는 것이다. 미국의 불황과 계속되는 국제수지적자, 달러유출 사태에 직면하여 취한 긴급경제정책('닉슨독트린')으로 미국을 중심으로 기능해온 브레튼우즈체제는 동요하였다. 국제통화위기에 대처하기 위하여 스미소니언협정(1971년 말)에서는 다각적인 통화조정이 이루어지면서 엔 가치는 1달러당 360엔에서 308엔으로 큰 폭으로 인상되었다. 각국이 변동환율제를 도입하고 있을 때 고정환율제를 유지한 일본은 엔화가치 상승을 저지하기 위하여 다량의 엔 자금으로 달러를 매입하였으나 그것이 과잉유동성의 원인이 되었다. 한편 거액의 달러를 소유한 미국의 다국적기업들은 달러가치 하락에서 오는 손실을 피하기 위하여 세계적 범위에서 부동산이나 상품을 구입하여 금융자산을 실물자산으로 전환하였다. 그것이 세계적으로 인플레이션을 격화시키는 요인이 되었다.

다른 하나의 요인은 대규모 금융완화정책의 시행이었다. 1971년의 불황대책으로 금융완화와 재정지출 확대가 시행되어 경기는 회복되었다. 그러나 1973년에는 다나카(田中角榮) 수상의 '일본열도개조계획'에 따라 대규모 금융완화가 추진되고 통화공급이 크게 증대하면서 인플레이션이 진전되고 그것이 광란물가라는 인플레이션으로 이어졌다.

급진하는 인플레이션을 수습하기 위해서 재정·금융 양면에서 강력한 긴축정책이 시행되었다. 한편 기업은 대규모로 생산을 감축하고 '감량경영'을 적극 추진하였다. 그 결과 실업자와 기업도산이 증가하고 불황은 더욱 심화되었다. 그러나 물가가 진정되면서 1975년에 들어서 재정·금융정책은 경기를 자극하는 방향으로 전환되었다. 감량경영으로 기업의 경상이익도 회복되기 시작하였다.

회복국면으로 들어선 일본경제는 제2차 석유위기(1978)의 충격을 받았다. 원유가의 인상폭은 제1차 석유위기보다 컸으나 그 영향은 그만큼 크지는 않았다. 정부는 즉시 재정·금융 양면에서 긴축정책을 실시하는 한편, 노사협조에 의한 임금억제와 정부·민간협조에 의한 인플레이션 심리억제 노력을 추진하고, 기업은 지속적인 철저한 감량경영으로 원유가격 상승충격을 내부적으로 흡수하려 노력하였다. 그 결과 일본경제는 유가상승의 충격을 최소화할 수 있었다.

2차에 걸친 석유위기에도 불구하고 일본의 실질GDP성장률은 1974년(-0.5%)을 예외로 1975~80년에 연평균 4.4%였다. 그것은 고도성장기의 수준(약 10%)에 비하면 크게 낮은 것이었으나 구미자본주의 제국의 경우보다 훨씬 높은 수준이었다. 이 시기의 경기회복을 뒷받침한 수요요인으로 특히 중요한 것은 수출증대였다. 1975~78년에 일본의 수출은 558억 달러에서 975억 달러로 1.75배 증가하고 경상수지는 -6.2억 달러에서 175억 달러로 대폭 증가하였다.

일본은 철강, 자동차, 가전제품, 선박 등 특정상품을 미국, EC 등 특정지역에 집중적으로 수출하였다. 중화학공업, 내구소비재산업을 중심으로 한 일본의 수출산업은 그동안의 에너지절약 및 대체에너지기술개발효과로 높은 국제경쟁력을 가지고 있었다. 그 결과 1975~78년에 달러당 305엔에서 176엔으로 엔고가 진행되는 속에서도 일본의 수출산업은 그 충격을 흡수하면서 성장하였다. 일본은 적극적으로 수출 공세로 나가고 특정상품을 특정지역으로 '집중호우'식으로 수출하였다. 수출확대는 미국, EC의 산업에 큰 타격을 주어 심각한 무역마찰을 일으키면서 일본의 경제성장을 주도하였다.

(2) 안정성장의 지속

일본경제는 1980년대를 통해서 안정성장을 지속하였다. 1981~90년의 연평균 실질GDP성장률은 4.1%였다. 안정성장은 직접적으로는 석유위기를 계기로 나타났으나 석유위기가 사라진 후에도 지속, 정착되었다. 석유가격은 1983년 이후 인하되어 위기 이전 수준으로 회복되었다. 그럼에도 일본경제는 고도성장으로 회기하지는 못하고 안정성장을 지속하였다. 그것은 고도성장을 뒷받침해온 조건이 구조적으로 변화하였기 때문이었다.

우선 수요 측면에서 보면 안정성장기에는 민간최종소비나 민간설비투자를 비롯하여 대부분의 수요항목에서 신장률이 크게 저하하였다. 민간소비의 경우 선행한 시기에 내구소비재와 주택에 대한 높은 수요욕구가 충족되어 이 시기에 들어서는 소비성향이 낮아졌다. 민간투자수요 확대조건도 크게 변화하였다. 고도성장을 뒷받침해온 저유가, 선진외국기술의 손쉬운 도입, 중후장대(重厚長大) 산업에의 대규모 투자, 규모의 경제 추구, 생산우선의 공공투자 등 투자수요 확대조건이 에너지수요 상승에 따른 투자수익 저하, 선진도입 기술의 장점 감소와 기술개발비 부담의 증대, 정부의 생활 및 공해관련 투자지출 증대 등 투자수요 축소 조건으로 크게 변화한 것이다. 노동력 확대조건도 변화하였다. 고도성장기에 연평균 1.4%이던 노동인구증가율은 1970~90년에 1.1%로 하락하고 월간 노동시간도 1960년의 203시간에서 1980년대에는 176시간으로 단축되었다.

1980년대의 안정성장기에는 제2차 석유위기를 계기로 한 1980~82년의 불황과 플라자합의(1985)로 엔 가치가 약 2년간 달러당 250엔에서 120엔으로 2배 이상 절상된 충격으로 발생한 '엔고불황'이 있었다. 이든 불황기에 정부는 재정지출 확대와 금융완화정책으로 경기회복을 꾀하였다. 한편 기업은 적극적으로 합리화를 추진하였다. 특히 엔고의 타격을 받은 수출산업은 엔 표시 수출가격 인하, 과잉설비의 폐기, 인원감축 등 합리화를 철저하게 추진하는 한편, 판매시장의 수출에서 국내시장으로의 전환, 생산거점의 해외이전, 부품·재료의 해외조달 확대 등의 대응을 하였다. 한편 기업의 대규모 고용조정과 생산거점의 해외이전으로 실업은 증대하고 산업공동화 문제가 나타났다.

급격한 엔고와 불경기에도 불구하고 일본의 무역수지흑자는 확대하여 1986년에는 1,016억 달러나 되고 1987년에도 845억 달러로 높은 수준을 유지하였다. 반면, 미국의 무역수지는 1985년과 1986년에 각각 1,485억 달러와 1,697억 달러로 적자였다. 미국의 무역적자(1986)의 3분의 1은 대일무역에서 발생하였다. 무역수지의 큰 불균형을 배경으로 일본에 대한 미국의 시장개방 및 수출규제 요구는 더욱 커졌다.

무역마찰이 커지는 속에서 경제대국이 된 일본은 더 이상 수출주도의 경제성장을 지속할 수 없게 되었다. 엔고불황을 거치면서 일본경제는 성장패턴을 수출주도에서 내수주도로 전환하지 않을 수 없게 되었다.

엔고불황은 1986년 말부터 회복국면으로 반전하여 1991년 초까지 엔고경기 내지 '헤이세이(平成)경기'라는 장기호황으로 이어졌다. 경기회복을 주도한 요인은 이전과 같은 수출이 아니라 내수확대였다. 이 국면에서 일본경제의 성장패턴은 외국수요(수출)주도형에서 내수주도형으로 결정적으로 전환하였다.

그러나 엔고경기는 주식과 토지 등 자산가격의 급상승이라는 내실 없는 과열경기인 버블경기를 수반하였다. 주가와 지가의 급상승은 막대한 가격 차익을 발생시켰다. 개인, 기업 할 것 없이 실제의 자산거래로 큰 차익을 실현할 수 있었을 뿐만 아니라 자산소유만으로도 잠재적 부유감은 커졌다. 이러한 분위기에서 대형소비 붐이 나타났다. 개인소비는 생활관련 내구소비재만이 아니라 각종 사치품, 레저·해외여행으로 이어졌다. 기업의 경우 대기업마저 자산의 투기적 거래로 거액의 이익을 올림으로써 왜곡된 호황감에 빠졌다. 대규모의 소비확대로 버블경기는 과열되었다.

3) 저성장

과열된 버블경기는 결국 1991년에 들어 무너지기 시작하여 1993년 10월까지 헤이세이불황으로 이어졌다. 자산가치의 급격한 하락과 함께 경기는 전면적으로 후퇴하였다. 민간설비투자는 큰 폭으로 감소하고 민간소비수요도 크게 감소하였다. 실질GDP성장률은 1% 내지 그 이하 수준으로 크게 떨어졌다. 대규모 재정지출과 금융완화 등에 힘입어 GDP성장률은 1996년에는 5.1%로 크게 회복되었으나 1997년에는 1.4%로, 그리고 1998년에는 -2.8%로 떨어졌다.[6]

불경기 속에서의 기업수익감퇴 → 투자감축 → 고용조정 → 실업증대 → 매출부진이라는 악순환이 이어지면서 민간소비수요와 기업설비투자는 크게 감소하였다. 버블경기 속에서의 대규모 신용팽창으로 부실채권을 떠안게 된 금융기관들은 대형금융기관의 파탄을 계기로 자기자본비율을 높이기 위한 대출금 회수와 신규 대출억제를 하였으며 그 결과 신용은 크게 위축되었다. 또한 기업도산 증가로 기업 간 신용도 위축되었다. 신용수축은 기업의 설비투자를 제약하였다. 정부는 1998년과 1999년에 대규모경제대책을 세우고 일본은행은 제로금리정책을 단행하였다. 이러한 경기대책에도 불구하고 일본경제는 장기침체국면으로 들어갔다.

2절 산업기업의 성장

1. 고도성장기의 기업성장

1) 중화학공업

기업은 경제부흥에 이은 고도성장기에 적극적으로 설비투자를 확대하면서 성장하였다. 설비투자 확대는 전 산업에 걸쳐서 이루어졌다. 전후 경제부흥 과정에서 새로운 발전기반을 마련하기 위해서 기업은 수출확대를 모색할 필요가 있었으며, 그러기 위해서 국제경쟁력을 갖추지 않으면 안 되었다. 그 속에서 1950년대에는 2차에 걸친 산업합리화 계획이 추진되어 산업재편성이 이루어졌으며 기업은 경쟁적으로 기술도입과 설비투자를 확대하면서 생산력 확대를 도모하였다. 이 시기 중화학공업의 발전을 뒷받침한 핵심 요소는 기술혁신을 수반한 대형설비투자였다.

신기술은 미국을 비롯한 구미제국에서 도입되었다. 일본의 기술은 전전에 이미 높은 수준이었으나 전시의 오랜 폐쇄체제에서 낙후해 있었다. 일본은 구미제국에서 개발된 최신 기술을 도입하여 산업근대화를 추진하였다. 기술도입은 〈표 11-1〉에서 보는 바와 같이 고도성장 초기(1956~60)에 이미 1,800건에 가까웠으며, 후기(1966~70)에는 7,600건에 가까웠고, 1970년대 전반기에는 1만 건을 넘었다. 기업은 연구개발투자를 확대하면서 도입기술의 응용·산업화를 적극 추진하였다.

기술도입은 상승작용을 하면서 확산되었다. 한 부문에서의 기술도입은 다른 부문에서의 기술도입을 유발하고 그와 관련하여 한 부문에서의 투자가 다른 부문에서의 투자를 유발하였다. 그것은 일본의 선진기술에의 추격 과정이었다. 투자가 투자를 유발하여 민간설비투자가 확대되는

표 11-1 기술도입 건수

기간	합계	화학제품	철강·비철 금속·금속 제품	일반기계 기구	수송용 기계	정밀기계	전기기계 기구
1951~55	1,072	323	181	198	46	2	166
1956~60	1,772	543	301	325	44	8	224
1961~65	4,494	901	462	1,393	109	78	574
1966~70	7,589	1,348	646	2,231	247	127	958
1971~75	10,789	1,360	519	2,591	472	285	1,526

자료: 三和良一 · 原 朗 編, 2010: 160.

속에서 기업은 경쟁적으로 설비근대화를 추진하였다. 선진기술을 도입하면서 발전을 주도한 사업은 철강, 석유화학, 조선, 가전, 자동차산업을 중심으로 한 중화학공업이었다.

(1) 철강공업

산업발전을 선도한 대표산업은 철강공업이었다. 석탄과 함께 전후의 생산 재개를 위한 경사생산방식의 중심산업인 철강공업은 경제민주화 정책을 계기로 재편성되었다. 먼저 1950년에는 전전의 반관반민의 대 철강 트러스트이던 니혼제철이 4개 회사로 해체·분할되었다. 그중 야와타제철과 후지제철은 선철-강철의 일관생산기업으로 재출발하여 상호경쟁관계로 되었다.

한편 민간제강기업 중에서도 선철부문을 통합하여 철·강 일관생산기업으로 전환하는 기업들도 나타났다. 그 선두기업은 가와사키(川崎)제철이었다. 이 회사는 1950년에 대규모 임해제철플랜트를 건설하여 선·강 일관생산기업으로 전환하였다. 이에 자극되어 고베제강, 스미토모금속 등이 신규 설비투자를 하면서 일관생산기업으로 전환하였다.

이들 일관생산기업은 경쟁적으로 외국의 신기술을 도입하면서 설비투자를 확대하고 고효율의 대규모 생산체제를 조성하였다. 1950년대에 2차에 걸친 합리화계획이 추진되는 가운데 스트립 밀 등 최신기술이 도입되면서 생산의 자동화-고속화-대량화에 대혁신을 이룩하였을 뿐만 아니라 품질에서도 자동차, 각종 내구소비재, 조선 등에 필요한 고급강제를 생산할 수 있게 되었다.

혁신투자가 경쟁적으로 이루어지면서 기업합병이 진전되어 5사이던 일관생산기업은 1962년에는 9사로 되었다. 그리고 1970년에는 야와타제철과 후지제철의 합병으로 신니혼(新日本)제철이 설립되었다. 과점기업 간의 설비투자경쟁 속에서 스트립 밀은 1960~71년에 7기에서 21기로 3배나 증가하여 미국(46기)에 이어 세계 2위를 차지하게 되었으며, LD화율은 1960~70년에 11.9%에서 79.1%로 2위인 독일(55.8%)을 크게 앞질렀다.[7] 일본 철강공업은 생산 확대와 생산성 향상을 이룩하면서 높은 국제경쟁력을 가지고 미국 등의 선진 철강공업을 압도하게 되었다.

(2) 에너지혁명과 석유화학공업

전력산업에서는 1957~62년의 대규모 전원개발계획에 의해서 수력중심에서 화력중심으로 그리고 석탄에서 석유로 에너지원이 전환하는 '에너지혁명'이 추진되었다. 그 결과 전후 기간산업의 하나이던 석탄산업은 쇠퇴하고 석유공업이 발전하였다.

그 속에서 석유화학공업이 새로운 발전을 하였다. 1955년부터 정부는 설비자금 융자와 세제상의 우대 등 이 산업의 육성정책을 추진하였다. 이 산업에는 미쓰이석유화학, 미쓰비시유화(油化), 스미토모화학, 닛세키(日石) 등이 선발기업으로 진입하고, 뒤이어 1960년대에 들어서는 마루젠(丸善), 도넨(東燃), 미쓰비시카세이(化成), 이데미츠흥산(出光興産), 다이쿄(大協) 등 5사가 진입하였다. 이들 기업은 경쟁적으로 선진기술을 도입하면서 정유에서 각종 부산물 생산에 이르는 일관생산체제를 갖춘 플랜트를 건설하였다. 그 결과 전국적으로 9개 소의 임해석유화학콤비나트가 건설되어 새로운 공업지대를 형성하였다.

생산재 생산부문에서의 발전과 에너지혁명의 진전은 화학, 조선, 전기기계, 자동차 등 여러 공업부문의 기술혁신과 신성장의 기반이 되었다.

화학공업은 석유화학공업이 합성수지, 합성고무 등 일련의 신제품생산에 필요한 소재를 공급함으로써 새로운 발전을 하였다. 특히 일찍부터 두드러지게 발전한 부문은 합성섬유산업이었다.

합섬(合纖)산업에서 신기술의 도입을 선도하면서 발전한 선발기업은 도요(東洋)레이온사였다. 이 회사는 1950년대에 듀퐁사의 나일론기술과 ICI(영국)의 폴리에스테르 기술을 도입하면서 합섬산업의 발전을 주도하였다. 선발기업의 성장에 자극되어 1960년대 중반 이후에는 가네가후치, 도요방적 등이 후발기업으로 합섬산업시장으로 진입하였다. 종전의 화학섬유를 대체하여 급성장한 일본의 합섬산업은 1970년경에는 미국에 이어 세계 2위에 오르고 세계생산의 20%를 점유하게 되었다.

합섬산업에 앞서 전후 가장 일찍 재생한 섬유산업은 면공업이었다. 면공업은 미국의 원조하에 생산과 수출이 재개되고 한국전쟁기의 수출붐으로 회복하여 새로이 성장하였다. 제2차 세계대전 전에 1,200만 추에서 전후 200만 추로 격감한 방추는 1955년에는 800만 추로 급증하였다. 10대 방적회사체제이던 산업조직도 신규 진입 기업의 속출로 재편성되면서 대·중소기업 수는 급증하여 1955년까지 130사나 되었다.

합섬을 포함한 섬유제품 수출은 당시 일본의 외화 획득의 주요수단이었다. 일본의 섬유제품 수출은 1950년대 후반에 일본 수출고의 30%였으며 그중 70%는 면제품이었다. 섬유의 대미수출이 급증하면서 1950년대 중반에 일·미 무역마찰이 발생하였다.

그러나 면공업은 1960년대 들어 합섬공업이 급성장하면서 점차 경쟁력을 상실하였다. 그 결과 면제품에 대신하여 합섬제품 수출이 증가하여 1971년의 일·미 섬유교섭에서는 합섬수출도 규제대상이 되었다. 그러나 석유위기를 겪으면서 합섬산업도 구조불황업종이 되어 새로운 대응을 모색하게 되었다.

(3) 조선공업

조선공업은 고도성장기의 세계무역 확대와 에너지혁명에 따른 대형 화물선과 탱커수요 증대를 배경으로 급성장하였다. 조선기업들은 경쟁적으로 대형 도크를 건조하고 자동화 등 기술혁신을 하면서 설비근대화를 추진하였다. 정부는 정책적으로 선박수출을 조성하였다. 국제경쟁력을 회복한 일본의 조선업은 선박수출 붐을 타면서 급성장하여 1957년 이후 선박건조 규모에서 영국을 누르고 세계 1위가 되었다. 선박의 생산과 수출은 1970년대까지도 증가하였다.

1960년대 조선업에서는 확대국면이 계속되는 한편, 대형기업합병이 진전되어 이시카와지마하리마(石川島播磨)중공업, 미쓰비시중공업, 가와사키(川崎)중공업 등 대기업이 출현하였다. 조선업은 중소기업의 계열화와 함께 8대 기업체제로 재편되었다.

(4) 가전공업

고도성장기에 혁신적 기술·제품개발을 추진하면서 급성장한 신공업은 가전(家電)산업이었다. 가전산업에서는 1950년대 후반의 흑백 TV에서 시작하여 1960년대에는 전기세탁기와 냉장고, 1970년대의 컬러 TV, 1980년대의 VTR 등 제품영역을 확대하면서 장기적인 발전을 하였다.

가전공업에서는 마쓰시타(松下), 히타치(日立), 도시바(東芝), 산요(三洋), 소니(Sony), 샤프(하야카와, 早川), 미쓰비시를 비롯하여 신니혼전기, 니혼콜롬비아, 니혼빅터 등 다수의 기업이 성장하였다. 그들 기업은 대부분이 주요가전 전 제품을 중복 생산하였으며, 따라서 그들 기업 간에는 제품의 성능, 품질, 가격 등에서 비교우위에 서기 위한 치열한 개발경쟁이 전개되었다.

그 속에서 혁신적 기업가활동이 전개되었다. 예를 들어 마쓰시타(松下幸之助)의 마쓰시타전기(電器)는 대량생산체제와 판매점의 계열화를 통한 대량판매체제를 확립하여 업계의 선두주자가 되었다. 그리고 전후

이부카(井深大)와 모리타(盛田昭夫)가 설립하여 1958년 현재의 회사명으로 출발한 소니는 녹음기와 트랜지스터 라디오에서 시작하여 TV, 음향기, VTR 등 신제품과 휴대용 소형제품을 개발하고 차별화된 상품을 출시하여 브랜드 이미지를 높이면서 크게 성장하였다. 부품생산부문에서도 독자적 기술을 가진 많은 기업이 성장하여 전자산업 발전의 기반이 되었다.

2) 유통조직의 대형화

고도성장기에는 유통혁명이 전개되어 도매·소매상을 매체로 한 전통적인 유통조직기반이 크게 무너진 한편 새로운 유통조직이 출현하고 성장하였다. 제조업기업은 치열한 경쟁 속에서 제품판매기능을 종래와 같이 외부의 유통조직을 통해서가 아니라 직접 수행하는 방향을 취하였다. 그 경우 일본의 제조업기업은 미국과 같이 외부의 유통기업을 수직적으로 통합하여 내부화하기보다도 자사제품만을 독점적으로 취급하는 판매회사로 계열화하여 인적·자본적 관계를 통하여 결합관계의 강화를 지향하였다. 판매부문기업의 계열화는 가전제품, 자동차, 화장품기업을 비롯하여 의약품, 식료품 등 많은 산업에서 나타났다.

한편 유통부문에서는 점포의 대형화가 진전되었다. 미국에서 전전에 출현한 슈퍼마켓은 일본에서는 식품만이 아니라 의료품, 의약품, 일용잡화 등 다양한 상품을 할인 판매하는 종합슈퍼의 형태로 전개되었다.

이 분야에서 선발기업으로 두드러지게 성장한 기업은 나카우치(中內功)가 1957년에 창업한 다이에(ダイエ-)였다. 이 회사는 취급상품을 점차 확대하면서 점포의 대형화와 다점포화로 종합슈퍼업태를 확립하였다. 다이에는 1973년까지 점포 수가 111개에 이르고 매출액은 일본의 대표적 백화점인 미쓰코시(三越)를 능가하면서 소매업계에서 정상급 기업으로 되었다. 다이에를 선두로 종합슈퍼업태의 대형기업으로는 이토요카도(伊藤ヨ-カ堂), 세이유(西友), 자스코(ジャスコ), 니치이(ニチイ), 유니(ユニ) 등이 각지에 점포를 개설하였다. 그들은 합리화와 경영혁신과 업태다각화를 추구하면서 성장하였다.

대형유통기업은 '대규모소매점포법'의 시행(1974)으로 점포 개설이 제한되자 프랜차이즈 방식으로 소점포편의점을 다수 개설하였다. 그에 따라 종합슈퍼를 모체로 세븐일레븐(이토요카도), 로손(다이에), 패밀리마트(세이유)를 비롯한 여러 계열의 편의점이 다수 전개되었다. 한편 저가상품 선호성향이 높아지면서 할인점, 홈센터, 쇼핑센터 등 새로운 업태의 소매점도 뒤이어 설립되면서 소매유통업에서 중요한 지위를 차지하게 되었다.[8]

상사도 합병을 거듭하면서 종합상사화를 지향하였다. 다수의 소규모 상사로 분할되었던 미쓰이물산과 미쓰비시상사가 각각 재통합하여 거대상사로 재등장하고 이토츄(伊藤忠), 마루베니(丸紅), 가네마쓰(兼松)를 비롯한 섬유상사와 스미토모, 닛쇼(日商), 아타카(安宅) 등을 비롯한 철강상사들도 종합상사로 되었다. 그 결과 1960년대 중반에는 미쓰이, 미쓰비시, 스미토모, 이토츄, 마루베니, 도요멘카(東洋棉花), 니치멘(日綿)실업, 가네마쓰코쇼(兼松江商), 닛쇼이와이(日商岩井), 아타카산업의 10대 종합상사체제가 형성되었다.

2. 안정성장기의 산업변화

1) 산업구조의 변화

안정성장기에 산업구조는 크게 변화하였다. 〈표 11-2〉는 1955~95년의 산업구조의 변화를 나타낸 것이다. 이 표에 따르면 이 기간에 GDP에서 차지하는 제1차 산업(농림수산업)의 비중은 19.2%에서 1.9%로 계속해

표 11-2 GDP의 산업별 구성 변화(명목) (단위: %)

구분 \ 연도	1955	1965	1975	1985	1995
전 산업	100.0	100.0	100.0	100.0	100.0
제1차 산업	19.2	9.5	5.3	3.1	1.9
제2차 산업	33.7	40.1	38.8	36.3	33.8
광업	1.9	1.0	0.5	0.3	0.2
제조업	27.5	32.8	29.1	28.4	23.7
건설업	4.4	6.4	9.3	7.6	9.9
제3차 산업	47.1	50.3	55.9	60.7	64.4
전기 · 가스 · 수도	2.3	2.6	1.9	3.1	2.7
도 · 소매업	10.3	12.3	14.2	12.8	12.2
금융 · 보험 · 부동산	9.3	12.7	12.9	14.8	17.0
운수 · 통신업	7.1	7.3	6.2	6.3	6.3
서비스업	9.8	7.6	10.5	13.9	16.3
정부 · 비영리단체	8.4	7.8	10.0	9.7	9.9
제조업계	100.0	100.0	100.0	100.0	100.0
경공업	58.2	40.8	38.5	35.4	35.0
종이류 · 요업토석	7.0	7.6	7.4	6.2	6.5
식품 · 섬유 · 기타 제조	51.2	33.2	31.1	29.2	28.5
중화학공업	41.9	59.2	61.5	64.6	65.0
화학 · 석유 · 석탄	12.1	15.0	11.2	11.6	12.8
일차금속 · 금속제품	13.0	14.5	16.5	13.2	13.1
기계류	16.8	29.7	33.7	39.8	39.1

자료: 小峰隆夫, 1999: 106.

서 크게 떨어졌다. 그에 비해서 제2차 산업의 비중은 1970년을 최고점(43.1%)으로 그 후 점차 하락하여 1995년에는 1955년과 거의 같은 수준(33.8%)으로 되었다. 제2차 산업을 내부적으로 보면 그동안 광업의 비중은 계속 하락하였고 제조업의 비중은 1970년을 최고점(34.8%)으로 1995년에는 23.7%로 저하하였다. 제2차 산업에서 전 기간을 통해서 비중이 상승한 산업은 건설업뿐이었다. 이에 비해서 두드러진 것은 제3차 산업의 비중이 금융, 보험, 부동산, 서비스업, 도·소매업을 중심으로 1970년(50.9%)대 이후 증대하여 1995년까지 64.4% 수준까지 상승하였다는 사실이다.

제2차 산업의 중심인 제조업의 구조도 크게 변화하였다. 〈표 11-2〉를 보면 전 기간을 통해서 경공업 비중은 58.2%에서 35.0%로 떨어진 반면, 중화학공업 비중은 41.9%에서 65.0%로 높아졌다. 그 경우 주목되는 것은 제조업의 구조변화가 1970년까지의 고도성장기에 이루어졌고, 뒤이은 안정성장기에는 변화가 거의 없다는 것이다. 제조업에서의 중화학공업 중심구조는 고도성장기에 확립된 것이다.

그러나 중화학공업구조 그 자체도 1970년을 전환기로 해서 내부적으로 변화하였다는 사실을 주목할 필요가 있다. 그것은 1970년 이후 화학, 석유, 석탄, 철강, 비철금속, 금속제품 등 기초소재형 산업의 비중이 상대적으로 축소되고, 반면에 가공조립형 산업인 기계류의 비중이 크게 증대하였다. 안정성장기의 제조업에서의 주도산업은 가공조립형 산업이었던 것이다.

2) 환경변화와 기업의 대응

산업구조의 변화는 석유위기와 엔고에 대한 산업기업의 대응 속에서 나타났다. 먼저 양차에 걸친 석유위기는 그동안 석유에너지에 의존하여 성장해온 산업에 큰 타격을 주었다. 저렴한 석유에너지 공급기반에서 확대전략을 추구하면서 고도성장을 이끌어온 산업기업은 그 기반을 크게 상실한 것이다. 특히 큰 타격을 입은 사업은 철강, 석유화학 등 에너지다소비형 소재산업이었다. 석유가의 급등으로 조선업을 포함하여 이들 사업에서는 생산비상승 → 수요감퇴 → 생산정체라는 사태에 직면하였다. 고도성장기의 기업의 확대지향전략은 근본적으로 개혁되지 않으면 안 되었던 것이다. 이러한 필요에서 일본의 기업은 '감량경영(減量經營)'이라는 경영혁신을 적극 추진하였다.

감량경영은 인원, 자금, 물자 등 경영자원에서 불필요한 부분을 잘라내어 비용을 절감하기 위한 경영개혁을 의미한다. 그 주요내용은 인원조정, 은행차입의 삭감과 증자 등 증권시장을 통한 직접금융에 의한 금융비용 삭감, 설비투자 억제, 재고삭감, '생(省)에너지'(에너지절약) 등이었다.

생(省)에너지는 에너지다소비형 산업으로서는 석유위기에 따른 석유가격 상승에 대한 중요한 대응노력이었다. 철강공업에서는 고로의 조업개선과 제강에서 압연까지의 연속주조설비 도입으로 에너지효율을 높여 에너지절약을 실현하였다. 생에너지와 에너지대체기술의 개발은 화학, 석탄, 요업, 토석, 펄프 등 다양한 산업에서 추진되었다. 그 결과 제품 1단위당 에너지소비량은 1973~84년에 석유화학에서는 30% 이상, 그리고 판유리, 시멘트, 종이·펄프에서는 20% 이상 저하하였다. 그 결과 일본의 산업은 석유위기 속에서도 구미제국의 산업에 비해서 상대적으로 양호한 성과를 올릴 수 있었다.

그럼에도 대형설비형·중후장대(重厚長大)형 산업으로 규모의 경제를 추구하면서 고도성장기에 주도산업으로 성장한 철강, 조선, 석유화학 등의 산업은 과거와 같은 성장을 계속할 수는 없게 되었다. 더구나 알루미늄제련업과 같이 다량의 전력을 사용하는 산업은 전력요금의 대폭인상으로 국제경쟁력을 상실하여 위축되었다. 석유위기로 석유에너지에 의존해온 이들 산업은 심각한 불황에 직면하였다.

정부는 불황산업을 '구조불황업종'으로 지정하고 1978년과 1983년 두 차례의 한시적 입법으로 그들 산업의 안정과 구조개선을 유도하였다. 이 법의 적용대상에는 철강, 합성섬유, 조선, 화학비료, 석유화학을 포함하여 여러 업종의 산업이 포함되었다. 정부는 지정된 산업에 대해서 정부와 공동으로 작성한 구조개선계획에 따라 독점금지법 적용에서 제외하여 합리화 카르텔을 허용하여 과잉설비정리와 합리화투자를 유도, 지원하였다. 석유위기를 계기로 전력산업은 화력과 수력 외에 원자력으로 전원구성의 다양화를 추진하였다.

한편 정밀기계, 수송기계(자동차), 전기기계 등 에너지 과(寡)소비형·

가공조립형 사업에서는 에너지비용 상승이 거의 없었다. 이들 산업은 노동비용 상승에 대해서는 ME화의 추진과 함께 로봇 이용 확대로 대응하면서 노동비용절감과 생산성 상승을 달성하였다. 국제경쟁력을 강화한 기계공업은 수출을 확대하면서 1970년대 중반 이후 성장 주도산업의 지위를 차지하였다.

석유위기를 계기로 진전된 산업구조변화는 엔고로 촉진되었다. 플라자합의(1985) 이후의 대폭적인 엔고는 석유위기와 맞먹는 '가격혁명'이었다. 엔고에 의해서 수출이 정체한 반면 수입은 크게 증가하였다. 엔고를 계기로 경제성장 패턴은 외수주도형에서 내수주도형으로 크게 전환하였다. 엔고로 철강, 조선 등 중후장대형 산업은 국제경쟁력이 저하하여 불황산업이 되고 의류, 일용품 등 저부가가치 단순가공형 수출산업은 가격경쟁력을 상실하여 신흥공업경제지역(NIEs) 제품과의 경쟁으로 위축되거나 시장에서 철수하지 않으면 안 되었다. 엔고하에서 기계 등 고부가가치 가공조립형 산업도 수출 채산 악화로 곤경에 처하였으나 고기능 저가격화를 지향하는 ME(micro electronics)화를 더욱 추진하면서 대응하였다. 반도체 등 전자부품이라든가 컴퓨터 등 산업은 대규모 연구개발투자를 하면서 엔고 속에서도 국제경쟁력을 높이면서 발전하였다.

3) 주요 산업의 발전

(1) 전자산업

전자산업의 중심은 반도체, 컴퓨터 및 정보통신기기다. 이 산업은 미국보다 10년 늦게 1950년대 후반부터 시작되어 정부의 강력한 보호육성 정책과 국내시장의 확대를 배경으로 급성장하였다. 이 산업에서는 IBM이 국내시장을 지배하고 있는 가운데 후지쓰(富士通), 히타치, 니혼전기, 미쓰비시전기, 오키(沖)전기, 도시바전기 등 '국산6사'가 IBM에 대항하고 상호경쟁하면서 본격적으로 사업화를 추진하였다. 후지쓰는 자주개발을 추진한 반면, 나머지 5사는 제조 노하우를 얻기 위해서 외국기업과 기술제휴를 하였다. 그 결과 1960년 중반까지 일본기업이 국내시장의 과반을 탈취하고 1970년 전후에는 일본은 미국 버금가는 컴퓨터 대국이 되었다.[9]

반도체의 중심인 IC(집적회로)는 1970년대 중엽 이후 양산체제로 들어갔다. 급속한 기술진보로 IC는 고밀도화하여 LSI(대규모집적회로)가 등장하고 '마이컴'(소형컴퓨터)이 개발되었다. 수개의 LSI로 보통컴퓨터의 기능을 갖게 한 마이컴의 개발로 컴퓨터의 초고성능화, 초소형화, 초저렴화가 실현되었다. 1980년대 초에는 보다 고밀도한 초LSI인 64K DRAM이 개발되었다.

일본은 IC 부문에서 초첨단제품을 개발·생산함으로써 급속히 발전하였다. IC 생산액은 1980년의 5,702억 엔에서 1989년에는 2조 9,132억 엔으로 5배나 증가하였다. 그 결과 1970년대에 세계 반도체생산에서 압도적 지위를 차지하던 미국의 비중은 1983년에 52.4%, 1988년에는 36.5%로 크게 떨어진 반면, 일본은 각각 36.8%와 51.0%로 급상승하였다. 미국은 마이크로프로세서(초소형 연산처리장치) 등 반도체 기초기술에서 압도적인 지위에 있었지만, 일본은 범용품인 메모리(기억장치) 부문에서 강한 경쟁력을 가지고 있었다. 그 결과 대미수출이 급증하는 가운데 반도체 수출을 둘러싼 무역마찰이 커졌다.

IC·컴퓨터 기술의 급속한 발전에는 정부의 역할이 컸다. 정부(통산성)는 일찍부터 컴퓨터제품 수입과 외국자본의 유입을 제한하고 국산화를 장려하였다. 1970년대 들어 미국의 요구로 컴퓨터 무역·자본이 자유화되어 상황은 크게 변화하였다. 반도체는 거대한 기술집약적 산업이기 때문에 R&D와 설비투자에 막대한 비용이 소요되고 상품수명도 3년 정도로 짧아 매우 경쟁적이었다. 따라서 기업이 단독으로 개발비를 부담하기에는 위험부담이 컸다. 이에 정부는 기업의 개발체제를 만들고 거액의 자금을 지원하여 보호·육성하였다. 반도체 5사는 통산성의 지도하에 '초LSI기술연구조합'을 조직하여 100명의 기술자와 정부보조금 300억 엔을 포함한 700억 엔의 자금을 투입하여 4년간 공동연구를 수행하였다. 개별기업의 울타리를 초월한 공동연구로 일본의 LSI 기술은 비약적으로 발전하였다.

고성능컴퓨터 부문에서도 통산성 지도 하에 6사가 3개의 기술연구조합으로 편성되어 기술개발경쟁을 하였다. 이에 대해서 정부는 1972년부터 5년간 총 575억 엔의 신기종개발보조금을 지급하였다. 그 결과 하드웨어에 관한 한 세계 상위수준의 대중용 범용컴퓨터를 개발하였다. IC·컴퓨터산업은 정부와 민간 협동으로 집중적으로 기술개발이 이루어지면서 급속한 발전을 하였다. 컴퓨터의 발전과 함께 그것을 대규모 통신망으로 연결하는 정보통신기기도 첨단산업의 중심부문이 되었다.

반도체 IC는 컴퓨터, 정보통신기기를 바롯하여 VTR, 스테레오, 녹음기, TV, 계산기, 시계, 카메라 등 민생기기, 팩시밀리, 워드프로세서 등의 사무용기기, 로봇, NC(수치제어) 공작기, 산업제어·계측 등의 산업용기기 등 다방면으로 이용되어 '산업의 쌀(주식)'이라 불렀다. 반도체 IC를 이용하여 개발된 이들 신제품은 수출시장 개척을 전제로 양산체제를 확립하여 1980년대에는 세계시장을 독점하다시피 되었다. 일본은 전자제품의 생산과 수출에서 압도적 지위를 차지하게 되었다.

(2) 전자기계산업

반도체 IC의 진보로 기계와 전자기술이 융합하여 전자기계산업이 발전하였다. 전자기계(mechatronics)는 ME 기기를 기계에 내장하여 공정자동화, 생력화(省力化), 품질개량, 비용절감, 소비자기호의 다양화에 대응한 다품종 소량생산 등을 가능하게 한 기계다. 대표적인 전자기계는 산업로봇과 NC 공작기계다. 이들 분야에서도 일본은 미국에 뒤지고 있었으나 빠르게 추월하여 1980년대에는 세계 최대의 전자기계 생산국이 되었다.

전자기계산업에는 가와사키중공업, 야스카와(安川)전기, 히타치제작소, 파낙 등의 대기업과 함께 야마자키, 모리 등 신흥기업들이 중요한 역할을 하였다.

NC 공작기계는 1970년대 이후 보급되기 시작하여 중소기업에까지 보급되었다. 마이컴내장 산업로봇은 1980년(약 2만 대)을 전환점으로 각종 산업에 보급되기 시작하여 생산대수는 1990년에는 8만 대에 이르고, 설치대수는 1989년에 220만 대(미국 87만 대)에 달하였다.

한편 NC 공작기계 및 CNC(컴퓨터수치제어) 공작기계의 도입은 생산공정의 공장자동화(Factory Automation, FA)를 실현하였다. 그리고 NC 공작기계는 산업로봇과 조합되어 공정 면에서 다품종 소량 생산에 유연하게 대응할 수 있는 제어체계인 FMS(Flexible Manufacturing System)화로 이어졌다. 설계·제조부문에서는 CAD/CAM(Computer-Aided Design/Computer-Aided Manufacturing)이 도입·보급되어 복잡한 신제품의 개발과 제품의 품질개량, 다양화, 생력화(省力化), 비용절감을 크게 촉진하였다. 이에 FMS를 중심으로 한 전자동(Total Automation, TA)화가 이루어지게 되었다.[10]

ME화의 진전은 정보처리·통신네트워크의 도입을 획기적으로 촉진하여 금융, 보험, 통신, 서비스 부문에서의 시스템(온라인)화, 기업 내에서의 총무, 경리, 판매, 창고 등 여러 부문에서의 사무자동화와 부문 간 네트워크화를 가속하였다.

ME화·정보화의 진전으로 산업구조는 '소프트화'·'서비스화'하였다. 산업구조의 중심은 연구개발, 고도가공조립, 패션, 지식 등의 산업으로 이동하고 기업 내에서는 기술개발, 판매, 서비스 등 제조 이외 부문의 비중이 증대하였다. 그 결과 서비스부문을 중심으로 한 제3차 산업의 비중이 증대하였다.

ME화는 시장의 다양화, 세분화에 대응한 다품종 소량생산비를 크게 절감할 수 있게 하였다. 그와 같은 생산시스템이 일본형 생산시스템으로 구축되어 1980년대 가공조립형 산업, 특히 자동차산업의 높은 국제 경쟁력의 기초가 되었다.

(3) 자동차산업

자동차산업은 1960년대부터 본격적으로 발전하여 1980년대에는 세계적 산업으로 되었다. 일본의 자동차산업은 1930대 후반부터 정부의 국산화정책을 배경으로 발전하기 시작하였으나 전시에는 주로 트럭 생산에 집중하였다. 그에 비해서 승용차 생산은 1950년대 후반 이후 설비근대화로 양산체제를 갖추면서 1960년대 이후 본격적으로 발전하여 1980년대에는 자동차대국 미국을 앞질러 세계 1위의 자동차생산국으로 되었다.

일본의 자동차산업은 3륜자동차, 모터사이클에서 승용차, 4륜자동차 생산으로 발전해온 결과 승용차제조회사 수도 3대 기업이 지배하는 미국과는 달리 도요타, 닛산을 비롯한 9사가 경쟁하는 체제로 전개되었다. 그 속에서 기업은 기술혁신을 거듭하면서 성장하였다. 그 대표적 예로는 혼다(本田)와 도요타를 들 수 있다.

1948년에 모터사이클생산 벤처기업으로 혼다기연(技硏)공업을 설립한 혼다(本田宗一郎)는 끊임없는 기술혁신으로 제품의 우수성을 국제적으로 어필하면서 급성장하고 1959년과 1961년에는 각각 미국과 독일에 현지회사를 설립하였다. 이 회사는 1960년대에 경트럭, 소형스포츠카, 승용차로 제품 범위를 확대하면서 국제기업으로 발전하였다.

특히 중요한 것은 도요타사에서 개발되어 '도요타생산방식'이라 불린 생산기술상의 혁신이었다. 이 생산방식은 재고의 극소화, 끊임없는 비용삭감, 품질향상, 제품다양성을 지향하면서 생산·관리에 노동자의 적극적 참여를 유도하는 시스템이었다.

도요타생산방식은 낭비의 철저한 배제를 지향한 생산방식으로 JIT(Just-In-Time)와 자동화(自働化)라는 두 개의 기둥을 가지고 있었다.

'간판(看板)방식'으로도 불리는 JIT는 종전의 생산과정과는 정반대로 후(後)공정이 '필요한 것을 필요한 만큼' 전(前)공정에서 공급받는 방식이다. 후 공정은 필요한 부품의 종류, 양, 시간을 간판으로 전 공정에 전달한다. 전 공정은 후 공정에서의 청구가 없는 한 생산하지 않는다. 그렇게 함으로써 여분의 생산과 공정 간의 재고를 없게 하여 낭비를 줄였다. 자동화는 노동자가 기계의 움직임에 따라 수동적으로 움직이는 포드적 방식이 아니라 살아있는 인간노동으로 능동적으로 생산에 관여하는 방식이었다.[11]

도요타생산방식은 시장의 다양화·세분화에 대응한 다품종소량생산으로 비용을 크게 절감하면서 가능하게 하였다. 이 생산방식은 일본의 자동차산업이 석유위기의 충격을 극복하면서 국제경쟁력을 강화하게 한 원동력이 되었다. 그뿐만 아니라 가공조립형 산업 일반으로 보급되어 일본형 생산방식, 린(lean)생산방식으로 알려지면서 보편적 생산방식으로 국제적 주목을 받았다.

일본의 자동차산업은 국제경쟁력을 높이면서 크게 발전하였다. 1955년에 7만 대에 불과하던 생산대수는 1965년 188만 대, 1975년 694만 대, 그리고 1985년에는 1,227만 대로 확대를 거듭하여 세계 최대가 되었다. 수출도 대폭 증가하여 1985년에는 생산대수의 55%(673만 대)가 수출되어 세계 1위가 되었다.[12] 자동차의 대량수출은 결국 미국과 무역마찰을 야기하여 1981년에는 대미수출자주규제를 하지 않으면 안 되었다. 더 나아가 일본기업들은 1980년대 중반 이후 무역마찰 문제를 회피하기 위해서 해외 현지생산을 급속하게 확대하면서 다국적기업으로 발전하였다.

3. 다국적기업 활동

1) 무역마찰과 대외직접투자

일본기업은 1960년대 중반 이후 대외직접투자를 확대하면서 다국적 사업을 전개하였다. 대외직접투자의 직접 원인은 수출급증에 따른 무역수지불균형의 확대로 상대국과의 무역마찰이 발생한 데에 있었다. 그 중심에는 미국을 위시한 선진제국과의 무역마찰이 있었다. 고도성장과 안정성장기에 국제경쟁력을 강화한 일본기업은 구미시장에 집중호우적으로 수출을 확대하였다. 그 결과 무역수지불균형이 확대되어 무역마찰이 발생한 것이다.

그중 가장 심각한 것은 최대 수출대상국인 미국과의 무역마찰이었다. 그것은 1960년대 후반기 섬유와 철강에서 시작하여 1970년대 이후에는 컬러 TV, VTR, 자동차, 반도체로 확대되었다. 이에 대해서 일본은 해당 수출상품의 수출자주규제로 대응하였다.

그러나 그것만으로 문제가 해결될 수 있는 것은 아니었다. 1980년대에 들어 무역수지불균형이 계속되면서 미국은 일본시장의 폐쇄성을 문제시하여 구조 개선으로 시장을 개방할 것을 요구하였다. 그와 함께 미국은 수치목표를 들어 상대국 시장에의 진입을 요구하고 수용하지 않으면 포괄통상법(1988) 슈퍼 301조의 제재조치를 발동하였다. 그 속에서 일본은 반도체와 자동차·자동차부품에 대해서 수치목표를 설정하였다. 그러나 무역마찰은 수출자주규제나 수치목표 등으로 해결될 수 있는 것은 아니었다. 그동안의 기술혁신, 산업구조의 고도화로 경쟁력이 향상된 일본기업은 대외직접투자를 확대하는 것이 무역마찰 문제를 해결하면서 해외시장을 확대할 수 있는 길이었다.

2) 대외직접투자의 실적

정부(대장성) 통계자료에 따르면 일본의 해외직접투자 규모는 1965년 5,000만 달러에서 1975년에는 약 9억 달러로 18배나 증가하였다. 특히 1980~89년에는 17억 달러에서 163억 달러로 높은 수준에서 증가를 계속하다가 1990년에 55억 달러로 급감한 후 증가세로 반전하여 1995년에는 194억 달러로 되었다. 대외직접투자를 업태별로 보면 비제조업(금융·보험, 상업, 서비스, 광업, 부동산 등)이 전체의 3분의 2를 차지하고 나머지가 제조업이었다.

고도성장기의 직접투자는 1960년대 중엽 이후 무역수지흑자 기조가 정착되고 그 폭이 커지면서 확대되었다. 이 시기의 직접투자는 제조업에서는 섬유, 철, 비철, 기계 등, 그리고 비제조업에서는 광업, 상업, 금융보험을 중심으로 이루어졌다. 중화학공업화가 진전되는 속에서 대외직접투자는 저임금노동력의 이용과 수출시장의 확보, 수출지원, 자원확보를 목적으로 추진되었다. 그러나 투자액은 1970년에도 2억 4,000만 달러 미만에 불과하였다.

대외직접투자가 대폭 증가한 것은 1980년대의 일이었다. 그것은 1980년대 초의 무역마찰을 회피하기 위한 전기기기 및 자동차의 대미투자 증대와 1985년 이후 엔고의 결과였다. 1980년대 이후 1990년대에 걸쳐서 대외직접투자를 주도한 산업은 전기기기, 자동차, 기계 등 가공조립형 산업이었다. 엔고로 국제경쟁력이 약화되는 속에서 노동집약형 산업은 중소기업을 포함하여 해외사업을 전개하게 되었고, 가공조립형 산업은 효율적인 부품공급체계를 구축하기 위해서 해외생산을 전개하였다. 그 결과 제조업의 직접투자비중은 높아졌다.

엔고하에서 비제조업에서 해외투자 확대를 주도한 산업은 금융·보험업이었다. 특히 버블경기로 국내의 주가와 지가가 급등하는 속에서 상대적으로 저렴한 해외부동산에 대한 투자가 급증하였다. 그러나 버블경기가 붕괴하면서 해외부동산 투자는 급감한 한편 해외서비스업에 대한 직접투자는 확대되었다.

일본의 대외직접투자는 지역적으로는 미국, 아시아 및 유럽을 중심으로 이루어졌다. 정부(대장성) 통계자료에 의하면 일본의 직접투자는 1980년 이전에는 지역적으로 미국과 아시아(신흥공업국, 아세안, 중국)가 거의 같은 수준의 높은 비중을 차지하고 있었으며 그 다음이 유럽지역이었다. 1980년대에 들어서는 미국의 비중이 급증하여 1989년에는 48.25%에 이르렀다. 그에 비해서 1980년에도 25.3%이던 아시아의 비중은 1980년대 후반기에 크게 떨어졌다가 1990년대 들어 다시 증가하여 1995년에는 24%를 차지하였다. 아시아의 경우 중국의 비중 상승이 중요하였다. 1990년에도 0.6%에 불과하던 중국의 비중은 1995년에는 8.7%로 높아졌다. 한편 유럽지역의 비중은 1980년대 중반 이후 크게 높아져서 1993년(22.0%)까지 아시아를 제치고 미국에 버금가는 비중을 차지하였다.

대외직접투자의 목적은 제조업의 경우 지역에 따라 차이가 있었다. 북미와 유럽 등 선진공업지역에 대한 투자는 주로 무역마찰에서 오는 제한조치를 회피하여 시장을 확보하기 위한 것이었다. 이에 비해 아시아지역에 대한 투자는 저임금 등 낮은 생산요소비용의 이점을 살리기 위한 것이었다.

3) 해외 현지생산의 증가

대외직접투자가 급증하는 속에서 해외 현지생산은 크게 증가하였다. 기업의 해외 현지생산비율은 1980년대 중반 이후 급증하여 1996년 현재 제조업 전체로 볼 때 9%였으며, 부문별로 보면 자동차, 전기기기 등 가공형 산업이 특히 높아 13.3%, 소재형 산업 7.1%, 기타 4.3%였다.[13]

일본기업은 1970년대에 컬러 TV 조립공장을 구미지역에 건설하였다. 특히 미국에 설립한 조립공장은 부품을 미국 현지 제조업체만이 아니라 아시아와 멕시코의 자매공장에서 공급받으면서 제품을 조립하였다. 아시아신흥공업에도 다수의 전자·전기기업이 현지에 공장을 건설하여 제품을 우회적으로 구미지역에 수출하였다. 1980년대에는 아세안제국에도 대규모 공장을 건설하면서 일본에의 제품 수출을 본격화하였다. 컬러 TV는 국내생산이 1,300만 대에서 945만 대로 27.2% 감소한 반면, 해외생산은 2,270만 대에서 3,200만 대로 40.9%나 증가하였다.

자동차기업은 1980년대 들어 구미제국에서 현지생산을 시작하였다. 혼다(1982)와 닛산(1983)이 일관생산공장을 건설한 데 이어 도요타는 1984년에 GM과의 합작기업으로 눔미(NUMMI)공장을 건설하였다. 눔미공장은 GM의 설비와 종업원을 사용하면서 도요타식 경영관리방식을 도입하여 '일본적 경영'의 시범공장이 되었다. 해외에서의 생산이 확대되는 가운데 자동차의 국내 생산대수는 1990년의 1,345만 대를 정점으로 그 후 감소하여 1994년에는 1,055만 대(21.7% 감소)로 된 반면, 해외 생산대수는 338만 대에서 487만 대로 44%나 증가하였다.

〈표 11-3〉은 1994년도 수출액 상위 20사의 해외생산비율과 국내고용자 감소를 나타낸 것이다. 해외생산비율은 혼다의 66.6%를 비롯하여 이스즈(44.8%), 닛산(40.7%), 도요타(24.0%) 등 자동차메이커와 마쓰시타와 소니를 비롯한 전기기기 메이커에서 높았다.

일본기업은 아시아, 미국, 유럽을 중심으로 생산거점과 판매망을 구축하면서 세계 범위에서 사업을 전개하였다. 특히 21세기에 들어서 급성장하는 중국시장에서의 일본기업의 다국적화는 크게 확대되었다. 마찬가지로 미국을 위시한 구미제국 기업의 일본시장에서의 다국적기업 활동도 광범하게 전개되었다.

일본기업의 해외생산비율이 급증하는 가운데 국내 산업에서의 고용기회는 감소하였다. 정부(총무청)의 한 조사에 따르면 1991~94년에 감소한 제조업종업원 수 78만 3,000여 명 가운데 감소폭이 큰 산업은 전

표 11-3 수출액 상위 20사의 해외생산비율과 국내고용자 감소(1994년)

순위	회사명	수출액 (100만 엔)	수출비율 (%)	연결해외 매출비율 (%)	해외생산 비율 (%)	정점과 비교 한 고용자 증감
1	도요타자동차	2,844,737	34.8	40.7	24.0	− 3,298
2	마쓰시타전기산업	1,567,200	35.0	50.3	42.0	− 1,572
3	혼다기연공업	1,474,857	59.7	66.6	66.6	− 989
4	닛산자동차	1,441,200	42.3	49.6	40.7	− 7,696
5	소니	1,245,991	66.2	72.4	42.0	− 404
6	미쓰비시자동차공업	998,810	44.0	43.2	38.6	증가
7	도시바	981,500	30.0	31.4	16.0	− 1,420
8	마쓰다	851,573	57.7	63.2	40.0	− 2,843
9	캐논	832,512	79.0	67.2	24.0	− 77
10	히타치제작소	665,215	22.0	24.0	9.9	− 5,542
11	니혼전기	636,900	22.1	26.7	20.0	− 1,209
12	미쓰비시중공업	607,953	25.4	24.7	24.7	− 2,023
13	샤프	607,953	48.2	48.8	27.0	− 5,595
14	이스즈자동차	607,501	52.9	52.9	44.8	증가
15	미쓰비시전기	531,300	21.3	23.0	7.2	− 2,202
16	스즈키	467,238	44.5	43.1	−	증가
17	신니혼제철	436,010	20.9	18.0	−	− 24,791
18	산요전기	336,904	31.6	42.7	−	− 4,469
19	마쓰시타고토부끼전자공업	316,239	83.9	86.4	19.5	− 61
20	가와사키중공업	305,126	32.9	31.3	−	− 252
상위 20사의 수출액 합계: 18조 3,165억 엔 일본의 수출 총액 40조 7,569억 엔의 45%						합계 − 64,443

자료: 井上昭一·藤井光男, 1999: 114.

기(18만 명), 의복·섬유(10만 명), 일반기기(8만 1,000명), 섬유(8만 명), 금속제품(6만 9,000명), 자동차와 자동차부품(4만 6,000명)의 순이었다. 일본기업의 세계화와 병행해서 국내의 산업공동화가 진전되고 있었다.

3절 금융구조의 변천

1. 고도성장기의 금융구조

금융제도는 중앙은행을 정점으로 공적 및 민간 금융기관이 다양하게 전개되었다. 공적금융기관으로는 전국적으로 예금을 받아들이는 우체국(2007년에 민영화)과 그 자금을 운용·관리하는 자금운용부(대장성), 그리고 그로부터 자금을 공급받아 민간에 융자하는 각종 정부계 금융기관(2은행과 6공고)이 있었다. 이들 금융기관은 정부가 전액 출자한 재정투융자 운용기관으로서 산업개발, 중소기업, 농림어업, 주택건설 등을 위한 금융에서 민간금융기관을 보완하였다. 그에 비해서 민간금융기관은 보통은행, 장기금융기관, 중소기업·농림어업 금융기관, 보험회사, 증권회사 등으로 구성되어 있었다.

고도성장기의 금융시장은 분단되어 있었다. 엄격한 외환관리로 외자도입이 제한되어 있는 속에서 기업의 자금조달은 전적으로 국내금융에 의존하지 않을 수 없었다. 한편 국내금융시장은 은행, 증권, 신탁 등의 업무분야가 분단되어 상호간의 진입·경쟁은 제약되었으며 금리도 금융시장마다 인위적으로 결정되었다. 그 속에서 은행을 중심으로 한 간접금융구조가 전개되었다.

고도성장을 주도한 대기업의 대규모 설비투자자금 조달을 뒷받침한 것은 도시은행이었다. 도시은행은 전국적으로 수임한 예금을 자금으로 어음담보대부나 유가증권투자 형태로 대기업에 자금을 공급하였다. 도시은행은 기업의 왕성한 자금수요에 대해서 여신한도를 초과한 '오버론'까지 하면서 자금을 공급하였다.

오버론은 여신이 준비자산을 초과한 상태이며 정상적으로 지속될 수 있는 것은 아니었다. 그러나 그것이 지속적으로 이루어진 것은 일본은행의 신용이 있었기 때문이었다. 즉, 도시은행은 융자하면서 받은 기업어음·사채를 일본은행에서 재할인 받음으로써 성장통화를 공급받았다. 일본은행은 저율공정이자로 도시은행에 대부함으로써 은행의 오버론을 뒷받침하였다. 도시은행은 일본은행에서 차입하는 한편 나머지 부족자금은 콜 시장에서 차입하여 보충하였다. 지방은행을 비롯한 기타 금융기관에 집중된 자금은 콜 시장을 통해서 도시은행으로 들어가고 최종적으로 기업에 공급되었다. 기업의 왕성한 자금수요를 뒷받침하는 데는 정부계 장기금융기관도 중요한 역할을 하였다. 그들 금융기관은 금융채를 발행하여 산업자본을 공급하였다. 금융채는 도시은행에 의해서 인수되었다. 도시은행은 금융채를 담보로 일본은행에서 융자를 받을 수 있었다.

일본은행을 정점으로 한 금융구조 속에서 도시은행은 일본은행 신용에 크게 의존하면서 계열대기업에 대한 메인뱅크로서의 기능을 수행하였다.

한편 정부당국(대장성)은 금융부문에 대해서 강력한 규제를 하였다. 전후 부흥기와 고도성장기의 자금부족 상태에서 자금은 가장 효과적으로 배분될 필요가 있었다. 정부에 의한 금융규제가 이루어지는 속에서 '호송선단방식'이라 불린 일본적 금융시스템이 정착되었다.

호송선단방식은 대장성이 경영기반이 취약한 금융기관을 기준으로 모든 금융기관이 다같이 안정적으로 경영할 수 있도록 보호육성하기 위하여 실시한 금융행정을 지칭한다. 이 금융시스템의 기본은 당국(대장성)에 의한 규제였다. 금융시장이 해외로부터 차단되고 분야별로 칸막이되어 있는 속에서 금융기관은 자신의 업무영역에 한해서 영업이 허용되었다. 이자의 상한도 규제되고 금융기관 간의 경쟁은 제한되었다. 금융업무는 세부까지 대장성의 감시하에 수행되었다. 규제행정하에서 비효율적인 금융기관도 보호되고 위기에 직면하면 당국의 개입으로 구제되었다. 정부와 금융기관의 협조체제 속에서 안정적인 금융시스템이 전개되면서 고도성장기 기업의 왕성한 자금수요를 금융적으로 뒷받침하였다.

2. 안정성장기의 금융구조

1) 금융환경의 변화

안정성장기에 금융환경은 크게 변화하였다. 첫째, 석유위기 이후 기업의 자금수요가 크게 감소하였다. 기업의 감량경영과 효율성 추구로 자금수요가 크게 감소하고 여유자금이 증대하였다. 한편 개인부문에서는 높은 저축률의 지속으로 자산이 크게 증가하는 데 비해서 공공부문은 성장률 둔화에 따른 세수감소로 최대 적자부문이 되었다. 이에 금융의 중심 역할은 개인부문의 잉여자금을 자금이 부족한 법인기업과 공공부문으로 중개하는 일이 되었다. 둘째, 석유위기 이후 세수감소라는 현실에서 정부는 대규모의 국채를 발행하였다. 금융기관의 소화한도를 초과한 대량의 국채가 시장으로 방출되었다. 그에 따라 단기금융시장, 특히 공개시장이 활성화되었다. 다양한 유가증권을 통한 자금조달의 비중이 커지고 '금융의 증권화'가 진전되었다. 셋째, 1985년에서 1990년대 초까지 금리자유화가 진전되었다. 그에 따라 일본은행의 도시은행에 대한 대출 등의 직접규제수단인 '창구지도'도 폐지되었다. 넷째, 금융의 자유화, 세계화가 진전되었다. 외국환관리법개정(1980)으로 대외금융거래가 자유화되어 기업이나 금융기관은 자유롭게 해외에서 자금을 조달할 수 있게 되었다.

2) 금융구조의 변화

보유자금이 증가하면서 대기업의 자금조달 및 운용구조는 크게 변화하였다. 대기업의 보유자금은 1970년대 후반 이후의 감량경영에 따른 차입금 감소, 1980년대의 수출 및 해외투자수익 급증, 높은 엔고 차익 등으로 거액에 달하였다. 그 결과 기업의 자기금융력은 크게 증대하였다. 1980년대에는 가업의 자본조달에서 자기자본이 차지하는 비율은 56.9%로 높아진 반면 은행차입금비율은 8.9%에 불과하였다. 대기업은 설비투자자금을 내부자금으로 거의 충당할 수 있게 되었다. 반면에 사채, 증자 등 증권, 주식시장을 통한 자금조달비율은 크게 상승하였다. 해외증권시장에서의 자금조달도 급증하였다. 그 결과 자금조달에서 기업의 은행이탈 현상이 진전되었다.

대기업의 은행이탈 속에서 은행은 대출대상을 중소기업, 부동산, 비은행계 금융기관(non-bank)으로 전환하였다. 특히 크게 증가한 것은 비은행계 금융기관에 대한 대출이었다. 그들 금융기관의 대부분은 은행, 증권회사, 보험회사, 상사 등을 모회사로 한 계열회사들이었다. 1980년대에 다양한 금융상품이 등장한 한편 금융시장분리규제를 받는 가운데 은행, 증권회사, 보험회사 등은 본업만이 아니라 장차 유망한 주변시장으로 진출하기 위하여 금융거래가 자유로운 각종 비은행을 잇따라 설립하였다. 그 결과 금융거래에서 은행의 비중이 낮아진 반면 비은행의 비중은 높아졌다.

남아도는 자금을 기반으로 한 금융기관의 토지담보융자와 대기업의 금융자산운용의 증대로 주가와 지가는 크게 상승하여 버블경기를 낳았다. 그러나 거품은 결국 걷힐 수밖에 없었다. 금리인상, 엔화가치 하락, 은행대출의 감축으로 주가는 폭락하고 지가도 하락하였다. 계속되는 불황 속에서 금리는 크게 떨어져 '제로금리'시대가 나타났다. 거품이 걷히면서 자산인플레이션은 과잉채무디플레이션으로 반전하였다.

버블경기의 붕괴는 금융기관에 심각한 영향을 미쳤다. 은행은 주가폭락으로 심각한 자기자본 부족 상태가 되었으며 토지담보대출을 한 금융기관은 지가폭락으로 거액의 불량채권을 떠안게 되었다. 거액의 채무초과로 은행의 경영기반은 약화되었다. 그 속에서 대규모 금융기관을 포함한 다수의 금융기관이 파산하였다. 이러한 위기 상황에서 금융시스템은 1990년대 후반기에 이르러 개혁되었다.

4절 대기업체제

1. 기업의 구성과 기업 간 관계

1) 기업의 구성

전후의 경제부흥·성장과정에서 기업은 크게 성장하였다. 기업성장은 특히 고도성장기에 두드러졌다. 〈표 11-4〉는 제조업에서의 기업의 성장과 규모별 비중을 나타낸 것이다. 고도성장기(1955~75)에 기업 수는 43만 개에서 74만 개로 약 1.7배, 그리고 종업원 수는 550만 명에서 1,130만 명으로 2배 증가하였다. 그 후 기업 수는 조사기준이 달라 바로 비교하기는 곤란하나 감소추세를 나타내고 있다. 그러나 그것이 기업성장의 정체를 의미하는 것은 아니다. 기업 수의 감소에도 불구하고 종업원 수는 거의 동일한 수준을 유지하였으며 출하액과 부가가치에서는 각각 2.5배와 3배에 가까운 증가를 나타내었다. 그만큼 제조업기업의 실질적 성장은 컸던 것이다.

〈표 11-4〉에서 보는 바와 같이 1955~90년에 제조업기업 수는 규모 여하를 막론하고 크게 증가하였다. 기업의 규모별 구성비를 보면 중소기업은 기업 총수의 99% 이상을 차지하고 대기업 수는 1% 미만에 불과하였다. 종업원 수에서도 중소기업의 비중은 70% 내외의 높은 수준이었

표 11-4 기업성장의 규모별 지위(제조업)

구분 \ 연도	1955	1965	1975	1985	1990
(기업 수, %)					
총 수	432,694	558,106	735,970	439,518	435,997
	100.0	100.0	100.0	100.0	100.0
중소기업	99.6	99.4	99.5	99.1	99.1
대기업	0.4	0.6	0.5	0.9	0.9
(종업원 수, 천 명, %)					
총 수	5,511	9,921	11,296	10,890	11,173
	100.0	100.0	100.0	100.0	100.0
중소기업	73.0	68.6	70.7	71.8	72.4
대기업	27.0	31.2	29.3	28.2	27.6
(출하, 10억 엔, %)					
총 수	6,769	29,497	127,521	265,321	323,373
	100.0	100.0	100.0	100.0	100.0
중소기업	56.1	49.9	51.3	50.5	51.8
대기업	43.9	50.1	48.7	49.5	48.2
(부가가치, 10억 엔, %)					
총 수	–	9,674	42,433	90,523	119,028
	–	100.0	100.0	100.0	100.0
중소기업	–	53.2	56.9	54.7	55.5
대기업	–	46.8	43.1	45.3	44.5

주: 1) 중소기업은 종업원 수 1~299명, 대기업은 300명 이상 기업.
2) 1985년, 1990년은 종업원 수 4명 이상 기업.
자료: 小浜裕久·渡辺眞知子, 1996: 196.

다. 기업과 종업원 수로 볼 때 일본은 압도적으로 중소기업의 나라였다.

2) 기업 간 관계

대기업은 기업 수로는 1% 미만이면서도 출하액과 부가가치에서는 중소기업과 거의 같을 만큼 높은 비중을 차지하였다. 근대적 기업 발전을 주도한 것은 대기업이었다. 제2차 세계대전기에 중화학공업을 중심으로 확립된 대기업체제는 전후의 '경제민주화개혁'으로 크게 재편성되면서도 경제부흥·고도성장기에 새로이 전개되었다.

기업은 본래 규모에 관계없이 독립적 단위의 사업체다. 그러나 실제적으로는 모든 기업의 거래가 시장을 통해서 개별적으로 이루어진 것이 아니라 '게이레쓰(系列)'라 불리는 대기업을 중심으로 한 특정기업 간 거래관계에서 이루어지는 경우가 일반적이었다. 많은 기업은 대기업을 중심으로 한 기업 간 관계 속에 편입되어 있는 것이다.

게이레쓰는 본래 대기업을 중심으로 한 직계 내지 관련기업 간의 수직적 지배관계 속에 들어 있는 기업그룹을 의미한다. 그러한 의미에서 전후의 재벌해체에 따라 수평적 결합관계로 재편성된 기업집단은 게이레쓰와 구별해서 인식할 수 있을 것이다. 그러나 기업집단의 형성기에는 은행과 종합상사의 계열융자가 중요하였으며 그 중요성은 구성기업 자체의 자본조달능력이 증대하고 자본조달방식도 다양해지면서 1980년대 이후 감소하였으나 기업집단 내에서의 메인뱅크(주력은행)와 내부거래의 매개자로서의 종합상사의 역할은 컸다. 그리고 기업집단 구성기업 자체가 계열기업을 산하에 둔 모기업이기도 하였다. 따라서 기업집단도 넓은 의미에서 게이레쓰로 인식할 수 있을 것이다. 게이레쓰에는 대기업과 중소기업 간의 광범한 하청관계가 포함된다. 일본에서는 대기업을 중심으로 하청관계하의 중소기업을 포함한 거대한 기업 간 관계가 다양한 형태로 존재하고 있다.

2. 기업집단

1) 형성 배경

기업집단은 해체된 구재벌기업의 재편성, 결합체로 1950년대 초에 형성되기 시작하였다. 재벌해체에도 불구하고 그 속에서 이어져온 구성원의 연대의식은 존속되었으며 그것은 해체된 재벌기업의 협력과 재결합의 강력한 정신적 기반이 되었다. 경제적 조건도 구재벌기업의 재결합 요인으로 작용하였다. 전후의 경제재건, 부흥을 담당할 능력을 가진 유력한 기업은 기본적으로 구재벌기업이었다. 따라서 정부는 그들 기업을 앞세워 전면 지원하면서 경제부흥을 추진하였다.

경제부흥기에 정부는 막대한 국가자금의 융자, 가격보조금의 지급, 적극적 경기대책으로 기업성장을 적극 지원하였다. 기업은 한국전쟁으로 발생한 '특수경기'로 축적기반을 확대, 강화한 한편 많은 신흥기업이 발흥하였다. 정부는 생산력 확대와 국제경쟁력 강화를 위하여 기업합리화촉진법(1952)을 제정하여 합리화정책을 추진하였다.

전쟁 종결에 따른 특수경기의 소멸이 심각한 불경기로 이어지면서 기업 간 경쟁은 격화되었다. 기업도 경쟁력 강화를 위하여 합리화를 적극 추진하지 않으면 안 되었다. 그러나 합리화의 추진에 필요한 거액의 자금동원능력은 구재벌계 기업을 중심으로 한 대기업에 편재되어 있었다. 주식시장이 아직 발달하지 못한 상태에서 대중자금을 광범하게 동원할 수는 없었다. 이러한 조건에서 구재벌계 기업은 주식의 상호보유와 계열금융기관으로부터의 융자를 확대하면서 기업 간 결합을 추진하였다. 구재벌계 기업 재결합의 중심에는 은행과 종합상사가 있었다. 은행은 재벌해체 속에서도 손상을 입지 않고 강력한 자금력을 가지고 있었으며, 철저하게 해체된 종합상사도 조기에 원상회복하여 재벌 재결합의 구심력이 되었다.

기업 간 결합은 제도적으로도 가능하게 되었다. 무엇보다도 제2차 독점금지법개정(1953)으로 불황 및 합리화 카르텔이 허용되고 경쟁기업의 주식보유규정이 완화되었다. 특히 금융기관의 타사 주식보유한도가 5%에서 10%로 높아지고 경쟁회사 간의 임원겸임금지 조치가 완화됨으로써 주식상호보유와 인적 결합을 통한 기업집단이 형성될 수 있게 되었다. 집중배제법도 완화되어 기업의 분할, 해체가 제한적으로 이루어지게 되고 기업의 재편성도 가능해졌다.

이러한 배경에서 기업 간 주식상호보유와 상호융자가 이루어지면서 구재벌계 기업의 재결합, 재편성이 진전되었다. 다수의 영세상사로 분할된 미쓰이물산과 미쓰비시상사 등 종합상사도 이전 상태로 재결합되었다. 구재벌기업의 재결합, 재편성이 진전됨에 따라 소속기업의 통일적 활동과 조정을 위한 기구로 사장회가 제도화되었다. 이렇게 해서 해체된 구재벌기업은 1950년대 중반에서 1960년대에 걸쳐 새로운 기업집단으로 재편성되었다.

2) 기업집단의 구성과 지위

기업집단은 구재벌계의 미쓰이, 미쓰비시, 스미토모와 은행계의 후요(芙容), 상와(三和), 다이이치칸긴(第一勸銀)의 6대 기업집단을 말한다. 기업집단은 뒤에서 보는 바와 같은 주식상호보유, 계열융자, 사장회, 임원의 겸임 내지 파견, 내부거래관계로 결합되었다. 기업집단 멤버기업은 은행과 종합상사를 비롯하여 일반소비재산업, 중화학공업, 건설, 광업, 전기기기, 금융, 부동산, 백화점, 운수·창고 등 많은 산업에 걸쳐서 존재하는 기업들이다. 그들 기업은 각각 당해 산업분야에서의 대표적 과점기업이며 중층적 기업 계열의 정점에 있는 대기업이다. 〈표 11-5〉는 6대 기업집단을 구성하는 사장회멤버기업 수의 추이를 나타낸 것이다.

6대 기업집단의 멤버기업 수는 1975~95년에 190사에서 195사로 약간 증가하였다. 이들 기업의 지배력을 보면 1975~97년에 총자산은 23.53%에서 11.47%, 자본금은 22.83%에서 13.54%로, 그리고 매출액은 22.39%에서 12.16%로 대폭 감소하는 경향을 나타내었다. 중견기업을 비롯한 일반기업이 광범하게 전개되는 속에서 기업집단 멤버기업의 지배력은 감소한 것이다.

표 11-5 6대 기업집단의 사장회 멤버기업 수 (단위: 社)

기업명 \ 연도	1955	1965	1975	1985	1995
미쓰이	–	18	23	24	26
미쓰비시	21	22	28	28	28
스미토모	14	16	16	21	20
후요	–	25	29	29	29
상와	–	–	36	42	44
다이이치칸긴	–	47	58	46	48

자료: 宇田川勝·中村青志 編, 1999: 110.

표 11-6 관계회사를 포함한 6대 기업집단의 지위 (단위: %)

구분	기업수(사)		자본금		총자산		매출액
조사시점	1974. 3	1982. 3	1974. 3	1982. 3	1974. 3	1982. 3	1982. 3
사장회 가맹	187	182	23.1	16.5	23.3	25.9	15.8
50~100% 지배를 더함	3,267	4,453	27.7	19.9	26.0	28.0	19.3
25~50% 지배를 더함	6,557	8,704	35.2	25.7	28.8	30.6	23.3
10~25% 지배를 더함	8,815	11,982	43.4	32.6	31.7	34.0	27.6

자료: 橋本壽朗, 1991: 156.

그러나 기업집단의 지배력을 볼 때에는 산하의 관계회사까지 포함하여 고찰할 필요가 있다. 〈표 11-6〉은 관계회사를 포함한 6대 기업집단의 지위를 나타낸 것이다. 이 표에서 보면 6대 기업집단은 1982년 현재 자본금의 32.6%, 총자산의 34.0%, 그리고 매출액의 27.6%를 차지하고 있다. 6대 기업집단의 비중이 상당히 높다는 것을 알 수 있다.

3) 기업집단의 결합 형태

기업집단 결합 형태의 특징은 첫째, 주식의 상호소유다. 멤버기업은 주식을 상호소유함으로써 결속관계를 유지하고 있는 것이다. 〈표 11-7〉에서 보면 6대 기업집단 내 주식보유율은 1993년 현재 최고 38.2%(미쓰비

표 11-7 6대 기업집단 내 주식소유율 추이 (단위: %)

기업명 \ 연도	1965	1970	1977	1985	1993
미쓰이	14.3	21.3	22.2	21.6	19.3
미쓰비시	23.7	26.8	30.4	36.9	38.2
스미토모	28.0	28.9	34.0	29.7	28.0
구 재벌계 평균	22.0	25.7	28.9	29.4	28.5
후요	11.4	16.0	19.1	17.4	16.9
상와	–	12.5	21.0	18.0	16.7
디이이치칸긴	21.9	24.5	16.5	16.8	14.2
은행계 평균	–	17.7	18.9	17.4	15.9
6대 기업집단 평균	–	21.7	23.9	23.4	22.2

자료: 小浜裕久·渡辺眞知子, 1996: 192.

시)에서 최저 14.2%(다이이치칸긴)로 집단에 따라 차이가 있으나, 전체 평균으로는 22.2%다. 주식소유가 광범하게 분산되어 있는 속에서 기업집단은 상대적으로 높은 주식보유율을 가지고 멤버기업의 결속을 안정적으로 유지하고 있다.

주식상호소유는 1950년대 중엽에 미쓰비시그룹이 계열회사 주식의 타 기업에 의한 매수를 막기 위해서 회사 주식을 공동 매수한 것을 계기로 주식매점에 의한 적대적 기업매수를 방지하고 경영권 안정을 확보하기 위한 안정주주공작이 추진되면서 시작된 것이다. 멤버기업들은 주식상호소유로 경영권을 상호신임하고 그에 어긋남이 없는 한 경영권을 안정적으로 행사할 수 있었다. 주식의 상호소유는 기업집단의 결속과 안정을 위한 기본수단이었다.

결합 형태의 둘째 특징은 사장회의 존재다. 사장회는 기업집단 멤버기업의 사장으로 구성되어 매달(다이이치칸긴은 3개월마다) 1회 지정된 요일에 열렸다. 그 기능은 전전의 재벌본사와 같은 의사결정을 하는 것이 아니라 정보교환, 연락, 조정을 통해서 기업집단으로서의 결속을 유지하는 데 있었다. 사장은 사내 선출로 승진한 전문경영자이다. 따라서 사장은 그 직에 있는 한 대주주로 사장회의 멤버가 되지만 직에서 물러나면 단순한 자연인에 불과하게 된다.

멤버기업은 경영권의 상호신임하에 어디까지나 독립적 내지 자주적으로 운영되며 경영실적이 순조로운 한 자립성은 보장되었다. 그러나 경영에 실패하거나 사회적 비난을 받을 경우에는 사장회는 사태수습을 위해서 사장 등 임원을 해임하고 경영에 개입할 수도 있었다. 사장회는 기업집단 내부에서 부정적 요인의 발생과 외부의 영향을 막으면서 기업집단의 결속을 유지하는 역할을 하고 있는 것이다.

결합 형태의 셋째 특징은 계열융자다. 기업집단은 예외 없이 은행 등 금융기관을 가지고 있으며 그것이 집단 내에서의 주식상호보유와 금융에서 중요한 역할을 하였다. 특히 구재벌계 은행의 금융은 재벌개혁 후의 계열기업의 재결속과 고도성장기의 자본조달에서 매우 중요하였다.

1980년대 이후 기업의 내부자본 축적기반이 확대되고 자금조달수단도 다양해지면서 기업금융에의 은행의존도는 낮아졌다. 그러나 대기업의 자금수요 규모가 커지는 속에서 동일 계열의 주력은행(메인뱅크)의 역할은 중요하였다. 거대은행은 계열융자만이 아니라 타 계열 기업에 대한 협조융자도 확대하였다. 주력은행은 채권보전을 위해서 융자기업에 임원을 파견하였으며 융자와 관련한 계열기업에 대한 풍부한 정보를 토대로 계열기업 간의 조정자 역할도 수행할 수 있었다.

결합 형태의 넷째 특징은 종합상사를 통한 집단 내 상호거래다. 기업집단은 모두 종합상사를 가지고 있으며 그것을 통해서 집단 내 거래의 대부분이 이루어지고 있었다. 동일 기업집단 내의 상호거래비중은 매출의 6.9%, 매입의 7.8%로 낮은 것으로 나타나고 있다. 그러나 유력통신기 메이커가 있는 기업집단에서는 대부분 기업이 집단 내 메이커의 제품을 사용하고 있는 것으로 조사되었다. 제품에 큰 차이가 없는 경우 집단내부조달이 우선시되었다. 종합상사는 국내외의 방대한 유통조직망과 다양한 거래상품을 가지고 동일 집단 내 기업만이 아니라 외부기업과도 광범한 거래관계가 있었다. 종합상사는 거대한 자금력을 가지고 기업금융에서도 중요한 역할을 하였으며, 산하에 다수의 계열기업을 가진 모(母)회사이기도 하였다.

3. 기업그룹

기업그룹은 기업이 자본결합으로 산하에 자회사, 관계회사 등 다수의 계열회사를 중층적으로 배치하여 안정적인 거래관계를 지속적으로 유지하는 피라미드형 기업 계열이다. 그룹 내 기업 간 관계는 회계제도상으로는 1977년 이후 도입된 연결재무제표제도에 의해서 표시되고 있다.

〈표 11-8〉은 산업별 자회사·관련회사의 보유 상황을 나타낸 것이다. 자회사는 보유자본비율이 50% 이상, 관련회사는 20~50%인 회사를 각각 나타낸다. 보유기업비율이 높은 것으로는 광업, 도매업, 제조업, 소매업순으로 되어 있으나 보유기업 수로는 제조업이 4만여 개로 가장 많다. 제조업기업은 산하에 다수의 계열기업을 두고 안정적인 거래관계를 유지하고 있다.

기업 계열은 대기업을 중심으로 광범위하게 전개되었다. 대기업을 정점으로 다수의 관계회사가 산하에 편입되어 피라미드형 기업 계열을 형

표 11-8 산업별 자회사·관련회사의 보유 상황(1998년)

구분	기업 수	자회사·관련회사를 보유하는 기업			자회사·관련회사 수		
			국내에서 보유하는 기업 수	보유기업 비율(%)		국내 자회사 수	국내 자회사 비율(%)
광 업	64	35	35	55	188	177	94.1
제조업	14,100	6,233	5,426	39	42,395	31,885	75.2
도매업	7,022	3,393	3,205	46	26,806	19,104	71.3
소매업	2,608	1,246	1,220	34	5,202	4,831	92.9

자료: 淺子和美·篠原總一 編, 2000: 408.

표 11-9 대표적 독립계 기업 계열(1986년) (단위: 100만 엔)

사명		모회사			관계회사			
산업	회사명	자본금	종업원 수	매출액	사수	자본금	종업원 수	매출액
건설	가시마건설	43,460	13,157	913,628	17	5,375	2,869	201,871
식료품	아지노모토	29,108	5,587	450,119	29	15,234	6,316	345,622
섬유	가네가후치	22,530	6,490	330,782	36	14,352	8,518	n.a.
종이·펄프	다이쇼제지	10,000	5,077	314,884	1	469	900	50,662
출판·인쇄	돗판인쇄	32,920	10,972	595,610	8	22,656	7,590	359,533
화학	후지사진필름	18,472	10,974	646,212	12	13,023	16,565	490,117
석유·석탄	니혼광업	43,073	6,071	992,314	50	45,793	10,058	2,843,335
철강	신니혼제철	331,835	64,625	2,684,721	43	153,282	63,765	4,329,159
일반기계	고마츠제작소	41,518	16,386	599,588	9	14,456	6,318	223,186
전기기계	마쓰시타전기	89,341	41,027	3,424,135	49	188,518	101,175	5,590,911
수송용기계	혼다기연	57,479	29,519	2,245,743	18	28,043	25,673	567, 591
정밀기계	리코	28,537	11,305	490,132	25	5,726	n.a.	n.a.
기타 제조업	브리지스톤	27,946	16,460	593,783	6	6,455	4,024	124,397
상업	다이에	14,973	14,601	1,373,559	39	12,392	13,812	534,996
운수	도쿄급행전철	46,851	7,009	219,793	96	83,214	53,100	1,688,483
전기사업	도쿄전력	650,000	39,058	4,188.668	38	269,842	22,495	n.a.
가스사업	도쿄가스	136,290	12,947	782,061	29	5,880	3,364	164,531

주: 대상기업은 총자산순위 100위 이내로 6대 기업집단 구성기업을 제외한 각 산업의 자산 최상위 기업임.
자료: 橋本壽朗, 1991: 166.

성하고 있다. 6대 기업의 멤버기업이나 그와는 독립적인 대기업들도 광범위하게 기업 계열을 전개하고 있다. 〈표 11-9〉는 대표적인 독립계 기업 계열의 전개양상을 나타낸 것이다. 이 표에서 대기업들이 다수의 관계회사를 계열기업으로 산하에 두고 있다는 것을 알 수 있다. 특히 니혼광업, 마쓰시타전기, 도쿄급행전철 등에서 보는 바와 같이 모기업보다 관계회사의 규모가 큰 경우도 있었다.

대기업은 신산업 내지 신사업 분야에의 진출, 그룹경영 강화, 본업의 강화, 시장점유율 확대, 사업재구축, 잉여인원대책 등을 위하여 기업그룹을 형성하였다. 기업그룹은 분사화와 계열화를 통해서 형성되었다. 전자는 내부의 사업부문을 별도 기업을 설립하여 외부화하는 것이었으며, 후자는 타 기업의 경영에 참가하는 것이다. 분사화는 과도하게 대규모화한 기업의 슬림화를 통한 자본 및 경영 효율의 제고, 신규 프로젝트나 파일럿 사업의 추진, 사업재구축과 그에 따른 잉여인원의 흡수와 다각화 추진에 유효한 방법으로 이용되었다.

4. 중소기업

중소기업은 고유 업종만이 아니라 대기업이 주도한 중화학공업과 신산업에도 광범하게 존재하여 일본의 기업구성에서 중요한 지위를 차지해 왔다. 중소기업의 광범한 존재는 일본 산업조직의 두드러진 특징 중 하나다.

중소기업은 전후의 과잉노동력·저임금을 기반으로 광범하게 발생하여 과당경쟁 상태로 전개되었다. 중소기업과 대기업 간에는 생산성과 임금 격차에서 오는 2중 구조가 형성되었으며 대기업은 중소기업의 저임금을 이용하여 자본축적을 추진하였다. 그러나 고도성장에 따른 완전고용, 노동력 부족, 임금상승이 진전으로 많은 저임금의존형 중소기업이 도태되면서 2중 구조는 해소되어갔다.[14]

한편 중소기업의 신규시장진입도 활발하게 전개되었다. 시장진입과 퇴출이 거듭되는 속에서 중소기업에서도 설비투자와 기술수준이 제고되면서 근대화가 진전되었다. 중소기업은 대기업과의 하청관계, 사회적 분업의 다양성, 대소비지에의 인접성 등의 조건을 기반으로 무수한 산업집적을 이룩하면서 전개되었다. 중소기업의 활발한 활동은 일본기업의 활성화 요소로서 중요하였다.

특히 중요한 것은 중소기업이 많은 경우 하청관계를 통해서 대기업과의 분업관계를 가져왔다는 사실이다. 하청관계는 전전부터 존재하고 있었으나 전후 새로이 전개되고 특히 고도성장기 이후 중화학공업화·

표 11-10 하청기업 비율의 추이 (단위: %)

구분 \ 연도	1971	1976	1981	1987
제조업 평균	58.7	60.7	65.5	55.9
전기기계	79.0	82.3	85.3	80.1
수송용기계	77.9	86.2	87.7	79.9
섬유	75.9	84.5	84.9	79.7
일반기계	75.9	82.7	84.2	74.8
금속제품	71.7	74.8	78.6	71.0
의복섬유제품	71.4	83.9	86.5	79.1
정밀기계	70.8	72.4	80.9	70.4
비철금속	69.8	68.7	73.6	62.3
철강	66.0	70.4	72.0	52.6

자료: 小浜裕久·渡邊眞知子, 1996: 197.

고가공산업화가 진전되면서 전 산업에 광범하게 전개되었다. 하청관계는 기술진보와 수요의 다양화로 제품과 부품 종류가 증가하고 제조공정이 복잡해짐에 따라 제조업 전 업종에 걸쳐서 광범하게 확산되었다.

〈표 11-10〉에서 보면 제조업의 중소기업 총수에 대한 하청기업의 비율은 1981년 65.5%에서 1987년에는 55.9%로 떨어지고 있으나 그래도 절반 이상이며 업종별로 볼 때 각종 기계공업의 경우에는 70~80%에 이르고 있다. 한편 대기업 중에서 외주이용 기업비율은 84.2%나 되었으며 대기업의 외주의존도(매출액에 대한 외주액의 비율)는 업종에 따라 차이가 있으나 일반적으로 20~33% 수준이었다.

일본의 하청관계는 중층적이라는 특징이 있다. 즉, 그것은 모회사인 대기업을 정점으로 다수의 중소기업이 중층적으로 하청관계를 이으면서 하층까지 이르는 광대한 피라미드형 분업조직이다. 모회사는 일정한 기술력과 자본력을 가진 우수 하청기업으로 협력회를 조직하여 그 멤버기업과 직접거래관계를 가지고 생산의 합리화·품질관리 등의 연구회를 가지면서 정보를 교환하였다. 하청기업은 많은 경우 모기업에의 전속성이 강하여 납품, 품질관리, 단가 등에서 모기업의 요구에 따랐다.

대기업이 중소하청기업을 이용하게 된 이유로는 저임금이용, 경기변동의 충격완화, 자본절약 등을 들 수 있다. 특히 노동집약적 생산공정을 갖춘 대기업은 중소기업의 저임금노동력을 우회적으로 이용하는 것이 유리하였다. 그것은 자본을 절약하고 경기변동에 유연하게 대응할 수 있는 방법이기도 하였다. 한편 중소기업으로서도 취약한 경영기반에서 성장하기 위해서는 대기업과의 하청관계 유지가 유리하였다.

하청관계는 1960년대까지는 대기업과 중소기업 간의 2중 구조·격차구조로 인식되어 그 '수탈'적 측면이 강조되어왔다. 그러나 그러한 조건은 1960년대 중반 이후 크게 변화하였다. 첫째, 심각한 노동력 부족, 임금상승으로 설비투자가 확대되고, 둘째, 조립산업이 고도화하여 부품의 정밀도 요구가 커지고, 셋째, 모기업의 비용절감 필요성이 커졌다. 이러한 필요에서 중소기업에서도 설비투자가 확대되고 기술수준이 크게 향상되어 전문능력을 가지게 되었다.

하청 중소기업의 기술수준은 1970년대 중반 이후 크게 상승하였다. 제품의 다품종소량생산, 품질향상, 하이테크화가 진전되는 가운데 하청 중소기업도 상응한 기술축적이 요구되었다. 이에 따라 하청 중소기업의 기계설비에서 NC기계라든가 MC의 도입이 일반화되고 독자적으로 소프트웨어를 개발하여 부품설계·개발능력을 가진 기업도 다수 나타났다. 이러한 대응을 효과적으로 하지 못한 중소기업은 경쟁에서 탈락한 반면 신규시장진입도 활발하게 이루어졌다. 이제 하청관계는 대기업에 의한 열악한 중소기업의 '수탈'관계에서 기술수준이 향상된 중소기업과의 '협력'관계로 변화하였다.

1960년대 중반 이후 중소기업의 전개 속에서 나타난 새로운 현상으로 중요한 것은 중소기업의 테두리를 벗어난 '중견기업'의 대두였다. 산업구조의 고도화, 가공조립형 산업의 성장, 정보화의 전개 속에서 중소기업은 독자적으로 기술개발을 하거나 기술수준을 높이면서 중견기업으로 성장하였다. 1955~73년의 대기업(1,000명 이상)과 중기업(100~299

명) 수는 가각 2배 이상, 그리고 중견기업(300~999명) 수는 3배 가까이 증가하였다.[15] 중견기업은 제조업만이 아니라 유통업에서도 성장하여, 그중에는 중소기업에서 시작하여 독자적인 형태의 사업전개로 대기업으로 성장하는 경우도 있었다. 대표적 사례로는 제조업에서는 소니와 혼다, 유통업에서는 다이에와 이토요카도 등을 들 수 있다. 또한 1980년대에는 지식집약적 산업을 중심으로 다수의 벤처기업이 뒤이어 출현하면서 활발한 기업활동을 전개하였다. 중소기업은 대기업의 성장에 보완적 역할을 할 뿐만 아니라 새로운 활력을 창출하는 요소로서도 중요하였다.

5절 경영 전략과 조직

1. 기업의 지배구조

1) 대기업의 소유구조

전후의 재벌해체에 따라 재벌일가에 집중되던 주식은 공개·매각되고 기업지배인들은 추방됨으로써 대기업의 소유·지배체제는 무너졌다. 주식분산이 진전되어 개인 대주주에 의한 회사지배가 불가능해지면서 소유와 경영은 분리되고 '경영자혁명'이 진전되었다.

그러나 주식공개는 미국에서와 같은 주식소유의 광범한 분산·대중화에 기초한 '인민자본주의'가 아니라 은행, 종합상사, 기업 등에 의해서 소유·지배되는 '법인자본주의'를 낳았다. 〈그림 11-1〉에서 보는 바와 같이 1950년대에 70%를 차지하던 개인주주비율은 1991년에는 23%로

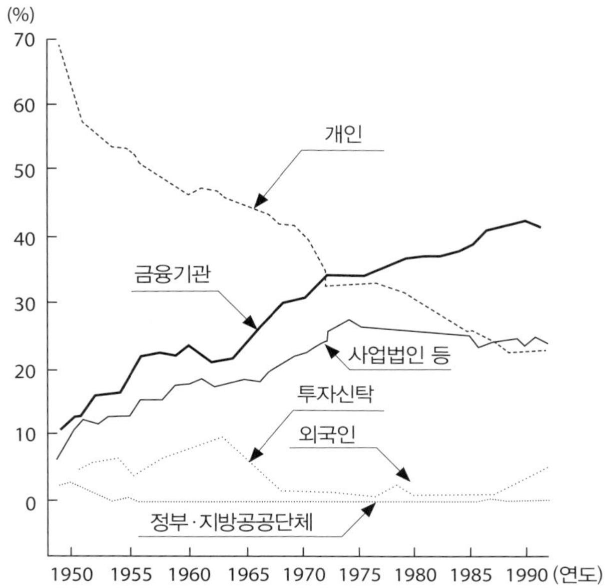

자료: 長島 修, 1996: 130.

그림 11-1 주식소유구조의 추이

크게 떨어지는 데 비해서 금융기관을 비롯한 법인주주비율은 크게 상승하여 지배적 지위를 차지하게 되었다.

주식소유는 미국과 영국 등에서도 기관투자가에 집중되어 있었다. 기관투자가는 연금기금, 개인자산, 생명보험, 투자신탁 등이 위탁받은 자산으로 주식을 운영하였다. 그러나 그 목적은 회사의 지배가 아니라 주식배당·주식매매를 통하여 출자자의 이익을 올리는 일이었다. 이에 대해서 일본에서의 법인소유는 금융기관이나 사업회사에 의한 소유이며 그 목적은 기업지배와 기업 간 결합을 강화하기 위한 소유였다.

법인기업들은 주식소유관계를 안정적으로 유지하고 결속관계를 강화하기 위해서 주식을 상호소유하였다. 주식상호소유하에서는 서로 상대기업의 주식소유인이므로 어느 한 기업이 다른 한 기업을 지배할 수는 없다. 예를 들어 6대 기업집단의 사장회는 대주주(회사)들의 모임이지만 특정 대주주가 특정 기업주식의 궁극적 소유인이 될 수는 없으며 상호간의 주주였다. 대주주들은 주식의 상호소유를 통해서 경영권을 상호신임하면서 기업지배의 장기안정을 기하였다. 상호소유주주 간에는 주식소유 상대기업에 대해서 업적 악화 등의 문제가 없는 한 발언하지 않고, 외부 기업의 적대적 M&A 제의에는 불응하고, 그리고 소유주식의 처분이 필요한 경우에는 사전에 의사전달을 한다는 암묵의 동의가 있었다.

주식상호소유는 1950년대 중반에 그룹내부기업이 외부의 적대적 M&A를 막고 내부 결속을 다지기 위해서 추진된 안정주주화 공작에서 비롯되었다. 그 속에서 안정주주의 소유주식이 증권시장에 나도는 일은 없으며 얼마 안 되는 잔여주식만이 시장에서 거래되었다. 그렇게 함으로써 기업그룹은 배타적인 기업 간 결합관계를 유지하였다.

2) 기업지배

기업지배(corporate governance)는 주주, 채권인, 경영인, 종업원, 거래선 등 다양한 회사경영관계자(stakeholders)의 이해를 조정하면서 기업을 효율적으로 경영하도록 통제하고 감시하는 역할을 총칭하는 용어다. 흔히 '회사는 누구의 것인가?'라는 물음에서 제기되는 기업지배 형태는 소유와 경영이 분리된 현대의 대기업에서는 기업경영을 특징짓는 중요한 요소다.

기업지배 형태는 나라에 따라 차이가 있다. 〈그림 11-2〉는 그 차이를 유형적으로 나타낸 것이다. 특히 대조적인 것은 미국과 일본이다. 미국의 경우 기업지배의 중심은 주주에 의한 감시·감독이다. 미국에서는 주주가 선임한 이사회가 경영진을 선임하였다. 경영진의 수장인 CEO(경영최고책임자)는 이사회 회장을 겸임하기도 하였으나 이사회의 의향에 따라 해임되기도 하였다. 이사의 3분의 2는 주주의 의향을 중시하는 사외

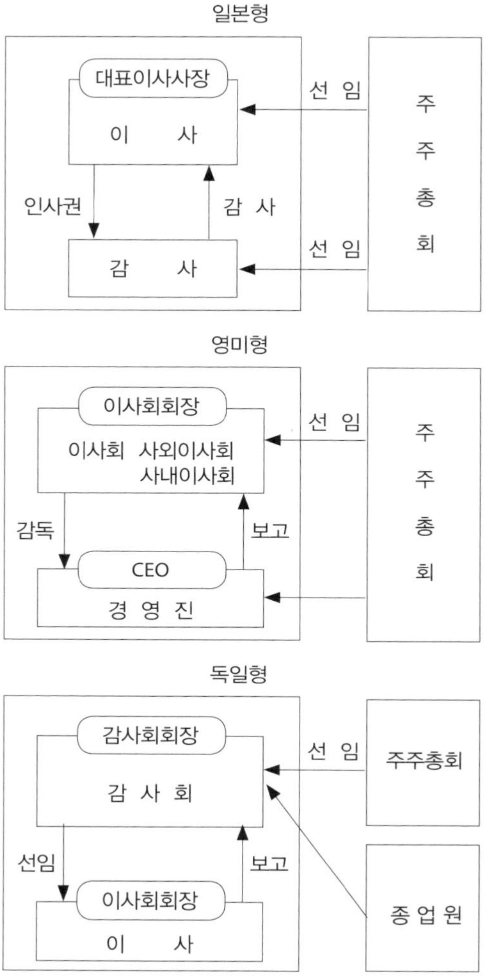

자료: 深尾光洋·森田泰子, 1997: 62.

그림 11-2 회사경영감독기구의 국제비교

이사가 차지하고 있는 것이다. 실적부진으로 주가가 하락하면 기업은 타 기업에 매수될 위험에 직면하게 된다. 따라서 경영진은 항상 주가상승, 즉 주주의 이익을 우선하는 경영을 지향하였다.

그에 비해서 일본에서는 기업 간 주식의 상호소유가 일반적이고 적대적인 기업매수도 드물기 때문에 주주 내지 주식시장에 의한 감시·감독기능이 약하였다. 기업의 경영진은 대부분이 내부승진자로 구성되었으며 그들에 의해서 이사회가 구성되었다. 이사회에 의한 경영책임자의 해임은 극히 드문 일이었다. 이사회는 대표이사(사장)의 임명권을 가지고 있으나 이사의 임명권은 사장이 가지고 있으므로 이사회의 사장임명권은 유명무실한 것이었다. 사장이 선임한 이사가 사장을 불신임하는 일은 통상적으로는 있을 수 없었다. 한편 주주가 선임한 감사도 실질적으로 이사가 선임하므로 엄격한 감사기능을 수행하는 데에는 한계가 있었다. 따라서 경영자를 감독하는 주체는 주력은행(메인뱅크), 주식상호소유기업, 대규모거래기업, 노동조합, 종업원 등 기업과 특별한 관계에 있는 넓은 의미에서 '기업내부자'다.

일본 대기업의 경영진은 대부분 대학 출신자로 신입사원으로 입사하여 장기근속 과정에서 경쟁을 통해서 내부 승진한 전문경영자다. 전후의 재벌해체와 함께 기존의 기업간부들이 추방되어 부장, 공장장급의 중견간부가 후임자로 되면서 신경영자의 연령은 한꺼번에 젊어졌다. 기업은 그들을 톱으로 하고 밑으로는 현장노동자까지를 사원으로 한 공동체적 조직이다. 경영진은 주식상호소유·안정주주체제하에서 주주의 이익을 우선하는 단기적 이익보다 기업의 장기적 성장을 지향하였다.

2. 성장전략과 경영조직

1) 성장전략

(1) 높은 장기성장지향성

일본기업의 경영목표는 장기성장지향적이었다. 〈표 11-11〉에 의하면 기업의 경영목표는 미국의 경우 투자수익률(ROI)과 주가상승에 집중되어 있는 데 반해서 일본은 시장점유율, 투자수익률, 신제품 비율을 중시하면서도 여타 부분에 대해서도 일정한 비중을 두고 있는 것으로 나타나고 있다. 그것은 미국기업이 단기적 수익을 중시하는 것과는 달리 일본기업은 장기성장지향성이 높았음을 나타내고 있다.

일본기업이 높은 장기성장지향성을 갖게 된 원인은 무엇인가? 첫째, 환경적 배경으로 고도경제성장이다. 전후의 경제부흥을 이룩한 일본은 구미의 신기술을 대규모로 도입하면서 중화학공업중심의 고도성장을 이룩하였다. 그 속에서 기업은 자신의 기반을 구축하고 확대하기 위하여 '투자가 투자를 부른다'는 말과 같이 경쟁적으로 설비투자를 확대하면서 시장점유율 확대를 지향하였다.

표 11-11 경영목표의 미·일 비교

경영목표	미국	일본
투자수익률(ROI)	2.43	1.24
주가의 상승	1.14	0.02
시장점유율	0.73	1.43
제품포트폴리오의 개선	0.50	0.68
생산 · 물류시스템의 합리화	0.46	0.71
자기자본비율	0.38	0.59
신제품비율	0.21	1.06
회사의 사회적 이미지 상승	0.05	0.20
작업조건의 개선	0.04	0.09

주: 숫자는 순위점(1위 3점, 2위 2점, 3위 1점, 기타 0점)의 평균값.
자료: 加護野忠男 外, 1983: 25.

둘째, 일본기업의 경영시스템이다. 사실 일본기업의 특징적인 경영시스템이야말로 기업이 높은 장기성장지향성을 갖게 된 내재적 조건으로 볼 수 있다. 무엇보다도 일본기업은 미국기업과는 달리 자금조달에서의 간접금융의존도가 높았으며 주식소유도 일반투자가보다 은행 등 기관투자가에 의해서 지배되고 있었다. 그 경우 주주인 기관투자가는 단기적 이익배당이나 주가상승보다 기업의 장기적 성장을 중시하였다. 한편 주주에 의해서가 아니라 기업 내부에서 선발·승진된 최고경영인도 주주보다 기업 자체와 종업원의 이익을 우선하여 기업성장극대화를 지향하였다.

한편 종업원의 의식도 장기성장지향적이었다. 종신고용·연공임금제도하에서 종업원은 평생직장으로서의 기업에 대한 강한 일체감, 애착심, 충성심을 갖게 되었다. 그것은 종업원이 '우리 회사' 의식을 갖게 하고 타사에 대한 강한 경쟁심과 자사를 최대한 성장시켜야 한다는 의식을 갖게 하였다. 기업은 종업원에게 안정된 직장과 승진기회를 제공하기 위해서 최대한 성장할 필요가 있었다. 또한 기업 간 관계 속에서 장기적 거래관계를 지속적으로 유지하기 위해서도 높은 성장을 지속할 필요가 있었다. 고도성장기의 정부의 산업정책도 기업의 성장을 뒷받침하였다.

협조적 성격이 강한 일본의 경영시스템하에서 기업은 단기의 이익을 노린 적대적 기업매수보다는 비록 단기적으로는 수익이 낮더라도 장기적 성장을 지향하였다. 일본적 주식소유구조에서 기업경영자는 주주의 이익을 위해서 결산기마다 단기의 수익성에 구애받는 일이 없이 장기목표로 행동할 수 있었다. 그 속에서 기업은 장기적 안목에서 시장점유율 확대를 위한 장기적 투자전략을 추구하였다.

(2) 생산력 확충전략

일본기업의 성장전략은 기본적으로 내부적 성장이었다. 기업은 본업을 중심으로 설비확대와 근대화를 추진하고 관련 분야를 중심으로 다각화하면서 규모와 범위의 전략을 추구하였다. 그것은 비관련부문의 기업을 흡수하면서 외부적 성장을 지향한 영·미 기업의 전략 유형과는 다른 것이었다.

본업중심의 생산력확충전략이 적극적으로 추진된 것은 고도성장기였다. 이 시기에 기업은 시장점유율 확대를 위하여 경쟁적으로 대규모의 기술혁신과 설비투자를 추진하면서 생산성 상승과 함께 생산규모의 확대전략을 적극 추진하였다. 그 일환으로 전후 최초의 대규모 합병운동이 추진되어 철강, 기계, 금속, 시멘트, 제지 등 많은 산업에서의 대 트러스트가 형성되었다. 그 속에서 철강, 합성섬유, 전기기계, 자동차, 정밀기계 등 중화학공업을 중심으로 한 기업의 생산설비는 규모의 확대와 함께 근대화되었다. 이 시기는 낙후된 일본기술이 대규모의 기술도입으로 선진국 수준에의 추격이 진전된 시기였다.

기업의 규모 확대전략은 석유위기 이후 안정성장기에 들어서면서 수정하지 않으면 안 되었다. 경제성장은 둔화되고 기술혁신도 일단락되고 내구소비재의 보급도 한계에 도달하고 소비자욕구도 다양해졌다. 산업에서는 중화학공업의 '중후장대형' 산업중심에서 컴퓨터, 반도체 등 지식집약, 연구개발, 고도조립형 산업이 새로운 산업으로 주목받게 되었다. 환경의 큰 변화 속에서 종전의 확대전략은 수정하지 않으면 안 되었다.

전략수정의 방향은 확대된 사업부문의 조정, 자본비용의 절감, 인원감축을 내용으로 한 감량경영이었다. 기업은 사업부문을 조정하여 저채산성 부문에서의 철수와 시너지(상승)효과를 얻을 수 있는 부문으로 진입하고, 재무구조를 개선하여 자기자본비율을 높임으로써 자본비용을 절감하고, 생력화(省力化)와 수요변화에 따른 다품종소량생산에 대응할 수 있는 생산시스템의 도입으로 생산비 절감을 지향하였다.

기술혁신과 뒤이은 신제품 개발에서 다각화가 진전되었다. 〈표 11-

표 11-12 다각화의 국제비교

	연도	기업 수	전업형	본업형	관련형	비관련형
일 본	1968	114	26.3	32.4	30.7	8.8
	1984	129	15.5	30.2	42.7	16.6
미 국	1969	183	6.2	29.2	45.2	19.4
영 국	1980	200	9.0	26.0	47.0	18.0
서 독	1970	100	22.0	22.0	38.0	18.0
프랑스	1970	100	16.0	32.0	52.0	10.0

자료: 小田切宏之, 1992: 99.

12〉는 다각화의 정도를 비교한 것이다. 각 유형의 분류기준은 특화율(최대단위사업이 기업 전체 매출액에서 차지하는 비율)과 관련비율(기술 및 시장적 관련이 있는 단위사업그룹에서 최대단위사업이 전 매출액에서 차지하는 비율)이다. 전업형과 본업형은 각각 특화율이 90%와 70~95%인 기업을, 관련형은 특화율과 관련비율이 각각 70% 미만과 70% 이상인 기업을, 비관련형은 특화율과 관련비율이 다같이 70% 미만인 기업을 각각 나타낸다. 그 경우 관련형과 비관련형은 다각화로 볼 수 있다.

〈표 11-12〉에서 보면 일본기업에서도 다각화는 진전되고 있었다. 전업형은 크게 감소하고 본업형도 약간 감소한 데 비해서 관련형은 크게, 그리고 비관련형은 약간 증가하고 있다. 그러나 특징적인 것은 일본의 다각화 비율이 미국에 비해서 낮다는 것이다. 다각화 비율은 일본이 1968~84년에 39.2%에서 54.3%로 상승한 데 비해서 미국은 1968년에 이미 64.6%에 이르고 있었다. 그리고 일본기업의 다각화는 관련형에서 높은 편이었다.

제조업에서 다각화 비율이 낮은 것은 일본기업의 높은 내부성장지향성과 관계가 있었다. 기업은 내부적 성장전략을 추구하면서 기술·시장 관련 분야를 중심으로 다각화를 추진한 한편 비관련 다각화에는 소극적이었다. 더구나 내부적 성장기업의 경우 경영자원, 특히 인적자원의 부족으로 급격한 다각화에는 제약이 있었다. 이러한 제약은 기업 간 인적

자원의 이동이 사실상 없었던 일본기업의 경우가 많았다.

한편 다각화를 추진하는 방법으로 영·미에서 성행한 M&A는 일본에서는 그다지 중요하지 않았다. 일본의 제조업 상장기업 899사 중에서 1964~84년의 20년간 M&A에 의해서 소멸한 회사는 7.5%(67사)에 불과하였다. 미국은 20년간(1950~70) 1,000사 중 42%, 그리고 영국은 27년 간(1950~77) 3,110사 중 42%나 되었다. 내부성장지향적인 일본기업은 외부기업을 합병·흡수하면서 다각화하는 데에는 소극적이었다. 고도성장기에 성행한 M&A는 주로 시장점유율 확대를 위한 관련부문 기업의 합병이었다.

본업중심의 규모의 경제와 기술·시장관련다각화를 통한 범위의 경제로 성장극대화를 지향해온 일본기업은 1985년의 플라자합의 이후의 산업구조의 변화, 세계화(globalization)의 진전, 엔고의 진행 등 환경의 변화에 대응하여 성장전략의 근본적 전환을 모색하지 않으면 안 되었다. 버블경기의 붕괴에 뒤이은 장기의 불황, 저성장경제 속에서 경쟁은 더욱 격화되었다. 환경변화 속에서 기업은 종래와 같은 시장점유율 확대 → 규모와 범위의 확대 → 성장 최대화라는 전략을 계속 추구할 수는 없게 되었다.

전략전환의 기본방향은 종래의 매출액·시장점유율 중시의 확대, 성장주의에서 벗어나 투자·수익률 중시와 고수익성 사업구조를 지향한 압축경영의 추구였다. 성장전략이 전환되면서 경영합리화, 사업의 축소·철수, 인원삭감 등 기업의 구조조정을 적극 추진하였다. 그 속에서 기업은 주력업종의 규모 확대, 새로운 분야에의 진출(다각화), 연구개발력 강화를 위한 전략수단으로 M&A를 활발하게 추진하였다.

(3) 경쟁전략

기업 간 경쟁은 '과당경쟁'이라 불릴 만큼 치열하였다. 성장최대화를 지향하여 내부투자를 중심으로 생산확대전략을 추구하는 속에서 기업 간

경쟁은 치열할 수밖에 없었다. 기업은 시장점유율 확대를 위하여 기술혁신과 설비투자를 추진하면서 생산력을 확대하였으며 그것은 필연적으로 경쟁격화로 이어졌다.

기업 간에 협조적 요소가 있었다는 것도 사실이다. 일본의 경영시스템 자체가 협조적 성격을 띠고 있었다. 기업 내부의 공동체적 성격, 기업집단 및 계열 기업 간 관계, 각종 업계단체, 적대적 M&A에 대한 부정적 분위기, 정부와의 협조적 관계, 협조·조화를 중시하는 사회·문화적 성격 등은 협조적 요소로 들 수 있다.

그러나 이들 요소가 기업 간 경쟁을 약화시킨 것은 아니다. 오히려 일본형 경영시스템은 동시에 높은 경쟁요소를 가지고 있었다. 기업 내부에서는 업무와 승진관계에서, 기업집단 간에서는 다양한 산업분야에 걸쳐 집단마다 산하에 한 개씩 있는 동일 분야기업 간에서, 계열기업 간에서는 제품개발, 생산성 향상, 가격 면에서, 그리고 산업 차원에서는 동일 산업에서 시장점유율 확대를 노리는 비교적 다수(5~6사)의 과점기업 간의 치열한 경쟁이 있었다. 치열한 경쟁 속에서 많은 산업에서 대기업 간의 시장점유율 변동이 컸으며 그 속에서 기업의 시장 진입과 퇴출은 빈번하였다. 치열한 경쟁으로 정부의 '행정지도'라든가 카르텔협정도 지켜지지 않는 경우가 많았다.

기업은 경쟁전략으로 규모의 경제를 추구하여 생산시설을 확대·합

표 11-13 주력시장에서의 경쟁전략

전략	미국		일본	
	과거 5개년	장차 5개년	과거 5개년	장차 5개년
제품전략	3.7(1)	4.1(1)	3.7(2)	4.3(1)
판매촉진전략	2.8(4)	2.8(4)	2.8(4)	2.7(3)
유통전략	2.7(5)	2.6(5)	1.8(5)	1.9(5)
가격전략	3.3(3)	3.2(3)	3.0(3)	2.6(4)
생산전략	3.5(2)	3.7(2)	3.8(1)	3.4(2)

주: 숫자는 중요도 점수(1위 5점, 2위 4점, 3위 3점, 4위 2점, 5위 1점)의 평균치. ( ) 안은 순위.
자료: 伊丹敬之·加護野忠男·伊藤元重 編, 1993: 121.

리화하고 생산시스템을 유연하게 하는 생산전략을 중요시하였다. 이러한 생산중시전략은 주력시장에서의 경쟁전략에서도 나타나고 있다. 〈표 11-13〉에서 보면 주력시장에서의 경쟁전략으로 미국기업이 제품전략을 중시한 데 비해서 일본기업은 제품전략과 함께 생산전략을 더 중시해왔다. 그렇게 함으로써 일본기업은 누적생산량을 증대시켜 단위생산비 인하효과를 높임으로써 가격상의 우위를 확보하려 하였다. 그 결과 기업의 시장점유율 확대경쟁은 격화되었다.

2) 경영조직

(1) 조직 형태

기업의 조직 형태도 특징적으로 전개되었다. 〈표 11-14〉는 기업의 조직 형태를 비교한 것이다. 이 표에서 특징적인 것은 일본기업에서의 사업부제 비율이 경향적으로는 높아지면서도 상대적으로 낮은 반면에 직능부제 비율이 높다는 것이다. 지주회사조직도 사업부제조직의 한 형태로 본다면 사업부제조직 비율은 일본기업(44.0%)보다 미국(79.4%), 영국(91.6%), 서독(62.0%) 기업이 훨씬 높았다. 한편 혼합형은 기본적으로 기능부제조직이면서 비주력사업을 중심으로 일부 사업에서 사업부제를 채용한 조직 형태다. 이것을 기능부제로 포함시킨다면 일본기업의 기

표 11-14 조직 형태의 국제비교 (단위: %)

	연도	기업 수	기능부제	혼합형	사업부제	지주회사
일본	1963	118	55.9	15.3	28.8	0.0
	1980	102	42.0	13.0	44.0	0.0
미국	1969	183	11.2	9.4	77.0	2.4
영국	1970	96	8.3	0.0	70.8	20.8
서독	1970	100	20.0	18.0	50.0	12.0
프랑스	1970	100	14.0	20.0	54.0	12.0

주: 일본에서는 독점금지법으로 지주회사조직이 금지되어 있었다.
자료: 小田切宏之, 1992: 151.

능부제조직 비율은 55%로 사업부제 비율보다 높아진다. 한편 혼합형을 사업부제에 포함시키더라도 사업부제는 57.0%로 구미제국보다 낮았다.

일본기업의 조직 형태로 사업부제 비율이 낮은 것은 낮은 다각화율(54.3%)에 상응한 것으로 볼 수 있다. 그러나 그나마 사업부제조직률은 다각화율보다 낮다. 그것은 다각화를 할 경우에도 사업부제도를 채용하지 않은 경우가 있기 때문이다. 내부적 성장을 지향한 일본기업은 다각화를 하면서도 사업 간 상호교류와 경영자원의 공유를 위해서 기능부제조직을 이용하는 경향이 있었다.

일본기업의 조직 형태의 특징으로는 낮은 사업부제조직 비율과 함께 사업부제의 내용에서도 나타나고 있다. 〈표 11-15〉는 기능보유 상태를 통한 사업부제의 내용을 미국과 비교·고찰한 것이다. 이 표에 의해서 사업부제의 기능보유율을 보면 미·일이 다같이 생산, 판매, 마케팅 기능의 보유율은 높으나 그 외에서는 큰 차이가 있다. 즉, 미국기업의 사업부는 회계·컨트롤 기능보유율이 높고 재무, 구매 기능도 높다. 그에 비해서 일본기업의 사업부에서는 인사, 회계·컨트롤, 재무, 기초연구,

표 11-15 사업부제의 미·일 비교

	미국	일본
사업부제 채용률	94.4	59.8
사업부에 의한 기능보유율		
생산	96.7	85.5
판매	94.8	91.5
마케팅계획	89.6	82.6
인사	84.4	35.5
회계 · 컨트롤	82.0	40.1
재무	38.4	12.2
기초연구	19.9	28.5
응용개발과 연구	62.1	75.6
구매	77.3	52.4

주: 샘플기업 수는 227사(미국), 291사(일본), 1980년 조사.
자료: 小田切宏之, 1992: 154.

구매 등의 기능보유율이 현저히 낮았다.

일본기업의 사업부제는 보급률이 상대적으로 낮았을 뿐만 아니라 자율성도 크게 낮았다. 즉, 사업부는 생산과 판매를 중심으로 그와 직접 관련되는 기능을 중심으로 조직되었으며 특히 인사와 재무, 기초연구 등의 기능은 본사에 집중되어 전사적 차원에서 자원배분이 이루어지도록 되어 있었다. 일본기업은 미국과는 달리 사업부의 권한을 상당 정도 본사에 집중하고 있었다.

단기적 수익성을 중시하고 노동자의 레이오프제도가 확립되어 있는 미국기업과는 달리 장기적 수익과 사업부 간의 노동이동이 중시되는 일본기업에서는 경영자원의 전사적 배분이 필요하였으며, 따라서 재무와 인사 등의 기능은 전사적으로 관리되었다. 특히 인사의 경우 종업원의 사내교육과 직무·직장 간의 '배치전환'에 의한 폭넓은 기능습득이 중시되는 속에서 인적자원은 사업부의 테두리를 넘어 전사적으로 관리·활용될 필요가 있었다.

사업부조직의 도입이 제한적인 속에서 다각화전략에 대응하여 도입된 특징적인 조직 형태는 '분사(分社)'조직이었다. 기업은 본업을 확장하거나 비관련다각화를 추진하면서 해당사업을 별도로 분리하여 자회사 형태로 운영하였다. 분사조직은 고도의 능력·기능이 요구되지 않고 임금수준도 비교적 낮은 부문, 자동화로 숙련노동자가 필요하지 않은 부문, 노동력이 풍부한 지역 등에서 설립됨으로써 노동비용을 절감하는 이점이 있었다. 분사조직은 종업원의 승진과 정리인원의 재배치를 위한 자리 마련의 방법으로도 이용되었다. 분사조직은 기업의 구조조정 과정에서 시장의 변화에 유연하게 대응할 수 있는 독립적 조직 형태로 일반적으로 이용되었다.

(2) 조직의 편성과 운영

조직의 편성과 운영에서도 일본기업은 특징적인 전개를 하였다. 구미

기업조직의 편성은 분업화·전문화의 원칙에 따라 업무가 명확히 구분된 횡적관계와 각자의 책임과 권한이 명확하게 규정된 계층관계의 조합으로 된 것이었다. 그것은 고도의 공식화·집권화한 조직으로 그 속에서 종업원은 자신에게 주어진 업무에 대해서만 책임이 주어졌다. 그것은 일을 중심으로 인간이 엄격한 규정에 따라 기계적으로 움직이는 조직이었다. 그에 비해서 일본기업에서는 업무가 명확하게 규정되어 있는 것은 작업단위인 직장(과, 계 등)까지이고 직장 내부에서의 일의 배분과 조직편성은 직장구성원의 능력과 경험을 고려하여 유연하게 이루어졌다. 그 경우 일의 결과에 대해서는 구성원이 공동으로 책임을 졌다.

일본기업의 조직편성에서 작업단위는 중요한 것이었다. 예를 들어 대졸 사무계사원은 신입사원 교육과정을 거친 후 배치된 부서에서 상사와 동료로부터 직장교육(OJT)을 통해서 일을 배우고 경력을 쌓았다. 사원은 동일 부서만이 아니라 여러 부서를 이동하면서 근무하였다. 이러한 '배치전환'을 거치면서 사원은 전사적 안목에서 문제를 발견하고 대응할 수 있는 능력을 체득하고 인적 네트워크를 형성하였다.[16]

구성원 전원이 공동으로 책임지는 부서는 개인행동보다 팀워크가 중시되었다. 상사와 부하의 관계는 직장에서의 업무수행에서만이 아니라 사생활에까지 확대되었다. 이러한 관계를 통해서 상사와 부하와의 접촉이 긴밀해지고 직장에 대한 일체감과 연대·참여의식을 높였다. 일본기업의 집단적·공동체적 성격은 조직편성에서 특징적으로 나타나고 있었다.

일본적 특징은 조직의 운영에서도 볼 수 있다. 우선 의사결정방식을 보면 미국기업에서는 상의하달(top-down)방식인 반면 일본기업에서는 하의상달(bottom-up)방식이었다. 즉, 일본기업에서의 의사결정방식은 기본적으로 현장의 작업단위에서 발의된 제안이 각 계층의 검토·승인을 거쳐 톱매니지먼트에 상달·승인되면 최종적으로 확정되는 품의(稟議)제도였다. 그러나 기업의 기본방침이라든가 중요사항이 모두 하의상달방식으로 결정될 수는 없다. 그 경우에는 상의가 제시되면 그것을 받아 하의상달방식 절차를 거쳐 최종 결정되었다. 어느 경우에도 의사결정은 집단적 합의 절차를 거쳐 이루어졌다.

의사결정에 필요한 정보교환과 합의도출 방법으로는 '네마와시(根まわし)'라는 정보전달방법이 이용되었다. 그것은 작업단위의 매니저가 발의사항을 동일 내지 관련부문의 다른 단위에 사전에 알리고 합의도출을 도모하는 방식이다. 각 작업단위 간에는 '배치전환'으로 긴밀한 인적 네트워크가 형성되어 있어 그것이 정보교환을 용이하게 하였다. 이렇게 해서 지지·승인된 발의사항은 상위 매니저에 전달되면서 최종적으로 톱매니지먼트에 상신되었다. 집단적 합의에 기초한 의사결정이므로 종업원은 결정내용을 이해하고 그 실행에 적극 참여하게 되었다. 일본기업의 '유기적 조직'은 종업원이 높은 참여의식과 협조하는 조직이었다.[17] 그러나 조직의 편성·운영의 일본적 특징도 저성장기에 기업의 대대적인 구조조정·재편성이 진전되는 속에서 변질되게 되었다.

6절 노사관계

1. 고용관행

1) 종신고용제

기업의 고용관행 특징은 종신고용제와 연공(年功)임금제도에 있었다. 이러한 고용관행이 기업별 노동조합과 함께 일본형 고용시스템을 구성하는 기본요소였다.

종신고용제는 신규 학교졸업자를 채용하여 사내교육 훈련을 통해서 기술·기능을 습득시키고 정년까지 계속 고용하는 제도이다. 이 제도하에서도 젊은층의 이직률은 꽤 높았고 대기업에서도 중도채용이 상당 정도 있었다. 따라서 이 제도는 '종신고용제'라 불리면서도 실질적으로는 장기계속고용제였다.

종신고용이라는 고용관행은 기업규모별로는 중소기업보다 대기업, 학력별로는 고졸보다 대졸, 그리고 직종별로는 생산직노동자보다 관리·사무·기술직 노동자에서 특징적으로 나타났었다. 장기계속고용관행은 노사협정이나 법률에 의해서가 아니라 고용주에게 고용유지를 요구한 법원 판례에 따른 것이었다.

종신고용제는 1920년대 이래 중공업부문 대기업의 직원을 중심으로 도입되기 시작하여 전후의 고도성장기에 생산직노동자까지 확대되면서 정착되었다. 고도성장기에 경쟁적으로 외국 선진기술을 도입한 기업은 필요한 숙련기술자를 사내교육 훈련으로 양성하고 장기로 고용할 필요가 있었다.

종신고용제의 정착에는 노동조합운동의 노선전환도 일정한 역할을 하였다. 전후 경제민주화 개혁이 추진되는 가운데 정치적·투쟁적 노선을 추구하던 노동조합은 고도성장이 시작된 1955년 이후에는 노사협조 노선으로 전환하여 안정고용 확보와 임금인상을 추구하게 되었다.

종신고용으로 기업은 종업원의 교육훈련을 위한 투자를 안정적으로 추진할 수 있었다. 그 속에서 생산현장노동자는 직장교육을 통해서 주변 직종 간의 폭넓은 기능을 습득한 다능공으로 양성되었다. 이러한 인적자원 기반 위에서 기업은 ME화, 로봇 도입 등 기술혁신과 공정·직종의 변화에도 불구하고 되도록 해고를 회피하면서 유연하게 대응할 수 있었다. 장기적 안목에서 기업의 필요인력 양성과 특수숙련기술의 축적은 종신고용이라는 장기계속고용 관행을 전제로 이루어질 수 있었다.

종신고용제는 기업과 종업원 간의 일체감을 조성하였다. 종신고용으로 평생생활안정조건을 확보한 노동자는 기업에 대한 강한 귀속의식, 일체감을 가지고 회사를 위해서 일하는 '회사인간'이 되었다. 이에 회사는 임금 이외에 다양한 복지후생제도를 도입하였다. 그 속에서 협조적 노사관계가 전개되고 기업의 가족주의 내지 집단주의가 조장되었다. 협조적 노사관계 속에서 기업은 배치전환 등 노동자의 직장변화를 수반하는 노동자정책을 노동자의 반발 없이 추진하고 기술혁신에도 유연하게 대응할 수 있었다.

종신고용제는 고도성장기에 효과적으로 기능하였다. 고도의 경제성장이 지속되는 속에서 노동력 수요도 확대되어 기업은 매년 신규 학교 졸업자를 고용·충원할 수 있었다. 그러나 성장이 감속되고 경기가 침체하여 노동력 수요가 감소되면 기업은 '과잉고용' 상태가 되었다. 기업은 인력 재배치 등으로 고용조정을 하지만 경기침체가 장기화되면 과잉고용 상태는 고용조정으로 대응할 수만은 없게 되었다. 사실 1990년대의 장기경기침체 속에서 기업은 해고를 포함한 대규모의 고용조정을 하지 않을 수 없게 되었다. 종신고용제의 환경적 조건은 크게 변화한 것이다.

2) 연공임금제

연공임금제는 승급과 승진에서 근속연수를 중시하는 관행이다. 이 관행은 종신고용제와 밀접한 관계를 가지고 있다. 장기고용노동자는 근속연수가 길어지면서 임금과 지위가 상승하게 되며, 그것이 또한 장기고용제를 유지하는 기본수단이 되었기 때문이다. 종신고용과 연공임금제로 대기업 간의 노동시장이 사실상 분단된 상태에서 중도이직은 노동자가 얻을 수 있는 혜택을 포기하는 일이 되었다. 따라서 이들 제도는 노동자를 장기간 같은 직장에 머물도록 한 제도로서의 기능을 한 것이다.

노동자의 임금과 승진이 근속연수에 의해서만 결정된 것은 아니다. 임금은 근속연수에 따라 정기적으로 상승한다 하더라도 거기에는 근무사정(査定)이 따라붙어 있었다. 승진에서도 연령이나 근속에 의한 자동 승진은 예외적이었으며 능력과 실적에 대한 평가가 중요하였다. 매년 정기 채용되는 수많은 노동자 중에서도 직위가 높을수록 승진기회는 줄어들었다. 그만큼 그들 간의 사내경쟁은 치열하였다.

연공임금제는 종신고용제와 결합되어 기업에 고유한 인적자본의 축적, 기업과 종업원 간의 일체감 조성, 고용안정에 따른 각종 거래비용 절감 등의 이점이 있었다. 한편 연공임금제는 종신고용제가 갖는 결점도 공유하고 있었다. 경제의 정보화·소프트화가 진전되어 정보·숙련기술을 기업 내에 축적할 필요성이 감소하고 개개인의 능력이 보다 중요해지면서 연공임금제의 결점도 크게 부각되었다.

2. 기업별 노동조합

노동조합은 기업별 조합이라는 특징을 가지고 있었다. 구미에서 노동조합은 직업별 내지 산업별로 발전해온 데 비해서 일본에서는 종신고용제를 배경으로 공장, 사업소별로 지부를 가진 기업단위조합으로 발전해왔다.

기업별 조합이 지배적으로 된 것은 제2차 세계대전 후에 들어서였다. 전후의 노동개혁으로 노동3권(단결권, 단체교섭권, 쟁의권)이 공인되면서 노동조합 수는 급증하였다. 그들 조합은 전시에 기업마다 조직된 산업보국회를 모체로 기업단위로 조직되었다. 그 후 고도성장기를 거치면서 조합과 조합원 수는 급증하였다. 기업별 조직의 노동조합과 조합원 수의 비율은 각각 1947년의 88.0%와 81.7%에서 1975년에는 94.2%와 91.1%로 되었다.

기업별 조합은 기본적으로 기업에 정규 고용된 노동자 내지 종업원만으로 조직된 조합이다. 동일기업의 임시공, 사외공 등 비정규노동자는 조합원 대상 밖에 있었다. 기업별 조합은 자체의 규약을 가지고 임원을 내부에서 선출하며 자신의 재정력을 가지는 등 완전한 자치권을 가진 노동조합이었다.

기업별 조합은 산업별 조합 내지 동일업종 기업의 조합연합체의 단위조합이었으며 그 상위에는 전국조직이 있었다. 전후 최대의 전국조직으로 노동운동을 주도한 것은 1950년에 결성된 일본노동조합총평의회(총평[總評])였으며 그다음으로 총동맹(전일본노동총동맹)이 있었다. 1971년 현재 총평과 총동맹은 산하에 각각 400만 명과 220만 명의 조합원을 가지고 있었다. 이들 전국조직은 그 후 노동전선의 통일 기운이 높아지는 가운데 1987년에 '연합'(전 일본민간노동조합연합회)이 조직되고 1989년에는 공공노조도 참가한 '신연합'(일본노동조합총연합회)이 결성되면서 통합되었다.

종전 직후의 노동조합은 체제타도를 목표로 과격한 정치적 투쟁을 하였다. '총평'도 초기에는 정치투쟁을 하였다. 이에 경영자 측은 1952년 이후 합리화의 일환으로 지명해고를 추진하면서 경영권 옹호를 위한 대항조치를 강력하게 추진하였다. 노사 간의 격심한 대립 속에서 결국 노동조합이 분열되어 제2조합이 출현하면서 정치운동중심의 노동운동은 약화되었다. 총평은 1955년부터 과격한 정치운동을 포기하고 임금인상을 지향한 경제투쟁으로 방향을 전환하였다. 총평이 도입한 경제투쟁방식은 산업별 통일춘계임금투쟁(춘투[春闘])이었다. 그 후 총평이 주도한 춘투는 확대되고 1960년 이후에는 총동맹에서도 춘투 방식을 도입하면서 지배적인 투쟁방식이 되었다. 1975년에는 조직노동자의 70%(890만 명)가 춘투에 참가하였다.

매년 연례행사와 같이 되풀이된 춘투는 노동자의 임금인상의 유력한 수단이 되었다. 춘투는 총평 등 전국조직의 지도하에 산업별 노동조합(單産)과 경영자단체인 일본경영자단체연맹(日経連) 및 산업별 경영자조직 간에 이루어졌다. 춘투를 통해서 산업별로 합의·결정된 임금인상액은 사실상 동일산업의 모든 기업과 타 산업에서의 인상기준이 되면서 산업 및 기업 간에서 평준화되는 경향이 나타났다. 산업별 통일투쟁은 춘계의 임금인상만이 아니라 일시금, 정년연장, 노동시간 단축 등 대상 범위를 확대하면서 전개되었다.

산업별 통일투쟁이 전개되는 속에서 노사협조적 노동조합주의가 정착되었다. 1960년대 중반까지 대기업에서 확립된 협조적 노사관계는 1980년대에는 중견 이하 규모의 기업에까지 확대되었다.

협조적 노사관계가 전개되는 가운데 노동조합의 조직률은 계속 떨어졌다. 고용노동자 수는 장기간 계속 증가하는데 조합원 수에는 거의 변동이 없었다. 따라서 노동자의 조직률은 최고연도인 1949년의 55.8%에서 1970년에는 35.4%, 1999년에는 22.2%로 대폭 떨어졌다. 이러한 경향은 조직대상인 정규종업원이 아닌 임시공, 시간제노동자, 파견노동자 등 비정규직노동자의 증가에도 원인이 있으나 노동자의 노동조합에 대한 무관심도 커졌음을 나타내고 있는 것이다.

기업별 조합의 협조적 노사관계를 기반으로 일본의 노동생산성 상승률은 고수준을 달성하였다. 특히 그것은 고도성장 후기인 1966~70년에는 13.43%로 2위인 프랑스(7.00%)보다도 월등히 높았으며, 석유위기기인 1976~80년에도 6.60%로 프랑스(4.99%)와 미국(3.65%)보다 훨씬 높았다. 일본적 노사관계하에서 기업은 석유위기와 같은 심각한 상황을 합리화와 기술혁신을 통해 유연하게 극복하면서 성장할 수 있었다.

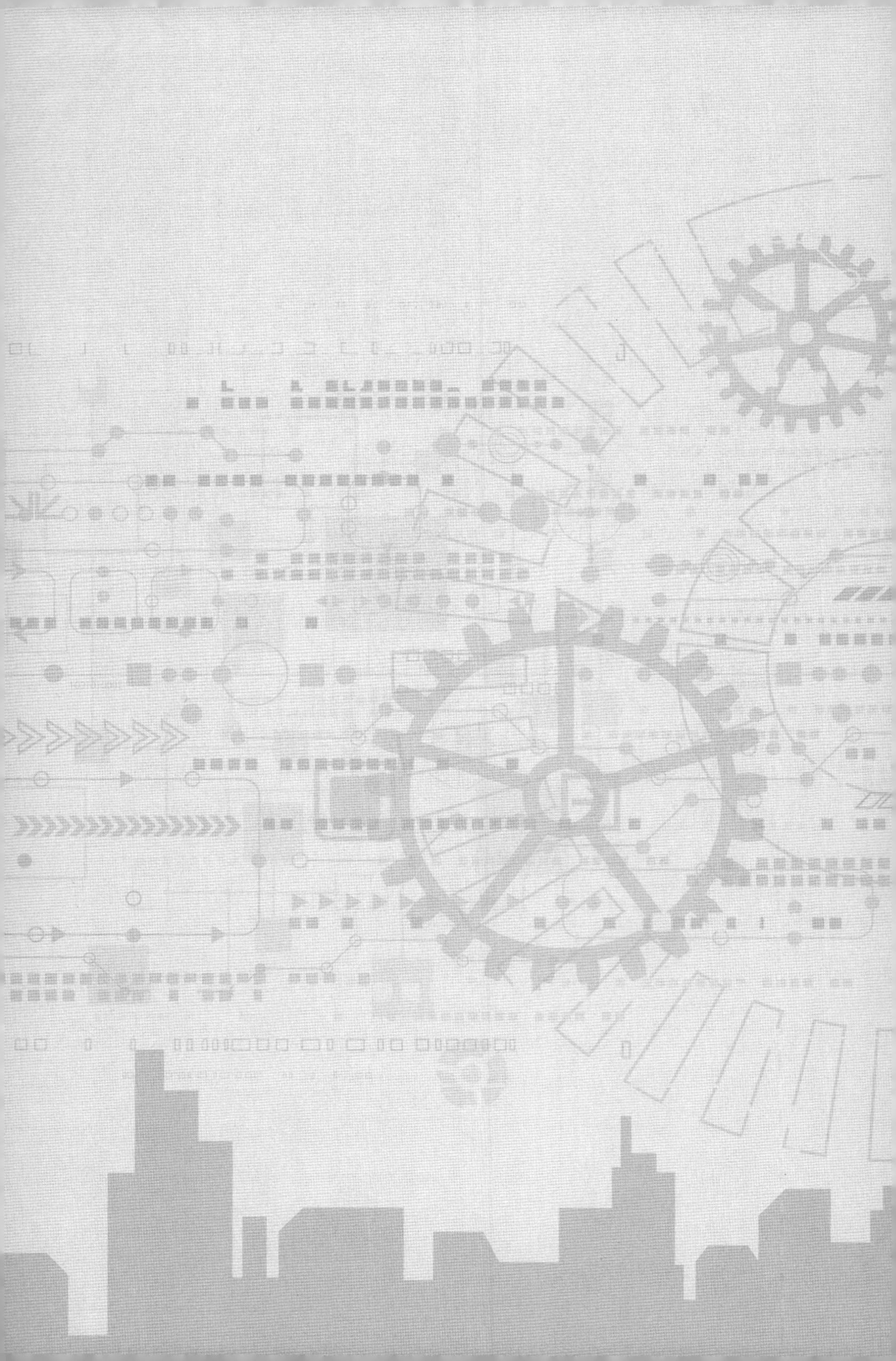

4부

대기업 시스템의 전환

12장 미국기업의 정체와 재생
13장 영국기업의 전환
14장 일본 기업경영 시스템의 변질

12장

미국기업의 정체와 재생

1절 경영환경의 변화

1. 저성장경제로의 전환

전후 고성장을 지속해온 미국경제는 1960년대 말에 이르러 한계를 노출하고 1970년대 이후 결정적으로 저성장시대로 전환하였다. 그것은 미국만이 아니라 선진자본주의 여러 나라에서 공통적으로 나타난 현상이었으나, 특히 미국자본주의의 지위가 크게 하락하였다. 그것은 전후 미국을 중심국으로 안정적 성장을 뒷받침해온 세계자본주의 체제가 무너지면서 불안정해지고 그만큼 경쟁이 격화되었다는 것을 의미하였다.

미국경제의 활력이 약화된 징조는 1960년대 말에서 70년대 초에 나타나고 있었다. 첫째, 인플레이션이 진전되었다. 경제적 번영 속에서 완전고용의 지속과 노동력 부족, 그리고 전후 정착된 노사협약에 의해서 임금은 물가와 연동하여 상승하였다. 임금상승으로 수요압력은 증대하였다. 한편 생산성 상승에 뒷받침되지 못한 임금상승으로 노동비용은 증대하였고, 그것은 인플레이션으로 이어졌다. 인플레이션 요인은 재정적자 확대에서도 찾을 수 있다. 베트남전쟁(1964~72)의 군사비와 사회복지비 지출의 누증으로 정부의 재정적자는 크게 증가하였다. 미국의 재정적자는 1970년대와 1980년대 초에 걸친 심각한 불황기에 크게 증대하여 1983년에는 2,000억 달러(GDP의 6%)에 달하였다.

둘째, 산업의 성장활력이 약화되었다. 미국경제의 고성장을 뒷받침해온 자동차, 철강, 전기기계, 일반기계, 화학 등 기간산업의 성장활력이 약화된 것이다. 기간산업의 생산시설이 노후화되고 혁신투자가 지체되는 가운데 신기술 개발과 신제품 창출의 여지는 좁아졌다. 그에 비해서 서유럽 및 일본은 미국의 경제원조와 기술도입에 힘입어 경제 회복과 성장을 이룩하면서 미국을 추격하였다. 그 결과 압도적이던 미국산업의 비교우위는 상대적으로 약화되거나 사라졌다. 혁신투자가 지체되면서 미국산업의 국제경쟁력은 약화되기에 이르렀다.

셋째, 소득수준의 상승과 소비자금융의 발달로 소비가 확대되고 수입수요는 증대하였다. 수입증가가 수출증가를 웃돌면서 미국의 무역수지는 흑자폭이 감소하다가 1970년대 초에는 적자로 반전되고 적자폭은 1970년대 중반 이후 계속 확대되었다. 무역적자는 특히 공업부문에서 컸다. 그 결과 세계 총수출에서 차지하는 미국의 비중은 1950년 17%에서 1980년에는 11%까지 감소하였다. 경쟁력 약화와 무역적자폭이 확대되면서 전통적으로 자유무역을 주도해온 미국은 상대국에 수출자주규제를 강력하게 요구하는 등 보호주의적 대응에 나섰다. 수출자주규제 대상 분야는 1960년대의 섬유와 철강에서 1970년대 이후에는 자동차, 반도체 등으로 확대되었다.

넷째, 산업구조도 변화하고 있었다. 그동안 높은 경제성장을 주도한 것은 제조업이었다. 한편 높은 경제성장의 지속과 국제거래의 확대로 생활이 풍요로워지면서 건설, 공익산업, 운수, 통신, 금융, 보험, 상업 등 서비스산업 부문도 확대되었다. 복지정책의 확충과 혼합경제체제의 전개로 정부서비스 부문도 확대되었다. 미국의 다국적기업은 1960년대에 해외직접투자를 확대하였다. 그 속에서 국내 제조업에 대한 투자는 R&D 투자를 포함하여 위축되고 서비스산업 투자는 확대되었다. 서비스산업은 일반적으로는 생산성이 낮고 그 상승폭도 작았다. 따라서 서비스산업으로의 자본 및 노동력 이동은 경제성장률을 상대적으로 낮게 하였다. 서비스부문의 확대에 따른 경제의 서비스화·소프트화는 1970년대 이후 선진자본주의 경제에서 공통적으로 진전되었다.

다섯째, 소비시장도 구조적으로 변화하고 있었다. 소득수준이 높아지고 소비자의 기호가 다양해지면서 표준화된 상품의 대량소비시장은 차별화된 고품질상품시장으로 세분화되어갔다. 그에 따라 생산시스템도 표준화된 동일상품의 대량생산보다도 차별화된 다품종상품을 소량생산할 수 있는 유연성이 필요하게 되었다.

이러한 배경에서 고성장경제는 저성장경제로 전환하였다. 1965년에 6.4%로 높은 수준이던 미국의 GDP성장률은 1970년에는 0%로 떨어졌다. 경제성장률은 그 후 회복되었으나 저성장기조는 1970년대의 석유위기를 거치면서 정착되었다. 미국 대기업 발전을 뒷받침해온 환경조건은 크게 변화하고 있었다. 환경적 변화는 1970년대에 더욱 가속되었다.

2. 국제통화체제의 불안정

미국 제조업의 대외경쟁력 약화와 무역수지적자 폭의 확대는 미국을 중심으로 안정적으로 확대되어온 세계경제에 커다란 불안요인이 되었다. 그동안 미국은 강력한 달러화를 배경으로 최대의 자본공급 및 상품수입국으로서 세계경제의 성장을 견인해왔다. 세계경제는 미국의 경제적·군사적 원조와 다국적기업의 투자를 통해서 해외로 유출된 달러화가 무역수지흑자를 통해서 미국으로 되돌아오는 순환구조에서 안정적으로 성장하였다. 따라서 미국 무역수지가 적자구조로 전환했다는 것은 세계경제의 안정적 성장을 뒷받침하던 국제적 자금순환구조가 근본에서 붕괴되었다는 것을 의미하였다.

그에 더하여 미국의 대외자본수출은 증가하였다. 국내투자조건의 악화로 자본은 외국으로 유출되었다. 달러화의 가치하락은 미국으로서는 무역수지개선 효과를 얻을 수 있는 조건이었다. 그러나 고정환율제도하에서 금과 연계된 국제기축통화인 달러화의 가치하락은 독일이나 일본 등 대량의 달러를 보유한 국가에는 그만큼 손실이었다. 따라서 달러보유국은 달러화의 금 태환을 요구하였다. 그 결과 미국의 금보유고는 1961년 169억 5,000만 달러에서 1971년에는 101억 3,000만 달러로 크게 감소하였다.

'달러위기' 속에서 무역수지 개선을 위하여 유효하게 대응하지 못한 미국은 달러의 금 태환제도를 계속 유지할 수 없게 되었다. 결국 닉슨(R.M. Nixon) 대통령은 1971년 8월 금·달러교환정지와 주요국 간 환율조정이 이루어질 때까지 수입품에 대한 10%의 과징금 부과, 그리고 90일간의 물가 및 임대료 동결을 골자로 한 신경제정책을 발표하였다. 정부는 진전하는 인플레이션을 직접통제로 억제하려 하였다. 닉슨의 정책으로 금·달러본위제는 붕괴하였다.

그 속에서 독일 마르크화와 일본 엔화 등 각국 통화의 환율 재조정으로 고정환율제도를 유지하려 하였다. 그러나 결국 1973년에 들어 서유럽 제국과 일본은 외환시세자유화를 단행하고 변동환율제를 채택하였다. 그 결과 달러화를 기축통화로 안정적으로 기능해온 브레튼우즈체제는 붕괴하였다. 국제통화체제에서도 세계자본주의 중심국으로서의 미국의 지위는 약화되었다. 변동환율제도하에서 환율은 크게 변동하였다. 불안정한 국제통화체제하에서 기업환경의 불확실성은 증대하였다.

3. 석유위기의 충격

성장력 둔화를 결정적으로 촉진한 것은 2차에 걸친 석유가격 인상으로 야기된 석유위기였다. 달러화 가치의 하락과 세계적 인플레이션의 진전에 직면하여 OPEC(석유수출국기구)은 1973년에 원유가격을 1배럴당 3달러에서 12달러로 한꺼번에 4배나 인상한 데 이어 1979년 말에는 또 다시 2배나 인상하였다. 제1차 유가인상은 급격했던 만큼 충격도 컸다. 뒤이은 제2차 유가인상은 원유가격을 1배럴당 20~30달러를 중심으로 변동하는 고유가시대를 낳았다. 석유위기는 중화학공업을 중심으로 석유에너지에 기초해서 성장해온 공업화 경제에 큰 충격을 주었다.

선행한 경제의 고성장은 자동차, 철강, 전기기계, 석유화학 등 중화학공업의 기반 위에서 이루어졌다. 이들 산업을 기반으로 표준화상품의 대량생산·대량판매가 추진되는 속에서 고성장이 이루어진 것이다. 그러나 고성장을 뒷받침한 이들 산업은 석유에너지 다소비형 산업으로 그 발전에는 저가에너지의 풍부한 공급이 필수적이었다. 그러한 조건이 석유위기로 소멸한 것이다. 그것은 고성장 기반의 붕괴를 의미하였다.

석유위기를 거치면서 고성장은 저성장으로 전환하였다. 1960~73년에 3.9%이던 미국의 연평균 GDP 성장률은 1973~79년에는 2.5%로 하락하고 1979~89년에도 같은 수준이었다. 여타 선진공업국의 성장률은 나라에 따라 차이가 있었으나 OECD 가맹국 평균으로 보면 같은 기간에 4.9%에서 2.8%로 저하하였다. 미국을 포함하여 선진공업국은 저성장경제로 결정적으로 이행하게 된 것이다.

고유가는 생산비 상승을 유발하여 물가가 급등하고 급격한 인플레이션을 야기하였다. 인플레이션 속에서도 민간지출은 위축되고 투자도 감소하면서 경기는 침체하여 '스태그플레이션(stagflation)' 현상이 나타났다. 급격한 인플레이션을 수습하기 위해서 강도 높은 긴축정책을 실시했으나 결과적으로 경제는 심각한 불황에 빠졌다. 1974년의 GDP성장률은 -0.6%로 떨어지고 실업률은 1975년에 8.5%로 상승하였다.

스태그플레이션은 미국을 포함하여 선진공업국에서 공통으로 나타난 현상이었다. 심각한 불황에 직면하여 정부는 경기대책으로 대폭적인 세금감면과 복지지출 등 정부지출의 확대로 총수요의 확대를 유도하였다. 그러나 그 효과는 한정적이었다. 경기회복 정도는 미약한 반면, 인플레이션은 계속되었고 정부의 재정적자와 무역수지적자는 크게 확대되었다.

석유위기는 석유에너지 다소비형의 미국산업에 큰 타격을 주었다. 그것은 기본적으로는 미국만이 아니라 선진공업국에 공통된 현상이었다. 석유위기에 직면하여 선진공업국으로서는 산업구조의 재편성과 합리화 등 적극적인 대응이 요구되었다.

이러한 대응에 앞선 나라는 일본이었다. 일본기업은 광범한 생산감축체제를 구축하고 '감량경영'이라 불린 합리화를 추구하였다. 그 속에서 유연한 '일본식' 생산시스템이 도입되면서 생산성은 향상되었다. 더 나아가 일본은 에너지절약 노력과 에너지다소비형 중화학공업중심에서 정밀기계, 반도체, 전기기기 등 에너지소비절약형 지식집약산업중심으로 산업구조의 전환을 적극 추진하였다. 그러한 노력으로 일본은 극심한 스태그플레이션을 진정시키고 국제수지도 개선하였다. 물가의 진정과 함께 일본 정부는 경기를 부양하는 재정금융정책을 추진하였다. 이러한 대응노력으로 일본은 제2차 석유위기의 충격을 최소화하면서 2.6%(1980)의 GDP 성장률을 달성할 수 있었다.

그에 비해서 미국과 서유럽제국의 대응은 지체되었다. 미국의 주요 중화학공업 기업은 생산비 상승을 근본적인 합리화·효율화를 통해서 보다도 정리해고(lay-off)에 의한 고용감축과 제품가격 조정으로 흡수하려는 경향을 강화하였다. 또한, 자동차라든가 철강 등의 산업에서는 생산거점을 북동부 및 중서부의 전통적 공업지대에서 상대적으로 저임금지대인 남서부지역, 더 나아가 외국으로 이전하였다. 그 결과 국내적으로는 기업의 설비투자가 확대되지 못하여 실업이 증대하고 산업공동화(deindustrialization)가 진전되었다.

제1차 석유위기에 근본적인 대응을 하지 못한 미국과 유럽제국은 1979년 가을에 발생한 제2차 석유위기로 큰 충격을 받았다. 특히 원유가격의 대폭 인상으로 전반적인 비용 상승압력이 컸던 미국경제는 강력한 금융긴축정책과 맞물려 1981~82년에 심각한 불황에 빠졌다. 불황은 인플레이션의 가속화와 실업증대를 수반한 전형적인 스태그플레이션이었다. 그 속에서 미국의 물가상승률은 13.5%(1980) 그리고 실업률은 10.8%(1982)에 달하였다. 석유위기 시기인 1973~83년에 미국의 물가상승률과 실업률 평균은 각각 8.4%와 7.2%나 되었다. GDP 성장률은 -2.1%(1982)로 떨어졌다. 서유럽 주요 자본주의국의 성장률도 마이너스를 기록하였고 세계경제도 심각한 불황에 직면하였다.

2절 미국산업의 쇠퇴

1. 산업쇠퇴의 양상

경영환경의 변화 속에서 미국의 대기업은 국제경쟁력 저하라는 중대한 문제에 직면하였다. 기업의 경쟁력 저하는 무역수지적자의 확대에서 집중적으로 나타났다. 미국의 무역수지는 1970년대 전반기에 적자경향을 나타내다가 그 후 일관해서 적자를 기록하였다. 무역수지적자는 특히 1980년대 들어 심각한 수준까지 확대되었다. 1983년에 524억 달러이던 미국의 무역수지적자는 1년 후인 1984년에는 1,000억 달러 그리고 최고 수치를 기록한 1987년에는 1,500달러를 상회하였다. 무역수지적자의 주요원인은 1970년대에는 주로 석유 등 가격이 급등한 광물연료 수입이었으나 1980년대에는 대부분이 경쟁력 저하에 따른 대규모의 제조업제품 수입이었다.

그동안 미국의 수출주도산업은 철강, 자동차, 전기기계, 화학 등 중화학공업이었다. 그것은 전통적으로 미국 공업의 기축부문이었다. 이 부문에서 미국기업은 압도적 비교우위를 가지고 수출시장을 주도해왔다. 미국 대기업의 주된 사업기반도 중화학공업에 있었다. 그러나 미국산업의 비교우위는 서유럽 및 일본의 추격에 의해서 일관해서 저하하였다. 미국 제조업의 연평균 노동생산성상승률은 1947~64년에는 3.4% 수준이었으나 1965~75년에는 2% 그리고 1976~80년에는 1% 미만으로 떨어졌다. 그에 비해서 일본 제조업의 노동생산성은 1947~80년에 연평균 7.4%의 비율로 상승하였다.[1]

국제경쟁력이 떨어지는 속에서 외국제품의 수입은 계속 증가하였다. 그 결과 1985년까지 미국은 거의 100년 이래 처음으로 자동차, 기계 등의 자본재에서도 수출보다 수입이 많게 되었다. 물론 모든 제조업이 국제경쟁력을 상실한 것은 아니었다. 방위관련 항공우주산업이라든가 정보통신, 컴퓨터, 의료·의약품 등 고도기술산업에서는 반도체를 제외하고 미국의 비교우위는 아직도 높았다. 중화학공업도 국제경쟁력이 약화되었지만 '쇠퇴'한 것은 아니었다. 그러나 수출과 경제성장을 주도해온 중화학공업의 경쟁력 저하와 외국상품의 수입급증은 미국의 '산업쇠퇴'로 인식되기에 충분하였다.

'쇠퇴'의 양상과 심각성은 산업에 따라 차이가 있었다. 가장 심각한 산업은 철강업이었다. 미국의 제강업에서는 LD전로라든가 압연공정에서의 연속주조법 그리고 컴퓨터제어 등의 최신기술의 도입과 효율적인 전기로의 건설이 지체되었다. 연속주조법의 보급률은 일본이 50%였던 반면, 미국은 10%에 머물렀다. 구조적 고임금과 구식설비로 노동비용은 높았다. 미국 철강기업이 혁신투자에 소홀한 사이에 서유럽, 일본 및 라틴아메리카의 철강기업은 근대화 투자를 적극 추진하였다.

그것이 낮은 노동비용과 함께 경쟁력을 높이고 미국시장에의 수출을 확대하였다. 미국의 철강제품 수입은 1960년 340만 톤에서 계속 증가하여 1980년에는 1,550만 톤을 넘어섰다. 그것은 국내수요의 16%를 차지하는 양이었다. 주요 철강기업은 강력한 수요의 존재와 정부의 보호조치로 가까스로 살아남았지만 일부 기업은 완전 탈락하였다. US스틸사도 기존 부문에서의 대규모 철수와 석유부문으로의 대담한 사업재조정을 단행하지 않으면 안 되었다.

자동차산업은 두 번의 석유위기로 큰 타격을 받았다. 고유가 속에서 연비효율이 높은 소형차에 대한 수요가 급증하였다. 이러한 수요패턴의 변화에 대해서 중·대형차 생산에 치중해온 미국기업은 신축적으로 대응하지 못하였다. GM은 소형차인 X카를 개발하였으나 가격, 품질, 성능 등에서 수입 소형차에 미치지 못하였다. 미국산 자동차는 빈번한 리콜로 품질에 대한 신뢰도가 떨어졌으며 인플레이션 속에서 가격은 상승하였다. 그에 비해서 독일, 일본 등 외제차의 우수성에 대한 인식은 높아졌다. 특히 일본 차는 소형만이 아니라 중·대형도 미국시장에서 점유율이 높았다. 1980년까지 미국시장에서 수입차는 3분의 1을 차지하였으며 수입차 총수(310만 대)의 3분의 2(200만 대)는 일본 차였다. 그 속에서 1978년 말에는 빅 스리(Big Three)의 하나인 크라이슬러사가 도산위기에 직면하였다.

전기기계산업에서는 TV를 비롯한 생활용 전자기기 분야에서 국제경쟁력이 하락하였다. 이 분야에서의 국내시장은 1970년대 중반 이후 계속 큰 폭으로 확대되어 1986년에는 300억 달러 규모가 되었다. 그러나 미국기업에 의한 국산제품의 시장점유율은 1950년대 초의 100%에서 1980년대 후반기에는 불과 5% 수준으로 떨어지고 나머지 95%를 수입품이 차지하였다. 그리고 수입품 대부분(74%)은 일본제품이었다. 이 산업은 저마진, 대량생산산업으로 일본을 비롯한 여러 나라는 미국의 기술을 도입하면서 급속하게 경쟁력을 높였다. 경쟁력을 상실한 미국기업은 이 산업에서 철수하였다. 포터블 라디오, 음향장치, TV수상기, 비디오, 레코더, 카메라 등은 잇따라 국내생산이 중단되어 외국제품으로 대체되었다. 1980년대 중반에 소수나마 이 산업에 잔류한 기업은 주로 해외 생산품 내지 수입품을 판매하는 소매점이었다. 제니스(Zenith)는 국내에서 TV세트를 생산하는 유일한 미국기업이었으나 시장철수압력은 높아지고 있었다.[2]

세계시장을 주도해온 미국의 화학산업도 1970년대 후반에서 1980년대 전반에 걸쳐 쇠퇴국면에 직면하였다. 성장둔화는 미국 화학산업의 주도부문이던 무기화학, 플라스틱 및 산업용 유기화학제품을 포함하여 거의 모든 부문에서 진행되었다. 1970년대 중반까지 연 3~4%나 되던 생산성 증가률은 그 후 정체하다가 저하로 반전하여 1980년대 초에는 연 0.5% 수준으로 떨어졌다. 제품과 생산의 혁신은 거의 없었고 개발투자도 감소하였다. 1930년에서 1980년대 초까지 화학산업에서 나타난 63건의 주요 기술진보 중에서 40건은 1930년대와 40년대에, 20건은 1950년대와 60년대에 나타난 데 비해서 1970년대와 80년대 초에는 3건에 불과하였다.[3]

화학산업기술도 철강, 자동차, 가전용 전자기기 공업기술과 같이 중위수준의 기술이었으며 그것이 외국으로 파급되어 미국과 경쟁하게 되었다. 그 결과 미국의 화학제품 수출은 정체하고 수입은 증가하였다. 미국 화학산업기업은 다양한 양산(量産)제품 생산에서 유전자, 약품 및 신소재 등 고부가가치제품으로의 전환을 모색하지 않으면 안 되었다

미국의 반도체산업은 1950년대 이래 세계시장을 주도하였다. 이 산업은 절정기인 1970년대 중엽에는 국내시장 95%와 세계시장 60%를 점유하고 있었다. 그러나 이 산업의 세계시장점유율은 1987년까지 40%로 떨어졌다. 그에 비해서 1987년까지 10년 동안 일본 반도체산업의 세계시장점유율은 28%에서 50%로 그리고 미국시장점유율은 25%로 상승하였다. 미국산업의 국제경쟁력은 고도기술 산업부문에서도 강력한 도전을 받고 있었다.[4]

2. 산업쇠퇴의 원인

산업쇠퇴에 직면하여 그 원인과 해결책을 둘러싼 많은 논의가 이루어졌다. 그 속에서 1983년에는 미국산업의 국제경쟁력을 검토한 정부보고서 등 여러 보고서가 나왔다. 그중 하나로 1989년에는 MIT위원회의 보고서(*Made in America*)가 출판되었다. MIT보고서는 미국의 국제경쟁력 저하의 원인으로 (1) 시대에 뒤떨어진 경영전략, (2) 경영자의 단기적 시야, (3) 개발과 생산에서의 기술적 취약, (4) 인적자원의 등한시, (5) 기업 내부 및 노사 간 협조의 실패, (6) 정부와 산업계의 불일치 등을 거론하고 이들 문제의 해결방안을 모색하고 있다. 이 보고서는 미국산업의 국제경쟁력 저하에서 나타난 산업쇠퇴의 원인을 기본적으로 미국의 기업시스템의 한계에서 찾았다.

1960년대까지 미국의 기간산업에서는 경영자기업이 지배적 기업 형태로 확립되었다. 주식소유의 광범한 분산 속에서 전문경영자가 지배한 경영자기업은 다양한 분야로 다각화한 과점적 대기업이었다. 그에 따라 거대한 관료적 경영관리조직이 전개되었다. 이들 대기업의 생산시스템은 포드시스템과 같은 대량생산 시스템이었으며 그것을 뒷받침한 것은 협조적 노사관계였다.

그러나 미국의 경영시스템은 1970~80년대 초에 전개된 경영환경의 변화에 유연하게 대응하지 못하였다. 첫째, 경영자기업의 경영자는 단기 이익의 증대를 중시하여 장기적 안목에서의 설비투자를 적극적으로 하지 못하였다. 경영자기업이 설비를 개선하는 경우에도 효율적인 공장을 새로 건설하는 것이 아니라 기존의 비효율적인 시설에 설비를 추가하는 상태였다.

둘째, 관리조직도 경직되었다. 중간관리계층을 비롯하여 관료적 경영관리조직이 확대되었다. 예를 들어 1970년대 초에 GM의 주요관리계층은 20개였는 데 비해서 일본의 도요타자동차회사는 9개였다. 확대되고 관료화된 조직 속에서 경영관리는 기본적으로 숫자화한 재무보고서를 통해서 이루어지고 중간 및 최고 경영관리자는 현장에서 유리되었다. 그 속에서 경영관리자의 의사결정은 경직화되고 지체되었다.

셋째, 시장조건이 변화하여 유연한 다품종 소량생산시스템으로의 전환이 필요해지면서 경직화된 대량생산시스템은 시대에 맞지 않게 되었다. 그러나 생산시스템의 변화는 설비근대화만이 아니라 노동편성 및 노동관행의 변화를 요구하는 것이었다. 협조적이던 노동조합의 반대가 커지는 속에서 새로운 생산시스템에의 전환도 지체되었다.

미국의 산업쇠퇴를 결과한 국제경쟁력 저하 요인으로 경영시스템의 한계가 명확하게 인식되는 현실에서 산업재생을 위해서는 경영시스템을 효율적으로 재편성할 필요가 있었다. 이러한 필요에서 대기업은 근본적인 구조조정으로 사업을 재편성하고 경영시스템의 혁신을 모색하였다. 정부는 경제의 활성화를 지향하여 기업의 활력과 국제경쟁력 회복을 유도하였다. 이러한 대응은 기본적으로는 미국만이 아니라 영국을 비롯한 유럽 제국과 일본 등 선진공업국에서 공통적으로 추진되었다.

3절 국제경쟁력 강화를 위한 대응

1. 정부의 정책변화

1) 정책기조의 변화

1981년 출범한 레이건(R. Reagan) 정부는 '레이거노믹스(Reaganomics)'라 불린 새로운 경제정책을 표방하였다. 신정책은 '신보수주의', '신자유주의'가 대두하는 속에서 뉴딜정책 이래 전통적으로 이어져온 케인스주의의 총수요관리정책에서 탈피하여 시장기능을 중시하고 민간의 자유로운 창의적 활동으로 경제적 활력의 회복을 지향한 것이었다. 따라서 그것은 뉴딜 이래의 '큰 정부'의 '작은 정부'로의 전환을 의미하였다.

레이거노믹스의 정책기조는 감세와 정부지출 삭감, 규제완화, 그리고 금융정책으로서의 통화공급량 억제에 있었다. 감세정책은 세제개혁으로 법인세와 고소득자를 비롯한 개인의 소득세를 대폭 인하하여 기업의 설비투자와 기술개발투자를 촉진하는 한편, 개인의 저축률을 높여 기업투자자금의 공급확대효과를 올린다는 것이었다. 규제완화정책은 반독점법의 운용완화를 포함하여 정부의 각종 규제를 완화하거나 철폐하여 경제활동의 활성화를 도모한다는 것이었다. 그 속에는 경직적 노사관계의 유연한 관계로의 전환을 지향한 노동정책도 포함되어 있었다. 새로운 경제정책은 현행 세율이 공급확대를 제약할 만큼 높기 때문에 세율을 인하하면 인플레이션은 억제되면서 공급이 증대하여 세수도 증가한다고 보는 공급중시경제학에 기초하고 있었다. 레이거노믹스는 레이건 정부를 포함하여 10여 년 동안 이어진 공화당 정권하에서 계속 시행된 정책이었다.

그러나 '작은 정부'를 표방하면서도 제2차 석유위기를 계기로 한 심각한 불황에 직면하여 정부의 재정지출은 오히려 크게 증가하였다. 재량적 재정지출의 억제에도 불구하고 사회보장비를 포함한 의무적 지출은 증가하였다. 특히 레이건 정부가 표방한 '강한 미국'의 부활을 위해 군사력 증강 목적의 재정지출은 대폭 증대하였다. 적극재정과 연방준비은행에 의한 금융완화로 미국의 경기는 1983년 이후 회복국면으로 돌아섰다. 인플레이션은 진정되고 실업률은 큰 개선은 없었으나 경기는 상승국면으로 반전하였다.

그러나 경기회복에도 불구하고 감세로 세수입은 증가하지 않은 반면, 재정지출은 오히려 증가하였다. 그 결과 재정적자는 대폭 확대, 정착되어 1985년에는 2,100억 달러를 넘었다. 재정적자는 국채 발행으로 충당되었고 그에 따라 금리와 달러화 가치는 상승하였다. 고금리와 높은 달러 가치로 해외자본의 미국 내의 유입이 촉진되었다. 그 결과 수출시장과 국내시장에서 외국기업과의 경쟁은 더욱 격화되었다. 그 속에서 미국산업의 근간이 되어온 중화학공업의 경쟁력 약화는 가중되었다. 수입이 증가하면서 무역수지적자는 급속하게 확대하여 1984년에는 1,130억 달러에 달하였다. 경기회복에도 불구하고 재정적자와 무역적자가 병존하는 '쌍둥이적자' 상태가 계속되었다.

2) 보호주의적 통상정책

미국산업의 국제경쟁력 약화와 무역수지적자의 확대라는 배경에서 레이건정부는 GATT체제하의 자유무역을 표방하면서도 보호주의적 성격이 농후한 통상정책으로 대응하였다. 즉, 미국 정부는 일방적으로 수입이 급증하는 상품에 대해서 각종 수입규제조치를 취하였다. 수입규제조치로는 수출자주규제, 상쇄관세라든가 반덤핑법의 적용 등 다양한 방법이 이용되었다.

수입규제는 일찍이 1960년대에 일본이라든가 한국 등 동아시아로부터의 섬유제품 수출 급증에 대한 수출자주규제라는 형태로 시작되고 뒤이어 철강제품에도 적용되었다. 그것은 1970년대 중반에서 1980년대 초에는 미국의 일본 제품 수입과 대일무역적자가 급증하여 양국 간 무역마찰이 격화되는 속에서 컬러 TV, 자동차, 반도체로 확대되었다. 이때까지만 해도 수입규제조치는 상대국과의 협의를 거쳐 결정되었으나 1980년대 중반 이후부터는 1988년의 포괄통상법 301조의 적용 등 일방적으로 적용되는 경향이 강해졌다.

한편 달러고와 고금리는 1985년의 플라자합의와 그 후의 '협조금리 인하'로 시정되면서 미국 제품의 가격경쟁력은 개선되었다. 또한 주요국 간의 조정에 의한 내수확대조치도 수출시장 확대의 호조건이 되었다. 이러한 배경에서 미국의 수출은 증가하였다. 그 속에서 최대 규모이던 독일과 일본에 대한 미국의 무역적자도 감소추세로 전환하였다.

정부의 대내외 경제정책이 민간부문의 활력 회복에 유리한 조건을 조성하는 가운데 기업은 뒤에서 보는 바와 같이 경쟁력 회복을 목표로 대규모의 구조조정과 경영개혁을 추진하고 설비투자를 확대하였다. 그 결과 1990년대 기업의 경영성과는 호전되고 미국경제는 장기의 호황국면을 지속하였다.

그러나 그 속에서 미국인의 계층 간 부와 소득의 격차는 크게 확대되었다. 맥크로(Thomas K. McCraw)에 따르면 미국 가계(家計) 수의 1%인 최고부유층이 소유하는 부가 미국 전체의 부에서 차지하는 비중은 1976년까지 20%에서 1980년까지는 30%, 그리고 1995년까지는 40%로 2배나 증가하였다. 1995년에 최고부유층 1%의 순자산가치의 평균은 약 800만 달러인 데 비해서 하층 40%의 그것은 1,000달러 이하 수준이었다.[5]

2. 기업의 구조조정과 경영혁신

1) 개관

기업으로서는 먼저 기업의 내실을 다질 필요가 있었다. 대기업은 다각화를 통하여 넓은 범위에서 사업을 전개해왔다. 그러나 시장조건이 변화하는 속에서 산하 사업부문이 모두 기대한 만큼 수익을 올릴 수는 없었다. 그 속에는 수익성이 높은 부문이 있는가 하면 수익성이 낮거나 아예 없는 부문도 있었다. 그러한 사업구조가 전체적으로 기업의 경쟁력과 수익성을 악화시키고 있었다. 따라서 기업이 내실을 기하기 위해서는 무엇보다도 먼저 사업 전체를 재검토하여 채산성이 없는 부문을 정리하거나 통합하여 채산성이 있는 부문으로 경영자원을 집중하면서 합리화를 추진할 필요가 있었다.

이러한 필요에서 기업은 구조조정(restructuring)을 추진하였다. 구조조정이 기간산업을 중심으로 광범하고 심각하게 전개된 것은 1980년대에 들어서였다. 이 시기에 구조조정은 합리화를 위한 노후시설의 폐기를 비롯하여 채산성이 없는 부문의 정리라든가 중핵사업(core business)으로의 사업집중 그리고 업무의 외부위탁(outsourcing)에 이르기까지 다양한 방법으로 추진되었다. 구조조정의 목표는 사업을 채산성이 높은 중핵부문으로 집약하여 철저하게 합리화를 추구함으로써 효율성·경쟁력을 최대한 높인다는 데에 있었다.

구조조정의 수단으로 M&A도 광범하게 이용하였다. 기업은 상승효과를 기대할 수 있는 외부기업을 적극적으로 매수하는 한편 철수하고자 하는 사업부문은 매각하였다. 한편 벤처사업 등 특정 목적의 사업을 위해서는 분사(分社)방식이 널리 이용되었다. 구조조정은 사업의 철저한 재정비와 합리화를 지향한 것이었으므로 대규모의 인원정리·해고를 수반하였다.

구조조정은 그 자체로서는 중요한 전략이었으나 그것이 비교우위의 확립이라는 본래의 목적을 달성하기 위해서는 기업의 여러 업무가 최대한 효율적으로 운영되지 않으면 안 되었다. 즉, 구조조정으로 채산성이 없는 부문을 도려내고 채산성 있는 부문으로 집중된 경영자원은 최대의 효과를 올릴 수 있도록 운용될 필요가 있었다. 그러한 필요에서 구조조정에 이은 경영혁신전략으로 리엔지니어링(reengineering)이 추진되었다. 리엔지니어링은 경영관리 과정을 근본적으로 재검토하고 재설계함으로써 제품의 원가라든가 품질, 서비스, 생산속도 등의 경영성과를 조속히 개선하기 위한 업무의 근본적 혁신을 지향하는 전략이었다.[6]

업무의 근본적 혁신을 위해서는 경직화된 조직구조와 생산시스템을 변화하는 환경에 신축적으로 대응할 수 있는 유연한 조직 내지 시스템으로 전환할 필요가 있었다. 기존의 대규모의 관료적 계층조직은 전달경로가 다층에 걸쳐 있어 신속한 의사결정에 어려움이 있었다. 이러한 어려움을 해소하기 위해서 기업의 비대해진 조직은 중간관리자를 포함한 관리계층의 대폭감축으로 슬림한(slim) 조직으로 개혁하고, 수직적이던 의사전달경로도 최신의 정보통신기기를 활용하여 수직·수평 양 방면으로 유연·신속하게 할 수 있도록 평면(flat)화하였다. 조직이 간소화되면서 사업부의 권한은 강화되었다.

생산시스템도 변혁되지 않으면 안 되었다. 소비자 기호가 다양화하고 제품수명이 단축되는 등 시장조건이 변화함에 따라 종래의 경직된 대량생산 시스템은 다양한 차별화 상품을 소량으로도 효율적으로 생산할 수 있는 유연한 시스템으로 전환될 필요가 있었다. 그러기 위해서 ME 기술을 기초로 한 FMS(flexible manufacturing system)라든가 CIM(computer integrated manufacturing) 그리고 공장자동화(factory automation, FA), 사무자동화(office automation, OA) 등이 도입되었다.

그에 따라 새로운 숙련이 요구되고 노동자의 직무배치와 노동관행도 변화하였다. 종래의 단일기능공은 복수기능공으로 되고 그에 필요한 기능훈련이 이루어졌다. 또한 단일기능 전용기에 따라 기계적으로 배치되던 직무배치는 소집단제도의 도입으로 유연하게 운용되었으며 노동관행도 신축적으로 되었다. 생산공정에서의 품질관리가 중시되면서 일본적인 TQM(Total Quality Management)이 도입되고 직장에서의 개선 내지 QC 서클활동이 권장되었다.

생산시스템의 전환은 노동조건의 커다란 수정을 요구하는 것이었다. 따라서 그것은 노사 간의 갈등 속에서 추진되었다. 그러나 경영혁신은 어디까지나 사용자 측이 주도하였으며 그에 대해서 노동조합은 초기에는 저항하였으나 결국 그것을 수용할 수밖에 없었다.

1980년대 초의 심각한 불황과 대규모의 구조조정으로 해고가 급증하여 실업률은 10%나 되었다. 노동조합조직률은 1980년에는 25% 정도였으나 1990년에는 16%로 크게 떨어졌다. 고용불안이 높아지고 조직력이 약화되는 속에서 노동조합은 그동안 노사협상으로 확보해온 권익을 고용보장과 재훈련프로그램 실시 등의 조건으로 크게 '양보'하지 않을 수 없었다. 종래의 물가 및 생산성 상승에 연동되어 임금이 자동적으로 재정되던 COLA 및 AIFC 협약은 쇠퇴하고 임금은 기업과 산업에 따라 유연하게 인상이 억제되거나 인하될 수 있게 되었다. 작업통제에 대해서도 사용자가 주도권을 가지게 되었다. 그 속에서 노동자가 자사주를 소유하거나 조합대표가 회사임원에 취임하는 등 새로운 노사협조관계도 확대되었다. 경영혁신에 따라 노사관계도 크게 변화하였다.

구조조정과 경영혁신은 1980년대를 통해서 중화학공업을 비롯한 제조업과 교통, 통신, 금융 등 서비스산업의 대기업에서 광범하게 추진되었다. 이러한 운동의 내용은 산업과 기업에 따라 차이가 있다. 그러나 그 기본방향은 계속적으로 확대해온 사업범위를 채산성이 높은 부문으로 근본적으로 재조정·압축하여 경영자원을 집약함으로써 경쟁력을 향상한다는 점에서 공통적이었다. 그 연장선상에서 관리조직의 슬림화·유연화와 생산시스템의 자동화·유연화를 실현하기 위한 개혁이 추진되었다. 그러한 운동은 다수 종업원의 해고라든가 실업 등 사회적 갈등을 수반하였다. 다음에서는 이러한 운동의 내용을 몇몇 주요기업의 사례를 통해서 고찰할 것이다.

이 시기의 개혁운동으로 미국기업은 경쟁력을 회복하였다. 강화된 기업기반 위에서 1990년대의 미국경제는 '신경제(New Economies)'라고 불린 확대국면을 맞이하였다.

2) 전기기기산업의 경영혁신

1980년대의 경영혁신의 대표적 사례는 전기기기산업의 대기업인 GE에서 볼 수 있다. GE의 경영혁신은 1981년에 45세로 회장에 취임한 웰치(Jack F. Welch)의 주도로 극적으로 추진되었다. 그는 업계에서 톱이나 2위가 되지 못할 사업은 잘라낸다는 원칙하에 근본적인 구조조정을 추진하였다. 그는 기존의 46개의 전략사업단위(Strategic Business Units, SBU)를 과감하게 개편하여 사업을 ① 본래의 중핵제조사업, ② 첨단기술사업, ③ 서비스사업의 3개 사업영역(three circles)에 15개 전략사업부문을 가진 구조로 재편성하였다. 웰치는 개편한 사업전략에 맞는 사업은 매수하고 맞지 않거나 채산성이 없는 사업은 폐쇄하거나 매각하면서 근본적인 사업재구성을 추진하였다. 1981~86년의 급격한 구조조정 속에서 GE는 200여 개 사업을 매각하고 330개 사업을 매수하였다.

구조조정 속에서 GE는 중핵제조사업에 대해서는 생산시설 확대보다도 공정자동화라든가 설계의 컴퓨터화 등 생산성 및 품질의 향상과 생산비 절감을 위한 투자를 확대하였다. 특히 GE는 장래의 고성장이 기대되는 사업으로 첨단기술과 서비스사업을 중시하여 이들 부문에 대한 투자를 확대하였다. 첨단기술사업에서는 FA와 의료시스템 분야 등 ME(microelectronics)기술 관련부문과 항공기용 제트엔진, 항공우주기기, 신소재, FA 관련기기 등 사업을 강화하기 위하여 기업매수와 신회사 내지 합작회사의 설립을 적극 추진하고 거액의 R&D 투자를 하였다.

서비스사업부문에서 GE는 1985년에 RCA(Radio Corporation of America)를 매수하여 그 산하에 있는 유력한 방송국인 NBC(National Broadcasting Co.)와 항공우주사업 및 전기통신 서비스부문을 취득하였다. 또한 금융업에서 GEFS(GE Financial Service)를 중심으로 소비자금융, 리스, 기업금융, 손해 및 손해재보험 등으로 다각화하는 한편 GEVC(GE Venture Capital)를 통해서 벤처기업 54사에 자본참가하였다. 그리고 1986

년에는 오랜 역사를 가진 유력 투자은행 키더 피바디사(Kidder, Peabody & Co.)를 매수하여 증권업에 진입하였다.

대규모 구조조정으로 GE의 사업 중심은 첨단기술 및 서비스 사업으로 크게 이동하였다. 1970년대 초에는 총수익의 80%를 차지하던 전기기기를 중심으로 한 중핵사업의 수익비율은 1980년에는 50% 미만으로, 그리고 1985년에는 30%로 떨어졌다. 나머지 70%는 첨단기술 및 서비스 사업이 차지하는 비율이었다.

대규모 구조조정에 따라 경영조직도 개혁되지 않으면 안 되었다. 웰치는 먼저 본사의 전략기획 스태프 및 재무 스태프와 중간관리직을 대폭 정리·통합하였다. 그 결과 9계층이던 피라미드형 관리조직은 4계층으로 축소되고 본사소속 스태프는 30명에서 12명으로, 그리고 본사 종업원은 1,700명에서 400명으로 감축되었다. 또한 의사결정에 소요되는 시간을 단축하고 의사전달을 원활히 하기 위해서 중간조직인 사업섹터를 폐지하여 3명으로 구성된 최고경영진과 각 사업부장이 직결되는 조직으로 되었다. 이렇게 해서 피라미드형 관리조직은 폐지되고 상급관리자와 현장종업원을 직결한 신속한 의사결정이 이루어질 수 있는 간소한 조직이 창출되었다.

관리조직의 간소화에 이어 GE는 1989년부터 전사적인 노동생산성 향상운동을 전개하였다. 그 방법으로는 모든 계층 및 기능 소속으로 구성된 소집단 단위로 토론을 통해서 생산성 향상 방안을 모색하는 워크아웃(Work-Out) 방식이 도입되었다. 토론을 통해서 제시된 우수한 제안은 바로 채택되어 전사적으로 실행되었다. 그것은 일본기업의 소집단활동을 모방한 것이었다. 이 활동에는 1991년 현재 4만 명 이상이 참가하였다. GE는 보상제도로 스톡옵션을 확충하면서 워크아웃 활동을 권장하고 종업원의 경영참가의식을 높이려 하였다.

GE는 대담한 구조조정과 조직개혁으로 1990년대 중반까지 세계의 초우량기업으로 거듭나 매출액에서나 순이익에서나 매년 최고수준을 갱신하였다. 한편 GE와 쌍벽을 이루던 웨스팅하우스사는 1995년에 미국의 3대 TV네트워크의 하나인 CBS를 매수하여 정보통신부문에 진입한 후 회사명마저 CBS로 변경하고 뒤이어 본업이던 중전 및 원자력 부문마저 매각하였다.

3) 자동차산업의 혁신과 재생

자동차산업에서는 빅 스리를 중심으로 급격한 구조조정이 전개되어 대규모의 인원삭감을 수반한 공장폐쇄가 진행되는 한편 설비개선을 위한 근대화 투자가 대규모로 추진되었다. 근대화 투자의 핵심은 ME 기술을 이용한 자동화의 추진이었다.

GM은 1980년대 들어 5개 공장을 폐쇄하고 7만 6,000명을 감축하는 한편 80년대 전반기에 6개 공장의 건설과 11개 공장의 근대화에 총 400억 달러를 투자하였다. 1970년대 중엽부터 자동차의 소형화(downsizing)를 추진해온 GM은 품질, 성능, 디자인, 안전성의 개선을 지향하였다. 통일적 로봇프로그램으로 공장자동화를 추진하기 위해서 일본의 후지쓰화낙과의 합작으로 세계 최대의 로봇회사 GM화낙(GM FANUC Robotics)을 설립하는 한편 생산·판매시스템의 정보화를 위하여 정보처리회사인 EDS사(Electronics Data Systems Corporation)를 매수하였다.

포드사는 5개 공장을 폐쇄하고 종업원 4만 명을 해고하면서 공장자동화를 추진하였다. 포드사는 전략차종으로 중·소형차를 개발하고 외국기업과의 제휴관계를 확대하였다. 1979년에 파산상태에서 정부의 공적자금지원으로 구제된 크라이슬러사도 1985년까지 10개 공장을 폐쇄하고 5만 명의 종업원을 해고하였다.

한편 빅 스리는 일본적 생산방식의 도입을 추진하였다. GM이 도요타와 50 대 50의 지분으로 캘리포니아에 설립한 합작회사 NUMMI(New United Motor Manufacturing Inc.)는 일본적 생산방식을 전도

할 시범공장이기도 하였다. 빅 스리의 생산현장에는 직무의 통합과 팀제가 도입되어 작업조직의 유연화가 추진되었다. 빅 스리의 부품업자와의 관계도 밀접해졌다. 부품의 자사내 제조율은 70%에서 50%대로 떨어졌다. 빅 스리는 부품개발의 많은 부분을 부품업체에 위탁하는 한편 거래업체를 대폭 압축하여 근본에서부터 품질개선을 지향하였다. 도요타의 '간반(看板)'방식도 도입하였다.

대량의 해고 및 임금동결과 생산방식의 개혁을 수반한 구조조정과 합리화를 추진하기 위해서는 노동자의 협력이 필수적이었다. GM에서는 노동협약이 재협의되고 개혁에 대해서 노사가 협력하였다. 포드사에서는 노동자가 30개월간의 임금동결에 동의하고 회사는 종신고용노동자의 은퇴까지의 기본급을 보장하였다. 크라이슬러사는 노동자의 양보를 이끌어내고 그 대신에 노동자이사제도를 도입하여 UAW의 회장 프레이저(D. Fraser)를 이사로 선임하였다.

구조조정과 경영혁신을 거치면서 미국의 자동차산업의 생산성은 향상되었다. 생산대수를 기준으로 한 손익분기점은 1978~83년에 GM의 경우 560만 대에서 430만 대로, 포드사에서는 420만 대에서 260만 대로, 그리고 크라이슬러사에서는 240만 대에서 110만 대로 크게 저하하였다. 미국 자동차의 수준은 경량화, 차내의 기기, 연비 등에서 10년 전에 비해서 훨씬 높아졌다. 미국 자동차산업은 1980년대 중반까지는 재도약하고 일본 차와 경쟁할 수 있게 되었다.

4) 철강공업의 구조조정과 재생

심각한 불황에 직면하여 철강기업이 취한 기본대응전략은 3가지였다. 첫째, 대량의 인원정리를 수반한 설비의 통폐합과 채산성이 없는 부문에서의 철수였다. 1970년대 후반기에는 공장폐쇄가 시설확대보다 컸다. 그 결과 1980년대에는 일관제철소의 수는 50에서 23으로 격감하였다.

둘째, 다각화였다. 주요 일관제철기업은 석유, 항공우주, 플라스틱, 주택건설, 알루미늄, 금융, 리스, 보험 등 타 분야의 기업매수를 통해서 사업을 다각화하였다. 셋째, 새로운 기술 및 시장조건에의 적응이었다. 이러한 전략이 추진되는 속에서 미국의 철강기업은 크게 변화하였다.

그중에서도 가장 큰 변화를 겪은 기업은 최대 철강기업인 US스틸사였다. 이 회사는 파산 직전이던 1981년에 다수 공장을 폐쇄하여 경영자원을 채산성이 있는 공장으로 집약하는 한편 수익성이 있는 사업부문으로 다각화하였다. 다각화 전략으로 특히 중요한 것은 매출액이 82억 달러에 달하는 마라톤석유회사(Marathon Oil)의 매수였다. 그 결과 US스틸사는 철강회사이면서 동시에 에너지회사로 되고 1986년에는 회사명도 USX로 변경하였다. USX 이외의 많은 기업은 그 후 본업으로 돌아가 설비근대화와 수익성이 높은 강판부문으로의 특화로 회복을 지향하였다.

철강공업에서는 대규모 일관철강기업이 곤경에 빠진 반면, '미니 밀(mini-mills)'이라 불린 소규모 제강기업이 성장하였다. 이들 기업은 최신기술의 전기로를 설치하여 다양한 철강제품을 생산하였다. 그들 기업은 입지적으로는 시장접근성이 높고 원료접근성이 유리한 지역 그리고 저임금의 농촌지역을 선택하였다. 미니 밀은 1980년대에 약 50사가 있었다. 그중 가장 유명한 기업은 누코어사(Nucor Corporation)였다. 이 회사는 1960년대 이래 소규모 제강기업을 매수하면서 낡은 공장을 폐쇄하고 고철자원과 시장에 인접한 여러 지역에 공장을 건설하면서 성장하여 1983년에는 생산능력은 연 110만 톤 이상, 매출액은 5억 4,000만 달러나 되었다. 이 회사의 1인당 노동생산성은 기존 일관제철기업의 2배였으며 노동비용은 1톤당 48달러로 일관대기업(185달러)의 3분의 1 이하였다. 미니 밀은 국내기업만이 아니라 외국기업에 대해서도 높은 경쟁력을 가지고 있었다.[7]

5) IT 산업의 발전

IT(information technology) 산업은 1980년대의 새로운 발전을 거쳐 1990년대에는 최대의 성장산업이 되었다. 그때까지 대형기계를 중심으로 개별적·폐쇄적으로 이용되던 컴퓨터는 1980년대 들어 소형화(downsizing)가 진전됨과 동시에 서로 다른 컴퓨터 간의 접속과 소프트웨어 이용이 가능해지면서 개방체계(open system)로 전환되었다. 그 결과 컴퓨터는 광범하게 분산·보급되면서 통신과 결합되어 네트워크를 형성하고 인터넷과 연결되면서 새로운 비즈니스 영역을 창출하였다. 그 속에서 종래의 컴퓨터산업은 근본적인 변화를 경험하면서 새로운 발전을 하였다.

IT 산업의 급속한 발전은 1980년대 이후 '마이콤(micro computer)'이라 불린 PC(personal computer)와 관련 소프트웨어가 개발·보급되면서 촉진되었다. PC는 대형 컴퓨터(mainframe)가 지배적이던 1970년대 중엽에 출현하였다. 다수의 벤처기업이 소규모 사무소나 가정에서도 손쉽게 이용할 수 있는 '마이컴' 개발에 앞다투어 진출하였다. 1976년에 스티브 잡스(Steve Jobs)가 설립한 애플(Apple)사도 그중의 하나였다. 이 회사는 1977년에 개인용 'PC의 모델'이라 불린 Apple Ⅱ를 제작하였다. 개발 초기단계에서 실패도 많았으나 IBM이 범용컴퓨터에 집중하는 사이에 애플, 라디오 샤크(Radio Shack)사, 코모도어(Commodore) 등을 선두로 10여 사가 PC 분야에서 사업기반을 구축하였다. 빌 게이츠(Bill Gates)와 알렌(P. Allen)이 1975년에 설립한 마이크로소프트사(Microsoft Corporation, MS)는 소프트웨어의 영세기업으로 출발하여 급성장하였다.

IBM은 1980년에야 뒤늦게 PC 사업에 진입하였다. 연 50% 이상 급성장하는 PC 시장을 IBM도 이제는 무시할 수는 없었다. 뒤늦게 PC사업에 진출한 IBM은 신제품 개발을 1년 이내에 조속히 완료하기 위해서 제품의 사양을 개방하여 OS(operating system)와 CPU(central processing unit) 등 컴퓨터의 가장 중요한 부분을 외부에 발주하였다. 그것은 종래

폐쇄주의로 일관하던 IBM으로서는 획기적인 전략의 전환이 아닐 수 없었다. 외부의 협력을 얻어 IBM은 1981년에 제품 제1호로 IBM-PC를 출시하여 크게 성공하였다. 그에 힘입어 IBM은 1983년과 84년에 연이어 신기종 제품을 출시하면서 시장진입 후 불과 3년 만에 PC 시장의 64%를 점유할 만큼 급성장하였다.

PC 산업은 크게 발전하였다. 1984년에는 신참기업을 포함하여 200개나 되는 회사가 '마이컴'시장에서 경쟁하고 있었다. 이 부문에서도 IBM은 지배적 지위를 차지하였다. 당시 대형에서 '마이컴'에 이르는 전 종목 컴퓨터의 개발에서 제조까지의 일관한 조직체계를 갖춘 기업은 IBM뿐이었다. 그러나 그 속에서 인텔사(Intel Corporation)와 MS사가 급성장하여 IBM의 지위를 위협하게 되었다. 양사는 IBM PC의 기본 소프트웨어를 제작·공급하던 기업이었다.

인텔사는 1985년에 DRAM 시장에서 철수하면서 CPU 사업으로 전환하여 크게 발전하였다. 특히 인텔사가 제조한 CPU는 IBM의 PC에서 사용되어 사실상의 업계표준이 되었다. 인텔사는 IBM 제품의 핵심 부품인 CPU의 주요 공급자였으며 고성능 모델의 뒤이은 개발 및 제품화로 급성장하였다. 한편 MS사는 1980년에 IBM과의 계약에 따라 개발한 OS가 IBM사 제품에서 이용되어 사실상의 업계표준이 되면서 급성장하였다. 더구나 이 회사의 OS 개발계약은 IBM만의 독점계약이 아니라 다른 PC 제조업자에도 공급할 수 있게 되어 있었다.

MS와 인텔의 소프트웨어를 이용하여 급성장한 기업은 컴팩사(Compaq Computer Corporation)였다. 1982년에 설립되어 IBM의 호환기제조를 시작한 컴팩사는 1986년에는 인텔의 최신 CPU를 탑재하고 MS사의 새로운 OS에도 적합한 신형 PC를 개발하여 IBM을 누르고 일약 PC시장의 선두에 섰다. 컴팩사의 매출액은 1983년 1억 달러에서 4년 후인 1987년에는 12억 달러로 12배나 증가하였다. 컴팩사의 발전은 MS사와 인텔사의 발전을 촉진하였다. 특히 MS사는 1990년대를 통하여 급성장하여 PC 산업의 성장을 주도하였다. 1992년에 MS사의 주가 총액은 GM의 그것보다 컸다.

이에 대해서 IBM은 1985년 이후에도 거액의 연구개발비를 지출하면서 전 종목 컴퓨터의 신 모델을 출시하였다. IBM은 1981년과 1986년에 대규모의 조직개편과 구조조정을 단행하였다. 그러나 매출액은 늘면서도 이익은 감소하여 결국 1992년에는 50억 달러의 적자를 기록하였다. IBM은 여전히 왕자의 자리에 있으면서도 성장세는 약화되었다. 컴퓨터산업에서의 주역은 교체되고 있었던 것이다.

IT 산업이 발전하는 속에서 무수한 벤처기업들이 등장하였다. 그들은 실리콘밸리(Silicon Valley)를 입지로 집적하여 정보망을 형성하고 상호경쟁과 협조를 통해서 혁신적 기업활동을 전개하였다. 그 속에서 PC의 애플, 인텔, MS, 컴팩, 델(Dell Computer Corporation) 등의 업체를 비롯하여 네트워크접속장치의 시스코 시스템스(Cisco Systems), WS(work station)의 선 마이크로 시스템(Sun Microsystem, Inc.), 소프트웨어의 오라클(Oracle Corporation), 그리고 EDS(Electronic Data Systems) 등 다수의 신흥기업이 성장하였다.

벤처기업의 성장은 풍부한 벤처자본에 의해서 뒷받침되었다. 1990년대 미국에서는 거액의 벤처자본이 IT 산업을 비롯한 하이테크산업에 투자되었다. 1990년대 중반까지 투자된 미국 벤처자본액은 매사추세츠 주에서는 영국의 그것과 맞먹고 캘리포니아에서는 유럽대륙에서의 그것보다 컸다. 미국 벤처캐피탈의 37%(유럽, 12%)는 회사 설립에 투자되었다.

하이테크 주식에의 투자패턴은 주식시장의 성질에 중요한 변화를 가져왔다. 20세기 대부분을 통하여 주가총액이 높은 기업은 매출액과 고용규모에서의 상위기업이었다. 그것은 철강, 자동차 등 실물·고정자산과 관련된 평가였다. 그에 비해서 하이테크 기업의 주가총액은 판매, 고정자산, 종업원 수와 관계가 적었다.

예를 들면 20세기 말에 GM과 포드사는 합해서 연 매출액 3,060억 달러, 종업원 94만 명에 주가총액은 1,340억 달러였다. 이와는 대조적으로 주도적 소프트웨어 기업인 MS사와 오라클(Oracle)사는 합해서 매출액과 종업원 수가 각각 220억 달러와 6만 3,000명으로 2대 자동차회사의 14분의 1에 불과하였으나 주식 시가총액은 4,620억 달러로 그의 약 3.5배에 달하였다. MS사 1사의 주식 시가총액은 4,180억 달러였다.[8]

3. M&A 운동과 기업지배구조의 변화

1) M&A 운동

(1) 배경과 방법

1980~90년대는 대규모의 기업합병·매수(M&A)운동이 전개된 시기였다. 그것은 기업의 대대적인 구조조정의 하나로 광범한 산업에서 추진되었다. 과도한 다각화의 결과 복합기업화한 대기업은 장기불황 속에서 중핵기업을 중심으로 경영자원을 집중하거나 유망한 타 분야로 사업을 확대하기 위해서 기업의 합병, 매수 내지 기업분할(divestiture, demerger)을 거듭하였다. M&A는 사업구조의 재구축을 위한 손쉬운 방법으로 이용된 것이다. 1980년대에는 *Fortune*지의 상위 500대 기업의 3분의 1이 매수·합병되었다. 1990년대에는 금액상으로 1980년대를 상회하는 규모의 M&A가 전개되었다. M&A는 전통적인 중화학공업을 비롯하여 석유, 정보통신, 항공우주, 의료, 전력, 금융, 소매 등 광범한 산업분야에서 전개되었다. 이 시기는 1960년대의 제3차에 이은 제4차 대규모 M&A 운동의 시기였다.

이 시기에 M&A 운동을 촉진한 배경으로 중요한 것은 물가상승이었다. 물가상승의 진전은 주식 시가총액이 기업자산 총액보다 과소평가되는 기업을 다수 발생하도록 하였다. 물가상승은 명목주가 상승에도 불구하고 실질주가 하락을 은폐하였다. 1969~82년에 다우주가지수는 명목으로는 969에서 1071로 상승하였으나 물가상승을 조정한 실질지수는 400 수준에 머물렀다. 같은 기간에 3만 달러 하던 평균주택가격은 30만 달러로 10배나 상승하였다. 공장이나 설비 등 회사의 실질자산가치 상승은 대차대조표에 반영되지 않은 한편 실질주가가치 하락으로 회사의 시장가치는 실질가치보다 훨씬 낮게 평가되었다. 1984년에 상장 전 산업 주식의 30%가 확정장부가격 이하로 매각되었다. 사업재구축과 합리화의 추진에는 신규투자보다 기존 기업의 M&A가 더욱 유리한 방법이었던 것이다.[9]

M&A의 촉진배경으로 규제완화도 중요하였다. 무엇보다도 반독점법의 적용이 완화되어 M&A는 법적 제약 없이 추진할 수 있게 되었다. 또한 금융자유화로 거대한 잉여자금을 가진 상업은행은 투자금융업무를 확대하였다. 거대증권회사나 투자은행은 M&A를 위한 중개 내지 융자에 적극 참가하였다. 특히 연금기금(pension funds)과 투자신탁(mutual funds) 등 기관투자가의 풍부한 자금은 M&A를 위한 자금기반으로 중요하였다.

1980년대에 자금원이 확대·심화되면서 증권투자의 패턴도 변화하였다. 골드만 삭스(Goldman Sachs), 리먼 브라더스(Lehman Brothers), 모건 스탠리(Morgan Stanley) 등의 투자은행은 전통적으로 이자율이 낮으면서도 안전한 증권을 발행해왔다. 그러나 투자신탁을 비롯한 투자자금소유기관의 성장으로 투자가능자금이 재래의 저위험·저이익형 투자액을 웃돌게 되면서 투기적 금융중개업자들은 위험등급이 낮은 증권만이 아니라 '정크본드(junk bonds)'라 불리는 고수익·고위험증권을 거래하는 새로운 투자패턴을 도입하였다. 정크본드의 발행 및 발매의 개척자는 투자은행인 드렉셀사(Drexel Burnham Lambert Inc.)의 밀켄(Michael Milken)이었다.[10]

이러한 가운데 1980년대에는 유력한 전문적 기업매수인이 대규모의 주식공개매수(takeover bid, TOB) 활동을 전개하면서 활발하게 기업매수를 추진하였다. TOB는 대상기업 경영진의 사전양해의 유무에 따라 우호적이거나 적대적으로 이루어졌다. 초기의 TOB는 우호적이었으나 후에는 적대적 TOB가 성행하였다.

기업매수인은 자신의 자금 없이도 매수기업의 자산을 담보하여 기관투자가의 자금을 동원할 수 있었다. 기업을 매수한 새 오너는 평가와 신용도가 낮은 정크본드를 발행하여 기업매수를 위하여 발생한 채무를 변제하였다. 그것은 차입형 기업매수(leveraged buyout, LBO)였다. 이러한 금융수법으로 매수인은 비교적 적은 자금으로 거액의 자금을 동원하여 기업을 매수할 수 있었다. 새 오너는 기업을 재건한 후 소유주식을 매각함으로써 큰 이익을 올릴 수 있었다. LBO는 특히 이 시기에 성행한 적대적 M&A를 위한 금융수법으로 중요하였다. 투자은행을 비롯한 금융기관은 정크본드를 인수함으로써 LBO를 금융적으로 지원하면서 이익에 참여하였다. 1980년대의 거듭된 M&A는 크게 머니게임적인 성격을 띠고 전개된 것이다.

경영자들은 기업을 탈취하려는 매수인에 대항하기 위하여 여러 수법을 고안하였다. 그들은 '그린메일(greenmail)' 수법으로 매수인의 주식을 고가로 매수하여 그 대금을 자신의 호주머니 돈이 아니라 회사 돈으로 지불하게 하였다. 그리고 그들은 기업매매계약에 독소조항(poison pill)을 두어 부채급증으로 매수한 기업에 불이익이 되게 함으로써 기업매수를 단념하게 하든가 매수를 보다 곤란하게 하는 정관 변경, 즉 '상어기피약(shark repellents)'을 도입하였다. 아니면 그들은 우호적 매수로 자신의 직책과 보수를 보장해줄 '백기사(white knight)'를 물색하였다. 이들 모든 방법에 실패하면 경영자들은 기업을 매각할 경우 거액의 퇴직금 지급을 약속받는 '황금낙하산(golden parachutes)' 내지 '황금악수(golden handshakes)' 등의 방책을 마련하였다.

(2) M&A의 전개

M&A는 기본적으로 기업 구조조정의 하나로 추진된 것이었으나 그것을 촉진하는 데에는 전문매수인의 역할이 컸다. 그들은 매매차익을 노려 M&A을 거듭하고 필요한 자금은 다양한 방법으로 투자은행 등의 금융지원으로 조달하였다. 그들은 쉽게 분리하여 낮은 시장가격으로 매각할 수 있는 다수의 사업부를 가진 대기업을 노렸다. 식품, 담배, 소매 등 기업과 특히 복합기업은 알맞은 목표물이었다. 매수자들은 시가보다 높은 프리미엄가격을 제시하여 주주의 동의를 얻어 기업을 매수할 수 있었다. 그러나 경영자가 반대할 경우 기업매수는 적대적으로 추진되었다. 소유와 경영이 분리되어 경영자가 지배권을 가진 경영자기업에서는 소유자와 경영자의 이해관계는 반드시 동일한 것은 아니었다. 소유자(주주)는 배당과 자본소득에 관심이 있었던 데 비해 주식소유기반이 없는 경영자는 직책과 봉급 이외의 부수입에 관심이 컸다. 이하에서는 대표적 전문매수인의 활동사례를 통해서 1980년대의 M&A의 한 면을 고찰한다.

이 시기에 TOB를 주도한 대표적인 회사 중 하나는 KKR사(Kohlberg Kravis Roberts Co.)였다. 이 회사는 일찍부터 LBO를 추진해왔으나 1986년의 베아트리스사(Beatrice Companies)에 대한 적대적 TOB로 큰 주목을 받았다. 베아트리스사는 1960년대에 복합기업이 된 식품회사였으나 산하에는 유명 브랜드의 비식품회사들을 포함하여 많은 기업이 있었다. 베아트리스사는 식품의 구 스위프트사(Swift)의 후신이며 그 자체가 대규모 복합회사인 에스마크사(Esmark)를 매수함으로써 더욱 거대해졌다. 그러나 대규모의 기업매수로 베아트리스사의 채무가 커지자 투자가들은 주식매각을 서두르게 되고 주가는 하락하였다. 당시 이 회사는 시장평가보다 가치가 높은 회사였고 산하에는 건실한 사업체들이 있었다.

이에 주목한 KKR사는 투자은행인 드렉셀사의 금융지원을 얻어 베아트리스사를 61억 달러의 LBO로 매수하였다. 새 오너가 된 KKR사는 베아트리스사 산하의 여러 회사를 분할·매각하여 매수자금의 변제에 충당하고도 남을 만큼 큰 매매차익을 올리는 한편 수익성이 높은 식품 부문 사업을 수중에 넣었다.[11]

그 외에도 KKR사는 몇몇 TOB에 참가하고 1989년에는 담배식품회사인 R.J.R. 내비스코(R.J.R. Nabisco)사를 240억 달러라는 전례가 없을 만큼 거액의 LBO로 매수하였다. KKR사는 거액의 빚을 변제하기 위하여 매수한 기업의 자산을 분할·매각하였다. LBO에 의한 M&A의 성행으로 많은 기업에서 커다란 구조변화를 초래하였다.

TOB는 석유산업에서도 활발하게 전개되었다. 1980년대 초의 석유가격의 급락으로 석유회사의 주가는 하락하였다. 1983년에 거대석유회사의 주가는 순가치의 40% 수준에서 판매되고 있었다. 여러 회사의 주식이 자산가치의 3분의 1 정도의 가격으로 매각되었다. 그러한 조건이 석유산업에서의 TOB를 자극하였다.

석유사업에서의 TOB 붐은 1979년에 쉘(Shell)사의 벨리지(Belridge)사 매수(36억 달러)에서 시작되어 다음해의 선사(Sun)의 텍사스 퍼시픽사(Texas Pacific) 매수(23억 달러), 그리고 1981년의 듀퐁(Du Pont)사의 코노코(Conoco)사 매수(74억 달러)와 뒤이은 US스틸(US Steel)사의 마라톤석유회사(Marathon Oil) 매수(65억 달러)로 이어졌다. 이들은 모두 우호적 매수였다. US스틸사는 1986년에는 텍사스 오일 가스회사(Texas Oil Gas)를 매수(36억 달러)하여 사명도 USX로 변경하였다.

석유업계에서는 피켄스(T. Boone Pickens)가 등장하면서 적대적 TOB가 성행하였다. 그는 1950년대에 석유사업에 진출하여 1964년에는 매수를 통해서 메사 페트롤륨사(Mesa Petroleum)로 재출발하였다. 그는 1980년대 초부터 TOB를 거듭해오다가 1983년에서 84년에 걸쳐서 걸프(Gulf)사, 필립스(Phillips)사, 유노칼(Unocal)사의 TOB에 나섰다.

걸프사는 매출액 290억 달러로 업계 제5위의 대기업이었다. 자금력이 약한 피켄스는 투자은행인 드렉셀사의 협력으로 17억 달러의 지원을 받았다. 걸프사의 경영자는 피켄스를 기피하여 '백기사'로 나타난 쉐브론사(Chevron Corporation)에 매각하였다. 필립스사의 경영자는 '독소조항'을 이용하여 피켄스의 매수공세에 대항하였으나 결과적으로 상당한 가격으로 그의 소유주를 매수하지 않으면 안 되었다. 유노칼사도 피켄스의 매수를 저지는 하였으나 소유주식의 상당부분을 높은 가격으로 매수하지 않을 수 없었다. 결과적으로 피켄스는 이들 3사에 대한 적대적 TOB를 실현하지는 못하였으나 그 과정에서 큰 이익을 올렸다.[12] 피켄스의 M&A 활동은 머니게임 행태의 전형이었다.

그러나 머니게임식 행태가 언제까지나 계속될 수는 없었다. 금융완화에 따른 금리의 대폭인하로 대규모 M&A와 주가상승은 촉진되었다. 그것은 플라자합의(1985) 이후 세계적 현상으로 되어 거품경제 확장과 주식투자 붐을 낳았다. 거품은 결국 사라져 세계 주요 주식시장에서 '암흑의 월요일'(1987년 10월 14일)이라 불린 주가폭락이 발생하였다. 그것은 금융당국의 개입으로 수습되었으나 1980년대 말에는 머니게임식 M&A에 과도하게 관여한 드렉셀사가 파산하고 투기적 M&A 금융과 부동산투자에 깊숙이 관여한 저축신용조합(SL)도 광범한 경영파탄에 빠져 공적자금 투입으로 정리되었다.

1990년대로 이어진 대규모 M&A는 첨단산업 분야로까지 확대되면서 기업은 구조조정을 통한 경영자원의 집약화, 경영효율의 제고, 비용절감, 수익성의 개선을 지향하였다. 결과적으로 미국기업의 경영실적은 크게 개선됨으로써 1990년대 미국경제의 고성장을 뒷받침하였다.

2) 기업지배구조의 변화

TOB 공격에 대해서 경영진은 그린메일로 대항하였다. 1980년대 말에는 그린메일이 대유행하였다. 경영진은 자기보신을 위해서 회사자금으로 매수인의 주식을 고가로 사들임으로써 자사의 주주에게 손해를 끼친 것이다. 그 예는 R.J.R. 내비스코사의 CEO이던 존슨(Ross Johnson)에서 볼 수 있다. 그는 1986년에 그린메일을 이용한 부당한 LBO를 통해서 회사를 탈취하려 하였다. 그의 시도는 내비스코사가 앞에서 본 바와 같이 결국 KKR사에 의해 매수됨으로써 실패로 돌아갔지만 그의 행동이 폭로됨으로써 기관투자가가 기업지배권(corporate governance)에 대한 새로운 문제의식을 자각하게 되었다는 점에서 중요하였다.

그때까지 대규모 기관투자가는 기업지배권에는 별로 관심을 두지 않았다. 20세기 전환기의 J.P. 모건(Morgan)에 대표되는 투자은행가의 기업지배 참여의 전통은 1920년대 이래 퇴색하다가 그 후 소멸하였다. 경영자자본주의하에서 기업의 전략적 의사결정자는 실질적으로는 소유기반이 없는 전문경영자였다. 기관투자가는 경영자와는 달리 단기적 이익지향성이 강하고 이전과 같이 기업을 떠받치는 기반이라는 인식은 없었다. 기관투자가의 투표권을 위임받은 투자매니저는 이익극대화의 방향에서 투표하였고 그것이 단기적 결과를 중시하는 경향을 낳았다. 미국기업의 실질적 오너는 연금기금이었다. 그러나 1980년대에 기관투자가는 소유에 따른 책임을 지거나 경영에 영향을 미치려 하지는 않았다. 그들은 단기적 시야로 주가의 움직임에 주목하면서 적대적 기업매수자에 대해서는 환영과 두려움의 모순된 대응을 보였다.

1980년대에는 개인투자가의 개인연금 및 주식자산이 감소한 반면 공공기금자산은 급증하였다. 기관투자가의 중요성은 크게 증대하였다. 〈그림 12-1〉은 미국 상위 1,000사의 개인과 기관투자가의 주식보유율의 추이를 나타낸 것이다. 1990년을 전환점으로 기관투자가의 보유비율은 개인투자가의 그것을 웃돌기 시작하여 1994년에는 57%로 되었다. 그만큼 개인투자가의 보유비율(43%)은 저하하였다.

1972~92년의 20년간 투자신탁(mutual funds)의 수는 392에서 3,400으로, 고객 수는 1,100만 명에서 6,900만 명으로 그리고 소유자산은 5,000만 달러 미만에서 13억 5,000만 달러로 대폭 증가하였다. 미국인 5명 중

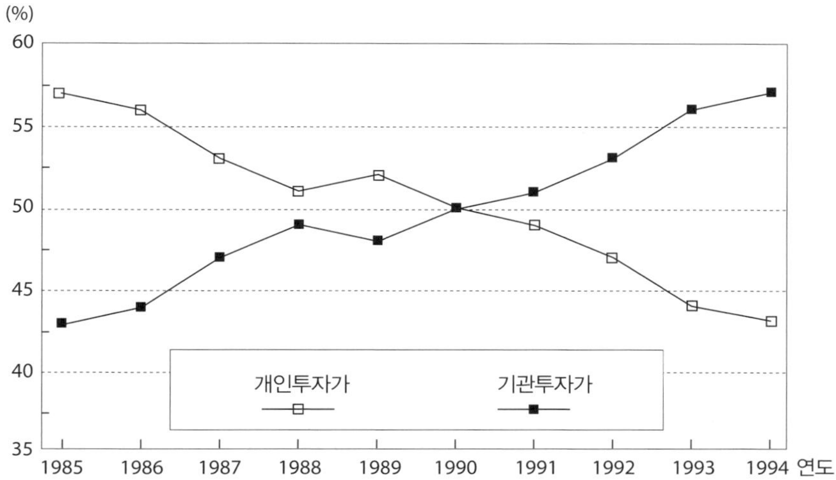

자료: M. Useem, 1996: 26.

그림 12-1 상위 1,000사의 개인과 기관 투자가의 주식보유비율 추이

1명은 신탁기금을 소유하고 있었다. 이에 보험회사(15억 2,000만 달러)와 각종 연금기금(20억 달러)을 합하여 전체적으로 보면 기관투자가는 미국의 금융자산의 50%와 보통주시장 가치의 40%를 통제하였다.[13]

기관투자가의 존재가 커지면서 그들은 수탁자로서의 자신의 책임을 인식하지 않을 수 없게 되었다. 기관투자가는 주식보유액이 증대하는 속에서 이전과 같이 주식매각으로 경영진에 대한 불신을 표시하는 '월가관례(Wall Street Rule)'에 따르기는 곤란해졌다. 주식을 대규모로 매각하면 주가는 하락할 것이기 때문이다. 한편 경영자는 자기보전을 위하여 적대적 TOB에 대한 방위수단을 도입함으로써 회사자산에 손해를 끼치는 경우가 많았다. 이 시기에는 M&A 자체를 이익추구 수단으로 이용한다든가 각종 금융수법을 이용하여 기업을 탈취하는 머니게임식 매수가 횡행하였다. 이에 기관투자가는 투자대상 기업의 경영에 관심을 가지고 직접 영향력을 행사하려 하였다. 그것은 기업지배구조의 개혁을

지향한 움직임으로서 중요하였다.

기업지배구조 개혁을 지향한 최초의 집단적 움직임은 1985년에 22개 사(총자산 1,000억 달러)를 회원사로 한 '기관투자가회의(Council of Institutional Investors)'의 설립이었다. 이 회의는 처음에는 회사 CEO의 그린메일 지불중지를 요구하였다. 1989년에는 여러 주의 연금기금은 그린메일, 황금낙하산 등 경영진이 자기보전 목적으로 이용하는 모든 수법에 반대를 표명하였다. LBO에 반대하는 법률도 여러 주에서 제정되었다. 기관투자가회의의 회원기관 수는 60에 이르고 보유주식은 3,000억(1992년에는 5,000억) 달러에 달하였다. 기관투자가는 경영진에게 회사 존속을 위한 적극적인 대응을 요구하고, 경영진의 자기보전을 위한 독소조항이나 황금악수 등에 반대하였다.

기업지배구조 개혁요구는 적대적 기업매수인에 의해서도 추진되었다. 예를 들어 걸프사의 매수경쟁에 참여한 피켄스는 총 1,200만 주를 소유한 투자회사인 멜론사(Mellon)와 기관투자가에게 대리투표(proxy solicitation)의뢰운동을 벌여 지배권에 영향을 미치려 하였다. 기관투자가는 디지털 이큅먼트(Digital Equipment), 보잉(Boeing), 크라이슬러, 머크(Merck), IBM 등의 주식의 절반 이상과 주요 석유회사 주식의 대부분을 소유하고 있었다. 피켄스는 투자은행의 금융서비스 없이 기관투자가의 지원으로 기업지배권에 영향을 미치려 하였다.[14]

이러한 외부의 압력에 대해서 경영진도 양보하지 않으면 안 되었다. 1990년에 적대적 TOB 공격을 받은 록히드사(Lockheed)의 경영자는 기관투자가의 지지를 얻기 위해서 이사회의 3석을 할양하고 비밀투표와 매수반대규정의 철폐를 포함한 주주회의 결의를 수용하였다. 경영자가 정책을 변경하여 기관투자가의 제안을 받아들이지 않을 수 없는 상황에서 몇몇 대기업은 보수위원회의 대다수 멤버를 사외이사로 선출할 것을 신청하였다. 1990년대 초에는 기관투자가는 이사보수의 통제를 요구하게 되었고 기업의 독소조항, 황금낙하산, 황금악수 등의 규정은 많은 회사에서 삭제되었다.

이 시기에 주주권 옹호의 새로운 대변인으로 등장한 것은 미국 최대의 연금기금인 칼퍼스(California Public Employers Retirement System, Calpers)의 회장 핸슨(Dale Hanson)이었다. 그는 이사의 보수가 업적과 연계되어야 한다고 주장하였다. 그는 1991년에 ITT사의 이사회가 회사 CEO인 아라스콕(Rand Araskog)의 급료를 3,000만 달러로 2배 이상이나 인상하는 것을 승인한 데 대해서 여타 기관투자가의 지지를 얻어 100만 표의 반대투표를 함으로써 급료인상을 저지하는 한편 급료의 대폭인하를 추진하였다. 당시 칼퍼스의 ITT 주식소유비율은 1% 미만이었다. ITT는 보수위원회에 대한 칼퍼스의 요구에도 동의하였다. 핸슨은 더 나아가 기업지배 참여를 수탁자인 기관투자가의 책임으로 인식하였다.[15]

칼퍼스와 투자신탁회사 등 기관투자가들은 경영자에게 주주로의 의사결정권의 위양을 요구하고 많은 미국기업에서 좀 더 건실한 재무원칙의 적용을 강요하였다. 20세기를 통하여 증권시장의 민주화가 진전되어 미국인 중 주식소유자는 2000년에는 1억 명을 넘었고 주식투자규모는 미국가계 재산의 25%에 달하였다. 그들의 소유주식 대부분은 투자신탁과 연금기금을 통해서 투자된 간접소유였다. 그만큼 기관투자가의 힘은 커진 것이다.[16]

이러한 배경에서 기관투자가는 주주권 행사를 통해서 경영에 직접 영향을 미치게 되었다. 1950년대에는 대기업의 이사회 멤버의 대부분은 사내이사였으나 1980년대에는 그 비율은 20% 이하로 하락하였다. 이사회구성원의 대부분은 사외이사로 구성된 것이다. 사외이사는 회사 근무시간의 평균 30%를 근무하였다. 사외이사는 1960년대에 고양된 기업비판을 계기로 기업에 대한 사회적 감시를 강화하려는 움직임 속에서 나타났으며 출신계층도 다양하였다. 그 속에서 경영자는 주주의 이익과 주가를 우선적으로 의식하면서 경영하지 않으면 안 되었다. 주주의 경영에 대한 방침이 무관심에서 적극적 간여로 전환되면서 챈들러의 '경영자자본주의'는 유심(Michael Useem)[17]이 말하는 '투자가자본주의(investor capitalism)'로 변질되고 있었다.

4. 다국적기업의 전개

1) 배경

미국의 다국적기업은 1980년대 중엽 이후 새로운 전개를 하였다. 미국의 FDI는 1981년에는 2,270억 달러 그리고 1987년에는 1조 7,000억 달러에 이르렀다. 그 배경에는 세계화의 진전이 있었다. 이 시기에 선진자본주의 제국에서는 규제완화 내지 국영기업의 민영화로 국내시장의 자유화가 크게 진전되었다. 한편 국제적으로는 GATT 체제하에서 자유무역이 확대되었다. 미국은 각국의 시장폐쇄적 관행에 대해서는 1988년 8월에 포괄통상법을 도입하여 시장개방을 압박하였다. 이 법은 보호주의적 성격을 띤 것이기도 하였으나 기본적으로는 자유무역체제 속에서 시장폐쇄적 국가에 대해서는 보복조치로 대항할 수 있는 조항(슈퍼 301조)을 두어 시장개방을 제약하는 무역제도만이 아니라 경제사회제도의 개정까지도 요구하였다. 무역자유화와 함께 외환자유화와 자본자유화도 크게 확대되었다.

이에 종래의 국민경제중심구조는 허물어지고 각국 경제가 세계의 상품·금융시장과 직결되는 구조로 전환되었다. 그 결과 기업은 국민경제적 테두리를 벗어나 전 지구적 범위에서 자유로이 활동할 수 있게 되었다. 각국 시장이 장벽을 허물고 전 지구적 범위에서 세계시장과 직결되는 속에서 기업은 '국경 없는 경쟁'을 하지 않으면 안 되게 되었다.

국경을 초월한 자유로운 시장거래의 범위는 세계적으로 확대되었다. 1970년대까지만 하더라도 세계시장은 구미제국과 일본 등 선진자본주의 제국 중심이었다. 그 후 아시아 NIEs를 비롯한 개발도상국은 수출주도형 경제발전을 추진하면서 선진국에 대한 수출을 증대하고 외국자본의 도입을 촉진하기 위해서 자유화를 확대하였다. 특히, 이들 나라에서는 1990년대 말의 통화위기를 계기로 규제완화와 대외시장개방이 급진전하였다. 1990년을 전후한 시기에 러시아를 비롯한 동유럽의 사회주의경제는 체제붕괴에 따라 자본주의 시장경제로 급격하게 전환되었다. 이에 앞서 중국경제는 1970년대 말 이후 점차 시장경제화를 지향하면서 대외개방을 확대하였다. 국경을 넘은 자유시장의 세계적 확대는 EU를 비롯하여 ASEAN, NAFTA(북미자유무역협정) 등 지역적 통합 내지 협력관계의 확대·강화로 더욱 촉진되었다. 선진자본주의 중심의 세계경제에 신흥공업국은 하나의 유력한 도전요소로 등장하였다. 세계화의 진전 속에서 시장경제는 세계적 규모에서 확대되고 그만큼 경쟁은 격화되었다.

2) 미국 다국적기업의 전개

(1) 국제적 지위

미국의 다국적기업은 오랜 축적기반을 가지고 세계의 다국적기업 활동을 주도해왔다. 그러나 미국 다국적기업은 1970년대와 80년대 전반기에 걸친 장기의 불황과 산업적 쇠퇴를 겪는 한편 유럽 제국 및 일본의 회복과 신흥공업국의 대두에 따른 경쟁격화로 세계시장에서의 지위가 상대적으로 저하하였다. 예를 들어 1980~2003년에 세계 전체의 대외직접투자에서 차지하는 미국의 점유율은 38%에서 25%로 감소한 반면, EU의 점유율은 39%에서 49%로, 그리고 일본은 3.5%에서 4%로 상승하였다. 일본은 절정기인 1992년에는 12%에 이르고 있었다. 그에 비해서 세계 전체의 대외직접투자 수입국으로의 미국의 점유율은 같은 기간에 12%에서 19%로 상승하였다. 신흥공업국도 대외직접투자국으로서 선진국 대열에 끼게 되면서 미국의 지위는 후퇴하게 된 것이다.

그럼에도 미국의 다국적기업은 단일국가로는 아직도 최고의 지위에 있었다. 예를 들어 그 지위는 세계의 다국적기업의 순위에서 볼 때 압도적이었다. 세계 다국적기업 매출액 상위 20사 중 미국 다국적기업은 1985년에는 12사, 2001년에도 10사를 차지하고 있었다. 1985년에 해외매출액 제1위인 GM의 매출액 중 해외부문의 점유율은 17%였다. 2001년에 해외매출액 순위는 3위로 떨어졌으나 해외부문의 점유율은 26%로, 그리고 해외자회사의 종업원점유율은 같은 기간에 31%에서 41%로 상승하였다. 또한 매출액 제2위인 엑손사(Exxon Corporation)의 경우 1985~2001년에 해외매출액은 68%에서 70%, 종업원점유율은 54%에서 65%로 각각 상승하였다.[18]

1999년 현재 미국 다국적기업은 2,606사의 국내 모기업이 3만 9,154사의 해외자회사를 두고 세계적으로 사업을 전개하는 구도였다. 이들 국내 모기업은 2002년 현재 14조 6,475만 달러의 자산으로 6조 4,266억 달러의 매출을 올리고 22만 4,103만 명을 고용하고 있었다. 해외자회사의 자산, 매출액, 종업원 수는 2002년 현재 국내 모기업의 각각 45% 내외의 규모였다. 미국기업의 해외자회사의 대다수는 국내 모기업이 주식의 과반수를 소유하는 회사였다.

이들 해외자회사의 업종별 구성은 부가가치 기준으로 제조업 51%, 도매업 16%, 광업 9.7%, 전문·과학서비스 5.4%, 금융·보험(상업·예금은행 제외) 3.9%, 정보산업 3.3%, 기타 11%로 되어 있다. 서비스산업에서는 전통적인 도·소매업과 금융업에 더하여 정보산업이라든가 전문·과학기술서비스 등 비즈니스 서비스의 다국적화가 진전되었다.

상업은행의 다국적화도 진전되었다. 2004년 현재 최대은행인 아메리카은행(Bank of America)은 국내지점 수 4,665점, 해외지점 수 36점, 그리고 국내자본비율 94%의 국내중심 은행으로서 해외투융자의 대부분은 국내거점을 통해서 영위하였다. 그에 비해서 제2위인 J.P. 모건체이스은행(J.P. Morgan Chase Bank)은 국내지점 718점에 비해서 해외지점 107점이었으며 해외자산비율은 42%였다. 제3위의 시티은행(Citibank)은 388개 국내지점에 세계 각지에 331개의 해외지점을 두었으며 해외자산비율도 56%나 되는 다국적은행이었다.[19]

(2) 지역별 분포와 전략

미국 다국적기업의 해외직접투자 잔고는 2000년 현재 1조 2,934억 달러 규모였다. 그것을 국가별 비율로 볼 때 최대 투자대상국은 영국으로 18.7%이며 뒤이어 캐나다 10%, 네덜란드 9%, 일본, 버뮤다, 스위스의 각각 4%, 이하 독일, 브라질, 프랑스 등이었다. 지역적으로는 유럽이 52.5%로 압도적이었으며 그 외에 라틴아메리카 19.5%, 아시아·태평양

표 12-1 미국 다국적기업의 국가별 진출 양상

진출국	매출액(억 달러)	고용인 수(만 명)	진출국 GDP에서의 부가가치점유율(%)
영국	3,717	112.2	6.7
캐나다	3,368	106.2	10.0
독일	2,057	61.6	3.1
일본	1,502	24.6	0.9
프랑스	1,259	54.4	2.5
네덜란드	1,132	18.0	5.1
멕시코	1,124	84.1	3.5
스위스	1,039	5.8	3.8
싱가포르	938	7.0	12.0
아일랜드	858	8.6	19.4
이탈리아	719	22.1	1.8
오스트레일리아	610	25.5	4.8
브라질	588	33.7	2.4
홍콩	518	9.5	4.8
벨기에	517	11.3	5.5
스페인	490	18.3	1.6
중국	425	28.8	0.6

자료: U.S. Depart. of Commerce, *Survey of Current Business*, July, 2004(萩原伸次郎·中本悟 編, 2005: 179).

지역이 15.9%였다.

〈표 12-1〉은 미국 다국적기업의 진출 양상을 국가별로 나타낸 것이다. 이 표에서 보는 바와 같이 미국기업의 해외진출 대상국으로서 압도적으로 중요한 나라는 영국과 캐나다를 비롯한 선진국이었다. 진출순위 1위인 영국에서 미국기업은 3,717억 달러의 매출액을 올리고 112만 명을 고용하여 GDP의 6.7%를 창출하였다. 미국기업은 캐나다에서도 영국에서의 실적에 근접하여 GDP의 10%를 창출할 만큼 중요하였다. 발전도상국으로 예외적으로 큰 몫을 차지한 나라는 인접국으로 밀접한 경제관계에 있는 멕시코였다. 이들 나라는 미국 다국적기업이 일찍부터 진출한 나라였다. 중국은 순위는 낮으나 1990년대에 중요도가 급상승하였다. 중국 소재 미국기업의 매출액은 1992~2002년에 14억 달러에서 425억 달러로 30배 이상 급증하였다. 한편 한국에서의 그것은 같은 기간에 40억 달러에서 185억 달러로 4.6배의 증가에 머물렀다.

미국 다국적기업의 지역전략은 기본적으로 현지생산을 통해서 현지시장에서의 판매와 본국 및 제3국 시장으로의 수출을 확대한다는 것이었다. 특히 고소득·고소비 수준 지역과 시장규모가 큰 발전도상국에서는 현지판매전략이 중요하였다. 예를 들어 미국 다국적기업의 각 지역 자회사의 판매고 중 현지 시장대상 판매점유율은 EU 15개 국에서는 64%, 일본에서는 93%에 이르고, 브라질(82%)과 중국(68%)도 높았다. 이와는 대조적으로 발전도상국에 진출한 미국기업은 많은 경우 본국인 미국과 제3국으로의 수출이 중요하였다. 중국을 비롯한 발전도상국의 저렴한 노동비용도 미국기업으로서는 큰 가치가 있었다. 한편 해외자회사에서 미국 모회사로의 수출절대액에서 최대는 캐나다 소재 자회사(637억 달러)이며 뒤이어 멕시코 소재 자회사였다. 미국기업은 국경에 인접한 이들 나라와 일찍부터 광범한 국제적 분업관계를 전개해왔다. 이들 나라에 대한 미국기업의 진출은 1994년 NAFTA 발족으로 촉진되었다.

종래 미국 다국적기업은 수직적 통합 내지 다각화전략으로 생산 및 판매의 전 과정에서 필요한 경영자원을 내부화하면서 해외사업을 확대해왔다. 그 경우 현지에서의 사업은 많은 경우 국내사업과는 분리되어 자회사가 상당한 자율성을 가지고 수행해왔다. 그러나 1980년대 중반 이후의 세계화와 IT 혁명의 진전 등 시장 및 기술 조건의 변화 속에서 다국적기업의 전략도 크게 변화하였다. 그것은 해외사업의 모든 업무를 내부화하여 사내에서 수행하던 것을 핵심적 업무를 중심으로 축소재조정하여 주변업무는 외부위탁(outsourcing)하는 전략으로의 전환이었다. 그와 함께 종래 자율성이 높던 해외자회사는 본국 모회사의 세계전략 밑에서 의사결정만이 아니라 업무수행에서도 본사의 통합적 관리·조정 대상으로 되었다.

(3) 미국 내 외국다국적기업

미국은 세계 최대의 해외직접투자의 수입국이기도 하였다. 외국다국적기업의 대미 해외직접투자의 동향은 미국의 경기라든가 환율동향의 영향을 받았다. 외국기업의 대미해외직접투자액은 제1절정기인 1980년대 중반에는 727억 달러에 달하였으나 그 후 경기후퇴로 153억 달러까지 감소하였다가 제2절정기인 2000년에는 3,356억 달러에 달하였다. 제1절정기의 대미직접투자의 주역은 자동차산업을 중심으로 한 일본기업이었으며 제2절정기의 주역은 영국이었다. 2000년 현재 대미직접투자에서 주요국이 차지하는 비중은 영국이 최대로 17.6%, 이하 일본 13.5%, 네덜란드 12%, 프랑스, 독일, 캐나다의 순으로 되어 있다. 전체로 보면 대미직접투자는 급증하였으며 산업분야 분류로 볼 때 제조업비중이 39.5%로 가장 높았다.

대미직접투자의 형태는 대부분 신규직접투자보다도 기존 기업의 M&A라는 형태를 취하였다. 절정기던 2000년의 대미직접투자 3,357억 달러 중 3,227억 달러가 M&A 형태의 투자였다. 그것은 앞에서 본 미국의 제4차 M&A 운동의 한 요소였던 것이다. 미국과 마찬가지로 유럽

기업도 산업재편성은 압도적으로 M&A를 통해서 추진하였다. 그 경우 해외직접투자는 국경을 넘은 M&A에 불과하였다. 그에 비해서 일본의 대미직접투자는 현지에 직접 공장을 건설하는 신규투자라는 형태를 선호하였다.

대미직접투자가 급증하는 속에서 미국 내 외자계 기업의 업계에서의 존재는 커지고 있었다. 미국 내 비은행 외국계 기업 전체의 고용자 수는 1977년 122만 명에서 2000년에는 652만 명으로 5.5배나 증가하였으며, 그것이 미국 산업고용자 총수에서 차지하는 비중도 같은 기간에 1.7%에서 5.6%로 상승하였다. 2002년 현재 외국계 기업이 미국에서 차지하는 고용점유율은 특히 화학(32%), 요업·유리 등 비금속광업(24%), 음료·담배(22%), 전기기기(21%), 수송기기(18%) 등에서 높았다.[20]

세계화가 진전되어 산업이 세계적 범위에서 유동적으로 재편성되는 속에서 세계의 주요기업은 국제시장의 동향을 주시하면서 M&A라든가 전략적 제휴, 업무의 외부위탁, 기업 간 네트워크 등의 전략을 통해서 생산거점을 세계적으로 재편성하면서 다국적 활동을 확대하였다. 세계화의 진전 속에서 다국적기업의 활동은 경쟁적인 한편 다양한 형태로 협력관계를 확대하면서 새로운 차원에서 발전하였다. 그 속에서 세계화는 더욱 진전되었다.

13장

영국기업의 전환

1절 경영환경의 변화

1. 불황과 산업구조의 변화

선행한 4반세기 동안 안정적 성장으로 '황금시대'를 누린 영국경제는 1973년 이후 심각한 불황국면을 맞이하였다. 1950~73년에 연평균 3.0%이던 영국의 GDP성장률은 1973~79년에는 1.3%로 자본주의 공업국 중 최하위였으며, 1965~73년 평균 1.9%이던 실업률은 1974~81년에는 평균 5.7%로 3배나 상승하였다. 물가상승률은 1965~73년 평균 5.9%에서 급격한 경기침체기인 1974~81년에는 16.0%로 오히려 3배 가까이 상승하였다. 과거에는 경험하지 못한 경기침체 속의 인플레이션 현상으로 스태그플레이션(stagflation)이라는 신조어까지 등장할 정도였다.

1970년대의 심각한 불황은 영국에만 한정된 것이 아니라 자본주의 공업국에 나타난 공통된 현상이었다. 그 원인은 이 시기에 나타난 경제위기였다. 그 하나는 브레튼우즈체제의 붕괴에 따른 국제통화제도의 불안정이며 다른 하나는 2차에 걸쳐 발생한 석유위기였다. 경제위기를 거치면서 제2차 세계대전 후 상대적으로 고성장을 지속해온 자본주의 공업국의 성장기조는 저성장으로 전환하였다.

브레튼우즈체제는 미국의 달러를 기축통화로 한 고정환율제도였다.

즉, 각국 통화는 달러화를 기준으로 상대적 가치가 고정되고 달러는 고정비율로 금과 태환된 것이다. 이 제도하에서 전후의 국제무역은 장기간 높은 성장을 할 수 있었다. 미국의 수입증가에 따른 국제수지적자로 달러화가 해외로 유출되고 국제유동성이 증가하면서 세계무역은 확대하였다. 이 제도하에서 특히 서독과 일본은 두드러진 무역확대와 고도경제성장을 이룩하였다.

그러나 1960년대 말 이래 미국경제가 정체하고 국제수지적자가 커지면서 달러화의 해외유출이 과다해지자 달러화에 대한 신용은 떨어지고 달러보유국들은 달러의 금과의 교환을 요구하게 되었다. 그동안 고도의 경제성장을 지속한 서독과 일본은 막대한 달러를 보유하고 있었다. 이들 달러의 금 태환으로 1949년에 246억 달러나 되던 미국의 금보유고는 1971년에는 101억 달러로 떨어지고 말았다. 결국 미국은 달러화의 금 태환을 지속할 수 없게 되었다.

미국은 1971년 8월 닉슨(R.M. Nixon) 대통령에 의해서 금과 달러의 교환정지와 수입품에 대한 10%의 과징금부과를 주요내용으로 한 신경제정책을 발표하였다. 이에 금·달러 본위제는 붕괴하였다. 그 속에서 달러화를 중심으로 한 고정환율제도는 독일 마르크화와 일본 엔화의 평가절상 등 각국 환율의 재조정으로 유지되었다. 그러나 외환시세는 안정되지 않았다. 결국 서유럽 제국과 일본은 1973년에 변동환율제를 채택하였고, 1976년에는 IMF가 그것을 추인함으로써 브레튼우즈체제는 공식적으로 붕괴하였다.

변동환율제도하에서는 무역수지 변동이라든가 물가상승률 차이에 따라 외국환 시세가 탄력적으로 변동하여 결과적으로 수출촉진 내지 수입억제효과를 낳아 국제수지 균형이 자동적으로 실현될 것으로 기대되었다. 그러나 기대된 효과는 그대로 나타나지 않았다. 예를 들어 일본의 경우 1980년대 후반기에 대폭적 엔고에도 불구하고 경상수지흑자는 감소하지 않고 오히려 크게 증가하였다. 변동환율제하에서의 큰 폭의 환율변동은 오히려 활발한 환투기를 조장하였다. 그리고 그것은 세계경제의 불안을 조성하였다. 그 속에서 산업기업은 장기적 안목에서 대규모 투자를 하기는 어렵게 되었다.

석유위기는 OPEC(석유수출국기구)가 1973~74년과 1978년의 2차에 걸쳐 석유가격을 크게 인상함으로써 야기된 경제위기다. 제1차 석유위기에는 원유가격이 1배럴당 3달러에서 12달러로 4배나 인상되었다. 제2차 석유위기에 원유가격은 또 다시 2배 이상 인상되었다. 에너지원을 석유에 의존해온 경제에서 석유가격의 급등은 제품가격에 반영되어 물가는 크게 상승하였다. 인플레이션은 고임금으로 1960년대 말 이래 진전되어왔으나 석유위기에 의해서 급격하게 가속되었다. 급진하는 인플레이션은 심각한 경기침체를 수반한 스태그플레이션으로 나타났다. 석유위기의 충격으로 세계경제는 인플레이션, 석유소비국의 국제수지 악화, 심각한 불황이라는 삼중의 곤란에 직면하였다.

경제위기를 극복하기 위한 정부의 급선무는 높은 인플레이션의 수습이었다. 그러기 위해서 각국은 금융긴축을 중심으로 강도 높은 긴축정책을 시행하였다. 그 결과 세계경제는 크게 침체되었다. 특히 영국경제의 침체는 컸다. 앞에서 본 바와 같이 영국의 경제성장률은 자본주의공업국 중 최하위 수준으로 떨어졌으며 실업률도 높아졌다. 영국의 물가상승률(16%)은 OECD국 중에서 가장 높았다. 심각한 불황 속에서 정부는 대폭적인 세금감면과 함께 공공지출을 확대하였다. 영국 중앙정부 복지지출의 GDP에 대한 비율은 1964~81년에 7.9%에서 13.3%로 상승하고 정부 총지출의 대 GDP 비율은 같은 기간에 35.2%에서 46.5%로 높아졌다. 그 결과 1971년 이후 정부의 재정적자는 계속되었다. 영국은 1976년에 거액의 IMF 차관을 도입하지 않으면 안 되었다.

1970년 이후 영국경제는 상대적으로 쇠퇴경향을 나타내었다. 특히 이 시기에 영국 공업의 쇠퇴 양상은 두드러졌다. 1973~79년에 공업노동자 1인당 연평균 생산성증가율은 0.6%로, 선행한 5년 평균 3.8%의

6분의 1 이하였다. 그것은 미국(0.9%)보다도 낮고 독일(3.1%), 프랑스(3.9%), 일본(5.0%)보다는 크게 낮았다. 그 결과 세계 공업생산에서 영국 공업생산이 차지하는 비율은 1964년 14%에서 1980년에는 8%로 떨어졌다. 동시에 영국이 세계 공업제품 수출에서 차지하는 비율은 1950년 25%에서 1964년 14%, 1973년 9%, 그리고 1980년대 초에는 8% 이하로 크게 하락하였다. 전통적으로 공업제품의 수출대국이던 영국은 1980년대 초에 이르러 공업제품의 순수입국으로 반전하였다. 국제수지적자는 1974~79년 평균 21억 달러를 상회하였다. 영국의 '경제적 쇠퇴'는 공업분야에서 두드러지게 나타난 것이다.

그 속에서 영국의 산업구조도 변화하였다. 산업 총취업자 중에서 각 산업이 차지한 비율을 보면 1960~84년에 공업은 46.7%에서 32.4%로 감소한 데 비해서 서비스업은 48.7%에서 65.0%로 대폭 상승하였다. 농업은 4.6%, 2.9%, 2.6%로 떨어졌다. 취업인구는 공업에서 서비스업으로 크게 이동하였다. 한편 GDP에서 공업의 부가가치가 차지하는 비율은 같은 기간에 32.1%에서 21.0%로 떨어졌다.[1] 영국경제의 탈공업화, 서비스화 내지 소프트화가 진전된 것이다. 이와 같은 산업구조의 변화는 영국에 고유한 것이 아니라 선진공업국에 공통된 현상이었다. 그 반면에 '아시아의 네 마리 호랑이'로 불린 한국, 타이완, 홍콩, 싱가포르와 뒤이어 중국 등은 신흥공업국으로 대두하였다.

2. 기업성과의 부진

심각한 불황은 기업에 큰 충격을 주었다. 선행한 경제적 '황금시대'에 영국기업은 외형적으로는 규모와 범위의 경제를 실현할 수 있을 만큼 진화하였다. 그러나 기업은 진화된 만큼 그에 적합한 정교한 조직구조와 효과적 관리기법을 적극적으로 도입하지 못하였다. 그 위에 영국기업은 관리인훈련제도의 낙후성, R&D의 부족, 마케팅의 취약성, 노사관계의 악화, 제도적 경직성 등 주요한 성장제약요인을 가지고 있었다.

크래프츠(N.F.R. Crafts)의 분석에 따르면 1972년 현재 영국기업은 생산시간의 길이, 설비와 기계, 기타 제품혼합, 생산능력 이용, 원료의 질 등 '경제적' 원인과 파업 및 제한적 관행, 인원배치 및 효율 등 '행동적' 원인에 의해서 노동생산성이 독일과 북미 기업에 비해서 각각 27%와 50%로 떨어져 있었다.[2] 또한 영국기업의 생산성성장률은 1960~73년 평균 3.6%로 미국(3.5%)과 거의 같았으나 독일(4.6%), 프랑스(6.3%), 일본(8.2%)에 비해서 크게 낮았다.[3]

영국기업의 상대적으로 낮은 생산성과 기업성과는 기본적으로 방만한 경영관리와 대립적 노사관계에 기인한 것이다. 전자에 대해서는 앞에서도 고찰한 바 있다. 따라서 여기서는 노사관계 문제에 대해서 고찰하기로 하자.

영국의 노사관계가 생산성에 끼친 부정적 영향은 1960년대와 1970년대에 커졌다. 이 시기에 영국노동자의 세력은 증대하였다. 1960년에 664개나 되던 영국의 노동조합 수는 1964년 노동조합법에 의해서 촉진된 합병으로 1980년에는 438개로 감소하였으나 조합원 수는 같은 기간에 980만 명에서 1,300만 명으로 증가하고 조직률은 44.2%에서 52.6%로 크게 상승하였다. 노동조합은 노동당과 밀접한 관계를 가지고 당의 정책과 지도자의 결정에도 영향을 미쳤다. 보수당 정부도 노동조합회의(Trade Union Congress, TUC)의 주장에 귀를 기울이지 않을 수 없었다. TUC 가입 조합원 수의 3분의 2는 11개의 대조합에 소속되어 있었으며 그것을 주도한 것은 운수일반노동조합(TGWU)과 합동기계산업조합(Amalgamated Engineering Union, AEU)을 비롯한 소수의 거대조합이었다.[4]

1950~60년대의 완전고용 상태에서 노동조합은 세력을 확대하면서 끊임없이 임금인상을 요구하였다. 1970년대 말까지 노동력의 25%는 클

로즈드 숍(closed shop)하에서 고용되어 있었다. 단체교섭에서는 많은 경우 사용자단체나 노동조합의 리더들이 주도한 공식 시스템보다도 각 작업장의 직장(shop steward)이 주도한 비공식 시스템이 중요하였다. 직장은 개별 회사 내지 사업장의 노동조합대표로서 넓은 범위의 문제에 대해 실질적인 협상력을 행사하였다. 이러한 상황에 대해서 고용주는 효과적으로 대응하지 못하였다. 따라서 작업장의 통제권은 계속해서 직장이 장악하였다. 그 속에서 지방의 소수 그룹이 좁은 관점에서 예고 없이 강행하는 '비공식' 내지 '살쾡이' 파업이 성행하였다.

특히 비공식 파업은 그 자체로서는 규모가 작아도 자동차와 같이 다수의 부품이 필요한 복합적 산업에서는 부품공급의 중단으로 수천의 노동자의 작업을 중단시킬 수 있었다. 예를 들어 브리티시 리랜드(British Leyland, BL)사에서는 17만 종업원 중에서 개별교섭단체가 400개나 있었으며 또한 양차대전 중간기 이래의 임금제도가 남아 있었다. 그 속에서 경영자가 생산현장에서의 인원배치라든가 노동관행에 영향을 줄 수 있는 혁신을 하지는 못하였다.[5] 파업의 성행으로 영국 공업은 심각한 영향을 받았다. 노동일 상실 수는 1970~79년에 노동자 1,000명당 570일이나 되었다.

이러한 상황에서 1969년 노동당 정부의 한 백서(In Place of Strife)는 경제를 위협하는 파업에 돌입하기 전에 조합원에 의한 투표와 28일간의 조정기간의 필요성을 제시하였다. 그러나 그의 법제화는 TUC의 반대로 저지되었다. 1971년에 히스(Edward Heath) 보수당 정부에 의해서 노사관계법(Industrial Relation Act)이 제정되었으나 효과적으로 시행되지는 못하였다. 이 법은 전국탄광노동자의 파업을 계기로 히스 정권이 퇴진한 후 노동당 정부에 의해서 철폐되었다.

위기의 1970년대에 노동자의 불안은 증대하였다. 급진하는 인플레이션은 노동자의 임금인상 요구에 박차를 가하였으며 증대하는 실업은 노동자와 정부 간 갈등을 증폭시켰다. 특히 1977~79년에는 대규모 파업이 발생하고 사회불안도 커졌다.

노사협상시스템의 2중성, 대규모 노동쟁의와 '비공식' 파업의 빈발, 작업장에서의 노동자의 강한 권력 등 영국의 특징적인 노사관계와 노동관행은 1960년대와 1970년대의 영국 공업의 생산성 향상과 노동생산성 성장률 상승에 제약요인이 되었다.[6]

물론 모든 기업이 업적 부진상태에 있었던 것은 아니다. 가공식품이라든가 고도기술산업 등 일부 제조업에서는 비교우위를 가지고 활발하게 활동한 기업이 많이 있었다. 특히 서비스산업 부문에서 영국기업은 높은 비교우위에 서서 양호한 성과를 올리고 있었다. 서비스산업의 비중이 커지는 속에서 이 부문의 기업의 양호한 성과는 영국경제의 '쇠퇴' 경향을 막아줄 힘으로 중요하였다. 그러나 제조업의 경우 보수적·소극적 경영으로 국내외시장에서 경쟁할 체질을 갖추지 못한 많은 기업은 심각한 불황 속에서 생존을 건 대응으로 구조조정을 적극적으로 추진하지 않으면 안 되었다.

2절 정부의 경제구조개혁

1. 정책기조의 변화

스태그플레이션, 높은 실업률, 불안한 노사관계, 기업의 경쟁력 약화 등 심각한 상황에 대해서 정부는 근본적 대응을 강구하지 않으면 안 되었다. 종래의 불황대책은 기본적으로 재정정책과 금융정책을 결합하여 실업을 구제하고 기업투자를 자극하여 총수요를 확대함으로써 경제활동을 활성화한다는 케인스주의 정책이었다. 1950~60년대의 안정적 성장은 이러한 정책에 뒷받침되어 있었다. 그러나 1970년대에 발생한 국내외의 경제적 환경 속에서 총수요관리정책은 종래와 같은 효과를 올릴 수 없게 되었다.

그 속에서 정부의 정책전환이 요구되었다. 정부가 고용과 구매력 유지에 효과적으로 대응하지 못하는 상태에서 '큰 정부'는 '작은 정부'로 후퇴하고 민간경제 주체가 자조적으로 경쟁력을 높임으로써 경제의 활성화를 이룩할 필요성이 강조되었다. 이에 경제정책의 주류는 케인스적 총수요관리 중시에서 공급 측 및 금융지표 중시정책으로, 그리고 정부의 재량적 정책에서 시장의 조정기능을 중시하는 정책으로 전환되었다. 그 속에서 정부의 역할은 건전통화의 공급에 한정될 것으로 인식되었다.

새로운 정책의 목표는 기본적으로 재정지출 축소, 감세 등으로 기업이윤을 보장하고 규제완화를 통한 시장에서의 자유경쟁으로 기업의 활력을 높여 경제활성화를 유도한다는 것이었다. 그러기 위해서는 노동조합의 힘도 억제해 임금을 좀 더 유연하게 인하하고 임금수준은 소득정책이 아니라 시장에서 결정할 필요가 있었다. 새로운 정책이 실효를 올릴 수 있기 위해서는 경제성장을 제약해온 영국경제의 구조를 대담하게 조정하거나 개혁할 필요가 있었다.

구조개혁의 대상은 노동시장, 금융시장, 산업, 무역, 공공부문 등 광범위하였고, 정책수단으로는 규제완화, 보조금삭감, 세제개혁 등 다양하였다. 이와 같은 개혁을 담당한 것은 대처(Margaret Thatcher)의 보수당 정부였다. 대처 정부는 오랜 '영국병'을 치유하기 위한 근본대책으로 국유산업의 민영화, 노동개혁, 금융개혁 등 영국경제구조의 핵심 부문에 대담한 개혁을 추진하였다.

2. 국유산업의 민영화

제2차 세계대전 후 영국에서는 산업의 국유화 내지 공기업화가 추진되어 철도, 에너지, 통신 철강, 조선 등에서는 공기업이 지배적 지위에 있었다. 1979년 현재 영국의 공기업은 GDP의 10.5%, 고용의 8.1%(207만 명), 그리고 국내총고정자본 형성의 15.3%를 차지하고 있었다. 공기업의 성과가 반드시 불량하였던 것은 아니다. 1960년대에 공기업은 투자 성과를 올리고 있었으며 기술성과도 민간기업에 뒤지지 않았다. 그러면서도 공기업의 경영성과는 산업에 따라 차이가 있었다. 1968~78년에 노동생산성은 석탄, 철도, 버스운송, 우편, 철강, 자동차 등에서는 낮았던 데 반해 가스, 전력, 항공사, 통신 등에서는 공업 전체의 평균보다 높았다.

그러나 1970년대 중엽 이후 경제위기 속에서 국영기업의 비효율성과 재무성과 악화의 문제가 주목을 끌었다. 이러한 문제의 배경에는 국유화에 내재한 비효율이라든가 생산성 확보의 어려움 등과 함께 공기업 생산물의 가격결정에서의 정부 간섭이 있었다. 정부는 석탄, 철도, 철강, 전기, 가스 등 공공성이 크거나 기간적 산업생산물의 가격결정에는 계속 간섭하였다. 1961년에는 민간부문에 출하된 국유산업 매출의 3분의 2는 생산비 이하의 가격으로 출하되었다. 그것은 공기업의 재무성과 악화의 원인이 되는 한편 민간기업으로 하여금 낮은 구매원가에 안주하게 하였다. 정부의 계속적인 가격설정 간섭으로 공기업은 재무성과에 큰 압박을 받게 되었다.[7]

정부는 가격결정에 대한 간섭으로 발생한 손실이라든가 '사회적 비용'에 대해서 보상금(가스, 전기 등 산업) 내지 보조금(석탄, 철강, 철도 등 산업)을 지급하였다. 그 결과 국가의 채무는 증가하였다. 국유산업에 대한 보상금, 보조금 그리고 자본지출 융자목적의 차입금을 포함한 정부의 공공부문 차입필요 자금(Public Sector Borrowing Requirement, PSBR)은

1980~81년에는 GDP의 5.25%인 125억 파운드에 달하였다. PSBR의 부담에서 벗어나기 위해서 정부는 국영기업 문제에 대한 직접간섭에서 벗어나려 하였다. 여론도 공기업 주식의 광범한 분산과 시장을 통한 문제의 해결을 요구하였다. 대처 정부의 민영화 계획의 추진계기로서 PSBR 문제는 중요한 요소였다.

민영화의 목적은 광범한 것이었다. 그러나 기본적인 것은 첫째로 시장의 경쟁원리에 의하여 해당산업의 효율성을 높인다는 것, 둘째로 PSBR에서 오는 국가부채를 경감하고 공기업매각 수익과 기업활성화에 따른 세수증대를 달성한다는 것, 셋째로 대규모의 주식발행으로 대중의 주식소유자사회를 유도한다는 것, 그리고 넷째로 주요 공공부문 노동조합의 힘을 약화시킨다는 것이었다.

민영화는 많은 찬반논의 속에서 추진되었다. 민영화에 대한 관심이 높아지면서 1980년에는 급행버스사업에 대한 규제가 해제되었다. 그 결과 출현한 민간회사들(British coachways)이 국유기업(National Express) 운임의 2분의 1로 영업함으로써 경쟁을 통한 효율성 개선 가능성을 보여주었다. 이어서 1982년에는 내셔널 프레이트(National Freight)사가 매니저를 포함한 같은 회사 종업원과 퇴직자가 조직한 컨소시엄에 매각된 후 눈부신 경영성과를 올렸다. 그리고 1983년까지 약 60만 호의 주택이 지방당국에 의해서 인기리에 개인에게 매각되었다. 이러한 환경에서 국유산업의 민영화 계획은 폭넓은 정치적·대중적 지지를 획득하였다.[8]

민영화는 정부보유주식을 서서히 시장을 통해서 매각하거나 일괄매각하는 방법으로 1980년대와 1990년대 초에 추진되었다. 1981년에는 항공기(British Aerospace)와 통신(Cable and Wireless), 1984년에는 전화(British Telecom) 등 대규모 국유산업이 매각되었다. 석유기업(British Petroleum과 BNOC)은 1979~87년에 걸쳐 매각되었다. 1980년대 후반에는 가스(British Gas), 항공(British Airway), 항공기 엔진(Rolls Royce), 자동차(British Leyland=Rover Group), 공항(British Airports Authority), 철강(British

Steel Corporation), 조선(British Shipbuilders), 수도(Regional Water Autororities), 그리고 1990년대 초에는 전기(Electricity Generation, National Electricity Grid, Electricity Distribution 등), 석탄(British Coal Corporation), 철도(British Rail) 등의 대규모 공기업들이 민영화되었다. 1994년까지 매각된 기업의 순자산가치 총액은 약 588억 파운드에 달하였다.

민영화의 결과 국유산업 생산액이 GDP에서 차지하는 비중은 5%를 크게 밑돌게 되었다. PSBR의 GDP에 대한 비중도 1988~89년에는 -0.75%로 크게 떨어지고 그만큼 국가부채도 감소하였다. 민영화 후 공기업의 노동생산성은 상승하여 1980년대 후반 이후에는 경제 전체의 평균을 웃돈 것으로 나타나고 있다. 그러나 많은 중요산업에서는 독점체제가 존속되어 유효경쟁 내지 효율성 제고와 업적 개선의 기회를 살리지 못하였다는 평가도 있다.[9] 또한 민영화는 국영기업의 과도한 저가매각과 다수 노동자의 실직 등의 문제를 수반하였다.[10]

3. 노동개혁

대처 정부는 노동생산성 향상을 제약하고 산업경쟁력 저하의 주요 원인이 되어온 전통적 노사관계를 근본적으로 혁신하기 위하여 노동조합의 강력한 힘을 억제하려 하였다. 1980년대 전반기를 전후하여 3차에 걸친 노사관계법 제정이 있었다. 각각 1980년과 1982년의 고용법(Employment Act), 그리고 1984년의 노동조합법(Trade Union Act)이다.

1980년의 최초의 고용법은 파업 여부의 결정과 조합임원 선출에서의 비밀투표 실시, 클로즈드 숍에서 부당하게 제외된 노동자의 보호, 신규 클로즈드 숍의 경우 해당노동자의 5분의 4의 찬성 요구, 합법적 파업배반자 방지 감시 조건의 강화, 자신이 아닌 타인의 노동현장에서 행하는 '2차적' 산업행위의 제한을 규정한 것이다. 뒤이은 1982년의 고용법은 최초의 고용법의 규정을 보완하여 클로즈드 숍에 대한 제한 강화, 노동조합이 합법적으로 누려온 각종 혜택의 축소, 임금과 노동조건을 둘러싼 합법적 노동쟁의에 대한 정의(定義)를 제한적으로 규정하였다. 그리고 1984년의 노동조합법은 집행위원회위원의 비밀투표에 의한 5년마다의 재선거, 비밀투표 준수라는 조건부 산업행동의 합법성 인정 등의 규정으로 노동조합 고유의 활동방식에 영향을 미치려 하였다.

정부의 연이은 적대적 입법이 추진되는 속에서 그에 반대하는 과격한 노동쟁의도 전개되었다. 대표적 예는 1983년에 런던의 신문인쇄공들이 신기술도입 반대와 과다인원배치관례 수호를 위하여 감행한 투쟁이었다. 과격한 행동을 수반한 이 투쟁은 대규모의 경찰과 대치하면서 거의 1년이나 계속되었으나 결국 인쇄공의 패배로 끝났다.

특히 중요한 대규모 쟁의는 1984~85년의 전국탄광노동자조합(National Union of Mineworkers, NUM)의 파업이었다. 이 조합은 1970년대 전반기에 보수당 정권에 두 번이나 타격을 가한 강성조합이었다. 탄광폐쇄가 직접적 원인으로 발생한 이 쟁의에서 조합지도부의 비타협적인 과격한 투쟁에 대해서 정부도 경찰을 동원하면서 강경하게 대응하였다. 11개월에 걸쳐 노·정(勞·政)이 강경 대치한 이 파업은 결국 아무런 공식합의 없이 NUM의 패배로 종식되었다. 파업으로 광산노동자들은 거의 1년분의 임금에 해당하는 많은 노동일을 상실하였다. 투쟁 후 NUM은 내부적으로 분열되어 좀 더 타협적인 민주탄광노동자조합(Union of Democratic Mineworkers, UDM)이 출현하였다.[11]

NUM의 패배는 노사관계에 대한 정부의 새로운 방향을 결정짓는 데 매우 중요하였다. 노동조합의 힘이 약화되면서 사용자의 직장에 대한 권한은 재구축될 수 있게 되었다. 그 결과 1979년에 2,125건이나 되던 파업은 1985년에는 903건으로, 그리고 노동상실일 수는 1,000명당 2만 9,474일에서 6,402일로 각각 감소하였다.

한편 노동생산성은 빠르게 상승하였다. 노동생산성의 급속한 상승에는 노후설비의 폐쇄와 함께 새로운 생산방법과 노동관행의 도입이 작용하였다. 그에 더하여 직장재설계, 재래 직장관행의 폐지, 새로운 수준의 인원배치, 유연성의 증대, 작업구분의 축소, 노력증진 등 변화하는 직장 환경에서 노동의 효율성은 높아졌다. 1980년대에는 실업률도 상승하였으나 새로운 노사관계 속에서 임금도 상승하였다.[12]

4. 금융개혁

금융개혁은 국제금융시장에서의 경쟁력을 높이기 위하여 1986년에 단행된 증권거래를 중심으로 한 금융부문의 규제완화 내지 자유화조치였다. 제2차 세계대전까지만 하더라도 뉴욕과 함께 세계금융의 중심지이던 런던은 1960년대 이후에는 그 지위가 크게 하락하고 있었다. 영국에서는 1970년대에 금리와 외환의 자유화가 이루어졌다. 그러나 구태의연한 금융시스템과 금융관행하에서 시티는 축적된 거대한 민간자금의 투자를 효율적으로 처리하지 못하고 국제경쟁에서 뒤지고 있었다. 시티가 국제경쟁력과 국제금융센터로서의 지위를 회복하기 위해서는 금융업무의 효율적 수행을 제약하는 종래의 제한적 제도와 관행이 근본적으로 개혁될 필요가 있었다. 따라서 개혁으로 말미암아 런던증권거래소에서 시작되어 시티의 여타 금융기관으로 급속하게 확산된 금융부문의 변화는 지구 탄생시의 우주대폭발(Big Bang)에 비유될 만큼 획기적인 것이었다.

개혁의 중심은 런던증권거래소의 제한적 거래관행의 혁신이었다. 이 거래소에서는 회원을 본인의 계정으로 거래하는 조버(jobber)라 불린 딜러와 중개업무만을 하는 브로커(broker)로 구분하여 양자의 겸업을 금지한 단일자격제도, 고정수수료제도, 비회원 주식중매업자의 배제, 런던 및 지방 증권거래소 간의 수수료 분배 등 거래제한적 제도와 관행이 전통적으로 시행되어왔다. 그러한 제도와 관행이 방대한 자금스톡의 투자 경로를 압박하고 있었다. 더구나 회원기업의 규모는 이중 내지 복합자격을 가진 미국과 일본의 자본시장 회원기업에 비해서 상대적으로 왜소하였다. 그들 거대 외국기업들은 런던보다 많은 자금을 그들의 자본시장으로 주입하고 있었다. 정보통신기술의 도입에서도 런던증권거래소의 대응은 뒤지고 있었다.

정부주도의 금융개혁에 의해서 런던증권거래소의 제한적인 제도와 관행은 급속하게 변화하였다. 첫째, 거래기능을 분할해온 단일자격제도가 폐지되어 모든 회원사는 이중자격을 인정받고 딜러와 브로커의 업무를 겸영하는 '브로커-딜러(broker-dealers)'로서 활동할 수 있게 되었다. 고정수수료제도도 폐지되어 비용과 서비스에 알맞게 수수료를 신축적으로 설정할 수 있게 되었다. 그 결과 대규모 거래의 수수료는 절반 이하로 하락하였다. 둘째, 금융기관 간의 업무장벽이 철폐되어 증권거래소의 회원사가 아닌 기관, 은행, 보험회사, 외국투자회사 등의 증권회사 설립이 허용되었다. 셋째, 컴퓨터가 도입되어 국내외의 대규모 증권거래업무능력이 획기적으로 확대되었다.

규제완화, 자유화로 내부관계자에게 안주하던 런던자본시장은 개방되어 냉혹한 경쟁시장으로 변화하였다. 그에 대응하여 규제기구도 새롭게 마련되었다. 하나는 1986년의 금융서비스법(Financial Services Act)에 의해서 설립된 증권투자위원회(Securities and Investments Boards, SIB)였다. 이 위원회는 산하에 5개(후에 4개로 통합)의 부문별 자율감시기관을 두고 투자분야에 전반적으로 감독책임을 졌다. 한편 금융부문의 감독기관으로는 잉글랜드은행이 1985년에 은행감독위원회(Board of Banking Supervisors)를 설치하여 금융부문의 감독업무를 수행하도록 하였다.

'금융개혁'의 결과 런던증권거래소는 시티의 투자은행과 청산은행(clearing banks)이 주도하게 되었다. 미국과 일본을 비롯한 외국의 유력한 은행들도 런던의 증권거래업무에 진출하였다. 거래가 활성화되면서 런던자본시장은 국제경쟁력이 강화되고 시장규모도 급속하게 확대되었다. 1984년에 8,300억 파운드이던 주식시장규모는 1987년에는 2배 가까이 증가한 1조 5,480억 파운드로, 그리고 1994년까지 또 다시 2배 증가하여 3조 2,260억 파운드로 확대되었다. 거래가 활성화되면서 총수수료 수입도 1985~86년의 7억 4,000만 파운드에서 1987년에는 11억 6,000만 파운드로 크게 증가하였다. 런던금융시장의 국제자본시장에서의 지위는 급상승하였다.[13]

3절 기업경영의 전환

1. 기업합병

1) 배경

1970년대의 경제침체와 1980년대의 규제완화로 시장의 경쟁성은 증대하고 시장기능의 효율성도 높아졌다. 정부의 경쟁제한금지정책은 1973년 공정거래법(Fair Trading Act)과 1980년 경쟁법(Competition Act)으로 더욱 강화되고 있었다. 시장적 환경의 변화는 국제적으로 확산되었다. 무역, 외환 및 국제자본이동을 제약하던 여러 규제와 관행이 완화 내지 폐지되면서 시장은 국가적 테두리를 벗어나 세계의 상품, 금융시장과 아무런 장애 없이 직결되게 되었다. 그 결과 기업은 국민경제의 테두리를 벗어나 전 지구적 범위에서 국경 없는 경쟁을 하지 않으면 안 되었다. 즉, 세계화의 진전이다. 1980년대에 영국과 미국을 비롯한 선진자본주의 국가에서 각종 규제완화와 민영화로 시작된 세계화는 1980년대 말의 세계사회주의의 붕괴와 1990년대 말의 통화위기를 계기로 한 신흥공업국의 자유화개혁으로 전 세계적으로 확대되었다.

세계화 속에서 기업은 국경을 넘나들며 자유로이 활동할 수 있게 되었다. 세계화는 다국적기업 활동에 유리한 시장조건이면서 동시에 다국적기업 활동에 의해서 촉진되었다. 세계화라는 시장조건의 변화 속에서 기업은 비교우위를 차지하기 위한 체질개선을 적극 추진하지 않으면 안 되었다. 그러기 위해서 영국기업은 규모, 다각화, 조직구조, 경영관리 등 경영활동 전반에 걸쳐서 종래의 보수적·소극적 태도에서 벗어나 적극적인 구조개혁과 합리화로 효율성을 높일 필요가 있었다. 세계표준(global standard)의 통용이 요구되는 경쟁적 세계시장에 적극적으로 대응하는 가운데 영국기업의 고유한 특성은 국제적 일반성으로 수렴되어갔다.

시장조건의 변화에 대응하여 추진된 전략으로 중요한 것은 기업합병이었다. 국유산업의 광범한 민영화는 기업재편성을 자극하였고 금융개혁으로 확대된 자본시장은 기업합병을 위한 금융조건을 완화하였다. 새로운 정보통신기술의 이용으로 거대한 규모의 경제 실현가능성이 높아지고 그것을 위해서는 처음부터 대규모의 경영자원이 필요하였다. 미국에서의 새로운 기법의 도입으로 대기업의 관리능력도 향상되었다.

기업의 구조조정도 추진되었다. 예를 들어 국영철강기업인 BSC사(British Steel Corporation)는 1977년 노후 플랜트 12개를 폐쇄한 데 이어 1980년에는 생산시설의 복수 생산라인으로의 분할과 분권적 관리조직의 도입, 다수 종업원의 해고에 의한 기업의 슬림화, 효과적 보너스제도의 도입 등의 개혁으로 조업 개선과 노동생산성 향상을 꾀하였다. 자동차의 BL사는 1977년부터 1980년대에 걸쳐서 생산부문의 분리, 임원의 대폭 감소와 매니저로의 책임과 권한의 이양, 낡은 직장관행의 폐지 등 일련의 구조개혁을 단행하였다.[14] 1980년대 초에는 제조업에서의 대대적인 공장폐쇄가 이루어졌다. 1979~82년에는 5,000개 이상의 플랜트를

폐쇄하였다.[15]

2) 과정

이러한 배경에서 1980년대에는 '제4차 기업합병파동'이 일어났다. 〈표 13-1〉은 1970년대와 1980년대의 기업합병의 추이를 나타낸 것이다. 이 표에 따르면 선행한 시기에 전개된 대규모 합병운동은 1973년으로 끝나고 이후 10년간 합병활동은 진정되었다. 이 시기에 합병활동이 진정

표 13-1 기업합병의 추이(1967~89년)

	합병에 의한 소멸 기업 수	합병비용(시가) (100만 파운드)	합병비용(1987년 가격) (백만 파운드)
1967	763	822	8,107
1968	946	1,946	13,580
1969	846	1,069	7,549
1970	793	1,123	8,951
1971	884	911	6,144
1972	1,210	2,532	13,409
1973	1,026	1,304	7,982
1974	504	508	5,296
1975	315	291	2,423
1976	353	448	3,118
1977	481	824	4,472
1978	567	1,140	5,489
1979	534	1,656	7,025
1980	469	1,475	5,855
1981	452	1,144	4,024
1982	463	2,206	6,712
1983	447	2,343	5,636
1984	568	5,474	11,069
1985	474	7,090	11,614
1986	696	14,935	19,718
1987	1,125	15,363	15,363
1988	1,224	22,123	24,592
1989	1,039	26,104	24,220

자료: K.D. George, C.K. Joll and E.L. Lynk, 1991: 84.

된 이유 중 하나는 이 시기가 심각한 경제침체기였다는 데에 있다. 확대하던 국제무역의 정체와 국제수지의 급격한 악화 등 최악의 경제상태에서 기업의 투자계획은 축소될 수밖에 없었다. 다른 하나의 이유는 선행한 합병기업의 성과가 경영관리상의 문제로 기대에 미치지 못하였다는 것이다. 한편 기업은 불확실성이 감소되면서 TOB의 잠재적 위협도 감소하였다. 진정기간을 거쳐 합병운동의 새로운 파동이 나타난 것은 1984년 이후의 일이었다.

이 표에서 기업합병은 1984년 이후 급증하였다는 것을 알 수 있다. 합병이 최고점에 달한 1988년에는 1,224건의 합병에 246억 파운드(1987년 가격)가 지출되었다. 1960년대 후반기와 1970년대 초의 대규모 합병에서도 140억 파운드를 초과한 해는 없었다. 1986~89년에 합병을 위한 지출액은 연평균 약 210억 파운드(1987년 가격)로 과거 어느 때보다도 큰 금액이었다. 같은 기간의 합병지출액은 국내총자본 형성의 54%에 이르렀다. 과거 최고는 1967~73년의 43%였다. 정부의 규제완화, 민영화 등의 개혁이 추진되는 속에서 기업은 거대한 '합병매니아'의 시기를 맞이하였다.[16]

3) 특징

이 시기 기업합병의 특징으로는 첫째, 대규모 합병이 증대하였다는 것을 들 수 있다. 1986년에 매수된 10대 기업은 같은 해의 합병지출 총액의 85% 이상을 차지하였다. 이전에는 다각화한 대기업은 매수에 따른 관리상의 문제를 안고 있었다. 기업매수는 한편에서 기업을 TOB의 압력으로 벗어나게 한 측면도 있으나 다른 한편에서 경영의 효율성을 올리는 데 곤란을 가져왔다. 그러나 1980년대 중반까지 영국의 기업경영자들은 필요한 기법을 미국으로부터 습득하여 경영능력에 더욱 큰 자신을 갖게 되었다. 이러한 속에서 임페리얼 타바코(Imperial Tobacco)사, 코츠 패톤스(Coats Patons)사, 디스틸러(Distillers)사, 디벤햄(Debenhams)사 등 대기업이 다른 대기업에 흡수되는 사례가 증가하였다.

둘째, 기업 상호간의 자회사 매수가 활발하게 이루어졌다는 것이다. 제3차 합병파동이 고조된 1969~73년에 매각된 자회사의 수와 금액은 각각 전체의 20%와 13%였던 것이 1986~89년에는 각각 26%와 23%를 차지하였다. 자회사의 매각이 증대한 이유는 구조조정을 추진하면서 독점규제를 회피한다는 데에 있었다.

셋째, 다국적기업이 발전하는 속에서 해외기업 매수가 증가하였다. 1969~73년의 기업매수 전체에서 각각 6%를 차지한 해외기업의 매수와 금액은 1982~85년에는 각각 13%와 15%로 크게 증가하였다. 최대의 매수대상국은 미국과 캐나다였으며 그것이 1986~89년에 국외기업 매수 전체의 수와 금액에서 차지한 비율은 각각 50%와 83%였다. EC의 비율은 각각 32%와 11%였다. 다국적기업 활동이 활발하게 전개되면서 해외에서의 기업매수도 증가하였다.

넷째, 서비스 부문에서 기업합병의 증가다. 1985~89년의 기업합병에서는 서비스 부문이 제조업 부문과 거의 같은 정도로 중요하였다. 이 기간에 매수기업의 자산 총액에서 차지한 비율은 서비스업이 55%로 제조업을 상회하였다. 1984~87년에 2억 파운드 이상 규모의 성공한 주요 TOB 22건 중에서 17건은 보험, 금융, 수송, 유통, 소매, 해운 등 서비스 산업 부문의 기업이었으며 제조업에서는 5건에 불과하였다.

서비스산업 부문에서 5억 파운드 이상을 매수한 기업은 보험의 BAT 인더스트리스사(BAT Industries: 16억 파운드)와 가디언 로얄사(Guardian Royal: 10억 파운드), 수송의 BTR사(7.7억 파운드), 소매업의 스토어하우스사(Storehouse: 11억 파운드), 버튼 그룹(Burton Group: 5.7억 파운드), 어소시에이티드 데어리스(Associated Dairies: 5.2억 파운드) 등이 있었다. 제조업에서는 섬유의 패톤스사를 7.2억 파운드에 매수한 반토나 비옐라(Vantona Viyella)사, 식품의 유니레버 PLC(Unilever PLC: 3.9억 파운드), 음료의 기네스사(Guiness: 3.3억 파운드), 벽돌제조의 핸슨 트러스트(Hanson Trust: 2.5억 파운드) 등이 있었다.

다섯째, 사업다양화를 위한 기업매수가 가장 중요하였다는 것이다. 즉 복합기업(conglomerate) 형태의 합병이다. 그것은 제3차 합병파동의 절정기에도 성행하였으나 1985~89년에는 총건수의 35%, 그리고 매수 총자산가치의 41%를 차지하였다. 그중 1985, 88, 89년의 3년에는 그의 매수 총자산가치에 대한 비율은 50%를 상회하였다. 수평적 합병은 자산가치에서는 사업다양화 합병과 비슷하였다. 한편 수직적 합병은 수나 가치에서 5%를 초과하는 일은 없었다.[17]

1980년대의 합병으로 기업의 사업범위는 더욱 확대되었다. 최대 200사의 기업에서는 적어도 3~4종류의 산업을 같은 정도의 규모로 조업하고 있었다. 또한 다각화기업은 많은 경우 산업분류 전반에 걸쳐서 최소한 1개 공장을 가지고 있었다. 1950년대 이후의 합병은 대부분 수평적이었지만 1980년대에는 기업의 사업범위는 근본적으로 변화하였다. 그 결과 영국에서는 산업의 넓은 범위에 걸쳐 다수의 사업체를 산하에 둔 복합기업이 기업 형태의 특징으로 되었다. 복합기업은 단기적 이익에 집착하여 종종 투기적이었으며 매각 차익을 노린 기업의 조직적 매수와 자회사 매각을 하였다. 그것은 협조와 통합으로 장기전략을 추구한 일본의 '게이레쓰'와는 달랐다.[18]

4) 대기업의 산업분포

영국기업의 산업분포는 어떠하였는가? 1992년에 종업원 수를 기준으로 50대 기업의 산업별 구성을 보면 제조업은 광업(1사)과 건설업(1사)을 포함하여 16사가 있었는 데 비해서 서비스업은 34사가 있었다. 50대 기업의 종업원 총수(285만 명)에서 차지하는 비율은 제조업의 31%(광업의 2% 포함)에 비해서 서비스업은 69%나 되었다. 1992년 영국의 총고용인

표 13-2 종업원 수로 본 10대 기업의 순위(1992년)

회사	영국인 종업원 수	산업부문	순위
British Telecommunications	204,300	교통·통신	1
Post Office	201,937	교통·통신	2
British Railways Board	137,770	교통·통신	3
J.Sainsbury PLC	104,072	유통	4
National Westminster Bank PLC	95,200	보험·금융·은행	5
British Aerospace PLC	90,000	항공·방위	6
Tesco PLC	86,786	유통	7
British Gas PLC	79,377	가스·전기	8
BET PLC	75,879	잡다한 서비스	9
General Electric Co. PLC	75,430	전기기계	10

자료: D.J. Jeremy, 1998: 573.

수는 2,193만 명으로서 1955년과 거의 같았으나 50대 기업의 종업원비율은 13%로 1955년(17.8)보다 떨어졌다. 1992년에 50대 기업 종업원 총수에서 차지하는 비율이 높은 산업은 유통 27%, 교통·통신 22%(우체국 7% 포함), 식품·음료·담배 12%, 보험·은행·금융 9%, 오락·숙박 등 잡다한 서비스업 8%, 자동차 7%의 순이었다. 산업의 중심은 제조업에서 서비스산업으로 크게 이동한 것이다.[19]

이러한 사실은 종업원 수로 본 50대 기업의 순위에서도 확인할 수 있다. 〈표 13-2〉는 그중 10대 기업의 순위를 나타낸 것이다. 제1위에서 3위까지는 교통·통신회사, 그리고 그 이하도 대부분 유통·은행·가스 등 서비스산업 기업이 차지하고 있다. 제조업에서는 항공·방위와 전기기계회사가 각각 제6위와 10위를 차지하고 있을 뿐이었다. 그러나 이들 회사는 종업원 7만 5,000명 이상의 대기업이며, 제1~2위 회사는 20만 명 이상의 종업원을 가진 대기업이었다.

제11~50위에 들어 있는 제조업기업으로는 식품관련에서 14위의 배쓰(Bass PLC)사를 포함한 9개 회사, 17위의 석탄(British Coal Corporation), 21위의 건설(BTR PLC), 22위의 금속(British Steel PLC), 자동차에서 23위의 롤스로이스(Rolls-Royce PLC)사를 포함한 3개 회사, 26위에 화학(ICI),

42위에 섬유(Coats Viyella PLC), 43위에 석유(British Petroleum Co. PLC) 등 18개 회사가 들어 있었다. 나머지 22개 회사는 모두 서비스산업 기업이었다. 제50위 기업의 종업원 수는 2만 4,600명이었다.

5) 중소기업의 부활

대기업의 성장 속에서 중소기업의 지위는 장기간에 걸쳐 위축되어왔다. 중소기업의 비중이 가장 큰 부문은 소매업과 건설업이었다. 특히 소기업 비중의 두드러진 위축은 소매업 부문에서 나타났다. 유통에서의 소기업 수는 1950년의 약 50만 사에서 1971년엔 40만 사, 1993년에는 약 18만 사로 급감하였다.[20] 그것은 다음에 보게 될 대규모 유통업의 급성장과 상반된 현상이었다.

한편 1980~90대에 제조업에서는 중소기업의 중요성이 증대하였다. 종업원 수 200명 이하의 제조업 소기업 수는 1970년의 7만 1,000사(제조업 기업 총수 7만 5,000사)에서 1988년에는 13만 3,000사(기업 총수 13만 5,000사)로 증가하고, 그들 기업의 종업원이 영국 제조업종업원에서 차지하는 비중은 1971년 21%에서 1988년까지 31%로 높아졌다. 500명 이하의 중소기업이 영국 민간부문 종업원 수에서 차지하는 비중은 1979년 57%에서 1986년까지 71%로 상승하였다. 제조업에서의 중소기업의 비중 상승은 어느 정도는 다른 사업부문에서도 볼 수 있었다.

이 시기에 중소기업이 부활한 데에는 정부의 중소기업진흥정책, 창업에 유리한 풍조, 중소기업에 적합한 유연한 제조기법의 발달, 대기업에 의한 하청 내지 외주(outsourcing)의 증가 등이 공헌하였다. 그러나 중소기업의 영국경제에 대한 공헌은 다른 나라와 비교할 때 상대적으로 작았다. 예를 들어 300명 이상을 고용한 중소기업이 민간부문 GDP에서 차지하는 비중은 1980년대에 영국에서는 32%였는 데 비해서 서독은 46%, 미국은 50%, 일본은 60%였다.[21]

2. 대규모 유통업의 전개

유통업은 1960년대 이후 급성장하였다. 그 속에서 기업규모의 확대와 산업집중이 급진전되었다. 유통업기업은 1992년의 전 산업 10대 기업(종업원 기준) 중에 2개 사(3위, 7위)가 들어 있었으며 50대 기업에서 보면 14개 사나 되었다. 유통업의 발전을 주도한 것은 연쇄점(multiples, chain stores)의 대형 소매점, 슈퍼마켓의 성장이었다. 2,000피트 이상 넓이의 매장을 가진 대형 슈퍼마켓의 수는 1958년 175점포에서 1972년에는 5,140점포로 급증하고, 1980년에는 7,000점포로 되었다. 이 분야에서의 경쟁에서 앞선 연쇄점은 1970년대 중반에는 슈퍼마켓이라는 새로운 형태의 대형 소매점포의 3분의 2를 소유하고 있었다.[22]

연쇄점이 급성장한 배경으로는 대량소비시장의 성장이 있었다. 1950년대 이래 실질소득의 증대, 1980년대에 이르기까지의 완전고용, 소득불평등의 축소에 따라 영국인의 생활수준은 크게 상승하였다. 세계적 범위에서 제공되는 상품범위와 텔레비전 상업광고의 확대로 소비자의 기호는 크게 변화하고 동질화하였다. 가족구조와 일의 패턴의 변화, 휴가시간의 증대, 도시 외곽지역으로의 인구이동, 도로망의 개선과 자동차의 보급에 따른 지리적 이동편의의 증대는 지역 커뮤니티의 전통적 유대관계를 약화시켰다. 그 가운데 주민의 인근 소규모 소매점에 대한 필요성은 감소하였다. 소비자는 규모의 경제의 이점을 살려 다양한 생활용품을 할인가격으로 제공하는 대형 소매점을 선호하게 되었다.

대형 소매점은 냉동에 의한 판매상품 범위의 확대, 대량구매·전국적 출하 네트워크의 이용에 의한 거래비용의 절감, 컴퓨터에 의한 대규모 조업에 따른 재고통제나 회계문제의 극복, 셀프서비스와 사전 포장, 저임금 여성 내지 임시직원의 고용에 의한 노동비용의 절감 등으로 상당한 가격할인을 실현할 수 있었다. 이에 비해서 지역의 소규모 소매점이나 전문소매점은 가격경쟁에서 불리하였다. 1956년과 1964년의 법으로 모든 공급자의 가격유지를 위한 담합행위는 금지되었다. 대형 멀티플은 협동조합점 등 여타의 대규모 소매점을 매수하면서 성장하였다. 1985년까지 독립적 백화점도 많은 경우 폐점하거나 5대 연쇄점(Dabenhams, House of Fraser, John Lewis Partnership, Lewis-Selfridges, Allders)의 한 지점으로 되었다.[23]

그 결과 멀티플은 소매기업의 지배적 형태가 되었다. 10개 이상의 점포를 소유한 대형 연쇄소매점이 소매업의 총매출에서 차지한 비율은 1950년 21.9%에서 1971년에는 44.3%, 1980년에는 62.7%로 급상승하였다. 반면에 1950년에 24.2%를 차지하던 협동조합 점포의 점유율은 1971년 이후 13%대로 떨어졌다. 1950년에 53.9%나 되던 독립점포와 소규모 멀티플의 점유율도 1981년에는 23.6%로 떨어졌다. 대형 연쇄점은 소매업에서 지배적 기업업태로 된 것이다.[24]

대형 연쇄점의 규모는 그 자체로서 컸을 뿐만 아니라 전 산업적 비교에서도 상대적으로 컸다. 〈표 13-3〉은 종업원 수로 본 10대 소매기업의 규모를 나타낸 것이다. 그중 상위 9사가 멀티플이었다. 그들 기업은 전 산업의 50대 기업에서 29위 이내에 있는 대기업들이었다.

표 13-3 10대 유통기업(1992년)

순위	회사명	업태 *	종업원 수	전 산업 50대사 중 순위
1	Sainsbury	M	104,072	4
2	Tesco	M	86,786	7
3	Boots	M	72,536	12
4	ASDA	M	70,527	13
5	Argyll Group	M	65,635	15
6	Kingfisher	M	62,799	16
7	Marks & Spencer	M	55,750	19
8	Sears	M	45,795	24
9	Isosceles	M	42,863	29
10	John Lewis Partnership	D	40,200	31

주: * M = 멀티플; D = 백화점.
자료: D.J. Jeremy, 1998: 367, 573.

3. 다국적기업의 전개

1) 영국의 다국적기업

영국의 대기업은 많은 경우 다국적기업이기도 하였다. 1960년대 이후 세계 경제가 전개되는 속에서 영국의 대기업들은 사업범위를 외국으로 확대하면서 다국적기업으로 활동하였다. 다국적기업의 적극적 활동은 이 시기의 영국기업 성장의 동적요소로서 중요하였다.

다국적기업의 활발한 활동은 영국을 포함한 선진자본주의 제국에 의해서 주도된 세계적 현상이었다. 세계의 해외직접투자(FDI) 총액은 1967~90년에 1,123억 달러에서 1조 6,442억 달러로 15배나 증가하였다. 그 속에서 영국의 FDI 비율은 14.1%(1967) 내지 14.7%(1990) 수준이었으나 절대규모는 크게 증가하였다. 최대의 FDI국은 미국이었다. 미국의 세계 FDI 비율은 같은 기간에 50.4%에서 25.6%로 떨어지면서도 규모로는 최대였다.

한편 GDP에 대한 FDI의 비율은 1990년에 미국의 7.9%였는데 영국은 25.1%나 되었다. 그만큼 국민경제에서 다국적기업 활동이 갖는 중요성은 영국이 미국보다 훨씬 컸다. GDP에 대한 FDI 비율이 영국보다 높은 나라는 네덜란드(35.5%)와 스위스(28.8%)였다. 그러나 이들 나라의 FDI의 규모는 상대적으로 크지 않았다. 1990년 현재 미국과 영국 이외에 주요 FDI국은 일본(12.1%), 서독(9.3%), 프랑스(6.9%), 네덜란드(5.9%)였다. 이들 6개 국을 포함한 선진자본주의국이 세계 FDI 총액의 95.7%(1990)를 차지하고 있었다.[25]

영국은 제1차 세계대전 이전에는 세계의 FDI에서 압도적 우위를 차지하고 있었다. 그러한 영국의 지위는 제1차 세계대전과 전간기를 거치면서 상대적으로 하락하였으나 그러면서도 제2차 세계대전 발발 전까지 영국이 세계 최대의 FDI국이었다는 데에는 변함이 없었다. 영국기업은 세계 각지에서 자원, 철도 등을 비롯한 다양한 산업에서 기업활동을 전개하였다.

그러나 제2차 세계대전기의 해외자산의 감소와 전후 재건기의 경제적 혼란으로 영국의 FDI는 큰 제약을 받았다. 더구나 1960년대에는 세계적 범위에서의 민족주의의 고양과 공산주의 혁명의 확산 속에서 광산이라든가 철도 등 해외자산을 상실함으로써 영국기업의 해외활동은 위축되고 지리적으로도 제약되었다. 이러한 속에서 영국의 FDI는 구제국 영역인 연방(Commonwealth)권으로 집중되었다. 영국기업으로서는 영연방이 정치적으로 안정되고 공통언어를 이용할 수 있는 안전한 시장이었다. 그러나 연방중심의 시장은 지역적으로 한정된 시장이었다. 그에 더하여 영국기업은 지리적으로 멀리 떨어지고 분산되어 있는 외국에서의 기업경영을 효율적으로 수행할 관리조직을 갖지 못하였다. 따라서 영국 FDI의 수익성은 낮았다.

그 속에서 영국 FDI의 비중은 저하하였다. 세계 FDI는 1969년에 940억 달러의 규모였다. 그 시점에서 영국은 미국에 이어 세계 제2위의 FDI국으로 떨어졌다. 더구나 미국의 압도적 비중(54.4%)에 비해서 영국의 비중은 14.1%에 불과하였다. 영국 FDI의 지위 하락에는 앞에서 언급한 바와 같이 전쟁이라든가 전후의 국제정치적 환경의 변화 등이 중요하게 작용하였다. 그러나 직접적으로는 영국기업 자체의 문제가 있었다. 1950~60년대에 무역과 외환자유화가 진전되고 글로벌시장이 확대되는 속에서도 영국기업은 FDI를 '안전한' 영연방시장 중심으로 전개하였으며 제품분야도 구래의 방향을 벗어나지 못하였다. 영국의 다국적기업이 기업기회를 확대하기 위해서는 소득수준이 높고 확대되는 미국이나 서유럽시장으로 적극 진출할 필요가 있었다.

영국 다국적기업의 전략은 1960년대 이후 활동영역의 지리적 분포와 제품분야의 방향성에서 크게 변화하였다. 영국의 FDI(석유, 금융부문 제외)는 1962~81년에 34억 파운드에서 286억 파운드로 증가하였다. 그간의 물가상승률을 4배로 보면 FDI는 2배 증가한 셈이다. FDI 규모의 확대는 전략변화의 결과였다.

첫째, 영국 FDI의 지리적 분포가 변화하였다. 같은 기간에 영국 FDI의 지역적 분포를 보면 선진자본주의 지역의 비중이 63.5%에서 78.2%로 증대한 반면 여타 세계의 비중은 35.6%에서 21.8%로 하락하였다. 특히 두드러진 것은 북미와 서유럽지역의 비중이 같은 기간에 각각 23.1%(그 대부분은 캐나다)와 13.4%에서 34.6%(그중 미국 28%)와 23.2%로 상승하였다는 것이다. 1981년에 영국 FDI의 57.8%는 이들 두 지역에 집중되어 있었다. 영국 다국적기업으로서는 미국이 기업기회가 가장 큰 나라였다. 한편 서유럽도 영국의 EEC 가맹(1972)이 실현되어 매력적인 FDI 대상지역으로 되었다.[26]

둘째, 영국 FDI의 산업분포도 변화하였다. 제조업에 대한 투자가 증가하면서 서비스업과 광산업을 대신하여 제조업이 중심이 되었다. 영국의 해외제조업 자산의 업종별 구성비도 변화하였다. 그 변화를 보면 1954~81년에 식품·음료·담배는 47.3%에서 27.1%로, 금속제조는 7.3%에서 2.0%로, 자동차는 7.9%에서 3.4%로, 그리고 섬유는 7.9%에서 3.4%로 각각 감소한 반면, 화학은 11.9%에서 28%로, 기계기기는 1.9%에서 6.3%로, 전기기기는 5.4%에서 10%로, 그리고 기타 업종은 4.7%에서 13.4%로 각각 증가하였다. 영국 FDI의 지역분포의 변화를 반영하여 제조업투자도 전통적 구산업에서 신산업 중심으로 크게 변화하였다.[27]

영국기업이 선호한 FDI 방식은 외국기업의 매수였다. 그것은 처음부터 외국에서의 생산시설의 건설을 선호한 일본의 방식과는 대조적인 것이었다. 영국의 대규모 다국적기업은 시티의 국제자본시장에의 접근성과 자사의 내부자본 면에서 비교우위를 가지고 있었다.

상표부착 포장상품인 식품, 음료, 담배 부문은 비중 저하 경향에도 불구하고 일찍부터 영국기업의 해외진출이 적극적으로 이루어진 부문이었다. 영국의 식품, 음료기업은 1985~89년에 30개 사의 미국기업과 31개 사의 EC 지역 기업을 각각 470억 파운드와 4억 파운드로 매수하였다. 그중 최대의 것은 그랜드 메트로폴리탄(Grand Metropolitan)사가 57억 파운드를 투입한 미국의 거대식품회사 필스버리(Pillsbury)를 매수한 것이었다. 이 회사를 비롯하여 RHM사, 캐드버리 슈웹스(Cadbury Schweppes)사 등 영국기업 5개 사는 1993년까지 유럽에서 최고의 이익을 올린 생산기업 10사에 들어 있었다. 기네스(Guiness)사와 아길(Argyll)사와 같은 기업도 경쟁력을 가진 성공적 기업이었다.

한편 화학의 ICI와 약품의 글락소(Glaxo)사는 첨단 R&D 자원과 생산설비를 가지고 세계적 범위의 활동을 더욱 추진하였다. ICI의 분사(分社)인 제네카(Zeneca)사는 생물과학(약품과 농화학)에 특화하여 1992년에는 전 세계적으로 3만 3,300명의 종업원(그중 7,000명은 R&D, 1만 1,600명은 생산종사자)을 가지고 약 40억 파운드의 매출액을 올렸다. 이 회사는 세계 25개 국에 127개의 제조플랜트를 가지고 있었으나 그 대부분은 영국(22)보다 미국(69) 및 유럽대륙(25)을 비롯한 외국에 있었다. 글락소사에서는 1992년에 R&D 요원의 42%에 달하는 약 7,000명이 미국과 서유럽을 중심으로 한 외국에서의 근무자였다. 이 외에도 석유화학의 BP(British Petroleum)사와 쉘(Shell)사, 추출산업의 RTZ사와 콘솔리데이티드 골드(Consolidated Gold)사, 약품 및 화장품류의 스미스 클라인 비참(Smith Kline Beecham)사, 식품의 유니레버(Unilever)사 등 다수의 성공적 다국적기업이 있었다.

물론 실패한 경우도 있었다. 고무공업의 던롭(Dunlop)사는 초기부터 해외활동을 전개한 기업의 하나였으나 1985년에는 지속가능한 세계 사업 구축에 실패하여 자신이 제조플랜트의 건설을 지원한 일본의 스미토모고무공업(Sumitomo)사에 매수되고 말았다. 그럼에도 영국의 많은 다국적기업은 글로벌 경쟁에서 살아남기 위해서는 지리적·기술적·시장적 요인을 결합한 전략의 필요성을 인식하고 적극적으로 대응하였다. 그 결과 영국은 세계시장의 최전선에서 외국의 경쟁상대와 대등한 경쟁

력을 가진 강력한 기업군(群)을 가지게 되었다.[28]

2) 영국 내의 외국 다국적기업

영국 내 외국 다국적기업의 활동도 활발하게 전개되었다. 영국 내 외국 다국적기업 활동은 19세기 후반기 이래 오랜 역사를 가지고 있다. 초창기부터 1962년까지 영국에 설립된 외국기업의 자회사 수는 927사에 달하였다. 산업분포로 보면 이들 자회사는 화학(204사), 기계공학(179사), 전기기계(114사), 식품·음료·담배(96사) 등 거의 신공업과 상표·포장산업에 집중되어 있었다.[29]

영국 내의 다국적기업 활동을 주도한 것은 미국기업이었다. 1950~62년에 영국에 설립된 외국기업의 자회사 수는 364사였는데 그중 미국기업의 자회사는 300사를 넘었다. 영국에 대한 미국 FDI는 1960년대 이후 급증하여 1990년에는 650억 달러(GDP의 6.84%)에 달하였다. 자동차, 화학, 전기기기, 사무용기기 등은 일찍부터 영국에 진출한 산업이었다. 1954년에 영국에 있는 미국계 10대 제조업기업에는 엣소석유(Esso Petroleum), 포드자동차(Ford Motor), 브리티시 유나이티드 제화기계(British United Shoe Machinery), 몬산토화학(Monsanto Chemical), 바큠석유(Vacuum Oil), 복스홀자동차(Vauxhall), 코닥(Kodak), 후버(Hoover), 스탠더드전신전화(Standard Telephones & Cables), 굿이어 타이어(Goodyear Tyre & Rubber) 등의 회사들이 있었다. 1950~60년대에는 컴퓨터의 IBM과 화학과 약품의 듀퐁(Du Pont), 파크(Parke), 파이저(Pfizer) 등의 기업이 영국에서 제조 내지 R&D 활동을 시작하였다.

서유럽 다국적기업의 영국으로의 진출도 일찍부터 시작되었다. 19세기 말부터 영국에 진출한 독일의 세계적 전기기계기업인 지멘스(Siemens)사는 양차대전기의 어려움을 경험하면서도 1955년에는 영국 내의 종업원이 7,200명을 넘었다. 특히 1950년대 이후 서독의 영국 진출은 확대되었다. 서독의 영국에 대한 투자는 1952~80년대 말에 32억 파운드에 이르러 미국에 버금가는 위치가 되었다. 1988년까지 영국에는 독일기업의 자회사가 900사나 있었으며 그중 650사는 영업소 그리고 250사는 생산플랜트였다. 서독의 FDI를 주도한 부문은 화학과 약품이었다. 그중 최대의 훽스트(Hoechst)사는 1987년에 영국 내 종업원 수가 8,000명을 넘었다. 또한 1993년에는 BMW가 브리티시 에어로스페이스(British Aerospace)사로부터 로버그룹의 승용차부문(Rover Cars)을 매수하였다. 이 시점에서 영국의 자동차기업은 모두 외국기업 소유가 되었다. 한편 일찍이 1905년에 영국에 진출한 낙농품 및 과자제조기업인 스위스의 네슬레(Nestlé)사는 1988년에는 영국의 동업기업인 론트리 맥킨토시(Rowntree Mackintosh)를 매수하였다.

일본의 다국적기업의 영국 진출은 1970년대에 시작되어 1980년대에 급증하였다. 1990년까지 영국에 진출한 일본기업 수는 600사에 이르렀다. 그 가운데 133사가 제조업기업이고 나머지는 서비스부문이었다. 일본기업의 종업원 수는 5만 명에 달하였다. 제조업에서 일본기업으로는 전자·전기제품의 소니(Sony), 마쓰시타(Matsushita), NEC 등과 자동차의 닛산(Nissan), 혼다(Honda), 도요타(Toyota) 등이 주도적인 활동을 전개하였다. 한국기업으로는 1987년에 삼성전자가 영국에서 플랜트를 건설한 데 이어 다음해에 대우전자와 금성사가 진출하였다.[30]

무한경쟁의 글로벌시장에서 다국적기업은 여러 나라에 소재한 공장 간 협력을 중심으로 한 협조전략으로 합리화를 도모하였다. 주요 자동차회사는 아웃소싱(outsourcing) 또는 네트워킹(networking)으로 알려진 새로운 방식의 채용으로 개개의 부품생산과 그것을 조립하는 최종제품생산을 여러 나라에 걸쳐서 분업적으로 생산하는 글로벌한 시스템을 창출하였다. 영국에서는 1980년대까지 자동차를 비롯하여 전자, 석유화학 등 중요산업은 많은 경우 다국적기업이 지배하고 있었다. 고도의 통신 시스템의 도입으로 그들 기업 간의 세계적 경쟁공간은 좁아졌다. 그만큼 세계적 범위의 경쟁은 격화된 것이다. 기업은 경쟁에서 살아남기 위해 합리화로 경쟁력을 높이면서 타 기업과의 세계적 범위의 제휴관계도 적극적으로 모색하였다.

4. 기업성장의 평가

다국적기업의 적극적 활동은 최근 수십 년에 걸쳐서 영국기업에 영향을 미친 변화 중 가장 두드러진 현상이었다. 주요 산업에서 다국적기업이 지배적으로 되어 제2차 세계대전 후 출현한 경제의 국제적 의존성이 급속하게 증대하였다. '글로벌자본주의'는 세계적으로 확산되었다. 글로벌시장에서의 경쟁과 제휴는 공통된 기준에 기초하여 이루어질 필요가 있었다. '글로벌 스탠더드'의 압력 밑에서 다국적기업만이 아니라 영국의 여타 유력기업도 '국가적 동일성' 내지 '영국다움'을 상실하게 되었다.[31] 영국 기업문화의 독특성은 기업 일반성으로 크게 수렴되게 된 것이다.

글로벌경쟁 속에서 영국기업은 대규모 구조조정으로 경영체질 개선을 시도하였다. 1979~82년에 5,000개 이상의 생산플랜트가 폐쇄되었다. 특히 노동개혁으로 기업은 최악의 노사관계에서 벗어나 부문 간의 최적설비를 갖추기 위한 조정을 할 수 있게 되었다. 과잉생산능력을 최적화하기 위한 광범한 구조조정으로 공장의 효율성은 높아졌다. 제조업 노동생산성은 1975~80년 평균 1.0%에서 1980~90년에는 4.6%로 상승하고 기업의 이익률도 개선되었다.[32] 경제도 회복되어 GDP의 연평균 성장률은 1973~79년의 1.5%에서 1979~88년에는 2.1%로 상승하였다. 그러나 그것은 선행한 호황기인 1951~73년 평균 2.7%에는 미치지 못하였다.

그러나 생산성 상승은 직장(shopfloor)노동자 및 관리인의 교육훈련과 고도의 R&D 노력에 뒷받침된 것이 아니라 저효율공장의 폐쇄와 과잉 인원 삭감의 결과였다. 그 점에서 이 시기 기업 체질의 개선에는 일정한 한계가 있었다.[33] 결과적으로 실업이 크게 증가하였다. 1979년에 5.4%이던 실업률은 1981~87년에는 평균 10%를 상회하고, 1979년에 약 100만 명이던 실업자 수가 1986년에는 300만 명을 넘었다. 실업률은 그 후 하락하여 1990년에는 6.2%로 되었다.[34] 1970~80년대에 영국 국민의 평균소득은 상승하였다. 그러나 규제완화로 경쟁원리가 보편화되면서 소득분배에는 미국과 같이 불공평이 확대하였다. 그 속에서 취업불안과 함께 승자와 패자 간 사회경제적 균열도 확대되었다.[35]

14장

일본 기업경영 시스템의 변질

1절 경영환경의 변화

1. 안정성장기의 기업의 대응

고도성장을 지속해온 일본경제는 두 차례의 석유위기를 거치면서 심각한 불황에 직면하였다. 석유위기의 충격은 일본만이 아니라 선진자본주의 제국에서 다같이 나타났다. 석유위기로 선행한 세계자본주의 경제의 장기적 고도성장 기반은 동요하였다. 자본주의 경제는 심각한 스태그플레이션에 직면하고 그 속에서 기업도 큰 타격을 입었다. 이러한 상황에 직면하여 앞에서 본 바와 같이 영국과 미국을 비롯한 구미제국에서는 정부의 경기대책과 함께 기업 차원에서는 근본적인 사업재구축을 주축으로 경영혁신이 추진되었다. 일본도 사정은 기본적으로 같았다.

불황기에 정부는 재정·금융수단으로 적극적인 경기대책을 추진하는 한편 기업 차원에서는 고도성장기의 기업의 확대지형전략이 근본적으로 수정되었다. 특히 철강, 석유화학 등 에너지다량소비형 소재산업은 큰 타격을 입었다. 이에 일본기업은 감량경영이라는 경영혁신을 적극 추진하였다. 그것은 돈(금융비용), 사람(인원), 물자(설비투자, 재고, 에너지 등)를 절감·감축하여 비대해진 기업을 슬림화하여 효율성을 높이고 국제경쟁력을 강화한다는 것이었다. 그럼에도 소재산업, 조선 등 중후장대(重厚長大)형 산업은 과거와 같은 고성장이 불가능하게 되었다. 오히려 이들 산업은 정부에 의해서 불황산업으로 지정되어 일층의 구조조정과 합리화가 유도·지원되었다.

한편 정밀기계, 자동차, 전기기기 등 에너지 과(寡)소비형·가공조립형 산업은 석유위기의 충격은 거의 받지 않았다. 이들 산업에서는 노동비용의 상승에 대해서는 ME화와 로봇이용 확대로 생산성 향상과 국제경쟁력 강화를 추진하면서 1970년대 중반 이후 새로운 성장산업이 되었다. 1985년의 급격한 엔고로 수출이 정체되는 가운데 철강, 조선 등은 국제경쟁력 저하로 불황산업이 되었으나, 각종 기계 등 고부가가치 가공조립형 산업은 1980년대를 통하여 ME화를 추진하면서 성장하였다. 반도체·컴퓨터도 새로운 산업으로 성장하였다. 그 결과 영·미기업이 석유위기의 충격에서 좀처럼 벗어나지 못하는 동안 일본기업은 일찌감치 충격을 극복하여 높은 국제경쟁력을 가지고 대규모 수출 증가를 이룩하였다. 이들 성장산업도 한때 엔고에 의한 수출채산성 악화로 곤경에 빠졌으나 ME화의 보다 더한 추진과 R&D의 확대로 국제경쟁력을 높이면서 성장하였다.

2. 규제완화·자유화의 진전

1) 고도성장기의 산업규제

정부 차원에서는 산업규제가 완화되었다. 산업발전에서 정부는 전통적으로 중요한 역할을 해왔다. 재정·금융수단을 이용한 경기조정자로서의 역할은 세계대공황 이후 자본주의국 정부가 공통적으로 수행해왔으며, 나라에 따라서는 그에 더하여 각종 정책수단으로 산업발전의 유도·지원정책을 추진하였다. 특히 일본의 경우 정부의 산업정책은 전기, 석유, 석유화학, 공작기계, 자동차, 컴퓨터 등 주요 산업에 걸쳐 광범하게 추진되었다. 그러기 위해서 정부는 필요한 제도를 제정하여 산업으로 하여금 합리화와 대형화를 촉진하여 국제경쟁력을 증진할 수 있도록 지원하고 유도하는 한편 기업의 경제행동을 규제하였다. 정부의 규제체계는 전후부흥기에 제도화되어 기본적으로 고도경제성장기를 통하여 유지되었다. 규제완화는 1970년대 중반 이후 부분적으로 실시해오면서 1980년대 중반 이후 전면적으로 추진되었다.

고도성장기의 정부는 경기조정자로서만이 아니라 경제성장의 촉진자로서 큰 역할을 하였다. 정부는 경제성장을 촉진하기 위하여 7차에 걸친 경제계획을 수립하였다. 그중에서도 중요한 것은 '국민소득배증계획'(1960)이었다. 이 계획의 목표는 1970년까지 10년 동안 연평균 7.2%의 성장으로 실질GNP 규모를 2배로 증대시킨다는 것이었다. 그러기 위하여 정부는 산업구조의 고도화를 유도하고 사회간접자본투자를 확대하였다. 계획기간 중의 실질성장률 실적은 연평균 10%였다. 정부의 확대정책을 배경으로 기업은 적극적으로 설비확대·근대화투자를 추진한 것이다.

정부는 일관된 산업정책으로 기업이 정책방향에 따라 행동하도록 유도·보호하였다. 먼저 정부는 국내 산업을 보호하고 산업합리화와 수출확대를 지원하기 위하여 외국환·외국무역 관리법(1949)에 기초한 외화할당제를 도입하여 수입을 엄격하게 제한하였다. 외자법(1950)은 외국기술의 도입을 촉진하고 국내 자본을 보호하기 위한 제도였다. 정부는 독점금지법 개정(1953)으로 불황 내지 합리화를 위한 카르텔을 허용하여 기업의 과당경쟁에서 오는 손실을 예방하려 하였다. 정부는 기업으로 하여금 정책방향에 따라 행동하도록 강력한 규제('행정지도')를 실시하였다. 정부의 산업정책을 배경으로 기업은 경쟁적으로 설비투자를 확대하고 합리화를 추구하였다. 산업기업과 정부(통상산업성)와의 '산정(産政)복합체'·'일본주식회사' 체제에서 기업은 국제경쟁력을 높이면서 성장하였다.

2) 무역·자본자유화

일본에서 자유화의 움직임은 1960년대 중반 이후의 무역자유화에서 시작되었다. 그동안 일본은 구미제국으로부터 시장개방 요구를 꾸준히 받아왔다. 일본은 1963년의 자본거래자유화에 이어 GATT 11조국으로 이행하고 1964년에는 외화할당제를 폐지하고 IMF 8조국으로 이행하는 한편 자본자유화를 규정한 경제협력개발기구(OECD)에 가입하였다. 이로써 일본은 관리제도하에서 유지해온 전통적 봉쇄체제를 개방체제로 전환하였다. 무역자유화율은 1964년에 이미 93%에 이르렀다. 그러나 아직도 수입제한품목이 136품목이나 남아 있었으며 공산품에 대한 수입자유화가 완결된 것은 1976년에 이르러서였다.

한편 자본자유화는 1967년에 전면실시방침이 제시되면서도 외자에 대한 경계심으로 실시에는 소극적이었다. 미국으로부터의 시장개방 압력이 계속되면서 자본자유화는 1973년까지 점차적으로 실시되었다. 그 후 1980년의 외국환법 개정으로 국제자본거래의 자유화 원칙이 확립되어 외화예금, 외화차입의 자유화가 전면 실현되었다.

3) 국영기업의 민영화

규제완화·자유화는 석유위기를 거치면서 1980년대에 전면적으로 추진되었다. 신자유주의 조류의 대두 속에서 미국과 영국 등 서구자본주의 제국의 경제정책 방향은 비대해진 정부를 '작은 정부'화하고 민간의 창의적 활동으로 효율성을 높여 경제의 활성화를 이룩한다는 방향으로 크게 전환되었다. 이러한 방향에서 각국에서는 국영기업의 민영화를 비롯한 정부의 광범한 규제완화가 추진되었다. 일본에서도 규제완화의 일환으로 국영기업의 민영화가 추진되었다.

전후의 경제부흥 및 고도성장기를 통하여 정부는 공익성을 가지면서도 민간기업의 채산성에 맞지 않은 사업부문을 정부자금을 투입하여 국영사업으로 운영하였다. 국영사업으로는 정부가 직영한 우정(郵政)사업과 공사(公社) 형태로 운영한 전국적 철도사업, 담배전매사업, 전신·전화사업 등이 있었다.

민영화 논의는 1970년대 중반 이후 먼저 공사 형태의 사업을 대상으로 대두되었다. 이 시기에는 기술혁신 등 경영환경의 변화로 사업채산성에서의 민영화 가능성은 높아지고 있었다. 한편 정부로서는 민영화로 막대한 재정지출을 절감할 수 있었다. 국영기업의 민영화는 많은 논의가 이루어진 끝에 1980년대에 진전되었다.

민영화의 내용은 공사 형태의 국영기업을 특수회사로 전환한다는 것이었다. 특수회사는 특별법에 의해서 설립된 회사로 주식을 공개하여 민간자본을 도입하고 민간사업으로 운영되는 기업이었다. 그러나 그것은 완전한 민간회사가 아니라 정부가 발행주식의 일정비율을 소유하고 사업상의 규제도 계속한 문자 그대로 '특수'주식회사였다.

이렇게 해서 3개 공사는 각각 특수회사로 전환되어 철도사업은 지역별로 7개 사로 분할된 JR(일본여객·화물철도), 전매사업은 JT(일본담배산업), 그리고 전신·전화사업은 NTT(일본전신전화)라는 주식회사로 되었다. 이들 외의 특수회사로는 1950년대 초에 설립된 JAL(일본항공), 국제전신전화, 전원개발, 1972년에 설립된 오키나와전력, 그리고 1984년에 설립된 간사이국제공항이 있었다.

정부가 1987년에 JAL의 잔여소유주식(34.4%)을, 1988년에는 오키나와전력의 잔여소유주식(89.8%)을 완매함으로써 이들 회사는 완전 민영화되었다. 나머지 특수회사의 정부소유주식도 1980년대를 통해서 서서히 매각되었다. 그러나 그것이 본격적으로 추진된 것은 1990년대에 들어서였다.

4) 금융자유화

(1) 배경

고도성장기의 금융시스템은 매우 규제적이었다. 국민경제에서의 중요성과 업무의 성격으로 보아 금융업에 대한 정부규제는 어떤 형태로든 있기 마련이다. 특히 일본의 경우 전후의 경제부흥과 고도성장기에 부족한 자금을 최대한 동원하고 효과적으로 기업에 공급하기 위해서 정부는 강력한 금융규제를 하였다. 그 속에서 주거래 은행과의 관계를 중심으로 한 일본은행-시중은행-기업으로 이어지는 '호송선단방식'이라는 특징적인 금융시스템이 형성되었다.

이러한 금융시스템의 기본은 정부(대장성)에 의한 규제였다. 금융시장은 해외로부터 분단되어 폐쇄적이었으며 업종별로도 분단되어 금융기관은 각자의 업무범위 내에서의 영업만이 허용되었다. 이자율도 규제되고 금융기관 간의 경쟁도 제한되었다. 은행업은 면허제였으며 영업범위나 점포 배치에도 정부의 인가가 필요하였다. 규제는 기본적으로 제도화되어 있었으나 그렇지 않은 경우 규제나 지도는 '통달(通達)'을 통해서 이루어질 수 있었다. 엄격한 규제체제하에서 비효율적 금융기관은 보호되고 위급 시에는 정부에 의해서 구제되었다. 자본자유화의 진전에 따른 경쟁격화로 예상되는 금융기관의 파탄에 대비하여 예금보호법(1972)이 제정되었으나 실제로 적용되는 일은 없었다. 금융기관 과보호행정이 계속되는 속에서 경영이 악화된 금융기관은 행정지도로 대금융기관에 합병, 흡수되어 예금보상 문제가 실제로 발생하지는 않았기 때문이다.

규제적 금융시스템은 석유위기 이후 변화하였다. 무엇보다도 금융환경이 크게 변화하였다. 첫째, 석유위기 이후의 기업의 감량경영으로 기업은행 차입금이 감소한 한편 수출 및 해외투자수익의 급증과 엔고효과로 대기업의 보유자금은 증가하였다. 성장률 저하에도 불구하고 높은 저축률이 지속되어 민간부문에서의 금융자산은 크게 증가하였다. 내부

금융력 증대로 기업이 은행에서 차입하는 간접금융은 감소하고 증권시장으로부터의 직접금융은 증대하였다. 자금조달에서 기업의 은행이탈 현상은 확대되었다.

둘째, 대규모의 국채 발행으로 금융시장 기반이 변화하였다. 1975년에 시작된 국채의 대규모 발행은 1979년도에는 발행고가 15.3조 엔에 달하여 일반회계의 국채의존도는 39.6%나 되었다. 고도성장기에는 균형예산원칙이 실행되어 국채가 발행되어도 대부분 금융기관에 의해서 인수되고 1년 후 일본은행에 의해서 재매입·흡수됨으로써 그것이 누적되지는 않았다. 그러나 석유위기 이후 대량으로 발행된 국채는 금융기관의 소화한도를 넘어 금융시장으로 방출되었다. 일반사업회사도 단기금융시장에서의 여유자금의 운용을 확대하였다. 그에 따라 콜, 어음, CP(기업어음), CD(양도성예금), 현·선물채권, 정부단기증권, 단기국채 등의 단기금융시장 및 공채시장이 발전하였다. 다양한 유가증권을 통한 자금조달 비중이 증대하면서 '금융의 증권화'가 진전되었다. 국제금융거래도 확대되었다.

(2) 금융규제의 완화

단기금융, 공채시장이 확대되는 속에서 규제에 익숙하여 보수적이던 금융기관은 업무별로 분단된 시장의 자유화를 요구하였다. 1985년 대규모의 국채 발행에 즈음하여 은행은 인수국채의 시장에서의 자유거래를 요구하였다. 이에 대해서 증권회사는 은행이 국채의 자유거래를 하기 위해서는 은행법의 명확한 규정과 증권거래법상의 인가가 필요하다고 주장하였다. 결국 1981년에 은행법과 증권거래법이 개정·공포되어 1984년에는 은행에 의한 국채거래가 시작되었다. 이에 내외국 발행의 CD, CP, BA(엔 기준 은행인수어음)을 대상으로 은행과 증권회사는 업무분야의 상호진입이 가능하게 되었다.

특히 중요한 것은 금리자유화였다. 공개사장에서의 금리결정영역이 확대되면서 금리자유화의 필요성은 커졌다. 외부적으로는 미국이 일본의 금리규제 철폐를 강력하게 요구하였다. 미국은 일본의 금융기관이 규제된 저금리자금으로 국제금융시장에서의 활동영역을 확대하는 데 강한 불만을 가지고 있었다. 국제화가 진전되는 속에서 일본의 금융기관으로서도 국제적 활동을 전개하기 위해서도 금리자유화는 필수조건이 되었다.

금리자유화는 1985~90년에 정기예금에 대해서 고액에서 소액으로 단계적으로 확대하면서 실시되었다. 그 결과 자유금리예금비율은 1990년까지 도시은행 60%, 지방은행 49%, 신용금고 31%로 되었다.

금리자유화로 일본은행의 금융정책도 변화하였다. 고도성장기에는 일본은행이 결정한 공정이자율(기준금리)이 '창구지도'와 함께 도시은행의 대출을 조절하는 주요수단이었으나 단기금융시장이 발전하고 예금금리자유화가 진전되면서 이제는 반대로 시장금리의 움직임이 공정이자율에 영향을 미치게 되었다. 그 결과 일본은행의 공정이자율은 금융정책의 기본방향을 알리는 효과를 가짐에 불과하게 되었다. 일본은행의 창구지도도 1990년에는 폐지되었다. 이제 일본은행의 역할은 직접적 금리규제가 아니라 시장에서의 통화공급관리를 통해서 물가와 고용안정을 꾀하는 일로 전환되었다.

금융자유화는 국제적으로 확대되었다. 대외금융거래를 원칙적으로 금지해온 일본은 외국환관리법 개정(1980)으로 원칙적으로 자유화하는 방향으로 결정적 전환을 하였다. 1980년대에는 경상수지의 확대와 대외순자산의 급증이라는 배경에서 대외금융거래가 증대하였다. 기업이나 금융기관은 해외에서 자금을 조달하여 운용하였다. 외환관리규제완화를 배경으로 일본경제의 국제화와 내외자본의 국제적 이동도 활발하게 전개되었다. 이러한 전개는 금융자유화를 전제로 한 것이면서 자유화를 촉진한 조건이기도 하였다.

금융자유화는 세계적으로 전개되었다. 1970년대에 들어 국제통화체제가 변동환율제도로 이행하면서 선진자본주의 국에서는 다양한 새로운 금융상품이 등장하고 각종 규제철폐가 진전되고 국제자본이동이 더욱 활발해지면서 금융의 국제화가 진전되었다. 이러한 움직임의 배경에는 금융거래비용의 큰 삭감을 가져온 컴퓨터와 고도정보기술의 발전 등 세계적 규모의 금융거래·결제시스템을 운영할 수 있게 한 기술진보가 있었다. 금융자유화는 선진국이 내부적 개혁으로 시작되었으나 국제적으로 확산·보편화되면서 각국의 금융시스템은 동일화되었다. 그에 따라 각국의 금융규제도 국제적 표준에 맞게 개혁할 필요가 있었다.

2절 기업경영의 전환

1. 배경

1) 엔고불황과 버블경기

플라자합의(1985)를 계기로 엔화가치가 급상승하는 속에서 일본경제는 불황국면으로 반전하였다. 수출이 급감하여 수출증가율은 1984년 13.3%에서 1986년에는 -0.7%로 하락하였다. 같은 기간에 민간설비투자는 10.9%에서 4.3%로, 광공업생산증가율은 9.9%에서 -0.2%로, 경제성장률은 5.0%에서 2.7%로 크게 하락하였다. 엔고의 영향은 내수산업에서는 큰 것은 아니었으나 각종 기계, 철강, 조선 등 수출의존도가 높은 산업에는 큰 타격을 주었다. 선행한 경기상승이 수출주도였던 만큼 수출감소는 경기후퇴로 직결된 것이다.

엔고의 타격을 받은 수출관련 산업은 기업 내부에서 한층 더 합리화를 추진하는 한편 내수시장으로의 전환, 생산거점의 해외이전, 부품과 원자재의 해외조달 확대 등 적극적으로 대응하였다. 엔고불황 속에서도 경상수지흑자는 확대되어 1986년에는 941억 달러에 달하였다.

엔고불황은 단기간에 그쳐 1986년 말에는 회복국면으로 접어들면서 엔고경기로 반전되었다. 그것은 1991년 초까지 계속되어 '헤이세이경기'로 불린 장기호황이었다. 1987~90년의 연평균성장률은 5.3%나 되었다. 엔고경기는 이전의 수출주도형과는 달리 내수주도형 경기회복이라는 특징을 가지고 있었다. 경기호전은 엔고에 의한 원료, 석유, 금리 등의 저가격에 따른 기업수익 증대, 개인소비지출 증대, 정부의 경기대책 등에 의한 것이었으나 점차 주식과 토지가격의 급상승을 수반하여 가열되었다. 엔고경기는 경제의 기본과는 무관한, 자산가격의 급상승이라는 금융현상으로 과열된 경기라는 의미에서 버블경기라 불렸다.

경기는 1988년경부터 가열되기 시작하였다. 주가와 지가(대도시 상업지구)는 1989년의 최고시점에서는 1986년의 각각 3배나 상승하였다. 경상수지흑자의 계속으로 자금수급조건이 크게 완화된 상태에서 금융당국에 의한 금리의 대폭인하와 달러 매입으로 통화공급량은 증가하고 자금은 잉여상태로 되었다. 저가로 조달된 자금은 가격이 상승하는 주식과 토지의 투기적 거래에 투입됨으로써 자산가는 상승하고 그것이 상승효과를 가지면서 자산가 상승을 부추겼다.

자산 인플레이션으로 거대한 자산가 차익이 발생하였다. 그것은 1987년에는 250조 엔을 넘어 GNP의 70%나 되었다. 거액의 자산가 차익은 미증유의 소비 붐을 유발하였다. 토지매각과 주식운용으로 다수인이 투기적 불로소득을 취득하였다. 거액의 자산가 상승 차익을 취득한 것은 일부 층에 한정되어 있었지만, 주택의 자산가치 상승기분으로 일반인이 부유해졌다는 느낌도 커졌다. 기업의 왜곡된 호경기 기분도 높아졌다. 그 속에서 대형소비 붐이 나타났다. 개인소비는 생활관련 내구소비재만이 아니라 각종 사치품, 레저, 해외여행 등으로 확대되었다. 대형소비붐으로 버블경기는 과열되었다.

경기과열 속에서 일본은행은 인플레이션 대책으로 1989년 이후 3회에 걸쳐 금리를 6%까지 인상한 한편, 정부는 1990년을 전후하여 토지투기억제책으로 '토지기본법'을 제정하고 세제상의 조치라든가 부동산융자의 총량 규제를 실시하였다. 그 결과 주가는 1990년부터 하락하기 시작하여 일시적인 반등을 하면서도 2003년에는 최고치 시의 20% 수준으로 떨어졌다. 토지가격은 1991년 이후 계속 하락하였다. 정부와 중앙은행은 부동산융자 총량 규제해제, 금리인하, 창구지도 폐지 등의 조치를 취하였으나 주가와 지가의 대폭하락은 계속되었다.

2) 장기불황

당국에 의한 경기대책도 적극적으로 이루어졌다. 일본은행은 1991~93년에 7차에 걸쳐 금리인하를 하였다. 그 결과 금리는 버블기의 2.7%를 밑도는 1.75%까지 하락하였다. 금리는 그 후에도 인하되어 1995년에는 0.5%까지 하락하였다. 한편 정부는 1992~94년에 5회에 걸친 긴급경제대책으로 55조 엔에 달하는 재정지출을 하고 뒤이어 5.5조 엔에 이르는 소득세특별감세와 부동산평가액 인하를 실시하였다. 당국의 대형경기대책에도 불구하고 불황은 계속되었다. 민간설비투자의 증가율은 마이너스를 나타내고 민간소비도 감소하였다. GDP 성장률은 1992년 3.8%에서 1992년에는 1.0%, 1993년에는 0.3%로 하락하였다.

1995년부터의 주택과 기업설비 등 민간소비와 수출증가로 경기는 회복국면으로 반전하여 1996년 GDP 성장률은 5.1%를 기록하였다. 그러나 경기회복은 단기에 그치고 경기는 다시 불황국면으로 돌아섰다. GDP 성장률은 1997년에는 1.4%, 1998년에는 -2.8%까지 떨어졌다. 성장률 정체 상태는 2000년대로 이어지면서 '잃어버린 10년'이라 불린 전례 없는 장기불황이 계속되었다.

장기불황 속에서 자산가격의 폭락과 고용사정 악화에 따른 소득불안으로 민간소비수요는 큰 폭으로 감소하였다. 민간소비지출의 전년도비 증가율은 1990년 4.4%에서 1991년(2.5%) 이후 계속 떨어지고, 1996년(2.9%)에 약간 회복하였다가 다시 하락하여 1998년에는 -2.8%로 되었다. 기업의 설비투자의 전년도 대비 증가율은 1990년 10.9%에서 1996년(11.3%)을 예외로 크게 감소하여 1998년에는 -11.4%로 떨어졌다.

3) 금융위기

설비투자의 감소에는 신용위기에 기인한 바가 컸다. 앞에서 본 바와 같이 많은 기업은 내부자금력이 증대하는 속에서 자금조달방법을 은행에 의존하는 데서 벗어나 주식금융(equity finance)으로 전환하였다. 버블경기 속에서 많은 기업은 주식, 토지거래 등으로 자산증식 활동을 추구하였다. 그러나 버블이 터지면서 자산증식 활동은 실패하고 기업채무는 누적되었다.

한편 은행은 자금이 금융시장으로 유입하는 데도 기업의 '은행이탈'이라는 시장조건의 변화 속에서 새로운 자금대출 대상을 찾지 않으면 안 되었다. 그 대상으로 나타난 것이 토지담보대출이었다. 은행은 지가가 급등하는 속에서 융자대상에 대한 적절한 사전심사나 사후 모니터링 없이 지가상승만 믿고 경쟁적으로 융자를 확대하였다. 금융기관은 전통적으로 이어져온 '호송선단식'보호행정에 익숙하여 위기관리에 둔감해지고 자기책임원칙을 철저히 지키지 못한 채 융자경쟁을 한 것이다.

그러나 그것은 위험한 융자였다. 지가는 언젠가는 떨어질 것이며 그렇게 되면 토지담보대출은 부실채권화할 것이기 때문이다. 사실 버블경기가 붕괴되면서 은행의 부실채권은 누적되었다. 그러나 부실채권의 처리과정에서도 정부와 금융기관은 그 실태를 제대로 공개하지 않고 처리를 미루다가 확대·장기화되었다. 거액의 불량채권 증가로 은행은 채무초과 상태가 되고 경영기반이 취약해졌다. 결국 많은 금융기관이 파산하고 1997~98년에는 일부 대형 금융기관까지 경영파탄에 직면하였다. 금융시스템의 불안은 위기적 양상으로 되었다. '헤이세이(平成)금융위기'가 발생한 것이다.

2. 기업체제의 재편성

1) 대형 기업의 도산과 합병

장기불황 속에서 기업도산·합병이 급증하면서 기업체제 재편이 진전되었다. 무엇보다도 기업도산이 잇달았다. 기업도산은 1990년대 들어 지가급락의 영향을 받은 부동산업, 종합건설업(제네콘)에서 시작하여 1995년부터 2000년대 초에 걸쳐서 대량의 불량채권을 안은 금융업, 유통업을 중심으로 광범하게 나타났다.

도산기업으로는 종합건설업에서는 교와(共和), 무라모토(村本), 도카이(東海)흥업, 다다(多田), 다이토(大都) 등의 종합건설회사, 금융업에서는 1994년 이후 신용조합을 비롯하여 지방은행 등 중소금융기관에서 시작하여 1997년에서 2000년대 초에 걸쳐서 도시은행으로는 홋카이도척식은행, 일본장기신용은행 및 일본채권신용은행의 2장기신용은행, 증권업에서는 산요(三洋)와 야마이치(山一)의 2사, 생명보험업에서는 닛산(日産), 도호(東邦), 도쿄(東京)를 비롯한 7사 등 유력 금융기관 등이 있었다. 유통업에서는 야오한(슈퍼), 도쇼쿠(식품상사), 오쿠라(大倉)상사(철강·기계상사), 야하기(철강상사, 소프트제작 등), 나가사키야(長崎屋), 마이카루 등이 있었다. 대규모 도시은행들도 막대한 부실채권을 안고 정부의 공적자금 주입으로 재건 노력을 하지 않으면 안 되었다. 정부는 파탄기업의 재생을 위하여 민사재생법 제정(2000)과 함께 산업재생기구를 설치(2003)하여 전 산업적인 불량채권의 정리와 기업재생을 추진하였다.

한편 업계에서는 기업파탄이 광범하게 발생하는 속에서 기업체질 강화를 위하여 기업합병이 활발하게 전개되었다. 〈그림 14-1〉에서 보는 바와 같이 제2차 세계대전 후 최초의 대형합병 붐은 1965년에서 1970년대 초에 나타났다. 이 시기에 미쓰비시계 3사의 합병체인 미쓰비시중

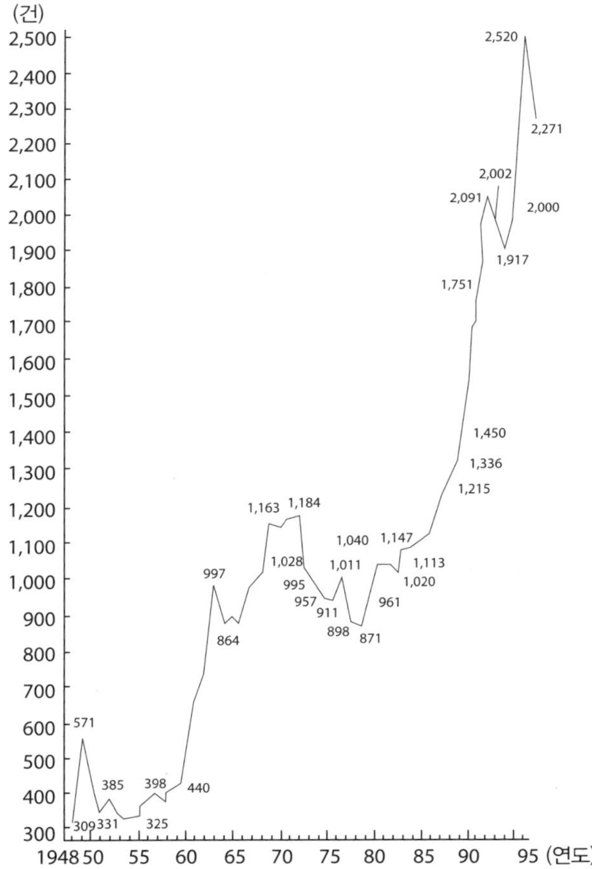

자료: 宇田川勝·中村青志 編, 1999: 150.

그림 14-1 기업합병 건수의 연도별 추이

공업, 닛산(日産)자동차의 프린스자동차 흡수, 니혼레이온과 니치보(日紡)의 합병체인 유니치카, 야와타와 후지의 합병체인 신니혼제철 등의 대기업이 출현하였다. 금융업에서도 대규모 합병으로 다이이치칸교(第一勸業)은행과 다이요코베(太陽神戸)은행이 전후해서 탄생하였다. 기업합병은 1970년대에 감소하다가 1980년대 들어 증가추세로 되고 1990년대에 급증하여 제2의 대형합병 붐을 맞이하였다.

1990년대의 장기불황 속에서 기업은 생존을 담보한 합병을 모색하였다. 이 시기에 탄생한 주요 합병제조업 기업으로는 미쓰비시계의 금속·시멘트 2사의 합병체인 미쓰비시마테리얼, 주죠(十條)제지와 산요고쿠사구(山陽國策)펄프가 합병한 니혼제지(日本製紙), 미쓰비시화성(化成)과 미쓰비시유화(油化)가 합병한 미쓰비시화학, 오노다(小野田)·지치부(秩父)양 시멘트가 합병한 오노다지치부시멘트, 신오지(新王子)와 혼슈의 두 제지회사가 합병한 오지제지, 니혼텔레콤과 일본국제통신이 합병한 니혼텔레콤, 미쓰이계 2사가 합병한 미쓰이화학, 일본지업과 주죠판지가 합병한 일본판지 등이 있었다.

2000년대에 들어서는 통신 3사가 합병한 KDDI, 석유 2사(미쓰비시와 신니혼)가 합병한 신니혼석유, 가와사키제철과 NKK의 철강부문이 합병한 JFE홀딩스, 히타치(日立)와 NKK의 조선부문이 합병한 유니버셜조선 등 대형 합병기업이 뒤이어 탄생하였다.

2) 금융개혁과 금융기관의 재편성

금융위기(1997~98)에 직면하여 정부는 금융시스템의 안정성·건전성을 회복하기 위하여 금융개혁을 단행하였다. 정부는 1998년에 일련의 특별입법으로 긴급대응책을 마련하였다. 그 내용은 예금전액보호(17조 엔), 파탄금융기관정리(18조 엔), 금융기관자금증강(25억 엔) 등 합계 60조 엔에 이르는 공적자금을 금융기관에 투입한다는 것이었다. 공적 자금 투

입과 함께 금융재생위원회와 금융감독청도 설립되었다.[1]

정부는 1997년에 금융개혁안을 제시하였다. 그에 앞서 하시모토(橋本) 정권은 행정, 재정, 경제구조 등 6개 분야 개혁의 하나로 금융시스템의 개혁을 천명하였다. 그것은 일본의 금융시장을 자유화, 투명화, 세계화하여 활기찬 국제금융시장으로 재생시킨다는 것이었다. 이러한 기본원칙을 구체화하여 금융개혁안이 제시된 것이다.

개혁안의 주요내용은 첫째로 증권거래관련 규제의 철폐와 내외자본거래의 자유화, 둘째로 지주회사제도의 도입, 각종 업무규제 철폐, 업종간의 상호진입 촉진, 다양한 금융서비스 제공, 셋째로 거래소집중의무의 철폐, 각종 시장의 정비, 신상품의 개발, 넷째로 회계제도의 정비, 시장에 대한 감시체제의 정비 등이었다. 이러한 개혁안에 따라 1998년에는 금융개혁관련법이 제정·시행되었다.

일본판 금융빅뱅이 추진되는 속에서 금융기관의 재편성은 크게 진전되었다. 무엇보다도 업종 간 장벽이 철폐되어 상호 시장진입이 자유화됨으로써 도시은행, 신탁, 증권, 보험의 결합이 진전되고 금융지주회사제도를 통한 금융계열화와 국경을 넘은 외국계 자본과의 제휴결합이 진전되었다.

대규모 금융기관의 재편성은 1990년대 초부터 나타났다. 1991년에는 이미 1970년대 초에 그 자체가 각각 합병으로 탄생했던 미쓰이은행과 다이요코베은행의 재합병으로 사쿠라은행이 탄생한 데 이어 사이타마(埼玉)와 교와(協和)의 두 은행이 합병하여 아사히은행이 탄생하였다. 그리고 1996년에는 미쓰비시은행과 도쿄은행이 합병하여 도쿄미쓰비시은행이 탄생하였다.

금융기관의 재편성은 2000년대 들어 대규모로 전개되었다. 금융위기가 계속되는 속에서 정부는 1998년에 금융건전화를 위한 일련의 제도적 장치를 마련하는 한편 거대은행에 대해서는 예금보험기구를 통하여 막대한 공적자금을 긴급 투입하였다. 그 결과 거대은행의 파탄이라는 사태는 모면할 수 있었다.

은행은 합병을 거듭하면서 대규모로 재편성되었다. 2001년에는 스미토모와 사쿠라의 두 은행이 합병한 미쓰이스미토모은행, 2002년에는 후지, 다이이치칸교, 니혼흥업의 세 은행이 합병한 미즈호은행, 2003년에는 지역적 두 은행이 합병한 리소나은행, 그리고 2006년에는 도쿄미쓰비시와 UFJ(2002년, 상와[三和]와 도카이[東海]은행의 합병체)의 합병으로 미쓰비시도쿄UFJ가 탄생하였다. 재편성 과정을 거치면서 은행, 증권 등 다양한 금융기관을 산하에 둔 지주회사조직의 대규모 금융기관을 중심으로 한 금융체제가 형성되었다.

3. 일본적 경영의 변용

1) 배경

일본적 경영은 기본적으로 두 개의 기둥을 가지고 있었다. 하나는 내부승진임원이 안정주주를 기반으로 주식시장의 영향에서 상대적으로 자유로운 기업경영기능을 수행하는 한편 메인뱅크(주거래은행)가 그것을 감독·감시하는 기업지배구조이며, 다른 하나는 장기계속고용과 연공임금을 기반으로 한 협조적 노사관계다. 이들 기반 위에서 기업경영자는 기업의 장기성장 내지 종업원 이익의 최대화를 지향한 경영을 할 수 있었다.

일본적 경영은 전후 일본의 개혁기에 형성되기 시작하여 고도성장기에 확립되면서 기업이 높은 국제경쟁력을 획득하는 데에 순기능을 한 것으로 인식되어왔다. 일본기업이 석유위기에도 효과적으로 대응하고 1980년대에 걸쳐서 두드러지게 발전하면서 '일본적 경영'은 국제적으로 주목을 받았다. 특히 일본적 고용관리시스템은 보편성을 띤 것으로 평가되면서 일부 합작기업을 통해서 외국기업에서 도입을 시도하기도 하였다.

그러나 일본적 경영은 환경조건의 변화에 따라 변용이 불가피하게 되었다. 환경변화로는 첫째, 장기불황이다. 장기불황으로 거듭되는 구조조정 속에서 기업의 설비투자는 위축되고 고용기회는 감소하였다. 구조조정은 석유위기에 대응한 기업의 감량경영에서 이미 나타났지만, 기업의 성장잠재력은 컸다. 사실 1980년대는 일본기업이 크게 발전한 시기였다. 이 시기에 기업은 내부축적기반을 확대하여 자금조달에서의 은행 의존에서 탈피하여 증권시장을 통한 직접금융을 확대하였다. 기업의 은행이탈 경향은 버블경기 붕괴에 이은 장기불황과 금융위기 속에서 가속화되었다. 한편 1990년대의 장기불황 속에서 기업의 설비투자는 감소하고 기업활동은 위축되었다. 그 속에서 실업이 증가하여 실업률은 2002년에는 5.5%나 되었다.

둘째, 세계화의 진전이다. 엔고하에서 일본기업은 중국과 동남아시아를 중심으로 해외생산거점을 확대하거나 부품 및 제품의 위탁생산을 추진하였다. 그것은 국내적으로는 산업공동화 문제를 초래하였다. 특히 일본기업은 1990년대 들어 활동무대가 세계화되면서 국경 없는 경쟁에 직면하였다. 그 속에서 기업의 국제적 제휴, 대규모의 국제적 M&A, 임직원의 다국적화가 진전되었다. 기업은 세계기업으로 변신하거나 글로벌스탠더드에 유효하게 대응하지 않으면 안 되게 되었다.

셋째, ME화에서 IT 혁명에 이르는 기술혁신의 진전이다. 이들 새로운 기술혁신으로 생산현장에서 장기간 쌓아온 숙련기술의 가치는 떨어지고 내부에서 축적된 고유의 인력은 외부의 인력으로도 유효하게 대체될 수 있게 되었다. 이러한 노동력공급조건하에서 장기계속고용과 연공임금의 장점은 약화되었다. IT 혁명의 진전에 따른 환경변화에 유연하게 대응하기 위해서 외부인재의 기용, 계열 및 국내 기업의 테두리를 벗어난 다양한 상대와의 거래가 필요해졌다.

넷째, 인구의 고령화다. 고령화의 진전으로 임금비중이 커지고 연공임금의 유지는 곤란하게 되었으며 정년 후의 재고용이 일반화되면서 종신고용제는 사실상 기능하기 곤란해졌다.

2) 기업지배구조의 변용

기업지배구조는 버블경기의 붕괴와 뒤이은 장기불황 속에서 동요하였다. 전문경영인의 지배를 뒷받침해온 안정주주의 지위가 약화된 것이다. 〈표 14-1〉은 주식의 안정소유 및 상호소유관계의 변화추이를 나타낸 것이다. 주식의 안정소유비율은 1987~99년에 47.87%에서 38.01%로 떨어지고, 상호소유비율은 21.47%에서 10.87%로 큰 폭으로 저하하였다. 그것은 버블경기 붕괴 후의 수익악화로 일반사업기업이 은행주를 매각하는 한편 은행도 불량채권상각을 위하여 사업기업 주식의 매각을 추진하였기 때문이었다.

더구나 1990년대 들어 증권회사 등 금융기관을 중심으로 한 기업의 뒤이은 파탄을 계기로 경영에 대한 주주의 발언이 커졌다. 제도적으로도 주주대표소송이 용이해지고 실제로 주주소송도 증가하여 주주총회일의 집중이라든가 정보 개시에 대한 비판이 커졌다. 더욱 중요한 것은

표 14-1 주식의 안정소유 및 상호소유 비율의 추이 (단위: %)

구분 연도	안정소유비율	상호소유비율
1987	47.87	21.47
1990	47.58	21.42
1995	45.16	20.31
1998	41.27	16.02
1999	38.01	10.87

주: 상호소유주식은 두 회사 간의 상호소유가 확인된 주식이며, 안정소유주식은 상호소유주식, 금융기관 소유주식, 사업회사 소유의 금융기관 주식, 관계회사 소유의 주식임.
자료: 金森久雄·香西泰·大守隆, 2001: 197.

주주자본이익률(ROE)이 계속 하락함에 따라 거래비중을 높여온 외국인 투자가 내지 국내기관투자가가 기업경영에 공세를 강화하였다는 것이다. 그 결과 기업도 주주중시 경영을 하지 않을 수 없게 되었다.

대기업의 재무체질 강화와 은행의존도의 저하에 따라 안정적 기업지배기반으로서의 주거래은행의 영향력도 감소하였다. 버블경기 속에서 메인뱅크는 감시, 체크 기능을 적절하게 수행하지 않으면서 거액의 자금을 기업에 대출하였다. 기업은 그것을 가격이 급상승하는 주식과 토지에 투자하였다. 그러나 기업의 투기성 투자는 뒤이은 장기불황기에 누적채무가 되고 그에 대출한 주거래은행은 거액의 불량채권을 떠안게 되었다. 기업과 은행은 자사의 재무구조 개선과 불량채권 상각을 위하여 상호의 소유주를 매각하게 되었으며 그 결과 주식의 상호소유관계도 약화되었다. 그에 따라 경영자기업의 안정적 지배기반도 약화 경향을 나타내었다.

한편 경영목표도 변화하였다. 주주의 이익을 위하여 자본이익률을 중시하는 미국기업과는 달리 종업원의 이익을 위하여 매출액·장기성장을 중시해온 일본기업도 자본이익률중시 경향을 나타내고 있다. 〈그림 14-2〉에 따르면 조사시점(1999)에서는 '중시하는 편'을 포함한 '매출액

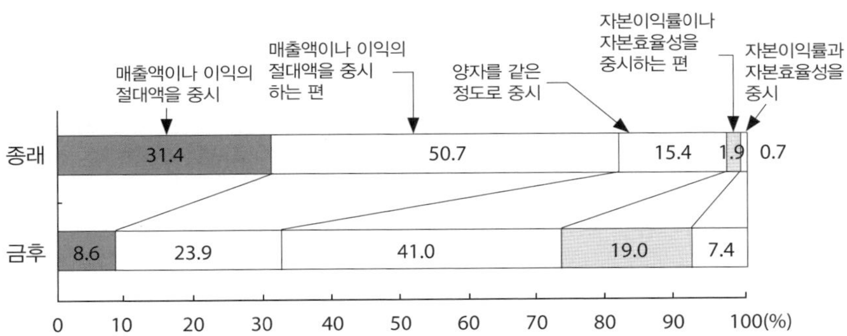

자료: 金森久雄·香西泰·大守隆, 2001: 199.

그림 14-2 재무전략상 중시하는 사항

이나 이익의 절대액을 중시'가 82.1%로 압도적이었으나 금후 전망으로는 32.5%로 크게 하락한 반면, '양자를 같은 정도로 중시'는 15.4%에서 41%로, 그리고 '자본이익률이나 자본효율성 중시'는 2.6%에서 26.4%로 크게 상승하였다. 경영목표의 변화가 예고되고 있는 것이다.

한편 장기계속거래 관계에서도 변화의 조짐이 나타나고 있었다. 경제기획청조사(1998)에 의하면 기업 간 거래현황으로는 '장기계속거래를 하고 있다'가 '계열그룹기업' 간(96.1%)과 '하청기업' 간(83.3%) 할 것 없이 대다수를 차지하고 있는 한편, 앞으로 5년 내에 '거래관계 선별 움직임이 강화된다'라는 기업비율이 '계열기업그룹' 간에서는 26.8%, '하청기업' 간에서는 61.4%로 상승하고 있는 것이다.[2]

3) 고용관행의 변용

고용관행에서도 변화 양상이 나타나고 있다. 기업행동에 대한 경제기획청조사(1998)에 의하면 기업의 현재의 주된 방침은 '장기계속고용'(94.7%), '연공임금'(56.7%), '장기적 관점의 인재육성'(68.2%), '복리후생의 충실'(58.5%)인 한편, 5년 후에 중요성이 커질 방침은 '장기계속성을 전제하지 않은 고용'(43.8%), '능력주의적 처우'(91.3%), '추진력·전문성 중시의 인재 확보'(61%), '복리후생 축소'(74.8%)로 나타났다.[3]

실제적으로도 고용관행은 그동안 많은 기업에서 변용되었다. 먼저 기업은 종업원 감축을 적극 추진하였다. 〈표 14-2〉는 대표적 기업 15개 사의 종업원 수의 변화를 나타낸 것이다. 이에 따르면 1990~99년에 15개 사의 종업원 수는 62만 명에서 51만 명으로 11만 명, 그리고 비율로는 17%나 감소하였다. 기업은 해고는 피하면서 신규채용 삭감, 정년퇴직 인원의 불충원, 자회사 등으로의 이적, 조기퇴직제도의 도입 등의 방법으로 고용을 조정하였다. 이러한 고용조정에도 불구하고 『경제백서』(1999)에 의하면 과잉고용은 230만 명이나 되었다. 고용환경이 어려워

표 14-2 주요 기업의 종업원 수의 변화 (단위: 명, %)

구분 \ 연도	1990	1999	증감
신니혼제철	55,255	29,926	− 62.1
미쓰비시중공업	44,534	40,114	− 9.9
후지쓰	51,900	44,182	− 14.9
니혼전기	39,494	37,892	− 4.1
히타치제작소	82,473	61,667	− 25.2
도시바	72,580	60,584	− 17.1
소니	18,188	21,645	19.0
마쓰시타전기산업	45,191	45,702	1.1
도요타자동차	70,841	69,998	− 1.2
닛산자동차	57,964	35,106	− 39.4
가시마	13,539	12,605	− 6.9
이토요가도	13,565	16,979	25.2
도쿄미쓰비시은행	22,778	17,878	− 21.5
후지은행	16,022	14,151	− 11.7
스미토모은행	17,384	15,036	− 13.5

자료: 三橋規宏·內田茂男·池田吉紀, 2000: 431.

지면서 고용조정은 계속되었다. 종신고용 대상인 정규종업원 수가 감소하는 한편 그 대상이 아닌 비정규직종업원 수는 증가하고 있는 것이다.

종신고용제도가 변질되면서 연공임금제도도 변용될 수밖에 없었다. 많은 기업이 임금과 승진을 위한 인사평가에서 연공보다 업적이나 능력을 중시하게 되었으며 필요한 경우 중도채용도 하게 되었다.

노동조합의 존재감도 크게 약화되었다. 협조적 노사관계 속에서 노조는 기업의 대규모 고용조정에 대해서도 적극적인 반대운동을 하지 못하였다. 노동조합은 기업의 일방적인 지명해고에 대해서는 반대투쟁을 하였으나 희망퇴직자 모집에 의한 인원삭감에는 동의하였다. 따라서 '지명해고' 이외의 방법에 의한 고용조정에 대해서 조합은 반대하지 못하였다.

한편 노조의 유효한 임금인상 투쟁수단이던 '춘투'도 실효를 올리지 못하게 되었다. 임금인상이 실질적으로는 개별기업의 업적에 의해서 큰 영향을 받을 수밖에 없고 또한 영업실적은 기업에 따라 차이가 큰 상황에서 산업의 통일기준에 따라 획일적으로 임금인상을 요구하는 춘투방식으로 효과적인 임금인상 교섭을 할 수는 없게 되었다. 장기불황 속에서 임금인상은 일반적으로 정체 경향에 있었다.

종장

총괄

1. 기업 발전의 일반성

1) 발전 경향

근대 기업은 과거 2세기 동안 소기업에서 성숙한 대기업중심체제로 근본적으로 진화하였다. 공업화가 진전되는 속에서 인구증가, 소득상승, 도시화의 진전, 교통통신 수단의 발달이 이루어지면서 시장은 전국적 및 세계적으로 확대·심화되었다. 한편 연이은 기술혁신으로 새로운 생산수단과 생산방법의 도입과 함께 다양한 신제품·신공업이 뒤를 이어 출현하고 발전하였다. 기업기회가 확대되는 속에서 기업은 경쟁적으로 시장에 진입하면서 활발한 활동을 전개하였다. 사업의 규모와 범위는 점차 확대되고 수직통합과 합병으로 기업규모는 거대해졌다. 그와 함께 기업은 다양해진 업무를 효율적으로 관리할 수 있는 조직구조와 관리방법을 도입하지 않으면 안 되었다. 그러한 필요에서 새로운 조직이 개발되고 관리방법도 체계화·과학화되었다. 근대적 대기업은 기본적으로 이러한 과정의 연속선상에서 진화하였다. 그것은 역사적으로는 성립, 발전, 성숙, 전환이라는 네 시기를 거치면서 진화하였다.

2) 성립기

첫째 시기는 18세기 말에서 1870년대까지의 산업혁명과 그의 기반 위에서 공업화가 진전된 시기다. 이 시기는 기계를 설치한 공장공업이 전개되어 기업은 자본규모를 확대하고 생산과정에서도 공장에 집중된 다수 노동자를 기계의 움직임에 맞추어 규칙적으로 작업하도록 관리하지 않으면 안 되었다. 이에 경영자는 전통적 기업과는 달리 '관리'라는 새로운 문제에 직면하게 되었다.

이 시기의 기업 형태는 기본적으로 소규모의 개인기업 내지 파트너십이었다. 기업이 성장함에 따라 기업규모도 확대되었다. 그러나 기업의 고정자본은 기본적으로 자기금융으로 조달되고 생산은 단일제품 내지 단일 라인에 특화되어 있었으며 제품판매는 외부 중간상인의 기능에 의존하였다. 중간상인도 특정상품 거래에 특화된 전문적 상인이었다. 관리조직도 단순하여 소유경영자 1인이 독재적으로 관리하는 원초적 상태에 있었다. 노사관계도 원초적·대립적이었다. 시장은 기본적으로 '보이지 않는 손'에 의해서 조정되는 완전경쟁시장이었다.

3) 발전기

둘째는 1880년대에서 1930년대에 이르는, 제2차 산업혁명의 기술기반 위에서 공업화가 심화된 시기다. 이 시기는 구산업의 기술도 한층 더 개량되었으나 특히 중요한 것은 제2차 산업혁명의 기술혁신이 진전되어 철강, 화학, 전기기계, 자동차 등 신산업이 등장하여 두드러지게 성장하였다는 것이다.

신기술과 신산업이 전개되는 속에서 기업기회는 크게 확대되었다. 다수 기업이 새로운 시장으로 진입하고 신제품의 개발 내지 신생산 방법의 도입을 적극 추진하면서 성장하였다. 그 속에서 기업규모와 생산량은 더욱 확대되었다. 그에 따라 기업은 외부의 중개업자에 의존하던 제품판매와 원료구매의 기능을 내부화하면서 대기업으로 성장하였다. 기업규모는 수직통합과 수평통합으로 일거에 확대되었다. 일부 선구적 기업은 제품다각화로 사업범위를 확대하였다. 사업범위의 확대는 다국적 기업 활동을 통해서 지리적으로도 진전되었다.

유통업에서는 제조기업의 전후방통합으로 중간도매상의 지위가 약화된 반면 백화점을 비롯한 새로운 형태의 대형소매기업이 성장하였다. 금융부문에서도 은행을 비롯한 금융기관의 대형화가 진전되었다.

규모와 범위의 경제를 추구한 대기업은 다양화된 내부의 여러 기능을 효율적으로 조정·수행할 수 있는 체계적 관리조직을 도입하지 않으면 안 되었다. 그 속에서 집권적 계층제도가 일반화되고 다각화기업에서는 선구적으로 분권적 사업부제가 도입되었다.

노사관계도 새로운 전개를 나타내었다. 노동자 수의 증가와 함께 전통적으로 숙련공의 기능별 조합으로 전개되어온 노동조합은 비숙련공을 포함한 산업별 조합으로 되고 노동운동도 대규모화·과격화되었다. 작업현장에서의 경영지배권에 대한 대립도 계속되었다. 대립적 노사관계에서 우월한 지위에 선 것은 고용주 측이었다. 그들은 온정주의로 노사 간의 대립을 완화하려 하였다.

대기업체제하에서 기업 형태로는 주식회사가 일반화되면서 주식은 광범하게 분산되었다. 소유와 경영은 분리되고 대기업은 주식소유 기반이 없는 전문경영자에 의해서 지배되는 '경영자자본주의'로 되었다. 산업집중이 진전되고 과점적대기업 간의 경쟁이 전개되는 속에서 시장은 '보이는 손'에 의해서 관리되는 시장으로 되었다.

4) 성숙기

셋째는 1950~60년대의 시기다. 이 시기에는 제2차 세계대전기에 개발된 신기술이 산업화되면서 기존의 기술기반이 확대·심화되어 중화학공업은 더욱 발전하고 전자, 고속컴퓨터, 항공, 우주, 원자력, 석유합성화학, 합성섬유 등 신사업이 발전하였다. 제2차 세계대전 후의 조정·부흥을 거친 자본주의경제는 이 시기에 장기의 고도성장을 지속함으로써 번영의 절정에 도달하였다. 정부는 '큰 정부'가 되어 완전고용과 경제의 안정적 확대를 지향하는 정책을 적극 추진하는 속에서 국민의 실질소득은 지속적으로 상승하고 국제경제관계도 확대되었다. 대중소비시장은 국내적·국제적으로 크게 확대되었다.

기업기회가 확대되는 속에서 기업은 경쟁적으로 확대전략을 추구하였다. 기업은 대량생산체제를 확대하고 R&D 투자 확대로 신제품 개발을 추진하면서 사업의 규모와 범위를 확대함으로써 더욱 대기업으로 성장하였다. 컴퓨터 등 일부 신산업에서는 신규시장진입 기업이 대기업으로 성장하기도 하였다. 그러나 이 시기에 확대전략을 주도한 기업은 중화학공업을 산업적 기반으로 한 기업이었으며 그 대부분은 전전부터 성장해온 대기업이었다. 그들 기업은 신제품을 포함한 다양한 제품의 대량생산과 대량판매 등 최대한의 확장전략을 추구하고 그에 적합한 조직구조를 전반적으로 도입하면서 근대 기업으로서의 성숙단계에 도달하였다. 그와 더불어 산업집중은 더욱 진전되고 중소기업의 지위는 급속하게 저하하였다.

대기업의 사업 확대는 선행한 시기에서와 같이 다각화와 기업합병으로 촉진되었다. 합병은 다각화의 손쉬운 방법이었다. 기업합병은 자동차, 전기기기, 섬유, 소매 등을 비롯하여 많은 산업에서 광범하게 전개되었다. 다각화는 다국적기업의 대규모 전개에 따라 제품만이 아니라 지역적으로도 확대되었다. 그 결과 대기업의 대다수는 복수의 사업을 영위하는 다각화기업으로 되었다. 그 속에서 본업과의 사업관련성이 전혀 없는 다수의 다양한 사업기업을 M&A한 복합기업까지 출현하였다.

다각화의 진전에 대응하여 관리조직도 변화하였다. 1920년대에 도입되기 시작한 분권적 사업부제는 이 시기에 이르러 일반화되었다. 중화학공업을 산업기반으로 하는 근대적 대기업은 성숙단계에 도달하였다.

기업의 대형화는 소매업에서도 진전되었다. 특히 이 시기에는 백화점이라든가 연쇄점 등 종전부터 성장해온 소매기업 이외에 할인점과 프랜차이즈 등 새로운 형태의 소매점이 출현하여 경쟁적으로 성장하였다.

전통적으로 대립적이던 노사관계는 타협적 관계로 변화하였다. 새로운 노동관계법에 의해서 체결된 노사협약의 준수가 의무화되면서 노동조합은 경영권에 대한 도전적인 태도를 포기하는 한편, 고용주는 노동자의 고용보장, 노동규칙의 자의적 운용 자제, 임금결정의 물가 및 생산성과의 연동을 수용하였다. 노사 간의 문제는 경제문제로 한정되게 된 것이다.

기업의 규모와 범위의 확대에 따라 자본조달의 외부금융기관에 대한 의존도는 더욱 증대하였다. 거대 상업은행, 투자은행, 보험회사, 투자신탁, 연금기금 등 금융기관을 매개로 거액의 자금이 주식에 투자되었다. 주식이 광범하게 분산되는 속에서 경영책임은 대기업의 경우 일반적으로 주식소유와 무관한 전문경영자가 담당하게 되었다. 이 단계에서 '경영자자본주의'는 지배적으로 되었다.

5) 전환기

넷째는 1970년대 중반에서 2000년대의 오늘날에 이르는 시기다. 이 시기는 그때까지 기업이 중화학공업을 기반으로 추구해온 확대전략이 경영환경의 변화로 한계에 달하면서 기업경영시스템의 새로운 전환이 모색된 시기다.

1970년대에 미국을 비롯한 선진자본주의 경제는 저성장경제로 결정적인 전환을 하였다. 미국경제의 정체, 국제통화체제의 불안, 산업구조의 변화에 따른 경제의 소프트화·서비스화의 진전, 소득수준의 상승에 따른 표준적 상품의 대량소비시장에서 차별화·세분화된 고품질상품시장으로의 변화 등 환경이 변화하는 속에서 종래와 같은 고도의 경제성장을 지속할 수는 없게 되었다. 특히 중요한 것은 2차에 걸친 석유위기였다. 석유가격의 급상승으로 석유를 에너지원으로 성장해온 중화학공업에 심각한 타격을 주었다. 그것은 고도경제성장의 종언을 의미하였다.

중화학공업을 중심으로 규모와 범위의 경제를 최대한 추구해온 대기업은 경영환경의 큰 변화 속에서 생존을 건 경영혁신을 단행하지 않으면 안 되었다. '제3차 산업혁명'의 기술혁신이 낳은 IT 산업을 비롯한 하이테크 신산업의 발전도 경영시스템 혁신의 필요성을 크게 하였다.

기업의 구조조정은 1980년대와 1990년대에 중화학공업을 비롯한 제조업과 교통, 통신, 금융 등 서비스산업의 대기업에서 광범하게 추진되었다. 정부도 '작은 정부'로 되고 광범한 규제완화와 국영기업 민영화를 추진하면서 민간기업의 활성화를 통한 경제회복을 유도하였다. 기업구조조정의 기본방향은 계속 확대해온 사업범위를 생산성이 높은 중핵부문으로 경영자원을 근본적으로 재조정, 압축하여 기업체질과 경쟁력을 강화하여 수익성을 개선한다는 것이었다.

구조조정은 합리화를 위한 노후시설의 폐기, 중핵사업으로의 집중, 일부 업무의 외부위탁, 인원정리, 해고 등 여러 가지 방법으로 추진되었다. 그와 함께 변화하는 환경에 유연하게 대응하기 위해서 비대해진 기존의 관료제적 대규모 조직은 중간층을 포함한 관리계층의 대폭 감축으로 슬림화·평면화되었다. 경영효율을 높이기 위한 경영업무혁신전략으로는 리엔지니어링이 추진되었다. 생산시스템도 ME 기술을 기초로 한 새로운 생산기술의 도입과 노동자의 직무배치 및 노동관행의 변화로 유연화·효율화가 추진되면서 수요의 다양화에 대응한 다품종소량생산시스템이 도입되었다.

기업의 구조조정에는 M&A가 손쉬운 방법으로 이용되었다. 은행, 연금기금, 투자신탁 등 기관투자가의 풍부한 자금은 증권회사, 투자은행, 전문중매업자를 통해서 적극적으로 투자되면서 대규모 M&A 운동이 전개되었다. 전문중매업자가 주도한 머니게임식 적대적 기업매수는 결국 1980년대 말에는 파탄지경에 이르렀으나 M&A는 1990년대에는 첨단산업부문으로까지 확대되면서 구조조정을 촉진하였다.

M&A 운동의 전개는 기업지배구조의 변화로 이어졌다는 점에서도 중요하였다. 주식중매업자는 투자자금원인 기관투자가의 이익을 대변하지 않으면 안 되었다. 그것은 안정적 지위에서 고액의 보수를 보장받던 전문경영자의 이해관계와는 대립되는 일이었다. 쌍방의 대립관계 속에서 결국 전문경영자도 주주의 이익과 주가의 움직임을 우선적으로 고려하지 않으면 안 되게 되었다. '경영자자본주의'는 '투자자자본주의'로 크게 변화하게 된 것이다.

6) 발전 경향의 공통성

이상에서 고찰한 기업의 단계적 발전경로는 미국기업에서 특징적으로 나타났다. 그러나 그것은 나라에 따라 시기적으로 차이는 있으면서도 장기적으로는 영국과 일본에서도 공통적으로 나타났다.

영국은 시기적으로 근대 기업의 생성·성장에 앞서면서도 그 후의 발전은 지체되어 근대적 대기업체제가 지배적으로 된 것은 기업 발전의 성숙단계에 이르러서였다. 한편 일본은 미국과 영국에 100년이나 뒤늦게 그리고 미국에서는 이미 근대적 대기업이 형성되는 시기에 이르러 비로소 근대 기업의 발흥기를 맞이하였다. 그러나 일본기업은 그 후 급속하게 발전하여 1930년대에는 근대적 대기업체제를 확립하고 제2차 세계대전 후에는 성숙단계에 도달하였다. 근대 기업은 시기적 차이는 있으면서도 기본적으로 유사한 경로를 거치면서 발전하였다. 그것은 장기적으로 볼 때 기업 발전의 경로에는 일반성으로 수렴되는 경향이 있다는 것을 나타내는 것으로 볼 수 있을 것이다.

2. 기업 발전의 개별성

1) 원인

기업 발전에는 일반성 내지 유사성이 있는 한편 나라에 따른 특수성 내지 개별성도 존재하였다. 기업 발전은 일반성으로 수렴되는 경향을 가지면서도 역사적으로는 나라에 따라 유형적 차이를 나타내면서 전개된 것이다.

기업 발전과정에서 국가적 개별성이 나타난 주된 원인은 나라에 따라 경영환경과 그에 대한 기업경영자의 대응에 차이가 있었다는 데에 있다. 경영자의 의사결정은 주어진 경영환경에 가장 적합하게 대응하는 방향에서 이루어지는 것으로 볼 때, 환경이 동일하다면 경영자의 의사결정패턴도 공통적인 것이 될 것이다. 그러나 기업을 둘러싼 경영환경은 같은 시기에서도 나라에 따라 달랐다.

경영환경으로 공통성이 가장 큰 것으로는 시장과 기술을 들 수 있을 것이다. 그러나 시장조건은 시기와 나라에 따라 규모와 성격에 차이가 있었고 기술도 수용조건이 반드시 동일한 것은 아니었다. 더구나 기업을 둘러싼 정치, 경제, 법적제도와 사회문화적 환경은 나라에 따라 차이가 있었다. 그 속에서 나라에 따라 고유한 특징적인 기업조직, 경영시스템, 경영문화가 전개된 것이다.

2) 영국기업 발전의 특질

미국과 대비해볼 때 독특한 형태의 기업 발전을 한 나라는 영국이었다. 영국은 산업혁명과 함께 근대적 기업의 발흥에 앞서고 19세기 대부분을 통해서 '세계의 공장'으로서 세계시장에 군림하면서 초기의 기업 발전을 주도하였다. 그러나 제2차 산업혁명의 기술개발에는 앞서면서도 산업화에 뒤져 신산업부문에서는 미국과 독일에 뒤졌다. 기업 형태도 산업혁명기 이래의 개인기업 내지 파트너십이 존속되고 19세기 중엽에 유한회사제도가 확립되어 주식회사로의 전환이 이루어지면서도 19세기를 통해서 주식공개는 진전되지 않고 가족기업으로 존속하였다.

영국에서도 20세기에 들어 기업의 수평적 합병이 진전되면서 대기업이 형성되었다. 그러나 영국에서는 미국에서와 같은 수직통합은 성행하지 않았다. 영국에는 오랜 상업발전 속에서 정교한 유통조직이 발달하여 생산기업으로서는 판매와 구매 등 전후방 기능을 통합하여 내부화하지 않아도 외부유통조직을 이용하여 효과적으로 대응할 수 있었던 것이다.

수평통합으로 성립한 영국 대기업은 가족기업의 시장지배를 노린 방어적 조직으로 기업 형태는 지주회사조직이었다. 지주회사조직은 가족지배의 유지에도 유용하였다. 미국에서와는 달리 독점금지법이 없던 영국에서는 시장지배를 위한 불황 카르텔 형성이라든가 지주회사 설립은 규제되지 않았다.

영국의 지주회사는 본사의 통제권은 약한 반면 산하기업은 독립성을 유지하고 있어 실질적으로는 가족기업의 연합체와 같은 조직이었다. 그것은 같은 지주회사 형태의 본사가 통합의 중심이 된 일본의 재벌과도 다른 조직이었다. 대기업 규모도 미국기업에 비해서 왜소하였다. 한편 시장은 통합·확대된 전국적 시장이 있으면서도 지역과 계층에 따라 분단된 시장이 있었으며 그 속에서 중소기업도 광범하게 존재하였다. ICI의 경우와 같이 일부에서 규모와 범위의 경제를 추구하고 그에 대응한 조직을 구축한 기업이 없었던 것은 아니나 그것은 어디까지나 예외적인 것이었다. 영국의 기업은 가족에 의해서 지배되는 개인자본주의였다.

양차대전 중간기에는 대기업체제가 확립되어 산업집중도도 높아졌다. 공모회사의 수와 규모가 증대하면서 주식도 광범하게 분산되었다. 그러나 기업지배는 일부의 대주주에 의해서 이루어졌다. 1930년대 중반에도 영국의 기업은 아직도 고전적 기업가기업과 유사한 가족지배기업으로서 경영자자본주의와는 거리가 먼 상태였다.

영국에서의 기업과 금융기관과의 관계는 소극적이었다. 상업은행 업무는 보수화하고 투자은행도 미국, 독일, 일본과는 달리 주로 정부공채라든가 철도주식에 투자하고 국내의 산업투자에는 소극적이었다. 시티는 국제금융에 중심을 두고 공업과의 관계는 소원하였다. 그 속에서 산업기업은 자금조달을 기본적으로 전통적인 자기금융에 의존하였다. 자금공급 측면에서도 기업의 투자확대는 제약되고 있었다. 증권시장을 통한 산업자본 조달이 크게 확대된 것은 양차대전 중간기의 일이었다.

양차대전 중간기에 영국기업은 규모, 조직구조, 기업성과 등 어느 면에서도 미국기업에 비해서 크게 낙후되어 있었다. 기업은 제2차 산업혁명의 고도기술에서 필요한 생산, 마케팅, 매니지먼트에의 투자에 소극적으로 대응함으로써 생산성과 경쟁력에 뒤지고 기업성과는 부진하였다. 그것은 기업경영자의 자질과 노동관행에서도 나타나고 있었다.

영국 기업경영자의 가치의식은 귀족지향적이었고 행동성향은 보수적이었다. 성공한 기업가는 사업에서의 계속적 성공보다 젠틀맨으로의 사회적 지위상승을 지향하였다. 그러기 위해서 자식을 엘리트 교육기관인 퍼블릭스쿨이라든가 옥스브리지로 보냈다. 엘리트가 고급관료 등 사회적 위신이 높은 직업을 선호하는 속에서 비즈니스에서의 유능한 인재공급 범위는 제약되었다. 비즈니스 인재를 양성하는 고등교육기관의 설립도 미국과 일본에 크게 뒤졌다. 경영자 양성은 실지교육이나 도제수업으로 이루어졌다.

노사관계도 특징적으로 전개되었다. 19세기를 통해서 이어온 내부청부제도는 신산업이 발전하는 1890년대 이후 소멸하면서 노동자의 고용·통제는 일원적 체제로 되었다. 생산현장에서 노무관리의 중심에는 숙련노동자인 직장이 있었다. 그들은 고용주를 대신하여 노무관리상의 중요사항을 결정하고 실행하였다. 노동조합도 직종별 숙련노동자조합으로 발전하였다. 직장의 독립성과 권력은 고용주도 통제하기 곤란하였다. 고용주와 노동자는 생산현장의 통제권을 둘러싸고 대립관계에 있었다.

영국의 노동현장 관리시스템은 비숙련노동자가 세분화된 공정마다 설치된 전문기계의 움직임에 따라 반복적으로 작업하는 미국의 그것과는 달랐다. 따라서 과학적 관리도 영국에서는 뿌리를 내리지 못하였고 포드시스템은 자동차산업에서도 보급되지 못하였다.

성숙기의 새로운 기업 발전 속에서 영국의 대기업체제는 더욱 진전되었다. M&A운동이 활발하게 추진되면서 산업집중도 진전되었다. 중소기업의 지위는 급속하게 저하하였다. 제2차 세계대전 후에 비로소 성립되어 강화된 독점금지법은 카르텔 행위는 금지하였으나 합병운동에는 영향을 주지 않았으며 오히려 그것을 촉진하였다. 정부는 경쟁력 강화를 위한 합병을 적극 지원하였다. 산업과 금융과의 관계도 변화하였다. 기업이 대형화되면서 자본조달에서의 외부의존이 증대하였다. 시티의 국내 산업투자도 전향적으로 되었다.

기업의 다각화도 진전되었다. 특히 국내 신공업에서의 제품다각화와 다국적기업에 의한 제품 및 지역다각화가 진전되었다. 그에 대응하여 조직구조도 변화하여 미국기업과 유사한 분권적 사업부제가 지배적 형태로 되었다. 그러나 영국기업의 사업부제조직은 미국에 비해서 본사와 사업부 간의 의무와 기능의 구분이 명확하지 않았으며 관리계층도 발달하지 못하였다.

소유와 경영의 분리가 진전됨에 따라 대기업에서는 주식소유 기반이 없는 전문가가 외부에서 충원되어 경영자로서의 역할을 담당하게 되었다. 전통적으로 이어져온 영국의 '개인자본주의'는 1960년대에 이르러 '경영자자본주의'로 이행하였다.

영국의 경영리더의 성격은 1970년대에도 1940년대 이전과 유사하였다. 임원의 대부분은 퍼블릭스쿨 출신이고 대학교 출신은 50% 정도로 미국과 일본에 비해서 훨씬 낮은 수준에 머물렀다. 경영대학원은 1960

년까지도 없었으며 오히려 사내양성제도가 선호되었다. 노동자의 교육에서도 마찬가지였다. 경영자는 보수적이었고 장기적 성장보다도 단기적 수익, 혁신과 변화보다는 현상유지와 안정을 우선하였다. 영국의 노동생산성은 미국과 일본에 비해서 낮았고 기업성과도 상대적으로 낮은 수준에 머물렀다.

3) 일본기업 발전의 특질

후발국으로 영국과 미국에 1세기나 뒤늦게 공업화가 시동된 일본에서는 근대 산업기업의 발전에서 정부의 역할이 컸다. 산업화 초기에는 영·미에서도 정부가 철도용 토지의 양도 등 민간기업에 대한 지원을 한 경우는 있으나 그것은 어디까지나 한정된 범위의 간접적 지원이었다. 일본에서는 근대 기업의 발전 초기부터 정부는 중요한 역할을 하였다.

정부는 전근대적 제도의 개혁, 근대 산업과 제도의 도입, 주요 산업에서의 국영기업의 운영, 기술의 도입·전파를 추진하면서 근대적 산업발전의 기반을 조성하는 데 직접적 역할을 수행하였다. 정부는 일찍부터 고등교육기관과 실업학교를 설립하여 전문경영자, 기술자, 직공 등 인재양성을 추진하였다.

정부의 기업에 대한 영향력은 양차대전 중간기에는 크게 약화되었으나 양자 간에는 밀접한 지원과 협력관계가 유지되었다. 특히 1930년대에 재벌은 정부의 전쟁수행정책에 적극 협력하였다.

전후의 고도경제성장기에 정부는 산업정책으로 전략적 산업의 성장을 지원하였다. 금융부문에서 정부는 강력한 금융규제로 불황기에도 산업자금이 효율적으로 배분될 수 있도록 감독함으로써 '호송선단방식'이라는 '일본적 금융시스템'을 뒷받침하였다. 정부와 기업의 협력관계는 '일본주식회사'로 비유될 만큼 밀접하였다.

근대 산업이 급속하게 성장하는 속에서 기업은 1880년대에 면공업을 비롯한 소비재산업에서 발흥하고 1900년대에는 제철, 기계, 조선, 광업, 철도, 해운 등 광범한 산업에서 발전하였다. 기업은 수평적 통합을 거듭하면서 규모를 확대하였다.

대기업의 급속한 성장 속에서 양차대전 중간기에는 일본에서의 대기업체제가 확립되었다. 그 중심에는 재벌이 있었다. 재벌은 지주회사인 본사가 산하기업을 통괄, 지배하는 기업연합으로 다수의 기업을 중층적으로 직접 또는 간접적으로 지배하는 조직구조였다. 재벌은 지주회사인 본사가 은행, 종합상사, 광산, 조선 등 광범한 산업분야의 다수의 산하 대기업을 집권적으로 통제하였다.

재벌의 산하 대기업은 일찍부터 주식회사조직으로 전환되면서도 본사인 지주회사는 합명 내지 합자회사로서 재벌일가의 완전소유하에 있었다. 본사가 주식회사로 전환되어 주식공개된 것은 1930년대 중반에 이르러서였다. 산하기업의 경영책임은 전문경영자에게 실질적으로 위임되었으나 궁극적인 지배력은 재벌일가에 있었다. 이 시기 일본의 기업체제는 '경영자자본주의'의 요소가 확대되면서도 궁극적으로는 재벌오너가 지배하는 '개인자본주의'의 성격에서 완전히 벗어나지는 못한 상태였다.

초기의 기업경영자의 경영이념은 외국기업의 압력에 대한 대항의식으로 나타난 민족주의와 전통적 가업(家業)주의에 기반을 둔 것이었다. 전간기에는 민족주의가 후퇴하고 합리주의가 지배적으로 되면서 경영가족주의 내지 회사중심주의가 강조되었다. 노동자는 회사에서 양성되어 장기 고용되고 연공서열적 임금을 지급받았다. 일본적 산업온정주의 속에서 과학적 관리법도 한정적으로 도입되었다.

일본적 기업 경영시스템은 양차대전 중간기에서의 전개를 기반으로 제2차 세계대전 후의 성숙기에 확립되었다. 그 특징은 첫째, 기업집단과 독립계 기업 계열을 중심으로 한 기업 간 관계에서 볼 수 있다. 기업집단은 제2차 세계대전 후의 개혁으로 해체된 구재벌계 기업이 주식의 상호소유를 통해서 재결합한 조직체이다. 기업집단의 회원기업은 각각 독립기업이며 그들 기업의 사장들로 구성된 사장회가 집단 전체의 결속을 지향한 조정기구로서의 역할을 담당하였다. 기업집단의 회원기업들은 은행, 종합상사를 비롯한 광범한 산업분야의 대표적 대기업이었으며 많은 경우 계열기업을 산하에 두고 있었다. 기업집단은 주력은행과 종합상사를 통하여 계열융자를 하고 집단 내 상호거래를 안정적으로 유지하였다. 독립계 기업 계열은 대기업이 모기업으로서 산하에 자회사와 관계회사 등 다수의 계열기업을 중층적으로 배치하여 안정적 거래관계를 지속적으로 유지하는 피라미드형 기업 계열을 형성하였다. 대기업은 중소기업과 광범한 중층적 하청관계를 지속적으로 유지하였다. 그것은 기업집단과 기업 계열의 대기업이 하청중소기업을 포함하여 장기의 안정적 거래관계에 있는 기업 경영시스템이었다.

둘째, 기업지배구조 형태의 특징이다. 일본의 경우 기업 간 주식상호소유로 안정주주체제가 형성되어 적대적 M&A가 거의 없는 속에서 경영진은 내부승진자로 구성되었다. 경영감독 주체는 주거래은행(메인뱅크), 주식상호소유기업, 대규모거래기업, 노동조합, 종업원 등 넓은 의미의 기업내부자였다. 경영진은 거의 전부가 대학 출신자로서 내부승진한 전문경영자였다. 그것은 일본에서의 '경영자자본주의'의 확립이었다. 경영자는 주주우선의 단기적 이익보다 기업의 장기적 성장을 지향하였다. 그것은 실질적으로 주주에 의해서 선출되어 주주우선의 단기적 이익을 중시한 미국의 경우와는 대조적인 것이었다.

셋째, 전략과 조직상의 특징이다. 다각화는 일본에서도 일찍부터 추진되었다. 구재벌은 다수 분야의 사업기업을 산하에 둔 산업복합체였으며 성숙기의 대기업도 다각화를 적극 추진하였다. 그러나 다각화에 따른 사업부제의 보급률은 미국과 영국에 비해서 크게 낮았고 자율성도 낮았다. 일본기업의 사업부는 생산과 판매와 관련된 기능을 중심으로 조직되어 권한의 상당부분은 본사에 집중되어 전사적 차원에서 자원배분이 이루어졌다. 다각화전략에 대응한 일본적 특징의 조직 형태는 자회사(子會社) 형태의 분사(分社)조직이었다.

넷째, 조직의 편성과 운영 그리고 노사관계의 특징이다. 일본기업에서는 업무가 명확하게 규정되어 있는 것은 과(課)·계(係) 등 직장까지이고 직장 내부에서의 작업배분과 조직편성은 구성원의 능력이나 경험에 비추어 유연하게 이루어졌다. 작업에는 개인보다 집단이 중시되고 작업성과에 대해서는 구성원이 공동책임을 졌다. 조직에서의 의사결정방식은 하의상달방식과 품의제도를 특징으로 하였다. 노사관계는 장기계속고용, 연공임금, 기업별 노동조합을 특징으로 하는 고용시스템이었다. 일본기업은 내부에서 승진한 경영진을 상층으로 하고 밑으로는 현장노동자까지를 사원으로 한 집단적·공동체적 조직이었다.

3. 기업경영의 전환

1) 영국

앞에서 본 바와 같이 1980년대의 대규모 구조조정은 영국에서는 더욱 과감하게 추진되었다. 석유위기 이래 심각한 불황 속에서 영국경제는 침체 상태에서 좀처럼 벗어나지 못하였다. 산업구조의 중심은 공업에서 서비스업으로 크게 이행하고 있었으며 공업은 신흥공업국의 대두로 경쟁이 격화되고 있었다.

영국의 기업성과도 부진하였다. 기업은 효율적 조직구조와 관리기법의 도입 지체, 경영자교육제도의 낙후, R&D 투자 부족, 마케팅의 취약성, 노사관계의 악화, 제도적 경직성 등으로 경쟁력이 저하하였다. 한편 노동자 세력은 증대하고 조직률은 53%에 가까웠다. 단체교섭에서는 공적 시스템보다 작업현장의 직장이 주도하는 비공식시스템이 중요하였다. 잦은 파업으로 광범한 생산공정의 가동중단이 빈발하였다. 그 결과 일부 고도기술산업이나 서비스부문을 제외한 일반 제조업의 노동생산성은 낮았다. 제조업기업의 경우 보수적·소극적 경영으로 경쟁체제를 구축하지 못하고 구조개혁도 본격적으로 추진하지 못하였다.

그 속에서 영국에서는 정부주도의 강력한 구조개혁이 추진되었다. 정부는 '작은 정부'를 지향하고 기업은 시장조정기능에 맡겨 자력으로 경쟁력을 높이면서 활력을 회복하도록 유도하였다. 정부는 규제완화, 보조금삭감, 세제개혁 등의 정책과 함께 국유산업의 민영화, 노동개혁, 금융개혁('빅 뱅')을 단행하였다. 기업도 규모, 다각화, 경영관리 등 경영 전반에 걸쳐서 적극적으로 구조개혁을 추진하고 합리화를 추구하지 않으면 안 되었다. 구조조정과 함께 새로운 시장전략으로 합병이 추진되고 미국의 관리기법이 적극 도입되었다.

2) 일본

일본에서도 1980년대에는 국영기업의 민영화를 포함한 정부의 광범한 규제완화와 금융자유화가 전면 시행되었다. 특히 금융자유화에 의해서 일본적 금융시스템은 근본적으로 변혁되었다. 전통적으로 정부규제하에 국가적, 업종별로 분단, 폐쇄된 금융시장에서 안정적으로 기능해온 '호송선단방식'은 종언을 고하고 금융시스템의 국제화가 진전되었다.

일본에서의 기업경영의 전환은 1990년대의 장기불황기에 진전되었다. 일본기업은 1986년 이후의 장기의 엔고·버블경기기의 투기적 경영으로 거액의 채무를 지고 그것은 뒤이은 불황기에 바로 금융기관의 불량채권으로 되었다. 그 결과 일부 대형금융기관을 포함하여 대규모 불량채권을 가진 다수의 금융기관이 경영파탄에 빠졌다. 정부는 대규모 은행에 공적자금을 투입하였다. 금융개혁(1998)으로 일본판 금융 '빅뱅'이 단행되고 2000년대 들어 금융기관의 재편성이 추진되었다. 그 결과 일본에서는 금융지주회사제도를 통하여 다업종 금융기관을 그룹화한 금융체제가 형성되었다.

장기불황 속에서 일본기업은 대규모의 구조조정을 추진하였다. 일본기업은 석유위기 속에서 미국과 영국에 앞서 구조조정('감량경영')을 추진하여 상대적으로 양호한 기업성과를 올리고 있었다. 그러나 대규모의 구조조정은 영국과 미국보다 훨씬 뒤늦게 1990년대의 장기불황기에 추진하였다. 대형기업 도산이 발생하는 속에서 강도 높은 구조조정이 이루어지면서 기업체제의 재편성이 추진되었다.

그 속에서 일본적 경영도 변모하였다. 첫째, 기업지배구조가 동요하였다. 장기불황 속에서 안정주주 기반이 약화되었다. 대은행의 재무체질 강화에 따른 은행의존도의 저하로 안정적 지배기반으로서의 주거래은행의 힘도 약화되었다. 누적채무를 가진 기업과 거액의 불량채권을 안은 주거래은행은 다같이 채무를 청산하기 위하여 상호소유주식을 매각하였다. 그 결과 양자 간의 주식의 상호소유관계는 약화되었다. 한편 경영에 대한 주주의 발언권은 증대하였다. 제도적으로도 주식대표 소송이 용이해졌다. 주주의 이익률 저하에 대한 불만은 커지고 경영자에 대한 공세는 강화되었다. 경영자는 주주의 요구를 수용하여 경영목표를 장기성장 중시에서 단기적 자본수익률 중시로 전환하지 않을 수 없게 되었다.

둘째, 계열기업 간 내지 중소기업과의 내부적 거래관계도 약화되어 재래의 틀을 벗어난 다양한 상대와의 거래가 필요하게 되었다. ME에서 IT 혁명에 이르는 기술혁신의 결과 생산현장에서 축적된 숙련기술의 가치는 하락하고 내부축적 고유인력은 외부의 인력으로 쉽게 대체할 수 있게 되면서 종신(장기계속)고용과 연공임금의 장점도 저하하였다. 그 속에서 '회사(중심)주의'도 약화되었다.

3) 세계화의 영향

기업경영 형태의 전환에서는 세계화의 진전도 큰 영향을 미쳤다. 세계화는 선진자본주의 국가에서의 규제완화가 추진되어 시장이 국가적 테두리를 넘어 세계시장과 직결되면서 시작되고 1980년대 말의 세계사회주의 체제의 붕괴와 1990년대 말의 통화위기를 계기로 한 신흥공업국에서의 자유화계획의 추진으로 세계적으로 확산되었다. 세계화는 다국적기업의 발전을 자극한 한편 그것에 의해서 촉진되었다.

경쟁적 세계시장에서 생존하기 위해서는 기업경영의 체질 개선이 필수적이었으며 그러기 위해서 효율적 관리기법의 도입이 요구되었다. 그와 함께 기업은 국제적 제휴 내지 M&A, 임직원과 생산거점의 다국적화를 통하여 다국적기업으로의 변신을 적극 추진하였다. 기업은 세계시장에서 경쟁하기 위해서는 경영활동을 세계시장에서 요구하는 세계표준(글로벌 스탠더드)에 맞추지 않으면 안 되었다. 그에 따라 기업경영 형태의 국가 간 공통성도 증대하고 있었다.

4. 과제

규제완화와 국제화로 경쟁이 격화되는 속에서 기업은 구조조정을 비롯한 경영혁신으로 효율성 극대화전략을 추구하였다. 그것은 기업이 경쟁력을 높이고 경쟁에서 살아남기 위해서 불가피한 것이었다. 그러나 그러한 기업의 대응은 중대한 반작용을 수반하였다.

첫째, 노동자의 해고가 증가하였다. 기업의 구조조정은 기본적으로 규모의 압축과 조직의 평면화를 지향한 것으로 노동자의 대규모 해고를 수반하였다. 제3차 산업혁명의 기술혁신(IT 혁명)으로 기술의 사내축적 필요성은 크게 감소하고 사내정보에도 누구나 접촉할 수 있게 된 상태에서 기업은 대규모 인원을 항시 고용할 필요가 없게 되었다. 기업은 고임금의 정규직을 감원하고 그 대신 임금이 낮은 임시직이나 시간제 노동자를 고용하였다. 공정에 따라서는 작업을 외국을 포함하여 외부에 위탁(아웃소싱)하였다. 중간관리계층도 압축되어 많은 중간관리직이 직장을 잃었다. 실업은 증가하고 중산층의 기반도 무너졌다. 산업입지의 국외이동은 국내에서의 산업공동화를 낳았다.

둘째, 계층 간 소득격차는 크게 확대되었다. 미국의 경우 1962~90년에 최빈곤층 20%의 순자산은 감소한 데 비해서 부유층 상위 20%와 최상위 0.5%의 그것은 각각 90%와 120% 증가하였다. 소득격차는 1920년대 이래 감소추세를 계속하여 국부에서 부유층 상위 1%가 차지하는 비율은 1949년의 27%에서 1976년에는 20%로까지 되었다. 그러나 그 경향은 그 후 역전되어 부유층 상위 1%의 부는 국부의 30%, 그리고 1995년에는 40%에 달하였다. 국민소득 비중에서 보면 빈곤 하층 40%가 20세기 최후의 4반세기 간에 경제적 기반을 상실하였다. 1990년대 말까지 미국의 최고연봉 수령자 10%는 최저연봉자 10%의 평균 11배의 연봉을 받게 되었다. 그것은 EU 15개 국 비율의 2배 이상이며 미국에서도 전례가 없는 격차였다.[1]

계층 간 소득격차의 원인이 기업의 구조조정에만 있던 것은 아니다. 미국의 경우 정부입법에 의한 누진소득세율의 인하 등 정부의 공적정책도 하나의 요인이 되었다. 그러나 우리의 관심에서 볼 때 중요한 것은 기업 내부의 원인이다. 그것은 기업임원 봉급이 대폭 상승하였다는 것이다. 21세기 초의 미국 대기업 최고경영자(CEO)의 평균연봉은 동일기업 최저임금의 약 400배나 되었다. 임원 연봉이 대폭 상승한 원인은 1990년대 호황기의 스톡옵션에 있었다. 그것은 경영실적에 따른 프리미엄으로 생각되고 있으나 그 관련성이 실증적으로 밝혀진 바는 없다. 오히려 양자 간의 관련성은 거의 없고 실적이 낮은 경우에도 높은 연봉을 받고 있는 것이 현실이다. 기업의 임원 연봉은 구조조정기에도 큰 폭

으로 상승하였다.[2]

소득격차의 문제는 정도의 차이는 있으면서도 기본적으로는 영국과 일본, 그리고 선진국 일반에서 공통적으로 나타나고 있다. 기업은 합리성·효율성을 추구하면서 국부 증가의 주역 역할을 담당해왔으나 때로는 과도한 탐욕적 행동으로 많은 비난을 받아온 것도 사실이다. 기업의 이윤추구와 경제정의를 어떻게 조화롭게 실현할 것인가라는 문제는 언제나 해결되어야 할 과제로 존재해왔다.

오늘날 기업행동과의 관련에서 나타나고 있는 여러 문제는 기업이 지속적으로 발전하기 위해서 적극적으로 대응해야 할 과제로서 제기되고 있다. 기업은 경쟁이 격화되는 글로벌시장에서 살아남기 위해서 효율을 극대화하고 비용을 극소화하기 위한 경영혁신을 지속적으로 추진하지 않을 수 없을 것이다. 그러나 그것이 기업의 정도를 일탈한 탐욕적이고, '천민자본주의'적인 불합리한 행동을 정당화하는 것은 아니다. 기업 성장은 어디까지나 사회와의 공생(共生) 속에서 추구될 때에 정당성을 가지고 지속될 수 있을 것이다. 대기업체제가 지배적인 오늘날 기업의 사회적 책임은 더욱 커지고 있다.

미주

서장 경영사의 의의

1. H.M. Larson, 1964.
2. N.S.B. Gras, 1934, 1939b, 1946.
3. H.M. Larson, 1964: 6.
4. N.S.B. Gras, 1939a.
5. J. Schumpeter, 1947.
6. A.H. Cole, 1959: 7, 14-16.
7. A.H. Cole, 1946: 184-91.
8. D.S. Landes, 1949, 1954; J.E. Sawyer, 1952.
9. W. W. Rostow, 1952, 1960; A. Gerschenkron, 1962.
10. L. Hannah, 1983a: 166.
11. A.H. Cole, 1965.
12. C.H. Lee, 1990b.
13. John G.B. Hutchins, 1958: 459.
14. A.D. Chandler, Jr., 1962: 13-15.
15. A.D. Chandler, Jr., 1977: 1.
16. A.D. Chandler, Jr., 1977: 1, 6-11.
17. A.D. Chandler, Jr., 1990: 8-10, 15, 17, 23-24, 28, 36.
18. D. Channon, 1973.
19. A. Berle and G. Means, 1932.
20. W.J. Baumol, 1959.
21. R. Marris, 1964; O.E. Williamson, 1970.
22. H.A. Simon, 1959; R.M. Cyert and J.G. March, 1963.
23. H.A. Simon, 1959; R.M. Cyert and J.G. March, 1963.
24. R.H. Coase, 1937.
25. O.E. Williamson, 1975.
26. O.E. Williamson, 1981; 1985.
27. C.J. Schmitz, 1993: 71-72.
28. E.T. Penrose, 1959.
29. C.H. Lee, 1990a: 29-30.
30. J.F. Wilson, 1995: 17-18.
31. C.J. Schmitz, 1993: 12-15.
32. A.D. Chandler, Jr. and H. Daems, 1974: 5-7.
33. A.D. Chandler, Jr., 1990.
34. C.J. Schmitz, 1993: 49-50.
35. M.C. Casson, 1993: 40.

36. J.F. Wilson, 1995: 3.

1장 영국 근대 산업기업의 발흥

1. R. Davis, 1962: 109, 119-20; D.C. Coleman, 1977: 133, 139; C.G.A. Clay, 1984: 144, 152, 181.
2. N.S.B. Gras, 1939a: 185-95.
3. M. Berg, 1994: 232; S.D. Chapman, 1972: 238-41.
4. S.D. Chapman, 1972: 32.
5. M. Berg, 1994: 231.
6. M. Berg, 1994: 232; S.D. Chapman, 1972: 26.
7. C.K. Hyde, 1977: 15-16; J.R. Harris, 1988: 26.
8. M.G. Blackford, 1998: 64-65.
9. C.K. Hyde, 1977: 15-16.
10. C.K. Hyde, 1977: 120-25.
11. T.S. Ashton, 1951: 40-50; J.R. Harris, 1988: 71-72.
12. A.E. Musson and E. Robinson, 1969: 118.
13. P. Mathias, 1969: 266-67, 282; M. Berg, 1994: 137-43; H. Perkin, 1969: 110.
14. P.S. Bagwell, 1974: 95.
15. H.J. Dyos and D.H. Aldcroft, 1969: 130-32.
16. P.L. Payne, 1978: 192.
17. P. Deane, 1965: 164; R.S. Fitton and A.P. Wadsworth, 1958: 64.
18. T.R. Gourvish, 1980: 9-10.
19. J.F. Wilson, 1995: 27-28.
20. M.W. Kirby, 1994: 130-31.
21. J.F. Wilson, 1995: 38-40.
22. J.F. Wilson, 1995: 29-31.
23. F. Crouzet, 1985: 146-50.
24. F. Crouzet, 1972: 173-74.
25. F. Crouzet, 1972: 165-67.
26. F. Crouzet, 1972: 189-90.
27. Bert F. Hoselitz, 1968: 116.
28. S. Pollard, 1972: 147.
29. P. Mathias, 1969: 148; S. Pollard, 1972: 147-50.
30. S. Pollard, 1972: 151.
31. S. Pollard, 1972: 154.
32. P. Hudson, 1986: 24ff.
33. M.C. Casson, 1993: 42.
34. L.S. Pressnell, 1956: 11, 127.

35. S. Pollard, 1972: 155.
36. R. Cameron, 1967: 20-21; P. Mathias, 1969: 83-84.
37. J.H. Clapham, 1944: 158; P. Mathias, 1969: 168.
38. D.M. Joslin, 1954: 173, 183-84.
39. L.S. Pressnell, 1956: 75-76; P. Mathias, 1969: 168-69.
40. N.S.B. Gras, 1939a.
41. P. Deane, 1965: 54.
42. E. Robinson, 1959; 1963.
43. N. Mckendrick, 1960; 1963.
44. T.S. Ashton, 1948: 115-16.
45. P. Deane, 1965: 148.
46. S. Pollard, 1965: 166.
47. S. Pollard, 1965: 169-70.
48. S. Pollard, 1965: 176-77.
49. S. Pollard, 1965: 44-45.
50. S. Pollard, 1965: 190-92.
51. K.S. Fitton and A.P. Wadsworth, 1958: 233.
52. S. Pollard, 1965: 188.
53. S. Pollard, 1965: 197.

2장 영국기업의 성장

1. W.D. Rubinstein, 1990: 70.
2. P.L. Payne, 1978: 192.
3. P.L. Payne, 1967: 523-24; Oliver M. Westall, 1994: 218-19; John F. Wilson, 1995: 90-91.
4. R.E. Tyson, 1968: 121.
5. O.M. Westall, 1994: 215-16.
6. 山下幸夫, 1977: 58.
7. S.B. Saul, 1970: 146-51.
8. J.F. Wilson, 1995: 94.
9. J.F. Wilson, 1995: 148.
10. O.M. Westall, 1994: 226.
11. J.F. Wilson, 1995: 96-97; D.J. Jeremy, 1998: 473.
12. M.G. Blackford, 1998: 68-89; D.J. Jeremy, 1998: 476.
13. O.M. Westall, 1994: 221-22.
14. J.F. Wilson, 1995: 96.
15. D.J. Jeremy, 1998: 342-43.
16. D.J. Jeremy, 1998: 346-48.
17. L. Hannah, 1974: 1-20.

18. P.L. Payne, 1967: 528-29; L. Hannah, 1976: 21-22.
19. P.L. Payne, 1967: 530-33; L. Hannah, 1983a: 21-22; D.J. Jeremy, 1998: 202.
20. L. Hannah, 1983a: 22.
21. D.J. Jeremy, 1998: 200-205.
22. P.L. Payne, 1967: 539-40.
23. L. Hannah, 1983a: 23.
24. P.L. Payne, 1967: 524-39.
25. P.L. Payne, 1967: 528; L. Hannah, 1983a: 74; J.F. Wilson, 1995: 103-104.
26. M.G. Blackford, 1998: 69-70.
27. T.R. Gourvish, 1987: 25; O.M. Westall, 1994: 230.
28. T.R. Gourvish, 1987: 26.
29. M.W. Kirkby, 1994: 132; M.G. Blackford, 1998: 70-71.
30. M.G. Blackford, 1998: 69.
31. M. Collins, 1991: 28-29.
32. M. Collins, 1991: 34.
33. W.P. Kennedy, 1987: 120-24.
34. P.L. Cortrell, 1980: 269.
35. D.J. Jeremy, 1998: 275.
36. M. Edelstein, 1982: 52.
37. M. Edelstein, 1982; R. Michie, 1986.
38. W.P. Kennedy, 1987.
39. M. Collins, 1991: 43.
40. D.J. Jeremy, 1998: 286; J.F. Wilson, 1995: 127-29.
41. Y. Cassis, 1997: 309-10.
42. M. Collins, 1991: 52.
43. D.J. Jeremy, 1998: 271.
44. P.J. Cain and A.G. Hopkins, 1993: 182-210.
45. J.F. Wilson, 1995: 123.
46. D. Landes, 1965: 563-64; 1969: 336-37.
47. D.H. Aldcroft, 1964: 114-34.
48. C. Wilson, 1965: 194-95.
49. H.J. Habakkuk, 1962: 212-13.
50. D.H. Aldcroft, 1968: 32-36.
51. D.N. McCloskey, 1973: 127.
52. L.G. Sandberg, 1981: 115.
53. P.L. Payne, 1974: 56.
54. M.J. Wiener, 1981: 7, 14-24, 127-54.
55. H. J. Habakkuk, 1962: 190-91.
56. D.C. Coleman, 1973: 96-97.

57. P.L. Payne, 1990: 32-34.
58. W.D. Rubinstein, 1990; 78-79, 86-87; 1993: 23-24.
59. S. Pollard, 1994: 75-76.
60. K. Robbins, 1990: 8.
61. B. Elbaum and W. Lazonick, 1986: 2-4.
62. P.L. Payne, 1990: 30-31.
63. C.H. Feinstein, 1992: 175.
64. P.L. Payne, 1974: 56.
65. P.L. Payne, 1990: 42.
66. P.L. Payne, 1990: 43.
67. J. Wrigley, 1986: 162; D. Landes, 1969: 371-77.
68. J. Wrigley, 1986: 166-68.
69. J. Wrigley, 1986: 171.
70. J. Wrigley, 1986: 180-82.
71. S. Pollard, 1994: 77.
72. M. Sanderson, 1972.

3장 미국 근대 산업기업의 전개

1. K.L. Bryant, Jr. and H.C. Dethloff, 1990: 13-14.
2. R.M. Robertson, 1973: 221.
3. T.C. Cochran, 1985: 37.
4. D.C. North, 1966: 77-78.
5. K.C. Cochran and W. Miller, 1961: 119.
6. R. Hofsladter, 1955.
7. H.E. Krooss, 1974: 167-68.
8. K.L. Bryant, Jr. and H.C. Dethloff, 1990: 63-64.
9. H.E. Krooss and C. Gilbert, 1972: 94, 96.
10. H.E. Krooss and C. Gilbert, 1972: 93.
11. K.L. Briant, Jr. and H.C. Dethloff, 1990: 67-68.
12. R.M. Robertson, 1973: 218.
13. H.E. Krooss and C. Gilbert, 1972: 160-61; H.E. Krooss, 1974: 187.
14. H.E. Krooss and C. Gilbert, 1972: 106-107.
15. H.E. Krooss and C. Gilbert, 1972: 89.
16. M.G. Blackford and K.A. Kerr, 1986: 105.
17. H.E. Krooss and C. Gilbert, 1972: 107-108.
18. R.M. Robertson, 1973: 189.
19. H.E. Krooss and C. Gilbert, 1972: 112-13.
20. H.E. Krooss and C. Gilbert, 1972: 119.

21. M.G. Blackford and K.A. Kerr, 1986: 113.
22. A.D. Chandler, Jr., 1977: 67-68; 1978: 84-85.
23. H.E. Krooss and C. Gilbert, 1972: 134-35.
24. H.E. Krooss and C. Gilbert, 1972: 73-76.
25. H.E. Krooss, 1974: 347-48.
26. M.G. Blackford and K.A. Kerr, 1986: 107.
27. A.D. Chandler, Jr., 1977: 71; H.E. Krooss and C. Gilbert, 1972: 130.
28. A.D. Chandler, Jr., 1977: 90.
29. K.L. Bryant, Jr. and H.C. Dethloff, 1990: 115; H.E. Krooss and C. Gilbert, 1972: 124-25.
30. A.D. Chandler, Jr., 1977: 91-92.
31. A.D. Chandler, Jr., 1977: 109-20.

4장 일본 근대 기업의 전개

1. 速水融·宮本又郎 編, 1988.
2. 西川俊作·山本有造 編, 1990: 102-103.
3. 経営史学会 編, 2004: 81.
4. 三野昭一, 1972: 88, 152.
5. 経営史学会 編, 2004: 112-13.
6. 経営史学会 編, 2004: 56-57.
7. 三野昭一, 1972: 150.
8. 三和良一·原 朗 編, 2010: 85.
9. 小林正彬·杉山和雄·森川英正 編, 1976: 1.
10. 土屋喬雄, 1967b: 40, 71.
11. 萬城博, 1965: 53.
12. 石川健太郎, 1974: 3.
13. ヒルシュマイヤJ.·由井常彦, 1977: 130.
14. 経営史学会 編, 2004: 68-69.
15. G. Ranis, 1995.
16. 土屋喬雄, 1967b: 63.
17. 森川英正 編, 1976: 71-72.
18. 森川英正 編, 1976: 73.
19. 堀江保藏, 1984: 4-6, 32-34.

5장 미국 대기업의 형성

1. H.E. Krooss and C. Gillbert, 1972: 155.
2. A.D. Chandler, Jr., 1977: 287-88.
3. A.D. Chandler, Jr., 1977: 290-92.

4. A.D. Chandler, Jr., 1977: 299-302.
5. H.E. Krooss, 1974: 183; A.D. Chandler, Jr., 1977: 303-305, 407.
6. J. Chamberlain, 1961: 152-53.
7. A.D. Chandler, Jr., 1977: 324-25; R.S. Tedlow, 1991: 34-38.
8. A.D. Chandler, Jr., 1977: 325-30.
9. H.E. Krooss and C. Gilbert, 1972: 64.
10. H.F. Williamson (ed.), 1951: 619.
11. R.M. Robertson, 1973: 351-52; H.E. Krooss and C. Gilbert, 1972: 192-93.
12. H.E. Krooss and C. Gilbert, 1972: 193.
13. A.D. Chandler, Jr., 1977: 159-70.
14. A.D. Chandler, Jr., 1977: 171-74.
15. A.D. Chandler, Jr., 1977: 346-48.
16. M.G. Blackford, 1998: 90-91.
17. H.E. Krooss and C. Gilbert, 1972: 193.
18. H.E. Krooss and C. Gilbert, 1972: 238-39.
19. H.E. Krooss and C. Gilbert, 1972: 241.
20. A.D. Chandler, Jr., 1977: 230-31; H.E. Krooss and C. Gilbert, 1972: 225-26.
21. A.D. Chandler, Jr., 1977: 233-34; H.E. Krooss and C. Gilbert, 1972: 226-27.
22. H.E. Krooss and C. Gilbert, 1972: 227-28.
23. T.C. Cochran, 1977: 68.
24. J.A. Litterer, 1961.
25. A.D. Chandler, Jr., 1962: 14.
26. A.D. Chandler, Jr., 1977: 413.
27. A.D. Chandler, Jr., 1977: 662, 702.
28. A.D. Chandler, Jr., 1977: 418-22.
29. A.D. Chandler, Jr., 1977: 428-33.
30. A.D. Chandler, Jr., 1977: 438-48.
31. A.D. Chandler, Jr., 1977: 450-51.
32. M.G. Blackford and K.A. Kerr, 1986: 297.
33. H.E. Krooss, 1974: 402-403.

6장 미국 대기업의 발전

1. A.D. Chandler, Jr., 1962: 84.
2. M.G. Blackford and K.A. Kerr, 1986: 276.
3. H.E. Krooss, 1974: 207.
4. M.G. Blackford and K.A. Kerr, 1986: 273-74.
5. H.E. Krooss, 1974: 445-46; H.E. Krooss and C. Gilbert, 1972: 307.
6. T.K. McCraw, 2000: 14-15.

7. T.K. McCraw, 2000: 20-21.
8. A.D. Chandler, Jr., 1977: 474-75.
9. T.K. McCraw, 2000: 16-18.
10. K.L. Bryant, Jr. and H.C. Dethloff, 1990: 327.
11. M.G. Blackford, 1998: 94-95.
12. R.M. Robertson, 1973: 490-92.
13. R.M. Robertson, 1973: 494-96.
14. H.E. Krooss and C. Gilbert, 1972: 269.
15. K.L. Bryant, Jr. and H.C. Dethloff, 1990: 175.
16. M. Wilkins, 1970: 39-45.
17. K.L. Bryant, Jr. and H.C. Dethloff, 1990: 346-47.
18. M. Wilkins, 1970: 30-31.
19. M. Wilkins, 1974: 55; M.G. Blackford and K.A. Kerr, 1986: 294.
20. M. Wilkins, 1974: 65-70.
21. Mansel G. Blackford and K.A. Kerr, 1986: 243-44.
22. Mansel G. Blackford and K.A. Kerr, 1986: 245-46.
23. K.L. Bryant, Jr. and H.C. Dethloff, 1990: 276-77.
24. H.E. Krooss and C. Gilbert, 1972: 290.

7장 영국 대기업의 전개

1. P. Mathias, 1969: 432.
2. B.W.E. Alford, 1981: 315.
3. P. Mathias, 1969: 436-37.
4. J.F. Wilson, 1995: 141-42.
5. J. Foreman-Peck, 1994: 398.
6. J. Walker, 1979: 348-50; B.W.E. Alford, 1981: 325-26.
7. M. Collins, 1991: 65.
8. M. Collins, 1991: 75.
9. D.J. Jeremy, 1998: 287-88; M. Collins, 1991: 70-73; M.H. Best and J. Humpries, 1986: 233.
10. D.J. Jeremy, 1998: 289.
11. M. Collins, 1991: 76.
12. L. Hannah, 1983a: 61.
13. M. Collins, 1991: 78-79; D.J. Jeremy, 1998: 288-89.
14. L. Hannah, 1983a: 102-103.
15. L. Hannah, 1983a: 108; 鈴木·安部·米倉, 1987: 166-67.
16. L. Hannah, 1983a: 109.
17. L. Hannah, 1983a: 110-11.
18. 鈴木·安部·米倉, 1987: 167-69.

19. L. Hannah, 1983a: 118.
20. P.L. Payne, 1978: 211-12.
21. P.L. Payne, 1978: 212-13.
22. L. Hannah, 1983a: 81-83.
23. L. Hannah, 1983a: 83-84.
24. L. Hannah, 1983a: 85-86.
25. D.F. Channon, 1973: 69.
26. T.R. Gouvish, 1987: 30-33.
27. L. Hannah, 1983a: 86-87.
28. T.R. Gouvish, 1987: 32.
29. P.L. Payne, 1978: 217.
30. A.D. Chandler, Jr. 1990: 284-86, 292-97.
31. L. Hannah, 1976: 199.
32. W. Lazonick, 1991: 25-27, 45-49.
33. B. Elbaum and W. Lazonick(ed.), 1986: 5-6.
34. R. Church, 1993.
35. J. Forman-Peck, 1994: 397.
36. D.C. Coleman, 1988.
37. M. Olson, 1982: 141.
38. S.N. Broadberry and N.F.R. Crafts, 1992: 535.
39. M.W. Kirby, 1992: 656.
40. M.W. Kirby, 1994: 17.
41. P.L. Payne, 1978: 213.
42. T.R. Gourvish, 1987: 34.
43. J.F. Wilson, 1995: 155.
44. L. Hanmah, 1983a: 99-100.
45. D.J. Jeremy, 1998: 383.
46. D.J. Jeremy, 1998: 390-91.
47. D.J. Jeremy, 1998: 392-93.
48. D.J. Jeremy, 1998: 395-97.
49. D.J. Jeremy, 1998: 400.
50. D.J. Jeremy, 1998: 401-402.
51. D.J. Jeremy, 1998: 449.
52. D.J. Jeremy, 1998: 450-51; J.F. Wilson, 1995: 158-60.

8장 일본 대기업의 성장

1. 大內力, 1962: 168.
2. 経営史学会 編, 2004: 181.

3. 経営史学会 編, 2004: 198-99.
4. 宇田川勝·中村青志 編, 1999: 62-63; 大石嘉一郎 編, 1975: 308-310.
5. 経営史学会 編, 2004: 160-61.
6. 宇田川勝·中村青志 編, 1999: 66-67.
7. 間 宏 編, 1977: 81.
8. 宇田川勝·中村青志 編, 1999: 56.
9. ヒルシュマイヤ J.·由井常彦, 1977: 252-55.
10. 間 宏 編, 1977: 51-52.
11. 中川敬一郎 編著, 1972: 13.
12. 中村隆英, 1971: 13.
13. 大石嘉一郎·宮本憲一, 1975: 305-307.
14. 間宏, 1978: 16; 小林正彬·杉山和雄·森川英正 編, 1976: 155-56.

9장 미국기업의 성숙

1. R. Sobel, 1993: 221-25.
2. M.G. Blackford and K.A. Kerr, 1986: 343-46; R. Sobel, 1993: 229-32.
3. R. Sobel, 1993: 256-57.
4. H.E. Krooss, 1974: 206-7; H.E. Krooss and C. Gilbert, 1972: 251.
5. 岡田泰男·永田啓恭 編, 1983: 251.
6. H.E. Krooss, 1974: 203.
7. A.D. Chandler, Jr., 1977: 482-83: H.E. Krooss, 1974: 203.
8. H.E. Krooss, 1974: 204-5.
9. A.D. Chandler, Jr., 1977: 476, 1978: 126-27; M.G. Blackford and K.A. Kerr, 1986: 347.
10. K.L. Bryant. Jr.·H.C. Dethloff, 1990: 177.
11. R. Sobol, 1993: 199-203; K.L. Bryant, Jr. and H.C. Dethloff, 1990: 180-81.
12. K.L. Bryant, Jr. and H.C. Dethloff, 1990: 181-82; M.G. Blackford and K.A. Kerr, 1986: 354-56.
13. A.D. Chandler, Jr., 1977: 479, 1978: 126-27.
14. M. Wilkins, 1974: 382-83; A.D. Chandler, Jr., 1977: 460.
15. A.D. Chandler, Jr., 1977: 481-82.
16. H.E. Krooss, 1974: 220.
17. K.L. Brant, Jr. and H.C. Dethloff, 1990: 334-35.
18. K.L. Bryant, Jr. and H.C. Dethloff, 1990: 334-38; M.G. Blackford and K.A. Kerr, 1986: 369-70.
19. M. Wilkins, 1974: 329-32.
20. M. Wilkins, 1974: 374.
21. K.L. Bryant Jr. and H.C. Dethloff, 1990: 348-50.
22. M. Wilkins, 1974: 384-87.

23. M.G. Blackford and K.A.Kerr, 1986: 362-63.
24. M. Wilkins, 1974: 394-95.
25. M.G. Blackford and K.A. Kerr, 1986: 364.
26. K.L. Bryant, Jr. and H.C. Dethloff, 1990: 355-58.

10장 영국 대기업체제의 확립

1. D.F. Channon, 1973: 23-24.
2. L. Hannah, 1983a: 154.
3. M. Blackford, 1998: 186.
4. D.F. Channon, 1973: 29-31.
5. D.J. Jeremy, 1998: 83-91.
6. D.F. Channon, 1973: 33.
7. J.F. Wilson, 1995: 209-1.
8. D.J. Jeremy, 1998: 205-6.
9. M.G. Blackford, 1998: 187.
10. L. Hannah, 1983a: 146.
11. D.F. Channon, 1973: 38.
12. M.G. Blackford, 1998: 190.
13. P.L. Payne, 1978: 221-22.
14. J.F. Wilson, 1995: 202-3.
15. L. Hannah, 1983a: 149-50.
16. J.F. Wilson, 1995: 191.
17. S.J. Prais, 1976: 135, 167.
18. J.F. Wilson, 1995: 192-93.
19. J.F. Wilson, 1995: 201.
20. D.J. Jeremy, 1998: 126-28.
21. G. Jones, 1994: 172-74.
22. G. Jones, 1994: 175-80.
23. G. Jones, 1994: 184-89.
24. D. Shepherd, A. Silberton, R. Strange, 1985: 10; G. Jones, 1994: 192.
25. G. Jones, 1994: 195.
26. 鈴木·安部·米倉, 1987: 182; M.G. Blackford, 1998: 189.
27. D. Hutchinson and S. Nicolas, 1988: 58, 60-61.
28. M.G. Blackford, 1998: 188; J.F. Wilson, 1995: 217.
29. D.F. Channon, 1973: 42-43.
30. P.L. Payne, 1978: 222-25; D.F. Channon, 1973: 44, 212-13.
31. J.F. Wilson, 1995: 219-21.
32. M.G. Blackford, 1998: 192-93.

33. D.F. Channon, 1973: 45-46; J.F. Wilson, 1995: 213, 219.
34. J.F. Wilson, 1995: 222-23.

11장 일본 대기업체제의 전개

1. 御園生等, 1965: 47; 宇田川勝·中村青志 編, 1999: 90-92.
2. 野口 裕, 1964: 39-41.
3. 三和良一·原 朗 編, 2010: 141.
4. 経済企劃庁, 1970: 41
5. 経済企劃庁, 1968: 22.
6. 吉川 洋, 1999: 14-15.
7. 三和良一·原 朗 編, 2010: 162.
8. 経営史学会 編, 2004: 301, 312-13.
9. 宇田川勝·中村青志 編, 1999: 142-43.
10. 経営史学会 編, 2004: 342-43; 林 直道, 1996: 238-41.
11. 宇田川勝·中村青志 編, 1999: 126-27.
12. 経営史学会 編, 2004: 344.
13. 小峰隆夫, 1999: 176.
14. 清成忠男, 1997: 90.
15. 清成忠男, 1997: 103.
16. 壹岐晃才·木村立夫 編著, 1985: 102-106.
17. 壹岐晃才·木村立夫 編著, 1985: 107-110.

12장 미국기업의 정체와 재생

1. M.G. Blackford, 1998: 214.
2. M.L. Dertouzos et al., 1989: 217, 221-22.
3. M.L. Dertouzos et al., 1989: 191-92.
4. M.L. Dertouzos et al., 1989: 248-49.
5. T.K. McCraw, 2000: 163.
6. M. Hammer and J. Champy, 1993: 32.
7. R. Sobel, 1993: 253-54.
8. T.K. McCraw, 2000: 36-37.
9. R. Sobel, 1993: 270.
10. T.K. McCraw, 2000: 32.
11. R. Sobel, 1993: 273.
12. R. Sobel, 1993: 274-77.
13. R. Sobel, 1993: 289.
14. R. Sobel, 1993: 283-84.

15. R. Sobel, 1993: 285-86.
16. T.K. McCraw, 2000: 35-36.
17. M. Useem, 1996.
18. 萩原伸次郎·中本悟 編, 2005: 185-86.
19. 萩原伸次郎·中本悟 編, 2005: 177-78.
20. 萩原伸次郎·中本悟 編, 2005: 187-88.

13장 영국기업의 전환

1. B. Supple, 1994: 321-41.
2. N.F.R. Crafts, 1991: 274.
3. B. Supple, 1994: 323.
4. D.J. Jeremy, 1998: 453-54; C.C.P. Hill, 1985: 296.
5. J.F. Wilson, 1995: 227.
6. N.F.R. Crafts, 1991: 257.
7. M. Chick, 1988: 111-12.
8. M. Chick, 1994: 327-28.
9. M. Chick, 1988: 113-14.
10. M.G. Blackford, 1998: 226.
11. S. Pollard, 1992: 412-14.
12. R. Richardson, 1991: 433, 441.
13. D.J. Jeremy, 1998: 310-12.
14. M.G. Blackford, 1998: 226-27; J.F. Wilson, 1995: 228-29.
15. N.F.R. Crafts, 1991: 285.
16. J.F. Wilson, 1995: 225, 234.
17. D.J. Jeremy, 1998: 207, 211, 213.
18. J.F. Wilson, 1995: 233-34.
19. D.J. Jeremy, 1998: 575.
20. D.J. Jeremy, 1998: 332-33.
21. M.G. Blackford, 1998: 227-28.
22. D.J. Jeremy, 1998: 356.
23. M. Winstanley, 1994: 255-57.
24. D.J. Jeremy, 1998: 358.
25. J.H. Dunning, 1993: 288.
26. D.J. Jeremy, 1998: 248.
27. D.J. Jeremy, 1998: 249.
28. D.J. Jeremy, 1998: 249-50; J.F. Wilson, 1995: 231-32.
29. F. Bostock and G. Jones, 1994: 95; D.J. Jeremy, 1998: 252.
30. D.J. Jeremy, 1998: 253-59.

31. J.F. Wilson, 1995: 233-24.
32. N.F.R. Crafts, 1991: 278, 284-86.
33. N.F.R. Crafts, 1991: 289.
34. S. Pollard, 1992: 417.
35. M.G. Blackford, 1998: 228.

14장　일본 기업경영 시스템의 변질

1. 経営史学会 編, 2004: 370-71.
2. 金森久雄·香西泰·大守隆, 2001: 196.
3. 金森久雄·香西泰·大守隆, 2001: 192, 194-95.

종장　총괄

1. T.K. McCraw, 2000: 163-64.
2. T.K. McCraw, 2000: 164-65.

참고문헌

1. 영문 문헌

Aldcroft, Derek H. (1964), "The entrepreneur and the British economy, 1870-1914," *Economic History Review*, 17(1).

________ (ed.)(1968), *The Development of British Industry and Foreign Competition, 1875-1914*, London.

Alford, B.W.E. (1981), "New industries for old? British industry between the wars," in Floud, Roderick and McCloskey, Donald N. (eds.), *The Economic History of Britain since 1700: 2, 1860 to the 1970s*, Cambridge.

________ (1995), *British Economic Performance 1945-1975*, Cambridge.

Ashton, Thomas S. (1939), *An Eighteenth Century Industrialist, Peter Stubs of Warrington, 1756-1896*, Manchester.

________ (1948), *The Industrial Revolution, 1760-1830*, London.

________ (1951), *Iron and Steel in the Industrial Revolution*, 2nd ed., Manchester.

Ashworth, William (1960), *An Economic History of England 1870-1939*, London.

Bagwell, Philip S. (1974), *The Transport Revolution from 1770*, London.

Baumol, W. J. (1959), *Business Behaviour, Value and Growth*, London.

Berg, Maxine (1994), *The Age of Manufactures 1700-1820: Industry, Innovation and Work in Britain*, 2nd ed., London and New York.

Best, Michael H. and Humphries, Jane (1986), "The city and industrial decline," in Elbaum, Bernard and Lazonick, William (eds.), *The Decline of the British Economy*, Oxford.

Berle, Adolph A. and Means, G.C. (1932), *The Modern Corporation and Private Property*, New York.

Blackford, Mansel G. (1998), *The Rise of Modern Business in Great Britain, the United States, and Japan*, 2nd ed., Chapel Hill and London.

Blackford, Mansel G. and Kerr, K. Austin (1986), *Business Enterprise in American History*, Boston, etc.

Bostock, F. and Jones, Geoffrey (1994), "Foreign multinationals in British manufacturing, 1850-1962," *Business History*, 36(1).

Broadberry, S.N. and Crafts, N.F.R. (1992), "Britain's productivity gap in the 1930s: Some neglected factors," *Journal of Economic History*, 52(3).

Bryant, Jr. Keith L. and Dethloff, Henry C. (1990), *A History of American Business*, Englewood Cliffs, N.J.

Bruland, Kristine and O'Brien, Patrick (eds.)(1998), *From Family Firms to Corporate Capitalism*, Oxford.

Cain, P. J. and Hopkins, A.G. (1993), *British Imperialism: Innovation and Expansion, 1688-1914*, London.

Cameron, Rondo (1967), *Banking in the Early Stage of Industrialization*, Oxford.

Campbell, Nigel and Burton, Fred(eds.)(1994), *Japanese Multinationals: Stratagies and Management in the Global Kaisha*, London and New York.

Cassis, Youssef (1997), *Big Business: The European Experience in the Twentieth Century*, Oxford.

Casson, M.C. (1993), "Entrepreneurship and business culture," in Brown, J. and Rose, M.B. (eds.), *Entrepreneurship, Networks and Modern Business*, Manchester.

Chamberlain, John(1961), *The Enterprising Americans: A Business History of The United States*, New York.

Chandler Jr., Alfred D. (1959), "The beginnings of 'big business' in American industry," *Business History Review*, XXXIII.

________ (1962), *Strategy and Structure: Chapters in the History of the American Industrial Enterprise*, Cambridge(Mass.) and London.

________ (1964), *Giant Enterprise: Ford, General Motors, and the Automobile Industry*, New York.

________ (1977), *The Visible Hand: The Managerial Revolution in American Business*, Cambridge, Massachusetts, and London(김두얼 외 옮김, 『보이는 손』, 2014, 지식을 만드는 지식).

________ (1978), "The United States: Evolution of enterprise," in Mathias, Peter and Postan, Michal M. (eds.), *The Cambridge Economic History of Europe*, VII, Part 2, Cambridge.

________ (1982), 「世界的 巨大企業: 国際比較分析」, 『経営史学』(日本), 16(4).

________ (1990), *Scale and Scope: The Dynamics of Industrial Capitalism*, Cambridge, Mass.

________ and Daems, H. (1974), "Introduction: The rise of managerial capitalism and its impact on investment strategy in the Western world and Japan," in Daems, H. and Van der Wee, H. (eds.), *The Rise of Managerial Capitalism*, Leuven.

Channon, Dereck F. (1973), *The Strategy and Structure of British Enterprise*, London.

Chapman, Stanley D. (1972), *The Cotton Industry in the Industrial Revolution*, London.

________ (1992), *Merchant Enterprise in Britain: From the Industrial Revolution to World War*, Cambridge.

Chick, Martin (1988), "Privatization: The Triumph of Past Practice over current requirements," in Davenport-Hines, R.P.T. and Jones, Geoffrey (eds.), *Enterprise, Management and Innovation in British Business, 1914-80*, London.

________ (1994), "Nationalization, privatization and regulation," in Kirby, Maurice W. and Rose, Mary B. (eds.), *Business Enterprise in Modern Britain: From the Eighteenth to Twentieth Century*, London and New York.

Church, Roy (1993), "The family firm in industrial dapitalism: International perspectives on hypotheses and history," *Business History*, 35(4).

Clapham, J.H. (1944), *The Bank of England, A History*, 2vols, Cambridge.

Clay, R.(1984), *Economic Expansion and Social Change: England 1500-1700*, II, *Industry, Trade and Government*, Cambridge.

Coase, R.H. (1937), "The nature of the firm," *Economica*, IV.

Cochran, Thomas C. (1965), *The American Business System: A Historical Perspective, 1990-1955*,

Cambridge (Mass).
________ (1977), *200Years of American Business*, New York.
________ (1985), *Challenges to American Values: Society, Business and Religion*, Oxford.
Cochran, Thomas C. and Miller, William (1961), *The Age of Enterprise: A Social History of Industrial America*, New York, etc.
Cole, Arthur H. (1946), "An approach to the study of entrepreneurship," *Supplement to the Journal of Economic History*, Vol. VI.
________ (1959), *Business Enterprise in its Social Setting*, Cambridge (Mass).
________ (1965), "Aggregative business history," *Business History Review*, 39.
Coleman, D.C. (1973), "Gentlemen and players," *Economic History Review*, 26.
________ (1977), *The Economy of England 1450-1950*, Oxford.
________ (1969-1980), *Courtaulds: An Economic and Social History*, 3 vols, Oxford.
________ (1987), "The use and abuses of business history," *Business History*, XXX.
________ (1988), "Failings and achievements: Some British business, 1910-80," in Davenport-Hines, R.P.T. and Jones, Geoffrey (eds.), *Enterprise, Management and Innovation in British Business, 1914-80*, London.
Collins, Michael (1991), *Banks and industrial finance in Britain 1800-1939*, Cambridge.
Corley, T.A.B. (1988), "Consumer Marketing in Britain 1914-60," in Davenport-Hines, R. P. T. and Jones, Geoffrey (eds.), *Enterprise, Management and Innovation in British Business, 1914-80*, London.
Cortrell, P.L. (1980), *Industrial Finance, 1830-1914*, London.
Crafts, N.F.R. (1991), "Economic Growth," in Crafts, N.F.R. and Woodward, N.W.C. (eds.), *The British Economy since 1945*, Oxford.
Crafts, N.F.R. and Woodward, N.W.C. (1991), *The British Economy since 1945*, Oxford.
Crouzet, François (1972), "Capital Formation in Great Britain during the Industrial Revolution," in Crouzet, François (ed.), *Capital Formation in the Industrial Revolution*, London.
________ (1982), *The Victorian Economy*, London.
________ (1985), *The First Industrialists: The Problem of Origins*, Cambridge.
Cyert, Richard M. and March, James G. (1963), *A Behavioral Theory of the Firm, Englewood Cliffs*, New Jersey.
Davis, R. (1962), "English Foreign Trade, 1700-1774," in Minchinton, W.E. (ed.), *The Growth of English Overseas Trade in the 17th and 18th Century*, London.
Deane, Phyllis (1965), *The First Industrial Revolution*, Cambridge.
Dertouzos, Michael L., Lester, Richard K., and Solow, Robert M. (The MIT Commission on Industrial Productivity)(1989), *Made in America: Regaining the Productive Edge*, Cambridge (Mass.) and London.
Dintenfas, Michael (1992), *The Decline of Industrial Britain 1870-1980*, London and New York.
Dong-Woon, Kim (1988), "The British multinational enterprise in the United States before

1914: The case of J.P. Coats," *Business History Review*, 72(4).
________ (2004), *A Study of British Business History*, Seoul.
Dunkerley, J. and Hare, P.G. (1991), "Nationalized industries," in Crafts, N.F.R. and Woodward, N.W.C. (eds.), *The British Economy since 1945*, Oxford.
Dunning, John H. (1993), *The Globalizayion of Business: The Challenge of the 1990s*, London.
Dyos, H.J. and Aldcroft, D.H. (1969), *British Transport: An Economic Survey from the Seventeeth Century to the Twentieth*, Leicester.
Edelstein, Michael (1982), *Overseas Investment in the Age of High Imperialism: The United Kingdom, 1850-1914*, London.
Ehrenberg, Richard (1896), *Das Zeitalter der Fugger*, 2Bde, 3Aufl. (1922), Jena.
Eis, C. (1969), "The 1919-1930 Merger movement in American industry," *Journal of Law and Economics*, 12.
Elbaum, Bernard and Lazonick, William (1986), "An institutional perspective on British decline," in Elbaum, Bernard and Lazonick, William (eds.), *The Decline of the British Economy*, Oxford.
Faulkner, Harold U. (1960), *American Economic History*, 8th ed., New York etc.
Feinstein, C.H. (1992), "Slowing down and falling behind: Industrial retardation in Britain after 1870," in Digby, Anne, Feinstein, Charles and Jenkins, David (eds.), *New Directions in Economic and Social History*, II, London.
Fitton, K.S. and Wadsworth, A.P. (1958), *The Strutts and the Arkwrights 1758-1830: A Study of the Early Factory System*, Manchester.
Foreman-Peck, James (1994), "Industry and industrial organization in the inter-war years," in Floud, Roderick and McCloskey, Donald (eds.), *The Economic History of Britain since 1700*, 2nd ed., Vol. 2: 1860-1939, Cambridge.
Fruin, W. Mark (1992), *The Japanese Enterprise System: Comparative Strategies and Cooperative Structures*, Oxford.
George, K.D., Joll, C.K., and Lynk, E.L. (1991), *Industrial Organization, Competition, Growth and Structural Change*, London.
Gerschenkron, Alexander (1962), *Economic Backwardness in Historical Perspective, a Book of Essays*, Cambridge (Mass.).
Gourvish, T.R. (1980), *Railway and the British Economy 1830-1914*, London.
________ (1987), "British business and the transition to a corporate economy: Entrepreneurship and Management Structures," *Business History*, XXIX(4).
Gras, Norman S.B. (1934), "Business history," *Economic History Review*, Ser. I, IV(4).
________ (1939a), *Business and Capitalism: An Introduction to Business History*, New York.
________ (1939b), "Why study business history?" *Canadian Journal of Economics and Political Science*, 4.
________ (1946), "What type of business history are you writing?" *Bulletin of the Business Historical Society*, 20(5).

Gras, Norma S.B. and Larson, Herietta M. (1939), *Casebook in American Business History*, New York.

Habakkuk, H.J. (1962), *American and British Technology in the Nineteenth Century*, Cambridge.

Hammer, Michael and Champy, James (1993), *Reengineering the Corporation: A Manifesto for Business Revolition*, New York.

Hannah, Leslie (1974), "Managerial innovation and the rise of the large-scale company in interwar Britain," *Economic History Review*, 2nd Ser., 17(2).

________ (1976), "Strategy and structure in the manufacturing sector," in Hannah, L. (ed.), *Management Strategy and Business Development: An Historical and Comparative Study*, London.

________ (1983a), *The Rise of the Corporate Economy*, 2nd ed., London.

________ (1983b), "New issues in British business history," *Business History Review*, 57 (summer).

________ (1994), "The economic consequences of the state ownership of industry, 1945-1990' in Floud, Roderick and McCloskey, Donald (eds.), *The Economic History of Britain since 1700*, 2nd ed., Vol. 3: 1939-1992, Cambridge.

________ and Kay, J.A. (1977), *Concentration in Modern Industry: Theory, Measurement and the UK Experience*, London.

Harris, J.R. (1988), *The British Iron Industry 1700-1850*, London.

Hill, C.P. (1985), *British Economic and Social History 1700-1982*, 5th ed., London.

Hirschmeier, Johannes (1964), *The Origins of Entrepreneurship in Meiji Japan*, Cambridge (Mass).

Hofstader, Richard (1955), *Social Darwinism in American Thought*, Rev. ed., New York.

Honeyman, Katrina (1982), *Origins of Enterprise: Buseness Leadership in the Industrial Revolution*, Manchester and New York.

Hoselitz, Bert F. (1968), "Entrepreneurship and capital formation in France and Britain since 1700," in Falkus, M.E. (ed.), *Readings in History of Economic Growth*, Oxford.

Hudson, Pat (1986), *The Genesis of Industrial Capital: A Study of the West Riding Wool Textile Industry c. 1750-1850*, Cambridge.

Hutchins, John G.B. (1958), "Business history, entrepreneurial history, and business administration," *The Journal of Economic History*, 18(4).

Hutchinson, Diane and Nicolas, Stephen (1988), "Modelling the Growth Strategies of British firms," in Davenport-Hines, R.P.T. and Jones, Geoffrey (eds.), *Enterprise, Management and Innovation in British Business, 1914-80*, London.

Hyde, Charles K. (1977), *Technological Change and British Iron Industry 1700-1870*, Princeton.

Jeremy, David J. (1998), *A Business History of Britain, 1900-1990s*, Oxford.

Jones, Geoffrey (ed.)(1986), *British Multinationals: Origin, Management and Performance*, Aldershot, Hants.

________ (1994), "British multinationals and British business since 1850," in Kirby, Maurice W. and Rose, Mary B. (eds.), *Business Enterprise in Modern Britain*, London and New York.

________ (1996), *The Evolution of International Business: An Introduction*, London.

Joslin, D.M. (1954), "London private bankers, 1720-1785," *Economic History Review*, 2nd. Ser., 7(2).

Kennedy, W.P. (1987), *Industrial Structure, Capital Markets and the Origins of British Economic Decline*, Cambridge.

Kirby, Maurice W. (1992), "Institutional rigidities and economic decline: Reflections on the British experience," *Economic History Review*, 2nd. Ser., 45(4).

________ (1994), "Introduction," "Big business before 1900," "The corporate economy in Britain: Its rise and achievements since 1900," in Kirby, M.W. and Rose, Mary B. (eds.), *Business Enterprise in Modern Britain*, London and New York.

Kochan, Thomas, Katzy, Harry C., and Mckersie, Robert B. (1994), *The Transformation of American Industrial Relations*, New York.

Krooss, Herman E. (1958), "Economic History and the New Business History," *Journal of Economic History*, 18(4).

________ (1974), *American Economic Development: The Progress of a Business Civilization*, Englewood Cliffs, N. J.

Krooss, Herman E. and Gilbert, Charles (1972), *American Business History*, Englewood Cliffs, N. J.

Landes, David S. (1949), "French Entrepreneurship and Industrial Growth in the Nineteenth Century," *Journal of Economic History*, 9(1).

________ (1954), "French business and the business man: Social and cultural analysis," in E. M. Earle (ed.), *Modern France, Problems of the Third and Fourth Republics*, New York.

________ (1965), "Technological change and development in Western Europe, 1750-1919," in Habakkuk, H.J. and Postan, M. (eds.), *The Cambridge Economic History of Europe*, vol. 6. Cambridge.

________ (1969), *The Unbound Prometheus*, Cambridge.

Larson, Henrietta M. (1944), "Danger in business history," *Harvard Business Review*, Spring.

________ (1950), "Problems and challenges in business history," *Bullettin of the Business Historical Society*, Sep.

________ (1964), *Guide to Business History*, Cambridge (Mass.).

Lazonick, William (1983), "Industrial organization and technical change: The decline of the British cotton industry," *Business History Review*, 57(2).

________ (1991), *Business Organisation and the Myth of the Market Economy,* Cambridge.

Lee, C.H. (1990a), "Corporate behaviour in the theory and history: I. The Evolution of Theory," *Business History*, XXXII.

________ (1990b), "Corporate behaviour in the theory and history: II. The Historian's Perspective," *Business History*, XXXII.

Litterer, J.A. (1961), "Systematic Management: The search for order and integration," *Business History Review*, XXXV.

Maddison, Augus (1991), *Dynamic Forces in Capitalist Development: A Long-Run Comparative*

View, Oxford.

Marris, Robin (1964), *The Economic Theory of 'Managerial' Capitalism*, London.

Marshall, Byron K. (1967), *Capitalism and Nationalism in Prewar Japan: The Ideology of the Business Elite, 1868-1941* (Calif.).

Mathias, Peter (1969), *The First Industrial Nation: An Economic History of Britain 1700-1914*, London.

McCloskey, Donald N. (1973), *Economic Maturity and Entrepreneurial Decline: British Iron and Steel, 1870-1913*, Cambridge (Mass).

McCrow, Thomas K. (2000), *American Business, 1920-2000*, Wheeling, Illinois.

Mckendrick, Neil (1960), "Josiah Wedgwood: An Eighteenth-Century Entrepreneur in Salesmanship and marketing techniques," *Economic History Review*, 2nd Ser., III.

________ (1963), "Josiah Wedgwood and Thomas Bentley: An inventor-Entrepreneur partnership in the industrial revolution," *Transactions of the Royal Historical Society*, read 12 January.

Mercer, Helen (1994), "The state and British business since 1945," in Kirby, Maurice W. and Rose, Mary B., *Business Enterprise in Modern Britain: From the Eighteeth to the Twentieth Century*, London and New York.

Michie, R. (1986), "The stock exchange and the British economy, 1870-1939," in Van-Helten, J.J. and Cassis, Y. (eds.), *Capitalism in a Mature Economy: Financial lustitutions, Capital Export and British Industry, 1870-1939*, London.

Moody, John (1904), *The Truth about Trust*, New York.

Musson, A.E. and Robinson, E. (1969), *Science and Technology in the Industrial Revolution*, Manchester.

North, Douglss C. (1966), *Growth and Welfare in the American Past*, Englewood, N.J.

North, Douglas C. and Thomas, R. P. (1968), *The Growth of the American Economy to 1860*, New York.

Olson, M. (1982), *The Rise and Decline of Nations: Economic Growth, Stagflation and Social Rigidities*, New Haven.

Payne, Peter L. (1967), "The emergence of the large-scale company in Great Britain," *Economic History Review*, 2nd Ser., XX(3).

________ (1974), *British Entreprenurship in the Nineteenth Century*, London.

________ (1978), "Industrial entrepreneurship and management in Great Britain," in Mathias, P. and Postan, M. M. (eds.), *The Cambrige Economic History of Europe*, VII, Part I, Cambridge.

________ (1988), *British Entrepreneurship in the Nineteenth Century*, London.

________ (1990), "Entreprenurship and British Economic Decline," in Collins, Bruce and Robbins, Keith (eds.), *British Culture and Economic Decline*, New York.

Penrose, Edith T. (1959), *The Theory of the Growth of the Firm*, Oxford.

Perkin, Harold (1969), *The Origins of Modern English Society, 1780-1880*, London.

Pollard, Sidney (1965), *The Genesis of Modern Management: A Study of the Industrial Revolution in Great Britain*, London.

________ (1972), "Fixed Capital in the Industrial Revolution in Britain," in Crouzet, F. (eds.), *Capital Formation in the Industrial Revolution*, London.

________ (1989), *Britain's Prime and Britain's Decline: The British Economy 1870-1914*, London.

________ (1992), *The Development of the British Economy, 1914-1990*, 4th ed., London.

________ (1994), "Entrepreneurship," in Floud, Roderick and McLoskey, Donald (eds.), *The Economic History of Britain since 1700,* 2nd ed., Vol. 2: 1860-1939, Cambridge.

Porter, Michael E. (1990), *The Competitive Advantage of Nations*, New York.

Prais, S.J. (1976), *The Evolution of Giant Firms in Britain*, Cambridge.

________ (1995), *Productivity, Education and Training: An international perspective*, Cambridge.

Pressnell, L.S. (1956), *Country Banking in the Industrial Revolution*, Oxford.

Ranis, Gustav (1955), "The Community-Centered Entrepreneur in Japanese Development," *Explorations in Entrepreneurial History*, 8 (2).

Redlich, F. (1962), "Approaches to Business History," *Journal of Economic and Business History*, May.

Richardson, R. (1991), "Trade unions and industrial relations" in Crafts, N. F. R. and Woodward, N.W.C. (eds.), *The British Economy since 1945*, Oxford.

Robbins, Keith (1990), "British culture versus British industry," in Collins, Bruce and Robbins, Keith (eds.), *Debates in Modern History: British Culture and Economic Decline*, New York.

Robertson, Ross M. (1973), *History of the American Economy*, 3rd ed., New York, etc.

Robinson, E. (1959), "Boulton and Forthergill, 1762-82, and the Birmingham Export of Hardware," *University of Birmingham Historical Journal*, 7(1).

________ (1963), "Eighteeenth-century commerce and fashon: Mathew Boulton's marketing Techniques," *Economic History Review*, 2nd Ser., 16(1).

Roll, Eric (1930), *An Early Experiment in Industrial Organization, Being a History of the Firm of Boulton & Watt, 1775-1805*, London.

Rose, Mary B. (1994), "The family firm in British business, 1780-1914," in Kirby, M. W. and Rose, M.B. (eds.), *Business Enterprise in Modern Britain*, London and New York.

Rostow, W.W. (1952), *The Process of Economic Growth*, New York.

________ (1960), *The Stages of Economic Growth: A Non-Communist Manifesto*, Cambridge.

Rubinstein, W.D. (1990), "Cultural Explanations for Britain's Economic Decline: How True?" in Collins, Bruce and Robbins, Keith (eds.), *Debates in Modern History: British Culture and Economic Decline*, New York.

________ (1993), *Capitalism, Culture, and Decline in Britain 1750-1990*, London and New York.

Rumelt, Richard P. (1974), *Strategy, Structure, and Economic Performance*, Cambridge (Mass.).

Sandberg, L.G. (1981), "The entrepreneur and technological change," in Floud, Roderick and McCloskey, Donald (eds.), *The Economic History of Britain since 1700*, Vol. 2: 1860-1970s, Cambridge.

Sanderson, Michael (1972), *The Universities and British Industry 1850-1970*, London.

Saul, S.B. (ed. 1970), *Technological Change: The United States and Britain in the 19th Century*, London.

Sawyer, John E. (1952), "The Entrepreneur and Social Order, France and the United States," in Miller William (ed.), *Men in Business*, New York.

Schmoller, Gustav von (1900-1904), *Grundriss der allgemeinen Volkswirtschaftslehre*, Leipzig.

Shaw, C. (1983), "The Large Manufacturing Employers of 1907," *Business History*, 25(1).

Schmitz, Christopher J. (1993), *The Growth of Big Business in the United States and Western Europe, 1850-1939*, London.

Schumpeter, Joseph A. (1912), *Theorie der wirtschaftlichen Entwicklung*, Leipzig (*Theory of Economic Development: An Inquiry into Profits, Capital, Credit, and the Business Cycle*, New York, 1934).

________ (1939), *Business Cycles: A Theoretical, Historical, and Statistical Analysis of the Capitalist Process*, Vol. I, New York and London.

________ (1947), "The creative response in economic history," *Journal of Economic History*, 7(2).

Shepherd, D., Silberton, A., and Strange, R. (1985), *British Manufacturing Investment Overseas*, London.

Simon, H.A. (1947), *Administrative Behavior*, New York.

________ (1959), "Theories of decision making in economics," *American Economic Review*, 69.

Slater, Robert (1993), *The New GE: How Jack Welch Revived an American Institution*, Homewood Illinois.

Sobel, Robert (1993), *The Age of Giant Corporations: A Microeconomic History of American Business, 1914-1992*, 3rd ed., Westport, CT.

Sombart, Werner (1902), *Der Moderne Kapitalismus*, 2Bde, München und Leipzig.

Stone, lving (1999), *The Global Export of Capital from Great Britain, 1865-1914*, London and New York.

Strieder, Jacob (1914), *Studien zur Gescichte kapalisticher Organisationsformen*, München und Leipzig.

Supple, Barry (1994), "British economic decline since 1945," in Floud, Roderick and McCloskey, Donald (Eds.), *The Economic History of Britain since 1700*, 2nd ed., Vol. 3: 1939-1992, Cambridge.

Tedlow, Richard S. (1991), *The Rise of the Amarican Business Corporation,* Chur, etc.

Tyson, R.E. (1968), "The cotton industry," in Aldcroft, D. H. (ed.), *The Development of British Industry and Foreign Competition 1875-1914*, London.

Unwin, George (1904), *Industrial Organization in the Sixteeth and Seventeenth Centuries*, Oxford.

Unwin, George, Hulme, A., and Taylor, George (1924), *Samuel Oldnow and the Arkwrights, The Industrial Revolution at Stockport and Marple*, Manchester.

Useem, Michael (1996), *Investor Capitalism: How Money Managers Are Changing the Face of Corporate America*, New York.

Utton, M.A. (1972), "Some features of the early merger movements in British manufacturing industry," *Business History*, 14(1).

Vogel, Ezra F. (1991), *The Four Little Dragons: The Spread of Industrialization in East Asia*, Cambridge (Mass.) and London.

Walker, J. and revised by Munn, C.W. (1979), *British Economic and Social History 1700-1977*, 2nd ed., Estover, Plymouth.

Walshe, J.G. (1991), "Industrial organization and competition policy," in Crafts, N.F.R. and Woodward, N. W. C. (eds.), *The British Economy since 1945*, Oxford.

Wardley, Peter (1991), "The anatomy of big business: Aspects of corporate Development in the Twentieth Century," *Business History*, 33(2).

Westall, Oliver M. (1994), "The competitive environment of British busuness, 1850-1914," in Kirby, M.W. and Rose, M.B. (eds.), *Business Enterprise in Modern Britain*, London and New York.

Wiener, Martin J. (1981), *English Culture and the Decline of the Industrial Spirit 1850-1980*, Cambridge.

Wilkins, Mira (1970), *The Emergence of Multinational Enterprise: American Business Abroad from the Colonial Era to 1914*, Cambridge (Mass.) and London.

________ (1974), *The Maturing of Multinational Enterprise: American Business Abroad from 1914-1970*, Cambridge (Mass.) and London.

________ (1988), "The free-standing company, 1870-1914: An important type of British foreign direct investment," *Economic History Review*, 2nd Ser., XLI(2).

Williamson, Harold F. (ed.) (1951), *The Growth of the American Economy*, 2nd ed., New York.

Williamson, Oliver E. (1970), *Corporate Control and Business Behaviour*, Englewood Cliffs.

________ (1975), *Market and Hierarchies: Analysis and Antitrust Implications: A Study in the Economics of Internal Organisations*, New York.

________ (1981), "The modern corporation: Origins, evolution, attributes," *Journal of Economic Literature*, December.

________ (1985), *The Economic Institutions of Capitalism: Firms, Markets, Relational Contracting*, New York.

Wilson, Charles (1965), "Economy and society in Late Victorian Britain," *Economic History Review*, 2nd Ser., XVIII(1).

________ (1954), *The History of Unilever: A Study in Economic Growth and Social Change*, 2 vols., London.

Wilson, John F. (1995), *British Business History, 1720-1994*, Manchester and New York.

Winstanley, Michael (1994), "Concentration and competition in the retail sector c. 1800-1990," in Kirby, Maurice W. and Rose, Mary B. (eds.), *Business Enterprise in Modern Britain*, London and New York.

Wrigley, Julia (1986), "Technical education and industry in the nineteeth century," in Elbaum, Bernard and Lazonick, William (eds.), *The Decline of the British Economy*, Oxford.

Yamamura, Kozo (1978), "Entrepreneurship, ownership, and management in Japann," in Mathias, Peter and Postan, M.M. (eds.), *The Cambridge Economic History of Europe*, Vol. VII, Part 2, Cambridge.

2. 일문 문헌

安部悦生 外(1997), 『イギリス企業経営の歴史的展開』, 勁草書房.
________(2004), 「経営史におけるチャンドラ-理論の意義と問題点: チャンドラ-・モデルはアウト・オブ・デイトか」, 『経営論集』(明治大学) 第51巻 第3号.
安部悦男・寿永欣三郎・山口一臣(2002), 『ケ-スブック アメリカ経営史』, 有斐閣.
阿部武司・中村尚史 編(2010), 『産業革命と企業経営: 1882-1914』, ミネルヴァ書房.
青野正道(2003), 『金融ビジネスの歴史』, 中央経済社.
淺子和美・篠原總一 編(2000), 『入門・日本経済』, 新版, 有斐閣.
浅野俊光(1991), 『日本の近代化と経営理念』, 日本経済評論社.
浅沼萬理(1997), 『日本の企業組織: 革新的適応のメカニズム』, 東洋経済新報社.
安藤良雄 編(1979), 『近代日本経済史要覽』(第2版), 東京大学出版会.
榎本 悟(1990), 『アメリカ経営史学の研究』, 同文館.
ガランボス, L. (1991), 『アメリカ経営史学の新潮流』, 山口一臣 外, 共訳同文館出版.
萩原伸次郎・中本悟 編(2005), 『現代アメリカ経済: アメリカン・グロバリゼ-ションの構造』, 日本評論社.
間宏(1971), 『日本的経営: 潗団主義の功罪』, 日本経済新聞社.
________ (1978), 『日本勞務管理史研究: 経営家族主義の形成と展開』, 御茶の水書房.
________ (1989), 『日本的経営の系譜』, 文眞堂.
________ 編(1977), 『日本の企業と社會: 日本経営史講座 6』, 日本経済新聞社.
橋本輝彦(1997), 『アメリカ経営史と企業革新』, 創風社.
橋本壽朗(1991), 『日本経済論』, ミネルヴァ書房.
橋本壽朗・大杉由香(2000), 『近代日本経済史』, 岩波書店.
橋本寿郎・武田晴人 編(1992), 『日本経済の発展と企業集団』, 東京大学出版会.
原 輝史 編(1990), 『科学的管理法の導入と展開: その歴史的国際比較』, 昭和堂.
原田 實・安井恒則・黑田兼一 編著(2000), 『新・日本的経営勞務管理』, ミネルヴァ書房.
春田素夫・鈴木直次(2005), 『アメリカの経済』 第2版, 岩波書店.
速水融・宮本又郎 編(1988), 『経済社會の成立: 17-18世紀』, 岩波書店.
林 昭(2003), 『現代の大企業: 史的展開と社會的責任』, 中央経済社.
林直道(1996), 『現代の日本経済』(第5版), 青木書店.
ヒルシュマイヤ J.・由井常彦(1977), 『日本の経営發展: 近代化と企業経営』, 東洋経済新報社.
深尾光洋・森田泰子(1997), 『企業ガバナンス構造の国際比較』, 日本経済新聞社.
藤井光男 編著(1982), 『経営史: 日本』, 日本評論社.
藤井光男・丸山恵也 編著(1991), 『現代日本経営史: 日本的経営と企業社会』, ミネルヴァ書房.
堀江保藏(1984), 『日本経営史における「家」の研究』, 臨川書店.
壹岐晃才・木村立夫 編著(1985), 『日本企業読本』, 東洋経済新報社.

今井賢一·小宮隆太郎 編(1989),『日本の企業』,東京大学出版会.
井上昭一 編著(2004),『現代アメリカ企業経営史』,ミネルヴァ書房.
井上昭一·中村宏治 編著(1995),『現代ビッグ·ビジネスの生成·発展·展開』,八千代出版.
井上昭一·藤井光男(1999),『現代日本経営史: 日本·欧米』,ミネルヴァ書房.
井上忠勝(1987),『アメリカ企業経営史研究』,神戸大学経済経営研究所.
石川健太郎(1974),「明治期における企業者活動の統計的観察」,『大阪大学経済学研究3』,(大阪大学).
伊丹敬之·加護野忠男·伊藤元重 編(1993),『日本の企業システム 第2巻 組織·戰略』,有斐閣.
岩田龍子(1977),『日本的経営の編成原理』,文眞堂.
海藤守(1994),『総合商社』,実務教育出版.
加護野忠男·野中郁次郎·榊原清則·奥村昭博(1983),『日米企業の経営比較』,日本経済新聞社.
楫西光速(1957),『続日本資本主義発達史』,有斐閣.
楫西光速 編(1965a),『日本経済史大系 5 近代 上』,東京大学出版会.
_________ (1965b),『日本経済史大系 6 近代 下』,東京大学出版会.
金森久雄·香西泰·大守隆(2001),『日本経済読本』(第15版),東洋経済新報社.
河村哲雄(2003),『現代アメリカ経済』,有斐閣.
上林貞次郎·栗田真造·井上忠勝·笹川儀三郎(1969),『経営史の研究』,ミネルヴァ書房.
経営史學會 編(2004),『日本経営史の基礎知識』,有斐閣.
_________ 編(2005),『外国経営史の基礎知識』,有斐閣.
経済企劃庁(1968, 1970, 1971),『経済白書』,『経済白書』(1975),『国民所得統計年報』.
橘川武郎(1996),『日本の企業集團』,有斐閣.
_________·久保文克 編著(2010),『グロウバル化と日本型企業システムの変容: 1985-2008』,ミネルヴァ書房.
清成忠男(1997),『中小企業読本』(第3版),東洋経済新報社.
小浜裕久·渡辺眞知子(1996),『戰後日本経済の50年』,日本評論社.
小林袈裟治(1979),『アメリカ企業経営史研究』,有斐閣.
小林康助 編著(1985),『アメリカ企業管理史』,ミネルヴァ書房.
小林正彬·杉山和雄·森川英正 編(1976),『日本経営史を學ぶ』(1, 2, 3),有斐閣.
小松芳喬(1984),『鉄道の生誕とイギリス経済』,清明会.
小峰隆夫(1999),『最新日本経済入門』,日本評論社.
久保利英明·鈴木忠雄·高梨智弘·酒井雷太(1998),『日本型コ-ポレ-トガバナンス』,日刊工業新聞社.
丸山恵也(1989),『日本的経営』,日本平論社.
丸山恵也·井上昭一 編著(1990),『アメリカ企業の史的展開』,ミネルヴァ書房.
萬城 博(1965),『ビジネス·エリ—ト』,中央公論社.
三島康雄(1961),『経営史学の展開』,ミネルヴァ書房.
三橋規宏·內田茂男(1994),『昭和経済史』(下),日本経済新聞社.
三橋規宏·內田茂男·池田吉紀(2000),『ゼミナ-ル 日本経済入門』,日本経済新聞社.
三野昭一(1972),『近代日本経営史』,文化書房博文社.

御園生等(1965), 『日本の独占』, 至誠堂.
三和良一(2002), 『概説日本経済史 近現代』(第2版), 東京大学出版会.
三和良一·原 朗 編(2010), 『近現代日本経済史要覧』(補訂版), 東京大学出版会.
宮本又郎·阿部武司·宇田川勝·澤井実·橘川武郎(2007), 『日本経営史』(新版), 有斐閣. (初版. 1995: 정진성 옮김, 2001, 『일본경영사』, 한울아카데미).
宮崎義一(1985), 『現代企業論入門』, 有斐閣.
森川英正 編(1976), 『日本の企業と国家』, 日本経済新聞社.
________(1980), 『財閥の経営史的研究』, 東洋経済新報社.
村田修造(2002), 『日米経営比較』, 大学教育出版.
長岡新吉·田中修·西川博史(1980), 『近代日本経済史』, 日本経済評論社.
長島 修(1996), 『現代日本経済入門』(増補版), 法律文化社.
中川敬一郎(1981), 『比較経営史序説』, 東京大学出版会.
________ 編著(1972), 『経営理念』, ダイヤモンド社.
中川敬一郎·由井常彦 編(1969), 『経営哲學·経営理念: 明治·大正篇』, ダイヤモンド社.
中川敬一郎 外 編(1979), 『近代日本経営史の基礎知識』, 有斐閣.
中村隆英(1971), 『戦後期日本経済成長の分析』, 岩波書店.
________(1978), 『日本経済: その成長と構造』, 東京大学出版会.
中村隆英·尾高煌之助 編(1989), 『二重構造』(日本経済史 6), 岩波書店.
中谷巖(1993), 『日本企業復活の條件』, 東洋経済新報社.
並木信義 編(1981), 『日本社會の特質』, 日本経済新聞社.
夏目啓二(2004), 『アメリカの企業社会』, 八千代出版.
西川俊作·阿部武司 編(1990), 『産業化の時代』(上), 岩波書店.
西川俊作·山本有造(1990), 『産業化の時代』(下), 岩波書店.
日經ビジネス 編(1993), 『小さな本社: 経営革新への挑戦』, 日本経済新聞社.
日本経済新聞社 編(1995), 『ゼミナール現代企業入門』(第2版), 日本経済新聞社.
野口 裕(1964), 『現代日本経営史』(上, 下), 御茶の水書房.
大石嘉一郎 編(1975), 『日本産業革命研究』(上, 下), 東京大学出版会.
大石嘉一郎·宮本憲一 編(1975), 『日本資本主義発達の基礎知識: 成立·発展·没落の軌跡』, 有斐閣.
大河內曉男(2001), 『経営史講義』(第2版), 東京大学出版会.
大內力(1962), 『日本経済論』(上), 東京大学出版会.
岡田泰男·永田啓恭 編(1983), 『概説アメリカ経済史』, 有斐閣.
岡崎哲二·奥野政浩 編(1993), 『現代日本経済システムの源流 6』, 日本経済新聞社.
奥村宏(1975), 『法人資本主義の構造』, 日本評論社.
________(1999), 『大企業解体』, ダイヤモンド社.
大野耐一(1978), 『トヨタ生産方式』, ダイヤモンド社.
大和正典(2005), 『西洋経済史: 大国の興隆と衰退の物語』, 文真堂.
小田切宏之(1992), 『日本の企業戦略と組織: 成長と競争のメカニズム』, 東洋経済新報社.
作道洋太郎·三島康雄·安岡重明·井上洋一郎(1979), 『日本経営史』, ミネルヴァ書房.

瀨岡 誠(1998),『企業者史学』, 実教出版社.
正田健一郎(1971),『日本資本主義と近代化』, 日本評論社.
正田健一郎·作道洋一郎(1978),『概說日本経済史』, 有斐閣.
下川浩一(1977),『美国自動車産業経営史研究』, 東洋経済新報社.
下谷政弘(2009),『持株会社と日本経済』, 岩波書店.
塩見治人(1978),『現代大量生産体制論』, 森山書店.
塩見治人·溝田誠吾·谷口明丈·宮崎信二(1986),『アメリカ·ビツグビジネス成立史』, 東洋経済新報社.
鈴木良隆(1982),『経営史: イギリス産業革命と企業者活動』, 同文舘.
鈴木良隆·安部悅生·米倉誠一郎(1987),『経営史』, 有斐閣.
鈴木良隆·大東英祐·武田晴人(2004),『ビシネスの歷史』, 有斐閣. (정안기·여인만 옮김, 2010, 『국제경영사』, 한울)
鈴木良隆·橋野知子·白鳥圭志(2007),『MBAのための日本経営史』, 有斐閣.
竹中靖一·宮本又次 監修(1979),『経営理念の系譜: その国際比較』, 東洋文化社.
高橋龜吉(1977),『日本企業·経営者発達史』, 東洋経済新報社.
高橋伸夫(2003),『経営再生 戰略の時代·組織の時代』(新版), 有裴閣.
武田晴人 編(2007),『日本経済の戦後復興: 未完の構造転換』, 有斐閣.
竹内達子(1997),『産業革命期の製鉄会社: 史料が語る経営史』, 東京法令.
谷口明丈(2002),『巨大企業の世紀』, 有斐閣.
館龍一郎(1991),『日本の経済』, 東京大学出版会.
鳥羽欽一郎(1970),『企業発展の史的研究』, ダイヤモンド社.
土屋喬雄(1967a),『日本経営理念史』, 日本経済新聞社.
________(1967b),『続日本経営理念史』, 日本経済新聞社.
植藤正志(1995),『アメリカ経営管理史』, 森山書店.
上野 明(1988),『アメリカの大企業』, 中央公論社.
宇野政雄 編(1973),『日本の経営環境』, 日本経済新聞社.
宇田川勝 編(1999),『日本企業家活動: ケ-スブック』, 有斐閣.
宇田川勝·中村青志 編(1999),『マテリアル日本経営史』, 有斐閣.
宇田川勝·橘川武郎·新宅純二郎 編(2000),『日本の企業間競争』, 有斐閣.
宇田理(2002),「ポストチャンドラ-時代の経営史にかんする一考察:日本におけるチャンドラ-モデル批判をめぐって」,『商学集志』(日本大学) 第2巻 第2号.
山下幸夫 編著(1977),『経営史: 欧米』(経営會計全書 2), 日本評論社.
安本安二郎·加藤勝康 編著(1997),『経営発展論』, 文眞堂.
安岡重明(1970),『財閥形成史の研究』, ミネルヴァ書房.
________ 編(1976),『日本の財閥』, 日本経済史講座 3, 日本経済新聞社.
________, 天野雅敏 編著(1995),『近世的経営の展開』, 岩波書店.
________(1998),『財閥経営の歴史的研究』, 岩波書店.
山崎広明·橘川武郎 編著(1995),『日本的経営の連続と断絶』, 岩波書店.
山崎広明·米倉誠一郎 編著(1995),『高度成長を超えて』, 岩波書店.

呂寅滿(2011),『日本自動車工業史』, 東京大学出版会.
米川伸一 編(1978),『ヨ-ロッパ·アメリカ·日本の経営風土』(有斐閣新書), 有斐閣.
米倉誠一郎(1999)『経営革命の構造』, 岩波新書.
吉川洋(1999),『転換期の日本経済』, 岩波書店.
吉森 賢(1996),『日本の経営·欧米の経営』, 放送大学教育振興会.
吉野洋太郎(1975),『日本の経営システム: 伝統と革新』, ダイヤモンド社.
由井常彦 編(1976),『工業化と企業者活動』(日本経営史講座 2), 日本経済新聞社.
由井常彦·大東英祐 編著(1995),『大企業時代の到來』, 岩波書店.
由井常彦·橋本重郎 編(1995),『革新の経営史』, 有斐閣.
湯沢威(1996),『イギリス経済史』, 有斐閣.
湯沢威·谷口明丈·福応健·橘川武郎(2000),『エレメンタル経営史』, 英創社.

3. 국문 문헌

김기성(2008),『기업경영사』, 중앙경제.
김신웅·박재록(1981),『현대경영사』, 유풍.
김종현(2006),『영국 산업혁명의 재조명』, 서울대학교출판부.
________(2002),「근·현대일본경제론」, 김종현·이근·한동훈 공저,『동아시아경제론』 수록, 한국방송통신대학교출판부.
________(1993, 1994),「현대기업의 발전에 관한 비교사적 연구: 미국과 영국을 중심으로(기1, 기2)」,『경제논집』, 32(4); 33(1), 서울대학교 경제연구소.
________(1992),『공업화와 기업가활동』, 비봉출판사.
________(1992),「일본에 있어서 기업가활동의 특질: 전후 기업집단의 전개와 기업행동을 중심으로」,『경제논집』, 31(4), 서울대학교 경제연구소.
________(1991),『근대일본경제사』, 비봉출판사.
김헌숙(2009),『영국기업사, 1650-2000』, 주영사.
러셀 윌링, 에드워드(2010),『경영의 탄생』, 김영규 옮김, 더난출판.
민경호(2006),『기업가정신』, 무역경영사.
설영기(2006),『현대의 다국적기업』, 무역경영사.
송규석·양성국(2000),『현대사회와 기업경영』, 무역경영사.
송기철(1975),『경영사』, 박영사.
양동휴(1991),「규모와 범위의 경제: 알프레드 챈들러의 경영사관」,『경제논집』, 30(4), 서울대학교 경제연구소.
울드리지, 에이드리언(2004),『기업의 역사』, 유경찬 옮김, 을유문화사.
이건창(2006),『현대경영의 이해』, 무역경영사.
이덕훈(1995),『일본의 기업사회』, 학문사.
이재규(2006),『기업과 경영의 역사』, 사과나무.
크레이너, 스튜워트(2011),『경영의 진화』, 박희라 옮김, 더난출판.
포터, 글린(1998),『미국기업사: 거대주식회사의 등장과 그 영향』, 손영호·연동원 편역, 학문사.
황명수(1974),『경영사학』, 일신사.

찾아보기

사항

ㅇ

인명

ㅎ

회사명

ㅅ

ㅇ

ㅈ

ㅊ

ㅋ

Abstract

Business History

International Comparisons of Modern Enterprise Development

Jong Hyun Kim

This book examines the development of modern enterprise in the US, Britain, and Japan. This book divides the development of modern enterprise in the past 200 years into four periods. Specifically, this book suggests that modern enterprise have evolved with common development pattern in general. At the same time, however, they demonstrate different characteristics in the forms of existence and management styles depending on business environments such as market, technology, governments, and culture. The author of this book studies the changes in the business environments and the responses of enterprises in each period by focusing on industry development, types of enterprise, business strategy, organizational structure, financial systems, distribution organization, labor relations, and multinational corporations.

저자 약력

김종현 金宗炫

1931년생

일본 와세다(早稲田)대학 대학원 경제학연구과 박사과정 수료

경제학박사(서울대학교 대학원)

서울대학교 경제학부 교수 역임

경제사학회장 역임

다산경제학상 수상(1997년, 한국경제신문사)

일본 니가타경영(新潟経営)대학 교수 역임

현재: 서울대학교 및 니가타경영대학 명예교수

저서

『경제사』, 신전정증보판(경문사, 2007. 초판 1979)

『영국 산업혁명의 재조명』(서울대학교출판부, 2006)

『동아시아경제론』(공저, 한국방송통신대학교출판부, 2002)

『공업화의 제유형(Ⅰ)』(편저, 경문사, 1996)

『韓国の経済』(편저, 와세다대학출판부, 1995)

『공업화와 기업가활동』(비봉출판사, 1992)

『근대일본경제사』(비봉출판사, 1991)

『근대경제사』(경문사, 1984)

『영국산업혁명연구』(서울대학교 경제연구소, 연구총서 1, 1977)